民事訴訟法講義

石渡 哲［著］
Ishiwata Satoshi

成文堂

はしがき

　本書は，私が武蔵野大学法学部法律学科で担当する「民事訴訟法1」「同2」（両科目で判決手続をカバーする）の教科書とするために，執筆したものである。武蔵野大学は2014年に，法律学科と政治学科を擁する，法学部を開設した。「民事訴訟法1」「同2」は3年生の科目なので，2016年度に1期生のための講義が行われることになる。講義では担当者自身が作成した教科書を用いるのが望ましいと考えたことが，私が本書を執筆した動機である。

　執筆にあたって私は，本書が私の科目の履修者および（履修者以外に本書によって民事訴訟法を学ぼうとする人がもしいるならば）読者に解りやすい教科書になることを，とくに心がけた。そのために私が工夫したのは，以下の点である。

　まず，章の立て方，すなわち説明する事項のならべ方である。もとより，多数出版されている民事訴訟法の体系書や教科書における章立てがすべて同じというわけではなく，いずれにおいてもそれぞれの著者や編者による工夫の跡がみられる。一方，本書の章立てもこれまでの一般的な章立てと大きく異なるものではない。しかし，次の点は類書と異なる。第1に，非訟事件の説明が最終篇で行われている。非訟事件は，いくつかの例外はあるが，多くの体系書，教科書で初めのほうで取り上げられている。この点で従来の多数の著作の例に倣わなかったのは，非訟事件について理解するためには，処分権主義および弁論主義についての知識が必要であるから，民訴訟法について一通り学んだ後でこれを説明するほうが，履修者や読者に解りやすいと考えたことによる。第2に，複雑形態訴訟（複数請求訴訟，多数当事者訴訟）より先に裁判に対する不服（主として上訴）を取り上げた。この点も，体系書，教科書における一般的な順序と逆である。この点でも従来の例に倣わなかったのは，請求の客観的予備的併合と上訴，必要的共同訴訟と上訴および独立当事者参加と上訴の関係などについては，先に上訴一般についての知識を修得していたほうが理解が容易であるとの考えによるものである。第3に，訴訟の終了について，先に判決による終了を取り上げ，その後に当事者の行為による訴訟の終了を取り上げた。この両者の順序については，本書のように判決による終了を先に取り上げる体系書，教科書もあるが，当事者の行為による終了を

先に取り上げるほうが多数のようである。しかし，訴訟上の和解，請求の放棄・認諾の効力，とくに既判力の有無について理解するためには，既判力一般についての知識を持っていることが必要なこと，および，そもそも理論上は訴えの提起からから判決の確定による紛争の解決が民事訴訟の基本的道筋であることから，判決による終了を先に取り上げるべきだというのが，私の考えである。

　次に，説明の中に判例や著者である私自身が考えた事例を一般の教科書よりも多く取り入れた。前述のように，武蔵野大学法学部法律学科での民事訴訟法の講義は，2016年度から始まるが，私は，前任校である横浜国立大学国際社会科学研究科法曹実務専攻（法科大学院）で民事訴訟法の授業を担当した。その経験からすると，法曹を目指す法科大学院の学生にとってさえ，手続法は実体法以上に馴染みにくく，近付きがたいようである。その原因について私は，実体法の規律の対象には，たしかに企業をめぐる法的関係のように，その分野での経験のない者には未知のものもあるが，売買や賃貸借のような契約関係，不法行為，相隣関係など，身近で起こり，あるいは自身が体験した事柄が多いのに対して，訴訟法（手続法）の規律の対象は，一生のうちに訴訟当事者になることなど一度も経験しない人が多い一般人にとっては，通常の生活からかけ離れたものであることによるのではないかと考えている。そこで本書では（したがって，本書を利用して行う私の講義でも），学生が学ぶ対象を少しでも身近に感じるように，説明に判例や具体的な事例をできるだけ多く取り入れることにしたのである。ただし，法学の学習における判例の扱いについては，前任校および現在在職している大学の同僚である何人かの教員が学生に，教材に記載されている事実関係と判旨の要約を読むだけでは不十分で，第一審以来のすべての審級の判決書を精読しなければ，その判例の真の意味は理解できないと忠告しているのを聞いたことがある。その忠告は適切であると私も考える。しかし，民事訴訟手続の全体の流れを把握するためには，そのことを十分に認識したうえで，講義で教員から，あるいは自習する場合には教科書から判例の紹介を受けることは，有意義であると考える。そのうえで，学生が自主的に重要な判例につき一審以来の判決書を精読することが強く望まれる。

　本書が講義用の教科書であることから，学説の出典の掲示はしないことにした。実際に，本書中には既に公刊されている体系書，教科書または注釈書の記述と類似した記述もみられる。しかし，それらは現在の民事訴訟法の分野における共通

はしがき　iii

の財産となっているものといえるので，出典を示す必要はないと考えた。このことに関連して「もくじ」の次に文献表が掲載されているが，そこに列挙されている文献（体系書，教科書および注釈書）の中には，本書の執筆にあたって著者がよく参照したものがあることを，おことわりしておく。

　本書の公刊を準備しているさなかの 2015 年 6 月 10 日に，恩師石川明教授が逝去された。石川先生には，私が学部の学生の時にゼミナール生として入門を許していただいて以来，ご逝去の直前まで，親身なそして時に厳しくまた時に優しいご指導を賜った。とくにここ 2, 3 年は，研究者にとって一番大切なのはモノグラフィーを出版することであるとおっしゃって，私を叱咤激励して下さった。まことに有難いことであったが，創設期にある武蔵野大学法学部法律学科で 1 期生の民事訴訟法を担当する機会に恵まれた私としては，まず，講義のための教科書を作成したいと思い，石川先生のおすすめになるモノグラフィー出版の準備は，本書を公刊した後に取りかかることにし，先生にもその旨を申し上げた。当初は，民事訴訟法の講義は前任校でも担当しており，講義用のかなり詳細なレジュメも作成していたので，本書は比較的短期間の準備で出版できると考えていた。しかし，実際には原稿の作成は容易でなく，出版のための作業は難渋した。その間に石川先生は逝去された。先生のご指導に応えることができなかったことは，私にとって痛恨の極みである。先生に心からお許しを乞うともに，本書を公刊したのであるから，これからはモノグラフィー出版のための準備に励むことを，あらためてお約束申し上げる次第である。それとともに，石川先生には，これまで賜ったご指導および公私にわたるご厚情に衷心より感謝申し上げる。

　本書の出版を引き受けて下さった株式会社成文堂および同社の阿部成一社長にも心から感謝申し上げる。また，同社編集部の篠﨑雄彦氏には，本書の出版についてご相談申し上げた時から，公刊に至るまで，終始懇切にお世話いただいた。前述のように，私は，当初比較的短期間に公刊の準備ができると思っており，篠﨑氏にもその旨を申し上げたが，実際には脱稿が遅れてしまい，同氏には随分御迷惑とご心配をお掛けしてしまった。それにもかかわらず，なんとか本書を出版することができたのは，ひとえに篠﨑氏のご支援のおかげである。ここに心から御礼申し上げる。

　また，成文堂の編集長でいらっしゃった故土子三男氏にも深甚なる感謝を申し上げる次第である。私は成文堂から，以前の勤務校で担当していた法学の教科書

を出版したが，そのさい，土子氏に大変にお世話になった。土子氏は著者に大変に行き届いたサポートをして下さったが，一面では厳しい注文も付けられた。正直に申せば，ついつい，もう少し融通をきかせてくれてもいいのではないかなどと，心の中で思ってしまうこともあったが，後になってみると，土子氏の忠告はまことに当を得たものであった。本書の出版を計画し始めた時も，また土子氏にお世話いただくつもりでいたが，氏はほぼ同じ時期にご病気になったとのことであり，その後に逝去されたとうかがった。前述のように，今回は篠﨑氏の暖かいご支援をいただいたので，執筆の遅れがちな私でも，なんとか本書の公刊に漕ぎ着けることができ，それは有難いことで，感謝に堪えない次第であるが，土子氏からご忠告をいただくことがもうできなくなってしまったことは，私にとって非常に残念であり，また淋しいことでもある。ここに，土子氏のご冥福をお祈り申し上げるとともに，ご生前のご厚情に衷心からの謝意を表するものである。

2016年7月

石　渡　　哲

追記　本書の執筆と校正には，著者が当初予想していた以上の時間がかかってしまい，出版が，2016年4月に開講された，武蔵野大学法学部「民事訴訟法1」の講義に間にあわなかった。このため多くの方々，とりわけ同科目の履習者と，出版を引き受けて下さった株式会社成文堂に多大なご迷惑をおかけしてしまった。心からお詫び申し上げる。

目　次　v

目　次

本書の読者のために（本書を用いた民事訴訟法の学習方法）

第 1 篇　民事紛争と民事訴訟 …………………………………………3
第 1 章　民事紛争とその解決のための制度 …………………………5
　第 1 節　民事紛争の意義　(5)
　第 2 節　訴訟の種類　(6)
　第 3 節　民事訴訟と ADR（裁判外紛争解決制度）　(8)
第 2 章　民事訴訟手続の概要 …………………………………………12
　第 1 節　民事訴訟（判決手続）の進行の概要　(12)
　第 2 節　判決手続，民事執行手続，倒産手続，民事保全手続　(17)
第 3 章　民事訴訟手続を規律する法 …………………………………22
　第 1 節　現在の民事訴訟法　(22)
　第 2 節　わが国における民事訴訟法の沿革　(23)
第 4 章　民事訴訟制度に向けられた諸要請 …………………………25
第 5 章　民事訴訟における信義誠実の原則（信義則）および
　　　　　権利濫用禁止の原理 …………………………………………28

第 2 編　訴訟の主体 ……………………………………………………31
第 1 章　裁判所 …………………………………………………………34
　第 1 節　裁判所の意義と構成　(34)
　第 2 節　民事裁判権　(36)
　第 3 節　管轄および移送　(38)
　第 4 節　国際裁判管轄　(47)
　第 5 節　裁判所構成員の除斥，忌避，回避　(48)
第 2 章　当事者 …………………………………………………………54
　第 1 節　当事者の意義と確定　(54)
　第 2 節　当事者能力　(60)

第 3 節　訴訟能力　(65)
　　第 4 節　訴訟上の代理人・代表者　(70)

第 3 篇　訴訟手続の開始およびその進行 …………………………………81
　第 1 章　訴　え ……………………………………………………………84
　　第 1 節　訴えの意義と類型　(84)
　　第 2 節　訴訟物（訴訟上の請求）　(86)
　　第 3 節　訴え提起の方式　(90)
　　第 4 節　訴え提起後の措置　(95)
　　第 5 節　処分権主義　(97)
　　第 6 節　訴訟要件　(98)
　　第 7 節　訴え提起・訴訟係属の効果　(116)
　第 2 章　審理——弁論と証拠調べ—— ………………………………122
　　第 1 節　審理の意義　(122)
　　第 2 節　審理の進行に関する裁判所などの訴訟指揮ならびに当事者の責問権
　　　　　　およびその放棄・喪失　(124)
　　第 3 節　審理の進行　(126)
　　第 4 節　審理の諸原則　(136)
　第 3 章　口頭弁論とその準備 …………………………………………149
　　第 1 節　口頭弁論の意義とその必要性　(149)
　　第 2 節　口頭弁論の準備　(150)
　　第 3 節　口頭弁論の実施　(160)
　　第 4 節　事案の解明——裁判資料の収集——　(169)
　　第 5 節　口頭弁論における当事者の訴訟行為　(190)
　第 4 章　証　拠 …………………………………………………………200
　　第 1 節　証拠の意義　(200)
　　第 2 節　証明の対象となる事項と証明を要しない事項（不要証事実）　(204)
　　第 3 節　自由心証主義　(206)
　　第 4 節　証明責任　(210)
　　第 5 節　各種の証拠調べに共通の規律　(219)
　　第 6 節　証人尋問　(223)

目　次　vii

　　第 7 節　当事者尋問　(231)
　　第 8 節　鑑　定　(232)
　　第 9 節　書　証　(234)
　　第 10 節　検　証　(244)
　　第 11 節　調査の嘱託　(246)
　　第 12 節　証拠保全　(247)

第 4 篇　訴訟の終了 …………………………………………………251
　第 1 章　判決による訴訟の終了 ……………………………………253
　　第 1 節　裁判および判決の意義と種類　(253)
　　第 2 節　判決の成立，送達，確定　(259)
　　第 3 節　既判力　(268)
　　第 4 節　確定判決のその他の効力　(302)
　　第 5 節　仮執行宣言　(305)
　第 2 章　当事者の行為による訴訟の終了 ……………………………308
　　第 1 節　訴訟上の和解　(309)
　　第 2 節　請求の放棄・認諾　(317)
　　第 3 節　訴えの取下げ　(320)

第 5 篇　裁判に対する不服 …………………………………………327
　第 1 章　裁判に対する不服総論 ……………………………………329
　　第 1 節　裁判に対する不服の種類　(329)
　　第 2 節　上訴制度の目的と上訴制限　(331)
　　第 3 節　上訴の要件　(332)
　　第 4 節　上訴の効果　(336)
　第 2 章　控　訴 ………………………………………………………338
　　第 1 節　控訴の意義　(338)
　　第 2 節　控訴の提起　(339)
　　第 3 節　控訴審の審理　(344)
　　第 4 節　控訴審の終局判決　(347)
　第 3 章　上　告 ………………………………………………………356

第 1 節　上告の意義と上告制度の目的　(356)
　　第 2 節　上告理由および上告受理申立理由　(358)
　　第 3 節　上告の提起および上告受理申立て　(364)
　　第 4 節　上告審の審判　(366)
　第 4 章　抗　告 ……………………………………………………373
　　第 1 節　抗告の意義と種類　(373)
　　第 2 節　抗告できる裁判　(374)
　　第 3 節　抗告の提起と抗告審の審判　(376)
　　第 4 節　再抗告　(377)
　　第 5 節　許可抗告　(378)
　第 5 章　特別上訴 ……………………………………………………381
　　第 1 節　特別上告　(381)
　　第 2 節　特別抗告　(382)
　第 6 章　再　審 ……………………………………………………383
　　第 1 節　再審の意義　(383)
　　第 2 節　再審事由と再審の補充性　(384)
　　第 3 節　再審の訴えの提起　(387)
　　第 4 節　再審の訴えの要件　(388)
　　第 5 節　再審の審判手続　(390)

第 6 篇　複雑訴訟 ……………………………………………………395
　第 1 章　複数請求訴訟 ……………………………………………399
　　第 1 節　複数請求訴訟の意義と種類　(399)
　　第 2 節　請求の客観的併合　(399)
　　第 3 節　訴えの変更　(406)
　　第 4 節　反　訴　(409)
　　第 5 節　中間確認の訴え　(411)
　第 2 章　共同訴訟 …………………………………………………413
　　第 1 節　共同訴訟の意義と種類　(413)
　　第 2 節　共同訴訟の要件　(414)
　　第 3 節　共同訴訟における審判　(421)

第 4 節　同時審判の申出がなされた場合の特則　(424)
　　第 5 節　訴えの主観的追加的併合（共同訴訟参加を含む）　(427)
　　第 6 節　選定当事者　(429)
　第 3 章　補助参加と訴訟告知 ……………………………………………………433
　　第 1 節　補助参加　(433)
　　第 2 節　訴訟告知　(440)
　第 4 章　独立当事者参加 ……………………………………………………………443
　　第 1 節　独立当事者参加の意義　(443)
　　第 2 節　独立当事者参加の要件　(444)
　　第 3 節　独立当事者参加の手続　(446)
　　第 4 節　二当事者訴訟への還元　(448)
　第 5 章　訴訟承継および任意的当事者変更 ………………………………450
　　第 1 節　訴訟承継，当事者の交代，当事者の変更の意義　(450)
　　第 2 節　当然承継　(451)
　　第 3 節　特定承継　(454)
　　第 4 節　任意的当事者変更　(461)

第 7 篇　簡略な手続 ……………………………………………………………………463
　第 1 章　簡易裁判所の手続 ……………………………………………………466
　　第 1 節　簡易裁判所における訴訟手続の特則　(466)
　　第 2 節　起訴前の和解　(469)
　第 2 章　略式手続 ……………………………………………………………………471
　　第 1 節　手形・小切手訴訟　(471)
　　第 2 節　少額訴訟　(474)
　　第 3 節　督促手続　(479)

第 8 篇　最終篇 …………………………………………………………………………485
　第 1 章　訴訟にかかる費用および紛争当事者への支援 ……………488
　　第 1 節　訴訟にかかる費用　(488)
　　第 2 節　紛争当事者への支援　(493)
　第 2 章　訴訟と非訟 ……………………………………………………………………497

第 1 節　訴訟と非訟の違い　(497)
　第 2 節　非訟事件の種類　(498)
　第 3 節　形式的形成訴訟　(501)

事項索引 ……………………………………………………503
判例索引 ……………………………………………………513

凡　例

法令の略記等

　民事訴訟法の条文は，法令名を付けず，条数のみで表した。民事訴訟規則の条文は，条数の前に「規」を付けた。その他の法令については，有斐閣『六法全書』『ポケット六法』の法令名略語にしたがった。

　例　○条　　　民事訴訟法○条
　　　規○条　　民事訴訟規則○条
　　　民○条　　民法○条

裁判の表示

　大判（決）　　大審院判決（決定）
　最判（決）　　最高裁判所判決（決定）
　最大判（決）　最高裁判所大法廷判決（決定）
　高判（決）　　高等裁判所判決（決定）
　地判（決）　　地方裁判所判決（決定）

判例集，判例掲載雑誌

　民録　　　　大審院民事判決録
　民集　　　　最高裁判所（大審院）民事判例集
　刑集　　　　最高裁判所刑事判例集
　裁判集民　　最高裁判所判例集　民事
　訟月　　　　訟務月報
　高民　　　　高等裁判所民事判例集
　下民　　　　下級裁判所民事裁判例集
　判時　　　　判例時報
　判タ　　　　判例タイムズ

　＊「民集」「刑集」に登載されている判例については，その他の法律誌の掲示は省略する。

判例解説

　百選［○版］○　　民事訴訟法判例百選［第○版］○
　　　　　　　　　　初版にはとくに「初版」という表記はないが，本書では「初版」と表記した。
　続百選○　　　　　続民事訴訟法判例百選○

百選 I（II）○　民事訴訟法判例百選 I（II）［新法対応補正版］○
＊民事訴訟法判例百選の複数の版に判例解説が掲載されている判例については，より新しい版を掲示した。ただし，新しい版では，アペンディクス（A）として掲載されているが，より古い版では通常の判例解説として掲載されている判例は，通常の判例解説を掲示した。

〔参考判例〕として判例を引用するさい，原文に以下のような変更を加えた。
1) 判例集では促音（っ）となるべき文字も通常の「つ」が用いられているが，促音に変更した。
2) 判例集が縦書であった時は，数字は漢数字であったが，本書は横書なので，算用数字に改めた。

文 献 表

前注

　この文献表には，体系書，概説書，注釈書（コンメンタール）を掲げる。体系書とは，法の各分野（たとえば，民事訴訟法の判決手続）の全般にわたり学説，判例も網羅的にフォローして詳細に論じる書籍である。ただし，以下の文献表では，必ずしも学説が引用されていなくても，詳細な論述がなされているものは体系書とした。概説書は，その分野の重要な基本的事項を理解することを目的とし，重要な判例は紹介されているものが多いが，学説については重要なものは紹介されているが，出典までは示されていないものが多い。注釈書は，条文を1ヶ条ごとに解説するものである。

　体系書，概説書，注釈書とも，きわめて多数公刊されている。この文献表は網羅的なリストではないことをおことわりしておく。また，この文献表では，平成8年に制定公布され，同10年1月1日に施行された現行民事訴訟法下の文献のみを列挙している。本格的に民事訴訟法を研究し，あるいは実務に携わるためには，旧法下の文献も参照する必要があるが，本書では，その紹介はされていない。

体系書

伊藤　眞『民事訴訟法［第4版補訂版］』（有斐閣，2014年）
上田徹一郎『民事訴訟法［第7版］』（法学書院，2011年）
梅本吉彦『民事訴訟法［第4版補正第4刷］』（信山社，2015年）
河野正憲『民事訴訟法』（有斐閣，2009年）
小島武司『民事訴訟法』（有斐閣，2013年）
新堂幸司『新民事訴訟法［第5版］』（弘文堂，2011年）
高橋宏志『重点講義民事訴訟法（上）［第2版補訂版］，（下）［第2版補訂版］』（有斐閣，2013年，2014年）
　　　　　同書は，民事訴訟法典が規定する事項を網羅的に説明するものではなく，民事訴訟法上の重要な問題を体系的に並べてくわしく論じるものであり，通常の体系書とは異なるが，本書またはその他の概説書で民事訴訟法の基礎を把握した者が，さらに理解を深めるために有意義な書籍である。
中野貞一郎＝松浦馨＝鈴木正裕編『新民事訴訟法講義（有斐閣大学双書）［第2版改訂2版］』（有斐閣，2008年）
藤田広美『広義民事訴訟法［第3版］』（東京大学出版会，2013年）
林屋礼二『新民事訴訟法概要［第2版］』（有斐閣，2004年）
松本博之＝上野𣳾男『民事訴訟法［第8版］』（弘文堂，2015年）

三木浩一＝笠井正俊＝垣内秀介＝菱田雄郷『民事訴訟法（LEAGLE QUEST）［第 2 版］』
　　（有斐閣，2015 年）
三谷忠之『民事訴訟法講義［第 3 版］』（成文堂，2011 年）

概説書

池田辰夫編『アクチュアル民事訴訟法』（法律文化社，2012 年）
上原敏夫＝池田辰夫＝山本和彦『民事訴訟法（有斐閣 S シリーズ）［第 6 版補訂］』（有斐閣，
　　2012 年）
小田　司編『民事訴訟法［第 2 版］』（弘文堂，2016 年）
小島武司＝小林学『基本講義民事訴訟法［新装補訂版］』（信山社，2009 年）
高橋宏志『民事訴訟法概論』（有斐閣，2016 年）
　本書は内容的にも分量的にも概説書と体系書の間の著作である。
野村秀敏『法学民事訴訟法』（信山社，2013 年）
長谷部由起子『民事訴訟法』（岩波書店，2014 年）
平岡建樹＝永井博史＝波多野雅子『ベーシック民事訴訟法』（法律文化社，2007 年）
山本和彦『ブリッジブック民事訴訟法入門』（信山社，2011 年）
山本弘＝長谷部由起子＝松下淳一『民事訴訟法（有斐閣アルマ）［第 2 版］』（有斐閣，2013
　　年）

注釈書

秋山幹男＝伊藤眞＝加藤新太郎＝高田裕成＝福田剛久＝山本和彦（菊井維大＝村松俊夫原
　　著）『コンメンタール民事訴訟法 I ［第 2 版追補版］，II ［第 2 版］，III，IV，V，
　　VI』（日本評論社，2014 年，2006 年，2008 年，2010 年，2012 年，2014 年）
笠井正俊＝越山和広編『新コンメンタール民事訴訟法［第 2 版］』（日本評論社，2013 年）
賀集唱＝松本博之＝加藤晋太郎編『基本法コンメンタール民事訴訟法 1 ［第 3 版補訂版］，2
　　［第 3 版補訂版］，3 ［第 3 版補訂版］』（日本評論社，2012 年）
松浦馨＝新堂幸司＝竹下守夫＝高橋宏志＝加藤新太郎＝上原敏夫＝高田裕成（兼子一原著）
　　『条解民事訴訟法［第 2 版］』（弘文堂，2011 年）

本書の読者のために（本書を用いた民事訴訟法の学習方法）

　本書は，著者が勤務する武蔵野大学法学部法律学科の「民事訴訟法1」，「同2」の教科書として使用するために執筆したものである。しかし，著者担当の科目の履修者以外にも本書の読者がいるかもしれないので，読者のために，著者が考えている本書を用いた民事訴訟法の学習方法を述べておきたい。また，著者が担当する科目の履修者も，講義中やシラバスで学習の仕方を説明はするが，第1回目の講義が始まる前に以下の説明を読んでおくように申し伝える。

　「はしがき」でも述べたように，本書の章立て，すなわち説明の順序は他の民事訴訟法の教科書とおおむね同じであるが，著者なりの工夫をして多少他の教科書と順序を変更したところがある。読者には，第1篇，第2篇……と，初めから順に読み進んでいくことが予定されている。ちなみに，講義の進行は，民事訴訟法を学ぶ科目が「民事訴訟法1」「同2」の2つに分けられていることによる時間配分の関係で，本書における叙述の順序に変更が加えられる。

　ただし，本書は，本文に大きい活字で書かれている部分と小さい活字で書かれている部分がある。また，学習上とくに重要だと思われる判例は，その【事案の概要】と【判旨】を紹介した。さらに，文字で読んだだけではわかりにくいと思われる箇所では，説明のために図表や，実際の訴訟における各種の書類のひな形を提示した。そして本文以外に脚注も設けられている。本書で民事訴訟法を学ぼうとする読者が最初に本書を読むときは，小さい活字の部分と脚注は飛ばして，大きい活字の部分と説明のための図表，書類のひな形だけを読むことを勧める。そうすることによって民事訴訟法の概略を把握できるはずである。そして，本書全体の大きい活字の部分を一通り読み終わってから，小さい活字で書いてあることや脚注の説明を読むことによって，民事訴訟法の基礎知識を身に着けることができる。しかしそれで身につくのはあくまで「基礎知識」である。さらに民事訴訟法を修得するためには，文献表に掲げてある体系書の中から自分にあいそうなものを1冊選んで，熟読することを勧める。

　なお，判例の読み方についても注意したい。本文中に【事案の概要】と【判旨】を掲げた判例は，できれば，最初に読むときから，大きい活字の部分ととも

に，読むことが望ましい。しかし，むずかしくて読みにくいと感じたら，さしあたり読まずに先に進み，一通り読み終わった後で読み直してもよい。ただし，判例の内容，意義，それが実務に及ぼす影響を真に理解するためには，本書（および，いくつかの出版社から出版されている判例解説集）での紹介を読むだけでは不十分であり，本当は，第一審以来の裁判書を精読しなければならない。しかし，重要なすべての判例についてそれをすることはむずかしいので，さしあたり，本書（またはその他の判例解説集）での紹介で判例の概略を知っておき，とくに重要だと思う判例については，上記のように，第一審以来の判決書にあたることを勧める。

　もし，本書で民事訴訟法を学ぼうとしたが，勉学の効果が上がらなければ──著者としては残念であるが──，文献表に列挙されている別の概説書に切り替えていただきたい。民事訴訟法の分野でも概説書は多数あり，文献表に列挙されているのはその一部であって，ほかにもすぐれた概説書があるであろうことをおことわりしておく。

第1篇　民事紛争と民事訴訟

第1章　民事紛争とその解決のための制度

第1節　民事紛争の意義

　社会にはさまざまな紛争がある。国家間の領土をめぐる紛争，国と私人の間の税の徴収をめぐる，もしくは選挙の効力をめぐる紛争，宗教団体とその構成員の間の聖典（教義）の解釈をめぐる紛争，地主と借地人の間の借地契約の更新，賃料および土地の明渡しをめぐる紛争，交通事故の加害者と被害者間の損害賠償をめぐる紛争，使用者（雇主）と被用者（労働者）の間の解雇の有効性や未払い賃金の支払をめぐる紛争，夫婦の間の離婚をめぐる紛争などその例を挙げればきりがない。それらのうち，私法上の紛争，すなわち私法上の権利・義務，法律関係をめぐる紛争を**民事紛争**という。そして，民事紛争を司法機関である裁判所が私法を適用して解決するための制度が**民事訴訟**であり，民事訴訟における紛争解決の手続（解決の仕方）を規律するのが**民事訴訟法**である。

　上記の，私法とは，公法に対する概念である。法はさまざまな観点から分類されるが，分類の一つとして，公法と私法の分類がある。公法と私法がそれぞれいかなる法であるか（分類の基準）については，見解が分かれているが，公法は権力関係（権力を持つものと権力に服するものの関係）を規律する法であり，私法は平等者間の関係を規律する法であるということができるであろう。この分類に従えば，憲法，行政法，刑法などが公法であり，民法，借地借家法，商法，会社法などが私法である。したがって，前述の各種の紛争のうち，民事紛争であり，それゆえ民事訴訟による解決が可能なのは，地主と借地人の間の紛争，交通事故の加害者と被害者の間の紛争，使用者と被用者の間の紛争，夫婦間の紛争である（宗教団体と構成員の間の紛争については，議論の余地があるが，結論としては民事訴訟の対象にならないと解される。この点は，第3篇第1章第6節 **3（2）i（a）**で説明される）。

　ただし，使用者と被用者の関係を規律する労働法については，両者の社会的・経済的地位が平等であるとはいえないとの理由から，私法ではなく，公法と私法のいずれでもない，社会法の一部であると考えられている。しかし，実際には，労働関係をめ

ぐる紛争も民事訴訟において取り上げられているので，厳密にいうと，民事訴訟は，私法上および労働法上の紛争を解決するために国家が設けている制度であるということになる。

また，国や公共団体（以下「国など」という）も私法関係の主体となることがあり，それゆえ，国などが当事者になる紛争，たとえば，庁舎の建築（建築請負契約）をめぐる国などと建設会社の間の紛争や，国家賠償をめぐる私人と国などの間の紛争が民事訴訟で取り上げられることもある（国家賠償については，国家賠償法が民法の規定に優先して適用される。同法は不法行為に関する民法の規定の特別法であって，私法であると解されている〈国賠4条参照〉）。したがって，民事訴訟の対象になる事件の多くは，私人間の紛争であるが，国などが当事者になっている紛争が民事訴訟で取り上げられることがないわけではない。

第2節　訴訟の種類

1　民事訴訟，刑事訴訟，行政事件訴訟

わが国の現行法下の訴訟は民事訴訟と刑事訴訟に大別される。民事訴訟の意義については第1節で説明された。**刑事訴訟**とは，犯罪を認定し，刑罰を科すための手続である。

同一の生活事実から民事訴訟と刑事訴訟（または，次に述べる行政事件訴訟）の双方が行われることがある。たとえば，Aが飲酒運転によりBにけがをさせたという一つの加害行為から民事訴訟（損害賠償請求訴訟）と刑事訴訟が行われることがある。その場合，それぞれの訴訟は全く別個に行われ，その結果二つの訴訟の結論が矛盾することがあり得る（たとえば，民事訴訟では損害賠償請求が認められ，刑事訴訟では無罪とされる，あるいは逆に，損害賠償請求は退けられたが，有罪とされる）。ただし，平成19年（2007年）に行われた，犯罪被害者等の権利利益の保護を図るための刑事手続に付随する措置に関する法律の改正により，一定の犯罪について，被害者またはその一般承継人の申立てがあれば，訴因として特定された事実を原因とする不法行為に基づく被害者の損害賠償請求について被告事件（刑事訴訟）に付随して刑事を担当した裁判所が民事の審理も行って，損害賠償を被告人に命ずる手続が設けられた（犯罪被害保護23条以下）。これにより，たとえば，殺人罪の被害者の配偶者および子などならびに強制わいせつ罪の被害者が，被疑者を被告人とする刑事訴訟において損害賠償の請求を申し立てることができるようになった。ただし，損倍賠償命令の申立てに対する裁判について不服が申し立てられると，損害賠償請求事件は刑事事件とは別の手続で審理されることになる（同34条）。

わが国には，民事訴訟と刑事訴訟のほかに，**行政事件訴訟**がある。行政事件訴訟とは，行政庁の権限行使に対する国民の不服，その他行政法規の適用にかかわる紛争を処理する裁判手続である。たとえば，行政庁が行った処分の取消しを求める訴訟が行政事件訴訟である。行政事件訴訟の手続は行政事件訴訟法（昭和37年法139号）によって規律されているが（同1条），同法に定めがない事項については，民事訴訟の例によるとされている（同7条）。行政事件訴訟は，訴訟を民事訴訟と刑事訴訟の2種に分類するときには，民事訴訟に属するとされるが，本来の民事訴訟とは別種の訴訟である。本書でも，とくにことわりなく，「民事訴訟」と表記される訴訟には，原則として，行政事件訴訟は含まれない。

　また，憲法訴訟という言葉が使われることがある。憲法裁判所を持たないわが国では，実定法上の制度として「憲法訴訟」があるわけではなく，民事訴訟，刑事訴訟，行政事件訴訟の中で，憲法問題が争点になっている訴訟を憲法訴訟と称し，それには，通常の訴訟おけるとは異なる特別の考慮が必要とされている。

2　民事訴訟の種類

民事訴訟は，狭義の民事訴訟（通常訴訟）と特別訴訟に分類される。狭義の民事訴訟とは，特別訴訟でない通常の民事訴訟である。狭義の民事訴訟と特別訴訟をあわせたものが，広義の民事訴訟である。本書で「民事訴訟」と表記するのは，原則として，狭義の民事訴訟である（ただし，文脈から明白であるときは，特別訴訟を含む広義の意味で用いることもある）。特別訴訟には，①略式手続，②人事訴訟，③会社訴訟，④保全命令手続がある。略式手続にはさらに，①$_{-1}$手形・小切手訴訟，①$_{-2}$少額訴訟，①$_{-3}$督促手続がある。略式手続については，民事訴訟法中に，狭義の民事訴訟に対する特則が置かれている。人事訴訟については，人事訴訟法（平成15年法109号）にその特則が置かれている。会社訴訟については会社法中に，保全命令手続については民事保全法中にそれぞれ特則が置かれている。ただし，これらに特別な定めがない事項については，民事訴訟法が適用される（人訴1条，民保7条。人訴29条参照。会社訴訟についてはこのような規定はないが，当然のことである）（以上の記述をまとめると，〔図表1〕のようになる）。

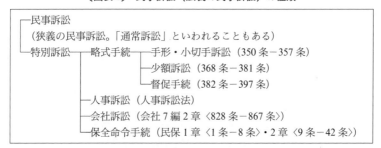

〔図表1〕 民事訴訟（広義の民事訴訟）の種類

第3節　民事訴訟とADR（裁判外紛争解決制度）

1　ADRの意義と種類

いったん民事紛争が生じても，紛争当事者間で話し合いを進め，互いに譲歩し，納得して紛争解決に至ること，言い換えれば，紛争当事者が一定の解決案に合意して紛争を終わらせることがある。これは民法が規定する**和解（契約）**である（民695条・696条）（後述の「裁判上の和解」と区別するために，「裁判外の和解」ということもある）。

しかし，紛争当事者だけで話し合っても解決に至らない場合もあるし，また，当事者の一方もしくは双方が感情的になってしまうなどのため，そもそも話し合いができない場合もある。訴えが提起されて，民事訴訟が始まるのは，そのような場合である。ただし，そのような場合でも，訴えを提起して，民事訴訟を実施し，最終的に判決を得ることが，紛争解決のための唯一の手段であるわけではない。それ以外の紛争解決制度もある。それらを総称して，**ADR**という（ADRは，Alternative Dispute Resolutionの略であり，日本語では，「代替的紛争解決制度」「裁判外紛争解決制度」といわれることもある。以下では「ADR」という）。

ADRは，次のような観点から分類することができる。

一つの観点は，紛争解決のために当事者の合意形成を目指すか，当事者の合意を要件とせず，第三者の判断によって紛争を解決させるかという観点である。前者は**調整型ADR**，後者は**裁断型ADR**といわれている。実際には，調整型ADRが多い。裁断型ADRとしては仲裁法が規定する仲裁がある。**仲裁**とは，

紛争当事者がまず仲裁人に紛争解決のための判断をゆだねることを合意し（仲裁2条），仲裁人が下した仲裁判断には，確定判決と同一の効力が認められ（同45条1項），これによって紛争を解決させる制度である。そのさい，当事者の合意は必要でない。これが，仲裁は裁断型ADRであるといわれる理由である。しかし，仲裁においても，紛争を仲裁によって解決することについて当事者の合意がなければ，その手続を始めることができず（仲裁2条1項），だれを仲裁人にするかについても，原則として当事者の合意によるとされている（同17条1項。ただし，同条2項-5項は，裁判所が仲裁人を選任する場合を定めている）。この点は，訴訟が，一方の当事者が訴えを提起すれば，相手方の意思にかかわらず，開始されるのと異なる。

　もう一つの観点は，裁判所外のADRであるか，裁判所に設置されたADRであるかという観点である。裁判所外のADRはさらに，民間系のもの（交通事故紛争処理センター，弁護士会の仲裁センター，各種のPLセンターなど）と行政系のもの（公害審査会，建築工事紛争審査会，国民センター，消費生活センターなど）に分類される。

　裁判所に設置されたADRとしては，**民事調停，家事調停，労働審判法上の調停**があり，それぞれ，民事調停法，家事事件手続法第3編（244条-287条），労働審判法によって規定されている。これらにおいては，原則として裁判官1名と2名の調停員ないし労働審判員により組織される調停委員会ないし労働委員会が紛争当事者の間に入って解決のための仲介をする（民調5条-8条，家事247条・248条，労審7-9条）。当事者達が互譲し，解決案に合意すれば，それが調書に記載され，確定判決と同様の効力を持つことになる（民調16条，民訴267条，家事268条1項，労審29条2項）。

　裁判所で行われるADRとしては，そのほかに起訴前の和解と訴訟上の和解という制度もある。**起訴前の和解**とは，紛争当事者の一方が，訴えを提起せずに，裁判所に和解を申し立てることによって行われる和解の手続である（275条1項）。**訴訟上の和解**は，いったん訴えが提起されて訴訟が始まったあと，成立する和解である（89条）。これによって訴訟は終了する。起訴前の和解と訴訟上の和解を合わせて**裁判上の和解**という。裁判上の和解においても，成立した和解が調書に記載されると，確定判決と同様の効力を持つとされている（267条）。裁判上の和解は，それが行われる事情は，後述のようにさまざまであるが，いずれにしても

裁判外の紛争解決方法であり，ADR の一つに数えることができる（起訴前の和解の詳細は第 7 篇第 1 章第 2 節で，訴訟上の和解の詳細は第 4 篇第 2 章第 1 節で説明される）。

上記の各種の調停と裁判上の和解は，いずれも，当事者の合意によって成立するので，調整型 ADR である。ただし，訴訟上の和解のうちの，裁判所などが定める和解条項による和解（265 条）は，そうではなく，実質的には，裁判官が行う仲裁であり，したがって裁断型 ADR である（詳細は第 4 篇第 2 章第 1 節 **1(2)**iii で説明される）。

2　ADR の活用と裁判外紛争解決手続の利用の促進に関する法律に基づく認証紛争解決事業者による紛争解決

判決によって紛争に決着を付けると，どうしても敗訴した側に不満が残る。それに対して，ADR で行われる話し合い，互譲，合意による紛争解決は，紛争によって悪化した当事者間の関係が修復させる可能性が高く，したがって，当事者が自発的に解決案を実行する（後述の，強制執行を行う必要がない）可能性も高いといったメリットがある。また，現代社会においては民事紛争も多様化し，その解決のために特殊な知識が必要とされるものが多くなっているので（たとえば，医療過誤により医療機関の責任が問題になる紛争，建築関係の紛争），それぞれの紛争に適した解決機関の必要性が高まっている。このような状況を背景として，前述のように，現在では民間や行政による紛争解決のための機関が多数設けられているが，さらに，平成 16 年（2004 年）に，裁判外紛争解決手続の利用の促進に関する法律（同年法 151 号）が制定された。同法は，一定の要件を満たした民間事業者の業務につき法務大臣による認証の制度を設け（同 5 条），認証を受けた業者（認証紛争解決業者）による紛争解決手続（認証紛争解決手続）の利用に時効中断効（同 25 条）や訴訟手続の中止（同 26 条）に関する特則を置いて，その利用の推進を図っている。

3　ADR と民事訴訟の利用

たしかに，当事者間の話し合い，互譲，合意による解決は判決による解決より望ましいものではあるが，それは，当事者の合意がなければ成立しない。このことは調整型 ADR においては当然のことである。しかし，裁断型 ADR である仲

裁においても，前述のように，紛争を仲裁によって解決することについての当事者間の合意がなければ，仲裁手続は開始されない。したがって，いずれの ADR も，一方の当事者が拒めば，それによる民事紛争の解決は実現できない。しかし，紛争が解決されないまま社会に存在し続けるなら，人は自分の権利を力で実現しようとするであろう。これを自力救済という。しかし，それでは力のない者の権利が実現されることはないであろうし，また，社会の平和と安定も害される。そこで，国家は，自力救済を禁じるとともに，その代償として，民事訴訟制度を設け，紛争当事者の一方からその利用の申立てがあれば，他方がこれに応じる意思を持っているか否かにかかわらず，訴訟が行われ，その結果として下される判決に，当事者達が合意するか否かにかわらず，強制的通用力を持たせることにしたのである。

　社会には多様な民事紛争が生起している。それらの解決のために現在のわが国には，これまで述べてきたように，各種の ADR と民事訴訟が設けられている。民事紛争が適切に解決されるためには，それぞれの紛争の特質にあった紛争解決制度が利用されること，見方を変えれば，各制度がその特質をいかした紛争解決機能を発揮することが，重要である。

第 2 章　民事訴訟手続の概要

第 1 節　民事訴訟（判決手続）の進行の概要

1　民事訴訟手続（判決手続）の流れ

　民事訴訟は，私法上の権利を実現するための手続であるといわれている。以下に，その意味するところを理解するために，訴訟の進行を，具体例を用いながら，示む。[1]

　たとえば，交通事故で死亡した 8 才の子供の両親 X_1，X_2（以下「X ら」という）が加害者 Y に対して損害賠償請求の訴えを提起する。**訴え**は，原則として，**訴状**という書面を裁判所に提出して行う。訴えを提起する者（この事例では X ら）を**原告**，その相手方（この事例では Y）を**被告**といい，両者をあわせて**当事者**という。裁判所は，最終的には，この訴えに対する判断を下す。それが**判決**である。判決を下すために，裁判所は審理を行う。審理には口頭弁論と証拠調べとがある。**口頭弁論**とは，当事者が主張を行い，裁判所がそれを聴く場である。当事者の主張には，事実に関する主張と法律上の主張がある。事実に関する主張との例としては，原告側の，事故発生時に歩行者のための信号は青，自動車のための信号が赤だったのに，被告の自動車が信号を無視して横断歩道に進入したという主張，あるいは，被告側の事故発生時歩行者のための信号が赤だったのに，被害者が車道に飛び出してきたという主張を挙げることができる。法律上の主張の例としては，被告側の，被害者の赤信号を無視して横断歩道に飛び出す行為に過失相殺（民 722 条 2 項）が適用されるとの主張，あるいは，原告側の，8 才の児童には責

---

[1]　ただし，訴訟進行の詳細は，第 3 章で説明することにし，ここでは，訴訟が手続であるということを理解するために必要なかぎりのことを述べ，細部は省略する。かつ，実際の訴訟における手続の進行の仕方はさまざまであるが，典型的な，かつ単純な進行の例を示すことにする。また，用語についても，必ずしも正確な法令上の用語ないし実務上用いられている用語ではなく，日常用いられる言葉を使うこともある。第 2 篇以下では正確な用語を用いた説明がなされる。

任能力がないから，その行為に基づいて過失相殺はなされ得ない（民712条参照）との主張を挙げることができる。被告側が，責任能力は加害者として責任を負うか否かに関する問題で，過失相殺とは関係ないと主張すれば，これも法律上の主張である。当事者間で事実に関する主張が食い違った場合，裁判所は証拠を調べて事実を認定する。たとえば，交通事故発生時の信号の色についての主張が食い違った場合，事故の目撃者を証人として，その時の信号の色について証言を求める。それが**証拠調べ**である。

訴えが提起されると，裁判長は第1回弁論期日を指定し，書記官が当事者に**呼出状**を送る。このように必要な書類を送ることを**送達**という。被告には原告が提出した訴状の副本もあわせて送達される。被告への訴状の送達によって原告，被告の両当事者がともに訴訟で争うことができる立場に立ったことになる。たとえて言えば，力士が同じ土俵に上ったということである。この状態を**訴訟係属**という。その後，多くの事件では，何回かの期日にわたって口頭弁論と証拠調べが行われる。口頭弁論においては，当事者による法律上および事実上の主張や各種の申立て（たとえば，証人を証拠として調べてくれという，証拠の申出）が行われ，裁判所はそれに対して一定の判断を下す（たとえば，証拠の申出があった場合に，これを受け入れて証拠調べの対象とするか否かを決める。これを証拠決定という）。このように，裁判所は，口頭弁論で両当事者の主張を聴き，証拠調べにより事実を認定する。そして，これで訴訟の結論である判決を下すことができると考えた時，**弁論を終結**し，判決内容を確定して，判決書を作成し，判決を言い渡す。

判決には，訴訟判決と本案判決がある。**訴訟判決**とは，訴え自体が不適法であるため，原告の請求（主張）の内容について判断せずに，訴えを却下する判決である（し

〔図表1〕 **第一審裁判所の判決の種類**

- 訴訟判決（訴え却下判決）
- 本案判決 ─ 請求認容判決
  ─ 請求棄却判決

たがって，「門前払いの判決」といわれることがある）。不適法な訴えの例としては，法律上の紛争でない問題（たとえば，宗教上の教義をめぐる宗教団体とその構成員の紛争）についての訴え，日本の裁判権に服さない者を被告とする訴え，および，既に訴えが提起され，訴訟が実施されているのに，同じことを重ねて請求する訴え（二重起訴）を挙げることができる。**本案判決**とは，訴えが適法であるため，裁判所が原告の請求の成否について判断した判決である。これには，原告の請求を認める**請求認容判決**と，これを否定して請求を退ける**請求棄却判決**がある（以上の

説明をまとめると，〔図表1〕のようになる）。

　判決に不服のある当事者は，上級の裁判所にその取消しまたは変更を求めることができる。これが**上訴**である。上訴は，上訴状という書面を，判決をした裁判所に提出して行う。上訴は，基本的に2回できる。したがって，最初の審判を含めて，3回の審判を受けることが可能である。これを三審制という。第一審判決（最初の判決）に対する上訴を控訴といい，第二審（控訴審ともいう）判決に対する上訴を上告という。上訴が提起されると，所定の上級の裁判所が審理を行い，判決を下すことになる。判決は，上訴できる判決であれば，上訴できる期間（原則2週間である）の経過により確定する。上告裁判所の判決のように，上訴できない判決は，言渡しと同時に確定する。

　このように，訴訟は，訴えの提起があると，第1回口頭弁論期日の指定がなされ，これがなされると呼出状などが送達され，口頭弁論が実施され，当事者による主張がなされ，事実に関する両当事者の主張に食い違いがあると，当事者から証拠の申出がなされ，それに応じて裁判所が証拠決定をする，というように，裁判所，当事者，裁判所書記官などの一つ一つの行為が積み重ねられて進んで行く。訴訟が手続であるといわれるのは，このためである（なお，これに対応して，訴訟法を手続法といい，民法など，権利義務または法律関係の実体面を規律する法を実体法ということもある）。そして，訴訟は，判決の確定によって，終了し，紛争はこれにより，一応，解決する（以上の説明をまとめると，〔図表2〕のようになる）。

　ただし，民事訴訟は訴えの提起により始まり，判決の確定によって終了し，かつ紛争が解決すると述べたことには，以下に述べるように，いくつかの点で補正ないし修正を加えなければならない。

　第1に，確定判決で命じられていることを当事者が自発的に履行すれば問題ないが，履行しない場合（たとえば，被告に金銭の支払を命じる判決が確定しても，被告が支払わない場合，あるいは，建物の明渡しを命じる判決が確定しても，被告が明渡しに応じない場合），紛争が解決したとはいえない。このような場合には，判決で命じられていることを強制的に実現することが必要である。それが強制執行である。ただし，すべての確定判決において強制執行が必要であるというわけではない。訴え却下判決および請求棄却判決，すなわち原告敗訴の判決では，訴訟で原告が実現を求めた請求についての強制執行が行われることはない（ただし，訴訟費用は敗訴者が負担するのが原則であり，原告敗訴の場合にも訴訟費用についての強制執行は行

われる。しかしそれは訴訟で主張された請求の実現のための強制執行ではない)。また，請求認容判決，すなわち原告勝訴の判決であっても，たとえば離婚判決のように，その確定によってただちに原告の求めたことが実現してしまうなどの理由から，強制執行の必要が考えられない判決もある。

　第2に，以下に述べるように，訴え提起前から，提起することを前提とした，当事者間の交渉が始まることがある。すなわち，訴えを提起しようと考えている者は，提起に先立ち，相手方に対して，提起を予告する通知をしたうえで，やがて開始されるであろう訴訟において，みずからが行う主張や立証（証明）の準備のために必要な事項について，相手方に書面で照会（問合せ）をすることができる。この照会を受けた者も，これに応えたうえで，最初に照会をした者に同様の照会をすることができる。これらを，**訴え提起前における予告通知者等照会**という。さらに，予告通知者などは，訴訟になればみずからの立証のために必要となるであろう証拠について，あらかじめその確保を申し立てることができる。これを**訴え提起前における証拠の収集処分**という。予告通知者等照会および訴え提起前の証拠収集処分は，平成15年（2003年）の民事訴訟法改正によって創設された比較的新しい制度である。もとより，これらによって，訴え提起前に訴訟が始まることになったわけない。しかし，たとえを使えば，本格的な戦闘に先立つ前哨戦が行われ得ることになったということができる。

　第3に，民事訴訟は，基本的には，判決の確定によって終了するが，判決の確定以外にも，訴訟を終了させる原因がある。それは，訴えの取下げ，上訴の取下げ，訴訟

〔図表2〕　民事訴訟（判決手続）の流れ

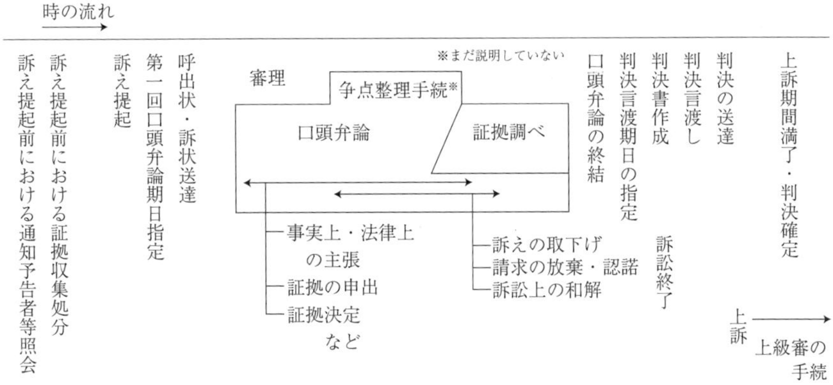

民事訴訟の流れの概略を知るための図であり，民事訴訟でなされることが網羅的に取り上げられているわけではない。

上の和解および請求の放棄・認諾である。**訴えの取下げ**とは，原告が，いったん提起した訴えを撤回することである。**訴訟上の和解**については既に説明した（本篇第1章第3節**1**）。**請求の放棄**とは，原告が，自分の請求が成り立たないことを認めることであり，**請求の認諾**とは，被告が，原告の請求に理由があることを認めることである。

第4に，確定した判決が差戻判決である場合には，差戻判決は，上訴される前の判決を誤りとして，前の判決をした裁判所に審判をやり直させる判決であるから，差戻判決自体の確定にもかかわらず，訴訟はなお続き，したがって紛争も解決には至っていない。

2　民事訴訟における二当事者対立構造

民事訴訟の審理は，裁判所を間にはさんで，原告と被告が二つの極になって進められる。これを**二当事者対立構造**という。このことは，民事訴訟が対立する当事者間の紛争を解決するための手続であることからすれば，当然のことのようである。ただし，ここで注意しなければならないのは，訴訟法上の関係は当事者と裁判所の間に存在し，当事者相互の間には存在しないということである。たとえば，原告が「被害者が加害者の自動車にはねられた時，歩行者のための信号が青だった」と主張し，被告が「いや，いや赤だった」とこれを否定する主張をしたとする。もし，二人がこれらと同じことを訴訟が始まる前の交渉の場で言い合っていたとしたら，相手に向かっての主張である。しかし，訴訟においてこのような主張をすれば，それは裁判所に向かっての主張である。また，たとえば，当事者の一方が証拠として契約書を調べて欲しいと申し立てれば，それは裁判所に対する要求である（以上のことをまとめると，〔図表3〕になる）。

〔図表3〕　民事訴訟の二当事者対立構造

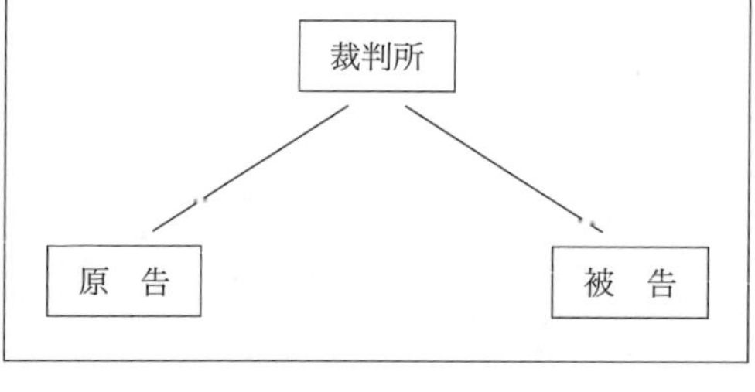

```
        裁判所
       /      \
      /        \
   原告        被告
```

二当事者対立構造の例外として，当事者が三つの極になる場合（三つどもえの紛争）がある。たとえば，AとBの間で，特定の不動産の所有権をめぐる紛争が生じ，AがBを相手取って訴えを提起し，訴訟になった場合に（Aが原告，Bが被告になる），Cが自分こそ所有者だと主張して，この訴訟に参加してくる場合である。

第2節　判決手続，民事執行手続，倒産手続，民事保全手続

1　判決手続と強制執行手続

　前述のように（前節**1**），確定判決で命じられたことが任意に履行されないこともあるので，これを強制的に実現させるための制度が必要である。そのための制度が**強制執行**である。そして，強制執行も権利者の権利を実現するための手続である。民事訴訟が権利義務ないし法律関係の観念的確定を目的とする（たとえば，原告は被告に金銭の支払を求める権利を有しているか否か，反面として，被告は金銭の支払義務を負っているか否かを確定する）のに対して，強制執行は，観念的に確定された権利義務ないし法律関係の存在を前提に，その事実的実現を目的としている。このことから，ここで述べた民事訴訟の手続を，執行手続および後述の倒産手続と対比して，**判決手続**という。そして，判決手続，執行手続，倒産手続および後述の保全訴訟も含めて，すべての民事関係の手続を，最広義の意味で民事訴訟ということもある。[2]

　いずれにせよ，確定判決でその存在が認められた権利義務が履行されない場合，権利者は強制執行によってこれを実現させることができる。しかし，注意すべき点が二つある。一つは，前節1で述べたことであるが，確定判決でも，強制執行を予定していないものがあることである。もう一つは，強制執行は，たしかに確定判決に基づいても行われるが，それ以外のものに基づいて行われることがあるということである。というのは，強制執行は，それにより実現すべき権利の存在および内容を公証する（公に証明する）文書に基づいて行われ，この文書を債務名義というが，債務名義は確定判決に限られない。確定判決以外にどのような債務名義があるかは，強制執行法の問題なので，本書ではくわしい説明はなされないが，たとえば，裁判上の和解調書，調停調書などのように確定判決でないものも債務名義になる（民執22条参照）。

---

[2]　先に，本篇第1章第2節**2**で，狭義の民事訴訟は通常民事訴訟であり，広義の民事訴訟はこれに特別訴訟を含めたものであると説明した。そこでいう広義の民事訴訟は，上の本文でいう判決手続である。そして，本文でいう最広義の民事訴訟とは，判決手続のほかに，執行手続，倒産手続などを含むものである。

2 民事執行手続（強制執行手続と担保権の実行手続）

　強制執行において実現される権利には，金銭の支払を求める権利，土地や家屋の明渡しを求める権利，有毒な排水を河川に流す工場の稼働の差し止めを求める権利など，さまざまなものがある。その中に金銭の支払を求める権利の実現のための執行がある。これを金銭執行という。金銭執行は，債権者が債務者の財産を差押え，これを換価することによって行われる。換価の方法は複数あるが，競売〔けいばい〕によることが多い。

　ところで，実務においては，債権者は債務者またはその他の者（物上保証人）の財産上に抵当権などの担保権を設定していることが多い。たとえば，金融機関は，融資先またはその関係者の不動産に抵当権を設定することを条件に，融資をするのが通常である。債務者が弁済期を過ぎても債務（債権者・担保権者からみれば債権であり，担保権によって担保されている債権という意味で，被担保債権という）を履行しない場合，債権者・担保権者は**担保権の実行**として，担保権の目的物から強制的に，かつ，一般債権者に優先して弁済を得ることができる。担保権の実行は，担保権の目的財産を強制的に換価して，債権者である担保権者への弁済に充てる点で，強制執行の一つである金銭執行と共通する面がある。

　そこで，現在は，強制執行の手続に関する規定と担保権実行の手続に関する規定が民事執行法（昭和54年法4号）という一つの法律の中に置かれている。そのことから，現在のわが国においては，**民事執行**という一つの概念の下に強制執行と担保権の実行が併存しているということができる。

　　厳密にいうと，民事執行法には，形式的競売という，強制執行とも担保権の実行とも異なる手続に関する規定も置かれている。形式的競売とは，たとえば，共有物分割のさいに行われる競売（民258条2項）のように，債権者への弁済を目的とするのではなく，ただ目的物の換価のみを行う競売である。

3 倒産手続

（1） 倒産手続の意義と存在理由

　金銭執行を受ける債務者の中には，債権・債務の存在を否定していて，確定判決その他の債務名義があっても，あえて履行しない者もいるであろうが，むしろ多くは，債務を負っていることは認めるが，履行，すなわち弁済をしたくても，

財産状態が悪化しているため，できない者が多い。このような債務者は通常多くの債権者に対して多額の債務を負っている。

このような債務者をめぐる財産関係を放置すると，一部の力のある，または無慈悲な債権者が，債務者の有するわずかな財産から弁済をさせ，その結果，他の債権者が弁済を得ることができなくなることが多い。また，債務者のなかには，自暴自棄になって適切な財産管理をしなくなり，もしくは財産を浪費してしまう者，または，財産を隠匿する者，さらには逃亡する（夜逃げをする）者さえいる。このような事態は，債権者間の公平を害し，また，債務者の経済的な立ち直りを妨げる。

このような事態を避けるために設けられているのが，倒産手続である。すなわち，**倒産手続**とは，経済的に破綻したあるいは破綻に瀕した（破綻に陥る可能性が大きい）債務者の財産を確保し，債権者の公平な満足と債務者の経済的立ち直りを目的とする手続である。ここで公平な満足とは，債務者の財産をもってしてはすべての債務を完済することができない状態のもとでの，各債権者の債権額に応じた比例的（案分的）満足である。たとえば，Aに対して5000万円，Bに対して3000万円，Cに対して2000万円の債務を負っているDに，1000万円の財産しかない（正確にいうと，Dの財産から倒産手続のための費用を控除した額が1000万円である）場合に，Aは500万円，Bは300万円，Cは200万円の弁済を得ることである。

（2） 倒産手続の種類

倒産手続は，まず私的整理と法定倒産手続に大別される。**私的整理**とは，債務者とその債権者達が話し合い，合意によって債務者の財産の整理の仕方を決め，それを実施することである。債務者が経済的に破綻または破綻に瀕した場合，私的整理ができることは望ましい。しかし，合意が常に成立できるとは限らない。また，一応合意が成立したとしても，それが，一部の債権者が暴力や威圧を用いて債務者および他の債権者を黙らせたうえで，自己に有利に成立させた合意である場合もある。このような合意の成立を防止するためには，経済的に破綻したまたは破綻に瀕した債務者の財産関係を，最終的には，法的な手続によって処理する制度が必要である。それが**法定倒産手続**である。

法定倒産手続は，さらに，清算型倒産手続と再建型（再生型）倒産手続に分類される。**清算型倒産手続**とは，債務者の財産を解体し，債権者に公平に分配する

とともに，それによって債務者の経済活動を終わらせる手続である。債務者が法人の場合には，清算型手続が終了すれば，法人は消滅する。**再建型倒産手続**とは，債務者の財産を維持し，債務者自身または債務者に代わる第三者にその財産を基礎として経済活動を継続させる手続である。清算型倒産手続としては破産（破産法が規定する）と株式会社の特別清算（会社510条－574条・892条－902条が規定する）がある。再生型倒産手続には，民事再生（民事再生法が規定する）と会社更生（会社更生法が規定する）がある。

4 民事保全訴訟（民事保全手続）

権利の実現が，確定判決などの債務名義の成立をまっていたのでは，事実上不可能になってしまうおそれのある場合がある。たとえば，①金銭債務の債務者Y_1が財産を浪費して，債権者X_1が債務名義を得て執行しようとした時には，既に無資力になって，取立てが事実上不可能になってしまうおそれ，②登記簿上土地の所有権が売買を理由にX_2からY_2に移転し，Y_2がこの土地を占有しているが，X_2が，売買契約は無効であると主張して，所有権移転登記抹消・土地明渡請求の訴えを提起し，請求認容（X_2勝訴）の確定判決を得たが，訴訟が行われているあいだに，Y_2が登記名義を第三者Zに移転し，かつ，土地の占有もZに移転させてしまうおそれ，③出版社Y_3がX_3の名誉とプライバシーを侵害する書物の出版を準備しており，X_3はその差止めを求める訴えを提起したが，訴訟が行われているあいだに，出版がなされてしまうおそれである。

民事保全訴訟とは，これらの場合に，通常訴訟（本来の訴訟）よりも迅速に，ただし，暫定的に（仮に），X_{1-3}の権利を保護する制度である。具体的には以下のようになる。①の場合には，Y_1の財産を仮に差し押さえて，その譲渡などを禁止する。②の場合には，Y_2が当該土地を第三者に譲渡すること，および，土地の占有を第三者に移転することを仮に禁止する。③の場合には，出版社Y_3に出版の差止めを仮に命じる。①でなされるのを**仮差押命令**といい，②および③でなされるのを**仮処分命令**という。

いずれの場合でも，迅速な処理をするために，審理が簡易に行われる。したがって，仮差押命令や仮処分命令は，その名称どおり仮のものであって，本来の訴訟（これを本案訴訟という）でその結果が覆れば，その効果もまた覆り，かつ，X_{1-3}（仮差押・仮処分債権者という）はY_{1-3}（仮差押・仮処分債務者という）に損害賠

償義務を負うことになる。しかし，本案訴訟で X_{1-3} が勝訴すれば，①の場合，X_1 は仮差押えをした財産から弁済を受けることができ，②の場合，X_2 は Z に対しても所有権移転登記抹消および土地明渡しの強制執行ができ，③の場合，X_3 は最終的に出版を差し止めることができる。

　（本節で説明された判決手続，執行手続，倒産手続および民事保全訴訟（手続）の関係を図にしたのが，〔図表 4〕である）

〔図表 4〕　判決手続，執行手続，倒産手続，民事保全手続

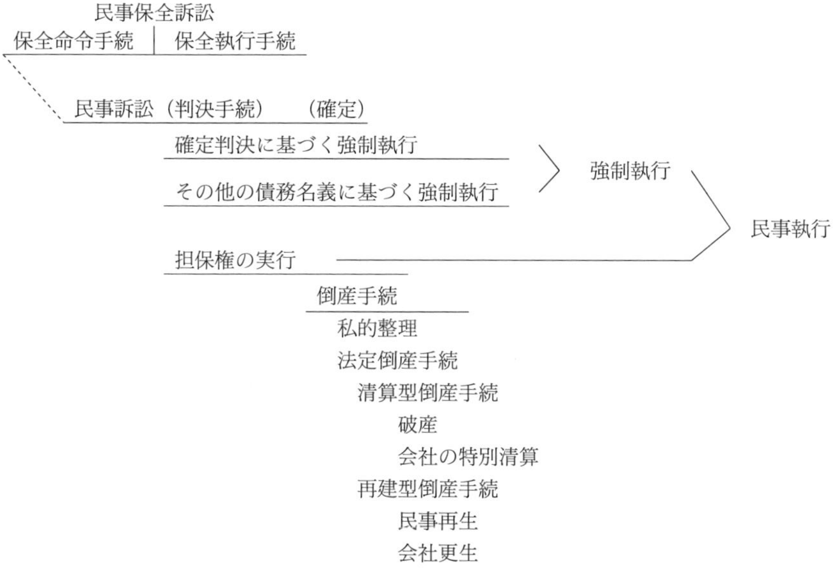

```
　　　民事保全訴訟
　保全命令手続　│　保全執行手続

　　　民事訴訟（判決手続）　　（確定）
　　　　　　　確定判決に基づく強制執行
　　　　　　　その他の債務名義に基づく強制執行　＞強制執行
　　　　　　　　　　　　　　　　　　　　　　　　　　　　　＞民事執行
　　　　　　担保権の実行
　　　　　　　　　倒産手続
　　　　　　　　　　私的整理
　　　　　　　　　　法定倒産手続
　　　　　　　　　　　清算型倒産手続
　　　　　　　　　　　　破産
　　　　　　　　　　　　会社の特別清算
　　　　　　　　　　　再建型倒産手続
　　　　　　　　　　　　民事再生
　　　　　　　　　　　　会社更生
```

第3章　民事訴訟手続を規律する法

第1節　現在の民事訴訟法

　民事訴訟の手続を規律する法を実質的な意味の民事訴訟法という。わが国には現在「民事訴訟法」という名称の法律がある（平成8年法109号）。このような名称の法令を形式的意味の民事訴訟法という（「民事訴訟法典」といわれることもある）。形式的意味の民事訴訟法は実質的意味の民事訴訟法の中心的部分を占めている。

　しかし，実質的意味での民事訴訟法はほかにもある。とくに重要なのは裁判所法（昭和22年法59号）である。同法は，裁判所の種類と名称（最高裁判所，高等裁判所，地方裁判所など），裁判官および裁判所職員の任免，資格，地位など裁判所のあり方の基本を定めているが，同法には訴訟手続に関する規定も置かれている（たとえば，上級審の裁判の拘束力〈裁4条〉，管轄〈同7条・16条・24条・31条の3・33条〉など）。そのほか，民事訴訟費用等に関する法律（昭和46年法40号）など形式的意味の民事訴訟法に付随する法令もある。会社法など，形式的意味での民事訴訟法以外の法令の中にも民事訴訟の手続に関する規定が存在する（会社828条－867条）。また，手続の細部，たとえば，申立ての方式や調書の記載事項については，民事訴訟法3条の委任により，最高裁判所規則である民事訴訟規則（平成8年最高規則5号）が規定している。さらに，条約および条約に基づいて制定されたわが国の国内法にも，民事訴訟に関する規定がある。それらの例としては，民事訴訟手続に関する条約と民事訴訟手続に関する条約等の実施に伴う民事訴訟手続の特例等に関する法律（昭和45年法115号），国連国家免除条約に基づいて制定された，外国等に対する我が国の民事裁判権に関する法律（平成21年法24号）を挙げることができる。

　通常民事訴訟以外の手続を規律する法令としては，たとえば，人事訴訟法（平成15年法109号），非訟事件手続法（平成23年法51号），家事事件手続法（平成23年法52号），民事執行法（昭和54年法4号），民事保全法（平成元年法91号），破産

法（平成 16 年法 75 号），民事再生法（平成 12 年法 225 号），会社更生法（平成 14 年法 154 号）がある。

第 2 節　わが国における民事訴訟法の沿革

　国家の近代化に努めた明治政府は，近代化の一環として，ヨーロッパ，とくにドイツやフランスの民事訴訟制度にならった制度の創設に力を注いだ。その結果，明治 23 年（1890 年）に，民事訴訟法が制定された（同年法 29 号）。次に述べるように，民事訴訟については，その後二度の全面改正が行われているので，この民事訴訟法は現在では「旧々民事訴訟法」といわれている。この民事訴訟法は，判決手続のみならず，強制執行，保全訴訟，仲裁などに関する規定までも含む，大部な法律であった。ただし，担保権の実行については，別途，競売法（明治 31 年法 15 号）が制定された。

　旧々民事訴訟法の下で，訴訟遅延（訴訟の長期化）などの深刻な問題が生じたため，判決手続については，大正 15 年（1926 年）に全面的な改正が行われた（同年法 61 号）。これによって判決手続に関する規定は全面的に新たになった。それは現在では「旧民事訴訟法」といわれている。ただし，改正後の民事訴訟法にも，強制執行，保全訴訟，仲裁などの規定が残っていた。判決手続に関しては，第二次大戦後の社会の混乱と変化に対応するために，昭和 23 年（1948 年），同 29 年（1954 年）など，数次にわたり重要な改正が行われた。

　　一方，執行制度については，執行手続の効率化の必要性や，強制執行の一つである金銭執行と担保権の実行が別個の法律によって規律されていることの不都合が認識されるようになった。それに応じて，昭和 54 年（1979 年）に民事執行法が制定された（同年法 4 号）。同法の制定と同時に，民事訴訟法中の強制執行に関する規定（同法第 6 編）が廃止されるとともに，競売法も廃止され，強制執行と担保権の実行のそれぞれの手続が同じ法律によって規律されることになった。なお，保全訴訟については，保全命令手続（保全命令を発令する手続）は民事訴訟法中に残り（当時の民訴 737 条－747 条），保全執行手続（発令された保全命令を執行する手続）は民事執行法中に置かれることになった（制定当時の民執 174 条－180 条）。その後，平成元年（1989 年）に民事保全法（同年法 91 号）が制定され，両者が一つの法律によって規律されることになった（民事訴訟法中の保全命令手続に関する規定および民事執行法中の保全執行手続に関する規定は廃止された）。

　判決手続に関しては，旧民事訴訟法の規定ではその後の社会の変化に対応しき

れない面が多々生じてきた。実務および学説は，法規（条文）の解釈や制度の運用によって，適切な対応をなすべく，さまざまな施策を試みた。しかし，最終的には全面的な法改正が必要であるとの認識が強まり，平成8年（1996年）に現行法である民事訴訟法が制定された（同年法109号。施行は平成10年1月1日）。

　　平成8年の改正によって，明治23年に旧々民事訴訟法が制定された当時同法中に置かれていた規定の多くが廃止されることになったが，公示催告および仲裁に関する規定が廃止されずに残った。そこで，法令名も「公示催告及ビ仲裁手続ニ関スル法律」に変更された。しかし，仲裁に関する規定が，平成15年（2003年）の仲裁法の制定（同年法138号）により，廃止されたことにともない名称が「公示催告ニ関スル法律」になった。さらに平成23年（2011年）制定の非訟事件手続法（同年法51号）に公示催告手続が移管されたことにより（非訟114条以下），「公示催告ニ関スル法律」は廃止された。

　平成8年の全面改正後の民事訴訟法は，その後も社会の変化に伴って生じたニーズに応えるため，たびたび（平成15年，16年，18年，23年など）改正されている。

第4章　民事訴訟制度に向けられた諸要請

1　裁判の適正と訴訟の迅速

　従来，民事訴訟制度には二つの要請が向けられているといわれていた。一つは裁判の適正（正しい裁判）の要請であり，他は訴訟の迅速（時間のかからない訴訟）の要請である。いずれも当然の要請である。

　まず，誤った裁判により権利者の権利が否定され，あるいは，本来義務を負わない者に義務が負わされることはあってはならない。誤った裁判は，刑事事件におけるえん罪として問題にされることが多い。しかし，民事事件でも，誤った裁判がなされれば，取り返しのつかないことになる。

　しかしながら，裁判は正しければ，それだけでいいというわけではない。いくら正しい裁判がなされ，権利者の権利が実現したとしても，訴訟に長い期間がかかるなら，勝訴した権利者も，実質的には多くのものを失うであろう。このような考慮から，平成15年（2003年）に制定された裁判の迅速化に関する法律（同年法107号）は，民事事件，刑事事件を通じて，第一審の手続を2年以内のできるだけ短い期間内に終局させるという目標を掲げ，この目標を実現するために，国，政府，日本弁護士連合会，裁判所，当事者などの責務を定めている（同2条－7条）。

　従来，これら裁判の適正と訴訟の迅速という二つの要請は対立し，両立しがたいものと考えられていた。間違いのない正しい裁判をしようと思えば，慎重に審理をしなければならず，それには時間がかかる。逆に，審理に時間をかけず，短期間で裁判を下そうとすれば，適正がおろそかになる，というのである。このことを完全に否定することはできない。しかし，裁判所が適切な処理を行い，当事者およびその訴訟代理人である弁護士が審理に積極的に関与することにより，訴訟を迅速に進めつつ，裁判の適正を実現することが，本来は望ましいのである。たとえば，訴訟が迅速に行われ，証人の記憶が鮮やかなうちに，証人調べが実施されることが，裁判の適正に積極的な効果をもたらすということもある。

2　当事者の満足と手続保障

　民事訴訟制度に向けられた要請は，裁判の適正と訴訟の迅速だけではない。現在では，当事者の満足を得られるような民事訴訟制度であることが，社会的に強く要請されている。この要請を満たすためには，まず，裁判所は，判決を出す前に，対立する当事者にその言い分を主張し，それを裏付けるための証拠を提出する十分な機会を与え，公平にそれぞれの言い分を聴き，かつ提出された証拠を調べることが必要である。もちろん，そのようにしても，結果において敗訴した当事者が，判決に不満をいだくことは避けられないであろう。しかし，同じ不利な結果であっても，このような機会が十分に与えられたうえでの結果であるか否かによって，当事者の不満の程度は異なるであろう。

　国家が民事紛争を訴訟と裁判によって解決するためには，解決に至る過程において当事者にこのような機会が与えられていなければならないということは，法治国家においては当然のことである。このような機会を当事者に確実に与えることを，**手続保障**という。手続保障を尽くすことは，国家の機関である裁判所の国法上の義務である。その反面として，このような機会が当事者に与えられないままになされた訴訟とその結論である判決は，正義に反し違法であるということになる。そのさい，結果的に裁判の内容が正しかったか否かは問題にならないので，ここでいう正義を手続的正義といい，手続的正義にかなった手続を適正な手続という。

　現在の民事訴訟法理論において手続保障は非常に重要な意味を持っている。民事訴訟法の規定の解釈が分かられるような問題の解決のためには，手続保障にかなう解釈を支持すべきという考え方が，支配的である。[3] たしかに，民事訴訟法の解釈論にあたり手続保障に対する配慮は重要である。しかし，当事者に手続保障が尽くされていれば，言い換えれば，権利主張，権利保護のために十分な機会が当事者に与えられていれば，それにもかかわらず当事者が故意または過失（怠慢）によりこの機会を活用しなかった場合，それによる不利益を受けることは避けられない。

---

3) たとえば，既判力の範囲についての議論において，既判力は手続保障が尽くされた人に対して，また，手続保障が尽くされた問題について生じるという考え方が，広く支持されているといえよう（この点については，第4篇第1章第3節**1(3)**，**3**でくわしく論じられる）。

なお，現代の民事訴訟法理論においては，裁判所による手続保障が尽くされなければならないという考え方から，当事者もまた訴訟において自己の権利の実現ないし保護のために積極的に訴訟手続の形成に参画する権利を持っているとの考え方が生じ，学説にも実務にも浸透している。この権利を**当事者権**という。当事者権とは，具体的には，移送の申立権（16条・17条），裁判官などの除斥・忌避申立権（23条2項・24条），訴状，判決書などの送達を受ける権利（138条1項・255条1項），期日指定申立権（93条），求問権（149条3項），責問権（90条），訴訟記録閲覧謄写請求権（91条）などである。中でも弁論を行い，証拠を提出する権利がとくに重要である。これは**弁論権**といわれている。

3　利用しやすさ，当事者に対する支援

　さらに現在では，市民に利用しやすいものであることが，民事訴訟制度に対する重要な要請になっている。利用しやすさのためには，まず，訴訟が当事者にとって経済的な負担にならないことが重要である。そのためには，訴訟にかかる費用が低廉であることが必要である。ただし，訴訟にある程度の費用がかかることは避けられない。そこで，だれもが訴訟制度を利用できるようにするための，経済的弱者への支援が必要になる。しかし，訴訟制度が利用しやすいものであるためには，経済的な面のみならず，法律相談などの面でも法的紛争に直面した市井の市民に対して支援がなされることが必要である。

　このような支援体制は，わが国でも徐々に，整備されている。この紛争当事者に対する支援について，本書では後に説明される（第8篇第1章）。

第5章　民事訴訟における信義誠実の原則（信義則）および権利濫用禁止の原理

　これまで述べられた民事訴訟制度に対する諸要請を実現するためには，まず，制度面の整備が必要である。具体的には，裁判官および裁判所職員の人的充実，裁判所の設備の充実，弁護士の増員などが必要である。わが国においてこれらの点で十分な整備が行われたとはいえないであろうが，以前に比べれば，訴訟制度が充実しているということはできるであろう。また法的支援制度も徐々に整備されている。

　しかし，制度の充実だけでは不十分であって，訴訟制度を運営する主体である裁判所と当事者が真摯にその職責を果たさなければならない。現行民事訴訟法が，裁判所に民事訴訟が公正かつ迅速に行われるように努める義務があること，および，当事者に信義に従い誠実に訴訟を追行する義務があることを，明文規定（2条）をもって定めたことは，このような認識に基づくものである。

　信義誠実の原則（以下「**信義則**」という）は，フランス民法における契約義務者の忠実義務を起源とし，それが私法における一般原理となり，民法に規定されるようになった（わが国では，民1条2項）。このように信義則は私法上の原理であることから，かつては，信義則が当然に民事訴訟手続に適用されるとは，必ずしも明確には考えられていなかった。しかし，やがて，民事訴訟手続にも信義則の適用を認めるべきであるとの考え方が強まり，旧民事訴訟法下でも，信義則により事案を処理する判例が出現し，学説もおおむねそのような傾向に好意的であった。それを受けて，現行民事訴訟法の制定にあったって，信義則を規定する条文が設けられた。

　また，前述のように（本篇第4章**2**），現在では，手続保障の観点から当事者権

---

4) 司法制度改革の一環として，弁護士を含む法曹の人的増加，具体的には司法試験合格者の増加が図られたが，必ずしも，所期の計画どおりにいっていないことは周知のことである。たしかに，弁護士を含む法曹人口の増加には問題もあるであろうし，また，数を増やすだけで訴訟制度の理想的な運営が可能になるわけでもない。しかし，どの制度でも，適正な運営のためには人的資源も必要であり，訴訟制度において現在必要にして十分な人材が確保されているとはいえないであろう。

が観念されているが，一方で，訴訟においても**権利濫用禁止の原理**が適用されるものと認識されるようにもなった。権利濫用禁止も，もともと，私法上の原理として民法に規定されている（民1条3項）。しかし，民事訴訟手続においても，当事者が訴訟上の権利・権限を濫用することは許されないとの認識が強まってきた。権利濫用禁止の原理は，信義則と異なり，現行民事訴訟法の中に明文化された規定として設けられてはいないが，現在では，民事訴訟手続に妥当する原理として認められている。

第 2 篇　訴訟の主体

はじめに

　前述のように（第1篇第2章第1節），民事訴訟（判決手続）は，民事紛争の一方の当事者が他方を相手方として裁判所に訴えを提起することで開始され，裁判所が訴えをもってなされた請求について審理し裁判をする手続である。もちろん当事者もこの手続において，主としてみずからの権利を主張または守るために種々の行為を行う。ただし，後に取り上げる証人，鑑定人，補助参加人なども訴訟に関与するが，訴訟において中心的な役割を果たすのは，裁判所と当事者である。そこで，裁判所と当事者を訴訟の主体という。

---

1) ただし，提訴前にも，訴え提起前の証拠収集などが行われることがあり，それが行われれば，実質的には訴訟の前哨戦が始まったといえる。
2) ただし当事者の行為の中には，自白，訴えの取下げ，請求の放棄・認諾のように，自己に不利益をもたらす行為もある。

第 1 章　裁判所

第 1 節　裁判所の意義と構成

1　裁判所の意義

裁判所には，裁判機関（個々の事件の裁判を行う機関）という意味と，裁判官およびその他の職員によって構成される官署という意味がある。前者の意味の裁判所は**裁判機関としての裁判所**と呼ばれ，後者の意味の裁判所は**官署としての裁判所**と呼ばれる。本書で「裁判所」と書かれているのは，多くの場合前者の意味であるが，常にそうであるとは限らない。いずれの意味であるかは，前後の文脈からわかることが多いので，原則としてことわらない。ただし，必要があるときは，その点を明記する。

2　裁判所の種類

官署としての裁判所には，最高裁判所，高等裁判所，地方裁判所，家庭裁判所，簡易裁判所があり，最高裁判所以外の裁判所を下級裁判所という（憲 76 条 1 項，裁 1 条・2 条 1 項）。下級裁判所の設立，管轄区域などは，下級裁判所の設立及び管轄区域に関する法律により定められている（裁 2 条 2 項参照）。[1]

各下級裁判所がいかなる事件を扱うか（事物管轄）については，後述する。

3　裁判所の構成

官署としての裁判所は，裁判官のほか，裁判所書記官，裁判所調査官，家庭裁判所調査官，執行官などから構成されている（裁判官以外の職員については，裁 53 条－65 条の 2 参照）。

4　合議制と単独制

（1）　各裁判所における合議制と単独制に関する規定

裁判機関としての裁判所の構成には，**合議制（合議体）**と**単独制**がある。

最高裁判所は合議制で，大法廷か小法廷で審理する（裁9条1項）。大法廷は最高裁判所裁判官全員（15人）の合議体であるが（同9条2項・5条1項・3項），9人以上の裁判官が出席すれば，審理および裁判をすることができる（最高裁判所事務処理規則7条）。小法廷は3法廷あり（第1－第3小法廷），各小法廷の員数は5人であるが，3人以上が出席すれば，審理および裁判をすることができる（裁9条2項，最高裁判所事務処理規則1条・2条）。

高等裁判所も合議制であり，員数は原則として3人であるが（裁18条），例外として，5人の場合もある（同条2項但書・16条4号，民訴310条の2，独禁87条）。

地方裁判所は，刑事訴訟でも民事訴訟でも，原則として単独制であるが（裁26条1項），民事訴訟では，つぎの場合には合議制で審理および裁判をする。一つは，合議体で審理および裁判をする旨の決定を，合議体が行った場合である（同条2項1号）。他は，簡易裁判所の裁判に対する上訴審として裁判する場合である（同項3号）。なお，第一審は，基本的には，地方裁判所か簡易裁判所のいずれかである。どちらであるかの基準は，本章第3節1（3）で説明される）。合議制のときは，員数は3人である（裁26条3項）。ただし，特例として，大規模訴訟においては5人の合議体で審理，裁判することができる（269条1項）。大規模訴訟とは，当事者が著しく多数であり，かつ尋問すべき証人または当事者本人も著しく多数である訴訟である（268条カッコ書き）。この特則は，具体的には公害や薬害による損害賠償請求訴訟が想定されて，立法された。

簡易裁判所では常に単独制である（裁36条）。

1）　高等裁判所は，札幌，仙台，東京，名古屋，大阪，広島，高松，福岡の8庁が設立されている（下級裁判所の設立及び管轄区域に関する法律別表1）。なお，平成16年（2004年）に制定された知的財産高等裁判所設置法（同年法119号）によって知的財産高等裁判所が設置された。これは，「知的財産高等裁判所（略称「知財高裁」）」という名称にもかかわらず，東京高等裁判所が管轄権を持つ知的財産関係事件について裁判権を行使する，同裁判所内に組織される特別の支部である（知財高裁2条）。ただし，司法行政上一定の独立性が与えられている（知財高裁4条・5条）。知財高裁が特別の支部といわれるのは，そのためである。

地方裁判所と家庭裁判所はいずれも，各都府県に1庁および北海道に4庁（札幌，函館，旭川，釧路）設立されている（下級裁判所の設立及び管轄区域に関する法律別表2・3）。簡易裁判所は全国に438庁設立されている（同法別表4）。

高等裁判所，地方裁判所，家庭裁判所，簡易裁判所の管轄区域は，たとえば，東京高等裁判所の管内には，東京・横浜・さいたま・千葉・水戸・宇都宮・前橋・静岡・甲府・長野・新潟の地方裁判所・家庭裁判所があるというように，高等裁判所ごとに決められている（同法別表5）。

(2) 合議制における裁判およびその他の事務処理の分担

合議制のもとでの裁判は，裁判官が評議し，その過半数の意見によって行われる（裁75条-77条）。合議体を構成する裁判官のうちの一人が**裁判長**になる（裁9条3項・18条2項・26条3項）。

> 裁判長は合議体の発言機関として口頭弁論を指揮し（148条），釈明権を行使し（149条1項），法定の事項を受命裁判官にゆだねることなどの権限を持つ。また，裁判長は合議体の評議を整理する（裁75条2項前段）。しかし，評議権は他の裁判官と同等である。

合議体は，法定の事項の処理を構成員の一部に委任することができる。この委任された裁判官を**受命裁判官**という。たとえば，病気で入院中の証人の証人尋問を病院で行う場合，合議体の裁判官全員ではなく，受命裁判官にこれを行わせることができる（195条1号後段。そのほかの例として，88条・89条・171条・185条など）。

受訴裁判所（その訴訟が係属している裁判所。本章第3節1（2）ii参照）は，他の裁判所に法定の裁判事務の処理を嘱託することができる（裁79条）。この場合，嘱託された裁判官を**受託裁判官**という。たとえば，証人が遠隔地の病院に入院している場合の証人尋問を，受託裁判官に嘱託することができる（195条1号後段。そのほかの例として，89条・185条など）。これを訴訟共助という[2]。受託裁判官は合議体の構成員ではないが，受訴裁判所の嘱託に基づいて一定の事務を処理する点で，受命裁判官と共通するので，これに準じて取り扱われる（たとえば，206条・210条・215条の4・329条）。

第2節　民事裁判権

1　民事裁判権の意義

民事裁判権とは，裁判所が民事紛争について審理し，解決するために必要なこと（たとえば，関係人に対する訴訟関係書類の送達，口頭弁論期日への呼出し，判決の言渡し）を行う権限である。当事者がわが国の民事裁判権に服することは，訴訟要

---

[2] 共助には，外国の訴訟についての共助もある。たとえば，A国で係属中の訴訟のために，B国在住の証人尋問をB国の裁判所で行うことである。

件（訴えが適法であるための要件）であるから，これに服さない者を被告として提起された訴えは不適法であり，訴え却下の判決がなされる。

民事裁判権は，原則として，日本国内にいるすべての人（外国人も含む）に及ぶ。例外は，外国国家と外国の元首，外国の外交使節である。判例では天皇に民事裁判権が及ぶか否かが問題になった。以下では，これら，わが国の裁判権に服さない，または，服すか否かが問題になるものについて説明される。

2　わが国の民事裁判権に服さない者

（1）　外国国家

外国国家は民事裁判権に服さない。これを**主権免除**という。かつて，主権免除は絶対的と考えられていた。このような考え方を**絶対免除主義**という。しかし，国家が私人と同様な経済活動も行うようになると，多くの国において，その結果生じた民事紛争については，外国国家も自国の裁判権に服するとの考え方が生まれ，かつ大勢を占めるようになった。すなわち，ある国からみて，外国国家は主権的行為をめぐる紛争については自国の裁判権に服さないが，業務管理的な行為をめぐる紛争については自国の裁判権に服するという考え方である。これを**制限免除主義**という。わが国では，戦前の判例が絶対免除主義を採用していたのに対して，最近の判例は制限免除主義を採用していた[3][4]。このような状況の下で，平成21年（2009年）に外国等に対する我が国の民事裁判権に関する法律（同年法24号）が制定された。同法8条は，外国も，商業的取引については主権免除を享有できない，すなわちわが国の裁判籍に服するとしている。

（2）　外国の元首，外交使節，外交官など

日本が加盟している外交関係に関するウィーン条約は，接受国の領域内にある外交官などの個人の不動産に関する訴訟，個人として関係している相続に関する

---

3)　大決昭和3年12月28日民集7巻1128頁（百選Ⅰ18）。
4)　最判平成14年4月12日民集56巻4号729頁は，横田基地周辺の住民が提起した，アメリカ合衆国に対して軍用機の夜間の離着陸の差止めを請求する訴えを，軍用機の離着陸はアメリカ合衆国の主権的行為であり，同国はそれに関するわが国の民事裁判権には服さないとの理由で，却下した。これに対して，最判平成18年7月21日民集60巻6号2542頁は，わが国の企業と外国国家の間で締結された，コンピュータの売買代金債務を消費貸借契約の目的とする準消費貸借契約に基づいて，わが国の企業が当該外国国家に対して提起した貸金支払請求の訴えにつき，外国国家は，私法的ないし業務管理的な行為については，法廷地国の民事裁判権に服することを免除されないとした。

訴訟，および接受国内で公務の範囲外で行う職業・商業活動に関する訴訟については民事裁判権の免除を認めていない（同条約31条1項）。逆の面からいえば，それ以外の事項に関する民事訴訟については外交官などに民事裁判権の免除が認められている。

（3）天　皇

天皇が日本の民事裁判権に服すか否かにつき，学説上は肯定する見解が多数であるが，判例は否定している[5]。

第3節　管轄および移送

1　管轄の意義と種類

（1）管轄の意義

民事裁判権は日本国内の各裁判所が行使する。日本には，最高裁判所，高等裁判所，地方裁判所，家庭裁判所，簡易裁判所があり，高等裁判所以下の下級裁判所は日本国内にそれぞれ複数ある[6]。したがって，個々の民事訴訟についてどこの裁判所が審判する権限を持っているかが問題になる。これが**管轄**の問題である。それは，当事者の視点からすれば，自分がかかわる民事紛争がいずれの裁判所で解決されるものか，とくに，訴えを提起しようとする者にとっては，どの裁判所に訴えを提起すべきかという問題になる。

なお，渉外的要素を持つ訴訟（たとえば，外国人に対する訴訟，外国人が日本人に対して提起する訴訟）については，どの国の裁判所が裁判権を行使することができるか，言い換えれば，どの国で訴えを提起すべきかが問題になる。これは国際裁判管轄の問題であり，これについては第4節で説明される。

（2）管轄の種類

管轄はいくつかの観点から分類される。以下に，各種の分類による管轄の種類を示し，その後，各種の管轄のうちとくに個別にくわしい説明が必要であるものについて（**3**）-（**5**）で説明される。

---

5)　最判平成元11・20民集43巻10号1160頁（百選Ⅰ6）。
6)　注1)を見よ。

i　発生事由の観点からの分類

この観点からは，管轄は，法定管轄，指定管轄，合意管轄，応訴管轄に分類される。

指定管轄とは，直近の上級裁判所（たとえば，地方裁判所であれば，高等裁判所）の指定による管轄である。この指定が行われるのは，たとえば，本来の管轄ある裁判所の裁判官の大部分が，後述の（本章第4節）除斥，回避によって，もしくは病気になったため，職務を執行できない場合（10条1項），または，管轄原因である不法行為地（5条9号）が不明な場合（10条2項）である。

法定管轄とは，法律の規定により決まる管轄である。

合意管轄とは，当事者の合意によって生じる管轄である（11条1項）。

応訴管轄とは，本来管轄のない裁判所に訴えが提起されたが，被告が異議を唱えず応訴した場合に，認められる管轄である（12条）。

　ii　法定管轄内の分類

法定管轄には職分管轄，事物管轄，土地管轄がある。

職分管轄とは，裁判権の種々の作用をいずれの裁判所の役割とするかという意味の管轄である。この観点によると，裁判所には，受訴裁判所，執行裁判所，審級裁判所などがある。**受訴裁判所**とは，判決手続を職分（役割）とする裁判所である。**執行裁判所**とは，執行手続を職分とする裁判所である（民執3条参照）。**審級裁判所**とは，上訴制度との関連で，第一審として，あるいは上訴審として審判をする権限のある裁判所である。

事物管轄とは，第一審をいずれの裁判所にするかという意味での管轄である。

第一審裁判所は，事物管轄の規定により，いずれの種類の裁判所かが決まるが，（3）で述べるように，基本的には，地方裁判所か簡易裁判所である。しかし，日本国内には，同種の下級裁判所が所在地を異にして複数ある。同種の裁判所のなかで，その事件について審判する権限を**土地管轄**という。

　iii　拘束力の違いによる分類

やはり法定管轄内の分類であるが，管轄は拘束力の違いによって任意管轄と専属管轄に分類される。**任意管轄**とは，当事者の意思や態度によって変更できる管轄である。したがって任意管轄については，法定管轄とは異なる合意管轄や応訴管轄が生じうる。それに対して，当事者の意思や態度によって変更できない管轄を**専属管轄**という。専属管轄は，裁判の適正，訴訟の迅速という公益的要請から，

当事者の意思などによる変更を許さないものである。職分管轄は、裁判所の職務権限の分配を定めるものであるから、その旨の明文規定はないが、専属管轄であると解されている。それに対して、事物管轄および土地管轄は、明文規定で専属管轄である旨が定められた場合に限って、専属管轄である（その例としては、340条、会社835条1項などがある）。

なお、当事者間で、特定の裁判所のみに管轄を認める合意がなされることがある。これを専属的合意管轄という。これは、後述のように（(5)）、専属管轄ではない。

(3) 事物管轄

第一審事件の職分管轄は基本的に簡易裁判所と地方裁判所にあるが[7]、前述のように、そのいずれに分担させるかの定めが事物管轄である。訴額が140万円以下の請求は簡易裁判所の、140万円を超える請求および不動産に関する訴訟は地方裁判所の事物管轄とされる（裁33条1項1号・24条1号）。したがって、訴額が140万円以下の不動産に関する訴訟は簡易裁判所と地方裁判所の双方が管轄を有する（管轄の競合）。

(4) 土地管轄

前述のように、同種（地方裁判所、簡易裁判所など）の裁判所のうちいずれの土地にある裁判所に審判の権限があるかの定めが土地管轄である。土地管轄は裁判籍のある裁判所にある。**裁判籍**とは、事件に密接に関係する地点である。裁判籍には、普通裁判籍と特別裁判籍がある。**普通裁判籍**とは事件の内容や種類を問わず、一般的に認められる裁判籍であり、**特別裁判籍**とは特定の種類の事件の性質や内容に応じて、普通裁判籍と競合して、またはその例外として認められるものである。例外として認められるときは、専属管轄となる。

i 普通裁判籍

原則的な土地管轄は被告の普通裁判籍にある（4条1項）。自然人の普通裁判籍は、住所または居所とされ（同条2項）、法人の普通裁判籍は主たる事務所または営業所、それがないときは、代表者などの住所とされる（同条4項）。国の普通裁判籍は、訴訟について国を代表する官庁の所在地である（同条6項）。具体的には、

---

[7] 特殊な訴訟について、高等裁判所が第一審としての管轄を有する事件もある（公選203条・204条）。

法務省のある東京になる。

　このように，原則的な土地管轄は被告の住所地，主たる事務所の所在地などの裁判所にあることになるが，それは，原告が被告の生活・活動拠点に出向いて訴えを提起するのが，原告と被告の公平に適うと考えられるからである。

ii　特別裁判籍

　特別裁判籍には，普通裁判籍と競合して認められるものと，専属的なものとがある。また，他の事件と無関係に認められる**独立裁判籍**と，請求の併合の場合の併合される他の事件との関連から認められる**関連裁判籍**とがある。[8]

（a）独立裁判籍　独立裁判籍による管轄は，5条に列挙されているほか，特許権などに関する訴えの管轄が6条に，意匠権などに関する訴えの管轄が6条の2に規定されている。

　5条に列挙されている裁判籍は，いずれも普通裁判籍と競合して認められるものである。そのなかでは，財産上の訴えについての義務履行地（5条1号），不法行為に関する訴えについての不法行為地（同条9号），不動産に関する訴えについての不動産所在地（同条12号）などが重要である。不法行為地や不動産所在地の裁判所に土地管轄が認められているのは，それらの地が証拠を収集するのに便利であり，関係者の出頭も容易であるといった点が考慮されたためである。不法行為に関する訴えの場合は，被害者も不法行為地に居住していることが多いので，被害者の便宜でもある。他方，義務履行地に土地管轄が認められているのは，債務者は履行地において履行の提供をしなければならないから，その地での応訴を強いられても不公平ではないとの配慮によるといわれている。しかし，実体法は持参債務を原則としているので（民484条），義務履行地に土地管轄が認められることによって，被告の住所地，主たる事務所の所在地などに普通裁判籍を認めた趣旨が没却される，と批判する見解が有力である。

　6条は，特許権，実用新案権，回路配置利用権またはプログラムの著作物についての著作者の権利に関する訴え（以下「特許権などに関する訴え」という）についての

---

8)　一つの訴訟で複数の請求について審判がなされることがあり，それを請求の併合という。請求の併合には，請求の客観的併合と請求の主観的併合がある。前者は，一人の原告が一人の被告に対して複数の請求について訴えを提起する場合である。後者は，原告，被告の一方または双方が複数の訴訟である。複数の者の間で訴訟が行われているのであるから，当然請求も複数なので，請求の併合の一形態といえる。ただし，この場合は，請求の併合というより，共同訴訟という方が一般的である（請求の客観的併合については第6篇第1章第2節で，共同訴訟については，同篇第2章で説明される）。

特別な管轄を規定している。特許権などに関する訴えについては，本来であれば（4条・5条によれば）名古屋高等裁判所管内以東（東日本）に所在する地方裁判所に土地管轄がある場合には，東京地方裁判所の管轄に，大阪地方裁判所管内以西（西日本）に所在する地方裁判所に土地管轄がある場合には，大阪地方裁判所の管轄に専属する（6条1項）。たとえば，本来の土地管轄が仙台地方裁判所にある場合でも，特許権などに関する訴えであれば，東京地方裁判所の専属管轄となる。そして，両地方裁判所の判決に対する控訴は，東京高等裁判所の専属管轄とされ（同条3項本文），同裁判所に設置された知的財産高等裁判所が扱うことになる（知的財産高等裁判所設置法2条）。このような特別な管轄が規定されたのは，特許権などに関する訴えについては，適正で迅速な解決のためには，高度で専門的な知見を集積した裁判所で審理することが必要と考えられたことによる。ただし，東京地方裁判所と大阪地方裁判所との間では，上記の知見を集積しているという点で，変わりがないので，一方の地方裁判所に専属しているとされる場合でも，他方の地方裁判所に合意管轄が認められ，また応訴管轄が生じることがある。この点で，6条が規定する管轄は厳密な意味での専属管轄ではない。特許権などに関する訴えでも，事物管轄が簡易裁判所に属する訴えについては，一般規定により管轄のある簡易裁判所と東京地方裁判所または大阪地方裁判所の管轄が競合することになる（6条2項）。

　6条の2は，意匠権，商標権，著作権者の権利（プログラムの著作物についての権利を除く），出版権などに関する訴えについて規定している。これらの権利に関する訴えについては，本来土地管轄を持つ地方裁判所に加えて，東日本では東京地方裁判所，西日本では大阪地方裁判所に競合して管轄が認められる（6条の2第1項）。そのようにしたのは，これらの訴えにおいては，一方で，必要とされる知見は特許権などに関する訴えほどには高度で専門的ではないが，他方で両者に共通する面もあるからである。

　民事訴訟法以外の法律には，特別裁判籍で専属管轄を定めた規定がある（たとえば，会社835条，民執19条，民保6条，破6条，民再6条，会更6条）。

　(b)　関連裁判籍　　請求の客観的併合の場合，併合された請求の一つについて管轄を有する裁判所には，他の請求についての管轄もあるとされる（7条本文）。これが認められるのは，そうすることが原告にとって便宜であり，被告にとっても，どうせ本来の管轄のある裁判所で応訴しなければならないのであるから，過酷なこととはいえないからである。

　　関連裁判籍は，共同訴訟でも考えられる。しかし，共同被告のうちの一人にとってある裁判所に管轄があるということから，すべての被告に対する請求についてその裁判所の管轄が肯定されると，被告によっては遠隔の地での応訴が強いられることにな

---

9) 共同訴訟については，注8）を参照。

る。そこで，共同訴訟の場合には，併合される請求権相互の関連が比較的強い38条前段の場合には併合請求の裁判籍が認められるが，請求相互の関連が弱い同条後段の場合には認められない（7条但書）。したがって，たとえば，債権者は，住所地が別の裁判所の管内にある主債務者と保証人を，いずれかの住所地の裁判所で訴えることができるが，数通の約束手形の各振出人についてその住所地や支払地（5条2号参照）が別の裁判所の管轄内にあるときは，併合請求の裁判籍は認められない。

（5） 合意管轄

合意管轄とは，当事者の合意によって生じる，法定管轄と異なる管轄である。法定管轄が専属管轄でないかぎり，第一審に限り，適法である（11条1項）。ただし，一定の法律関係に基づく訴えに関し，書面によらなければならない（同条2項）。たとえば，契約締結にあたり，その契約に関して法的紛争が生じた場合に訴えを提起すべき裁判所を取り決める合意は有効であるが，今後二人の間で生じるであろう紛争の一切について訴えを提起すべき裁判所を取り決めるような合意は，無効である。

問題になることが多いのは，法定管轄とは別に1箇所を挙げて，土地管轄を認める合意の解釈である。わざわざこのような合意をしたということは，法定管轄を排して，合意された土地管轄のみを認める趣旨であると解するのが当事者の意思にかなっているようにも思われる。そのような合意を**専属的合意管轄**という。当事者が，対等な立場に立ったうえで，このような合意を成立させたのであれば，合意された裁判所のみに管轄を認める合意として有効とみなすこともできよう。しかし，このような合意は多くの場合，約款によって行われており，一方の当事者が経済的・社会的優位性を背景に相手方に専属的合意管轄の発生を受け入れさせようとするものである。そのような場合に，専属的合意管轄の成立を認める結果は，当事者間の公平を害するものであり，妥当性を欠いている。そこで，既に旧法下において，合意は，もう一つ管轄を有する地を付け加えるものであって，法定管轄を排除するものではないと解釈する裁判例があった[10]。このような意味の管轄を**付加的合意管轄**という。このような解釈は，合意の文言からは多少無理があるようにも思われるが，成り立つ余地がないとまではいえず，かつ，公平および妥当性の観点から好ましいものである。とくに現行民事訴訟法は専属的合意管

---

10) 札幌高決昭和45年4月20日下民21巻3・4号603頁（百選［2版］9），東京高決昭和58年1月19日判タ491号70頁＝判時1076号65頁（百選Ⅰ30）。

轄が本来の専属管轄でないことを明確に示している（20条1項カッコ書）ので，このような解釈は，旧法下における以上に，容易になった。したがって本書はこれを支持する。ただし，当事者が対等な立場に立って，合意の意味を明確に理解したうえで上記のような合意がなされた場合は，その合意を専属的合意管轄と認めることができる。

2 管轄の調査，基準時，管轄違背の場合の措置

(1) 管轄の調査

管轄の存在は訴訟要件の一つである。訴訟要件は，原則として職権調査事項とされている。職権調査事項とは，当事者の主張がなくても，裁判所が職権で調べるべき事項である（訴訟要件については，第3篇第1章第6節で説明される）。したがって，裁判所は，管轄違背（裁判所がその事件について管轄を有しないこと）を認めたら，当事者の主張がなくても，(3)で述べる措置を講じなければならない。また，裁判所は，管轄に関する事項については，職権で証拠調べをすることもできるとされている（14条）。ただし，任意管轄については，管轄のない裁判所に訴えが提起されても，被告がこれを争わなければ，応訴管轄が成立するので（12条），裁判所の判断は不要になる。上訴審では，任意管轄違背を主張することはもはやできないが，専属管轄違背の主張は可能である（299条1項。312条2項3号参照）。

(2) 管轄の基準時

管轄の基準時は訴え提起の時である（15条）。したがって，たとえば，この時点での被告の普通裁判籍所在地である住所地の裁判所に訴えが提起されれば，たとえその後に被告がそこから転出しても，管轄は失われない。逆に，訴え提起時に存在しなかった管轄が，訴訟係属中発生した場合，たとえば，訴えが提起されている裁判所の所在地に被告が転入することによって，その裁判所に土地管轄が生じるに至った場合には，15条の文言からは管轄の否定も考えられるが，肯定すべきである。

(3) 管轄違背の場合の措置

前述のように，管轄は訴訟要件の一つである。訴訟要件を欠く訴えは不適法であり，本来であれば，却下される。しかし，管轄を有する裁判所が別にあるのに，訴えを却下して，再度の訴え提起をしなければならないとすると，原告は訴え提

起にかける手間や手数料を二重に負担しなければならなくなる。しかも，最初の訴え提起による時効中断や期間遵守の効果（147条）が維持されなくもなる。したがって，管轄違背の場合，裁判所は申立てによりまたは職権で管轄裁判所に移送しなければならないとされている（16条1項）（移送については，3で説明される）。

3 移 送

（1） 移送の意義

移送とは，ある裁判所に生じている訴訟係属（訴訟係属については，第3篇第1章第4節3（1）で説明される）を，その裁判所の裁判によって，他の裁判所に移すことである。この裁判を移送決定という。移送には，管轄違背による移送，遅滞を避けるための移送，簡易裁判所から地方裁判所への裁量移送および必要的移送がある。

（2） 管轄違背による移送

管轄違背の場合には，2（3）で説明されたように，管轄ある裁判所への移送がなされる（16条1項）。ただし，この点に関する例外として，簡易裁判所の事物管轄に属する訴えが地方裁判所に提起された場合には，地方裁判所は，簡易裁判所の専属管轄に属するものを除き，移送せずにみずから審判することができる（16条2項）。

（3） 遅滞を避け，当事者間の衡平を図るための移送

訴えが管轄のある裁判所に提起された場合でも，当事者や証人の住所，検証物の所在地などの事情を考慮して，訴訟の著しい遅滞を避け，または当事者間の衡平を図るために必要がある場合，裁判所は，当事者の申立てによりまたは職権で，他の裁判所に移送することができる（17条）。このような措置をとることができるのは，訴えが提起された裁判所の管轄が専属的管轄ではなく，かつ，移送される裁判所にも管轄があるとき，すなわち管轄が競合しているときである。

約款で，原告側に都合のよい専属的合意管轄の取り決めがなされ，合意された裁判所に訴えが提起された場合，前述のように（1（5）），原則として，合意を付加的合意と解したうえで，妥当性・公平にかなった裁判所への移送が可能である。

（4） 簡易裁判所から地方裁判所への裁量移送

簡易裁判所は，その管轄に属する訴訟でも，相当と認めるときは，その専属に属するものを除き，申立てまたは職権で，その所在地を管轄する地方裁判所に移

送することができる（18条）。

（5）申立ておよび同意に基づく必要的移送

第一審裁判所は，訴訟がその管轄に属する場合でも，一方の当事者の申立てと相手方の同意があれば，原則として移送しなければならない（19条1項本文）。この移送には，地方裁判所から簡易裁判所への移送，その逆の簡易裁判所から地方裁判所への移送も含まれる。この原則に対する例外として次の場合には移送ができない（同条同項但書）。第1に，移送により著しく訴訟手続を遅延させる場合である。第2に，被告が本案について弁論をし，または弁論準備手続（弁論準備手続については，第3篇第3章第2節3（3）で説明される）での申述をなしている場合である。ただし，第2の場合のうち，簡易裁判所からその所在地を管轄する地方裁判所への移送については，例外にならず，移送が可能である。

簡易裁判所の管轄に属する不動産に関する訴訟について，被告の申立てがあるときも，原則として，その所在地を管轄する地方裁判所に移送しなければならない（19条2項本文）。ただし，被告が本案について弁論をし，または弁論準備手続での申述をなした場合は，このかぎりでない（同条同項但書）。

（6）移送の手続および裁判

i　移送の手続

移送は当事者の申立てまたは職権により行われる（16条1項・17条・18条・20条の2第1項・2項）。簡易裁判所に管轄がある事件につき地方裁判所に訴えが提起された場合の，地方裁判所がそのまま審判をすること（本来は移送すべきなのに移送しないこと）についても，同様に職権または申立てによる（16条2項）。このように，移送に関しては当事者にも申立権が認められている。

　　裁判所は，17条（遅滞を避けるための移送），18条（簡易裁判所の裁量移送），および22条の2（特許権に関する訴え等の移送）の申立てがあったとき，それに対する裁判をするにあたり，相手方の意見を聴かなければならず（規8条1項），職権でこれらの移送をするときは，当事者の意見を聴くことができる（同条2項）。
　　移送の裁判および移送の申立てを却下する裁判は，決定の形で行われる。いずれの決定に対しても，不服のある当事者は即時抗告を提起することができる（21条）。

ii　移送の裁判

移送の裁判は移送を受けた裁判所（以下「受移送裁判所」という）を拘束し（22条1項），事件をさらに他の裁場所に移送することはできない（同条2項）。それは，これを認めると，事件が転々と移送され続ける（たらい回しになる），あるいは，

移送した裁判所と受移送裁判所の間で移送が繰り返されるおそれがあるからである。ただし、受移送裁判所が、移送の理由となったのとは異なる理由、または、移送決定確定後に生じた理由に基づいて移送することは可能であると解されている。

第4節　国際裁判管轄

　たとえば、当事者が外国人である民事紛争、または、外国を義務履行地とする契約をめぐる民事紛争のように、渉外的要素を持つ民事事件（以下「渉外民事事件」という）について、裁判所が裁判権を行使する権限を**国際裁判管轄**という。現在では、たとえば、EU加盟国内での国際裁判管轄を規定するブリュッセル規則Ⅰ（正式名称は、民事及び商事に関する裁判管轄並びに裁判の承認及び執行に関する2000年12月22日の理事会規則）、ブリュッセル規則Ⅱ（正式名称は、婚姻事件及び子に対する親の責任に関する手続の管轄並びに裁判の承認人及び執行に関する2000年5月29日の理事会規則）のような、数カ国間で国際裁判管轄を定める条約の例はあるが、世界各国に適用される国際準則は存在しない。したがって、上記のような条約の適用を受けない渉外民事事件についての国際裁判管轄は各国がその国内民事訴訟法によって定めることになる。わが国では、従来国際裁判管轄に関する明文規定は設けられていなかったので、渉外民事事件の国際裁判管轄については解釈にゆだねられていた。

　そしてこの問題に関するわが国の伝統的な見解は、国内民事訴訟法の土地管轄に関する規定から国際裁判管轄の有無を推知するというものであった（逆推知説）。これに対して、国際裁判管轄は、ある紛争についてどこの国の裁判所に裁判権があるかということであり、国内のどこの裁判所に管轄があるかという土地管轄についてとは異なる考慮が必要であるとの理由から、国際裁判管轄は、渉外民事事件をどこの国の裁判所で裁判するのが適切かという観点から決するべきであるとの有力説（管轄配分説）が対立していた。たとえば、逆推知説によると、被告である外国法人の事務所または営業所が日本にあれば、それだけでわが国の裁判所に国際裁判管轄が認められることになる（4条4項・5項参照）のに対して、管轄配分説によれば、外国法人がわが国に事務所などを持っているだけでなく、わが国の事務所などの業務に関して生じた紛争であって、はじめてわが国の国際裁判管轄が認められる。判例はかつて逆推知説によっていたが[11]、その後、土地管轄の規定による裁判籍が日本国内にあるときは、原則としてわが国の国際裁判管轄を認めつつ、わが国で審理を実施することが当事者間の公平、裁判の適正・迅速を期するという理念に反する特段の事情があると認められる場合には、これを否定すべきとした（特段の事情論）[12]。

11）　最判昭和56年10月16日民集35巻7号1224頁（百選［3版］123）（マレーシア航空事件）。
12）　最判平成9年11月11日民集51巻10号4055頁。

そのような状況の下，平成23年（2011年）の改正（同年法36号）によって，民事訴訟法「第2章　裁判所」に，「第1節　日本の裁判所の管轄権」（3条の2－3条の11）が新たに設けられた（この改正後，従来の第2章第1節が第2節に，第2節が第3節になった）。

　国際裁判管轄に関する現行法の規定の概略は以下のとおりである。被告が自然人であるときはその住所などが，法人などであるときはその主たる事務所または営業所などが，それぞれわが国内に存在するときは，原則としてわが国が国際裁判管轄を有する（3条の2第1項・第2項）。これは，国内管轄における普通裁判籍に対応するものである。他方，特別裁判籍に対応する規定も設けられている。まず，義務履行地が国内にあることによりわが国に国際裁判管轄が認められるのは，契約上の債務の履行請求および契約上の債務に関して行われた事務管理もしくは生じた不当利得にかかる請求その他債務の不履行による損害賠償請求などに限られる（3条の3第1号。5条1号と対比せよ）。財産上の訴えについては，差し押さえることができる財産が国内にあるとき，わが国に国際裁判管轄が認められるが（3条の3第3号），その財産の価値が著しく低いときは認められない（同号カッコ書）。事務所または営業所が国内にあることによりわが国に国際裁判管轄が認められるのは，訴えが国内の事務所，営業所における業務に関するものに限られる（3条の3第4項）。また，消費者契約，労働契約については社会的弱者保護の観点から特別の規定が設けられている（3条の4）。会社などの社団に関する訴えについては，専属管轄が規定されている（3条の5）。

　併合請求（3条の6），合意管轄（3条の7），応訴管轄（3条の8）に関する規定も設けられている。

　以上の規定により，わが国に国際裁判管轄が認められる場合でも，裁判所は特別の事情により訴えを却下することができる（3条の9）。この「特別の事情」とは，応訴による被告の負担の程度，証拠の所在地その他の理由により，当事者間の衡平が害され，または適正・迅速な審理が妨げられる事情である。これは，従来の判例にみられた特段の事情論を明文化したものといわれている。[13]

第5節　裁判所構成員の除斥，忌避，回避

1　制度の趣旨

　裁判官が事件もしくは一方の当事者と一定の関係にある場合，または裁判の公正を妨げるべき事情がある場合，その裁判官が当該訴訟についてなお職務を執行

13）　前注12）参照。

することは，裁判の公正を害し，かつ，司法への信頼を損なうことになる。そこで，そのような場合，裁判官を職務の執行から排除することが必要になる。これが，除斥，忌避の制度であり，回避もこれに関連する制度である。

同様のことは，裁判官以外の裁判所職員にも当てはまるので，除斥，忌避，回避に関する規定は，それらにも準用される（裁判所書記官につき，27条，規13条，専門委員につき92条の6第1項，規34条の9，知的財産に関する事件における裁判所調査官につき92条の9第1項，規34条の11。以下では，裁判官とこれらの職員の両者を含むときは，「裁判官など」という）。

2 除　斥

（1）除斥の意義
除斥とは，法定の原因（以下「除斥事由」という）により裁判官などが当然にその職務の執行を禁止されることである。

（2）除斥事由
裁判官の除斥事由は23条1項各号に列挙されている。

1号－3号，5号は裁判官が当事者に一定の近い関係にあるため（典型的なのは，裁判官自身，その配偶者，4親等内の親族または3親等内の姻族が当事者である場合），または利害を同じくしているため，公正な職務の執行を期待できない場合である。4号，6号は，裁判官が事件の審理と関連をもっているため，公正な職務の執行を期待できない場合である。

除斥事由で，問題になることが多いのは，6号の前審関与である。ここでいう前審とは，当該事件についての下級審（それゆえ，上告審裁判官の除斥が問題になった場合は，第一審，控訴審の双方）の裁判を指す。下級審の審判に関与した裁判官が，上級審の審判にも裁判官として関与したのでは，公正・中立な判断を期待できず，また審級制度（当事者の不服に基づいて審判をやり直すこと）の意義が失われることが，前審関与を除斥事由とした理由である。このことから，除斥事由となる前審関与とは，前審の評決に加わったことである。判決の言渡しのみの関与（裁判官の転勤，退職，病気などの理由でこれがなされることがある）はこれに当らない。判例によれば，前審において口頭弁論を指揮し，証拠調べを行っても，評決に加わらなければ，前審関与に当らない。[14]また，訴訟係属前に行われた調停への関与は，除斥事由としての前審関与に当らない。[15]さらに労働審判に対する異議の申し

立てにより訴訟に移行した（労審22条）場合の労働審判への関与も，前審関与に当らない。[16]

なお，先に(1)，裁判官以外の裁判所職員にも裁判官の除斥に関する規定が準用されると述べたが，裁判官以外の者は評決に関与しないので，24条1項6号は準用される余地がない。

(3) 除斥の効果と裁判

除斥原因のある裁判官は，法律上当然にその事件について一切の職務を行うことができない（23条1項柱書本文。ただし，同柱書但書参照）。除斥原因のある裁判官が現に事件について職務を行っているときは，裁判所は，申立てによりまたは職権で除斥の決定（裁判の一種）を行う（23条2項）。

> 除斥の裁判を行うのは，簡易裁判所以外の裁判所と簡易裁判所とで異なる。簡易裁判所以外の裁判所においては，除斥を申し立てられたのが，合議体の構成員である裁判官であれ単独制の裁判官であれ，申立てについてはその裁判官が所属する裁判所（官署としての裁判所）が決定で裁判をする（25条1項前段）。除斥を申し立てられた裁判官はその裁判に関与することができない（同条3項）。簡易裁判所において裁判官について除斥が申し立てられた場合は，その裁判所の所在地を管轄する地方裁判所が決定で裁判する（同条1項後段）。いずれの場合も，除斥を申し立てられた裁判官が除斥についての裁判に関与しないことになっている。
>
> 除斥の申立てを却下する決定に対しては，それに不服のある当事者は，即時抗告を提起することができるが（25条5項），除斥決定に対しては不服を申し立てることはできない（同条4項）。

除斥の申立てがあると，それに対する裁判がなされる前であっても，言い換えれば，除斥の裁判がなされるか否かが未定の間であっても，急速を要する行為を除いて，訴訟手続は停止する（26条）。急速を要する行為としては，証拠保全，保全命令，執行停止命令などを挙げることができる。

除斥原因がある裁判官には当然に除斥の効果が生じており，除斥の申立て後，裁判があるまでの間はもとより，申立てがある前から，職務を行うことはでないはずであり，実際に職務が行われてしまっていれば，それは無効である。それゆえ，除斥の裁判は確認的であるといわれる。したがって，除斥原因のある裁判官

---

14) 最判昭和28年6月26日民集7巻6号783頁（百選［2版］12）。
15) 最判昭和30年3月29日民集9巻3号395頁。
16) 最判平成22年5月25日判タ1327号67頁＝判時2085号160頁。

が判決自体に関与したときには，当然に上告理由および再審事由になる（312条2項2号・338条1項2号）。ただし，判決の言渡しは判決内容形成への関与ではないので，前審に関与した裁判官が上級審で判決言渡しのみを行った場合，その判決は取り消されるべき判決ではない。[17]

前述のように(1)，裁判官以外の裁判所職員にも，裁判官の除斥に関する規定が準用されるが，専門員，知的財産に関する事件における裁判所調査官については，除斥の申立てがあっても手続自体は停止されず，これらの者の手続への関与が禁じられるに止まる（92条の6・92条の9は26条を準用していない）。

3 忌　避

(1) 忌避の意義

忌避とは，除斥原因以外の事由により裁判官などに裁判の公正を妨げるべき事情が存するときに，当事者の申立てに基づいて，裁判により裁判官などを職務の執行からはずすことである。除斥が，裁判官などに対して法定の原因により当然にその職務を禁止する制度であるのに対して，「裁判の公正を妨げるべき事情がある」と判断され，忌避の裁判がなされて，はじめて裁判官などが職務からはずされる点に，両者の違いがある。したがって，忌避の裁判は，除斥の裁判と異なり，確認的な裁判ではない。

(2) 忌避の原因

忌避の原因は「裁判の公正を妨げるべき事情」である（24条1項）。具体的には，裁判官が当事者の一方と婚約中であること（夫婦であれば，除斥事由になる〈23条1項1号〉），事件の結果につき特別な経済的な利害を有していること，事件について助言を行っていたことなどが挙げられている。判例や下級審裁判例をみると，忌避が認められない例が多い。たとえば，裁判官が一方の当事者の訴訟代理人の女婿(娘の夫)であった場合にも，忌避は認めらなかった[18]。しかし，この場合に忌避を認めないのでは，一般人の訴訟制度の公正に対する信頼をそこなうことになり，忌避を認めるべきであったといえる。

---

17) 大判昭和5年12月18日民集9巻1140頁。
18) 最判昭和30年1月28日民集9巻1号83頁（百選［5版］4）。

（3） 忌避の申立て

忌避の手続は，当事者の申立てによってのみ開始される（24条1項）。当事者が弁論または弁論準備手続において申述をしたときは，もはや忌避を申し立てることができなくなる（同条2項本文）。ただし，忌避事由を知らなかったとき，または，忌避の原因がその後に生じたときは，なお忌避の申立てが可能である（同条同項但書）。

> 忌避の裁判については，これを申し立てられた裁判官が関与しないことになっているなど，除斥の裁判と同様に規定されている（25条各項は，除斥と忌避をいっしょに規定している）。

（4） 忌避申立てと訴訟手続の停止

忌避が申し立てられたら，原則として申立てについての裁判が確定するまでは，訴訟手続を停止しなければならない（26条本文）。ただし，急速を要する行為は，忌避を申し立てられた裁判官が行うことができる（同条但書）。急速を要する行為としては，除斥の場合と同様に，証拠保全，保全命令，執行停止命令などが挙げられる。確定前に急速を要しない行為を行えば，違法であるが，後に忌避の理由なしとする裁判が確定した場合，行われた行為の瑕疵は治癒され有効になるのか，あるいは治癒されず無効なままであるかについては，見解が分かれている。忌避の理由のない裁判官が行った行為であるから，治癒されたものとして処理すべきである。判例もそのように処理している。[19] 逆に，急速を要する行為がなされた後に，忌避の申立てが認められた場合に，なされた行為は無効になるのか，有効であり続けるのかについても，見解が分かれている。急速を要する行為については，まさに急速を要するがゆえに，当該裁判官が行為をすることを，法が特例として認めたのであるから，忌避が認められても，行為の効力は消滅しないものと解すべきである。

（5） 忌避権の濫用

忌避は，実際には，一方の当事者の訴訟引き延ばしのために濫用されることが多い（忌避権の濫用）。そこで，忌避を申し立てられた裁判官は，たしかに，前述のように，忌避の申立てについての裁判に関与できないことになっているが，実務では，忌避の申立てが濫用であることが明白なときは，当該裁判官みずから申

---

19) 最判昭和29年10月26日民集8巻10号1979頁。

立てを却下することができるとされている。[20] 学説は，これを是認する見解と，手続の公正を害するとして反対する見解に分かれている。実際に濫用が多いという現実，および当該裁判官が申立てを却下したときは，申し立てた当事者が不服を申し立てることができること（25条5項）を考えると，実務の扱いを是認していいようにも思われる。しかし，国民の司法制度への信頼を確保するためには，手続の公正を維持する必要があるので，このような扱いは認めるべきでない。

4　回　避

　回避とは，民事訴訟法に規定はないが，裁判官などが除斥または忌避の事由があることを認めて，自発的に職執行を避けることである。回避をするには，司法行政上の監督権のある裁判所（裁80条参照）の許可を得なければならない（規12条・13条）。

---

[20]　札幌高決昭和51年11月12日判タ347号198（百選Ⅰ10）など，同旨の下級審裁判例が多数ある。

第2章　当事者

　民事訴訟の手続は，本篇の冒頭で述べたように，おもに裁判所と当事者によって進められる。これらのうち，前章では裁判所についての説明がなされた。本章では当事者についての説明がなされる。

第1節　当事者の意義と確定

1　当事者の意義

（1）　当事者の意義

　当事者とは，個々の訴訟において，自己の名で裁判所に裁判を求める者およびこれと対立関係にある相手方のことである。訴えをもってその実現が請求されている権利・法律関係を訴訟物というが（訴訟物については，第3篇第1章第2節で説明される），ここで述べた「当事者」は，訴訟物から切り離されて，裁判所との関係で裁判を求める者とその相手方をさす。これらの者が判決の名宛人(なあてにん)でもある。そのことは，ここでいう当事者であるか否かは，実際に実体法上の権利者や義務者（以下，これらの者を「権利義務の主体」という）であるか否かにかかわりがないということを意味する。このような意味での当事者を**形式的当事者概念**という。

　　これに対して，訴訟物である権利義務の主体を当事者とする考え方を，**実質的当事者概念**という。しかし，実質的当事者概念は次の場合に現実の当事者とずれている。第1に，自己に権利があると主張して訴えを提起した者が，じつは権利者でない場合である。たとえば，Xが，自分はYに金を貸したが，返済期が到来してもYが返済しないと主張して，貸金返還請求の訴えを提起したが，審理の結果，XはYに金を貸していなかった，または，貸したが，既に返済されていたと認定された場合である。この場合，XのYに対する貸金返還請求権が訴訟物であるが，Xはその権利者でなく，Yはその義務者でない。しかしそれでも，XとYは当事者（原告と被告）である。第2に，第三者の訴訟担当の場合である。第三者の訴訟担当については，後に説明されるが（第3篇第1章第6節**4（3）**），さしあたりその例として，破産者の財産に関する破産管財人の訴訟担当を挙げておく。破産者の財産上の権利を主張して訴えを提起するのは，破産者自身ではなく破産管財人である。また，破産者に対する財産上の権利

を主張して訴えを提起するには，破産者でなく破産管財人を相手にしなければならない（破80条）。これらの訴訟において破産管財人は権利義務の主体ではないが，当事者である。

（2）　当事者の名称

当事者は訴訟手続の種類やそれぞれの段階よって呼称が異なる。判決手続の第一審においては**原告**と**被告**，控訴審においては**控訴人**と**被控訴人**，上告審においては**上告人**と**被上告人**と呼ばれる（ただし，判決手続を通して原告，被告ということもある）。

そのほか，抗告審の手続では，「抗告人」と「相手方」と呼ばれる。証拠保全手続，訴訟費用確定手続，民事・家事調停などにおいては「申立人」と「相手方」と呼ばれる。支払督促，民事執行，民事保全手続においては「債権者」と「債務者」と呼ばれる。

2　当事者の確定

（1）　当事者の確定の必要性と問題が生じる原因

民事訴訟手続においては，たとえば，被告に訴状を（138条），原告，被告双方に口頭弁論期日への呼出状を送達しなければならない（94条）。また，土地管轄は，基本的に，被告の普通裁判籍所在地を管轄する裁判所にあり（4条），当事者と一定の関係にある裁判官は除斥され（23条），判決の効力は当事者およびその承継人に及ぶ（115条1項1号・3号）。さらに，訴状における当事者の記載を改める場合，だれが当事者であるかによって，たんに記載が訂正されたのか当事者の変更になるのかという問題も生じる（任意的当事者変更については，第6篇第5章第4節で説明される）。このように，民事訴訟においてはだれが当事者であるかを確定しておく必要がある。ただし，この点は，多くの訴訟において明らかであり，問題にならない。

しかしながら，たとえば，以下のような場合には，だれが当事者であるかが，必ずしも明確でなく，その点が争点になることがある。たとえば，①夫 X_1 が妻 Y_1 を相手に離婚の訴えを提起したが，自分が交際している女性 A（愛人）に Y_1 を名乗らせ，X_1 と A が馴れ合って訴訟を進行させ，裁判所に請求認容判決（離婚判決）を下させた場合が考えられる。このように，他人を名乗り，他人になり

1）　ただし，115条1項2号・4号によれば，それ以外の者に及ぶこともある。

すましたものが追行する訴訟を**氏名冒用訴訟**という。② X_2 が Y_2 を相手として、貸金返還請求の訴えを提起したところ、Y_2 が既に死亡していたが、その事実が手続上判明しなかったため、そのまま訴訟が進められ、後に Y_2 死亡の事実が判明した場合（判明した時点は、訴訟の初期の段階から判決確定後までのさまざまな時期であり得る）が考えられる。このような訴訟を**死者名義訴訟**という。

（2）当事者確定の基準

当事者確定の基準が何であるかについては、見解が分かれている。従来は、①基準は当事者の意思であるとする**意思説**、②基準は行動である、すなわち、当事者らしい行動をした者が当事者であるとする**行動説**、③基準は訴状の表示である、すなわち、訴状に原告と表示された者が原告であり、被告と表示された者が被告であるとする**表示説**の、3説が鼎立していた。学説上の通説は、表示説であった。意思や行動は基準としてあいまいであるので、基準としては不適当であるのに対して、表示は明確であるから、基準とするに適しているということが、その理由である。さらに、意思説に対しては、被告の確定の場合には原告の意思を基準にできるとしても、原告を確定すべき場合には、そもそも原告がだれかを確定しなければならないのだから、原告の意思を基準にすることはできず、それならば、裁判所の意思だとすると、処分権主義（処分権主義については第3篇第1章第5節で説明される）に反することになり、結局確定ができないことになる、と批判されていた。以上に対して、訴状の表示の記載は基準として明確であることから、表示説が長く通説の地位を占めていた。

> なお、表示説にも、厳格に表示を基準とする立場と、表示を解釈して当事者を確定する立場がありうる。たとえば、訴状の当事者の欄に被告の氏名として「鈴木市郎」と記載されていたが、その事件の関係者の中にそのような氏名の者はいなけれども、訴状全体を読めば、被告になるべき人物は、「鈴木市朗」であり、当事者欄の「鈴木市郎」が誤記であることが明らかな場合、前者の見解では、関係者の中に存在しない者（日本中探せば、いるかもしれないが）を被告としていることになり、訴えは不適法になる。後者によれば、被告名の記載を解釈（善解）して、鈴木市朗が被告だということになる。実際に表示説をとる学説は、後者の立場に立っていると思われる。

しかし、判例、実務は必ずしも表示説をとらず、意思説ないし行動説によると解されるものもあり、一貫性を見いだしがたい。それは、表示説の結果が妥当性を欠いていると考えられることがあったからである。たとえば、表示説に従えば、前述の氏名冒用訴訟（離婚訴訟）においては、被冒用者（冒用された者）である妻

Y_1 の氏名が被告の欄に記載されるので，Y_1 が被告であり，離婚判決の効力が Y_1 に及ぶことになる。もちろん，そうであるとすれば，Y_1 は上訴や再審により救済を求めることができるが，それにしても，Y_1 が離婚判決の効力を受けなければならないということは，妥当でない。また，死者名義訴訟では，死者の氏名が訴状の当事者の欄に記載されるので，死者が被告になるが，この結果も常に妥当とはいえない。

そこで，当事者の確定をめぐっては，現在（おおむね，1970年代〈昭和40年代後半〉以降），多様な見解が主張されるようになり，学説は錯綜(さくそう)している。

本書は表示説を支持する。その理由は，第1に，表示が当事者確定の基準として明確であることである。この点は，既に指摘されていることである。第2に，表示説の結果が必ずしも妥当性を欠くわけではないことである。先に，氏名冒用訴訟および死者名義訴訟における表示説の結果の妥当性に疑問の余地があることを示唆した。しかし，この点についても，同説の結果だけが他説の結果以上に妥当性を欠くわけではないことが，つぎの(3)で明らかになる。

(3) 具体的な結論

i 氏名冒用訴訟

氏名冒用訴訟における当事者は，表示説によれば，訴状の当事者の欄に名前を記載された被冒用者が当事者であり，したがって被冒用者が判決の効力を受ける。被冒用者はその訴訟に関与していないのであるから，この結果は妥当性を欠くように思われるかもしれない。もとより被冒用者は，判決確定前であれば上訴により，確定後であれば再審の訴えにより判決の取消しを求めることができるが，このような手段をとらなければならないこと自体が，被冒用者に不当に負担を課しているように感じられるかもしれない。しかし，たとえば，行動説によって，実際に当事者として訴訟活動を行ったのは冒用者であるから，当事者は冒用者であるとしたとしても，現実に当事者欄に被冒用者の名が記載された判決があれば，被冒用者は事実上の影響を受けざるを得ない。たとえば，被冒用者を被告とする確定離婚判決に基づく離婚届（戸77条・63条）がなされれば，戸籍官吏は届けを受理する。また，被冒用者を被告（債務者）として給付（たとえば金銭の支払）を命じる判決に基づく強制執行の申立てがなされれば，執行機関は強制執行を開始する。これらを止めるためには，当事者確定の基準につきいかなる見解によるにせよ，被冒用者はなんらかの手段，具体的には上訴，再審の訴えなどを執らなけ

ればならない。むしろ，冒用者が当事者であるとの立場に立てば，被冒用者は判決の効力を受けないのだから，上訴や再審の訴えを提起する利益がないことになるので，被冒用者の救済が困難になるといえるであろう。

　　訴訟おいて，何かをする必要がない場合に「利益」がないという。たとえば，わざわざ訴えを提起して訴訟で問題を解決する必要がないときには，訴えの利益がないという。また，上訴する必要がないときには，上訴の利益がないという。訴えの利益を欠く訴えや上訴の利益を欠く上訴は，不適法として却下される。かりに被冒用者が当事者でないとすれば，自分の氏名を冒用された訴訟の判決が出ても，その効力は自分に及ばないのだから，被冒用者には上訴や再審の訴えをもってこれを取り消す利益はないはずである。ただし，当事者の確定に関して，被冒用者は当事者でないとする論者も，多くは，判決があるいじょう，上訴や再審の訴えの利益を肯定している。しかし，そのように考えるよりも，被冒用者に判決の効力が及ぶとしたうえで，上訴ないし再審の訴えの利益を認めたほうが，理論的に無理なく妥当な結果に落ち着くといえる。

ii　死者名義訴訟

　死者名義訴訟においては，表示説によれば，当事者は死者である。したがって，原則として，判決の効力が相続人に及ぶことはない。原告が，請求の相手方だと思っている者がじつは死亡していたことを知らず，その名前，すなわち死者の氏名を訴状の被告欄に記載したところ，その家族であり相続人でもある者が事実上訴状と弁論期日の呼出状を受け取ったが，この者がこれを無視して，放置したため，原告勝訴（請求認容）の判決が出されたときには[2]，この結果は，せっかく勝訴判決を得た原告に気の毒なようでもある。しかし，訴えを提起しようとする者は，相手方の状況――その中には，相手方が自然人である場合には，その生死も含まれる――に注意を払うのは当然であり，そうしなかったために不利益を受けるのは，いたしかたないということができる。

　ただし，訴状，呼出状などの送達を事実上受け取った相続人の対応の仕方によっては，信義則によって，または，後述の当事者の変更によって死者の死亡が気付かれないままに行われた訴訟の効果を相続人が受けなければならなくなることもある。信義則によって処理した判例としては，〔参考判例1〕がある。

2）　この場合には，原告の事実上の主張が争われていないため，擬制自白（159条）が成立し，原告の請求が主張自体失当でないかぎり，請求認容判決が下されることになる（擬制自白については，第3篇第4章第4節4で説明される。主張自体失当とは，たとえば賭博で勝った者が賭金の支払を請求するように，事実関係がどうあれ――たとえ原告が被告に賭博で勝ったことが事実であっても――請求が成り立ち得ないことである）。

〔参考判例1〕　最判昭和41年7月14日民集20巻6号1173頁（百選Ⅰ13）

【事案の概要】　この訴訟は，死者となった者以外にも被告がいる共同訴訟であるが，当事者の確定と関連する点のみを紹介する。XはYを被告として訴えを提起し，裁判所が第1回口頭弁論期日を指定するとともに訴状と期日の呼出状を送達した。しかし，Yはこの送達前に死亡していた。訴状は事実上Yの相続人が受け取ったようである。その後，Yの相続人であるY$_{1-3}$が弁護士Aを訴訟代理人に選任し，第一審裁判所に訴訟承継を申し立てた。第一審裁判所はこの申立てを許可した。第一審，控訴審ともXが勝訴したが，いずれにおいても，Y$_{1-3}$の訴訟承継については，Y$_{1-3}$からもXからも異議が出ず，もっぱらXの請求の当否のみが争われた。Y$_{1-3}$が控訴審判決に対して上告し，上告理由の中ではじめて，訴状送達時にYは死亡していたため，Yは訴訟当事者であり得ないから，Y$_{1-3}$は本来訴訟承継の申立てはなし得なかったので，訴えは却下されるべきであった，と主張した。

【判　　旨】　上告棄却

「上告人Y$_{1-3}$の3名は，前記のとおり，みずから被告たるYの訴訟を承継する手続をとりこれを承継したものとして，本件訴訟の当初からなんらの異議を述べずにすべての訴訟手続を遂行し，その結果として，被上告人の本訴請求の適否について，第一，二審の判断を受けたものである。このように，第一，二審を通じてみずから進んで訴訟行為をした前記上告人3名が，いまさら本件訴訟の当事者（被告）が死者であるYであったとしてみずからの訴訟行為の無効を主張することは，信義則のうえから許されないものと解するのが相当である……。」

iii　法人格否認の法理と当事者の確定

　　法人格否認の法理とは，会社の法人格が濫用されている場合，あるいは会社の法人格が形骸化している場合，会社の法人格を否定し，その背後にある実体を捉えて，形式的には法人格があるところに，法人格がないのと同様の取扱いをする法理である[3]。当事者の確定との関連でこの法理が使われた判例がある〔参考判例2〕。

〔参考判例2〕　最判昭和48年10月26日民集27巻9号1240頁（百選［5版］7）

【事案の概要】　Xは，所有するビルの一室をA会社（当時の商号「日本築土開発株式会社」）に賃貸したが，A会社が賃料を滞納したため，賃貸借契約を解除する旨の通知をした。A会社代表Bは，この通知を受けた直後に，A会社の商号を「石川地所株式会社」に変更するとともに，新たに，商号を「日本築土開発株式会社」（つまり，A会社の商号変更前の商号と同じ商号），代表者，営業所，什器備品，従業員などを同一とするY会社を設立した。この事実を知らないXは，Y会社（日本築土開発株式会社）

---

[3]　判例として最初にこの法理を採用したのは，最判昭和44年2月27日民集23巻2号511頁である。

を被告として、居室明渡し等請求の訴えを提起した。この訴訟の控訴審の弁論において Bは、被告 Y 会社の代表者として出頭し、賃貸の事実、解除通知を受けた事実を争わなかった（自白した）ため、裁判所は弁論を終結した。ところが、B（Y 会社）は弁論の再開を申し立て、再開された弁論において、A 会社の商号変更と Y 会社設立を明かし、居室を賃借しているのは A 会社であって Y 会社ではない、と主張した。控訴裁判所は、Y 会社を A 会社と同一とみなしうるとして、X の請求を認容した。Y 会社から上告。

【判　　旨】上告棄却

「おもうに、株式会社が商法の規定に準拠して（この判例は、現行会社法制定前、すなわち株式会社が商法に準拠して設立されていた時期の判例である－著者）比較的容易に設立されうることに乗じ、取引の相手方からの債務履行請求手続を誤まらせ時間と費用とを浪費させる手段として、旧会社の営業財産をそのまま流用し、商号、代表取締役、営業目的、従業員などが旧会社のそれと同一の新会社を設立したような場合には、形式的には新会社の設立登記がなされていても、新旧両会社の実質は前後同一であり、新会社の設立は旧会社の債務の免脱を目的としてなされた会社制度の濫用であって、このような場合、会社は右取引の相手方に対し、信義則上、新旧両会社が別人格であることを主張できず、相手方は新旧両会社のいずれに対しても右債務についてその責任を追求することができるものと解するのが相当である。」

第 2 節　当事者能力

1　当事者能力の意義

当事者能力とは、民事訴訟において当事者となることのできる一般的な資格である。民法（実体私法）上の権利能力に対応する。

2　自然人と法人

当事者能力について、民事訴訟法は、同法に特別の定めがある場合を除いて、民法その他の法令に従うと規定している（28 条前段）。民法は、自然人（同 3 条）と法人（同 34 条・35 条）に権利能力を認めているので、これらが当事者能力を有することは、明らかである。しかし、民事訴訟法には「特別な定め」がある。それは、次に説明される 29 条である。

3 権利能力なき社団・財団

　民事訴訟法29条は，法人でない社団または財団（これを「権利能力なき社団・財団」ともいう。以下ではそのように表記する）で，代表者または管理人の定めがあるものは，訴訟能力を有すると規定している。かつては，中間的な団体は法人格を取得することができなかったので，権利能力なき社団・財団が訴訟当事者となることを認める実益が大きかった。しかし，平成18年（2006年）に，一般社団法人及び一般財団法人に関する法律（同年法第48号）が制定され，これらにも法人格取得の道が開かれたので，29条の適用を必要とする団体は減ったといえる。しかし，現在でも，法人格を取得していないまま社会で一定の活動をしている団体があるので，29条には依然として存在意義がある。とくに，設立中の社団・財団はこの規定によらなければ，当事者能力を持ち得ない。

　権利能力なき社団として当事者能力が認められるための要件として，一般には，①対内的独立性，すなわち，構成員の脱退・加入（メンバーの変更）にかかわらず，団体としての同一性が保たれ，団体が構成員から独立していること，②財産的独立性，すなわち，団体自身の財産が構成員の財産から区別されていること，③対外的独立性，すなわち，代表者が定められていること，④内部組織性，すなわち，代表者の選出，団体の意思決定方法が確立していることが挙げられていた。しかし近時の判例は，②を当事者能力を認めるための要件からはずしている〔参考判例3〕。

〔参考判例3〕　最判平成14年6月7日民集56巻5号899頁（百選［3版］13）
【事案の概要】　Yは，預託金会員制のゴルフクラブを運営する株式会社である。Xは同ゴルフクラブの会員によって組織され，会員相互の親睦などを目的とするクラブである。XとYの間に，Xは，一定の要件を満たす場合に，Yの経営内容を調査することができる旨の協約が締結されている。Xはこの協約に基づき，Yの計算関係書類などの謄本の交付を請求する訴えを提起した。第一審，原審は，Xが固定資産を有しておらず，具体的な財産管理の方法を定めた内規もないことから，独立した権利義務の主体たるべき財産的基盤を欠くとして，Xの当事者能力を否定して，訴えを却下した。Xから上告。
【判　　旨】　原判決破棄，第一審判決取消し，第一審に差戻し。

4）　平成13年に，同法の前身である，中間法人法が制定されている。

「民訴法29条にいう『法人でない社団』に当たるというためには，団体としての組織を備え，多数決の原則が行われ，構成員の変更にかかわらず団体そのものが存続し，その組織において代表の方法，総会の運営，財産の管理その他団体としての主要な点が確定していなければならない（最高裁昭和35年（オ）第1029号同39年10月15日第1小法廷判決・民集18巻8号1671頁参照）。これらのうち，財産的側面についていえば，必ずしも固定資産ないし基本的財産を有することは不可欠の要件ではなく，そのような資産を有していなくても，団体として，内部的に運営され，対外的に活動するのに必要な収入を得る仕組みが確保され，かつ，その収支を管理する体制が備わっているなど，他の諸事情と併せ，総合的に観察して，同条にいう『法人でない社団』として当事者能力が認められる場合があるというべきである。
　これを本件について見ると，……上告人は，……被上告人や会員個人とは別個の独立した存在としての社会的実体を有しているというべきである。……上告人は，民訴法29条にいう『法人でない社団』に当たると認めるべきものであ」る。

4　当事者能力が問題になる実例

（1）　権利能力なき社団と共有訴訟の関係——とくに入会関係訴訟——

　伝統的な考え方によれば，入会権者が入会権を対外的に主張して訴えを提起する場合，一般的には，入会権者全員が共同して訴えを提起しなければならない（これを「固有必要的共同訴訟」という。それについては，第6篇第2章第2節 2（3）ⅰ で説明される）。しかし，実際には多数いる入会権者全員の足並みが揃って，全員で訴えを提起することは，必ずしも常に可能ではない。そこで，判例においては，入会部落を権利能力なき社団とみて，これに当事者能力を認めるものがある。[5]

（2）　住民団体・消費者団体の当事者能力

　日本には，従来，住民団体・消費者団体の当事者能力を認める明文規定がなかった。ただし，選定当事者（30条）が限定的にこれに代わる役割を果たす制度である（選定当事者については，第6篇第2章第6節で説明される）。このような状況の下，平成12年（2000年）に消費者契約法（同年法61号）が制定され，同法12条が，適格消費者団体について事業者に対する差止請求訴訟の当事者能力を付与した。適格消費者団体とは，同法13条により，内閣総理大臣の認定を受けた団体である。なお，消費者契約法施行後も選定当事者制度の活用も可能である。

---

5)　最判平成6・5・31民集48巻4号1065頁（百選［5版］11）。

(3) 民法上の組合の当事者能力

　民法上の組合に当事者能力を認めるか否か，言い換えれば，民法上の組合が原告となって訴えを提起すること，また，民法上の組合を被告として訴えを提起することができるか否かについては，見解が分かれているが，判例はこれを肯定している。[6] 古くは，社団は構成員とは別の存在であり，その財産は社団自体に帰属するのに対して，民法上の組合は組合員によって構成され，その財産は組合員に合有的に帰属する（民668条参照。同条に書かれている「共有」は，各人がその持ち分の処分を許されない，合有を意味すると解されている）として，社団，とくに権利能力なき社団と民法上の組合を峻別する考え方が支配的であった。このような，社団と組合の峻別論を前提にすると，権利能力なき社団は，一定の要件を満たせば，当事者能力が認められるのに対し，民法上の組合においては，もしその財産関係をめぐり対外的な紛争（組合内部の紛争ではなく，組合と外部の者の間の紛争）が生じ，それを訴訟で解決しようとするなら，組合員全員が原告として訴えを提起する，または組合員全員を被告として訴えを提起すべきことになる（組合員側の固有必要的共同訴訟になる）。このような考え方は理論的には明快で，わかりやすいともいえる。しかし，現実の社会において活動している団体にはさまざまなものがあり，これらを権利能力なき社団と民法上の組合のいずれかに分類することは，実際にはきわめて困難である。そこで，法人格を取得していない団体が訴えを提起しようとする場合，またはこのような団体との間に紛争が生じた者が訴えを提起しようとする場合，その団体に組合とみられる要素があっても，同時社団と解する標識があり，かつ，権利能力なき社団に当事者能力を認めるための前述の要件が満たされていれば，これに当事者能力を認めることができる。

5　当事者能力の調査と当事者能力を欠く場合の措置

(1) 当事者能力の調査

　当事者能力は訴訟要件（訴訟要件については，第3篇第1章第6節で説明される）の一つである。訴訟要件を欠く訴えは不適法として却下される。したがって，当事者能力を欠く者が提起した訴え，および当事者能力を欠く者に対して提起された訴えは，却下される（訴え却下の訴訟判決）。

---

[6] 最判昭和37年12月18日民集16巻12号2422頁（百選［5版］9）。

裁判所は、当事者からの主張がなくても、訴訟能力が欠缺していれば、訴えを却下すべきである。このことを、当事者能力の有無は職権調査事項であるという。また、当事者が主張したにせよ、裁判所みずからが疑いを持ったにせよ、訴訟能力の有無が問題になったら、判断のための資料は裁判所も職権で収集できる。このことを、訴訟能力の有無は職権探知事項であるという。

　民事訴訟においては、原則として、当事者が主張したことだけが取り上げられ、当事者が提出した証拠だけが取り調べられることになっている。これを弁論主義という。しかし、公益性の強い事項については、裁判所は、当事者の主張がなくても取り上げる。さらに、当事者が提出しなくても、職権で証拠を調べることがある。前者を職権調査といい、後者を職権探知という（弁論主義、職権調査および職権探知は、第3篇第3章第4節1，3で説明される）。

（2）　当事者能力を欠く場合の措置

（1）で述べたように、当事者能力を欠く訴えは不適法であるから、本来却下されなければならない。しかし、裁判所が当事者能力の欠缺を看過して本案判決をしてしまったときに、その判決に対する上訴ができるかは、検討の余地がある。原告側に当事者能力が欠ける場合、たとえば、29条の要件を備えていない団体が訴えを提起した場合で、請求認容判決が出たとき、被告は上訴できる。それに対して、被告側が当事者能力を欠いているにもかかわらず、請求認容判決がでた場合、被告が、当事者能力の欠缺を理由に上訴できるかは、問題である。このような判決が形のうえだけであるにせよ、存在するということは、当該団体の利益を害するので、その存在を排除するために、上訴を認める余地がありそうにも思われる。しかし、当事者能力がないものは、上訴という訴訟行為もできないはずである。また、次に述べるように、このような判決は、確定しても無効・無意味な判決であるから、当該団体およびその構成員は、放置しておいてもかまわないものである。したがって、このような判決に対しては上訴できないと考えるべきである。

　いずれにせよ、当事者能力を欠く原告の請求が認容されたときは、被告は上訴を提起できるが、この判決も確定してしまえば、当事者能力の欠缺は再審事由ではない（再審事由を規定する、338条1項各号のいずれにも該当しない）から、もはや取り消すことはできない。ただし、このような判決は、内容上の効力を持たないという意味で、無効（無意味）な判決である。また、当事者能力を欠く者を被告

とする請求認容判決，たとえば，当事者能力を欠く団体に金銭の支払などの給付を命じる判決が出されて確定しても，これに基づく執行はなされ得ないから，団体の構成員は，自己の固有財産への強制執行がなされないかと心配する必要はない[7]。

なお，当事者能力の有無は，口頭弁論終結時を基準時として判断される（「口頭弁論終結時」の意味については，第3篇第3章第3節1，第4篇第1章第3節3(1)i，iiで説明される）。それゆえ，訴え提起当時これが欠缺していても，上記の基準時までにこれが具備されれば，訴えは適法である。逆に，訴え提起当時これが具備していても，上記の基準時にそれが失われれば，訴訟手続の中断・受継の問題が生じる（訴訟手続の中断・受継については第3篇第2章第3節4(3)で説明される）。

第3節　訴訟能力

1　訴訟能力の意義と基準

(1)　訴訟能力の意義

訴訟能力とは，民事訴訟において当事者としてみずから訴訟行為（訴訟行為については，第3篇第3章第5節で説明される）をなし，相手方や裁判所の訴訟行為を受ける能力である。民法（実体私法）上の行為能力に対応する。

(2)　訴訟能力の基準

訴訟能力についても，民事訴訟法は，同法に特別の定めがある場合を除いて，民法その他の法令に従うと規定している（28条前段）。実際には重要な点についての「特別の定め」がある。

訴訟能力は，当事者として有効に訴訟行為をなし得るため，および，その者に対して有効に訴訟行為をなし得るために必要なので，訴訟代理人になるためには訴訟能力は必要ではない。簡易裁判所では，未成年者も，裁判所の許可を得て（54条1項但書），訴訟代理人になることが可能である。

---

[7]　ただし現実には，そのような判決に基づいて当該団体の構成員の固有の財産に対する強制執行が申し立てられることはあり得る（民執22条1号参照）。このような執行を受けた者は，第三者異議の訴え（民執38条）を提起して，強制執行の不許を求めることができる。

2 訴訟無能力者

（1） 絶対的訴訟無能力者

　未成年者および成年被後見人は，**絶対的訴訟無能力者**といわれ，法定代理人によらなければ訴訟行為をすることができない（31条本文）。この点は，未成年者の行為能力について，法定代理人の同意を得たうえで，未成年者自らが法律行為を行うことができるとされている（民5条1項本文）のと異なる。前述の「特別の定め」の一つである。

　訴訟無能力者に対する送達は法定代理人になされる（102条1項）。

　未成年者については，絶対的訴訟無能力者とされることに対する例外として，独立して法律行為をできる場合には，訴訟能力が認められる（31条但書）。それは，営業許可がなされた場合（民6条），会社の無限責任社員になることが許された場合（会社584条），婚姻成年の場合（民753条）である。労働契約上の権利に関する訴訟における未成年者の訴訟能力については，見解が分かれているが，労働契約に関しては未成年者自身に行為能力が認められ，かつ，賃金請求権の行使が許されている（労基58条・59条）ことから，訴訟能力を肯定すべきである（多数説）。

（2） 制限訴訟能力者

　被補佐人および訴訟行為について能力の制限を受けた被補助人は，**制限訴訟能力者**といわれ，訴訟行為をするには，補佐人・補助人の同意が必要である（民13条1項4号・17条1項）。しかし，相手方が提起した訴えまたは上訴について訴訟行為をするには，補佐人・補助人の同意は不要である（32条1項）。このような訴訟行為についても同意が必要だとすると，補佐人・補助人が同意を拒否すると，相手方が訴え，上訴を提起することに支障が生じるからである。

　補佐人・補助人の同意を得た場合，および同意が不要な場合でも，訴えの取下げ，請求の放棄・認諾など，訴訟を終了させる行為については，特別の授権（各行為についての個別的な同意）が必要である（32条2項）。

（3） 人事訴訟における特則

　　身分上の行為に関しては，本人の意思を尊重すべきとの考慮が実体法である民法の基礎にあるが（民738条・764条・799条など），同様の考慮から，人事訴訟においては，行為能力に制限を受けた者，すなわち未成年者，成年被後見人，被保佐人および

訴訟行為について能力の制限を受けた被補助人にも法定代理人や保佐人などの同意を要することなく，訴訟行為をすることが認められている（人訴13条1項による民5条1項・2項・9条・13条17条，民訴31条・32条1項・2項の適用の排除）。ただし，裁判長は，必要があると認めるときは，弁護士を訴訟代理人に選任することができるとされている（人訴13条2項・3項）。

ただし，訴訟行為には意思能力の存在が前提となっている。したがって，事理弁識能力を欠く常況にある成年被後見人（民7条参照）の訴訟行為については，意思能力の有無についての争いが生じる可能性がある。そこで，人事訴訟の当事者となるべき者が成年被後見人であるときは，成年後見人が職務上の当事者となることができるとされている（人訴14条1項本文。ただし，同項但書参照）。

3 訴訟能力欠缺の効果

（1） 訴訟行為の有効要件

訴訟能力は個々の訴訟行為の有効要件であるから，訴訟無能力者が行った訴訟行為および訴訟無能力者に対する訴訟行為は，原則として，無効である。学説の中には，訴訟能力は訴訟要件でもあり，それゆえ，訴訟無能力者が法定代理人によらずに訴えを提起した場合，および，訴訟無能力者に対してその法定代理人の補充によらずに訴えが提起された場合，訴えが不適法であるとするものがある（少数説）。しかし，通説は，訴訟能力を訴訟要件だとは考えていない。ただし，通説を前提にしても，訴訟無能力者が提起した訴えは無効であるし，訴訟無能力者への訴状の送達も無効であるから，訴訟無能力者が自ら訴えを提起した場合，および，訴訟無能力者に対して訴状が送達された場合，最終的に訴えは却下されることになる。

訴訟無能力者が単独で訴えを提起し，または，訴状の送達を受け，訴訟能力の欠缺が看過されて判決が出された場合，訴訟無能力者が単独で提起した上訴は有効と解すべきである。このような場合，法定代理人による上訴ももちろん可能であるが，上訴期間内に法定代理人による上訴をすることが困難なときもあるだろうから，訴訟無能力者の単独の上訴も有効とみるべきである。ただし，上訴審での訴訟行為は法定代理人によってなされなければならない。

（2） 追　認

訴訟能力を欠く行為も，法定代理人または訴訟能力を回復した本人が追認すれば，行為時に遡って有効となる（34条2項）。追認は，個々の行為についてでは

なく，それまでの訴訟行為を一括してなされなければならない。[8]

（3） 訴訟能力の欠缺を看過した判決の効力

この判決も当然に無効ではなく，確定前は上訴によって（312条2項4号），確定後は再審の訴えによって取り消される（338条1項3号）。

（4） 訴訟能力欠缺の場合の裁判所の措置

訴訟無能力者の訴訟行為および訴訟無能力者に対する訴訟行為は，追認の可能性があるので，裁判所はこれらをただちに排斥するのではなく，一定の期間を定めて，補正を命じなければならない（34条1項前段）。補正の内容は，補正すべき事項により異なる。未成年者，成年被後見人が自ら訴えを提起した場合には，法定代理人の追認である。被補佐人または同意を要する被補助人が補佐人，補助人の同意を得ずに訴えを提起した場合には，これらの者の同意を得て，同意書を提出することである。

補正命令の相手方は，補正の対象となる訴訟行為をした者である。たとえば，訴訟無能力者が自ら訴えを提起した場合は，訴訟無能力者である。

なお，補正命令が出されても，補正を待っていたのでは，遅滞による損害が生じる場合には，裁判所は一時訴訟行為をさせることができる（34条1項後段）。

訴え提起の時に原告の，または訴状の送達の時に被告の訴訟能力が欠缺していて，補正命令が発令されたにもかかわらず，補正されなければ，訴訟係属自体が適法ではなくなるので，訴えは却下される。

訴訟中に当事者が訴訟能力を喪失した場合，訴訟手続は中断し，法定代理人が受継する。逆に本人が能力を回復した場合，法定代理人による訴訟手続は中断し，本人が受継する（124条1項3号）（訴訟手続の中断と受継については，第3篇第2章第3節**4（3）**で説明される）。

4 意思能力

意思能力を欠く者の訴訟行為の効力については，明文規定は存しないが，無効である。実体法上意思能力を欠く者の法律行為（意思表示）が無効なのと同様である。ただし，意思能力の有無は，行為の内容，難易によって異なる。たとえば，権利を侵害されていることを主張し，救済を求めて訴えを提起する行為，自己に

---

8) 最判昭和55年9月26日判タ429号99頁＝判時985号76頁。

不利な裁判に対して上訴を提起する行為は，その意味を理解することが比較的容易なので，高度の事理弁識能力は要求されないのに対して，いったん提起した訴えや上訴を取り下げる行為については，より高度の事理弁識能力が要求される。したがって，事理弁識能力が同じ程度の者が行っても，訴えや上訴の提起については意思能力が肯定され，有効とされるのに対して，訴えの取下げや上訴の取下げについては意思能力が否定され，無効とされることがあり得る〔参考判例4〕。

〔参考判例4〕 最判昭和29年6月11日民集8巻6号1055頁（百選［5版］16）
【事案の概要】 Yは成人しているが，12, 3才程度の知的能力を持ち，準禁治産者（現行法上の被補佐人に対応）となりうるが，準禁治産宣告を受けていなかった。XはYを被告として訴えを提起し，第一審でXが勝訴した。そこでYが控訴したが，Yは控訴審係属中に控訴を取り下げた。原審は，中間判決で，Yのした控訴取下げを無効と判断し，第一審判決を取り消して，一部の請求のみを認容し，大部分を棄却した。Xが，精神能力欠如のゆえに控訴取下げが無効であるなら，控訴提起も無効であると主張して，上告した。
【判　　旨】 上告棄却
「……被上告人は本件控訴取下の当時，すでに成年を過ぎ，且未だ準禁治産宣告を受けてもいなかったけれども，……その精神能力は12, 3才の児童に比せられる程度にすぎず，……控訴取下によって前記の如き重大な訴訟上並に事実上の結果を招来する事実を十分理解することができ（ないままに控訴を取り下げたという——カッコ内著者）事実が認められるから，被上告人のなした本件控訴取下は，ひっきょう意思無能力者のなした訴訟行為にあたり，その効力を生じないものと解すべきである。これに反して，控訴の提起自体は，単に一審判決に対する不服の申立たるに過ぎず，かつ敗訴判決による不利益を除去するための，自己に利益な行為である関係上，被上告人においても，その趣旨を容易に理解し得たものと認められるから，本件控訴の提起はこれを有効な行為と解するを妨げない……。」

5　弁論能力

弁論能力とは，訴訟手続に関与して，現実に訴訟行為を有効に行う資格である。弁護士強制主義（訴訟は弁護士によって代理されなければ追行することができないとする立場。言い換えれば，本人訴訟を認めない立場。くわしくは，本章第4節4(2)iiで説明される）のもとでは，弁論能力が弁護士に限定されることになる。本人訴訟を認めるわが国においては，訴訟能力を有する者は原則として弁論能力を有するこ

とになる。

　ただし，裁判所は，訴訟関係を明瞭にするために必要な陳述をすることができない当事者，代理人（法定代理人，訴訟代理人の双方を含む）または補佐人の陳述を禁じ，口頭弁論の続行のため新たな期日を定めることができる（155条1項）。陳述を禁じられた者には，弁論能力がないことになる。ここに「……必要な陳述をすることができない」とは，これらの者の陳述が不明確で要領を得ず，釈明しても訴訟関係を明瞭にすることができないことである。裁判所は，このようにして弁論を禁じた当事者に，必要があると認めるときは，弁護士の付添を命ずることができる（同条2項）。

第4節　訴訟上の代理人・代表者

1　訴訟上の代理人

（1）　訴訟上の代理人の意義

　民事訴訟上の**代理人**とは，当事者本人に法律効果を帰属させるために，本人の名前で，本人に代わって，自らの意思によって，相手方や裁判所に対して訴訟行為をし（訴訟行為については，第3篇第3章第5節で説明される），あるいは，相手方や裁判所から自己に向けられた本人のための訴訟行為を受領する者である。

　代理人と似ているがこれと異なるものに，使者と第三者の訴訟担当がある。**使者**とは，本人の訴訟行為を伝達し，あるいは他者の訴訟行為を受領するが，自らの意思によってこれを行うものではない。民事訴訟手続における使者の例としては，送達受領補助者（106条1項）がある。**第三者の訴訟担当**とは，訴訟物である権利・義務関係について，その主体（権利者ないし義務者）でない第三者が主体のために訴訟を追行することである。一定の要件が備わると，第三者の訴訟担当が可能になる。たとえば，破産者の財産に関する訴訟は破産管財人によって行われるが（破80条），訴訟追行の効果は本人である破産者に及ぶ（115条1項2号）。効果が本人に及ぶ点では，代理と共通しているが，第三者の訴訟担当の場合は，担当者（上の例では，破産管財人であって，権利義務の主体である破産者ではない）が当事者となる点で異なる（第三者の訴訟担当については，第3篇第1章第6節**4（3）**で説明される）。

（2） 訴訟上の代理人の必要性

代理制度は次の3つの必要性から生み出されたものといえる。第1に，単独で訴訟を実施することができない者の権利保護を行うためである。この必要性に基づくのは，訴訟無能力者の法定代理である。第2に，本人の能力の拡充のためである。この必要性に基づくのは，任意代理である。第3に，審理の迅速化，円滑化のためである。この必要性に基づくのは，当事者などの陳述を禁止された者（弁論能力を欠く者）への付添いが命じられた弁護士である（155条1項・2項）（弁論能力については，本章第3節 **5** で説明された）。

（3） 訴訟上の代理人の種類

訴訟上の代理人はいくつかの観点から分類される。

i 法定代理人と任意代理人

法定代理人とは，本人の意思によらずに選任される代理人である。これには，①実体法上の法定代理人，②訴訟法上の特別代理人，③個々の訴訟行為に関する法定代理人がある。

任意代理人とは，本人の意思によって選任される代理人である。これには，①訴訟委任による訴訟代理人，②法令による訴訟代理人（法令による代理人が任意代理人であるということは，理解しにくいかも知らないが，その点については後に説明される）がある。①を狭義の訴訟代理人，①と②を併せて広義の訴訟代理人という。訴訟代理人というと，①を意味でいわれることが多い。

ii 包括代理人と個別代理人

訴訟手続全般について代理権を持つ代理人を**包括代理人**といい，特定の種類の行為についてのみ代理権を持つ代理人を**個別代理人**という。一つの訴訟の中で特定の種類の行為についてだけの代理権を認めると，手続の安定が害されるので，代理人といえば，包括代理人が原則である（55条1項・3項参照）。個別代理人は，実際には送達の受領に限って規定されている（102条3項・104条1項後段）。[9]

（4） 訴訟上の代理権

i 代理権の特色

訴訟上の代理権には，手続の安定性および明確性確保のために，以下のような

---

[9] 102条3項は，刑事施設に収容されている者の送達受領につき施設の長が代理権を持つことを規定しており，法定代理人である。104条1項後段が規定する送達受領代理人は，任意代理人である。

特色がある。まず，代理権の存在は，書面で証明しなければならない（規15条・23条）。また，代理権の消滅は，本人または代理人から相手方に通知しなければ，効力を生じない（36条1項・59条。ただし，本節2(3)参照）。

ii　代理権の調査

代理権の有無は職権調査事項である（職権調査事項については第3篇第3章第4節3で説明される）。

iii　代理権欠缺の効果と治癒

代理権欠缺(けんけつ)の場合，裁判所は，期間を定めて，補正を命じる（34条1項前段）。遅滞のため損害が生じるおそれがあるときは，一時的に訴訟行為をさせることができる（同条項後段）。代理権を欠いて行われた訴訟行為であっても，本人または真正の代理人（代理権のある代理人）の追認によって有効になる（34条2項）。

訴えの提起または送達された訴状の受領にあたり代理権が欠缺していると，訴えは不適法であり，したがって，補正がなされないなら，訴えは却下される。

iv　双方代理の禁止

民法は双方代理を禁止している（民108条）。訴訟においては，当事者の訴訟行為は，相手方当事者に対してではなく裁判所に対して行われるので（この点は既に第1篇第2章第1節2で説明された），厳密には，訴訟行為の双方代理は存在し得ないといえる。しかし，訴訟においても，同一人が，利害が対立している双方の当事者の代理人になったのでは，手続の公平・公正が確保されない。したがって，双方代理禁止の趣旨は民事訴訟においても妥当する。典型的な例として，一方の当事者が相手方の代理人になることや，同一人が原告と被告双方の代理人になることはできない。弁護士法は，相手方の協議を受けた事件などについて代理人になることを，弁護士に禁じている（弁25条1号・2号）（これに違反する訴訟行為の効力については，本節4(2)v(b)で説明される）。

2　法定代理人

(1)　法定代理人の種類

法定代理人には，前述のように，①実体法上の法定代理人，②訴訟法上の法定代理人，③個々の訴訟行為に関する代理人の3種類がある。

i　実体法上の法定代理人

未成年者の親権者（民824条），未成年後見人（同838条1号）および成年被後見

人の後見人（同838条2号・859条1項）は訴訟法上も法定代理人になる（28条）。

ii 訴訟法上の特別代理人

訴訟法上の特別代理人とは，法定代理人がいない，もしくは法定代理人が代理権を行うことができない場合の代理人（35条），または相手方を特定することのできない場合の証拠保全の申し立てにおける相手方の特別代理人（236条後段）である。最後の場合の例として，ひき逃げ事件で加害者を特定できないが，被害者が，いずれ損害賠償請求の訴えを提起することを考え，そのために，証拠保全として事件現場の検証をしようとするときに，相手方の特別代理人を選任する必要がある。法定代理人がいないなどの場合は裁判長が（35条1項），相手方を特定できない場合は裁判所が特別代理人を選任する（236条1項後段）。

iii 個々の訴訟行為に関する代理人

刑事施設に収容されている者への送達のために刑事施設の長が代理人になるのが（102条3項），その数少ない例である。

（2） 法定代理人の地位と権限

法定代理人は当事者ではないので，訴訟行為の効果はすべて本人に帰属する。人的裁判籍（本篇第1章第3節 **1（4）i** 参照），除斥原因（本篇第1章第5節 **2（2）** 参照）は本人を基準とする。しかし，法定代理人は本人に代わって訴訟行為を行うのであるから，本人に準じて扱われることが多い。たとえば，訴状，判決書には当事者とならんで表示され（133条2項1号・253条1項5号），送達は法定代理人宛に行われる（102条1項）。また，法定代理人の死亡や代理権喪失は訴訟の中断事由である（124条1項3号）（訴訟手続の中断については第3篇第2章第3節 **4（3）** で説明される）。

（3） 法定代理権の消滅と通知による効果の発生

法定代理権の消滅事由は民法が規定する。具体的には，本人の死亡，代理人の死亡，代理人につき破産手続開始決定もしくは後見開始の審判がなされること（民111条1項1号・2号），法定代理人をやめること（成年後見人につき，成年後見開始の審判の取消しの審判がなされること〈民10条〉，親権者につき親権喪失の宣言がなされること〈同834条〉など），特別代理人の解任（民25条2項・956条1項など）などである。法定代理権が消滅すると，訴訟は中断する（124条1項3号）。

ただし，これらの事由が生じても，「本人又は代理人」から相手方に通知しなければ，消滅の効果は生じないと規定されている（36条1項）。ここでいう「本

人」とは、訴訟能力を取得または回復した本人であり（前者は未成年者が成年に達した場合、後者は成年後見開始の審判が取り消された場合)、「代理人」とは新旧いずれかの代理人である。通知がなされるまでは、代理人の行為や代理人に対する行為は有効である。しかし、代理人が死亡した場合や、代理人に成年後見開始の審判がなされた場合には、通知を要求することは無理なので、通説は、36条1項の文言にもかかわらず、死亡や成年後見開始の審判がなされた時点で、消滅の効果が生じると解している。そうなると、36条1項はあまり意味のある規定とはいえない。ただし、本人が訴訟能力を取得または回復したことによる法定代理権の消滅の場合は、本人がこれを通知することを期待できるので、同条同項が適用される。

3　法人などの代表者

以下に述べるように、法人および権利能力なき社団・財団（以下「法人など」という）とその代表者との関係には、法定代理人と本人の関係と共通する面がある。そこで、本書では、法定代理人についての説明に引き続き、任意代理人について説明する前に、法人などの代表者について説明する。

（1）　法人の代表者

法人の代表者とは、法人の理事（一般法人77条)、会社の代表取締役（会社349条）などである。

法人は代表者によって訴訟を追行する。言い換えれば、代表者が行う訴訟行為、および代表者に対して行われる訴訟行為の効果が法人に及ぶ。この点で、法人とその代表者の関係は法定代理に類似している。そのため法定代理に関する規定は代表者に準用される（37条前段)。権利能力なき社団・財団で当事者能力の認められるもの（29条参照）の代表者・管理人も同様である（37条後段)。

（2）　国などの代表者とその訴訟

国を当事者とする訴訟では、法務大臣が国を代表する（法務大臣権限1条)。地方公共団体が当事者となる訴訟では、その長が代表者となるが（自治147条)、訴えを提起するためには議会の議決が必要である（同96条1項12号)。

（3）　法人の代表者と表見法理

実体私法は表見法理を規定している（民37条2項後段・109条・110条・112条、一般法人82条・197条、商9条・14条・24条、会社9条・13条・354条・908条など)。

表見法理が民事訴訟手続においても適用ないし類推されるか否かについては，見解が分かれている。判例は，登記簿上の法人の代表者が真実の代表者でなかったにもかかわらず，この者を代表者として訴訟が行われた場合，表見法理を適用して，その訴訟の効果を当該法人に帰属させることができるかが争点になった事案で，適用を否定した〔参考判例5〕。この判例のように，表見法理の適用を否定する立場は，訴訟は実体法上の取引ではなく，真実が重視さること，および，表見法理を規定する条項の中に，裁判上の行為を除外しているものがあることを（商24条前段，会社13条前段），その根拠としている。たしかに，訴訟は取引ではないが，当事者や裁判所の一つ一つの行為の積み重ねで進行し，前の行為の有効性を信頼して次の行為が行われることによって，手続が形成される点では，取引と共通する面もある。また，表見法理の規定の中に裁判上の行為への適用を除外しているものはたしかにあるが，すべての規定において適用が除外されているわけではない。むしろ，除外されていない規定については適用を肯定するという，反対解釈が成り立つ余地もある。とくに登記事項については適用が除外されていない。また，法人に対して訴えを提起しようとする法人外部の者が登記を信頼したなら，その信頼は保護されるべきである。したがって本書は，〔参考判例5〕のような，表見法理の適用を否定する立場に反対する。

〔参考判例5〕 最判昭和45年12月15日民集24巻13号2072頁（百選［5版］18）
【事案の概要】 XはY有限会社（以下「Y社」という）に対して売買代金支払請求の訴えを提起した。訴状にはY社の代表者として登記簿上の代表取締役であるAの氏名が記載されていた。Aは，Y社の代表取締役に就任したことがないから，訴えは不適法であると主張した。第一審は，会社に対して訴えを提起するには，登記簿上の代表者を表示すれば足りるとして，本件訴えを適法とし，請求認容の本案判決を下した。第一審判決に対してAがY社代表取締役A名義で控訴を提起した。控訴審は，代表権限のないAをY社の代表者として提起された本件訴えは不適法であるとして，第一審判決を取り消し，訴えを却下した。Xが上告。
【判　旨】 最高裁判所は表見法理の適用は否定したが，本件のような事案においては，第一審が原告に訴状の補正を命じ，または，Y社に真正な代表者がいなければ，特別代理人を選任するなどして，正当な権限を有する者に訴状を送達すべきであったとして，原判決を破棄し，第一審判決を取り消し，事件を第一審裁判所に差し戻した。表見法理の適用を否定した理由は以下のとおりである。
　「……所論は，まず，民法109条，商法262条（旧商法の規定であり，現行法下では，会社354条－著者）の規定により被上告会社についてAにその代表権限を肯認すべき

であるとする。しかし，民法109条および商法262条（現行会社354条－著者）の規定は，いずれも取引の相手方を保護し，取引の安全を図るために設けられた規定であるから，取引行為と異なる訴訟手続において会社を代表する権限を有する者を定めるにあたっては適用されないものと解するを相当とする。この理は，同様に取引の相手方保護を図った規定である商法42条1項（現行商24条，会社13条－著者）が，その本文において表見支配人のした取引行為について一定の効果を認めながらも，その但書において表見支配人のした訴訟上の行為について右本文の規定の適用を除外していることから考えても明らかである。したがつて，本訴において，Aには被上告会社の代表者としての資格はなく，同人を被告たる被上告会社の代表者として提起された本件訴は不適法である旨の原審の判断は正当である。」

4 任意代理人

（1） 任意代理人の種類

任意代理人は，本人の代理権授与による代理，言い換えれば，本人の意思に基づく代理である。任意代理人は，訴訟追行のために包括的に代理権が付与されるものと，特定の種類の訴訟行為について代理権が付与されるものとに大別される。前者を**訴訟代理人**という。訴訟代理人には，訴訟委任に基づく訴訟代人と法令上の訴訟代理人がある。後者の特定の種類の訴訟行為のみについての代理権の付与は，それが認められると，訴訟手続の安定が害されるので，特殊な訴訟行為につき例外的に認められるに止まる（任意代理人は下記の〔図表1〕のように分類される）。

〔図表1〕 任意代理人

```
┌─訴訟代理人
│     訴訟委任に基づく訴訟代理人
│     法令上の訴訟代理人
└─特定の種類の行為についての訴訟代理人
```

（2） 訴訟委任による訴訟代理人

i 訴訟委任による訴訟代理人の意義

訴訟委任による訴訟代理人とは，一つの特定の訴訟のために代理権を与えられた者である。訴訟代理人という言葉はこの意味で使われることが多い。

ii 弁護士代理の原則

訴訟は必ず弁護士を代理人として追行されなければならない，言い換えれば，

本人による追行を認めない立法例もある。これを**弁護士強制主義**という。

　迅速・円滑な審理のためには，弁護士強制主義が望ましい。しかし，わが国の現状ではその実現は困難であるので，現行民事訴訟法は本人訴訟を認めたうえで，訴訟代理人による代理も可能としている。ただし，代理人は弁護士でなければならない（54条1項本文）。これを**弁護士代理の原則**という。この原則に対する例外として，簡易裁判所の訴訟では，裁判所が許可すれば，弁護士でない者も訴訟代理人になることができる（同条同項但書）。裁判所はこの許可をいつでも取り消すことができる（同条2項）。

　なお，司法制度改革の一環として，訴訟代理人の資格が緩和された。すなわち，司法書士は，特別研修を受け，法務大臣から訴訟代理などに必要な能力を有すると認定されると，簡易裁判所における訴訟手続などの代理ができる（司法書士3条1項6号・7号・同条2-7項）。また，弁理士についても，特許侵害訴訟代理業務試験に合格した者は，特許権の侵害訴訟に関して訴訟代理人になることができる（弁理士6条の2）。なお弁理士は従来から審決取消訴訟などの訴訟代理人になることが認められている（同6条）。

iii　訴訟代理権の範囲

　訴訟代理人の権限の範囲は55条1項に例示されているように広範であり，弁護士である訴訟代理人（通常の訴訟代理人）の場合，制限を加えることはできない（55条3項本文）。実体法上の行為で，訴訟委任の目的と関連する行為は当然訴訟代理人の代理権の範囲内にあるものと解される。たとえば，契約の解除や相殺の主張の前提としての受働債権の承認である。ただし，55条2項は，重要な事項につき，特別の委任を必要としている。特別委任事項とされるのは，反訴の提起，訴えの取下げ，和解，請求の放棄・認諾，48条の規定による脱退，控訴・上告・上告受理申立ておよびそれらの取下げ，360条による異議の取下げおよび取下げの同意，代理人の選任である。しかし，実務上は訴訟委任が，これらの事項の多くを委任事項とする旨の記載が印刷された委任状に署名押印することによってなされていることが多いので，多くの訴訟においてこれらの事項についての特別委任がなされていることになる（次の頁に掲載されている訴訟委任状の雛形参照）。

---

10)　最判昭和36年4月7日民集15巻4号716頁（百選［初版］21）。
11)　最判昭和35年12月23日民集14巻14号3166頁（百選［初版］70）。

訴訟委任状の雛型

```
                    訴訟委任状

          弁護士  ○ ○ ○ ○ （○○弁護士会所属）
       〒○○○-○○○○
       東京都○○区○○町○○丁目○番○号○○法律事務所
              Tel ○○○-○○○○  Fax ○○○-○○○○

    私は上記弁護士を訴訟代理人と定め，次の事項を委任します。
  1  相手方○○○○に対し，○○地方裁判所へ提起する○○請求事件について，原告の
    なす一切の訴訟行為
  2  和解・調停・請求の放棄・認諾・復代理人の選任・参加による脱退
  3  反訴・控訴・上告又はその取下げ及び訴えの取下げ
  4  弁済の受領に関する一切の件
  5  代理供託及び還付利息取戻申請受領に関する一切の件

    平成○○年○月○日
                            〒○○○-○○○○
                            東京都○○区○○町○丁目○番○号
                               委任者  ○ ○ ○ ○  ㊞
```

（出所）　横田康祐＝菊池洋史編著『〈新・書式全書〉民事訴訟手続』66－67頁（酒井書店，2014年）

iv　訴訟代理権の消滅

　訴訟代理権は，当事者の死亡，訴訟能力の喪失（58条1項1号），法定代理人の死亡，訴訟能力の喪失，法定代理権の消滅（同条同項4号），当事者が法人である場合の合併による消滅（同条同項2号），当事者が受託者である場合の信託に関する任務の終了（同条同項3号）によって消滅することはない。この点は，私法上は本人の死亡，法定代理人を含む代理人の死亡が代理権の消滅原因とされている（民111条1項1号・2号）のと異なる。それは，弁護士を代理人とする訴訟代理ではこれらを消滅原因とする必要がなく，むしろ手続の効率を考慮すると，代理権を存続させることが合理的だからである。

　訴訟代理権は，これらの場合を除き，民法の規定により消滅する。すなわち，代理人が死亡したこと，または破産手続開始の決定もしくは後見開始の審判を受

けたこと（民111条1項2号），委任の終了（同条2項），解任・辞任（同651条），委任者（本人）または受任者（訴訟代理人）が破産手続開始決定を受けたこと（民653条2号）などである。ただし，相手方に通知しなければ，代理権消滅の効果は発生しない（59条・36条1項）。

v 訴訟代理人の訴訟行為の効力が問題になる場合

訴訟代理人の行為の効力が問題になる場合としては，非弁護士（弁護士の資格のない者）による訴訟代理の場合と弁護士法25条違反の場合がある。

（a） 非弁護士の訴訟行為　当事者が弁護士でない者に訴訟委任をした場合，登録を取り消された弁護士に訴訟委任をした場合などにおいて，訴訟代理人の訴訟行為の効力が問題になる。この点につき見解は，訴訟代理人が非弁護士であることは，訴訟行為の効力に影響がないとする説（有効説），無効とする説（無効説），無効であるが本人が追認すれば有効となるという説（追認説）に分かれている。この問題は，弁護士代理の原則（54条1項本文）の趣旨に従って判断されるべきである。弁護士代理の原則には，非弁護士の暗躍による社会の混乱の防止を目的とする面もあろう。しかし，現在の当事者の手続保障を重視する傾向のもとでは，資格のない者に代理されることによる本人の利益保護が第一の目的であると解すべきである。この目的にかなうのは追認説である。[12] ただし，当該代理人が適法な代理人である（弁護士である）と信じて，訴訟を追行した相手方の利益も考慮されなければならない。この観点からすると，当事者本人が，代理人が非弁護士であることを知っていた場合には，代理人の訴訟行為を有効と解すべきである。

（b） 弁護士法25条違反の訴訟行為　弁護士法25条各号は，弁護士が一方当事者の代理人になることが，その相手方当事者の信頼を裏切り，その利益を害することになる行為（たとえば，相手方の協議を受けた事件につき受任すること。同条1号・2号）を禁じている。これらに違反する訴訟行為の効力については，有効説，無効説，追認説（本人の追認または双方の許諾があれば有効とする），異議説（相手方の異議がなければ有効とする）が存在する。弁護士法25条の規定の目的は，上記のように，相手方の利益の保護であるので，異議説が正当である。

---

12) 最判昭和43年6月21日民集22巻6号1297頁は，登録を取り消された弁護士の訴訟行為は，追認されないかぎり無効としている（ただし，結果的には無効の主張が退けられている）。なお，最大判昭和42年9月27日民集21巻7号1955頁（百選I 59）は，弁護士会の懲戒処分により業務停止中の訴訟代理人の訴訟行為も無効とすべきでないとしている。

(3) 法令による訴訟代理人

法令による訴訟代理人とは，法令が本人のために訴訟代理権を付与した代理人である。たとえば，商法上の支配人（商21条1項。本人は商人），会社法上の支配人（会社11条1項。本人は会社），船舶管理人（商700条1項。本人は船舶共有者），船長（商713条1項。本人は船舶所有者）である。これらの者は法令によって訴訟代理人となるのであるから，任意代理人に分類することに疑念が生じるかもしれない。しかし，だれをこれらの訴訟代理人にするかは，本人の意思によって決まる。すなわち，本人の意思で，支配人，船舶管理人，船長が決められるのであるから，これらの者は，やはり任意代理人である。

(4) 特定の種類の行為の任意代理人

送達の受取りについての代理権が付与される送達受取人（104条1項後段，規41条1項）がその具体例である。なお，特定の訴訟行為についての代理人としては，ほかに，刑事施設に収容されている者の対する送達の受取りについて刑事施設の長に付与される代理権があるが（102条3項），この場合の刑事施設の長は法定代理人であって，任意代理人ではない（本節 **2（1）**iii参照）。

5 補　佐　人

補佐人とは，当事者または訴訟代理人とともに期日に出頭してこれを補助する者であり（60条1項），期日における付添人的な性格を有する者である。裁判所の許可により付くことができるが，裁判所は許可をいつでも取り消すことができる（同条2項）。訴訟において高度の専門的知識が必要な場合，当事者に言語・聴力障害などがある場合に付けられる。日本語ができない者に通訳が付けられない場合にも（154条参照），付くことがある。補佐人は自らの意思で発言し，発言の効果が本人に及ぶ点で，代理人に共通する。しかし，本人に代わって単独で出頭することはできず，また，期日外で訴訟行為をすることもできない。

第 3 篇　訴訟手続の開始およびその進行

はじめに

民事訴訟手続（判決手続）の概略は第1篇第2章第1節で示したが，要するに，訴え提起で開始され，審理（口頭弁論と証拠調べ）が行われ，審理の結果に基づいて，判決が出されるということである（ただしこれは民事訴訟手続の大まかな流れであって，実際には判決によらずに訴え取下げなどによって手続が修了することもあるし，判決が出されても，上訴が提起されて手続が続くこともある）。本篇では訴えの提起およびそれによって開始される審理の手続について説明される。

第1章 訴　え

第1節　訴えの意義と類型

1　訴えの意義

　訴えとは，ある者が他の者に対して，一定の権利主張を提示して，裁判所に，その当否についての審理および判決（両者をあわせて「審判」という）を求める行為である。訴えを提起する者を原告，その相手方を被告，両者をあわせて当事者という。

2　訴えの類型

　訴えは，請求の内容（何を求めているか）によって，給付の訴え，確認の訴え，形成の訴えの3類型に分類される。そのほか，特殊な訴えの類型として，形式的形成の訴え（ただし，「形式的形成訴訟」といわれることが多い）があるが，これについては，後に説明する（第8篇第2章第3節）。

（1）給付の訴え

　給付の訴えとは，原告が被告に対する給付請求権を主張して，被告に対する給付義務の履行を命じるよう，裁判所に求める訴えである。給付とは，債権の目的となる債務者の行為であり，これには作為と不作為がある。作為とは積極的挙動であり，金銭の支払，不動産の引渡し・明渡し，動産の引渡し，登記手続をすること，特定の日時に特定の劇場で芝居をすることがその例である。不作為とは，公害を発生させる工場の操業の停止，または，一定の取引もしくは事業をしないこと（利益相反行為・競業の制限・禁止。会社356条・365条・594条）がその例である。したがって，金銭の支払などの作為を求める訴え，工場の操業の差し止めなどの不作為を求める訴えなどが給付の訴えである。給付の訴えにより開始される訴訟を**給付訴訟**といい，そこで請求を認容する判決を給付判決（判決には，以下に述べるように，給付判決，確認判決，形成判決があるが，判決の種類などについては第4篇第1

章第1節 3 (4)で説明される）という。他方，請求に理由なしとして，これを棄却する判決は，原告が訴えをもってその履行を請求した権利の不存在を確認する，確認判決である。

(2)　確認の訴え

確認の訴えとは，特定の権利・法律関係の存否を確認することを，裁判所に求める訴えである。これには，特定の権利・法律関係の存在の確認を請求する，**積極的確認の訴え**と，その不存在の確認を請求する，**消極的確認の訴え**がある。積極的確認の訴えの例としては，原告が，特定の土地の所有権が自己に帰属することの確認を請求して提起する，所有権確認の訴えを挙げることができる。消極的確認の訴えの例としては，金銭債権の存否をめぐり争っている当事者間で，債務者とされた側が，相手方が主張する自己に対する債権の不存在の確認を請求して提起する訴えを挙げることができる。この場合の確認の対象は，訴えを提起する側，すなわち原告からみれば債務の不存在なので，この訴えは通常「債務不存在確認請求の訴え」といわれる。確認の訴えにより開始される訴訟を**確認訴訟**といい，そこで請求を認容する判決も，棄却する判決も法律関係の存否を確認するものであるから，確認判決である。

(3)　形成の訴え

形成の訴えとは，法定の原因に基づいて，特定の法律関係を変動させる，言い換えれば新たな法律関係を形成する判決を出すことを，裁判所に求める訴えである。形成の訴えの例として，離婚の訴えを挙げることができる。離婚の訴えは，夫婦の一方が他方に対して，離婚原因（民法770条1項1号－5号）の存在に基づいて，離婚，すなわち婚姻を解消するというあらたな法律関係の形成を求めるものである。形成の訴えにより開始される訴訟を形成訴訟といい，請求を認容する判決を形成判決という。請求を棄却する判決は，形成権の不存在を確認する，確認判決である。

実体法上，形成権，たとえば，取消権，解除権，建物買取請求権（借地借家13条）は，原則として，訴訟外で行使できる。しかし，一定の権利関係，具体的には，親族関係と社団関係においては，その変動が多数の者の利害に影響を及ぼすので，変動を利害関係人の間で明確かつ画一的に生じさせることにより，法律関係の安定を図ることが必要になる。そこで，法は，このような法律関係は裁判所の判決による宣言をもってはじめて変動することにするとともに，その変動の効

果が当事者とならなかった利害関係人にも及ぶものとした。このように，第三者にも拡張される判決の効力を**対世効**という。

　形成の訴え（形成訴訟）の例としては，離婚の訴えのほかに，認知の訴え（民787条，人訴2条2号），離縁の訴え（民814条・815条人，訴2条3号），会社設立無効の訴え（会社828条1項1号），合併無効の訴え（同条7号），株主総会決議取消しの訴え（同831条）などがある。婚姻無効の訴え（民742条，人訴2条1号），株主総会決議不存在・無効確認の訴え（会社830条）などについては，形成の訴え（形成訴訟）とみる見解と，確認の訴え（確認訴訟）とみる見解とに分かれている。そのほか，再審の訴え（338条），定期金賠償判決変更の訴え（117条）も形成の訴えの一種であり，これらは「訴訟法上の形成の訴え」といわれている（再審の訴えについては第5篇第6章で，定期金賠償判決変更の訴えについては第4篇第1章第3節 3 (2) viで説明される）。

第2節　訴訟物（訴訟上の請求）

1　訴訟物（訴訟上の請求）の意義とその特定の必要性

　原告が訴えにより主張し，その訴訟において裁判所の審判の対象になっている権利・法律関係を**訴訟物**または**訴訟上の請求**という。

　実際の訴訟における訴訟物が何であるかは，①既判力の客観的範囲（既に訴訟物（請求）について審判を受けているか否かの問題。114条1項），②請求併合になるか否か（一つの訴えで複数の請求を立てているか否かの問題。136条），③二重起訴の禁止の範囲（既に訴えが提起され，訴訟が行われているのに，同じ訴訟物についての訴えを提起することは禁止されているが，後の訴えがこの禁止に触れるか否かの問題。142条），④訴えの変更になるか否か（当初訴えられていた請求から同じ訴訟で別の訴訟物に変更したことになるか否かの問題。143条），④判決事項の範囲（裁判は，当事者が申し立てている事項についてしかしてはならないとされているが，その訴えによって何が申し立てられているかという問題。246条），⑤再訴禁止の範囲（訴えの取下げ後，一定の場合に，同じ訴訟物につき訴えを提起することが禁止されるが，取下げ後の再度の訴えがこの禁止に触れるか否かの問題。262条2項）などを決めるうえで，基準になる。したがって，個々の訴訟で訴訟物が何であるかを確定する必要がある。

2 訴訟物論争

（1） 訴訟物特定の基準

　何が訴訟物（訴訟上の請求）であるかを決める基準については，見解が分かれ，論争されている。この論争を訴訟物論争という。訴訟物論争はまず，日本民事訴訟法の母法国であるドイツで起こり，わが国の民事訴訟法学界でも，ドイツの学説の影響の下に，論争が行われた。諸説は，大きく，**実体法説**と**訴訟法説**に分けられる。実体法説は**旧訴訟物理論**（あるいは，旧説）と，訴訟法説は**新訴訟物理論**（あるいは，新説）とも呼ばれており，現在のわが国では，これらの名称のほうが一般的になっているので，本書でも，「旧訴訟物理論」「新訴訟物理論」という表記を用いる。その名称から判明するように，かつては旧訴訟物理論が支配的であったが，ドイツでこれに対抗する新訴訟物理論が台頭し，わが国でもこの理論を紹介，支持し，さらに発展・深化させる学説が現れたが，ドイツでもわが国でもこれに対して旧訴訟物理論の陣営からの反論がなされ，論争が展開されている。

　旧訴訟物理論は，訴訟物は実体法上の権利（実体権）ごとに特定されるという考え方である。旧訴訟物理論が，元来「実体法説」といわれるのは，このためである。それに対して，新訴訟物理論は，訴えをもって一定の給付，形成または確認（ただし，後述のように，確認訴訟では，いずれの訴訟物理論によっても，訴訟物は変わらない）を求める，訴訟上の地位が訴訟物であるという考え方である。新訴訟物理論が，元来「訴訟法説」といわれるのは，このためである。以下において，いずれの考え方をとるかによって，具体的にどのような違いが生じるのかを，訴訟類型ごとに明らかにする。

（2） 給付訴訟の訴訟物

　旧訴訟物理論は，訴訟物は実体法上の請求権そのものであるとする。したがって，たとえば，① X_1 がその所有しており，かつ占有していた不動産を Y_1 に奪われ，Y_1 が当該不動産を占拠していると主張して，Y_1 を相手取り不動産明渡請求の訴えを提起した場合，所有権に基づく明渡請求と占有権に基づく明渡請求では訴訟物は別である。それゆえ，X_1 が両者を一つの訴訟で主張すれば，請求の併合になり，別訴で請求しても二重起訴の禁止に触れず，どちらか一方の請求棄却判決が確定しても，他方を主張して新たに訴えを提起することが前訴判決の既判力によって封じられることはない。両者が併合して請求された場合，原告 X_1

の訴え提起の目的は、いずれか一方で勝訴すれば、達せられるので、裁判所は、いずれか一つの請求を認容すれば、他方について審判する必要がなくなる。このような併合の形態を請求の選択的併合という。②Y_2（医療機関）の医療過誤によって損害を受けたと主張するX_2（患者）が損害賠償を請求する場合、不法行為による損害賠償請求権と債務不履行（医療契約に基づく債務の不完全履行）による損害賠償請求権とが並立し、X_2はいずれも主張することができるが（請求権競合説。ただし、債務不履行による損害賠償しか請求できないとする見解もある。非競合説または法条競合説という）、旧訴訟物理論によれば、両請求は別個の訴訟物を成す。

　新訴訟物理論は、旧訴訟物理論の上記のような結果は紛争解決の一回性の要請（紛争は一回の訴訟で一挙に解決すべきとの要請）に反すると批判する。そして、給付訴訟における訴訟物は、相手方から一定の給付を求めることのできる法的地位（受給権）であると主張する。具体的には、前述①の不動産明渡請求訴訟においては、訴訟物は当該不動産の明渡しを求める法的地位であり、所有権に基づくといい、あるいは占有権に基づくというのは、請求を理由付けるための主張が二つあるというのである。それゆえ、X_1が両者を一つの訴訟で主張しても、請求の併合にならず、別訴で請求することは二重起訴の禁止に触れ、どちらか一方だけを主張して訴えを提起して、請求棄却判決が確定すれば、他方を主張して新たに訴えを提起することは、前訴判決の既判力によって封じられることになる。②の医療過誤による損害賠償請求訴訟においても、訴訟物は一定の金銭の支払を求めることのできる法的地位であり、不法行為に基づくといい、あるいは債務不履行に基づくというのは、請求を理由付ける主張が二つあるというのである。

（3）　形成訴訟の訴訟物

　旧訴訟物理論は、形成要件ごとに訴訟物が異なると解する。したがって、離婚訴訟においては、不貞に基づく離婚請求、悪意の遺棄に基づく離婚請求など、離婚原因（民770条1項各号）ごとに訴訟物は別ということになる。それに対して、新訴訟物理論は、一つの形成を求める法的地位を1個の訴訟物とみる。

　　ただし、離婚訴訟については、離婚原因の抽象化が行われたこと（民770条1項5号）から、旧訴訟物理論によりながら、実体法上も個々の離婚原因ごとに別個の離婚請求権が生じるのではなく、訴訟物は離婚原因ごとに異なるものではないと考える立場もある。

（4） 確認訴訟の訴訟物

確認訴訟においては，旧訴訟物理論によっても新訴訟物理論によっても，訴訟物は，原告が主張する権利・法律関係の存否であるとされ，結論に違いはない。

（5） 学説および実務の状況ならびに本書の立場

学説上は，旧訴訟物理論と新訴訟物理論の間で激しい論争が繰り広げられ，さらに両説を止揚（しよう）しようとする新たな理論も出現している。どの立場が通説ないし多数説であるかは，必ずしも容易に判断できないが，紛争解決の一回性に結びつく新訴訟物理論が優勢であるということができるであろう。しかし，旧訴訟物理論を支持する有力な学説もある。

一方，判例および実務は旧訴訟物理論に立っている。たとえば，離婚訴訟において，原告が主張していない離婚原因に基づいて離婚請求を認容することはできないとした判例があるが〔参考判例1〕，それは，この判例が，離婚原因ごとに訴訟物が別であることを前提にしているからである。そのほかにも，本書の後の記述には，旧訴訟物理論を前提としていることを示す判例が引用されている[1]。それらについては，その都度，訴訟物理論との関係に言及する。

〔参考判例1〕 最判昭和36・4・25民集15巻4号891頁〔百選〔初版〕63〕
【事案の概要】 X（夫）からY（妻）への精神病を理由とする離婚請求訴訟（民770条1項4号）で原審は，Yの精神病は回復の見込みがないものと断ずることはできないとして，精神病を原因とする離婚の成立は認めなかったが，家庭の状況から婚姻を係属し難い重大な事由があるとして，請求を認容した（民770条1項5号）。Yから上告。
【判　　旨】 破棄差戻し
「民法770条1項4号所定の離婚原因が婚姻を係属し難い重大な事由のひとつであるからといって，右離婚原因を主張して離婚の訴を提起した被上告人（Xのこと——著者）は，反対の事情のないかぎり同条項5号所定の離婚原因あることをも主張するものと解することは許されない。……それ故，原審としては，まず被上告人が本訴において民法770条1項4号のほか同条項5号の離婚原因をも主張するものであるかどうかを明確にし，もし右5号の離婚原因をも主張するものであれば，……諸般の事情につき更に一層詳細な審理を遂げた上，右主張の当否を判断すべきであったのである。」

---

1) 第6篇第1章〔参考判例1〕である最判昭和58年3月22日判タ494号62頁＝判時1074号55頁（百選〔5版〕111），第6篇第1章注8）の最判昭和58年4月14日判タ540号191頁＝判時1131号81頁，第6篇第1章注14）の最判昭和35年5月24日民集14巻7号1183頁。

本書は，旧訴訟物理論を支持する。その理由は，まず，民事訴訟は実体法に従って民事紛争を解決する制度であるから，解決は実体法上の権利・法律関係を単位としてなされるべきであるということである。たしかに，紛争は一回の訴訟で解決することが望ましい。逆に，せっかくいったん確定判決が出たのに，さらに実質的に同じ目的をもって訴訟が行われることは，相手方にとっても，また裁判所すなわち国家にとっても，余計な負担を負わされることになる。この点で新訴訟物理論にも説得力があることは否定できない。しかし，再度提起された訴えは，提起された事情によっては，信義則違反によって不適法とすることも可能である。もとより，旧訴訟物理論によったのでは，再度の訴えの総てを不適法として排斥することはできない。しかし，誠実な権利者であっても，自己の主張を根拠付ける実体権を常にもれなく気付き，一回の訴訟で提出することが可能であるとは限らない。当初の訴えで主張し得なかった実体権に基づく主張まで封じてしまう新訴訟物理論の結論のほうが，むしろ妥当性を欠くこともあり得る。

第3節　訴え提起の方式

1　訴状の提出

　訴えの提起は，原則として，裁判所に**訴状**という書面を提出して行う（133条1項）。訴状は，後述のように，その副本が被告に送達されるので，原告は訴え提起にあたり，被告の数だけ副本を提出しなければならない（被告は一人とは限らない。たとえば，複数の者に暴行された被害者が，加害者達を共同被告とする場合がある。このような訴訟を共同訴訟という。共同訴訟については第6篇第2章で説明される）。

　上記の原則に対する例外として，簡易裁判所では，口頭による訴えの提起（271条1項。規1条2項参照）および任意の出頭による訴えの提起（273条）も可能である。また，簡易裁判所で行われる起訴前の和解手続および督促手続から訴訟に移行する場合には，それぞれ起訴前の和解の申し立て，督促手続の申立ての時に訴えが提起されたものとみなされる（275条2項・395条）（簡易裁判所の手続および督促手続の詳細は第7篇第1章，第2章第3節で説明される）。

2 訴状の記載事項

訴状には，必ず記載しておかなければならない事項と，記載しておかなければならないわけではないが，記載することが可能であり，むしろ記載しておくことが望ましい事項がある。前者を**必要的記載事項**といい，後者を**任意的記載事項**という（以下に訴状の雛型を掲示する）。

訴　　状

収入印紙

平成〇〇年〇月〇日

〇〇地方裁判所民事部　御中

原告代理人　〇　〇　〇　〇　㊞

東京都〇〇区〇〇町〇丁目〇番〇号
　　原　　　　告　〇　〇　〇　〇

〒〇〇〇-〇〇〇〇
東京都〇〇区〇〇町1丁目〇番〇号　〇〇法律事務所（送達場所）
　　訴訟代理人弁護士　〇　〇　〇　〇
　　　　電話　03-〇〇〇〇-〇〇〇〇
　　　　FAX　03-〇〇〇〇-〇〇〇〇

〒〇〇〇 〇〇〇〇
東京都〇〇区〇〇町〇丁目〇番〇号
　　被　　　　告　〇　〇　〇　〇

貸金返還請求事件
　訴訟物の価額　　　　　　円
　貼用印紙額　　　　　　　円

請求の趣旨

1　被告は，原告に対し，〇〇万円及びこれに対する平成〇〇年〇月〇日から支払済みまで年〇パーセントの割合による金員を支払え。
2　訴訟費用は被告の負担とする。
との判決並びに仮執行の宣言を求める。

請求の原因
1　原告は，被告に対し，次のとおり金員を貸し付けた（甲1，2）。
　(1)　貸付年月日　　　　平成〇〇年〇月〇日
　(2)　貸付金額　　　　　〇〇万円
　(3)　弁済期　　　　　　平成〇〇年〇月〇日
　(4)　利息　　　　　　　年〇パーセント
　(5)　遅延損害金　　　　年〇パーセント
2　原告は，被告に対し，弁済期を経過した後の平成〇〇年〇月〇日付け内容証明郵便によって，同郵便到達後5日以内に返済すべきことを催告し，同書面は同月〇日，被告に到達した。
3　よって，原告は，被告に対し，貸金〇〇万円及びこれに対する弁済期日の翌日から支払済みまで約定の年〇パーセントの割合による遅延損害金の支払いを求める。
4　紛争に至る経緯
　　被告は，原告に対し，平成〇〇年〇月，被告が経営している工務店の運転資金として〇〇万円の融資を申し入れた。その際，被告は，当座の資金がどうしても不足するので是非協力してほしい，返済については住宅建築を受注する見込みで，その請負代金が年末までに支払われる予定であり，それを原資とするなどと話していた。
　　その後，被告は上記住宅建築の受注に失敗し，資金繰りに行き詰まったなどとして一向に返済をしないことから，原告は，やむを得ず本訴を提起する次第である。

証　拠　方　法
甲第1号証　　借用証書
甲第2号証　　印鑑登録証明書

添　付　書　類
1　訴状副本　　　　　1通
2　書証写し　　　　　各1通
3　訴訟委任状　　　　1通

（出所）　横田康祐＝菊池洋史編著『〈新・書式全書〉民事訴訟手続』204－206頁（酒井書店，2014年）

（1）　必要的記載事項

　必要的記載事項は，①当事者，および，当事者に法定代理人がいれば，法定代理人（133条2項1号），②請求の趣旨（同条同項2号前半部分），③請求の原因（同条同項同号後半部分）である。

i　当事者およびその法定代理人

　当事者の記載は，それによってだれが原告であり，被告であるかが，特定できればよい。通常，当事者が自然人であれば，氏名と住所により，法人であれば，

名称および主たる事務所の所在地により特定される。自然人の場合戸籍上の氏名でなく，芸名やペンネームなどの通称でも，人物が特定できればよい。当事者が訴訟無能力者である場合には，**法定代理人**の表示も必要である。また，法人の場合，代表者の表示も必要である（37条）。

ii 請求の趣旨

請求の趣旨とは，訴えをもって審判を求める請求の表示である。したがって，請求認容判決（原告全面勝訴判決）の主文に対応する。

　　　損害賠償，とくに慰謝料については，その額がいくらになるかが，裁判所の裁量によって定まるので，当事者にとっては判断が困難であることを考慮して，「裁判所が相当と認める額の支払を求める」との請求の趣旨の表示を認めるべきとの見解もある。しかし，このような記載では被告も防御の方針を決定しにくいし，事物管轄（裁24条1号・33条1項1号）や帖用印紙額（民訴費3条1項）が決まらないので，損害賠償請求においても，原告はやはり請求額を特定しなければならない。

　　　一部請求訴訟（金銭の支払など，可分な債権の一部を請求する訴訟）の場合，請求の趣旨で一部請求であることを表示しなければならないか，あるいは，表示をしたときの表示の意味については，議論があるが，後に説明される（第4篇第1章第3節3(2)v(a),(b)）。

iii 請求の原因

請求の原因には，当該訴訟における訴訟物（訴訟上の請求）を特定するために必要な事項という意味と，請求を理由付ける事項という意味とがある。必要的記載事項としての請求の原因は，前者の意味である。

　請求（訴訟物）を特定するために，請求原因の記載がそもそも必要か否か，あるいは，どこまでの記載が必要かは，請求の内容，および，訴訟物論争につきいかなる訴訟物理論をとるかによって異なる。まず，確認訴訟においては，訴訟物は，いかなる訴訟物理論によっても，確認が求められている権利・法律関係の存否である。たとえば，所有権確認請求訴訟においては，原告が所有権を取得した原因が売買であるか，贈与であるか，取得時効であるか，相続であるかによって，訴訟物は異ならない。それゆえ，請求は請求の趣旨だけで特定されるので，請求原因の記載は，133条2項2号の文言にもかかわらず，不要である。次に，金銭などの不特定物の給付を請求する訴訟では，原告と被告の間に同じ内容の債権，たとえば，同額の代金債権と貸金返還債権が存在することがあり得る。それゆえ，いかなる債権の履行が請求されているかを特定するために，請求の原因の記載が

必要になる（たとえば，特定の年月日に売買された特定の土地の代金債権である旨の記載）。このことも，いかなる訴訟物理論によるかに，かかわらない。以上に対して，特定物の給付訴訟においては，旧訴訟物理論によると，請求を理由付ける実体権ごとに訴訟物が異なるので，請求原因として請求を特定するための実体権の記載が必要である。たとえば，同じ土地の明渡請求であっても，所有権に基づく明渡請求か，占有権（占有侵害）に基づく明渡請求かあるいは賃貸借契約終了に基づく明渡請求かが，明確になるような記載が必要になる。他方，新訴訟物理論によれば，訴訟物は当該特定物の給付を求める法的地位であり，所有権に基づくか，占有権に基づくか，契約終了に基づくかは，理由付けに過ぎないので，必要的記載事項としての請求原因ではない。それは，次に説明する任意的記載事項である。

(2) 任意的記載事項

請求を理由付けるための事項という意味での請求の原因は，必要的記載事項ではないが，これを訴状に記載することは可能であるので，任意的記載事項といわれている。むしろ，このような事項は，審理を効率的に進めるために，勧められている（規53条1項）。そして，訴状にこのような事項が記載された場合，訴状は準備書面（準備書面については，本篇第3章第2節1で説明される）を兼ねるものとされ（規53条3項），準備書面に関する規定（161条3項など）が適用される。

なお，請求の根拠となる事実の中には，直接「請求を理由付ける事実」と，その事実に「関連する事実」とがある。前者を主要事実といい，後者を間接事実という（主要事実と間接事実については本篇第3章第4節1(4)iiで説明される）。訴状には，できるかぎり，これらを分けて記載しなければならない（規53条2項）。

3 印紙の貼付

訴えを提起するときは，手数料を納付しなければならない（民訴費3条1項）。手数料は，収入印紙を訴状に貼付して（貼り付けて）納付する（同8条本文）。手数料は訴訟物の目的の価格（訴額）によって決まる（8条・9条，民訴費4条・別表第1第1項）。

簡易裁判所における口頭による訴え提起（271条1項）および任意の出頭による訴え提起（273条）の場合の手数料は，収入印紙を調書に貼付して納付する。

第 4 節　訴え提起後の措置

1　事件の配付

　裁判所は，訴状を受け付けると，事件を特定の裁判官（単独制）または合議制（合議体）に配付する[2]。事務配分の仕方は毎年あらかじめ裁判所ごとに定めておかなければならない（下級裁判所事務処理規則 6 条 1 項・8 条）。

2　裁判長の訴状審査

　事件の配付を受けると，まず，裁判長（単独体では，裁判官が裁判長である）が訴状に必要的記載事項（133 条 2 項）が記載されているか否か，および，手数料の印紙が貼付されているか否かを審査し，これらの点に不備があれば，相当の期間を定めて，補正を命じる（137 条 1 項）。その期間内に原告が補正をしなければ，裁判長が命令で訴状を却下する（同条 2 項）。この却下は，裁判長の裁判であり，単独制の裁判官がこれを行っても，裁判所の裁判ではない（裁判所の裁判と裁判長な裁判については第 4 篇第 1 章第 1 節 **2 (2)** で説明される）。この命令に対しては，即時抗告により不服を申し立てることができる（同条 3 項）（裁判に対して不服のある者が提起する不服申立て方法には，いくつかの種類がある。即時抗告もその一つである。不服申立て方法については第 5 篇第 1 章第 1 節で説明される）。

　訴状に上記の不備があっても，裁判長がこれを看過し，次に述べる訴状の送達がなされてしまうと，裁判長による訴状却下はできず，判決により訴えを却下することになる。

---

[2]　第一審は，通常の民事事件であれば，地方裁判所であるが，簡易裁判所のこともある（裁 24 条 1 号・33 条 1 項 1 号）。人事訴訟では家庭裁判所である（同 31 条の 3 第 1 項 1 号）。特殊な事件では高等裁判所のこともある（同 17 条，公選 203 条・204 条・207 条，特許 178 条など）。地方裁判所と家庭裁判所においては単独体が原則であるが，合議体の事件もある（裁 26 条・31 条の 4）。高等裁判所では合議制であり（同 18 条），簡易裁判所では単独制である（同 35 条）。

3　訴状の送達ならびに口頭弁論期日の指定および呼出し

（1）　訴状の送達

　訴状に不備がない場合，または不備があっても補正された場合，訴状は副本によって（規58条1項）被告に送達される（138条1項。送達については本篇第2章第3節3で説明される）。しかし，なんらかの理由により（たとえば，被告の住所の記載が不正確であるため）送達できない場合，または原告が送達費用を予納しない場合，裁判長は期間を定めて，補正を命じ，原告がこれに応じないときは，命令で訴状を却下する（138条2項・137条。これも裁判長による訴状却下である）。

　訴状が被告に送達された時に，訴訟係属が生じる。**訴訟係属**とは，原告の被告に対する特定の請求が，特定の裁判所において審判の対象となっている状態のことである。訴訟係属は，訴えの提起により生じるとの考え方も，かつては存在した。しかし，訴えが提起されただけでは，被告はまだ審判の場に登場しているとはいえないので，訴訟係属は，訴えの提起によってではなく，訴状の被告への送達によって生じると考えるべきである。現在では，この点に異論はない。

（2）　口頭弁論期日の指定と呼出し

　その後の措置としては，第1回口頭弁論期日を指定するのが通常であろうが，事件を弁論準備手続（168条以下）または書面による準備手続（175条以下）のいずれかに付すこともありうる（弁論準備手続，書面による準備手続については本篇第3章第2節3（3），（4）で説明される）。

　第1回口頭弁論期日の指定は，裁判長が訴状の送達とともに，これを行い，かつ，当事者双方を呼び出さなければならない（139条。なお94条，規60条参照）。ただし，訴えが不適法でその不備が補正できないときは，裁判所は，口頭弁論を経ないで訴えを判決によって却下する（140条）。不備が補正できないときとは，たとえば，出訴期間（たとえば，会社828条1項各号）を徒過して訴えが提起された場合である。また，当事者に対する期日の呼出しに必要な費用の予納を，相当な期間を定めて，原告に命じた場合において，その予納がないときは，裁判所は，被告に異議がない場合に限り，決定で訴えを却下することができる（141条1項）。この決定に対しては，即時抗告を提起することができる（同条2項）。被告の異議がないことを，却下のための要件としているのは，被告も請求棄却判決を得る利益を有しているからである。

事件を弁論準備手続または書面による準備手続に付す場合には，それぞれの手続に応じて，弁論準備手続への呼出状や準備書面などの提出期間が裁定される。

第5節　処分権主義

1　処分権主義の内容と根拠

　民事訴訟は，私法上の（すなわち，民法や商法などの実体法上の）権利を実現し，あるいは法律関係を確定する制度である。その私法上の権利・法律関係は個人の自由な処分にゆだねられている。これを私的自治の原理という。このように，民事訴訟おいては，当事者が実現ないし確定しようとする対象が，個人の自由な処分にゆだねられているのであるから，個人が開始する意思を表明しないかぎり，それが開始されることはない。これを**処分権主義**という。「訴えなければ，裁判なし」という法格言があるが，それは，このことを意味している。ただし，このことを定める明文規定はないが，それは当然のこととされている。実体法上の私的自治の原理からは，さらに，訴えの提起によって訴訟が開始された場合，審判の対象は当事者によって確定された範囲に限られ，裁判所は当事者が申し立てていない事項について，判決することはできないとの結論が導き出される。このことは，246条によって明確に定められている。これも処分権主義の内容である。このように，実体法上の私的自治の原理が処分権主義の根拠といえる。

　　しかし，処分権主義の内容は，上記のように，訴訟の開始と判決事項が個人（当事者）の意思によって決まるということに止まらない。訴訟の対象となる権利・法律関係が個人の処分に任されているなら，訴えの提起によっていったん開始された訴訟を，当事者の意思によって終了させることも，可能なはずである。訴訟は，本来，判決の確定によって終了することが予定されているが，この観点から，訴えの取下げ（261条），上訴の取下げ（292条・313条），請求の放棄・認諾，訴訟上の和解（267条）による終了も認められている。また，上訴を提起するか否かも，当事者の意思に任されており，上訴された場合の上訴審の審判の範囲も，当事者の意思によって確定される。そのことは，上訴審における不利益変更・利益変更禁止の原則（304条・313条）になって現れている（訴えの取下げなど，ここに列挙した事項の詳細は，それぞれ該当する箇所で説明される）。

2　申立事項

　先に述べたように，当事者が申し立てていない事項について判決を下すことは，処分権主義違反になり，246条が禁じている。処分権主義違反になるか否かは，申立てと判決内容を比較して，後者が前者を超えているか否かが，基準になる。金銭の支払を求める給付訴訟で，請求額を超える額の支払を命じる判決（たとえば，請求額が1000万円で，認容額が1200万円の場合）は，処分権主義に違反するが，請求額の一部を認容し，その余を棄却する判決（たとえば，請求額が1000万円で認容額が700万円の判決）は，違反していない。また，家屋の全部の明渡しが請求された訴訟で，一部の明渡しを命じる判決，[3] 一筆の土地についての所有権移転登記が請求された訴訟で，分筆の上，その一部についての移転登記を命じる判決は，[4] 処分権主義に違反していない。

第6節　訴訟要件

1　訴訟要件の意義と種類

（1）訴訟要件の意義

　訴えが提起され，訴訟係属が生じると，裁判所は，訴えに対する判断を下すことが義務付けられる。この判断を判決といい，それは裁判所の裁判の一種であり，かつ裁判所が行う訴訟行為の一つである。判決には，原告の請求に理由があるとしてこれを認容する判決，および，理由がないとしてこれを棄却する判決，ならびに，そもそも訴えが不適法であるとして訴えを却下する判決があり，請求認容・棄却判決を本案判決，訴え却下判決を訴訟判決ということは，既に述べられている（第1篇第2章第1節）。すなわち，本案判決がなされるためには，訴えが適法でなければならず，訴えが不適法であれば，訴え却下の訴訟判決なされる。そして，訴えが適法であるための要件を**訴訟要件**という。

---

3) 最判昭和24年8月2日民集3巻9号291頁。
4) 最判昭和30年6月24日民集9巻7号919頁。

(2) 訴訟要件の種類

訴訟要件には，さまざまなものがあるが，これまでに本書において説明されたものを挙げると，①被告および事件がわが国の裁判権に服するものであること（外国国家，外交使節に対する訴えは，この点で問題になる），②受訴裁判所が当該事件につき管轄を有すること，③当事者が存在し，当事者能力を有していること，④訴え提起および訴状の送達が有効になされていることがある。また，すぐ次に説明するが，⑤訴えの利益が存在すること，⑥当事者適格が存在することも訴訟要件である。

その他の訴訟要件としては，⑦訴訟費用の担保を原告が提供したこと，または提供する必要がないこと（75条，会社836条・847条の4第2項），⑧二重起訴の禁止（142条）に触れないこと，⑨訴え取下げ後の再訴禁止（262条2項）に触れないこと，⑩不起訴の合意・仲裁の合意のないことなどがある。これらについては，該当する箇所で説明される。

> これらの訴訟要件には，積極的訴訟要件と消極的訴訟要件とがある。**積極的訴訟要件**とは，それが具備していることが，訴えが適法であるための要件となるものである。上記のうち，②〜⑦がこれにあたる。**消極的訴訟要件**とは，それが具備することにより，訴えが不適法となるものである。上記のうち，⑧〜⑩がこれに当たる。**訴訟障害**といわれることもある。ただし，両者の区別は，必ずしも明確ではない。たとえば，①については，被告・事件がわが国の裁判籍に服さないことをもって，消極的訴訟要件であるという見方も，被告・事件がわが国の裁判権に服すことが積極的訴訟要件であるという見方も，ともにあり得る。

2 訴訟要件の審査

(1) 訴訟要件の具備が必要な時点

訴訟要件は，本案判決を下すための要件であるので，訴えの提起の時点で具備していなくても，口頭弁論終結時に備わっていれば，訴えは適法であり，本案判決がなされる（「口頭弁論終結時」の意味については，本篇第3章第3節1，第4篇第1章第3節3(1)ⅰ，ⅱで説明される）。

したがって，訴え提起当時，すなわち訴状が裁判所に提出された時に，訴訟要件の不備があっても，補正が可能であれば，訴えはただちに却下されるべきでなく，当事者に補正の機会が与えられなければならない。たとえば，訴状に不備がある，もしくは手数料が納付されていない場合には，裁判長はその補正を命じな

ければならず（137条1項。同条2項参照），また，訴えが管轄のない裁判所に提起された場合には，裁判所は管轄のある裁判所に移送しなければならない（16条1項）。

（2） 当事者の主張の要否

　民事訴訟において裁判所は，請求の内容に関する判断は，当事者が提出した裁判資料のみに基づいて行うことになっている。これを弁論主義という（弁論主義についてくわしくは，本篇第3章第4節で説明される）。これに対して，訴訟要件が具備しているか否かは，紛争が本案判決によって解決されるに適しているか否かの問題であり，原則として，たんに当事者の利害のみならず，公益にもかかわることがらである。それゆえ，訴訟要件の具備に関しては，原則として，当事者の主張の有無にかかわらず，裁判所が職権で判断できる。このように，裁判所が職権で取り上げることができることを，**職権調査事項**というが，訴訟要件の具備は，原則として，職権調査事項である。

　　ただし，訴訟要件の具備が職権調査事項であるということについては，以下の点に注意しなければならない。
　　第1に，職権調査事項は，上述のように，当事者の主張がなくても，裁判所が職権で取り上げることができるのであるが，そのことから，これを取り上げた場合，その判断のために必要な証拠まで職権で調べることができるとは，必ずしも当然にいえるわけではない。証拠を職権で調べることを，**職権探知**というが，職権調査事項には，職権探知ができる事項と，そうでない事項とがある（職権調査と職権探知についてくわしくは，本篇第3章第4節3で説明される）。ところで，訴訟要件にはさまざまなものがあり，公益とのかかわりの程度も多様である。公益性の強い訴訟要件については，その具備の判断には職権探知主義が適用され，公益性の弱いものについては，その適用はなく，当事者が提出した証拠のみが具備の判断のために使われる。前者の例として，重複訴訟の禁止または訴え取下げ後の再訴の禁止に触れること，後者の例として，訴えの利益，当事者適格の有無を挙げることができる。ただし，公益性の強弱は必ずしも明確でないので，個々の訴訟要件の具備の判断に職権探知主義が適用されるか否かについては，見解が分かれることがあり得る。
　　第2に，訴訟要件の中にも，例外的に，主として当事者の利害にかかわり，公益性のうすいものもある。不起訴・仲裁の合意がないことがその例である。この訴訟要件については，裁判所は，当事者の主張，すなわち，被告からの，当該請求につき不起訴・仲裁の合意がなされている旨の主張があって，はじめて問題にすることになる。このような主張を**妨訴抗弁**という。

　要するに，訴訟要件具備の判断は，原則として，職権調査事項であるが，職権探知

によるか否かは，各訴訟要件の公益性の強弱によって異なる。また，この原則に対する例外として，当事者の主張をまって，はじめて取り上げられるものもある。

(3) **訴訟要件と請求の理由具備**（請求の成立）

　訴訟要件の具備は，本案判決がなされるための前提であるから，論理的には，その具備が確定してから，本案の審理に入るという順序が踏まれることになる。しかし，本案の請求がいかに法律的に構成されるかということと，訴訟要件が具備しているか否かは，相互に関連している。このこと，および，訴訟要件は，前述のように，口頭弁論終結時で具備していれば，本案判決がなされることから，実際には，必ずしも訴訟要件に関する審理が本案に関する審理に先行して行われるわけではなく，両者が交互に行われたり，併行して行われることがある。ただし，審理の効率を考えると，審理に一貫した流れがあることが望ましいのは，当然である。

　訴訟要件の審理と本案の審理との関係でもう一つ考えなければならないのは，審理の過程で，請求に理由がないことは明らかになったが，訴訟要件が具備しているか否かを判断するには，なお審理を続けなければならないという事態に立ち至った場合，裁判所は請求棄却の本案判決を下すことができるかという問題である。このような本案判決が可能であるとすれば，裁判所は，それ以上の審理に時間と労力をかける必要がなくなるし，被告にも便宜である。これらの点を考慮して，これを可能とする学説も有力である。しかし，本案判決は，訴訟要件の具備のうえになされるものであることを考えると，これを可能とすべきではなく，裁判所は，なお訴訟要件具備の判断のために審理を行わなければならない。そして，審理の結果，裁判所が訴訟要件は具備していないとの判断に至れば，訴え却下の判決を下し，具備しているとの判断に至れば，請求棄却の判決を下すことになる。

3　訴えの利益

(1) **訴えの利益の意義，発現態様**

i　**訴えの利益の意義**

　訴えの利益とは，提起された訴えを裁判所が取り上げて審判をする実益のことである。たとえば，Aが所有する土地をBが占有し，Aは，Bの占有が正当な権原を欠く不当なものであると考えており，AB間にその土地をめぐる争いが存在するという状況のもとで，AがBを相手取って，Aの当該土地所有権確認請

求の訴えを提起したとする。Bが，Aが土地所有者であることを争っており，この点を確認することが両名間の紛争の解決に役立つかぎり，この訴えには訴えの利益がある。5) しかし，Bが，Aの所有権は認めており，ただ，自分には賃借権があるから土地を占有しているのだと主張しているときは，訴えの利益が欠ける。なぜなら，Aの土地所有権の存否を確認することは，AB間の紛争の解決に役に立たないからである。

なお，上記の例からもわかるように，訴えの利益が問題になるのは，多くの場合確認訴訟においてである。ただし，後述のように，給付訴訟や形成訴訟においても訴えの利益の存否が問題になることがある。

ii 訴えの利益の発現態様

広義の訴えの利益には，狭義の訴えの利益（客体についての訴えの利益）と当事者適格（主体についての訴えの利益）が含まれる。

（a）狭義の訴えの利益 **狭義の訴えの利益**とは，具体的な個々の訴訟において原告が訴訟物（訴訟上の請求）について判決を求める現実の必要性のことである。**権利保護の利益**（権利保護の必要）といわれることもある。**訴えの利益**というとこの意味で使われることが多く，本書でも以下において「訴えの利益」というとこの意味である。

訴えの利益（権利保護の利益）は訴訟要件であり，これを欠く訴えは不適法として却下される。6)

> なお，**権利保護の資格**という言葉もある。これは，権利保護の利益が具体的な個々の訴訟における必要性であるのに対して，一般的，抽象的に訴訟の対象になりうることを指す。たとえば，学者が，自分の学説が正しいということの確認を請求する訴えを，反対の見解を主張する学者を被告として提起した場合，その請求はそもそも訴訟の対象になり得ないものであり，権利保護の資格がないといわれる。ただし「権利保護の利益」という言葉が，「権利保護の資格」も含む意味で用いられることもある。

（b）当事者適格 **当事者適格**とは，個々の訴訟においてその者を当事者として訴訟を行う利益（意味）のことである。個々の訴訟において当事者適格を有する者を，正当な当事者ということもある。当事者適格も訴訟要件である。

---

5) 最判昭和29年12月16日民集8巻12号2158頁（百選［初版］24）は本文で述べられた考え方を前提にしている。

6) ただし，かつては，訴えの利益の欠缺の場合，請求棄却判決がなされていた。最判昭和27年2月15日民集6巻2号88頁，最判昭和31年12月20日民集10巻12号1573頁など。

(2) (狭義の)訴えの利益——客体についての正当な利益——

i 各種の訴えに共通な要件としての訴えの利益

訴えの利益には，各種の訴え（給付の訴え，確認の訴え，形成の訴え）に共通するものと，訴えの類型ごとに固有のものがある。前者としては以下の事項がある。

(a) 請求が具体的な権利関係その他の法律関係の存否の主張であること

まず，具体的な事件を離れて，抽象的な法規の効力の存否，法令の解釈は訴訟の対象にならない。また，宗教上の教義に関する争いも，訴訟の対象にならない。たとえ財産上の請求であっても，その前提として宗教上の教義に関する対立がある場合には，やはり訴訟の対象にならない〔参考判例2〕[7]。また，法的な紛争であっても，高度に政治的な問題については，訴訟の対象にならないとする，統治行為論（政治問題の法理）がわが国の裁判実務では採用されている[8]。

〔参考判例2〕 最判昭和56年4月7日民集35巻3号443頁（百選〔2版〕1）
【事案の概要】 Xらは宗教法人Yの会員であり（後に退会），Yの募金に応じて一人あたり280円から200万円を寄付（贈与）したが，この寄付には要素の錯誤があったので無効であり，Yは法律上の原因なくして利得していると主張して，寄付金の返還を求める訴え（不当利得返還請求）を提起した。Xらが主張する錯誤の内容は，以下のとおりである。①募金の趣旨は本尊たる日蓮聖人建立の「板まんだら」を安置する「事の戒壇」として正本堂を建立資金に充てることであったが，後に「板まんだら」は偽物と判明したこと，②Yは募金時には，正本堂完成時が広宣流布達成の時に当たると称していたが，正本堂完工の年に至って正本堂は未だ戒壇の完結ではなく，広宣流布はまだ達成されないと言明したことの2点である。第一審は，本件は法律上の争訟ではないとして，訴えを却下した。原告が控訴したところ，控訴審は，本件不当利得返還請求は裁判所の審判の対象となるとして，第一審判決を取り消し，事件を第一審に差し戻す判決をした。これに対してYが上告した
【判　　旨】 原判決破棄，控訴棄却。
「本件訴訟は，具体的な権利義務ないし法律関係に関する紛争の形式をとっており，その結果信仰の対象の価値又は宗教上の教義に関する判断は請求の当否を決するについ

---

[7] 宗教団体の内部紛争が民事訴訟の対象になるか否かが争われた事例は，ほかにも多数ある。たとえば，最判昭和44年7月10日民集23巻8号1423頁（百選〔3版〕20），最判昭和55年1月11日民集34巻1号1頁（百選〔5版〕1），最判平成元年9月8日民集43巻8号889頁（百選Ⅰ1）。

[8] 最大判昭和35年6月8日民集14巻7号1206頁（苫米地事件判決）。衆議院の解散が違憲であるとして，衆議院議員であった者が議員資格の確認と歳費の支払いを請求して訴えを提起した事例。

ての前提問題であるにとどまるものとされてはいるが，本件訴訟の帰すうを左右する必要不可欠のものと認められ，……結局本件訴訟は，……裁判所法3条にいう法律上の争訟にあたらないものといわなければならない」

（**b**）　**起訴が禁止されていないこと**　　起訴の禁止とは，たとえば，二重起訴の禁止（142条），訴え取下げ後の再訴禁止（262条2項），人事訴訟における別訴の禁止（人訴25条）[9]である。これらに触れる訴えは不適法である。

（**c**）　**当事者間に訴訟を利用しない旨の合意がないこと**　　このような合意として，まず不起訴の合意を挙げることができる。当事者間でなされる，ある特定の権利・法律関係について訴えを提起しない旨の合意は，現在では適法であると考えられている。[10]ただし，その効果，および，一方の当事者が合意に反して訴えを提起した場合，相手方は契約の効果をどのように主張することができるかという点については，見解が分かれている。合意は，訴えを不適法にするという，訴訟上（手続上）の効果を発生させ，したがって合意に違反して訴えが提起された場合，訴えは合意の効果として直接に不適法になるという見解もある。しかし，通説は，私人間の合意は直接的な訴訟上の効果を生じさせないが，合意には，合意に違反して訴えが提起された場合，訴えの利益を喪失させる効力がある，と解している。

これと同様に，訴えないし上訴取下げの合意がなされたにもかかわらず，訴えないし上訴が取り下げられなかった場合，その訴訟においては訴えの利益が欠けることになると解されている。[11]さらに，仲裁の合意がなされているにもかかわらず，提起された訴えにも，訴えの利益が欠けると解される（訴訟上の合意について，くわしくは本篇第3章第5節 **4（2）**参照）。

（**d**）　**その他，起訴の障害となる事由のないこと**　　訴えの提起が権利濫用ま

9）　たとえば，婚姻取消しの訴えの請求棄却判決確定後に，敗訴者が前訴当時主張することのできた婚姻の無効原因を主張して婚姻無効の訴えを提起すること，あるいは，離婚原因を主張して離婚の訴えを提起することはできないとされている。

10）　古くは，訴訟手続に関する合意は，法がとくに規定している場合（たとえば，管轄の合意〈11条〉）を除いて，不適法であり無効であると考えられていた。これを便宜訴訟の禁止（任意訴訟の禁止）という。しかし現在では，処分権主義に基づき，不起訴の合意などは適法であるという考え方が一般的である。ただし，本文で述べるように，その効果および違反の場合の合意の主張方法については，見解が分かれている（本篇第3章第5節 **4（2）**参照）。

11）　訴え取下げの合意につき，最判昭和44年10月17日民集23巻10号1825頁（百選［5版］92）。

たは信義則違反と評価されること[12]や，原告が同一請求につき既に勝訴の確定判決を得ていることは消極的訴訟要件であり，訴えを不適法とする。ただし，判例は，確定した給付判決（その事案では登記を命じる判決であった）を得ている者も，時効中断のためであれば，再度同じ訴えを提起しても，訴えの利益は肯定されるとしている[13]。しかし，この者は，法的には，既に得ている給付判決に基づいて強制執行をすることができるのであるから，時効中断の目的だけであれば，再度給付の訴えを提起しなくても，給付請求権の確認判決を得ることによって，達せられる。むしろ，再度の給付の訴えが認められると，原告が二重の給付判決を得ることになり，被告は二重の強制執行を受けるおそれが生じる（この事例は，登記を命じる判決であるから，二重の強制執行のおそれはないが，金銭の支払のような不特定物の給付を命じる判決であれば，そのおそれがある）。したがって，給付の訴えの利益はなく，確認の訴えの利益を認めるべきである[14]。

ii 給付の訴えの利益

給付の訴えの利益については，現在の給付の訴えと将来の給付の訴えに分けて考えなければならない。

（a）現在の給付の訴え　現在の給付の訴えとは，弁済期が到来した給付請求権の実現を求める訴えであるから，特別な事情がないかぎり，訴えの利益が存在する。被告が原告の債権の存在を争ったか否か，履行を拒絶したか否かは，訴えの利益の有無にかかわりがない。ただし，被告が請求を争わず，ただちに請求の認諾（請求の認諾については第4篇第2章第2節で説明される）をしたときは，原告に訴訟費用を負担させることができる（62条）。上記の特別な事情とは，不起訴の合意がなされている場合（不起訴の合意については本節3（2）i（c）で説明された）や，自然債務の履行が請求された場合である。

（b）将来の給付の訴え　将来の給付の訴え，すなわち履行期前に給付請求権の実現を請求する訴えは，原則として，訴えの利益を欠くが，「あらかじめその請求をする必要がある場合に限り」適法である（135条）。そのような場合とは，①相手方が債権の存在を争っているなどのために，履行期が到来しあるいは条件が成就しても，任意の履行が期待できない場合と，②請求の内容が，履行期に履

---

12) 最判昭和53年7月10日民集32巻5号888頁（百選［5版］31）。
13) 大判昭和6年11月24日民集10巻1096頁。
14) 同旨，佐賀地判平成6年8月26日判タ872号292頁。

行がなされないと重大な損害が生じる場合とである。②の場合の例としては，扶養料請求権を挙げることができる。この場合の給付を定期行為という。

　　将来の給付の訴えで判例上争点になったのは，騒音公害のような継続的不法行為に基づく損害賠償請求訴訟において，既に生じた損害についての賠償のみならず，将来生じるであろう損害についての賠償も請求できるかということである。判例は，これを否定した〔参考判例3〕。[15]

〔参考判例3〕　最大判昭和56年12月16日民集35巻10号1369頁（百選［5版］22）
【事案の概要】　本件はいわゆる大阪国際空港事件である。同空港周辺の住民が航空機の離着陸にともなう騒音による被害を受けたとして，国に対して①夜間の航空機の発着の差し止め，②過去の損害賠償（既に発生した損害の賠償），③将来の損害賠償（将来発生するであろう損害の賠償）を請求した。ここでは，③についてのみ取り上げる。原審は③について原告の請求を一部認容した。国から上告。
【判　　旨】　原判決破棄，訴え却下。
　「……しかし，たとえ同一態様の行為が将来も継続されることが予測される場合であっても，それが現在と同様に不法行為を構成するか否か及び賠償すべき損害の範囲いかん等が流動性をもつ今後の複雑な事実関係の展開とそれらに対する法的評価に左右されるなど，損害賠償請求権の成否及びその額をあらかじめ一義的に明確に認定することができず，具体的に請求権が成立したとされる時点においてはじめてこれを認定することができる……」との理由で，最高裁判所は原判決を破棄し，将来の損害賠償を請求する部分は権利保護の要件を欠くとして，訴えを却下した。

iii　確認の訴えの利益

確認の利益の有無は以下の観点から検証される。①確認対象選択の適否，②確認訴訟によることの適否，③即時確定の現実的利益。

（a）　確認対象選択の適否　従来，確認訴訟における確認の対象となりうるのは，現在の権利・法律関係であるとされていた。別の言い方をすれば，事実や過去の法律関係は確認の対象となり得ないということになる。[16] ただし，以下の2点に注意しなければならない。

---

15)　最判平成19年5月29日判タ1248号117頁＝判時1978号7頁も，基地騒音公害訴訟で，将来の損害賠償請求については，不適法であるとした。
16)　最判昭和41年4月12日民集20巻4号560頁（百選Ⅱ117）は，売買契約の無効確認が請求された事例で「原告としては，確認の訴を提起するためには，右売買契約の無効の結果生ずべき現在の権利または法律関係について直接に確認を求めるべきである」と判示した（なお，この判例における争点は複数あり，百選Ⅱ117では別の争点についての判示が解説の対象になっている）。

第1に，事実の確認について，明文で**証書真否確認の訴え**が認められていることである（134条）。証書真否とは，証書に記載されている内容が真実であるか否かということではなく，その書面が作成者と主張される者の真意に基づいて作成されたか否かということである。証書真否確認の訴えが認められるのは，上記の点を確認することが，法的紛争の予防ないし解決に役立つことが期待されるからである。

第2に，過去の法律関係についても，それを確認することが紛争の予防ないし現在の紛争の解決に有用であれば，訴えの利益を肯定する見解が，有力である。判例は，この観点から，親子の一方の死亡後の親子関係確認の訴え〔参考判例4〕，遺言無効確認の訴え〔参考判例5〕，国籍確認の訴え〔参考判例6〕の適法性を認めている。

〔参考判例4〕 最大判昭和45年7月15日民集24巻7号861頁（百選Ⅰ65）
【事案の概要】 X女は，検察官Yを被告として，亡AがXの子であることの確認を求める訴えを提起した。Xの主張によれば，亡Aは亡B男と亡C女の庶子（非嫡出子・婚外子）としてBの戸籍に入籍させられ，BCの婚姻により嫡出子とされたが，BCの間に出生した子ではなく，XとD男の間に生まれた子である，という。第一審，原審は，親子の一方が死亡している場合の親子関係は過去の法律関係であるから，その確認は過去の法律関係の確認であり，確認の対象としての適格を欠くとの理由で，訴えを不適法として却下した。Xが上告。
【判　旨】 原判決破棄，第一審判決取消し，第一審に差戻し。
「……親子関係は，父母の両者または子のいずれか一方が死亡した後でも，生存する一方にとって，身分関係の基本となる法律関係であり，それによって生じた法律効果につき現在法律上の紛争が存在し，その解決のために右の法律関係につき確認を求める必要がある場合があることはいうまでもなく，戸籍の記載が真実と異なる場合には戸籍法116条により確定判決に基づき右記載を訂正して真実の身分関係を明らかにする利益が認められるのである。……」

〔参考判例5〕 最判昭和47年2月15日民集26巻1号30頁（百選［5版］23）
【事案の概要】 相続人間で，被相続人が生存中に行った遺言の効力について争いが生じ，一部の相続人が他の相続人に対して，遺言無効確認の訴えを提起した。第一審，原審は，遺言無効確認は過去の法律関係の確認であるから確認の対象としての適格を持たないとして，訴えを却下した。原告が上告。
【判決理由】 原判決破棄，第一審判決取消し，第一審に差戻し。

「いわゆる遺言無効確認の訴は，遺言が無効であることを確認するとの請求の趣旨のもとに提起されるから，形式上過去の法律行為の確認を求めることとなるが，請求の趣旨がかかる形式をとっていても，遺言が有効であるとすれば，それから生ずべき現在の特定の法律関係が存在しないことの確認を求めるものと解される場合で，原告がかかる確認を求めるにつき法律上の利益を有するときは，適法として許容されうるものと解するのが相当である。けだし，右の如き場合には，請求の趣旨を，あえて遺言から生ずべき現在の個別的法律関係に還元して表現するまでもなく，いかなる権利関係につき審理判断するかについて明確さを欠くことはなく，また，判決において，端的に，当事者間の紛争の直接的な対象である基本的法律行為たる遺言の無効の当否を判示することによって，確認訴訟のもつ紛争解決機能が果たされることが明らかだからである。」

〔参考判例6〕 最大判昭和32年7月20日民集11巻7号1314頁（百選［初版］23）
【事案の概要】 Xは，日本人Aを父としてアメリカ合衆国で生まれ，日米両国の国籍を取得した。Aは昭和11年7月に，内務大臣に対して，Xの日本国籍離脱の届出をA名義でし，翌年，戸主Bは戸籍吏にその旨の届出をした。その後，Xは日本に帰国し，昭和17年7月，内務大臣に日本国籍の回復を申請し，その許可を得て，同年10月に国籍回復の届出をした。昭和24年に至り，Xは国（Y）にたいして，Xが出生による日本の国籍を現に引き続き有することの確認の求める訴えを提起した。Xの主張によれば，Aによる国籍離脱の届出は，Xの不知の間に，しかもA名義で行われたのであるから，無効であり，その後に国籍離脱を前提としてなされた国籍回復許可も無効であるというのである。原審は請求認容。国（Y）が上告。
【判決理由】 上告棄却
「本件における被上告人（原告のこと－著者）の請求の趣旨は，……被上告人は未だかつて，日本の国籍を離脱したことも，その後これを回復したこともないことに帰着し，現在，生れながらの日本国籍を保有するものであるから，本訴においてその確認を求めるというにある……。しかるに，被上告人の戸籍簿には，現に，右国籍の離脱ならびに回復に関する記載のなされていることは，原判決の確定するところであり，かかる戸籍の訂正をするには戸籍法116条によって，確定判決を必要とすることはあきらかであるから，被上告人は，少くともこの点において，本訴確認の判決を求める法律上の利益を有するものというべきである。」

（b） 確認訴訟によることの適否　給付訴訟が可能なときに，給付請求権確認の訴えは，原則として確認の利益を欠く。端的に給付の訴えを提起すればよいからである。ただし，給付判決のある請求権につき時効中断の必要がある場合は，給付請求権確認の訴えにも確認の利益がある。なお本書は，この場合，再度給付

の訴えを提起することは，既に給付を命じる判決があるので，訴えの利益を欠くとの立場をとる。しかし，判例は，前述のように，このような場合に提起された給付の訴えを，適法としている（i（d））。

これに対して，給付請求権の基礎となる権利関係の確認においては，それが紛争の解決や予防に役立つときには，確認の利益が肯定される[18]。

給付義務がないと主張する者は，確認の利益があるかぎり，債務不存在確認の訴え（消極的確認の訴え）を提起することができる[19]。ただし，判例は，債務不存在確認請求の係属中に被告がその債務（債権）の履行を求める反訴を提起したときは，本訴である債務不存在確認請求の訴えは確認の利益を欠くことになるとしている[20]。

形成訴訟が認められる場合には，形成権確認の訴えは訴えの利益を欠く。

（c）即時確定の利益　確認判決は，給付判決や形成判決と異なり，原告に事実上の利益を得させるものではない。したがって，確認訴訟においては，原告が確認判決を得ることによってその法的地位に関する危険や不安を解消できる場合，あるいは，原告と被告の間に生じるおそれのある紛争を防止できる場合にかぎって，訴えの利益が認められる。このような利益を即時確定の利益という。たとえば，不動産の明渡し請求の訴えが可能な場合でも，当事者間に所有権の帰属について争いがある場合には，所有権確認の訴えに確認の利益があることもあるが[21]，当該不動産を占有している者（被告）が原告の所有権を争ってはおらず，ただし，占有権原として賃借権を主張している場合には，所有権の確認は当事者間の紛争の解決に役に立つものではないので，所有権確認の訴えは訴えの利益を欠く。

判例は，一方で，遺言者の死後に提起された遺言無効確認の訴えは，即時確定の利益が存するかぎり，適法であるとするが（〔参考判例5〕），他方で，遺言者の生存中は遺言無効確認の訴えは不適法であるとしている〔参考判例7〕。しかし，

17）　前掲注13）大判昭和6年11月24日。これに対して，前掲注14）佐賀地判平成6年8月26日は本書と同旨である。
18）　前掲注5）最判昭和29年12月16日。
19）　東京高判平成4年7月29日判タ809号215頁＝判時1433号56頁（百選Ⅰ A13）。
20）　最判平成16年3月25日民集58巻3号753頁（百選［第5版］29）。ただし，この点は，二重起訴禁止との関係で再度検討される（本章第7節**1**（**2**）ii（**a**））。
21）　注5）最判昭和29年12月16日。

学説においては，遺言者の生存中であっても，遺言者心神喪失の常況にあり，あるいは病状が重篤で，遺言を取り消す可能性が事実上ないようなときには，遺言無効確認の訴えにおける確認の利益を肯定すべきとする，有力説もある。

〔参考判例7〕 最判平成11年6月11日判夕1009号95頁＝判時1685号36頁（百選〔5版〕26）
【事案の概要】 Y_1 はアルツハイマー型の老人性痴呆により心神喪失の状況にあるとして，禁治産宣告（現行法下の後見開始）の審判を受けた者であり，その病状の回復の見込みはない。Y_1 は，甥の Y_2 に自己の財産を遺贈する旨の遺言をした。Y_1 の養子である X はこの遺言は無効であると主張して，Y_1，Y_2 を被告として，遺言無効確認の訴えを提起した。第一審は，本件訴えを不適法として却下したが，控訴審は，遺言者の生存中の遺言無効確認の訴えは，原則として不適法であるが，本件のように，遺言者が遺言を取り消し，変更する可能性がないことが明白な場合は，無効確認を認めることが，紛争の予防のために必要かつ適切であるとして，第一審判決を取り消し，事件を第一審に差し戻す判決をした。これに対して，Y_1Y_2 が上告。
【判決理由】 原判決破棄，控訴棄却。
「……遺言は遺言者の死亡により初めてその効力が生ずるものであり（民法985条1項），遺言者はいつでも既にした遺言を取り消すことができ（同法1022条），遺言者の死亡以前に受遺者が死亡したときには遺贈の効力は生じない（同法994条1項）のであるから，遺言者の生存中は遺贈を定めた遺言によって何らの法律関係も発生しないのであって，受遺者とされた者は，何らかの権利を取得するものではなく，単に将来遺言が効力を生じたときは遺贈の目的物である権利を取得することができる事実上の期待を有する地位にあるにすぎない（最高裁昭和30年（オ）第95号同31年10月4日第一小法廷判決・民集10巻10号1229頁参照）。したがって，このような受遺者とされる者の地位は，確認の訴えの対象となる権利又は法律関係には該当しないというべきである。遺言者が心身喪失の常況にあって，回復する見込みがなく，遺言者による当該遺言の取消し又は変更の可能性が事実上ない状態にあるとしても，受遺者とされた者の地位の右のような性質が変わるものではない。」

消極的確認の訴え

訴えは，権利を主張する者が提起するのが通常である。しかし，権利の存否について争いがある場合，権利の存在を否定する者に，その不存在確認請求の訴えを提起することは，権利を主張する者に訴え提起が認められていることとの衡平の観点からも，また紛争の解決・予防の観点からも，認められるべきである。この訴えを**消極的確認の訴え**という。

消極的確認の訴えも，当事者間で争いがあり，即時確定の利益があれば，すなわち，その確認が当事者間の法的紛争の解決または予防に役立つならば，確認の利益が認め

られる。ただし，積極的確認の訴えを提起できる場合は，それによるべきであって，消極的確認の訴えは訴えの利益を欠いている。たとえば，ある物につきA，B2名がともにともに自分に所有権があると主張して，争っているときは，相手方の所有権の不存在ではなく自己の所有権確認の訴えを提起すべきである。しかし，Aが，自分が所有権者でないことは認めつつ，Bにも所有権がないことを主張しており，かつ，Bに所有権がないことが確定すれば，AB間の法的紛争が解決または予防できるときは，Aが提起するBの所有権不存在確認の訴えには訴えの利益がある。そもそも，この場合のAには積極的確認の訴えを提起することができない。[22]

消極的確認の訴えの一つとして，**債務不存在確認請求の訴え**がある。実務において提起されることが多いのは，金銭債務の不存在確認の訴えである。この訴えが提起される場合の中には，債務者（正確にいえば，相手方から債務者と考えられている者）が債権の存在を完全に否定している場合，すなわち債務全額の不存在確認請求の訴えが提起される場合と，債権の存在自体は認めつつ，その額につき債権者との間に争いがあり，一定額を超えた債務の不存在確認請求の訴えが提起される場合とがある。いずれの確認の訴えも，個々の事案で即時確定の利益が存在するならば，適法である。

いずれの訴訟でも，不存在確認の対象となる債務は，債務の額と発生原因によって特定されるが，これらは債権者の主張によって決まる。

債務全額の不存在確認請求における訴訟物（審判の対象）は全額の債務である。裁判所は，①債務全額が不存在であると判断するときは，判決主文で債務の不存在を確認する。②全額が存在すると判断するときは，請求を棄却する。③債務が一部存在すると判断するとき（たとえば，1000万円の債務の不存在確認の訴えが提起され，200万円の債務の存在が認められるとき）は，判決主文中で，債務中存在が認められる額を超える債務の不存在を確認し，その余の請求を棄却する。これは一部認容判決である。

次に，債務者が，債権の一部の存在をみずから認めたうえで，それを超える額の不存在の確認を請求する訴えが提起されることがある。その訴訟にはさらに，原告である債務者が債務の上限を示しているときと，これを示していないときがある。前者の例としては，1000万円の債権のうち200万円を超える債務の不存在確認を請求する訴訟を挙げることができる。この訴訟では原告がはじめからその存在を自認している200万円の債務は訴訟物にならない。裁判所は，①原告の主張どおり，債務額は200万円だと判断したときは，判決主文中で，1000万円の債務のうち200万円を超える債務の不存在を確認する。②債務全額が存在すると判断したときは，請求を棄却する。

---

22) 大判昭和8年11月7日民集12巻2691頁は，二番抵当権者が一番抵当権者を被告として被告の一番抵当権の不存在確認の訴えを提起し，原審が請求を認容した事案である。大審院は，原告は，自己の抵当権が一番抵当権であることの確認を請求すべきであり，被告の一番抵当権不存在確認の訴えは不適法であるとしたうえで，釈明権を行使して，請求を原告の一番抵当権の確認に是正させるべく，原判決を破棄して，原審に差し戻した。

③存在する債務の額が，原告の主張より多く300万円であると判断したときは，1000万円の債務のうち300万円を超える債務の不存在を確認し，その余の請求を棄却する。これは一部認容判決である。④存在する債務が原告の主張より少ない100万円であると判断したときに，その判断のまま，判決主文中で，1000万円の債務のうち100万円を超える債務の不存在を確認することは，処分権主義に反するので，判決主文は①の判決と同じになる。

他方，債務者が債務の上限を示さずに，一定の額を超える債務の不存在のみの確認を請求する訴えを提起することもある。このような訴えが提起されたときは，裁判所は，不存在確認を求められている債務の総額を請求原因などから明らかにしたうえで，判決を出す。そのさい，たとえば，原告がたんに，200万円を超える債務の不存在の確認を請求する訴えを提起し，債務の総額が1000万円であり，300万円の債務の存在が認められれば，裁判所は上記③の一部認容判決と同様の判決をすべきである。[23]

iv 形成の訴えの利益

形成の訴えは，原告および被告となるべき者，ならびに要件が個別的に定められているので，所定の要件を備えた訴えであれば，原則として，訴えの利益が存する。ただし，以下の場合には，例外として，訴えの利益の存否が消滅する。

第1に，原告が形成判決を得ることによって実現しようとしていた実質的目的が，事実関係の推移によってもはや実現し得なくなった場合には，訴えの利益が消滅する。[24]

第2に，その逆に，原告が形成の訴えによってもたらそうとしていた法律状態が，事実関係の変動によって実現してしまった場合も，訴えの利益が消滅する。[25]

4 当事者適格──主体についての正当な利益──

(1) 当事者適格の意義

当事者適格とは，特定の請求について当事者として訴訟を追行し，本案判決を

---

23) 最判昭和40年9月17日民集19巻6号1533頁（百選[5版] 76)。この場合には，請求棄却判決をすべきとの学説も存在する。
24) 最大判昭和28年12月23日民集7巻13号1561頁（百選[3版] 37)。メーデー（5月1日）のための皇居前広場使用不許可処分の取消訴訟（行政事件訴訟）の係属中に，5月1日が過ぎてしまった事例。
25) 最判昭和57年9月28民集36巻8号1642頁。重婚を理由とする後婚の取消訴訟の係属中に後婚が離婚によって解消された場合，婚姻取消訴訟の訴えの利益は消滅するとされた事例。最判昭和45年4月2日民集24巻4号223頁（百選[5版] 30)。株式会社の取締役等役員選任決議取消訴訟の係属中に，当該役員が退任し，別の株主総会で新たに役員に選任された場合，訴えの利益は消滅するとされた事例。

求めることができる資格である。この資格を当事者の権能と見るとき，**訴訟追行権**という。また，当事者適格（訴訟追行権）を有する当事者を**正当な当事者**という。

当事者適格は，原告側については**原告適格**，被告側については**被告適格**といわれる。

（2） 当事者適格の一般的（原則的）基準

一般には，訴訟物である権利または法律関係の存否の確定について，法律上の利害の対立する者が正当な当事者である。訴訟類型ごとに説明する。

i 給付訴訟における当事者適格

一般的基準によれば，自己の給付請求権を主張する者が正当な原告（原告適格者）であり，原告によって給付義務者と主張されている者が正当な被告（被告適格者）である。たとえば，Xが，Yに金を貸したが，返してもらっていないと主張して，Yを被告とし貸金返還請求の訴えを提起したが，審理の結果，Xが金を貸したのは，YではなくYの子のAであることが分かった場合，被告適格は金を借りたAにあると思われるかもしれない。しかし，Xは，Yに金の支払を求めているのであるから，Yに被告適格がある。ただ，真実は，XはYに金を貸していないので，Xの請求には理由がなく，請求棄却の本案判決が下されることになる。

ii 確認訴訟における当事者適格

確認訴訟においては，確認の利益自体が，特定の原告と被告の間の紛争を確認判決によって解決ないし予防するための必要性であるから，確認の利益があるときは，当事者適格もあることになる。つまり，確認訴訟においては客体に関する訴えの利益と主体に関する訴えの利益が表裏一体をなしているということができる。

iii 形成訴訟における当事者適格

形成訴訟では，原則として，これを認める法規で原告および被告となるべき利害関係人が明定されている（たとえば，民744条1項・2項・774条，人訴12条1項・2項・41条1項・2項，会社828条2項・831条1項）ので，それらの者に当事者適格がある（それらの者が正当な当事者である）。

（3） 第三者の訴訟担当

上記の一般的基準によらない，特殊な場合の当事者適格がある。第三者の訴訟

担当である。

i 第三者の訴訟担当の意義と種類

第三者の訴訟担当とは，実質的な適格者に代わり，またはこれとならんで第三者が当事者適格を持ち，その第三者が訴訟を追行することである。訴訟代位ともいう。この場合第三者が受けた判決の効果は実質的利益帰属主体（本人）にも及ぶ（115条1項2号）。この点で代理に類似しているようにも見える。しかし，第三者の訴訟担当の場合，本人は訴訟において当事者とはならないので，代理ではない。

第三者の訴訟担当には，法定訴訟担当と任意的訴訟担当とがある。**法定訴訟担当**とは，本人の意思によるのではなく，法律の規定により第三者が訴訟追行権を持つ場合である。**任意的訴訟担当**とは，本人の意思によって第三者に訴訟追行権が授権される場合である。

ii 法定訴訟担当

法定訴訟担当には以下の3種類がある。

（a） 第三者（実際に訴訟を追行する者）が自己の権利の実現ないし保全のために，彼に対して義務を負う者ないしそれに準じる者の権利関係についての訴訟追行権がその第三者に与えられる場合 たとえば，債務者の債権を差し押さえた差押債権者は，第三債務者（債務者の債務者）に対する取立訴訟につき当事者適格を持ち（民執157条），債権者代位権に基づき債務者の権利を代位行使する債権者は，債務者に代わって当事者適格を持ち（民423条），質入債権につき取立訴訟をする債権質権者（民366条）は，取立訴訟につき当事者適格を持ち，株の責任追及訴訟をする株主（会社847条−853条）は，会社に代わって当事者適格を持つ。

> これらの者が当事者として訴訟を追行した結果，敗訴した場合，その判決の効果が本来の権利義務の主体に及ぶかは問題になる。なぜなら，本来の権利義務の主体は，みずから当事者として訴訟を追行したわけではないにもかかわらず，敗訴判決の効力を受けるのは妥当でないと考える余地もあるからである（この点については，既判力の主観的範囲を取り上げるさいに，説明される。第4篇第1章第3節**3（3）ii（b）**）。

（b） 他人の財産につき包括的な管理処分権を与えられた財産管理人 たとえば，破産財団や再生債務者・更生会社の財産に関する訴訟における破産管財人（破80条），再生管財人（民再67条）・更生管財人（会更74条）・保全管理人（民再83条・67条1項，会更34条・74条1項），遺言執行者（民1012条），相続財産管理人

(民918条3項・926条2項・936条3項・943条2項など）などである。ただし，これらの者については，訴訟担当者なのか法定代理人なのかについて，見解が分かれている。

（ c ） **いわゆる職務上の当事者**　たとえば，婚姻事件，養子縁組事件，親子関係事件における本来の適格者死亡後の検察官（人訴12条3項），人事訴訟において成年被後見人のために訴えまたは訴えられる成年後見人または成年後見監督人（人訴14条），海難救助債務者である荷主や船主のためにその請求を受ける船長（商811条2項）である。

iii　任意的訴訟担当

本人の意思によって訴訟担当が認められる任意的訴訟担当が明文規定で認められる場合がある。選定当事者（30条），手形の取立委任裏書の被裏書人（手18条），建物の区分所有等に関する法律に定める管理者（建物区分26条4項・57条3項・58条4項・60条2項）などである。そのほかに，いかなる場合に任意的訴訟担当が認められるかは，問題である。安易にこれを許容すると，弁護士代理の原則（54条）や訴訟信託の禁止（信託10条）の潜脱を助長することになる。しかし，あまり厳格にすると，社会のニーズに応えられない結果になる。この点に関して，最高裁判所は，民法上の組合の財産関係に関する訴訟における業務執行組合員による任意的訴訟担当の適否が争点になった事案で，大法廷判決をもって，弁護士代理，訴訟信託禁止の潜脱にならず，これを認める合理的必要性がある場合には，許容されるとした。[26]

（ 4 ）　**当事者適格の訴訟上の意義**

当事者適格は職権調査事項であるが，職権探知事項とは解されていないので，その判断にあたっては，当事者が提出した証拠だけが用いられる（職権調査と職権探知については，本篇第3章第4節3で説明される）。当事者適格は訴訟要件であるから，これが欠ける場合，裁判所は訴えを不適法として却下しなければならない。当事者適格の欠缺を看過して下された本案判決に対しては，上訴を提起することができる。しかし，このような判決も確定すれば，再審の訴えによって取り消すことはできない。ただし，その場合の判決の効力は，当事者適格を有する者，すなわち本来当事者になるべき者に及ばない。

---

26)　最大判昭和45年11月11日民集24巻12号1854頁（百選［5版］13)。

第7節　訴え提起・訴訟係属の効果

訴えが提起され，訴状が被告に送達されると，訴訟係属が生じる。したがって，訴え提起と訴訟係属発生の間には若干の時間的間隔がある。訴えの提起または訴訟係属の開始により，さまざまな効果が生じる。それらは訴訟上の効果と実体上の効果に大別される。訴訟上の効果としては，二重起訴の禁止（142条）が重要であり，実体上の効果としては時効中断効が重要である（民147条。同149条参照）。厳密にいえば，訴訟上の効果は訴訟係属の発生にともなって生じ，実体上の効果は訴え提起にともなって生じるといえる。以下では，これらについて説明する。

訴訟上の効果としては，二重起訴禁止のほかに，訴訟参加や訴訟告知が可能になり（42条・47条・49-53条），また，関連した裁判籍が認められる（145条・146条）などの効果がある。実体上の効果としては時効中断効のほかに，法律上の期間の遵守（民201条・747条2項・777条・787条但書，会社828条1項・831条1項），善意占有者の悪意擬制（民189条2項）などがある。

1　二重起訴の禁止

(1)　二重起訴禁止の趣旨

「裁判所に係属する事件については，当事者は，さらに訴えを提起することはできない」（142条）。これを**二重起訴の禁止**という（「重複訴訟の禁止」ということもある）。その趣旨は，判決間の矛盾抵触（既判力の矛盾。既判力については第4篇第1章第3節で説明される）の可能性を排除すること，ならびに，審判の重複による不経済および相手方の応訴の煩わしさを避けることの2点にあるとされている。かつては，前者に重点が置かれていたが，現在は後者に重点が移っているといわれている。

(2)　二重起訴に当る場合

二重起訴に当るか否か（事件の同一性）は，当事者（事件の主体）の同一と，審判対象（事件の客体）の同一の二つの観点から判断される。

i　当事者の同一

二重起訴として本来考えられるのは，同じ原告が同じ被告に対して同じ訴訟物（訴訟上の請求）の訴えを提起することである。しかし，同一当事者が本訴と反訴

（被告が，係属中の訴訟で原告に対して訴えを提起し，同じ訴訟での審判を求めること。反訴については，第6篇第1章第4節で説明される）で実質的に同じ事項が審判の対象になった場合，原告と被告がいれかわってはいても，当事者が同一であることには変わりがない。ただし，この場合には，審判事項の同一性が問題になる（この点は，ii（a）で検討する）。

　問題になるのは，一方の訴えの当事者が他方の訴えの判決の効力を受ける（115条1項2号・4号）場合に，二重起訴になるかである。たとえば，債権者代位訴訟の係属中に，債務者が同一債権につき履行を求める訴えを提起する場合である。判例は[27]，別訴が提起されれば二重起訴になるが，債務者が原告の代位権を争って（原告の自己に対する債権の存在を否定して），代位訴訟に独立当事者参加（独立当事者参加については第6篇第4章で説明される）をする場合には，二重起訴にはならないとする。

ii　審判対象の同一

（a） 求められている審判形式が異なっているが，審判の対象が実質的に同一である場合にも，二重起訴になるか否かは問題である。判例は[28]，債務不存在確認請求訴訟の係属中に，被告がその債務の履行を請求する給付の訴えを反訴として提起した場合，債務不存在確認請求の訴えは，訴えの利益を欠くことになるとして，本訴である債務不存在確認の訴えを却下した。この場合には，両請求が同じ訴訟で審判されるため，判決間の矛盾ならびに訴訟の不経済および相手方の応訴の煩わしさは生じないので，両請求をあわせて審判することが二重起訴の禁止の趣旨に反するとはいえない。しかし，判例が指摘しているように，債権者であると主張する側から給付の訴えを提起されたなら，債務不存在確認請求の訴えはその必要性を失うということができる。この場合に，訴え提起のさいには適法であった債務不存在確認の訴えが不適法として却下されることは，この訴えの原告にとっては心外なことであるかも知れない。しかし，訴訟要件は訴え提起時ではなく，判決の基準時（前述のように口頭弁論終結時。本章第6節**2（1）**）に具備していなければならないのであるから，この結果はやむを得ないとことといわざるを得ない。債務が不存在であれば，反訴，すなわち給付請求は棄却されるのであるから，本訴が却下されたことは，便宜上の措置であり，実質的には本訴原告の勝訴であったと割り切ることができれば，本訴原告の不満も解消されるであろう。

---

27)　最判昭和48年4月24日民集27巻3号596頁（百選Ⅱ175）。
28)　前掲注20) 最判平成16年3月25日。

（**b**）　同一物についてAがBに対し，BがAに対してそれぞれ自己の所有権確認の訴えを提起する場合については，見解の対立がある。一方では，Aが提起する訴えの訴訟物はAの所有権であり，Bが提起する訴えの訴訟物はBの所有権であるから，訴訟物は異なるので，二重起訴にならないとの見解がある。他方，この場合も，両方の請求が認容されれば，既判力の抵触が生じるので，二重起訴になるが，後訴が反訴として提起されれば，同じ裁判所で審判されるので，既判力の矛盾が生じることもなく，また審判の重複による不経済や相手方の煩わしさも生じないので，重複訴訟の禁止に触れない，とする見解もある。同一物についてであっても，Aの所有権とBの所有権は別であるから，反訴の形でなければ不適法だとして，本訴（当初の訴え）の被告に反訴を強制することは，当事者間の衡平を欠く。別訴を認めても，弁論を併合することによって，矛盾する判決（A，B両方の請求の認容）は回避できるので，二重起訴にならないと解すべきである。

（**c**）　同一の債権につき，その履行を請求する訴えが提起される一方で，その債権を自働債権とする相殺の抗弁（訴訟上の相殺ともいう）が提出される場合，二重起訴の禁止（の趣旨）に触れるか否か，それゆえその相殺ないし訴えが適法か否かが，問題になる。なぜなら，相殺の抗弁についての裁判所の判断には既判力が生じる（114条2項）からである（相殺の抗弁についての裁判所の判断が持つ既判力については第4篇第1章第3節**3**(**2**)iiiで説明される）。

　　問題になるケースには別訴先行型と抗弁先行型がある。別訴先行型の場合は，後から行われる相殺の抗弁の適法性が問題になり，抗弁先行型の場合は，後から提起される訴えの適法性が問題になる（両方の場合を図で示すと，次の頁の〔図表1〕のようになる）。諸説は，①いずれであっても適法である（二重起訴禁止の趣旨に触れない）とする説，②いずれも不適法である（二重起訴禁止の趣旨に触れる）とする説，③別訴先行型は不適法であるが，抗弁先行型は適法であるとする説，④別訴先行型は適法であるが，抗弁先行型は不適法であるとする説に分かれる。判例は，別訴先行型について142条の前身である旧民事訴訟法231条の法意により，相殺の抗弁は不適法であるとしている。[29]

　　本書は，別訴先行型，抗弁先行型のいずれにおいても相殺の抗弁は適法である（許容される）との見解（上記①の見解）を支持する。その理由は，第1に，相殺の抗弁は防御方法であり，いかなる防御方法を用いるかは，当事者の自由であるこ

〔図表1〕 債権の訴求と同一債権に基づく相殺の抗弁

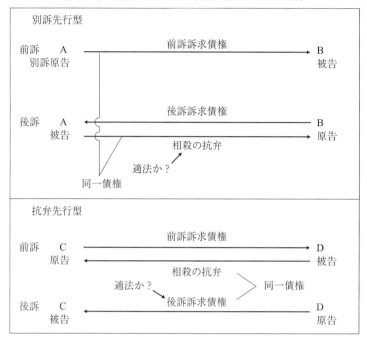

と。第2に，相殺の抗弁は，予備的抗弁として主張されることが多く，その場合には，相殺について判断されないこともあり得ること。第3に，相殺には担保的機能もあり，相殺権を行使する者が担保的機能による利益を失う理由がないことである。

(3) 二重起訴の処理

二重起訴の禁止に触れることは消極的訴訟要件である。裁判所は，被告の抗弁を待たずに，職権で調査し（職権調査事項），二重起訴であると判断すれば，後訴を判決で不適法として却下しなければならない。

　裁判所が後訴につき，二重起訴であることを看過して，本案判決をした場合，上訴

---

29) 最判昭和63年3月15日民集42巻3号170頁（百選Ⅰ80），最判平成3年12月17日民集45巻9号1435頁（百選［5版］38①）。なお，最判平成10年6月30日民集52巻4号1225頁（百選［5版］38②）も基本的には，別訴先行型につき相殺の抗弁は二重起訴の禁止に触れるとの立場に立っている。

により取消しを求めることができる。しかし、上訴がされず、後訴の判決が先に確定すれば、いまだ係属中の前訴に確定した後訴の判決の既判力が及び、前訴の裁判所は、後訴の判決に抵触する判決をすることができなくなる。かりに、双方の裁判所が互いに他の裁判所における訴訟係属を看過し、それぞれが内容的に矛盾する判決を出して、どちらも確定してしまったときは、後に確定した判決は再審の訴えにより取り消される（338条1項10号）。このような状況においては、訴え提起の時間的先後が決定的なのではなく、判決確定の先後が決定的であり、後に確定した判決は再審の訴えで取り消される。ただし、取り消されるまでは、言い換えれば、新旧2つの確定判決が併存しているあいだは、後に確定した判決の効力が優先する。

2　時効中断効

(1)　訴えの提起と時効中断効

訴えの提起は時効中断効を生じさせる（民147条1号。同149条参照）。

この時効中断効の理論的根拠については、権利行使説（権利主張説）と権利確定説の対立がある。時効制度の根拠の一つが「権利の上に眠る者は保護に値しない」ということにあるとすれば、権利行使説を支持すべきである。

訴えの提起による時効中断効は、訴えが却下されまたは取り下げられた場合、消滅する（民149条）。ただし、民法上の通説は、この場合、訴え提起には催告（民153条）としての意味があり、却下または取下げ後6カ月以内に再度裁判上の請求をすれば、その間に時効が成立することはないとする（裁判上の催告）。

(2)　一部請求と時効中断効

一部請求の訴え提起により残部についても時効中断効が生じるかについては、従来、学説上も実務上も、肯定する見解（肯定説）、否定する見解（否定説）、訴え提起としての時効中断効（民法147条の中断効）は否定するが、催告としての効力（民153条参照）を肯定する見解（残部については裁判上催告がなされたという意味で「裁判上催告説」という）に分かれていた。最近の実務では裁判上催告説による処理がなされる傾向にあったが、はたして判例も明示的一部請求においてこの見解を採用した。すなわちこの判例は、明示的一部請求においては、残部について、

---

30) 最判昭和34年2月20日民集13巻2号209頁（百選［初版］36）は否定説を採用した。最判昭和45年7月24日民集27巻7号1177頁（百選I 79②）は肯定説を採用した。最判昭和53年4月13日訟月24巻6号1265頁は裁判上催告説を採用した。
31) 最判平成25年6月6日民集67巻5号1208頁。

時効中断効（訴え提起による時効中断効）は生じないが，権利行使の意思が継続的に表示されているものとみることができるから，債権者が残部を請求しない意思を明らかにしているなどの事情がないかぎり，裁判上の催告としての効力があるので，訴訟終了後に裁判上の請求など民法 153 条所定の措置を講ずることにより，残部についての消滅時効を確定的に中断できるとした。ただし，この事例では，債権者は一部請求の訴えを提起する前に既に裁判外の催告をしており，一部請求後の残部請求の訴えは，最初に行った裁判外の催告から 6 箇月以上経過後に提起されているので，残部の債権については消滅時効が成立したとされた。なお，催告が繰り返された場合，最初の催告しか時効中断効を発生させない点に注意する必要がある。[32] なぜなら，これにより，念のため一応催告しておくことによって，早い時期に時効中断効が生じてしまい，権利者に不利益な結果になることがあり得るからである。

---

32) そのように解するのが，民法上の通説であり，判例である。大判大正 8 年 6 月 30 日民録 25 輯 1200 頁。

第2章 審理——弁論と証拠調べ——

第1節 審理の意義

　審理とは，裁判所が訴えまたは上訴に対する回答である判決を出すために，したがって，提起された訴えまたは上訴が適法であるか否か，ならびに請求または上訴に理由があるか否かを判断するのに必要な判断資料を収集するために，裁判所および当事者が行う行為の総体，ないしそのような行為が行われる場である。審理は，理念的には，弁論と証拠調べに分けられる。

　弁論とは，当事者が対席して，訴えまたは上訴の適法性ならびに請求または上訴の理由の有無について判断するための資料を提出し，また，提出された資料を裁判所が整理する行為，ないしそのような行為が行われる場である。ここで原告が提出する資料を攻撃方法，被告が提出する資料を防御方法というが，両者を合わせて**攻撃防御方法**と表記することが多い。また，この資料を**裁判資料**（または訴訟資料。本書では「裁判資料」という）ということもある。そこで，弁論とは，基本的に，各当事者が自己に有利な結論を引き出すために，主張を展開することであるともいえる。ただし，後述する自白や訴えの取下げなどのように，自己に不利な，あるいは少なくとも有利とはいえない行為が行われることもある。後述のように，現行法上，弁論は口頭により行われるので，**口頭弁論**といわれている。

　　　裁判資料という用語は多義的である。広義では，裁判資料は証拠資料と狭義の裁判資料を含む意味で用いられる。証拠資料とは，証拠方法を取り調べた結果得られる資料であり，証人尋問における証人の証言，当事者尋問における当事者の供述，書証における文書の記載内容などである。狭義の裁判資料とは，広義の裁判資料から証拠資料を除いたものである。

　ところで，当事者が行う主張の中には，事実に関する主張と法の解釈・適用に関する主張とがある。当事者間で事実の主張が食い違った場合，裁判所は，何が真実であるかを，証拠によって判断する。証拠を調べる手続を，**証拠調べ**という。このように，審理には口頭弁論（弁論）の部分と証拠調べの部分がある。ただし，

弁論の語が，広く，審理と同じ意味で用いられることもある。この場合の弁論を広義の弁論という。それに対して，審理から証拠調べの部分を除いた部分を狭義の弁論という。通常，弁論といえばこの狭義の弁論である。本書で「弁論」ないし「口頭弁論」というのも，特段のことわりがないかぎり，狭義の弁論のことである。

　ここに述べた口頭弁論と証拠調べの関係を具体例を用いて示すと，以下のようになる（この具体例は既に第1篇第2章第1節1でも用いられている。重複するが，繰り返す）。交通事故で死亡した8才の児童の両親 X_1，X_2（以下「Xら」という）が加害者Yを被告として損害賠償請求の訴えを提起した。この訴訟で，Yは，事故発生時，歩行者のための信号が赤で，自動車のための信号が青であったのに，被害者が信号を無視して車道に飛び出したのが，事故原因の一端であるとの理由で，民法722条2項による過失相殺を主張した。それに対してXらは，事故発生時の信号は歩行者用が青であった，また，仮に信号がY主張のとおりだったとしても，8才の児童には，自己の行為の責任を弁識する能力がないので，民法712条によれば，その行動に基づく過失相殺はなされえない，と主張した。それに対してY側は，不法行為の加害者として損害賠償責任を負うための要件とされる責任能力と，その行為について過失相殺がなされることとは別の問題であり，8才の児童の行為に基づいて過失相殺がなされることもあり得ると主張したとする。XらとY，それぞれの主張のうち，信号の色が赤または青であったとの主張は，事実に関する主張である。他方，8才の児童の行為に基づく過失相殺がなされ得る，または，なされ得ないとの主張は，法（ここでは民722条2項および712条）の解釈に関する主張である。また，赤信号なのに，車道に飛び出すことが，民法722条2項の被害者の過失にあたるか否かが，法の適用の問題である。[1]

---

1) ちなみに，最大判昭和39年6月24日民集18巻5号854頁は，上記の設例と全く同じ事案ではないが，8歳の児童の行為に基づいて過失相殺をすることができるとした。

第2節　審理の進行に関する裁判所などの訴訟指揮ならびに当事者の責問権およびその放棄・喪失

1　訴訟指揮

（1）　訴訟指揮の意義

　審理は，主として裁判所と当事者によって進められる。もちろん，その他の者，たとえば，保証債務の履行が請求されている場合の主債務者のような，訴訟の結果に利害関係を持つ者，証人および鑑定人などが訴訟に関与することもある。しかし，審理において主要な役割を果たすのは，裁判所と当事者である。このうち，当事者は，前述のように，主に，自己に有利な判決の獲得を目指して，各種の主張を行うほか，自白や訴え取下げなどのさまざまな訴訟行為（訴訟行為については，本篇第3章第5節で説明される）を行う。しかし，訴訟においては当事者双方の利害が対立しているので，審理の進行を彼等の自由に任せきってしまうと，進行に混乱が生じ，審理の迅速性や効率が害される危険がある。そこで，裁判所および裁判長には，審理を適正かつ迅速に進行させるとともに，審理の内容の充実も図るため，適切な措置を執ることが求められる。このような裁判所の措置を**訴訟指揮**という。

（2）　訴訟指揮の種類

　したがって，訴訟指揮とは，判決以外の裁判所および裁判長の訴訟行為のすべてであるということになるが，これを分類すると，以下のようになる。

　①訴訟の進行に関する訴訟指揮　　期日の指定・変更（93条），期間の伸縮（96条），訴訟手続の中止（131条），中断した手続の続行（129条）などである。

　②審理を整理し促進させるための措置　　弁論の制限・分離・併合（152条），弁論の再開（153条），裁量移送（16条2項・17条・18条），時機に後れた攻撃防御方法の却下（157条）などである。

　③期日になされる訴訟行為の整理　　口頭弁論の指揮（148条1項），発言の許可・禁止（同条2項）などである。

　④訴訟関係を明瞭にする処置　　釈明権の行使（149条），釈明処分（151条）などである。

(3) 訴訟指揮権行使の主体と行使方法（行使の形式）
(i) 訴訟指揮権の行使の主体

　訴訟指揮権を行使するのは（行使の主体は），裁判所または裁判長である（（2）に掲げた事項では，期日の指定・変更，口頭弁論の指揮，発言の禁止・許可，釈明権の行使は裁判長が行い，それ以外は裁判所が行う）。授権の範囲で受命裁判官，受託裁判官が行うこともある。また，釈明権の行使は，合議体において陪席裁判官が行うこともできるとされている（149条2項）。なお，当事者にも，裁判長に対して釈明権を行使するよう求めることが認められる場合もある（149条3項）。

(ii) 訴訟指揮権の行使方法

　訴訟指揮の中には，口頭弁論の指揮のように，事実行為として行われるものもあるが，多くは裁判の形式をとって行われる。その場合には，裁判所が行うのは決定であり，裁判長が行うのは命令である（裁判の種類については第4篇第1章第1節2で説明される）。

2　責問権

(1) 責問権の意義

　1で述べたように，裁判所，裁判長（そのほか，受命裁判官，受託裁判官のこともある）は，訴訟手続を適正かつ迅速に進行させ，審理を充実させるために，訴訟指揮を行うが，当事者にも，手続が法に従って進められるように監視し，手続が違法に形成されてしまったときには，これを是正する権限が与えられている。この権限が責問権である。すなわち，**責問権**とは，民事訴訟において，裁判所または相手方の訴訟行為が手続法規に違反したことに対して異議を述べ，その効力を争う当事者の権能である。

(2) 責問権の放棄・喪失

　手続法規に違反した訴訟行為が行われ，それに基づいて訴訟手続が形成された場合，上記のように，当事者は責問権によりその是正を求めることができる。しかし，一方では手続の安定も要請される。責問権を行使するということは，裁判所および当事者の訴訟行為が積み重ねられて，訴訟手続が形成されたあとで，一方の当事者が以前の訴訟行為の違法を主張して，それまでに形成された訴訟手続を覆すことであり，それによって当事者と裁判所のそれまでの努力が無に帰してしまうということにもなる。そこで，責問権の喪失が規定されている。すなわち，当事者が訴訟手続に関する規定の違反を知り，または知ることができた場合において，遅滞なく異議を述べないときは，責問権は喪失する（90条本文）。また，

当事者は手続規定違反に対する責問権を放棄することもできる（90条但書はそのことを前提にしている）。これらを**責問権の放棄・喪失**という。ただし，違反された手続規定が公益性の強いものである場合は，責問権は放棄できず，またその喪失もあり得ない（90条但書）。すなわち，手続規定にも強行規定と任意規定があり，責問権の放棄・喪失がなされ得るのは，任意規定の違反の場合のみである。

　判例において責問権が喪失したとされた場合としては，証拠調期日の呼出状の送達に違法がある場合[2]，宣誓させるべき証人に宣誓させないで尋問した場合[3]，法定代理人を証人尋問の手続で尋問した場合[4]がある。他方，裁判官の除斥（23条），専属管轄（13条・20条），裁判官の交代の場合の弁論の更新（直接主義。249条2項），公開主義（憲82条1項），判決の言渡し（252条）に関する規定は公益性が強いので，強行規定であり，これらの違反は責問権の放棄・喪失の対象にならない。

第3節　審理の進行

1　期　日

（1）　期日の意義

　期日とは，裁判所ならびに当事者および，場合によっては，その他の関係人（たとえば，証人）が会合して，訴訟に関する行為をするための時間である。審理は期日を中心として進められる。期日は，そこで行われる内容によって，口頭弁論期日，進行協議期日，証拠調期日，判決言渡期日，和解期日などといわれる。期日が開かれる場所を**法廷**という。期日は原則として裁判所またはその支部で開かれる（裁69条1項）。ただし，入院中の人の証人尋問を病院で行ったり，騒音をめぐる公害訴訟で，騒音の程度を裁判官が体験するために，検証が現地で行われるというように，裁判所外で期日が行われることもある（同条2項）。

（2）　期日の指定と呼出し

　期日は，あらかじめ場所，年月日，および開始時刻を明示して指定される（例外は，273条・275条2項）。期日は裁判長が職権で指定するが，当事者もこれを申し立てることができる（93条1項）。期日は，やむを得ない場合のほかは，日曜

---

2) 大判昭和14年10月31日民集18巻1185頁（百選［初版］84）。
3) 大判昭和15年2月27日民集19巻239頁（百選［初版］40）。
4) 大判昭和11年10月6日民集15巻1789頁（百選［初版］52）。

その他の一般の休日は避けなければならない（同条2項）。

　指定した期日を当事者その他の関係人に知らせ、その出頭を命じることを、**期日の呼出し**という。期日の呼出しは、呼出状の送達、当該事件について出頭した者に対する期日の告知、その他相当と認める方法によって行う（94条1項）。その他の方法としては、通常郵便または電話による方法などがある。ただし、これらの方法によったときは、呼び出された当事者、証人などに不出頭の場合の制裁ないし不利益（159条3項・192条1項など）を課すことは、原則としてできない（94条2項本文。例外は同項但書）。

（3）　期日の変更

i　期日の変更の意義

　期日の変更とは、指定された期日の実施前にその指定を取り消してこれに代わる期日を指定することである。いったん指定された期日は、もとより、予定どおりに実施されることが望ましく、当事者の都合で安易に変更されるべきではない。しかし、事情によっては、変更することが妥当または必要な場合もあるので、一定の要件を満たすと、期日の変更が認められる。その要件は、以下のように、変更される期日の種類によって異なる。

ii　期日の変更の要件

（a）　弁論準備手続（その意義については、本篇第3章第2節3（3）で説明される）を経ない口頭弁論における最初の期日および弁論準備手続の最初の期日（要するに、その訴訟の最初に行われるべき期日）の変更は、顕著な事由があるか（93条3項本文および4項の反対解釈）、当事者間の合意があれば、許される（同条3項但書）。顕著な事由の意味については、（b）で説明される。この場合には、その他の場合、すなわち（b）、（c）の場合と比較して、変更の要件が緩やかであるが、それは、この期日は、当事者の都合をきかずに指定されるものであること、とくに被告にとっては、この期日までに応訴の準備が整わないことがあり得ること、および、まだ訴訟手続が進められていないので、期日の変更が訴訟の進行に大きな支障を生じさせることはないと予想されることによる。

　ここにいう最初の期日とは、最初に指定された期日のことであって、最初の期日の変更があった後、変更されて新たに指定された期日はこれに当らない。[5]

---

5)　最判昭和25年10月31日民集4巻10号516頁。

(b) 第2回以降の期日（「続行期日」という）は，顕著な事由がある場合に，その変更が許される（93条3項および4項の反対解釈）。顕著な事由とは，**(c)** で述べるやむを得ない事由よりも緩やかな要件であるが，明文規定によって明確にされてはいない（規37条は，顕著な事由にあたらない例を挙げている）。一般的には，期日に出頭して，訴訟行為をなすことが困難な事情があり，かつ，期日の変更を認めないなら，当事者の訴訟活動（弁論権）が不当に制限されることになると認められることと解されている。たとえば，訴訟代理人または当事者本人の病気による出頭不能はこれに該当する。[6] **(a)** で説明された最初の期日と異なり，当事者の合意による変更は認められない。

(c) 弁論準備手続を経た口頭弁論期日は，やむを得ない事由の存する場合にかぎり，期日の変更が許される（93条4項）。やむを得ない事由とは，顕著な事由よりも要件として厳しいものである。訴訟代理人の急病，本人訴訟の場合の当事者本人の急病が一応これに当るといえる。しかし，判例によると，本人の急病の場合であっても，訴訟代理人を選任する余裕があるときは，やむを得ない事由があるとはいえないとされている。[7] この考え方からすれば，訴訟代理人の急病の場合にも，復代理人を選任する余裕があるときは，やむを得ない事由があるとはいえないことになるであろう。いずれにせよ，弁論準備手続を経ない場合（**(b)** の場合）よりも期日変更の要件が厳しい。それは，弁論準備手続で，審理の効率化のための争点および証拠が整理されていることから，期日の変更を容易に許すべきではないと考えられるからである。

2 期　間

(1) 期間の意義

一定の時の経過から訴訟法上の効果が生じる場合に，その時の経過を**期間**という。

(2) 期間の種類

期間はいくつかの観点から分類される。

---

6) 大判昭和9年3月9日民集13巻249頁（百選［初版］82）。
7) 最判昭和28年5月29日民集7巻5号623頁。旧民事訴訟法下で，現行の弁論準備手続に相応する準備手続を経た訴訟における期日変更の可否が問題になった事例である。

i 法定期間と裁定期間

法定期間とは，期間の長さが法律によって決められているものである。**裁定期間**とは，具体的な状況によって，裁判機関が裁量に基づき裁判によってその長さを定める期間である。法定期間の例としては，控訴・上告期間（285条・313条），再審期間（342条1項・2項），除斥・忌避の原因の疎明期間（規10条3項）がある。裁定期間の例としては，訴訟能力などの補正期間（34条1項），訴状の補正期間（137条），準備書面の提出期間（162条）がある。

ii 通常期間と不変期間

この分類は，法定期間の分類である。

不変期間とは，法定期間のうち，裁判所がその期間を伸縮できない期間である（96条1項但書）。不変期間とされるのは，主として，裁判に対する不服申立て期間である。その例としては，控訴・上告期間（285条・313条），再審期間（342条1項）がある（そのほか，332条・357条・378条・393条など）。ただし，不変期間であっても，裁判所は，遠隔の地に住所または居所を有する者のために，付加期間を定めることができる（96条2項）。その場合には，本来の期間と付加期間とを合算した期間が不変期間となる。また，不変期間徒過後の訴訟行為であっても，後述の訴訟行為の追完によって許されることがある。

通常期間とは，不変期間以外の法定期間である（たとえば，263条・391条1項）。通常期間は，裁判所がこれを伸縮できる（96条1項本文）。この点が不変期間との違いである。

(3) 期間の計算

期間の計算方法は，民法の例による（95条1項）。したがって，起算日については，その日の午前零時をもって始まる場合を除いて，初日を参入しないことになる（民140条）。そして，期間の末日の終了をもって期間が満了する（同141条）が，末日が土曜日，日曜日，その他国民の祝日に関する法律に規定する休日などにあたるときは，その翌日に満了する（95条3項）。

期間進行が開始するのは，法定期間の場合は，法定の事由が生じた時であり，裁定期間の場合は，裁判によって始期を定めたときには，定められた時であり，定められていなかったときは，裁判が効力を生じた時である（95条2項）。

期間の進行は，後述の訴訟手続の中断および中止の間は停止し，その解消とともに，さらに全期間（中断・停止前に進行していた期間を差し引いた残りの期間ではな

い）の進行が始まる（132条2項）。

（4） 訴訟行為の追完（期間の不遵守のさいの救済）

当事者が本来の行為期間中に定められた行為をしないことを，期間の不遵守（または懈怠）という。その結果として，当事者はその行為を行うことができなくなる。たとえば，上訴期間の満了により上訴はできなくなり，判決が確定し（285条・313条・332条），再審期間の満了により再審の訴えが提起できなくなる（342条1項・2項）。

しかし，当事者の責めに帰することのできない事由によって期間を遵守することができなかった場合には，この結果は当事者にとって過酷であり，妥当でないので，なんらかの救済の道を設けておく必要がある。それが訴訟行為の追完である。すなわち，**訴訟行為の追完**とは，当事者がその責めに帰することができない事由により，不変期間を遵守しなかった場合に，その事由が消滅した後，原則として，1週間以内に限り，外国にある当事者については2箇月に限り，訴訟行為を行うことが許されることである（97条1項）。この1週間または2箇月の期間の伸縮は認められない（同条2項・96条1項本文）。

当事者の責めに帰することができない事由の典型として，天災地変などによって期間内に書面の提出ができなかったことが挙げられる。通常予測できないような郵便の延着もこれに当る[8]。なお，訴訟代理人またはその補助者（事務員など）に過失があった場合は，これに当らない[9]。なぜなら，訴訟代理人の過失は，相手方との関係では，本人の過失と同視されるからである。ただし，この場合に，本人の訴訟代理人に対する義務違反に基づく損害賠償請求が認められる可能性はある。

3 送 達

（1） 送達の意義

送達とは，民事訴訟において一定の方式により訴訟上の書類を当事者その他の利害関係人に了知させることを目的として，行われる行為である。

送達については，当事者送達主義と職権送達主義がある。当事者送達主義は，

---

8) 最判昭和55年10月28日判タ428号60頁＝判時984号68頁（百選［3版］47）。年末年始の郵便業務の渋滞により上訴状が異常に遅く到達した場合に，上訴の追完が認められるとされた事例。

9) 最判昭和24年4月12日民集3巻4号97頁。

送達を当事者の申立てによって行う，または当事者自身が行うことである。職権送達主義は，送達を裁判所の職権によって行うことである。現行民事訴訟法は，原則として，職権送達主義を採用している（98条1項。例外は110条1項による公示送達）。

（2）　送達機関

送達に関する事務は，裁判所書記官が行うが（98条2項），実際に送達を行う送達機関は，郵便の業務に従事する者または執行官である（99条1項・2項）。

（3）　送達の方式

送達の方式には，①交付送達，②郵便に付する送達，③出会送達，④嘱託送達，⑤公示送達がある。

交付送達とは，送達機関（上記のように，郵便の業務に従事する者または執行官）が送達を受けるべき者の住所，居所，営業所または事務所におもむいて書類を手渡す方式の送達である（103条1項）。交付送達が送達の原則的方式である。これらの場所で送達を受けるべき者に出会わなかった場合，使用人その他の従業者または同居者であって，書類の受領について相当のわきまえのある者に送達書類を交付することもできる（106条1項・2項）。これを**補充送達**という。送達の名宛人や補充送達を受ける者が，正当な理由なく受領を拒むときは，送達をすべき場所に書類を差し置くことができる（106条3項）。これを**差置送達**という。

郵便に付する送達とは，補充送達も差置送達もできない場合に，裁判所書記官が所定の場所に宛てて書類を書留郵便に付して発送することによって行う送達である（107条1項・2項）。交付送達も，前述のように，郵便の業務に従事する者が行うことがあるが，交付送達においては送達書類が相手方に到達してはじめて送達がなされたことになるのに対して，郵便に付する送達は，発送時に送達があったものとみなされる（107条3項，規44条）。言い換えれば，裁判所書記官が郵便に付した後は，郵便の業務に従事する者は，送達機関としてではなく，郵便事業の一環として送達書類を相手方に届けることになる。

出会送達とは，送達を受けるべき者に出会った場所で行う送達である。これは送達を受けるべき者が日本国内に住所などを有することが明らかでないが，送達実施機関がこの者に出会った場合，または，送達場所を有する者であっても，その場所以外で送達実施機関に出会って，受領を拒まない場合に，行われる（105条）。たとえば，送達を受ける者が，裁判所で書記官に出会って，書類を受ける

場合である。

　嘱託送達とは，外国においてすべき送達を，裁判長がその国の官公庁またはその国に駐在する日本の大使，公使もしくは領事に嘱託して行う送達である（108条）。

　公示送達とは，送達すべき書類をいつでも交付する旨を，裁判所内に掲示し，その後2週間が経過すれば，送達の効果が生じるとする，送達の方法である。送達を受けるべき者の住所などが知れない場合，外国での嘱託送達ができない場合に，行われる（110条－113条）。

4　訴訟手続の停止

(1)　訴訟手続の停止の意義と種類

　訴訟手続の停止とは，訴訟の進行中に一定の事由が発生したため，手続が進行しない状態になることである。これには，手続の中断と手続の停止がある。

　訴訟手続の中断とは，一方の当事者側の訴訟追行者に交代すべき事由が生じた場合に，新追行者が訴訟に関与できるようになるまで（たとえば，当事者が自然人であって死亡した場合，相続人が関与できるようになるまで），手続の進行を停止することである。法定の事由があれば，裁判所や当事者がその事由を知っていたか否かにかかわらず，手続は当然に停止する。

　訴訟手続の中止とは，裁判所または当事者に何らかの障害事由が生じ，訴訟手続の進行が不能または不適当になった場合に，法律上当然に，または裁判所の訴訟指揮上の措置（決定）によって生じる停止である。これには，後述のように，職務不能による中止，当事者の故障による中止および裁量による中止がある（以上の説明を図で示すと〔図表1〕のようになる）。

〔図表1〕　停止の種類

(2)　訴訟手続停止の効果

i　停止中の訴訟行為

　停止中は，原則として裁判所も相手方も，その事件について訴訟行為を有効に

なし得ない。以下に、裁判所の訴訟行為と当事者の訴訟行為に分けて、説明する。

裁判所が、中断事由に気付かずに、行った訴訟行為は、当事者双方との関係で無効である。ただし、中断を解消させる続行命令、中止事由が終わったことによる中止決定の取消しなど、事柄の性質上当然有効になし得ると解されるものもある。

> また、判決の言渡しも、中断事由が生じている場合であっても、可能である（132条1項）。その理由は、判決の言渡しは、既にその内容が決まったうえで行われるので、当事者の対審の可能性のない状況でなされても、不都合はないこと、および、口頭弁論終結後なるべく速やかになすことになっている（251条）ことにある。ただし、判決の言渡しができるのは、弁論終結後に中断事由が生じた場合である。中断中は弁論の終結自体をすることができないので、弁論の終結前に中断事由が生じたときは、中断が解消するまでは、弁論を終結することができず、したがって判決の言渡しも当然になし得ない。また、弁論終結後に中断事由が生じ、判決が言い渡された場合でも、上訴期間（2週間）の基準になる判決の送達は（285条・313条）、中断の解消後でなければ、なし得ない。

次に、当事者の訴訟行為は、原則として、相手方との関係で無効である。ただし、中断の場合の受継申立て、訴訟委任の解除（訴訟代理人の解任）、訴訟救助の申立てなど、相手方との対審を予定していない行為は、有効になし得る。

ii 期間の進行

停止中は、期間は進行を開始せず、既に進行中の期間も進行しなかったことになる。停止解消後に、停止前の残存期間ではなく、あらためて全期間が進行する（132条2項）。

（3） 訴訟手続の中断

i 中断事由

訴訟手続の中断事由は124条1項に列挙されている。これらを整理すると以下のようになる。

（a） 当事者能力の消滅　　自然人の死亡（124条1項1号）と法人の合併による消滅（同条同項2号）である。

（b） 訴訟能力の喪失，法定代理人の死亡，法定代理権の消滅　　訴訟能力の喪失には、後見開始の審判、未成年者に対する営業許可の取消しがあり、これらの場合には、本人みずからが有効に訴訟行為をすることができず、また、本人のために訴訟行為をする者も一時的にいなくなる。法定代理人の死亡と法定代理権

の消滅の場合にも，本人が訴訟行為をすることはできず，また本人のためにこれをなす者もいなくなるので，訴訟が中断する（124条1項3号）。

（c）当事者適格の喪失 第三者が権利関係の帰属主体に代わって，訴訟を担当し当事者として訴訟行為をなす資格を持つ場合において，その資格を喪失すると，訴訟は中断する。そのような中断事由としては，以下の例がある。

①信託財産に関する訴訟の係属中に，当事者となっている受託者の任務が終了したとき（信託56条‐58条）（124条1項4号イ‐ハ）。

②一定の資格に基づいて他人のために当事者になっている者がその資格を喪失したとき（124条1項5号）。これらの者とは，たとえば，救助料に関する船長（商811条2項），破産管財人（破80条），成年後見人または成年後見監督人（人訴14条），遺言執行者（民1012条1項）である。

> しかし，これらの場合と同様に，法定訴訟担当であっても，代位債権者（民423条）および取立債権者（民執157条）の場合には，被担当者のための資格ではなく，担当者の債権実現のための訴訟担当であるから，その資格，それゆえ適格がなくなれば，訴えが却下されることになる。ただし，代位債権者，取立債権者の死亡の場合には，当事者の死亡による中断（124条1項1号）が生じる。

③選定当事者の全員がその資格を失ったとき（124条1項6号）。

④訴訟係属中の当事者につき破産手続開始決定がなされたとき，または，破産手続が終了したとき。まず，破産手続開始決定がなされたときは，これによって，破産財団の管理処分権が破産者から破産管財人に移転し（破78条1項），それにともない訴訟が中断し（同44条1項），破産法の規定にしたがって破産管財人が受継するなどの措置が執られる（同44条2項・127条1項）。次に，破産手続の終了についてであるが，それまでは破産管財人が当事者となっているが，終了により破産者の管理処分権が回復するので，訴訟は中断し，破産者が受継することになる（同44条5項・6項）。

ii 中断の例外

中断事由が生じた当事者に訴訟代理人がある場合は，停止の効果の発生が妨げられる（124条2項）。それは，訴訟代理権は中断事由の発生によって消滅せず（58条1項・2項），訴訟代理人は新たに当事者になるべき者のために訴訟行為をすることができるので，手続を停止させる必要がないからである。

ただし，訴訟係属中の破産手続開始決定または破産手続終了の場合には，この例外

が適用されないと解されている。すなわち，訴訟代理人により訴訟が追行されているときでも，停止の効果が生じる。その理由は，破産管財人と破産者との間に利害の対立が存在するためである。

また，当事者が自然人であって，一身専属的権利（たとえば扶養料請求権，生活保護受給権）が訴訟物である場合は，当事者の死亡によって訴訟は終了するので[10]，停止の効果が生じることはない。

iii 中断の解消

中断は受継の申立てまたは裁判所の続行命令によって解消する。

受継は，本来，受継をなすべき者から申し立てるべきであるが，この者が申し立てなければ，相手方も申し立てることができる（126条）。さらに，相手方も申し立てないときは，裁判所が職権で続行を命じることができる（129条）。

受継をなすべき者，すなわち新追行者となるべき者は，124条1項各号に，中断事由ごとに列挙されている。たとえば，当事者の死亡の場合は，相続人，相続財産管理人など（同項1号），法人の合併の場合は，合併によって設立された法人または合併後存続する法人である（同項2号）。ただし，自然人の死亡の場合，相続人は相続を放棄できる間は，受継できない（同条3項）。また，合併についても，合併を相手方に対抗できない場合は，受継できない（同条4項）。

受継の申立てがあると，裁判所は相手方にこれを通知するとともに，（127条），職権で，みずから受継を申し立てた者，または，相手方から受継者であるとされた者（相手方が申し立てた場合）が受継者であるか否か，言い換えれば，124条1項各号の下段に掲げられた者であるか否かを調査し，これを否定的に判断したときは，決定で申立てを却下する（128条1項）。この決定に対しては，通常抗告が認められる（328条1項）。裁判所がこれを肯定的に判断したときは，とくに申立てを認める裁判をする必要はなく，期日を指定して，審理を続行すればよい。

（4）訴訟手続の中止

訴訟手続の中止には，裁判所の職務執行不能による中止，当事者の故障による中止，裁判所の裁量による中止の3種類がある。

i 裁判所の職務執行不能による訴訟手続の中止

天災その他の事由によって裁判所が職務を行うことができないときは，事柄の

---

10) 最大判昭和42年5月24日民集21巻5号1043頁（憲法上著名な朝日訴訟判決である）。

性質上当然に，すなわち，中止の裁判が行われることなしに，訴訟手続は中止する（130条）。このような事由としては，たとえば，地震などの天災や火災による裁判所の建物の崩壊もしくは消失，天災による裁判所周辺の広範な地域の交通網の遮断または深刻な伝染病の広範な流行を挙げることができる。中止は，これらの事由が消滅し，裁判所が事実上職務を再開した時に，解消する。そのさい，とくに解消のための決定（裁判）が行われるわけではない。

ii 当事者の故障による訴訟手続の中止

当事者に不定期間の故障がある場合，裁判所は決定（裁判）により中止を命じることができる（131条1項）。故障の例としては，天災による交通網の遮断により当事者が裁判所に出頭することが困難になること（交通網の遮断が広範で，当事者のみならず，裁判官その他の裁判所職員まで出勤できないときは，前述のように，裁判所の職務執行不能による中止になる），当事者の伝染病による隔離（当事者だけでなく，裁判所周辺の大勢の人が伝染病に罹患したときは，前述のように，裁判所の職務執行不能による中止になる）を挙げることができる。故障が止めば，裁判所は中止を取り消す決定をし（131条2項），手続を再開する。

iii その他の裁量による訴訟手続の中止

調停など，同一紛争の解決のために他の手続が行われており，裁判所の裁量により，それによる解決が望ましいと考えられるときにも，裁判所は訴訟手続を中止することができる（民調20条の3第1項，家事275条1項，裁判外紛争解決26条1項，労審27条，特許168条2項など）。

第4節　審理の諸原則

第1篇第4章で述べたように，民事訴訟制度に対しては，裁判の適正，訴訟の迅速性，当事者を満足させるなど，多様な要請が存在する。審理においても，これらの要請に応えるために，以下に説明がなされるような，さまざまな主義ないし原則が適用され，あるいは明文規定（条文）をもって定められている。

1　職権主義と当事者主義

民事訴訟手続上の処理につき，これを裁判所の職責とし，裁判所の職権によることにするたてまえを，**職権主義**といい，これを当事者の自主性に任せるととも

に，その結果について当事者に責任を負わせるたてまえを，**当事者主義**という。ただし，職権主義と当事者主義は二者択一の関係にあるものではない。まず，手続の局面によっていずれがより強く支配しているかが，異なる。また，同じ局面でも，必ずしもいずれか一方だけが支配しているわけではない。とくに現在では，立法，実務，学説のいずれにおいても，裁判所の職権と当事者の自主性を対立するものとして捉えるのではなく，裁判所と当事者の積極的かつ協力的な関与によって形成されてはじめて，審理の適正，充実および効率化が実現するとの認識が強くなっている。

　ちなみに，訴訟の開始（訴えの提起），訴訟物（請求の対象）の確定そして訴訟の終了については，前述のように（本篇第1章第5節），処分権主義が適用され，完全に当事者の自由に任されており，その意味では全面的に当事者主義によっているといえる。それは，民事訴訟が，私人の自由な処分が認められている，私法上の権利の実現ないし保護のための制度であるからによる。また，後述のように（本篇第3章第4節1）弁論における事案の解明については，これを当事者の権限かつ責任とする弁論主義が基本原理とされており，その意味でも当事者主義が基本的な原則になっているといえる（その根拠についても，後述する）。

2　双方審尋主義

　双方審尋主義とは，当事者には，自己に有利な判決を求めるための理由付けとなる，法律上・事実上の主張，証拠などの攻撃防御方法を提出する機会が平等に与えられなければならないという原則である。憲法82条1項に書かれている「裁判の対審」はこの原則を意味するものである。したがって，双方審尋主義は憲法上の要請である。ただし，双方審尋主義は，当事者双方に上記の機会が与えられていなければならないとするものであって，現実の当事者が与えられた機会を行使しなかった場合に，不利益を受けることは，双方審尋主義に反することではない。

　　双方審尋主義は，権利・法律関係の確定を目的とする判決手続に適用される原理である。既に権利・法律関係が確定したことを前提として行われる民事執行手続，あるいは，仮の（暫定的な）権利保護を目的とする保全訴訟手続においては，手続の迅速性や，執行手続上の処分ないし保全処分が相手方に察知されることを避ける（密行性）ために，双方審尋が必ずしも厳格に行われているわけではない。また，訴訟上の和解

を成立させるための和解期日においては，実務上，裁判所または受命裁判官が各当事者を交互に，すなわち一人ずつ別々に審尋することがある。この場合の審尋は判決による権利・法律関係の確定を目的としてなされるものではないから，双方審尋主義に違反するものではないといえる。ただし，このような実務慣行を双方審尋主義の観点から疑問視する学説もある。

3 公開主義

(1) 一般公開

憲法82条1項は「裁判の対審及び判決は，公開法廷でこれを行ふ」と規定している。対審とは，当事者双方が攻撃防御方法を提出する場，すなわち口頭弁論と証拠調べを合わせた審理である。したがって，審理と判決の言渡しを公開で行うことは，憲法上の要請であり，これを**公開主義**という。公開主義違反は上告理由にもなる（312条2項5号）。憲法が公開を要請するのは，手続の公正は，それが公開されることによって保障されるからである。

ここでいう公開とは，誰もが審理と判決の言渡しを傍聴できることである。このような「公開」を，次に述べる当事者公開と対比して，**一般公開**という。

そして，公開の趣旨をいかすために，訴訟記録も一般の閲覧に供されることになっている（91条。これを訴訟記録の公開という。その詳細は本篇第3章第3節**4(2)**で説明される）。

ただし，公開原則の例外として，公序良俗が害されるおそれがある場合には，裁判官全員の一致の判断によって，審理を非公開とすることができる（憲82条2項本文）。

(2) 当事者公開

人の身分関係に関する人事訴訟においては，当事者本人もしくは法定代理人または証人のプライバシーの保護の観点から，これらの者への尋問とそれに対する陳述について，裁判官全員の一致により，一定の要件の下で，非公開の審理を行うことが認められている（人訴22条1項）。また，特許権または専用実施権の侵害訴訟などにおいても，理由は，人事訴訟におけるのと異なり，営業秘密の保護のためであるが，当事者本人もしくは法定代理人または証人への尋問につき，裁

---

11) 訴訟記録とは，口頭弁論調書，訴状，答弁書，準備書面証拠申出書，書証の写し，証人調書，証人尋問調書，裁判書，訴訟委任状などである。

判官全員の一致により，非公開の審理を行うことが認められている（特許105条の7第1項，実用新案30条，不正競争13条）。これを公開停止という。

ただし，公開停止の場合でも，双方審尋主義の要請から，一方の当事者だけを在廷させて尋問し，陳述させることは許されず，当事者双方が在廷できるように，両当事者を呼び出しておかなければならない。このように当事者に限定して審理の状況を知ることを保障し，かつ双方に公平に審理に参加させることを，**当事者公開**という。

4　口頭主義

（1）　口頭主義の意義

審理を口頭で行うのを**口頭主義**といい，書面で行うのを**書面主義**という。歴史上は，ドイツ普通法時代の民事訴訟のように，書面主義が採用されたこともあったが[12]，現在では多くの国において口頭主義が採用されている。現行民事訴訟法も口頭主義を採用している。必要的口頭弁論が規定されている（87条1項）のは，そのことの現れである[13]。

口頭主義には，書面主義と比較すると，次のような長所がある。まず，口頭主義は手続の公開と結びつきやすい。また，口頭主義のもとでは，当事者双方またはその訴訟代理人の活発な弁論が行われ，弁論の活性化と充実が期待できる。多くの国で口頭主義が採用されているのは，このような長所のゆえである。

しかし，口頭主義には以下のような短所もある。まず，口頭で行われたことは，記録として正確に残らない。また，複雑な事実関係や計算，緻密な法律論は，口頭での説明では理解が困難である。とくに，一方の当事者がいきなり口頭で新しい主張を行ったり，新しい証拠の提出を申し出た場合，裁判所にとっても相手方当事者にとっても即座にそれに対応することは，困難または不可能である。

（2）　書面利用による口頭主義の補完

口頭主義の上記のような短所をカバーするために，まず，重要な訴訟行為は書面によらなければならないとされている。その例としては，訴え提起（133条1項。例外は，271条・273条），訴えの取下げ（261条3項本文），控訴の提起（286条1

---

12) 14, 15世紀のローマ法継受から1877年のドイツ民事訴訟法典施行までの間のこと。
13) そのほか，準備書面に記載された事項も，弁論準備手続の結果も，口頭で陳述されなければ，判決の基礎とならないのも（前者につき161条3項，後者につき173条），口頭主義のゆえである。

項），上告の提起（314条1項）がある。

また，準備書面（161条），控訴理由書・反論書（規182条・183条），上告理由書（315条1項・2項）を当事者に提出させ，裁判所および相手方に了知させることになっている。とくに，相手方が在廷していない口頭弁論においては，準備書面に記載した事実でなければ，主張することができないことになっている（161条3項）。

また，弁論期日や弁論準備期日が数回にわたる場合，裁判官が当事者や証人の陳述を正確に記憶に留めることは不可能である。そこで，口頭弁論では期日ごとに口頭弁論調書が作成されなければならず（160条1項），弁論準備手続においては弁論準備手続調書が作成されることになっている（規88条1項）。さらに，判決に対して上訴がなされた場合，上級審は下級審の手続，証拠評価，法律判断を審査するが，そのためには，下級審でなされたことが記録に残っていなければならない。上記の口頭弁論調書，弁論準備手続調書は上級審の判断のためにも用いられる。また，同様の目的のために，判決にあたっては原則として判決書が作成される（253条）。例外的に，これを作成しないでした裁判については，調書が作成される（254条2項，規67条1項7号）。

（3）　口頭主義の形骸化

たしかに，上記のように，口頭主義を補完するために書面の活用は必要であるが，ひとたび書面作成が規定されると，人はどうしても書面に頼りがちになる。たとえば，口頭弁論期日において，裁判長が当事者の訴訟代理人に「準備書面を陳述しますね」と尋ね，代理人が「はい（陳述します）」と答えるだけで，準備書面に記載どおりの陳述がなされたことになり，ただちに裁判所と代理人の間で次回期日の日程の打ち合わせに入るということがある。このように，形のうえでは口頭主義が採用されていながら，実質的には書面に頼って，口頭主義が本来目指した口頭による弁論の活性化が妨げられている状況を，口頭主義の形骸化という。書面により口頭主義の補完をしながら，一方で口頭主義を形骸化させないための工夫が必要であるが，それは非常に難しいことである。

5　直接主義

（1）　直接主義の意義

直接主義とは，判決をする裁判官が当事者の弁論を聴取し，証拠調べをする原

則である。これに対して，他者の審理結果の報告に基づいて裁判をすることを，**間接主義**という。現行法は直接主義を採用している（249 条 1 項）。

（2） 直接主義の補完

ただし，以下の場合には，直接主義は，なんらかの手立てをとらないと，実現できない。

第 1 に，転勤，退職，病気，死亡などによる，裁判官の交代の場合である。この場合には，当事者は従前の口頭弁論の結果を陳述しなければならない（249 条 2 項）。これを**弁論の更新**といい，これにより直接主義が擬制される。結果の陳述には，証拠調べの結果も含まれる。単独体の裁判官が代わった場合，および，合議体の裁判官の過半数が変わった場合には，その尋問をした証人について，当事者がさらに尋問の申出をしたときは，裁判所はその尋問をしなければならないとされている（249 条 3 項）。これは，裁判官が証人尋問から心証を得るには，直接証人に尋問することが，とくに重要であると考えられるからである。

実際には，結果の陳述は，当事者の「従前のとおりです」という一言で済まされている。しかも，判例は，一方の当事者の訴訟代理人のみが出頭し，従前の口頭弁論の結果を陳述すれば足りるとしているので，直接主義はかなり形骸化しているといえる。

　　第 2 に，控訴審においては，当事者は第一審における口頭弁論の結果を陳述しなければならない（266 条 2 項）。

　　第 3 に，弁論準備手続が実施された場合，当事者はその結果を口頭弁論において陳述することになっている（173 条，規 89 条）。

　　なお，そのほかに，受命裁判官または受託裁判官が証拠調べを行った場合，その結果を証拠資料とするのに，当事者の援用が必要か否かが問題になる。判例は必要性を肯定し，学説上は否定する見解が多数である。直接主義の要請を考えると，必要性を肯定すべきである。

（3） 直接主義違反

裁判官の交代にもかかわらず，弁論の更新がなされないままに，判決が出された場合，直接主義違反になる。直接主義を定める 249 条は強行規定であるから，その違反は責問権の放棄・喪失の対象にならない。またその違反は絶対的上告理由であり（312 条 2 項 1 号），再審事由でもある（338 条 1 項 1 号）。

14） 最判昭和 31 年 4 月 13 日民集 10 巻 4 号 388 頁（百選［初版］44）。
15） 最判昭和 28 年 5 月 12 日裁判集民 9 号 101 頁。

6 審理(民事訴訟手続)の進行に関する諸原則

　民事訴訟において効率的な審理により紛争が迅速に解決されるべきは，当然である。しかし，訴訟の迅速化は各国の長い歴史の中でなかなか実現しない課題であった。わが国においても事情は同じであったが，この課題の解決に向けて，平成15年(2013年)に，裁判の迅速化に関する法律(同年法107号)が制定された。同法2条1項は，第一審の手続(民事訴訟には限らない)については，2年以内のできるだけ短い期間内に終結させることを，その他の手続についても，できるだけ短期間に終結させることを，目標として掲げた。ただし，同法は，単に訴訟の短期化だけを目指しているのではなく，審理の充実の重要性を示し，それは訴訟手続を支える制度および体制の整備によって実現するとしている。このように，審理を充実させたうえでの迅速化は古くからの，かつ，実現困難な要請である。これを実現するために，現行法が採用している原理・原則について以下に説明する。

(1) 審理の進行に関する職権主義的傾向

　審理の進行に関してこれまでに取り上げた事項については，おおむね裁判所または裁判長が職権で処理することになっている。それらの事項としては，期日の指定および変更(93条1項)，期間の裁定，伸縮および付加(96条)，送達(98条1項。ただし110条1項参照)，訴訟手続の中止(131条)，中断した手続の続行(129条)などを挙げることができる。また，今後取り上げる事項としては，時機に後れた攻撃防御方法の却下が裁判所の職権によって行われることを挙げることができる(157条1項)。これらのことから，現行民事訴訟法は手続の進行については，基本的に裁判所の職権により処理されることにしているといえる。すなわち**職権進行主義**である。

　本節1で述べたように訴訟の開始と終了などの局面において，また後述のように訴訟資料収集の局面において，基本的に当事者主義が採用されている(前者について「処分権主義」，後者については「弁論主義」という)のに対して，手続の進行に関しては職権主義的な処理がなされる理由は以下の点にある。民事訴訟は，たしかに当事者の処分可能な私法上の権利・法律関係の実現ないし保護のための制度であるが(このことが，処分権主義，弁論主義の根拠である)，だれでもが必要な時に利用できるものでなければならない。ところで，裁判所には膨大な数の民事事

件が係属している。そのため，一つの事件が効率的に処理されず，裁判所がこのために労力と時間を浪費することは，他の事件の処理にも悪影響を及ぼしてしまう。それゆえ，個々の事件が効率よく解決されるか否かは，もとよりその事件の当事者の利益にかかわることであるが，同時に社会全般の利益にもかかわっている。手続の進行に関する事項の処理を裁判所にゆだねる職権進行主義が基本的に採用されている理由はこの点にある。

しかし，現在のわが国では，審理を充実させつつ，手続の迅速化を実現させるには，既に述べたように，単に裁判所の職権を強化するのではなく，当事者の審理への積極的な参加がなされることが重要であるとの認識が，立法においても，実務の運用においても，強まっている。そのことは，後述の（(3)）審理の計画の策定およびいったん策定された審理の計画の変更が，当事者双方との協議をしたうえでなされるべきと規定されていることなどに，現れている。このことから，現行民事訴訟法は，審理の進行について，たしかに最終的には裁判所の職権によって処理すべきとしてはいるが，裁判所には，当事者の意思を尊重することが，当事者および訴訟代理人には，審理の進行に誠実かつ積極的に関与することが求められているいえる。

(2) 集中審理主義と併行審理主義

被告が原告の請求を争わないような事件は別にして，多くの事件は1回の期日で解決に至らず，審理のために複数の期日が実施される。そこで，裁判所の事件処理としては，一つ一つの事件が終了するまで，その事件の審理を継続して行い，それが終了してから次の事件の審理を始めるというやり方と，複数の事件の審理を併行して行うというやり方がある。前者を**集中審理主義**といい（継続審理主義ということもある），後者を**併行審理主義**という。審理のあり方としては，集中審理主義により，これに要する期間を短くすることが理想である。しかし，非常に多数の民事事件が裁判所に係属している現実においては，集中審理を行うことは不可能であり，併行審理にならざるをえない。しかし，併行審理の場合，期日と期日の時間的間隔が短ければ，問題はないが，間隔が長くなると，その間に裁判官の記憶が薄れ，訴訟記録に頼るようになるため，口頭主義の形骸化に拍車がかかってしまう。

そこで，平成8年制定の現行民事訴訟法は，厳格な意味での集中審理主義は採用していないが，とくに証人尋問と本人尋問については，後述の争点整理手続

(本篇第3章第2節3で説明される)の終了後に集中して行うことを要請している(182条)。

(3) 計画進行主義

審理が充実しかつ迅速に行われるためには，争点およぶ証拠調べについて，あらかじめ適切な計画が立てられていなければならない。このような考え方を**計画進行主義**という。平成15年（2003年）の民事訴訟法改正によって，この計画進行主義の考え方が民事訴訟法典中に明文化された。

この改正により，まず，裁判所および当事者は，適正かつ迅速な審理の実現のため，訴訟手続の計画的な進行を図らなければならないとの，一般規定が置かれた（147条の2）。それだけであれば，当然のことを明文化したに過ぎないといえる。しかし，改正により複雑な事件については，裁判所と当事者双方とが協議し，その結果を踏まえて，**審理の計画**を定めなければならないとの規定が設けられた。ここでいう複雑な事件としては，審理すべき事項が多数ある，または錯綜している事件が挙げられている（147条の3第1項）。具体的には，大規模な公害事件ならびに専門的な知識を必要とする医療関係事件および建築関係事件などが考えられている。審理の計画には，①争点および証拠の整理を行う期間，②証人および当事者本人の尋問を行う期間，③口頭弁論の終結および判決の言渡しの予定時期を定めなければならない（147条の3第2項1号－3号）。さらに，特定の事項についての攻撃防御方法を提出すべき期間，その他の訴訟手続の計画的な進行上必要な事項を定めることもできる（147条の3第3項）。いったん審理の計画を定めても，その後の訴訟の進行状況により，計画を変更する必要が生じる場合があり得る。その場合には，裁判所は当事者双方と協議し，その結果を踏まえて，当初の審理の計画を変更することができる（147条の3第4項）。

このように，審理の計画を定めるためにも，また，いったん定めた審理の計画を変更するためにも，裁判所は当事者双方と協議し，その結果を踏まえなければならないとされているのは，前述のように，現行法の基礎にある，適正かつ効率的な訴訟運営のためには，訴訟の進行についても当事者の積極的な関与が必要であるとの認識によるものである。

進行協議期日　審理を計画的に実施し，その効率化と充実を実現するために行われるという点で，計画進行主義と共通の目的を持つものとして，進行協議期日がある。これは民事訴訟規則に規定されており，口頭弁論の期日外で裁判所と当事者が証拠調

べと争点との関係の確認，その他訴訟の進行に関し必要な事項について協議する期日である（規95条1項）。この期日では事件の内容が協議の対象となるわけではないので，和解をすることはできないが，訴えの取下げ，請求の放棄・認諾をすることはできる（同条2項）。当事者双方の立会が必要であるが（規95条1項に「……当事者双方が立ち会うことができる進行協議期日……」とある），一方の当事者が出頭していれば，電話会議システムを利用することも可能である（規96条1項）。その場合出頭しない当事者は訴えの取下げ，請求の放棄・認諾をすることができない（同条3項）。期日は裁判所外で行うこともできる（規97条）。裁判所は受命裁判官に進行協議期日における手続を行わせることができる（規98条）。

（4） 適時提出主義
i 適時提出主義とその沿革

156条は，「攻撃又は防御の方法は，訴訟の進行状況に応じ適切な時期に提出しなければならない」と規定している。これに対応する旧民事訴訟法137条は，「攻撃又ハ防禦ノ方法ハ別段ノ規定アル場合ヲ除クノ外口頭弁論ノ終結ニ至ル迄之ヲ提出スルコトヲ得」と規定していた。旧法の立場を**随時提出主義**といい，それに対して，現行法の立場を**適時提出主義**という。

> 日本の民事訴訟法の母法国であるドイツ普通法時代[16]においては，原告による請求原因の主張についての審理，被告による抗弁についての審理，原告による再抗弁についての審理，被告による再々抗弁についての審理というように，審理に段階が付けられ，一つの段階から次の段階に手続が進むと，前の段階に関する攻撃防禦方法は提出できなくなる（これを失権という）ことになっていた。これを**同時提出主義**（または**法定序列主義**）という。同時提出主義は，手続に節目を設けることによって，その促進を図るものである。しかし，同時提出主義の下では，失権を恐れる当事者が，結果的には必要のない仮定的主張，仮定的抗弁などを多数提出し，それによって審理が混乱し，遅延したといわれている。そこで，1877年制定のドイツ民事訴訟法は随時提出主義を採用し，これを継受したわが国の旧々民事訴訟法およびそれを受け継いだ旧民事訴訟法もこれにならった。しかし，いつでも提出できるとなると，当事者の怠慢，訴訟戦術あるいは訴訟引き延ばしのためにより早期の提出が可能な攻撃防御方法が時機に後れて提出され，そのために訴訟が遅延する事態が多発し，随時提出主義は，それが採用された意図とは異なり，訴訟遅延の原因となった。そこで，現行民事訴訟法の制定にあたり，適時提出主義が採用されたのである。

適時提出主義を採用する現行法は，攻撃防御方法の提出について具体的には以下のような時期的制約を設けている。①時機に後れた攻撃防御方法の却下，②審

---

16) 普通法については注12）をみよ。

理の計画においてまたは審理の計画に基づき定められた裁定期間経過後の攻撃防御方法の却下，③争点整理手続後の攻撃防御方法の提出に関する説明義務，④控訴審における攻撃防御方法提出期間の裁定，⑤準備書面に不記載の事実の主張の制限，⑥準備書面などの提出期間の裁定，⑦中間判決後の，その基本となった口頭弁論終結前に生じていた攻撃防御方法の失権，⑧適切でない時期の攻撃防御方法の提出により生じた訴訟費用の負担である。以下では，①，②，⑧についての説明がなされる（③については本篇第 3 章第 2 節 **3（2）**iii，（3）iii，（4）iii，④については第 5 篇第 2 章第 3 節 **5**，⑤については本篇第 3 章第 2 節 **1（4）**i，⑥については本篇第 3 章第 2 節 **1（3）**，⑦については第 4 篇第 1 章第 1 節 **2（1）**ii で説明された，ないし説明される）。

ii 時機に後れた攻撃防御方法の却下

攻撃防御方法は，提出が時機に後れていること，当事者に故意または重大な過失があること（以下では「故意・重過失」という），そのために訴訟の完結が遅延すること，の 3 つの要件を満たすと，**時機に後れた攻撃防御方法**として，却下される（157 条 1 項）。

（a） 提出が時機に後れるとは，その攻撃防御方法が提出されるまでの審理の状況を考慮して，より早期の提出が期待できたことをいう。

> 時機に後れたか否かが問題になる攻撃防御方法として，形成権に基づく抗弁（訴訟上の形成権の行使）がある。具体的な例としては，相殺の抗弁，建物賃貸借契約終了後に賃貸人が賃借人に対して提起する建物収去土地明渡請求訴訟における建物買取請求権（借地借家 13 条）の行使がある。これらの抗弁は，相手方（原告）の請求を一応認めたうえで，行使されるものであり，かつ抗弁を主張する者にも不利益を及ぼす。したがって，被告が訴訟の初期の段階でこれらの抗弁を行使せず，原告の請求が認められる可能性が大きい，言い換えれば，自己の敗訴のおそれが大きいと判断したあとで，これらを提出することもある。もちろん，被告には，抗弁を予備的に提出ことも可能であるが，それをすべての被告に期待することはできない。そこで，形成権に基づく抗弁については，時機に後れたか否かの判断の基準は，提出が可能である時期（相殺の抗弁であれば，相殺適状が生じた時期）ではなく，客観的に提出が期待できる時期である。[17]

> 控訴審での提出が時機に後れているか否かは，第一審の訴訟手続の経緯も含めて判断する。[18] したがって，控訴審の冒頭での提出も，時機に後れたと判断されることがあ

---

17) 相殺の抗弁が却下された事例として，大判昭和 9 年 4 月 4 日民集 13 巻 573 頁が，建物買取請求権が却下された事例として最判昭和 46 年 4 月 23 日判時 631 号 55 頁（百選［5 版］45）がある。

り得る。

(b) 故意・重過失は，提出が時機に後れたことについて存在すれば足り，訴訟の完結を遅延させる，すなわち訴訟を引き延ばすことについてまで存在する必要はない。

> 訴訟代理人が付いている場合には，訴訟代理人の故意・重過失も本人のそれと同視される。したがって，故意・重過失の有無の判断基準は，本人訴訟の場合と訴訟代理人が付いている場合とで異なる。ただし，訴訟代理人が付いている場合でも，困難な法律問題に関する主張や専門的な事実関係の主張については，主張が遅れても，重過失が否定されることがあり得る。

(c) 訴訟の完結の遅延ありとされるのは，その攻撃防御方法を採り上げて審理を行った場合の訴訟の完結時が，それが適時に提出されているとすれば，予想される完結時よりも遅れる場合である（相対的遅延概念。ただし，この見解は少数説である）。

> 通説は，攻撃防御方法を取り上げて審理を行った場合と，これを却下して審理しない場合とを比較して，前者の方が訴訟の完結が遅れると考えられる場合に，遅延ありとする（絶対的遅延概念）。通説の根拠は，攻撃防御方法が適時に提出されていた場合の，訴訟の完結の時期は不明確であり，判断の基準に適していないということである。しかし，たとえば，時機に後れて証人調べが申し立てられた場合で，その証人がじつは長期間行方不明で，いずれにせよ，実際の申立てがなされた後でなければ，証人調べを実施できなかったというケースでは，証人調べの申立ては，相対的遅延概念説であれば受け入れられるが，絶対的遅延概念説では，却下されるであろう。しかしこの却下は妥当でない。

別の攻撃防御方法について審理しなければならないので，時機に後れた攻撃防御方法について審理しても，完結がとくに遅れることにはならないと考えられるときは，遅延の発生は否定される。

(d) 上記3つの要件が満たされる場合，裁判所は攻撃防御方法を却下しなければならないのか（義務的却下），却下するか否かは裁判所の裁量に任されているのか（裁量却下）については，見解が分かれている。「……却下の決定をすることができる」という157条1項の条文は，裁量却下説になじみやすい。しかし，審理を効率的に進めることは，公益に強くかかわることであるから，却下の要件が満たされているいじょう，裁判所の却下は義務であると解すべきである。上記の条文は，却下の権限が裁判所にあることを意味し，裁判所は，要件が備われば，審理の進行に関する公益性のゆえに，

18）最判昭和30年4月5日民集9巻4号439頁。

この権限を行使しなければならないと解すべきである。ただし，却下の要件（時機に後れていること，故意・重過失，訴訟の完結の遅延）自体が判断に幅のある概念なので，いずれの見解によっても，実務上の差異はあまり生じないであろう。

iii 審理の計画においてまたは審理の計画に基づき定められた裁定期間経過後に提出された攻撃防御方法の却下

標題にある攻撃防御方法につき，157条の2所定の要件を満たすとき，裁判所は申立てによりまたは職権でこれを却下する。要件は以下の点で一般の攻撃防御方法の場合より緩和されて，却下が容易になっている。第1に，一般の攻撃防御方法では提出が「時機に後れた」ことが要件とされているのに対して，裁定された「期間の経過後」の提出であることが要件とされている。第2に，一般の攻撃防御方法では，故意・重過失が要件とされているのに対して，期間不遵守に「相当の理由があること」が却下を免れるための要件とされ，しかもこの点の疎明責任が提出者に負わされている[19]。第3に，一般の攻撃防御方法では，「訴訟の完結を遅延させること」が要件とされているのに対して，「審理の計画に従った手続の進行に著しい支障を生ずるおそれがある」ことが要件とされている。

iv 適切でない時期の攻撃防御方法の提出により生じた訴訟費用の負担

訴訟費用は，敗訴者が負担するのが原則である（61条）。しかし，勝訴者であっても，適切でない時期に攻撃防御方法を提出し，それによる訴訟の遅滞のために，余計な費用がかかった場合には，その費用は勝訴者に負担させることができる（63条）。

---

19) 疎明とは，広義の証明の一種であるが，狭義の証明と以下の2点で異なる。第1に，必要とされる裁判官の心証が証明ほど高度である必要がない。すなわち，裁判官が一応確からしいと判断すれば，疎明は成立する。第2に，証拠方法が即時に取り調べられるものに限られる（たとえば，持参書，在廷証人）。詳細は本篇第4章第1節3(2)で説明される。

第3章　口頭弁論とその準備

第1節　口頭弁論の意義とその必要性

1　口頭弁論の意義

弁論とは，前述のように（本篇第2章第1節），当事者が対席して，裁判資料を提出し，提出された裁判資料を裁判所が整理すること，あるいはこれらの行為が行われる場である。口頭主義を採用する現行民事訴訟法のもとでは（87条1項本文参照），弁論は口頭で行われるので，通常，**口頭弁論**という。

2　必要的口頭弁論

裁判所が判決をするには，原則として，口頭弁論を開かなければならない（87条1項本文）。これを**必要的口頭弁論**という。判決は，訴えおよび控訴・上告などの上訴が適法であるか否か，適法であるとすれば理由があるか否かを判断する裁判である（裁判の種類，正確な定義は，第4篇第1章第1節でなされる）。必要的口頭弁論が定められているのは，裁判所は判決をするに先立ち，両当事者の主張を十分にかつ公平に聴かなければならない，言い換えれば，判決は当事者への手続保障が十分に尽くされたうえでなされなければならない，との認識に基づいている。

ただし，法律に特別の規定がある場合には，口頭弁論を経ずして，訴え，上訴などについて裁判をすることができるとされている（87条3項）。そうすることができるのは，訴えなどを明白な瑕疵に基づいて排斥する場合，または，新たな裁判資料を要せずに裁判ができる場合である（78条本文・140条・256条2項・290条・319条・359条・378条2項など）。

3　任意的口頭弁論

上記のように，判決をするためには，原則として，必要的口頭弁論の原則が適用されるが，決定で完結すべき事件については，口頭弁論を実施するか否かは，

裁判所の判断に任されている（87条1項但書）。これを**任意的口頭弁論**という。裁判所が行う裁判には判決と決定があり，それぞれがいかなる場合になされるかは，後に明らかにされるが（第4篇第1章第1節），大略，訴えおよび上訴に対する裁判は判決であり，訴訟手続の派生的事項，たとえば，移送（16条1項・2項・17条・18条・19条。21条），除斥・忌避（26条1項本文），時機に後れた攻撃防御方法の却下（157条1項）についての裁判は決定である。これらの裁判に必要的口頭弁論が適用されないのは，これらには迅速性が要請されるとともに，当事者に与えられるべき手続保障の程度も，判決の場合よりは，軽くてよいと考えられているからである。

　決定の手続において，口頭弁論が開かれないとき，裁判所は当事者を審尋（しんじん）することができる（87条2項）。**審尋**とは，自由な方式によって当事者に陳述の機会を与えることである。すなわち，審尋は，公開の法廷で行うことも，口頭によることも，当事者双方の対席も必要とされない（例外は187条2項）。審尋は，口頭弁論が開かれない場合の，当事者の手続保障を考慮して設けられた制度である。しかし，上述のように，必ずしも公開かつ双方対席で行われるわけではないので，やり方によっては当事者間の公平が害されるおそれがないとはいえない。この点で裁判所は，実際の運用にあたり注意を払わなければならない。

　　　口頭弁論を開かない場合に，審尋を行うか否かは，原則として裁判所の裁量に任されている。しかし，一定の場合に，裁判所は，決定に先立ち，審尋をしなければならないと規定されている（必要的審尋。50条2項・199条1項・223条2項・346条2項など）。これは，決定に利害関係のある者の手続保障のためである。また，逆に，手続の迅速性の要請から，審尋が禁止されている場合もある（386条1項）。なお，民事執行手続においては，執行処分がなされることを他者，とくに債務者に知られないため（密行性），審尋が行われないことがある（民執145条2項。債権の差押えのさいの債務者および第三債務者の審尋の禁止）。

第2節　口頭弁論の準備

　口頭弁論において攻撃防御方法が漫然と提出されるのでは，弁論の充実と審理の効率化・迅速化は実現できない。その実現のためには，まず，審理の早い段階で，当事者双方の主張が整理されることが，必要である。具体的には，裁判所も当事者双方も，それぞれの法的主張およびそれを成り立たせる事実が何であるか

を，正しく理解し，さらに，それらの事実のうち両当事者が一致して認めている（後述のように，これを自白された事実という）ため，証拠調べが必要でない事実と，双方に争いがあるため，証拠調べをしなければならない事実を振り分けることが必要である。そのうえでさらに，証拠調べができる限り短期間に集中して実施されることが必要である。

これらのことが的確に実施されるように，現行法上，①準備書面，②当事者照会，③争点整理手続が設けられている。そのほかに，計画進行主義・審理の計画，進行協議期日，適時提出主義も審理の効率化のために設けられ，あるいは採用されたものであるが，これらについては既に説明されている（本篇第2章第4節 6（3），（4））。

1 準備書面

(1) 準備書面の意義

準備書面とは，当事者が口頭弁論において提出しようとする攻撃防御方法や相手方の攻撃防御方法に対する応答を記載して，裁判所に提出する書面であり（161条2項），裁判所および相手方に次回期日において行う訴訟行為の内容を予告する機能を持つ。原告が**訴状**に必要的記載事項（133条2項）のほかに，攻撃方法を記載すれば，その部分は準備書面の役割を果たす（規53条3項参照）[1]。訴状の送達を受けた被告が最初に提出する準備書面を**答弁書**という。

　　控訴審では，控訴人に第一審判決の取消事由を記載した書面の提出が要求されることがあり（規182条），控訴理由書という。また，被控訴人にこれに対する反論書の提出が要求されることがあるが（同183条），これらも準備書面である。上告審では，被上告人が提出する準備書面を再び答弁書と呼ぶ（同201条）。
　　準備書面は，本来口頭弁論の準備を目的とするが，弁論準備手続においても活用される（170条1項）。

(2) 準備書面の記載事項

　　準備書面などの記載事項については，民事訴訟規則に以下のような詳細な規定がある。
　　まず，準備書面一般において，できるだけ，主要事実と間接事実を区別して記載しなければならず（規79条2項）（主要事実と間接事実については本章第4節 **1**（4）ii で説明される），相手方の主張する事実を否認する場合には，その理由を記載しなけれ

---

1) 控訴状および上告状においても同様である（規179条・186条）。

ばならず(同条3項)、立証する事由ごとに証拠を記載しなければならない(同条4項)。

次に、訴状には、①必要的記載事項(133条2項)、②請求を理由付ける事実(主要事実)、③重要な間接事実、④証拠を記載しなければならない(規53条)(①以外の記載部分は準備書面の意味をもつ)。

また、答弁書には、①請求の趣旨に対する答弁、②訴状に記載された事実に対する認否および抗弁事実、③立証を要する事実に関する間接事実で重要なもの、④証拠を記載しなければならない(規80条1項)。さらに、被告が立証を要する事由につき書証の写しの添付が必要とされている(同条2項)。

(3) 準備書面の提出および交換

準備書面は裁判所に提出する(規79条1項)とともに、原則として、相手方に直送する(同83条1項)。裁判所への提出および相手方への直送は、直接の交付(手渡し)、郵送のほか、ファクシミリを使うこともできる(規47条1項)。

相手方への直送を困難にする事由、その他相当な事由があるときは、当事者は、裁判所に対して、相手方への送達または送付を裁判所書記官に行わせるよう、申し出ることができる(規47条4項)。たとえば、相手方が直送の受け取りを拒絶する場合である。

提出および交換の時期については、記載した事項につき相手方当事者が準備をするのに必要な期間をおくことが、要求されている(規79条1項)。口頭弁論期日直前に直送されても、受け取った相手方は口頭弁論で適切な対応ができないからである。さらに、裁判長は、特定の事項に関する主張を記載した準備書面の提出期間を定めることができる(162条)。

(4) 準備書面の提出および不記載・不提出の効果

i 不記載・不提出の効果

準備書面に記載されていなかった事実は、相手方当事者が在廷しない(欠席した)場合には、主張することができない(161条3項)。欠席の相手方は、準備書面に不記載の事実が主張されることを予測できないからである。記載していても、送達されていなければ、同様である(同条同項カッコ書)。準備書面が提出されな

---

2) たとえば、貸金返還請求訴訟で、「原告は、平成○年○月○日に、東京都○○区○○町○○番地の原告の自宅で、被告に金1000万円を現金で手渡した」との原告の主張に対して、被告としては、準備書面にたんに「否認する」と記載するだけでなく、「同日は、蔵王のスキー場でスキーをしていたので、東京で現金を受け取るはずがない」というようにである。

3) たとえば、貸金返還請求訴訟の原告の準備書面であれば、返済の約束、金銭の授受というようにである(民587条参照)。

かった場合についての明文規定はないが，当然，同様である。ただし，相手方の主張を争う陳述（否認または不知の陳述）[4]は，相手方欠席の場合でも，可能である。なぜなら，否認や不知の陳述がなされることは，欠席した相手方であっても当然予測できるからである。

ii 提出の効果

最初にすべき口頭弁論期日においては，当事者が準備書面を提出しておくと，欠席しても，その内容を陳述したものとみなされる（158条・297条）。最初の期日は，当事者や訴訟代理人の都合をきかずに決められることが考慮されている。簡易裁判所の訴訟手続では，続行期日でもこの扱いがなされる（277条）。

2 当事者照会

（1） 当事者照会の意義

当事者照会とは，当事者が訴訟の係属中に相手方に対して，主張または立証を準備するために必要な事項について，相当な期間を定めて，書面で解答するよう，照会する制度である（163条，規84条）。この制度は，釈明権行使（釈明権については本章第4節2で説明される）などの裁判所の職権行使によらず，当事者間の自主的な情報交換によって弁論の充実を図るものであり，平成8年の現行民事訴訟法の制定にあたって創設された。そのさい，アメリカ法上のディスカバリーにおける質問書の制度が参考にされた[5]。なお，平成15年（2003年）の改正により，訴え提起前にも同様の照会を求めることができるようになったが（提訴前の予告通知者・被予告通知者照会），これについては，後に説明される（本章第4節5）。

照会を求めることができる事項は，主張・立証の準備のために必要な一切の事項であって，制限はない。ただし，以下のような照会に対しては，照会を受けた者（被紹介者）は回答を拒否できる（163条1号−6号）。①個別的または具体的でない照会，②相手方を侮辱または困惑させる照会，③既にした照会と重複する照会，④意見を求める照会，⑤回答のため不相当な費用または時間がかかる照会，

---

4) 不知の陳述とは，相手方の事実に関する主張について，知らないと答えることである。これは，後述のように，否認したとみなされる（159条2項。くわしくは，本篇第4章第4節4で説明される）。

5) ディスカバリー（Discovery）とは，公判前に当事者が相手方または第三者に事実または証拠の開示を要求するアメリカ法上の制度である。

⑥証言拒絶権（証言拒絶権については本篇第4章第6節4で説明される）によって保護されている事項についての照会である。

（2） 当事者照会の手続

当事者照会は，相手方に対して照会書を送付して行う（163条，規84条1項。照会書の記載事項および記載方法については，規84条2項・4項）。照会に対する回答も書面（回答書）を相手方に送付して行う（規84条1項。回答書の記載事項，記載方式については，規84条3項・4項）。照会と回答はともに，裁判所を介さずになされるものである点に，この制度の特色がある。

（3） 回答拒絶の場合の措置

正当な理由（163条1号－6号の事由）なく回答が拒絶された場合でも，被照会者に対して特段の制裁を科すことはできない。この場合，照会者としては，裁判所に，相手方に対して釈明権を行使することを求める（求釈明）しかない。

3　争点整理手続

（1）　争点整理手続の意義，趣旨および種類

本節の冒頭で述べたように，充実した審理が効率的に行われるためには，訴訟の早い段階で，何が争点であり，いかなる証拠調べが必要であるかが，明確に整理されていなければならない。これを行わずに漫然と審理をしても，裁判所と当事者双方にとって時間と労力の無駄になるだけである。このような整理をするために設けられているのが，**争点整理手続**である（これを規定する民事訴訟法第2編第3章第3節の標題は，「争点及び証拠の整理手続」である。しかし，通常「争点整理手続」といわれており，本書でもこの名称を用いる）。争点整理手続には，準備的口頭弁論，弁論準備手続，および書面による準備手続の3種類がある。

なお，これらの名称には，いずれも「準備」という言葉が付いているので，争点整理手続は審理の冒頭で実施されるものと，考えられるかもしれない。たしかに後述のように，そのような措置が執られることもある。また，他方，そもそも争点整理手続を経ることなく，訴訟が終結することもある（実際には争点整理手続が実施される例はあまり多くない。注10）参照）。しかし，これが実施される場合には，まず通常の口頭弁論が1ないし数回実施され，両当事者の主張がある程度出されたところで，争点整理手続が実施され，その後，整理された争点と証拠調べについての集中した審理がなされるというのが，争点整理手続が行われる場合の一般

的な手続の流れである。

（2）準備的口頭弁論

i 準備的口頭弁論の意義

準備的口頭弁論とは，争点および証拠の整理手続を口頭弁論期日において行う方式である（164条）。他の争点整理手続，すなわち弁論準備手続と書面による準備手続が口頭弁論とは法的性質を異にしているのに対して，口頭弁論の一環として行われる点に，準備的口頭弁論の特色がある。したがって，裁判所は，準備的口頭弁論を行う場合には，とくにその旨の裁判をすることはない。

ii 準備的口頭弁論でなし得ること

準備的口頭弁論も，口頭弁論であるから，これを主宰するのは受訴裁判所である。裁判所は，当事者に準備書面を陳述させるなど，通常の口頭弁論で行うことと同様のことをなし得るが，さらに，争点および証拠の整理に必要な措置をとること，たとえば，紛争の具体的事情を把握するための陳述書の提出を求めること，釈明処分として当事者その他の関係者を出頭させ，口頭の陳述を行わせること，文書の取調べが予定されている。これらのことは，通常の法廷[6]で行うよりも，裁判官ならびに当事者双方およびその訴訟代理人が一つのテーブルを囲んで行った方が，効率的に行われる。そこで，裁判所には，そのための部屋（法廷）が用意されている。このような法廷を**ラウンドテーブル法廷**という。

準備的口頭弁論においては，その性質が口頭弁論（証拠調べを含む，広義の口頭弁論。本篇第2章第1節参照）であるということから，証拠調べや中間的裁判を行うことも可能である。かつ，そこで提出された資料は，当然に裁判資料となる。これらの点は，次に説明する弁論準備手続と異なる。

iii 準備的口頭弁論の終了

準備的口頭弁論は，争点および証拠の整理が完了したとき（その目的が達せられたとき），および，当事者が期日に出頭せずまたは準備書面もしくは証拠の申出をしないときに（166条。目的の不達成が明らかになったとき），終了する。終了にあたって，裁判所はその後の証拠調べにより証明すべき事実を当事者との間で確認することになっており（165条1項），また，当事者に，争点および証拠の整理の

---

[6] 正面の少し高い段の上に裁判官席があり，裁判官席に向かって左に原告，右に被告の席が，その後ろに傍聴人の席があるという配置になっている。

結果を要約した書面（要約書面）を提出させることができる（同条2項）。終了後に攻撃防御方法が提出された場合、提出した当事者は、相手方から求められれば、終了前に提出できなかった理由を説明しなければならない（167条）。これを相手方の**詰問権**ということもある。このような攻撃防御方法は当然に却下される（失権する）わけではないが、提出者が納得のいく理由を説明できなければ、そのことは、裁判所が、提出が時機に後れたと判断するための資料となり、結果的に却下される可能性がある（157条1項参照）。これらの点では次に述べる弁論準備手続でも同様の扱いがなされる。

（3） 弁論準備手続

i 弁論準備手続の意義

弁論準備手続とは、口頭弁論期日外で行われる争点および証拠の整理手続である。この手続は受訴裁判所または受命裁判官が行う（171条1項）。弁論準備手続は、準備的口頭弁論と異なり、口頭弁論ではないので、公開主義の適用はない。実際には、準備室、和解室、裁判官室などと呼ばれる部屋で行われる。ただし、当事者双方の立ち会い（対席）は保障されている（169条1項）。また、裁判所は、相当と認める者の傍聴を許すことができ、さらに、当事者が申し出た者については、原則として、傍聴を許さなければならない（同条2項。例外は、その者が勝手に発言するなど、審理に支障を生じるおそれがある場合）。また、当事者が遠隔の地に居住しているとき、その他相当と認めるときは、当事者の意見を聴いて、両当事者と裁判所が音声の受信により同時に通話できる方法（電話会議システム）によって、弁論準備手続を行うことができる（170条3項本文）。ただし、いずれか一方の当事者は裁判所に出頭していなければならない（同条同項但書）。この点が、次に述べる書面による準備手続における電話会議システムと異なる。

このように弁論準備手続は、非公開で行われることから、裁判所は、手続を弁論準備手続に付するためには、当事者の意見を聴かなければならず（168条）、また、当事者双方の申立てがあるときは、これに付する裁判を取り消さなければならない（172条但書）。この点は準備的口頭弁論と異なる。

ii 弁論準備手続でなし得ること

裁判所は、当事者に準備書面を提出させることができる（170条1項）。さらに、裁判長または裁判所は、争点および証拠の整理のため、釈明権の行使（149条）、釈明処分（151条）、攻撃防御方法の却下（157条）、準備書面提出期間の裁定（162

条）などを行うことができる（170条5項）。また，証拠の申出に関する裁判その他口頭弁論の期日外においてすることのできる裁判をすることもできる（170条2項）。[7]

　　ただし，弁論準備手続は証拠調べ手続ではないから，証拠調べは原則としてなし得ない。しかし，文書（231条所定の準文書を含む）の取調べは行うことができることが，明文で定められている（170条2項）。文書の取調べは，人証の必要性の判断に必要であるという，実際上の必要性があることと，裁判官が文書を閲読して行うので，公開の法廷で実施しなければならない意味が小さいことが，立法の理由である。

iii　弁論準備手続の終結

　弁論準備手続も，準備的口頭弁論と同様に，争点および証拠の整理が完了したとき，および，当事者が期日に出頭せずまたは準備書面もしくは証拠の申出をしないときに，終結する（170条5項による166条の準用）。終結にあたって，裁判所はその後の証拠調べにより証明すべき事実を当事者との間で確認することになっており，また，当事者に，争点および証拠の整理の結果を要約した書面（要約書面）を提出させることができる（170条5項による165条1項・2項の準用）。終結後に攻撃防御方法が提出された場合，提出した当事者は，相手方から求められれば，終了前に提出できなかった理由を説明しなければならず（174条による167条の準用。相手方の詰問権），納得のいく説明ができなければ，攻撃防御方法が時機に後れたものとして却下される可能性がある。

　弁論準備手続の終結後，当事者はその結果を口頭弁論において陳述しなければならない（173条）。この点は，準備的口頭弁論と異なる。弁論準備手続は口頭弁論ではないので，口頭主義および直接主義の要請を満たすために，このような陳述が必要になるのである。

(4)　書面による準備手続

i　書面による準備手続の意義

　書面による準備手続とは，当事者が裁判所に出頭することなく，準備書面の提出・交換と，それを補充する電話会議システムの利用により行う争点整理手続である。裁判所は，当事者が遠隔の地に居住しているとき，その他相当と認めるときに，事件を書面による準備手続に付すことができるが，そのためには，当事者の意見を聴かなければならない（175条）。この手続を主宰するのは，原則として，

---

[7]　たとえば，補助参加の許否の決定（44条1項），訴訟引受の決定（50条），訴訟救助に関する決定（82条），訴訟手続受継申立ての却下決定（128条），訴えの変更不許の決定（143条4項）。

受訴裁判所の裁判長であるが，高等裁判所においては，受命裁判官にこれを行わせることができる（176条1項。以下において「裁判長など」というのは，受命裁判官も含む意味である）。すなわち，地方裁判所においては受命裁判官に行わせることができず，この点は弁論準備手続と異なる（176条1項を171条1項と対比せよ）[8]。

ii 準備書面などの提出期間裁定の必要および電話会議システムの利用

書面による準備手続においては，当事者が出頭せず，おもに書面によって争点整理が行われるので，準備書面の提出期間を定めることが必要的とされている（176条2項）。また，裁判長などは必要があると認めるとき，たとえば，準備書面の提出・交換だけで争点整理を行うのが困難なときには，電話会議システムを利用した協議を行うこともでき，その結果を裁判所書記官に記録させることができる（176条3項）。この場合には，両当事者がともに法廷に不在でも協議を行うことができる点で，弁論準備手続における電話会議と異なる（170条3項但書参照）。

iii 書面による準備手続の終結

裁判長などは，争点および証拠の整理が完了したと判断したら，書面による争点整理手続を終了する裁判をし，当事者に争点整理を要約した書面（要約書面）を提出させることができる（176条4項による165条2項の準用）。また，終了後の最初の口頭弁論期日において，裁判所と当事者の間で争点となる事実（証明すべき事実）を確認し（177条），口頭弁論調書に記載しなければならない（規93条）。手続終了後に提出される攻撃防御方法については，理由説明義務が課される。この点は，準備的口頭弁論の終了または弁論準備手続の終結後の提出と同じである。しかし，これらにおいて，理由説明義務が課されるのが，これらの終了・終結後の攻撃防御方法の提出についてであるが，書面による準備手続においては，要約書面の陳述または争点の確認の時点以降の提出についてである（178条，規94条2項）。それは，書面による準備手続が，口頭弁論において提出を予定される主張の事前の整理であり，その終了に理由説明義務の発生を結び付けられないからである。

---

8) 書面による準備手続は，当事者の出頭なしに争点整理を行うので，これを実施するには，裁判官として相当の経験を積んでいることが必要である。地方裁判所の陪席裁判官には，経験の浅い裁判官もいるが，高等裁判所においては，すべての裁判官が相当の経験を積んでいる。書面による準備手続では，高等裁判所においてのみ受命裁判官に行わせることが認められているのは，このためである。

当事者が裁定された期間内（176条2項・162条）に準備書面を提出しない場合，裁判長などは，書面による準備手続に付する裁判を取り消す（120条）[9]。

（5）各種争点整理手続の選択の基準

準備的口頭弁論，弁論準備手続，書面による準備手続の3種類の争点整理手続のいずれを行うか，あるいはそもそも争点手続を行うか否かも，最終的には，裁判所の裁量に任されている[10]。ただし，弁論準備手続および書面による準備手続を行うには，当事者の意見を聴かなければならないことが，明文規定で定められている（168条・175条）。この規定の本来の趣旨は，両手続が公開・対審で行われる口頭弁論ではないので，その実施には両当事者の同意を必要とすることにあり，それゆえ準備的口頭弁論については同様の規定はない。また，弁論準備手続が行われている場合でも，当事者双方の申立てがあれば，裁判所は弁論準備手続に付した裁判を取り消さなければならないとされている（172条但書）のも，両当事者が争点整理を非公開で行うことを望まないときに，これを強行すべきでないとの考えに基づいてのことである。これらの規定からは，現行民事訴訟法が手続の進め方を決めるにあたり当事者の意思を尊重していることも，明らかになる。

まず，最初の期日で被告が請求を認諾する事件では当然であるが，そうでなくても，法律上も事実上も争点の少ない事件であれば，わざわざ争点整理手続を実施する必要性は小さいといえる。しかし，多くの事件において審理の効率化を図るためには，争点整理手続を実施することが望ましい。これを実施する場合，3種類の争点整理手続のうち，書面による準備手続は，当事者が遠隔の地に居住しているなど，特別な事情がある場合のための制度であり，通常は準備的口頭弁論か弁論準備手続のいずれかを行うことになる。両者の最も重要な違いは，公開の

---

9) この点は，準備的口頭弁論および弁論準備手続においては，当事者の懈怠により争点整理がなされ得なくなったときには，手続を終了することになっている（166条・170条5項）のと異なる。それは，手続の終了により，本文で述べられているように，攻撃防御方法の提出についての理由説明義務が生じるが，例外的手続である書面による準備手続においてこのような不利益を生じさせるのは，不合理と考えられたからである。

10) 平成17年における争点整理手続の実施率は38.25％であった（菅野雅之「民事訴訟法改正10年。審理の促進と審理の充実－裁判官から」ジュリスト1317号65頁）。各手続が実施される割合は，準備的口頭弁論が0.3％，弁論準備手続が99.2％，書面による準備手続が1.2％である（最高裁判所事務総局・裁判の迅速化にかかる検証に関する報告書24頁。これらの数字を合計すると100.7％になるが，それは，いったん一つの方法が実施されたが，争点整理の成果が上がらず，他の方法を実施することもあり，その場合には，両法の方法が実施されたものとして数えられるからである）。すなわち，実施されるときには，ほとんど弁論準備手続が選択されている。

手続で行われるか否かにある。裁判所は，手続の選択にあたり，当事者の希望に配慮しなければならないのは当然であるが，一般的には以下の点が基準として考慮されるべきであろう。まず，社会的に関心を集めている事件（たとえば，公害に関する事件，薬害に関する事件）は準備的口頭弁論にむいているといえる。それに対して，なんらかの意味で当事者が外部に知られることを望んでいない事項が争点になっている事件（たとえば，名誉もしくはプライバシーに関する事件，営業秘密にかかわりのある事件）は弁論準備手続にむいているといえる。

第3節　口頭弁論の実施[11]

1　弁論の続行・更新・終結・再開

ある期日に審理が終結しなければ，次回期日が指定される。これを**弁論の続行**という。このようにして弁論が数期日にわたって行われても，各期日において提出された資料は一体のものとして扱われる。これを口頭弁論の一体性という。また，その間に裁判官の更迭があったときは，当事者に弁論の結果を陳述させる（249条2項）。これは，直接主義の要請から行われることであり，**弁論の更新**という。裁判所は，審理が十分に行われ，終局判決をなし得るほどに裁判資料・証拠資料が収集されたと判断すると，**弁論を終結**する（243条1項参照）[12]。ただし，裁判所は，いったん弁論を終結しても，当事者の主張や証拠を補充する必要があると認めたときは，**弁論の再開**を命じることができる（153条）。弁論を再開するか否かは，裁判所の裁量に任されており，当事者には弁論再開申立権はない。[13]

---

11) ここでいう「口頭弁論」は，狭義の弁論と証拠調べの両者を含む意味であり，本書の他の箇所では，「審理」といわれている。本節において，口頭弁論というのは，審理の意味である。「弁論の続行・更新」などは，本来，「審理の続行・更新」といったほうが正確であろうが，実務上も講学上も「弁論の続行・更新」などの言葉が慣用的に用いられている。

12) 終局判決とは，その審級（第一審，控訴審など）で訴訟事件の審理を完結する判決である。訴えや上訴に対する裁判所の判断である。判決には，ほかに中間判決がある。判決の種類については第4篇第1章第1節3で説明される。

13) ただし，裁判所の裁量権も無制限なものではなく，弁論を再開して当事者に攻撃防御方法を提出する機会を与えることが，手続的正義の要求するところであると認められる事案では，当事者の再開の要望を拒絶して，そのまま判決することが違法とされることもある。最判昭和56年9月24日民集35巻6号1088頁（百選［5版］41）。

2 弁論の制限・分離・併合

現実の訴訟においては以下のようなことがある。①一つの事件で争点が複数あることがある（むしろ，争点が複数あるのが普通である）。たとえば，不法行為に基づく損害賠償請求訴訟で，被告・加害者の責任能力の有無と損害額が争われている場合である。②一つの訴訟で複数の請求が併合されていることがある。たとえば，②$_{-1}$ 自分の所有する建物を Y_1 が不法に占有したと主張する X_1 が，Y_1 を相手取って，一つの訴訟で，所有権に基づく建物の明渡し，所有権侵害による損害賠償および建物の所有権確認を請求する場合，[14] ②$_{-2}$ Y_2 に金銭を貸し，Y_3 が Y_2 の債務を連帯保証したと主張する X_2 が，一つの訴訟で，Y_2 に対しては主債務の履行を，Y_3 に対しては連帯債務の履行を請求する場合である。[15] ③なんらかの関連のある事件が別の裁判所に係属していて，それらを一つの訴訟で審理するのが合理的と考える場合。たとえば，③$_{-1}$ 先の②$_{-1}$ と同様の事実関係の下で，X_1 が Y_1 を相手取って，建物の明渡し，損害賠償，所有権確認を別の訴訟で請求している場合，③$_{-2}$ 先の②$_{-2}$ と同様の事実関係のもとで，X_2 が Y_2 に対する主債務の履行と Y_3 に対する連帯保証債務の履行を別の訴訟で請求している場合である。

これらの場合に弁論の制限，分離，併合が行われることがある。

（1） 弁論の制限

弁論の制限とは，一つの請求につき争点が複数ある場合，または，一つの訴訟に複数の請求が併合されている場合に，裁判所が，審理の整序のために，弁論や証拠調べを特定の争点または請求に限定することである。その例としては，前述の①の事例において，弁論を責任能力の有無に限定すること，②$_{-1}$ の事例において，弁論を X_1 の所有権確認請求に限定すること，②$_{-2}$ の事例において，弁論を Y_2 に対する主債務の存否に限定することが挙げられる。①では，損害額については，責任能力が否定されれば，審理の必要がないのであるから，審理をまず責任能力の有無に制限することは，審理の効率化に資するであろう。同様に，

---

14) これは，請求の客観的併合の一例である。請求の客観的併合については第6篇第1章第2節で説明される。
15) これは，共同訴訟である（請求の主観的併合といわれることもあるが，共同訴訟との言い方の方が一般的である）。共同訴訟については第6篇第2章で説明される。

②$_{-1}$では，建物の明渡請求と損害賠償請求は X_1 に建物の所有権が帰属していることが前提になっているので，また②$_{-2}$では，保証債務の附従性のゆえに，上述の弁論の制限は審理の効率化に資することがあり得る。弁論の制限は訴訟指揮の一環であり，裁判の一種である決定によって行われる。弁論の制限を行うか否かは，裁判所の裁量による。また裁判所は，いったん弁論の制限の決定を行った後も，これを取り消すことができる（152条1項）。

(2) 弁論の分離

一つの訴訟手続で複数の請求が審理の対象となっていることがある。そのようになる原因としては，請求の客観的併合，共同訴訟（主観的併合），反訴，弁論の併合があるが，これらの場合，裁判所は，特段の事情がなければ，それらを一つの手続で審理し，一つの判決を言い渡す。しかし，裁判所は，審理の効率化のために必要と考えれば，言い換えれば，請求を一つの手続で審理することが非効率であると考えれば，一部の請求を他の請求から切り離して，審理することができる。これを**弁論の分離**という。弁論の分離も，訴訟指揮の一環として，裁判所の裁量により，決定をもって行われる。かつ，裁判所はこの決定を取り消すことができる（152条1項）。

> 弁論の分離については，41条1項が同時審判の申出がなされた共同訴訟において禁止しているほか，禁止する明文規定がない。しかし，必要的共同訴訟においては，判決の合一性が要求されるため（40条1項），請求の客観的予備的併合においては，判決間の矛盾を避けるため，許されないものと解されている。[17]

(3) 弁論の併合

弁論の併合とは，官署としての同一の裁判所に係属している，[18] 関連する数箇の訴訟を結合させて，一つの訴訟で審理することである。請求の客観的併合および共同訴訟（主観的併合）が原告の意思により訴訟係属の当初から一つの訴訟において複数の請求が審理されることになるのに対して，弁論の併合は，裁判所の決定により，後発的に請求併合の状態を生じさせる点に，両者の相違がある。弁論

---

16) ただし，建物の明渡し（取戻し）を占有権侵害で理由付けることも可能ではあるが。
17) 同時審判申立共同訴訟については第6篇第2章第4節で，必要的共同訴訟については第6篇第2章第2節2，3，第3節2で，請求の客観的予備的併合説同訴訟については第6篇第1章第2節3，4（2）ⅱで説明される。
18) この点は，刑事事件においては，他の裁判所に係属している事件でも併合できる（刑訴6条・8条）のと異なる。

の併合も，原則として，裁判所の裁量により，決定をもって行われる。かつ，裁判所はこの決定を取り消すことができる（152条1項）。実際には，審理の重複と判決の矛盾の回避の観点から，適切と判断されたときに，弁論の併合の決定がなされるであろう。ただし，弁論の併合は，それにより請求の併合が生じるのであるから，併合要件（136条）が具備している事件でなければ，なし得ない。また，一定の場合には，併合が要求されている（会社837条，一般法人272条）。[19]

　当事者を別にする訴訟が併合された場合（たとえば，原告Aと被告Bの訴訟と原告Aと被告Cの訴訟が併合された場合），併合前に一方の訴訟で行われた証拠調べの結果である証拠資料が，他方の訴訟の証拠資料にもなるか否かは問題であり，旧法下で見解が分かれていた。現行法は，前に尋問をした証人について，尋問の機会のなかった当事者が尋問を申請したときは，裁判所は尋問をしなければならないと規定している（152条2項）。この規定は，一方の訴訟で行われていた証拠調べの結果が，他方の訴訟でも証拠資料となることを前提として，証人尋問については，前の尋問に関与していなかった当事者の手続保障の観点から，再尋問の機会を与えたものと解することができる。

3　弁論の懈怠

　当事者およびその訴訟代理人（以下「当事者など」という）には，充実した審理が迅速に行われるように，誠実に訴訟を追行することが要請されている（2条，裁判迅速化7条1項）。審理の充実と促進は，基本的には当事者や訴訟代理人にとっても望むところであろう。それゆえ，通常は，当事者などはこの要請に応えようとするはずである。しかし，当事者などが怠慢またはなんらかの悪意（たとえば，敗訴を予想した当事者が訴訟の引き延ばしを図る場合）から，この要請に反する挙動に出ることもないわけではない。このような挙動を**弁論の懈怠**（「けたい」と読むこともある）という。弁論の懈怠として現行法上規定があるのは，①時機に後れた攻撃防御方法の提出，②審理の計画においてまたは審理の計画に基づき定められた裁定期間経過後の攻撃防御方法の提出，③趣旨不明の攻撃防御方法の提出，④弁論への欠席である。これらのうち，①，②は既に説明した（本篇第2章第4節

19）　これらは，併合されて類似必要的共同訴訟になる場合である（類似必要的共同訴訟については，第6篇第2章第2節**3**，第3節**2**で説明される）。

6(4)ii, iii)。以下では③, ④について説明する。

(1) 趣旨不明瞭な攻撃防御方法

提出された攻撃防御方法の趣旨が不明瞭であれば, 相手方はこれに対する認否ができず, また, 裁判所もこれを裁判資料とすることができない。そこで, 裁判所は釈明権を行使して (149条), 提出した当事者にその趣旨を明瞭にするよう, 促すことになる。当事者がこれに応じて釈明をせず, あるいは釈明をなすべき期日に出頭しなければ, 裁判所はその攻撃防御方法を却下することができる (157条2項)。

(2) 口頭弁論における当事者の欠席

ここで「口頭弁論における当事者の欠席」とは, 当事者が弁論期日に出頭しないことだけではなく, 出頭はしても弁論をしないで退廷することも含む (以下において「欠席」とは両者を含む意味である)。欠席にはさらに双方の当事者の欠席と一方の当事者の欠席とがある。

i 双方の当事者の欠席

当事者双方が欠席した場合でも, 裁判所は, 証拠調べ (183条) および判決の言渡し (251条2項) を行うことはできるが (実務上, 判決の言渡しは当事者不出頭の法廷で行われることが多い), それ以外の行為はできない。そこで, 当事者双方が欠席したのが, 証拠調期日, 判決言渡期日以外の期日であれば, その期日はそれで終了する。その後に裁判所は以下の措置のいずれかをとることになる。

まず, 裁判所は, それまでの審理の結果から, 訴訟が裁判に熟していたと認められる場合には, 弁論を終結して (243条1項), 判決を下すことができる[20]。しかし, そうでない場合には, 本来であれば, 裁判所は審理を続行しなければならず, そのために職権で期日を指定することができる[21]。しかし, このような場合, 実務では通常当事者による期日指定の申立てを待つといわれている。そして, 1箇月以内に期日指定の申立てがなされないと, 訴えの取下げがあったものとみなされる (263条前段)。これを**訴え取下げの擬制**という。ただし, 裁判所は, この場合, 審理の現状および当事者の訴訟追行の状況を考慮して, 相当と認めるときは, 終局判決を下すこともできる (244条)。これを**審理の現状に基づく判決**という。す

---

20) 最判昭和41年11月22日民集20巻9号1914頁 (百選Ⅰ91)。
21) 大判昭和12年12月18日民集16巻2012頁。

なわち，裁判所は，訴訟が裁判に熟したときに弁論を終結して，終局判決を下すのが，原則であるが，審理の現状に基づく判決は，この原則に対する例外として，当事者が欠席した時点で訴訟が判決に熟していなくても，それまでの審理の現状と当事者の訴訟追行の状況，具体的には，欠席ということから推測される訴訟追行についての熱意の欠乏を考慮して，下される判決である。

なお，1箇月以内に期日指定の申立てがなされ，期日が指定され，その期日で審理がなされれば，そのまま訴訟手続が進行するであろう。しかし，指定された期日に当事者双方が再度欠席した場合，言い換えれば，当事者双方が2回連続して欠席した場合にも，訴えの取下げがあったものとみなされる（263条後段）。

ii 一方当事者の欠席

一方当事者の欠席については，最初の期日における欠席と続行期日における欠席とで，規定が異なる。

（a） 最初の期日における欠席 最初の期日に欠席したのが原告である場合には，訴状に記載された事項が（正確に言えば，訴状の記載のうち準備書面を兼ねる部分である。本篇第1章第3節2(2)参照），被告である場合には，答弁書その他の準備書面に記載された事項が，陳述されたものとみなされる。これを擬制陳述という。そして裁判所は，擬制陳述を前提として，出頭した当事者に弁論をさせることができる（158条）。そのさい，出頭した当事者は，あらかじめ相手方が受領している準備書面に記載した事実しか主張することができない（161条3項。これは，口頭弁論期日一般において規定されていることである）。裁判所は，出席当事者の弁論と擬制陳述とを踏まえて，審理を続行する。ただし，欠席した当事者が，提出した書面の中で，請求の放棄または認諾をする旨を表明していたときは，その旨の陳述がなされたものと，みなすことができる（266条2項）。

被告が欠席した場合で，その被告が答弁書ないし準備書面を提出していないときは，原告の主張する事実を全面的に自白したものとみなされ，また，これらは提出しているが，そこで争っていないかった原告の主張事実は，自白したものとみなされる（159条3項本文。擬制自白。擬制自白については本篇第4章第4節4で説明される）。これによって裁判所が，原告の請求に理由がある（請求が成り立つ）と判断したときは，裁判に熟したとして（243条1項），その期日に弁論を終結し，請求認容判決をすることができる。実務上このような判決を欠席判決といい，被告欠席の場合によく行われるといわれている。ただし，被告への呼出しが公示送達

であるときは，擬制自白は成立せず（159条3項但書），したがって，欠席判決が行われることもない。

なお，ここでいう「最初の期日」は，第1回の指定期日に限らず，弁論が実際に行われる最初の期日である。[22]

一方当事者の欠席の場合の擬制陳述を規定する158条は，弁論準備手続（170条5項）および控訴審の手続にも（297条），さらに上告審の手続にも，口頭弁論が開かれれば，準用される（313条）。

対席判決主義と欠席判決主義　158条が規定する擬制陳述は，口頭主義の原則を維持しつつ，裁判所が審理を続行することを可能にするためのフィクションである。これにより，欠席者について最低限の陳述が擬制され，本案判決をする道が開かれる。当事者が欠席したさいにこのような対処をする立場を対席判決主義という。これに対して，欠席したこと自体をもって，欠席者に不利な判決（原告の欠席においては請求棄却判決，被告の欠席においては請求認容判決）をすることにする立法例もある。これを欠席判決主義という。日本民事訴訟法の母法であるドイツ民事訴訟法は欠席判決主義を採用しており，わが国の旧々民事訴訟法も同様であった。しかし，旧民事訴訟法および現行民事訴訟法は対席判決主義を採用している。なお，「欠席判決」というのは，本来，欠席判決主義の下で下される判決のことである。しかし，対席判決主義をとる現行民事訴訟法下でも，前述のように，欠席者の擬制自白に基づく判決を「欠席判決」といっている（旧民事訴訟法下でも同様）。したがって，現在のわが国でいわれている「欠席判決」と欠席判決主義の下での「欠席判決」とでは意味が異なる。

（b）　続行期日における欠席　続行期日における一方の当事者の欠席の場合には，欠席者につき陳述が擬制されることはない。なぜなら，擬制陳述を規定する158条は，擬制陳述がなされるのを「最初にすべき口頭弁論の期日」に限定しているからである。また，277条は，簡易裁判所の手続では続行期日にも158条が準用されると規定しているが，その反対解釈としても，簡易裁判所以外での続行期日における陳述の擬制は否定される。[23]

---

22)　期日の変更について，最初の期日と第2回以降の期日とで，これを認める要件が異なり，93条3項但書が，最初の期日では，両当事者の合意でも変更を認めている。この場合の「最初の期日」は第1回期日である（本篇第2章第3節1（3）ll（u））。それに対して，158条は，最初の期日における一方当事者の欠席の場合の処理を規定しているが，ここでいう最初の期日は，本文で述べたように，弁論が実際に行われる最初の期日である。両者の規定の文言も異なる。93条3項但書には「最初の期日（傍点著者）」と書かれており，158条には「最初にすべき口頭弁論の期日（傍点著者）」と書かれている。

23)　158条が，最初にすべき口頭弁論の期日における一方当事者の欠席の場合に，擬制陳述を規定するのは，そうしないと出頭した当事者が対応できないからである。とくに，原告欠席の場合，訴状の陳述がなされないと，審判の対象自体が定まらない。

そこで，この場合，裁判所は，従前の審理の結果と出席した当事者の弁論に基づいて，裁判に熟した（243条1項）と判断したら，弁論を終結して終局判決を下し，なお審理が必要であると判断したら，続行期日を指定することになる。なお，そのさい，出頭した当事者は，準備書面に記載した事実しか主張できないのは，当然である（161条3項）。

ただし，裁判所は，出頭した当事者の申出があり，かつ，相当と認めるときは，審理の現状および当事者の訴訟追行の状況を考慮して，終局判決をすることができる（244条本文・但書）。これも審理の現状に基づく判決である。この場合，双方当事者欠席の場合と異なり，出頭した当事者の申出を必要としたのは，それまでの審理の現状では，出頭した当事者に不利な判決になる可能性もあるからである。すなわち，出頭した当事者としては，そのままで自己に有利な判決が出ると確信しているときは，上記の申出をし，それまでの審理が自己に不利に進んでいると考えるときは，審理を続行して挽回を図ることができるのである。

4 口頭弁論調書および訴訟記録

(1) 口頭弁論調書

i 口頭弁論調書の意義と必要性

口頭弁論調書とは，口頭弁論の経過を記録するために，裁判所書記官が期日ごとに作成する文書である（160条1項）。

弁論は口頭によって行われる（87条1項。口頭主義）。口頭による発言は，形になって残らないので，審理の内容（たとえば，当事者がどのような主張をしたか，証人尋問でどのような尋問がなされ，証人はどのような証言をしたか）および審理の形式（たとえば，公開の法廷でなされたか，公開が停止されたか，停止された場合，それはいかなる理由によるか）も，そのままでは記録に残らない。それではさまざまな障害が生じる。とくに，裁判官の交代があった場合，または事件が移送された場合，交代後の裁判官または移送を受けた裁判所の裁判官には，交代前または移送前の審理について知ることが困難である。たしかにこれらの場合，弁論の更新は行われるが（249条2項），それだけでは，従前の審理について知るのに不十分である。同様に，上訴が提起された場合の上訴審の裁判官が原審での審理について知ることも困難である。しかし，審理に支障が生じるのはこれらの場合に限らない。裁判官の交代も移送も行われない，同一審級の審理においても，審理の内容と形式

を完全に記憶にとどめることは，裁判官にとっても当事者にとっても不可能である。ここに，口頭弁論調書を作成し，後述するその他の書類とともに，裁判所に保管しておく必要性がある。

ii 口頭弁論調書の作成

口頭弁論調書は，裁判所書記官が作成する（160条1項）。調書の記載について当事者その他の関係からの異議の申し立てがあれば，調書にその旨の記載をしなければならない（同条2項）。そして，口頭弁論調書には裁判所書記官が記名押印し，裁判長の認印がなされる（規66条2項。同条3項参照）。

iii 口頭弁論調書の記載事項

口頭弁論調書の記載事項には，形式的記載事項と実質的記載事項がある。

形式的記載事項とは，事件の表示，裁判官および書記官の氏名，出頭した当事者および代理人などの氏名，弁論の日時および場所，弁論公開の事実または非公開の事実とその理由などである（規66条1項各号）。

実質的記載事項とは，弁論の要領（規67条1項）および攻撃防御方法提出の予定，その他訴訟手続の進行に関する事項（同条3項）である。弁論の要領については，民事訴訟規則67条1項に，訴えの取下げ，訴訟上の和解，請求の放棄・認諾，自白，証人および当事者本人などの陳述などが列挙されている。

iv 口頭弁論調書の証明力

口頭弁論の方式に関しては，調書によってのみ証明することができる（160条3項本文）。すなわち，これに関しては，他の証拠方法により立証することも，調書の記載を覆(くつがえ)すこともできない。口頭弁論の方式とは，具体的には，裁判所の構成（各期日に審理を行った裁判官の氏名），出頭した当事者，代理人などの氏名，弁論の更新が行われたか否か（249条2項），弁論の公開の有無などである。ただし，調書が消滅したときは（たとえば，裁判所の庁舎の火災による焼失，盗難），他の証明が許される（160条3項但書）。

---

24) したがって，ここでいう口頭弁論は，狭義の弁論だけでなく，これに証拠調べも合わせた，広義の弁論のことである。実務では，証拠調期日に作成される調書は，証拠調調書といわれ，さらに，その内容に即して，証人尋問調書，検証調書などといわれている。
25) この点で，自由心証主義の原則（247条）に対する例外として，法定証拠主義が採用されている（自由心証主義と法定証拠主義については本篇第4章第3節で説明される）。
26) 口頭弁論調書が有効要件を欠くときも，同様であると解されている。大判昭和6年5月28日民集10巻268頁［百選［初版］41］。裁判所書記官の押印を欠く口頭弁論調書によっては，口頭弁論の方式の遵守は証明されないとされた事例。

以上に対して、弁論の内容（たとえば、攻撃防御方法の提出、自白がなされたか否か、当事者や証人の陳述）については、このような証拠法上の制約はない（160条3項の反対解釈）。

（2） 訴訟記録とその公開

訴訟記録とは、口頭弁論調書を含む、訴訟の審理経過を記録する書類のこと、またはそれらを**編綴**（綴じること）したものである。この書類には、裁判所側が作成したもの（口頭弁論調書、送達報告書など）と当事者その他の関係者が裁判所に提出したもの（訴状、答弁書、準備書面、証拠の申出書など）がある。訴訟記録は裁判所書記官が保管する（裁60条2項）。

訴訟記録は、公開され、原則として誰でも閲覧できる（91条1項。記録の一般公開）。訴訟記録の公開は、憲法82条1項が定める一般公開主義から必然的に導き出されるものではないが、その趣旨を徹底させるものである。ただし、公開を禁止した口頭弁論に関する訴訟記録は、一般公開されず、当事者および利害関係を疎明した第三者だけが閲覧できる（91条2項）。

当事者および利害関係を疎明した第三者は、訴訟記録の謄写、正本、謄本、抄本の交付などを請求することができる（91条3項）。

ただし、訴訟記録中に私生活についての重大な秘密、営業秘密などが記載されている部分がある場合、裁判所は、当該当事者の申立てにより、決定で、閲覧、謄写、正本などの交付などを請求できる者を当事者に限ることができる（92条1項）。

第4節　事案の解明——裁判資料の収集——

訴えが提起されると、裁判所は判決を出すことになる（訴えの取下げ、請求の放棄・認諾、訴訟上の和解などによって終了する場合は別であるが）。判決は、訴えが適法であるか否か、適法であれば、請求に理由があるか否かについての裁判所の判断である。この判断の基礎となる資料を裁判資料（訴訟資料）という。これを収集するについて、裁判所と当事者はどのように役割を分担しているかが、本節の主たるテーマである。なお、裁判資料の収集によって、その訴訟において解決が求められている紛争をめぐる状況が明らかにされる。そのことを事案の解明という。

1 弁論主義

(1) 弁論主義の意義と内容
i 弁論主義の意義

わが国の民事訴訟においては，裁判資料の提出は，基本的に当事者の権能であり，責任であるとされている。「権能」であるとは，裁判資料の提出については当事者がイニシャティブを持っており，裁判所が職権でこれを収集することはないという意味である。それは，当事者が提出した裁判資料が不十分であるが，もし万全な提出がなされていたら，判決の結果が有利なものとなるであろうという場合に，当事者は不利な結果を負うことになるということでもある。裁判資料の提出が当事者の責任とされるというのは，このことである。以上のようなたてまえを**弁論主義**という。上に述べたように，わが国の民事訴訟法は基本的に弁論主義を採用している。しかし，後述するように，弁論主義によらない事項もあり，弁論主義の正確な内容や適用対象については，なお説明が必要である。

弁論主義は，次の3つの原則から成る（各原則は，「弁論主義の第1－第3テーゼ」といわれることもある）。①裁判所は，当事者が主張しない事実を裁判の資料としてはならない（これを「**主張原則**」という）。②裁判所は当事者間に争いのない事実，すなわち自白された事実は，そのまま裁判の資料としなければならない（これを「**自白原則**」という）。③当事者間に争いのある事実は証拠によって認定されるが，そのさいには当事者の申し出た証拠によらなければならない（裁判所は職権で証拠調べをしない。これを「**証拠原則**」という）。

一般に，弁論主義に対立すると考えられているのが，**職権探知主義**である。これによると，裁判所は，①当事者が主張しない事実でも裁判の資料とすることができ，②自白に拘束されず，③職権証拠調べをすることができる。職権探知主義は人事訴訟において採用されている（人訴19条1項・20条）。

ii 主張原則

主張原則によれば，たとえば，貸金返還請求訴訟で被告がもっぱら，原告から金を借りたこと（厳密にいうと，後述のように，金銭の授受と返済の約束があったこと）を否認するのみであったが，証拠調べの結果（たとえば，証人の証言，書証として調べた書面の記載から），被告が弁済していたということが，裁判所に判明しても，弁済があったという事実をもとに，判決を下すことはできない。もっとも，貸金

返還請求訴訟において，返済をしていながら，そのことを主張しない被告がいるとは，通常考えられないかもしれない。しかし，実際に，事実関係や法律関係が複雑な事案においては，当事者が，これを主張すれば，有利な判決を得られるという事実を，主張しないことがある。

　主張原則を前提にすると，たとえば，弁済の事実が主張されていなければ，裁判所は，弁済がなされたことを前提に，裁判することができないというように，ある法的効果を裁判所に認めさせようとする当事者は，その効果を発生させる事実（後述のように，主要事実という）を主張しなければならない。当事者が負うこのような負担を**主張責任**という。ただし，事実は，それが自己に有利な法的効果を発生させることになる当事者の側からではなく，その相手方から提出されたものでも，裁判所は裁判資料とすることができる。これを**主張共通の原則**という。したがって，一方の当事者が弁論において提出した事実が，相手方に有利な判断のための理由となることもあり得る。

　なお，先に，証拠調べの結果判明した事実も，口頭弁論において提出されていなければ，判決の基礎にすることはできないと述べたが，それは，狭義の口頭弁論と証拠調べは別だからである。このことは，裁判資料のうち主張によって得られた資料である主張資料と証拠調べによって得られた資料である証拠資料は峻別されると，言い換えることができる。

iii　自白原則

（a）　自白の意義　　一般に，自白とは，当事者が自己に不利益な事実を認める陳述である。自白には，裁判上の自白と裁判外の自白がある。**裁判上の自白**とは，当事者の一方が口頭弁論または弁論準備手続において，[27]相手方の主張する自己に不利な事実を認めることである。たとえば，貸金返還請求訴訟の口頭弁論で，被告が，原告に貸金の一部を弁済（返済）したと主張し，原告がこれを認めることである。[28] **裁判外の自白**とは，当事者が口頭弁論・弁論準備手続外でこのような

---

27)　弁論主義は，要するに，弁論において提出された裁判資料みが判決の基礎となるという原理である。弁論準備手続は口頭弁論ではない（同じ争点整理手続でも，準備的口頭弁論が口頭弁論の一環としての手続の中で行われるのと，対照的である）。しかし，弁論準備手続には，擬制自白に関する159条（1項）が準用される（170条5項）。擬制自白は，本文で後述するように，自白そのものではないが，自白を前提とした制度であるので，この準用から，弁論準備手続における自白も，口頭弁論における自白と同様の効果（自白の効果については**（b）**，**（c）**で説明される）を生じさせるものということができる。

事実を認めることである。裁判上の自白は，（b），（c）で述べるような効果を発生させるが，裁判外の自白はそれを発生させない。ただし，一方の当事者が裁判外でそのような事実（上記の例と同様に，貸金の一部の弁済があったということ）を述べたということは，そのような事実が実際にあったということを推認させる間接事実になり得るとともに，弁論の全趣旨として（247条）裁判官の心証に影響を及ぼすこともあり得る（間接事実についてはiiで，弁論の全趣旨については本篇第4章第3節 **2(3)** で説明される）。通常，「自白」というと，裁判上の自白を意味することが多い。本書でも，今後特段の断りなく「自白」というのは，裁判上の自白である。

> 自白は，自己に不利益な事実を認めることであるという場合の，「不利益」の意味については，証明責任説と敗訴可能性説とが対立している。証明責任説は，自己に不利益な事実とは，相手方が証明責任を負う事実であり，このような事実を認めたときにのみ，自白が成立するという考え方である。敗訴可能性説は，いずれの当事者が証明責任を負うかにかかわりなく，敗訴の可能性を生じさせる事実を認めたときに，自白が成立するという考え方である。両説の実際上の違いは，当事者が，自己が証明責任を負うことに関して不利益な陳述をしたときに，生じる。たとえば，書面によることを要する契約（要式契約）に基づく義務の履行を請求する原告が，契約は口頭で締結されたと陳述した場合，証明責任説だと自白の成立は認められず，敗訴可能説だと認められる。このような場合は，当事者の主張に一貫性が欠けているので，自白の成立を認めず，裁判所が釈明権を行使して，当事者（この場合は原告）に一貫した主張をするように促すべきである。したがって，本書は証明責任説を支持する。

自白者の自白と相手方の主張の間の時間的先後関係について決まりはない。たしかに，通常は，相手方の主張を認めることによって，自白が成立するであろう。しかし，先に一方の当事者が自己に不利な事実を陳述し，相手方がこれを援用することもある。これを**先行自白**という。たとえば，貸金返還請求訴訟で被告が一部弁済を主張した事例で，その後，被告が訴訟物である貸金債権につき時効による消滅を主張し（消滅時効の抗弁），それに対して原告が一部弁済による時効の中断（民147条3号）を主張したとする（時効中断の再抗弁）。この場合，時効中断効を発生させる一部弁済の事実は，原告が主張する前に，被告が弁論に提出しているが，原告がこれを援用することによって，自白の効力が生じる。

---

28) 原告が，被告から金銭を受け取ったことを認めたが，それは，原告が被告に対して有する別口の債権の弁済として受け取ったのだと主張する場合は，金銭の授受についての自白が成立し，それが訴訟物である貸金返還請求権の返済としてなされたことが否認されたことになる。

（**b**）　**自白の裁判所に対する効力**　　自白は裁判所に対する効果と自白をした当事者に対する効果とを発生させる。

　裁判所に対して，自白は，自白された事実の証明を不要とする（これを「不要証事実」という）効果を発生させる（179条）。すなわち，自白は裁判所の事実認定を拘束し，裁判所は証拠調べや口頭弁論の全趣旨から（247条参照），自白された事実に疑念をいだいた場合はもとより，それが真実に反するとの確信をいだいた場合でも，それと異なる認定をすることはできず，それを裁判の基礎としなければならない。これを**自白の審理排除効**という。自白がなされると，審理排除効によって，当該訴訟における審理の範囲が絞り込まれることになる。

　（**c**）　**自白した当事者に対する効力**　　自白をした当事者は，原則として，自白を撤回したり，自白内容と矛盾する主張をすることはできない。かりにそのような主張がなされたとしても，裁判所は，審理排除効のゆえに，これに沿った事実認定をすることはできない。これを**自白の不可撤回性**という。自白により審理の対象が絞り込まれた後に，いったん審理の対象から外れた事項を，またこれに取り込むことは，審理を混乱させ，裁判所と相手方当事者の負担を増大させることになるからである。

　ただし，自白した当事者が自白を撤回することにつき，やむを得ない事情がある場合には，撤回が認められるべきであろう。ここでいうやむを得ない事情とはいかなる事情かが，問題になる。まず，判例は，自白が刑事上罰すべき他人の行為によってなされた場合には，再審事由に関する338条1項5号を類推適用して，自白の撤回を認めている。次に，相手方の同意がある（異議がない）場合も，撤回が認められている。それ以外にいかなる場合に撤回が可能であるかについては，①自白の内容が真実に反する（反真実）場合に，可能であるとする見解，②自白が錯誤に基づいてなされた場合に，可能であるとする見解，③反真実でありかつ錯誤に基づいてなされた場合に，可能であるとする見解に分かれている。判例は，反真実と錯誤に基づいてなされたことの両方が，撤回のために必要であるとしながら，反真実が証明されれば，錯誤の存在が推定されるとしている。[31]

---

29)　最判昭和33年3月7日民集12巻3号469頁，最判昭和36年10月5日民集15巻9号2271頁。ただし，旧民事訴訟法下の判例なので，類推適用されたのは，338条1項5号の前身である旧民訴法420条1項5号である。
30)　最判昭和34年9月17日民集13巻11号1372頁。

（d）権利自白 権利自白とは，相手方が主張する自己に不利益な権利・法律関係の存否を認める当事者の陳述である。たとえば，土地所有権に基づく土地上の建物収去土地明渡請求訴訟の被告が原告の土地所有権を認める陳述をすること，あるいは，不法行為に基づく損害賠償請求の被告が自己に過失があったことを認めることである。

権利自白に事実に関する自白（自白は自己に不利益な事実を認める陳述であるから，「事実に関する」と付けるのは言わずもがなの修飾語になるが，権利自白との対比のためこの表現を用いた）と同様な効力，すなわち審理排除効と不可撤回性を認めるべきか否かについては，見解が分かれており，なんらかの形でこのような効力を肯定する見解が多いが，本書はこのような効力は否定すべきであるとの立場をとる。

　　権利自白の拘束力を肯定する見解の理由は，一つには，民事訴訟における請求の対象（訴訟物）は私人の処分可能な権利・法律関係であるから，その成否の判断の前提になる権利・法律関係も当事者の自由な処分に服していると考えられることである。さらに，事実については自白に拘束力が認められており，請求そのものについては請求の認諾に確定判決と同様の効力が認められている（267条。請求の認諾については，第4篇第2章第2節で説明される）のであるから，請求の成否の前提になる権利・法律関係の存否についてなされる権利自白にも拘束力が認められるべきということも，肯定説の理由になっている。しかし，自白の拘束力は，事実については当事者が判断しうることであるから，肯定される。また，請求の認諾は，請求の成立自体を認めることであるから，みずからの判断でそれを行った当事者を，その拘束力に服させることに問題はない。それらに対して，権利・法律関係の存否を認めることが請求の成否にどうかかわるかは，常にだれにも当然に明らかなこととはいえず，しかもそれは裁判所の専権事項である法律問題である。このことが，本書が権利自白の拘束力を否定する理由である。

iv　証拠原則

証拠原則は職権証拠調べを禁じる。しかしこれには以下のような例外がある。すなわち，調査の嘱託（186条），当事者尋問（207条1項），鑑定の嘱託（218条1項），検証のさいの鑑定（233条）は職権によってなされ得る。また，裁判所は釈明処分として検証をし，鑑定を命ずることができるとされている（151条1項5号）。

なお，一方の当事者が提出した証拠が，相手方に有利な事実の認定に使われる場合もある。これを**証拠共通の原則**という（証拠共通の原則には別の意味もある。そ

31）　最判昭和25年7月11日民集4巻7号316頁。

れについては，第6篇第2章第3節1で説明される）。この場合でも証拠は弁論に現われているので，弁論主義違反ではない。

（2） 弁論主義の根拠

弁論主義の内容である主張原則，自白原則および証拠原則のうち明文の条文で定められているのは，自白原則だけである（179条により規定されている）。それにもかかわらず，現行民事訴訟制度が弁論主義を採用していると考えられることの条文上の根拠は179条のほかに，人事訴訟において職権探知主義を定める前述の人事訴訟法19条1項・20条前段の反対解釈に求めることができる。すなわち，これらの条項は，一般の民事訴訟において弁論主義が採用されていることを前提にして，人事訴訟におけるそれに対する特則を定めているのである。

しかし，現行民事訴訟制度が弁論主義を採用していると考えるべき，より根源的な根拠は，以下の点にある。民事訴訟は，実体私法上の権利の実現の妨害または権利の侵害に対し，これらを除去して，権利を実現ないし保護するための制度であるところ，私法上の権利は，私的自治の原理によって，本来，権利者の自由な処分にゆだねられている。そのことから，民事訴訟制度を利用して判決を得るにあたっては，その基礎となる資料の提出については，当事者の権能にするとともに，その責任は当事者に負わせるべきだということになる。このことが，弁論主義の根拠である。すなわち，弁論主義は，実体私法を支配する私的自治の原理の訴訟手続への反映であり，民事訴訟の本質から引き出される原理である。

弁論主義の根拠についての諸説

上記の見解を本質説（または，私的自治説）という。弁論主義の根拠については，ほかにも，以下のような諸説が主張されている。

手段説：弁論主義は真実発見のためのよりよい手段であることが，民事訴訟においてそれが採用される根拠であるという考え方である。具体的にいうと，次のようになる。個人間の紛争である民事訴訟においては，紛争をめぐる事実関係は当事者が最もよく知っているはずである。かつ，当事者は，勝訴を望んでいるから，熱心に自分に有利な事実を主張し，その事実の証明のために必要な証拠を提出するであろう。それゆえ，真実の発見のためには，職権探知主義により裁判所が事実と証拠を収集するよりも，弁論主義によった方がよいというのである。

しかし，職権探知主義は，裁判のための資料は裁判所だけで収集するということではなく，当事者が提出した資料も受け入れるが，それとともに裁判所も職権で資料を収集するというものである。したがって，職権探知主義による方が弁論主義によるよりも，真実に近づく可能性がより高いといえる。真実に基づく判決の要請が強い人事

訴訟において職権探知主義が採用されている（人訴19条1項・20条）のは，そのためである。人事訴訟における職権探知主義の採用は，手段説によっては説明できない。

不意打ち防止説：不意打ちの防止が，民事訴訟において弁論主義が採用されている根拠であるという考え方である。もし，当事者の主張していない事実を理由として裁判がなされたなら，それによって敗訴した当事者にとっては，不意打ちになる。なぜなら，当事者のいずれもが主張しなかったこと（これを，弁論に現れていなかったことという）を裁判所が訴訟の勝敗の決め手にすると，敗訴者は，それが分かっていれば，自分は別の主張をし，あるいは証拠を提出して，敗訴をさけることができたと考え，このような判決は不意打ちになるというのである。

たしかに，弁論主義によれば，不意打ちは起こらない。しかし，それは弁論主義によることの結果であって，根拠ではない。職権探知主義のもとでも，裁判所が当事者の主張しない事実を斟酌し，あるいは職権証拠調べを行うときに，その事実ないし証拠調べの結果について当事者に意見を聴くことにするならば，不意打ちは防止できる。実際に，職権探知主義を採用する人事訴訟法はこのような意見聴取を裁判所に義務付けている（人訴20条後段）。

多元説：弁論主義の根拠は一つではなく，多元的であるという考え方である。すなわち，本質説が挙げる，私的自治の訴訟手続への反映という面も弁論主義の根拠の一つではあるが，真実発見に有効に働くという点，および不意打ち防止の点があいまって弁論主義の根拠になるというのである。

しかし，真実発見や不意打ち防止の観点が弁論主義の根拠ではないことは，既に述べた。

（3） 弁論主義と処分権主義

弁論主義とならんで，民事訴訟手続に関するもう一つの重要な原理として**処分権主義**がある。処分権主義も，前述のように（本篇第1章第5節1），実体私法上の私的自治の原理の訴訟手続への反映である。このように処分権主義と弁論主義はともに同じ私的自治の原理の民事訴訟手続への反映であるため，両者はとかく混同されがちである。それゆえ両者の違いと共通点を知っておく必要がある。

処分権主義は，訴訟の開始および審判の対象ならびに訴訟の終了を当事者の意思にゆだねる。これに対して弁論主義は，裁判の基礎となる資料（裁判資料）の収集について当事者に主導権を与えるとともに，当事者に責任を負わせる。ここに両者の違いがある。

しかし，処分権主義も弁論主義も，ともに実体私法上の私的自治の原理の訴訟手続への反映であるから，実体法上私的自治の原理が支配している領域においてのみ適用される。逆に，そうでない領域においては処分権主義も弁論主義もとも

に適用されない。私的自治の原理が適用されない人事訴訟においては，処分権主義についても（人訴19条2項）弁論主義についても（同19条1項・20条），適用が制限ないし排除されている。

　　会社など，法人の組織に関する訴訟，たとえば，会社設立無効の訴え（会828条1項），株主総会決議等不存在・無効確認の訴え（同830条），株主総会等決議取消しの訴え（同831条）は，法人をめぐる関係者間の法律関係の安定のため判決に対世効が付与されている（同838条。一般社団法人についても同様。一般法人273条）。通説は，このことから，この種の訴訟の結果については，たんに当事者となった者だけでなくその他の関係者も利害関係を持つので，私的自治に基礎を置く弁論主義は適用されないとする。しかし，対世効を受ける利害関係人は訴訟に参加することができ，それによってみずからの権利・利益を護ることができるので，この種の訴訟を特別扱いして弁論主義の適用を排除すべきではない。また，この種の訴訟の対世効は請求認容の場合にのみ生じるので（片面的対世効），判決が利害関係人に不利な結果を生じさせることは考えにくいことからも，弁論主義の適用は排除されないと考えられる。

（4）　弁論主義の適用対象

i　法律上の主張と事実上の主張

　裁判所は，事実を確定し（これを「事実認定」という），確定した事実に法を適用して，判決を出す。したがって，判決を出すためには，当該事件における事実がどうであったかという点と，その事実にいかなる法をどのように解釈して適用すべきかという点が審理の対象になる。すなわち，弁論は，理論上は，事実に関して行われる部分と法の解釈・適用に関して行われる部分に分けることができる。[32]ところで，弁論主義の内容となる主張原則，自白原則および証拠原則は，いずれも事実の主張ないし認定に関する規範である。したがって，法の解釈・適用については弁論主義は適用されない。もとより，実際には各当事者は，勝訴判決を得るために，法規について自己に有利な解釈論を主張する。しかし，裁判所が，当事者が主張していない法を適用し，または，法規を，当事者が主張した解釈と異なる解釈をして事実に適用しても，それは弁論主義に対する違反にはならない。ただし，その結果，裁判が，当事者が予想していなかった法的観点に基づいてなされるなら，当事者にとって不意打ちになり，当事者権および手続保障の観点か

---

32)　ただし，現実の訴訟では，いかなる事実が認定されたかによって，適用される法が決まる面があると同時に，いかなる法を適用するかによって，認定すべき事実が決まる面もあるので，実際の弁論は，必ずしも事実認定に関する部分と法の解釈・適用に関する部分を厳格に二分して，行われるわけではない。

ら問題であり，後述の（本節**2**(**4**)）裁判所の法的観点指摘義務の問題が生じる。

いずれにせよ，弁論主義は事実の主張，事実認定について当事者の主導権を認め，かつ当事者の責任事項とする規範であり，法の解釈・適用には妥当しない。

ii 主要事実，間接事実および補助事実

(a) 主要事実，間接事実，補助事実の意義　訴訟において当事者が主張する事実は，主要事実，間接事実および補助事実の3つに分類される。

主要事実とは，権利義務の発生，変更，消滅といった法律効果を発生させる事実である。たとえば，貸金返還請求訴訟であれば，原告と被告との間で，返還約束があったことと，原告から被告への金銭の授受があったことである（民587条）。なお，学説は，法規が法律効果発生の要件として規定している抽象的事実を**要件事実**といい，実際の訴訟で要件事実に該当する具体的事実を主要事実といって，両者を区別している。たとえば，貸金返還請求訴訟における「金銭の授受」（民法587条の「相手方から金銭……を受け取ること」）が要件事実であり，「平成○年○月○日に原告の自宅で原告から被告に1000万円の現金が手渡された」という具体的事実が主要事実である。しかし，実務では，学説が主要事実と呼んでいるものも，要件事実と呼ばれている。

間接事実とは，主要事実の存否を推認するのに役立つ事実である（「徴表」または「徴憑」ともいう）。たとえば，貸金返還請求訴訟において，原告が1000万円の授受がなされたと主張している日の翌日に，被告が同額の高級外車を購入した，あるいは，それまで返済を強硬に迫っていた貸金業者に同額の返済をした，という事実である。このように，主要事実と間接事実の区別は，実体法規の構造から導き出される。訴訟において間接事実の主張が必要になるのは，主要事実が証明できない場合である。貸金返還請求訴訟で，金銭授受の事実自体が証明できれば，原告は，被告の高級外車の購入または貸金業者への返済を主張する必要はなく，それが必要になるのは，金銭の授受自体の証明ができない場合である。

補助事実とは，証拠の信用性に影響を与える事実である。たとえば，証人が一方の当事者と特別の利害関係に立っている，以前に偽証罪で有罪判決を受けたことがある（以上は，証拠の信用性を低下させる事実である），あるいは，以前，自己に不利益な事実を正直に公表した（これは，証人を正直者と推認させ，証言の信用性を高める事実である）といったことである。

(b) 主要事実，間接事実，補助事実への弁論主義の適用の有無　弁論主義

は主要事実に適用されるが，間接事実と補助事実には適用されないと解するのが，通説である。したがって，通説によれば，貸金返還請求訴訟における前述の被告の高級外車の購入（金銭の授受を推認させる間接事実）は，当事者の主張がなくても，たとえば，裁判所が証人の証言の中からその事実があると判断した場合に，判決の基礎とすることが可能である。また，原告と被告がともにそのような事実があったと認めても，裁判所は，それがなかったことを前提に，判決を下すことができ，当事者はその旨の陳述を撤回できる。補助事実についても，これと同様である。

通説が弁論主義の適用範囲を主要事実に限定し，間接事実と補助事実には弁論主義が適用されないとする理由は，次のとおりである。すなわち，間接事実は主要事実を推認させるという点で，証拠と類似した機能を果たしている。証拠の採否は裁判所の自由な裁量にまかされている（247条。これを自由心証主義といい，本篇第4章第3節で説明される）。そうであれば，間接事実についても同様に，どの間接事実からどのような主要事実を認定するかも，裁判所の裁量にまかされているというのである。補助事実についても，証拠の証明力（証拠が裁判官の心証を動かす力）に関する判断は裁判官の裁量にまかされているが（これも自由心証主義の内容である），その趣旨からすれば，どのような補助事実から証拠の信用性についてどのような判断をするかも，裁判所の自由な判断に任せていいということになるというのである。

近時，このように弁論主義の適用範囲を主要事実に限定することに対しては，以下のような批判が提起されている。

一つは，主要事実と間接事実の区別が必ずしも明確でないとの批判である。とくに，権利濫用，信義則，正当事由，過失などの一般条項ないし不特定概念においてこの区別の不明確さが問題になる。たとえば，過失の存在が不法行為に基づく損害賠償請求権成立の要件事実であるとすれば（民709条参照），損害賠償請求訴訟で原告は，被告に過失があると主張しておきさえすれば，どのような事実からでも，したがって，原告が主張していない事実からでも，裁判所に請求認容判決を出してもらうことが可能になるが，それは，相手方である被告からすれば，予想しなかった理由により賠償責任を負うことであり，不意打ちであるというのである。

また，訴訟によっては間接事実の存否がその結論を左右することがあるとの批

判もある。一例として，公害訴訟おける因果関係については，間接事実が決め手になることが挙げられる。たとえば，工場から出る排水が原告の病気の原因であることを，直接に証明することは困難である。そこで，①工場排水に含まれる物質が病気の原因になり得ること，②問題になった症状を発症する人の割合が，工場の排水が流れ込む河口付近の住民において，平均値より高いこと，③河口付近で獲られた魚を多く食べた人ほど，発症の率が高く，また症状が重いこと，④工場が操業される前には，同様の病状の発症例がなかったことから，工場の操業と発症の間の因果関係が認定されることがあり得る。①－④は，因果関係を推認させる間接事実であり，これらの認定が請求の成否の決め手となる。

　主要事実と間接事実の区別が明確でないとの批判については，現在では，一般条項や不特定概念は要件事実であって，これに該当する具体的な事実が主要事実であるという考え方が，多数説であるといえる。たとえば，交通事故による損害賠償請求訴訟においては，加害者に過失があったということが，主要事実なのではなく，スピードの出し過ぎ，前方不注意，車両の整備の不十分，飲酒運転というような，それによって加害者に過失ありとの評価を基礎付ける事実を主要事実とするのである。このように考えることによって，前述の不意打ちは回避される。ただし，一般条項の中でも，公序良俗違反については，判例は，その公益性から，当事者の主張がなくても，証拠から主要事実を認定してよいとしている。[33]また，過失相殺も職権によりなされるとされている。[34]

　次に，間接事実の存否が訴訟の結果を左右することがあるとの批判については，従来の通説の考え方を修正する2つの見解が現れた。1つは，主要事実と間接事実の区別を法規の構造に求める，従来の通説の立場を維持しながら，主要事実であれ間接事実であれ，重要なものについては，当事者の主張がなければ，判決の基礎にすることはできないという見解である。他は，従来の通説の立場を根本から改め，重要な事実を主要事実，重要でない事実を間接事実とする見解である。いずれの見解によっても，判決の結論を左右するような事実については，当事者の主張がなければ判決の基礎にすることができないという結果に，違いはないといえよう。しかし，そもそも，裁判所が判決の基礎とするために事実を取り上

---

33) 最判昭和36年4月27日民集15巻4号901頁（百選［5版］48）。
34) 最判昭和43年12月24日民集22巻13号3454頁（百選Ⅰ98）。

るのは，それが重要だからであって，重要でない事実が取り上げられることはないはずである。したがって，重要か否かは，区別の基準とならない。また，審理は，主要事実（要件事実に該当する具体的事実）を中心に進められるのであって，たとえ間接事実とされる事実の存否が訴訟の結果を左右する重要な事柄であっても，主要事実と間接事実を区別することには意味がある。それゆえ，従来の法規の構造を基本とする区別，および，弁論主義の適用範囲をこの区別によって画定することは，なお維持すべきである。ただし，裁判所が，当事者の主張していない重要な間接事実を裁判の基礎の一つにする場合，そのことが，判決の結果が不利になる当事者にとって不意打ちになるおそれがないわけではない。そのようなおそれがある場合には，審理の経過にもよるが，裁判所は後述の（本節2）釈明権を行使して，その間接事実が判決の基礎になる可能性があることを示唆して，当事者にそれへの対応をする機会を与えるべきである。

（5） 弁論主義と真実義務

真実義務とは，当事者は事実について真実と信じるところを陳述し，真実を基礎付ける証拠を提出しなければならず，逆に，真実と信じるところに反する陳述をしてはならず，虚偽の陳述を基礎付ける証拠を提出してはならいという義務である。通説は，事実の主張と証拠の提出を当事者の自主性にゆだねる弁論主義の下においても，裁判の適正（正しい裁判）の要請に基づき，当事者は真実義務を負うと解している。その実定法上の根拠としては209条（当事者尋問において，宣誓した当事者が虚偽の陳述をしたときの過料の制裁を規定）・230条（真実に反して文書の成立を争った当事者に対する過料の制裁を規定）が挙げられている。

2 釈明権

（1） 釈明権の意義

釈明権とは，事件の内容となる事実関係や法律関係を明瞭にするために，当事者に対して事実上や法律上の事項について質問し，または立証を促す裁判所の権能である（149条1項）。[35]

弁論主義のもとでは，裁判に必要な資料の提出は当事者の責任とされている。しかし，そのことから，当事者の主張に矛盾もしくは不明瞭な点があり，または立証に不十分な点があるが，それを補正すれば，その主張が成り立ち，または立証に成功すると見込まれるときにも，その当事者を敗訴させることは，当事者の

公平にかなった，満足のいく解決とはいえない。それではまた，民事訴訟制度に対する社会一般の信頼も失われる。釈明権はそのような事態を回避するためのものである。

　　民事訴訟法には，釈明権のほかに，**釈明処分**も規定されている（151条）。釈明処分は，裁判所が訴訟関係を明瞭にするために行う点では，釈明権の行使と共通しているが，以下の点が異なる。まず，釈明権は，次に述べるように，裁判長または陪席裁判官が行う（149条1項・2項）のに対して，釈明処分は裁判所が行う。また，釈明権の行使は，当事者の主張・立証などの訴訟行為を促すものであるのに対して，釈明処分は，当事者本人または法定代理人の出頭を命じ（151条1項1号。訴訟代理人が付いている場合，本来当事者本人などの出頭は必要でないが，とくにその必要があるときに出頭を命じる釈明処分がなされる），事務処理者または事務補助者に陳述をさせ（同項2号），当事者の所持する文書などを提出させ（同項3号），当事者または第三者が提出した文書などを留置し（同項4号），検証または鑑定を命じ（同項5号），調査を嘱託すること（同項6号）を内容とする。

（2）　釈明権の行使

釈明権は，本来，裁判長が行使する（149条1項）。しかし，陪席裁判官も，裁判長に告げたうえで，行使できる（同条2項）。これらの裁判長，陪席裁判官（以下「裁判長など」という）の措置を不当であると考える当事者は，異議を申し立てたることができ，これが申し立てられると，裁判所はその異議について決定で裁判する（150条）。ただし，（3）で述べるように，この異議にはあまり意味がない。

なお，当事者は，相手方の陳述の趣旨が不明瞭であって，これを確かめることを望んだ場合，直接相手方に質問することはできないが，裁判長を通じて発問することができる（149条3項）。当事者のこの権能を**求問権**という。

裁判長などは釈明権を口頭弁論期日，弁論準備期日に行使できるほか，期日外でも行使できる（149条4項）。その場合には，書記官に命じて行わせることもできる（規63条1項・2項）。

裁判長などが釈明権を行使しても，当事者はこれに応える義務はないが，応えないことによる不利益はあり得る（とくに157条2項参照）。

35）釈明とは，本来，誤解や非難などに対して事情を説明して了解を得ることである。それゆえ，「釈明権」というと，なんらかの落ち度のある行動をした者が，それを非難する者に対して弁明をする権能という意味に解される可能性がある。しかし，釈明権はそのような意味ではなく，本文で述べられている意味である。

(3) 釈明権と釈明義務

　当事者の主張に不明瞭な点もしくは矛盾があり、または、当事者が提出した証拠が不十分である場合に、裁判所が釈明権を適切に行使しないままに、その主張を退け、または証明ができていないことを理由に、証明責任に従って（証明責任については本篇第4章第4節で説明される）、判決をすれば、不親切な判決ではないかと問題にされることがあり得る（釈明権不行使の問題）。しかし、他方、釈明権の行使は結果的に一方の当事者に利益をもたらすことになるので、その行き過ぎた行使は当事者間の公平を害しかねない。

　後者の行き過ぎた釈明権の行使について、それが違法であるとされたことはあまりない[36]。行き過ぎた釈明権行使がなされれば、それによって不利益を受けた当事者は、(2)で述べたように、異議を申し立てることができるが、他方の当事者が釈明権行使に応じた訴訟行為をしてしまえば、その訴訟行為の効力自体を否定することはできないから、この異議にはあまり意味がない。不利益を受けた当事者としては、せいぜい行き過ぎた釈明権行使を行った裁判官の忌避（24条）を申し立てることができるだけである。

　前者の釈明権不行使の問題は、よりくわしくいえば、釈明権の行使が裁判所の義務である場合があるか（釈明義務が存在するか）という問題であり、さらに、釈明権不行使が上告理由になり得るかという問題でもある[37]。この問題について、現在では、釈明権の行使が裁判所の義務であることがあり得るという認識が一般的である。また、釈明義務違反を理由に原判決を破棄した判例もある。たとえば、〔参考判例1〕である[38]。しかし、釈明権行使が裁判所の義務であるとまではいえない場合と、裁判所の義務である場合の区別の明確な基準をうち立てることは非常に難しい。

---

36) 最判昭和45年6月11日民集24巻6号516頁（百選［5版］52）は、控訴審が釈明権を行使し、それに応じた当事者の相手方が、釈明権の行使が著しく公正を欠くので、控訴審判決は違法であると主張して提起した上告を、棄却した事例である。
37) 控訴審が第一審の釈明権不行使を違法と判断した場合は、事実審である控訴審がみずから釈明権を行使すればよいから、問題にならない。それに対して、控訴審の釈明権不行使が違法である場合、法律審である上告審がみずから釈明権を行使することはできず、これを違法とするならば事件を控訴審に差し戻さなければならない。釈明権不行使が上告理由になるかが問題になるのは、このためである。
38) ほかに、最判平成8年2月22日判時1559号46頁（百選［3版］61）も釈明義務違反により原判決を破棄し差し戻している。

〔参考判例1〕 最判昭和39年6月26日民集18巻5号954頁（百選［5版］53）
【事案の概要】 XY間で本件土地（原野。甲，乙，丙，丁の4地域に分かれる）の帰属につき争われていたが，Xが，自分が本件土地内に植え付けた立木をYが伐採搬出したことにより損害を被ったとして，Yに対して損害賠償請求の訴えを提起した。Yは，Xが植栽したと主張する土地（ただし，丁地には植栽がなされなかったようである）は，自分の所有地であると主張した。第一審はXの請求を全面的に認容した。原審は，本件係争地のうち乙地域はYの所有であると認め，Xの請求は乙丙地域の伐採木を一括して損害額を算定しており，丙地域の伐採木の価格を算出することは不可能であって，ほかにこれを明らかにする証拠はなく，丙地域の伐採による損害額は証明不十分であるとして，甲地域の伐採による損害の賠償請求のみを認容した。Xは，もし原審が乙丙地域を区分し乙地域のXの所有権を否定するのであれば，丙地域の損害についてXに立証を促すべきであり，これをしないでXの請求を棄却したのは釈明権不行使の違法があると主張して，上告した。
【判　　旨】 原判決一部破棄，差戻し。
　「ある地域を所有することを前提とし，同地域上に生立する立木の不法伐採を理由とする損害賠償の請求の当否を判断するに当り，当該地域の一部のみが請求者の所有に属するとの心証を得た以上，さらにその一部に生立する立木で伐採されたものの数量，価格等について審理すべきことは当然であり，この際右の点について，従来の証拠のほかに，さらに新たな証拠を必要とする場合には，これについて全く証拠方法のないことが明らかであるときを除き，裁判所は当該当事者にこれについての証拠方法の提出を促すことを要するものと解するのが相当である。けだし，当事者は裁判所の心証いかんを予期することをえず，右の点について立証する必要があるかどうかを知りえないからである。したがつて，本件の場合，乙丙地域のうち後者のみが被控訴人の所有に属するとの判断に到達した以上，原審は，すべからく，同地域上の立木の伐採数量等について被控訴人に立証を促すべきであつたといわねばならない。」

　このこととの関連で，消極的釈明と積極的釈明の区別が提唱されている。**消極的釈明**とは，当事者が事案にとって必要な申立をしているが，それらに不明瞭，前後矛盾などがある場合に，これを問いただす釈明である。**積極的釈明**とは，当事者が事案の内容上必要な申立てや主張をしていない場合に，そのことを示唆ないし指摘する釈明である。たしかに，一般的な傾向としてであれば，消極的釈明をしないで判決を出すことは不親切であり，したがってこれをすることは裁判所の義務（釈明義務）である一方，積極的釈明をすることまでは裁判所の義務でないばかりか，それによって当事者間の公平が害される可能性があるということはできるであろう。しかし，積極的釈明が常に当事者間の公平を害するとはいえな

いであろうし[39]，さらに，それをしないで判決を出すことが著しく妥当性を欠き，釈明義務違反になるということもあり得るであろう。したがって，消極的釈明と積極的釈明の区別が釈明権と釈明義務の範囲の画定にそのままつながるわけではない。

有力な学説は，釈明義務違反が上告理由となる場合，言い換えれば，釈明権が行使されずに控訴審が判決を下せば，破棄差戻しとなる場合の基準として，以下のことを上げている。①訴訟記録を通じて現れたあらゆる資料に基づいて，原審の判決が「事実の真相」に合致せず，「紛争の真の解決」ともならぬ公算が大きく，もし釈明権が行使されていたならば，原審における勝敗が逆転し，あるいは判決主文に重大な変更をきたすであろう蓋然性が高い場合，②原判決を破棄・差し戻すと当然のことながら新たな争点が形成され，それに応じた申立て，主張などがなされるであろうが，その基礎となる資料の多くがすでに前手続において現れている場合，言い換えると，差戻後の手続の資料と差戻前の手続の資料との間に密接な関連が認められる場合である。この基準も，なお裁量の余地を残したものではあるが，かなり明確な基準が示されたということができる。

（4） 法的観点指摘義務

前述のように（本節1（4）i），弁論主義は，事実に関する主張や，主張された事実を証明するための証拠の提出について，当事者のイニシャティブを認めかつ当事者の責任とすることである。それに対して，法の解釈・適用はもっぱら裁判所の職責（これを「専権事項」という）である[40]。しかし，適用される法と確定されるべき事実は相互に決定しあうものである。すなわち，一方では，当該訴訟で解決されるべき紛争を生じさせた事実がその訴訟で適用される法を決定するが，他方では，いかなる法が適用されるか，またその法がいかに解釈されるかによって，確定すべき事実（主要事実）が決定されるということもある。そこで，法の解釈適用は裁判所の専権事項であるといっても，裁判所が当事者の全く予想していなかった法的観点に基づいて判決を出すならば，敗訴当事者にとって不意打ちになるであろう。敗訴者は，そのような観点から判決が出されることを予知していたら，別の主張をし，あるいは別の証拠を提出したであろうとの，不満を抱くであ

---

39) 前掲注36) 最判昭和45年6月11日は，積極的釈明を適法とした。
40) 「汝は我に事実を語れ，されば我は汝に法を語る」という法諺があるが（「汝」は当事者，「我」は裁判所である），それはこのことを意味している。

ろう。またそのような結果は社会一般の訴訟への信頼を損なうことにもなる。

そこで，近時，裁判所は，釈明権行使の一環として，自己がいかなる法的観点から判決の内容を決するかを，あらかじめ当事者に明らかにしておく必要があり，これは裁判所の法的義務であるとみる見解が有力である。この義務を**法的観点指摘義務**という。ただし，この義務は事実の主張に関連してはいるが，これに直結するものではないので，弁論主義に直接かかわるものではない。また，訴訟の経過から，両当事者が，裁判所がいかなる観点に立って判決を出すかを予測している場合には，この義務がとくに問題になることはない。しかし，裁判所が判決の基礎としようとしている法的観点を，当事者が予測していない場合には，これを明らかにせずに判決を出すことは，釈明権の不行使が違法とされる場合の一つであるといえる。

3 職権探知，職権調査

前述のように（本節1（2））弁論主義は私的自治を根拠とする手続上の原理である。したがって，私的自治が適用されない領域，言い換えれば私人の自由な処分に任されていない事項に関しては，弁論主義は適用されない。人事訴訟においては弁論主義に対立する手続原理である職権探知主義が採用されているが（人訴20条），それは，人事訴訟の対象となる親族関係には当事者の自由な処分に任されていない面があるからである。

通常民事訴訟においても，公益にかかわる事項については弁論主義が制限される。たとえば，訴訟要件（訴訟要件については，本篇第1章第6節で説明された）の具備については，当事者の主張がなくても，裁判所は原則として職権で調べることになっている。ただし，各訴訟要件には，それぞれ公益性の強度に違いがある。公益性の強い訴訟要件については弁論主義が全面的に排除され，**職権探知主義**による。すなわち，裁判所は当事者の主張がなくても，訴訟要件が具備しているか否かを調査し，その判断のために必要な資料の収集について職権証拠調べもでき，当事者の自白に拘束されない。このような訴訟要件としては，たとえば，裁判権，専属管轄，除斥原因，当事者能力，二重起訴該当性（142条参照）がある。これらに比べれば公益性が強くない訴訟要件については，裁判所は，当事者の主張がなくても調査するが，その判断資料は当事者が提出したものに限られる。すなわち，職権証拠調べまではせず，また当事者の自白にも拘束力を認める。これを**職権調**

査(事項)という。そのような訴訟要件としては訴えの利益がある。さらに，訴訟要件の中でも，もっぱら当事者の利益の保護を目的とするものについては，裁判所は，当事者の主張があって，これをはじめて取り上げる。すなわち，これらは抗弁事由となるのである。そのような抗弁の例としては，仲裁の抗弁，不起訴の合意(これらについては本篇第1章第6節3(2)i(c)で説明された。不起訴の合意については，本章第5節4(2)iiiでも説明される)に基づく抗弁がある。

以上の職権探知(主義)と職権調査(事項)に関する説明を要約すると，次のようになる。職権探知主義は弁論主義に対立する審理の方法である。職権探知主義のもとでは，裁判所は，当事者が主張しない事実も裁判の基礎とすることができ，当事者の自白も拘束力を持たず，証拠も裁判所が職権で収集することができる(ただし，当事者も事実を主張できるし，証拠を提出できる)。これに対して，職権調査事項とは，当事者が主張しないことでも裁判所が取り上げ，審査することができるが，審査に必要な証拠は，当事者が提出したものに限られ，裁判所が職権で収集することはない。[41]

4 専門委員

専門委員とは，専門的知見を必要とする事件，たとえば，医療過誤や薬害をめぐる訴訟，知的財産権関係訴訟，建築関係訴訟において裁判官を補助する非常勤裁判所職員である。従来から，このような訴訟において裁判官を補助するために，証拠調べとしての鑑定(212条-218条)や釈明処分としての鑑定(151条1項5号)が用意されている(証拠調べとしての鑑定については，本篇第4章第8節で説明される。釈明処分については，本節2(1)で説明されている)。しかし，鑑定人の選任は容易でない。また，鑑定人は証拠調べの段階でのみ行われるものであり，釈明処分としての鑑定についても証拠調べの規定が適用されるため(151条2項)，争点整理および進行協議ならびに和解勧試(訴訟上の和解をしようとすること)の段階ではこれらによって専門的知見の補充を得ることができない。しかも，現代社会では上記の専門的知見を要する事件の増加が著しい。このような事態に対処するために，

---

41) なお，裁判所は，当事者が主張しなければ，取り上げないが，当事者の主張がある場合で，その判断のために必要ならば，職権で証拠調べをすること(職権証拠調べ)ができるということもありうる。このような審理が行われることは通常民事訴訟にはないが，行政事件訴訟には規定がある(行訴24条・38条1項)。

平成15年（2003年）の民事訴訟法改正のさいに専門委員の制度が設けられた（ただし、現在でも、従来から規定されていた、証拠調べとしての鑑定、釈明処分としての鑑定も可能である）。

裁判所は、①争点もしくは証拠の整理や訴訟の進行の協議にあたり、当事者の意見を聴いて（92条の2第1項）、②証拠調べにあたり、当事者の意見を聴いて（同条第2項）、③和解の勧試にあたり、当事者の同意を得て（同条第3項）、専門委員を手続に関与させ、専門的知見に基づく意見を聴くことができる。また、裁判所は専門委員を手続に関与させる決定を取り消すこともできる。そして、当事者双方からの申立てがあれば、これを取り消さなければならない（92条の4）。

専門家の少ない地域で遠隔の地にいる専門委員を活用する場合や、専門委員が多忙な場合などには、電話会議システムを利用することも可能である（92条の3）。

専門員には除斥および忌避の規定が準用される（92条の6）。

5　訴え提起前における証拠収集の処分など

（1）　訴え提起前における証拠収集処分などの制度の創設

従来から、民事紛争が生じても、即座に訴えが提起されることはまれで、紛争当事者間で種々の交渉が行われ、その交渉が思わしく進展しないと、一方または双方の当事者が提訴を考慮し始め、交渉が決裂したあと、提訴がなされるというのが、通常の経過である。その間に、各紛争当事者は、相手方が紛争に関連していかなる情報を持っているか、相手方の手元にいかなる証拠があるかを知りたいであろうし、証拠に関してはそれが散逸しないように確保されることを望むであろう。そして、そのような事前の情報交換や証拠の確保は、訴え提起後の審理の充実と効率化のために有益である。そこでこれらの点に関する規定が平成15年（2003年）の民事訴訟法の改正によって新たに設けられた。すなわち、同法第1編第5章の次に「第6章　訴えの提起前における証拠収集の処分等」（132条の2－132条の9）が設けられたのである。

第1編第6章には、訴え提起前の証拠収集処分と当事者照会に関する規定が置かれているが、これらを行う前提として、提訴の予告通知がなされるべきことも規定されている。ちなみに、第1編第6章の標題が「……証拠収集の処分等」（傍点筆者）となっているのはこのように証拠収集の処分に関する規定以外にも各種の規定が置かれているからである。

第4節　事案の解明——裁判資料の収集——

（2）訴え提起の予告通知

　訴え提起前の当事者照会にしても証拠収集処分にしても，これらを行うには，まず紛争の相手方に対して，書面で訴え提起の予告通知をしなければならない（132条の2第1項柱書本文・132条の4第1項柱書本文）。この通知書には，提起しようとする訴えに係る請求の要旨および紛争の要点を具体的に記載するとともに（132条の2第3項，規52条の2第2項），予告通知をする者（以下「予告通知者」という）とその相手方（以下「被予告通知者」という）の氏名または名称，住所など，予告通知の年月日，予告通知書である旨を記載しなければならない（規52条の2第1項）。また，できるかぎり訴え提起の予定時期を明らかにしなければならない（規52条の2第3項）。

（3）訴え提起前における照会

　紛争当事者の一方（予告通知者）は他方（被予告通知者）に対して，訴えを提起した場合の主張または立証を準備するために必要であることが明らかな事項について，通知をした日から4月以内に限り，相当の期間を定めて，書面で回答するよう，書面で照会をすることができる（132条の2第1項柱書本文）。被予告通知者は，下記の例外的な照会（132条の2第1項各号・163条各号）でないかぎり，書面で回答しなければならない。この書面を答弁要旨書という（その記載方法については，規52条の4が規定している）。ただし，回答しなくても，法的な制裁を受けることはない。答弁要旨書により回答をした被予告通知者は，予告通知者に対して同様の照会をすることができる（132条の3第1項）。

　例外的に照会が許されないのは，以下の事項に関する照会である。①当事者照会で被照会者の回答義務が否定される事項（132条の2第1項1号・163条各号），②相手方または第三者の私生活についての秘密に関する事項で，回答により相手方または第三者の社会生活に支障が生じる事項（132条の2第1項2号），③相手方または第三者の営業秘密に関する事項（同項3号）。

（4）訴え提起前における証拠収集処分

　予告通知者は，訴え提起後の立証に必要なことが明らかな証拠となるべきものであって，予告通知者（申立人）が自ら収集することが困難であると認められるものについては，裁判所に対して以下の証拠収集の処分を申し立てることができる。すなわち，①文書送付の嘱託，②調査嘱託，③専門的な知見に基づく意見陳述の嘱託，④執行官による現況調査である（132条の4第1項各号）。訴え提起前に

おける照会と異なるのは，裁判所が介在する点である。

文書の送付嘱託とは，裁判所が文書の所持者に対して文書の送付を嘱託する処分である。たとえば，医事関係紛争における診療録，交通事故関係紛争における実況検分調書の送付嘱託が考えられる。

調査の嘱託とは，官庁その他の団体に調査を嘱託する処分である。たとえば，気象台による特定の場所の特定の日時における気象の調査が考えられる。

専門的な知見に基づく意見陳述の嘱託の具体例としては，文書の真正が争われている場合の筆跡の同一性の有無，建築物の瑕疵が争われている事案における瑕疵の有無などに関する意見の嘱託がある。

執行官による現況調査の例としては，境界関係紛争における現況の調査がある。

なお，訴え提起前の証拠収集処分で得られた証拠資料は，その後に訴えが提起され，訴訟が係属した場合，当然に裁判の資料になるのではなく，改めて証拠の申出という手続を踏まなければならない。

第5節　口頭弁論における当事者の訴訟行為

審理，すなわち訴訟手続は主として裁判所と当事者の行為（「訴訟行為」という）の積み重ねによって進行する。もちろんその他の関係者，たとえば証人，訴訟の結果に利害関係を持つ者が訴訟手続の形成に参画することもあるが，訴訟手続を形成するうえでの中心的役割は裁判所と当事者が担っている。両者のうち裁判所の訴訟行為は訴訟指揮と判決であり，これらについては別に論じられている（訴訟指揮については，本篇第2章第2節1で説明された。判決については，第4篇第1章第2節で説明される）。本節では，当事者の訴訟行為を取り上げる。したがって本節において「訴訟行為」というのは当事者の訴訟行為である（一般的にいっても，「訴訟行為」といえば，当事者の訴訟行為を意味することが多い）。

1　訴訟行為の意義と種類

（1）　訴訟行為の意義

訴訟行為の意義については議論があるが，通常，その主たる効果が訴訟上の効果である行為が訴訟行為であるといわれている。たとえば，訴え提起は，時効中断効という実体上の効果も発生させるが（民147条1号），その主たる効果は訴訟

上の効果であるので，訴訟行為である。また，契約中の義務履行地を決定する合意（条項）は，結果的にこれによって土地管轄を生じさせ（5条1号），その点では訴訟上の効果を発生させるので，契約の本体は私法行為であるが，この合意は訴訟行為である。

（2） 訴訟行為の種類

訴訟行為はいくつかの観点から分類される。

i 与効的訴訟行為と取効的訴訟行為

与効的訴訟行為とは，裁判所の行為を必要とせず，それから直接に訴訟上の効果が生じる行為である（「与効的」というのは，当事者の訴訟行為が直接効力を生じさせる，すなわち効果を与えるという意味であろう）。**取効的訴訟行為**とは，裁判所に対して特定の裁判その他の司法活動（実際には裁判が多い）をなすことを求める行為，および，それを基礎付けるための資料を提出する行為である（「取効的」というのは，当事者が，裁判所の司法活動をとおして効力を得る，すなわち効力を取得するという意味であろう）。取効的訴訟行為においては，裁判所が当事者から求められた行為を行って，はじめて訴訟上の効果が生じる（意味を持つ）。与効的訴訟行為の例としては，請求の放棄・認諾，訴訟上の和解（266条・267条・89条），訴えの取下げ（261条1項），訴えの取下げに対する同意（同条2項）を挙げることができる。与効的訴訟行為の例としては，訴えの提起（133条），上訴の提起（281条・311条・318条・328条など），移送の申立て（17条），攻撃防御方法（主張，立証）の提出を挙げることができる。

ii 単独行為，訴訟上の合意，合同行為（与効的訴訟行為の中の分類）

単独行為には，責問権の放棄（90条），訴えの取下げ（261条1項），訴えの取下げに対する同意（同条2項），上訴権の放棄（284条・313条），上訴の取下げ（292条・313条）などがある。**訴訟上の合意**には，明文規定で認められたものとして，管轄の合意（11条2項），担保提供の方法に関する合意（76条但書），飛越上告の合意（281条1項但書）などがある。このほかに，明文規定で認められているわけではないが適法とされる訴訟上の合意があるか，あるとすればいかなる合意かについては，後に説明する（本節4（2）ii）。**合同行為**には，選定当事者の選定（30条）などがある。

iii 申立て，主張，立証（取効的訴訟行為の中の分類）

申立てとは，裁判所に向けて，裁判所の行為（多くは裁判）を求める単独行為

である。申立てはさらに本案の申立てと訴訟上の申立てに分類される。**本案の申立て**とは，訴訟物に関する裁判を求める申立てである。訴え（の提起）も本案の申立てである。被告が行う，訴えを不適法として却下すべきとの，または，請求を理由なしとして棄却すべきとの申立ても，本案の申立てである。これらに対して，訴訟手続上生じる派生的ないし付随的事項についての申立てを，**訴訟上の申立て**という。その例としては，除斥・忌避の申立て（23条2項・24条1項），移送の申立て（16条1項・17条），証拠調べの申出（180条1項・2項）を挙げることができる（条文上はこのように「申出」の語が用いられることもある）。

主張とは，申立てを理由付けるためになされる訴訟行為である。これには事実上の主張と法律上の主張とがある。**事実上の主張**とは，事実（事実には主要事実，間接事実，補助事実があることについては，本章第4節**1（4）ii**で説明された）の存否に関する主張である。**法律上の主張**は，具体的な権利の存否に関する主張である。たとえば，所有権に基づく建物明渡請求訴訟で，原告が当該建物の所有権を主張する場合，この主張が法律上の主張である。

事実上の主張を相手方が争えば，証拠によってその真否が確定されることになる。証拠を挙げて争われている事実（「係争事実」という）について自己に有利に裁判官の確信を生じさせる行為を**立証**という（「挙証」「証明」ともいう）。

申立て，主張，立証との関連で，攻撃防御方法についても説明しておく。
攻撃方法とは，原告が自己の訴えが適法であり，かつ請求に理由があることを基礎付けるために提出する一切の裁判資料である。**防御方法**とは，被告が，原告が提起した訴えが不適法である，またはその請求に理由がないことを基礎付けるために提出する一切の裁判資料である。両者を併せて**攻撃防御方法**という。

2　訴訟行為の撤回・取消し

（1）　訴訟行為の撤回

訴訟行為のうち申立ては，取効的訴訟行為であるから，裁判所の司法行為（多くは裁判）を求めるものであるため，裁判所がこの求められた司法活動を完了するまでは，原則として当事者は自由に撤回できる。たとえば，訴えは，判決の確定まで，いつでも撤回，すなわち取り下げることができる（261条1項）。ただし，相手方の利益や社会の利益を考慮して，撤回の自由に一定の制約が課されることがある（261条2項・262条2項。第4篇第2章第3節**2（2）**参照）。

（2） 訴訟行為の取消し

　私法上の法律行為，意思表については各種の取消原因が定められている（行為無能力者の法律行為の取消し〈民5条2項・9条本文・13条4項・17条4項など〉，詐欺・強迫による意思表示の取消し〈同96条1項〉など）。しかし，取消しにおいては，取り消すか否かが取消権者の意思に任されており，かつ，取り消されれば，当該行為の効力は行為時にさかのぼって消滅する。それゆえ，訴訟行為について取消しを認めると，訴訟手続の安定が害される。このため，訴訟行為については取消しは認められない。

3　訴訟行為と条件

　訴訟行為に条件を付けることは，それによって手続の安定が害される場合，許されない。たとえば，被告が金銭債務を履行しないこと，あるいは，被告の親戚が代位弁済をしないことを条件として提起する訴えは，不適法である。しかし，手続の安定が害されなければ，訴訟行為に条件，順位を付けることも許される。実際にも，たとえば，貸金返還請求訴訟で，被告が，金は借りていない，仮に借りたとしても返済した，仮に返済していないとしても原告の債権は時効によって消滅したと主張するような，仮定的主張（予備的主張ともいう）が行われることは必ずしもまれではない。このような主張がなされた場合，裁判所は，いずれかの主張が成り立つと認めれば，当事者の付けた順序に拘束されず，当事者の主張を認めることができる（上記の例であれば，被告の主張を認めて，請求を棄却することができる）。

　ただし，仮定的主張の一つに，予備的相殺の抗弁がある。**相殺の抗弁**（訴訟上の相殺ともいう）とは，被告が自己の債権と原告の訴求債権とを相殺し，対等額で訴求債権の消滅を主張することである。相殺の抗弁が主張される多くの場合において，被告は，訴求債権の不成立もしくは消滅または訴えの不適法を主張し，相殺の抗弁は，それらが認められなかったときに備えて相殺を主張する。これを**予備的相殺の抗弁**という。この場合には，他の仮定的主張と異なり，裁判所は被告が付けた順序を尊重し，主位的な主張である訴求債権の不成立などをまず審査し，相殺の抗弁はそれらが否定されてはじめて，審査すべきであるとされている。なぜなら，相殺の抗弁が認められれば，被告も自己の債権（「自働債権」または「反対債権」，ともいう）を失う，しかも後述のように（第4篇第1章第3節**3（2）iii**），

自働債権の不存在が既判力をもって確定するという不利益を負うからである。

4 訴訟行為と私法行為

(1) 形成権の訴訟上の行使 (とくに相殺の抗弁)

訴訟において形成権行使の結果が主張されるケースとして，たとえば，以下のような例を挙げることができる。①契約に基づく義務の履行が請求されている訴訟で被告が，契約に取消原因があったとの理由で，契約を取り消すこと。②金銭の支払請求訴訟で被告が自分の原告に対する債権と訴求債権を相殺すること。③借地契約の満了による建物収去土地明渡請求訴訟の被告が建物買取請求権（借地借家13条1項）を行使すること。

これらのケースにはさらに，当事者が訴訟外で形成権を行使し，その効果を訴訟において主張する場合と，形成権自体が訴訟において行使される場合とがある。②の訴訟を例として両者の違いを示せば，被告が訴訟外で原告に対して相殺の意思表示をし，それによる訴求債権の消滅を訴訟で主張するのが前者の場合であり，被告が準備書面または口頭弁論において相殺の意思表示をするのが後者の場合である。前者の，訴訟外での形成権行使の効果の訴訟上の主張は，一般の攻撃防御方法（たとえば，弁済による訴求債権消滅の主張）ととくに変わったところはないので，ここでは取り上げない。後者の，訴訟における形成権の行使については，それが，訴訟上意味を持たずに終わった場合に，その実体上の効果がどうなるかが問題になる。具体的にいえば，形成権行使が時機に後れた防御方法として却下された場合（157条1項），原告が訴えを取り下げた場合，訴えが不適法として却下された場合などである。これらの場合にも，形成権が行使されたいじょう，形成権行使の実体上の効果は生じると考える余地もなくはない。しかし，形成権行使の結果が訴訟でいかされていないのであるから，実体上の効果のみ生じるとするのでは，当事者間の利害のバランスがとれない。このことはとくに，相殺の抗弁を考えると明らかである。被告が，相殺の抗弁を主張したところ，それが時機に後れた防御方法として却下されるなどして，訴訟上は相殺の抗弁がなんの役割も果たさずに終わったのに，実体法上の効果として被告の債権（自働債権）が消滅したのでは，被告に気の毒である。そこで，これらの場合には，形成権行使から実体上の効果も生じないと考えられるのである。

上記のように，相殺の抗弁が時機に後れた防御方法として却下された場合などに，

相殺の実体法上の効果である自働債権（被告の債権）消滅の効果は生じないという点については，ほとんど異論がない。ただし，被告は相殺の意思表示をしているのであるから，この結論をどのように理由付けるかが問題になり，その点については見解が分かれている。しかし，理由付けの前提として，相殺の抗弁（訴訟上の相殺）をいかなる性質の行為とみるかが，問題になる。

相殺の抗弁の法的性質について見解は，①純然たる訴訟行為とみる見解（訴訟行為説），②一つの行為に私法行為（相殺の意思表示）としての性質と訴訟行為（訴求債権消滅の主張）としての性質が備わっているとみる見解（両性説），③外見上一つの行為にみえるが，相殺の意思表示という私法行為とその効果の訴訟上の主張という訴訟行為の二つの行為が併存しているとみる見解（両行為併存説）に分かれている。訴訟行為説は，相殺の抗弁に私法行為としての要素を全く否定するが，それでは訴求債権の消滅の根拠を示すことができない。両性説は，一つの行為に二つの異なる性質が備わっているとみているが，それは不自然である。両行為併存説は，訴求債権の消滅を説明することもできるし，両性説の難点も克服できるので，本書はこれを支持する。以下，両行為併存説に立ったうえで，前述の，相殺の抗弁が時機に後れたものとして却下されたなどの場合に，相殺の効果が生じないということをどのように理由付けるかを，検討する。

上記の場合には，相殺の抗弁の訴訟行為としての要素は，前述のように，役割を果たすことなく終わったわけであり，何らの効力を発揮しなかったという意味で，無効であったといえる。両行為併存説によれば，相殺の抗弁の私法行為としての要素と訴訟行為としての要素は別の行為ではあるが，両者は密接に結びついており，一方だけでは意味のないものである。このような関係にある二つの行為において，その一方が無効である場合，他方の効果がどうなるかについて，成文法に明文規定はないが，他方も無効であると解するのが理にかなっている。このことから，相殺の抗弁が時機に後れた防御方法として却下されたなどの場合には，相殺の実体上の効果も生じないということができる。

ほかに，同じ結論にいたるために，次のような説明の仕方も提唱されている。一つは，相殺の抗弁は，それが裁判所によって取り上げられることを条件として提出されているとみて，取り上げられずに終わったときは，私法上の効果も生じないという説明である。他は，相殺の抗弁が裁判所によって取り上げられなかったときは，私法上の相殺の意思表示は撤回されるという説明である。

(2) 訟上の合意

i 訴訟上の合意の意義

現在または将来の訴訟当事者が行う，が現在または将来の特定の民事訴訟について一定の効果を発生させることを目的とする合意を，**訴訟上の合意**という。明文で認められた合意には，管轄の合意（11条），担保提供の方法に関する合意

(76条但書)，期日変更の合意（93条3項），飛越上告（飛躍上告）の合意（281条1項但書）[42]がある。

ii 明文規定を欠く訴訟上の合意の許容性（適法性・有効性）

　明文規定で認められていない合意が，許容されるか否かについては，考え方に変遷がある。かつては，訴訟と取引の場とは異なり，取引の場は私的自治の原理に支配されているので，契約の自由が認められ，したがって，任意規定が存在するのに対して，訴訟は国家の機関を使って紛争を解決する場であるから，基本的に手続の形成は法に従ってなされなければならず，当事者の意思による法規の変更は認められないと考えられていた。これを任意訴訟（便宜訴訟）の禁止という。そこで，私法上の契約はとくに法が禁じていないかぎり，自由になし得るのに対して，訴訟上の合意はとくに明文規定で認められている場合にかぎり，許容されると考えられていた。

　しかし，現在では，処分権主義，弁論主義が適用される領域では，当事者の意思によって，それゆえ合意によって手続を形成することを許容することができると考えられている。具体的には，処分権主義に基づいて許容されると解されるのは，不起訴の合意（訴えを提起しない旨の合意），訴え取下げの合意，不上訴の合意（上訴を提起しない旨の合意），上訴取下げの合意であり，弁論主義に基づいて許容されると解されるのは，証拠契約である。[43]

　ただし，訴訟上の合意は，それが許容され，適法・有効とされるためには，特定の法律関係に関するものでなければならない。このことは，明文規定で認められている合意に関してはっきりと定められている。たとえば，管轄の合意について，二者の間で特定の法律関係（たとえば，契約から生じる関係）をめぐる紛争についての訴えの管轄に関する合意は適法・有効であるが，およそ二者の間で生じるであろうすべての紛争につき特定の裁判所を管轄裁判所とする合意は無効である（11条2項。飛越上告の合意についても同様である。281条2項）。このことは，明文

---

42) 本文に列挙されているのは，判決手続（狭義の民事訴訟法）に関して明文規定で定められている訴訟上の合意である。民事執行手続に関しては，不動産の競売条件に関する合意（民執59条5項），配当に関する債権者間の合意（同139条2項）がある。また，仲裁契約（仲裁13条）も，民事紛争を解決するための合意の一つであるから，訴訟に関する合意の一種ということができる。

43) 証拠契約といわれている合意には多様なものがある。狭義の証拠契約とは，証拠制限契約である。そのほかに，一定の事実を認める自白契約，事実の確定を第三者に委ねる仲裁鑑定契約，証明責任の所在を定める合意などがある。

規定を欠くが許容されると解されている合意にも妥当する。たとえば，およそ，二者の間でいかなる紛争が生じても訴えを提起しないという旨の不起訴の合意は無効である。

iii 訴訟上の合意の法的性質と主張方法

次に，明文規定を欠くものであって，許容される合意がいかなる効果を発生させるか（合意の法的性質），および，一方の当事者が合意に違反したとき，相手方当事者がいかなる救済方法（合意の主張方法）を執りうるかが問題になる。

合意の法的性質については，合意からは訴訟上の効果が生じるという説と，私法上の効果が生じるという説に大別される。前者を「訴訟契約説」，後者を「私法契約説」という。

訴訟契約説によれば，不起訴の合意に違反して訴えが提起されれば，その訴えは不適法であり，そのことを被告が主張すれば，訴えは却下されることになる。訴え取下げの合意に違反して，原告が訴えを取り下げず訴訟の追行を続ける場合も，やはり訴えが不適法になり，被告の主張により，訴えが却下されることになる。また，不上訴の合意に違反して上訴が提起されれば，上訴は不適法であり，被上訴人が合意の効果を主張すれば，上訴が不適法として却下されることになる。上訴取下げの合意に違反して，上訴人が上訴を取り下げず，上訴審で訴訟の追行を続ければ，同様に，上訴が却下されることになる。

私法契約説は，まず，合意から訴訟上の効果が生じることを否定する。訴訟上の関係は，各当事者と国家の間の関係であるから，当事者双方の意思によってこれを変更するような効果を発生させることができないというのが，その理由である。そこで，私法契約説は，合意は私法上の義務付け効果，すなわち不起訴の合意であれば訴えを提起しないという不作為義務を，訴え取下げの合意であれば訴えを取り下げるという作為義務を生じさせると解する（不上訴の合意，上訴取下げの合意でも同様）。しかし，そのうえで，合意違反に対する救済方法については，私法契約説の間でも以下のように見解が分かれる。第1説は，この私法上の義務は履行を強制できないので，違反者の相手方（たとえば，不起訴の合意に違反した訴えを提起され，被告になった者）は違反による損害賠償を請求することができるのみであるとする。第2説は，損害賠償に併せて，上記の作為義務ないし不作為義務の強制執行ができるとする。しかし，相手方の救済として，第1説は不十分であり，第2説は迂遠である。そこで，第3説として，合意本来の効果は私法上の

義務付け効果であるが，そのような効果が生じることにより，派生的な効果として，不起訴の合意や訴え取下げの合意においては訴えの利益が喪失し，訴えが不適法になるという考え方がある。この考え方は学説において有力であり，判例もこれを採用している。この立場によれば，不上訴の合意に違反して上訴が提起された場合や，上訴取下げの合意に違反して上訴が取り下げられず訴訟が続けられた場合も，同様に上訴の利益が喪失し，上訴は不適法となり，却下されることになる。たしかに，私法行為説が主張するように，当事者間の合意で訴訟上の効果を発生させることはできない。しかし，合意がなされたことから，当事者間で紛争が解決したとみることができるので，訴えの利益ないし上訴の利益が消滅したということができる。したがって本書も第3説を支持する。

(3) 意思の欠缺，瑕疵に関する私法規定の訴訟行為への適用

一般に，訴訟行為に法律行為に関する私法の規定が適用されるか否かは，問題である。ただし，法律行為に関する私法の規定にも，また訴訟行為にも多様なものがあるので，適用の可否は，それぞれの規定と行為の特質に応じて個別に検討されるべきである。以下では，意思の欠缺，瑕疵に関する民法の規定（民93条－96条）の適用の可否について説明する（そのほかに，権利能力，行為能力および法定代理ならびに表見法理に関する規定法の規定の訴訟当事者への適用についても考える必要があるが，これらについてはすでに説明した（権利能力などについては，第2篇第2章第2節，第3節，第4節，表見法理については第2篇第2章第4節**3(3)**参照）。

従来の通説は，これらの規定の訴訟行為への（類推）適用を否定していた。その理由は以下のとおりである。訴訟手続は取引行為と異なり，一つの行為が有効であることを前提に次の行為がなされ，このような行為の積み重ねによって手続が形成されていくものである。前の行為の効力を意思の欠缺のゆえに無効とし，あるいは瑕疵のゆえに取消しを認めると，いったん形成された手続が消滅することになり，手続の安定が害されるが，そのような事態は避けなければならない。また，訴訟行為は裁判所においてその監視の下でなされるため，意思の欠缺や瑕疵によりその効力を否定すべき場合もないであろうということも，理由となっている。ただし，訴訟行為が刑事上罰すべき他人の行為によってなされた場合には，再審の訴えに関する338条1項5号を類推適用して，当該行為の効力を否定する

---

44) 訴えの取下げにつき，最判昭和44年10月17日民集23巻10号1825頁（百選［5版］92）。

ことができるとしている。判例も同様の考え方をとっている。[45]

　しかし，近時，以下の理由から，訴訟行為にも民法の意思の欠缺・瑕疵に関する規定を類推適用する可能性を認める見解が有力である。第1に，再審の訴えに関する規定の類推適用によると，強迫により訴訟行為がなされた場合には，その効力を否定できるが，錯誤の場合には否定できず不都合である。第2に，詐欺の場合，身分関係訴訟では欺罔により訴訟行為（たとえば，訴えの取下げ，自白）をなさしめることが，詐欺罪（刑246条）の構成要件である「財物を交付させる」「財産上不法の利益を得，……」に該当する行為といえるかが問題になる。財産上の訴えであっても，たとえばだまされて訴えを取り下げても，再訴が可能であれば（262条2項参照），詐欺罪は成立しない。第3に，338条1項5号（再審事由）の類推適用によるなら，同条2項の有罪の確定判決またはそれに準じる要件が満たされていなければならないはずであるところ，通説・判例は当該訴訟行為の効力否定のためにこの要件の具備を要求していないが，それは理論的に矛盾である。第4に，訴訟行為の中でも，訴えの取下げや上訴の取下げのような，訴訟を終了させる行為においては，それに続く訴訟行為の積み重ねによって手続の新たな状態が形成されるわけではない。第5に，とくに訴えの取下げは，原告が被告との訴訟外の協議をとおしてこれを行う意思を固め，裁判所にその意思を表示することによって行われることが多いので，通説・判例が前提とするような裁判所の監視の下で行われるわけではない。これらの有力説の主張には説得力がある。本書もこの有力説を支持する。

---

45) 裁判上の自白につき，前掲注29)最判昭和33年3月7日，前掲注29)最判昭和36年10月5日。訴えの取下げにつき，最判昭和46年6月25日民集25巻4号640頁（百選〔5版〕91）。ただし，いずれも旧民事訴訟法下の判例であるので，現行民事訴訟法338条1項5号に相当する旧民事訴訟法420条1項5号が適用された。

第4章 証　拠

第1節　証拠の意義

1　事実認定と証拠

　裁判は，確定された事実に法規を適用し，一定の法的効果を導き出すという，推論の過程をとってなされる。たとえば，貸金返還請求訴訟であれば，原告と被告の間の返済の約束と原告から被告への金銭の授受という事実が確定すれば，それらに民法587条を適用して，被告に原告への金銭の支払いを命じる主文の判決がなされる。そのため，裁判所は事実を確定しなければならない。事実を確定することを，**事実認定**という。事実認定は，後述の不要証事実（証明を要しない事実）を除き，証拠によって行われる。

2　証拠およびこれに関連する概念

　事実認定の過程を理解するためには，その過程で重要な役割を果たす証拠およびそれに関連する概念を正確に知ることが必要である。
　（**a**）**証拠**　　**証拠**とは，認定の対象となる事実についての裁判所の判断資料である。
　（**b**）**証拠調べ**　　**証拠調べ**とは，裁判官が心証を形成するために，法定の手続に従い，証拠の内容を五感の作用によって取り調べる裁判所の訴訟行為である。証拠調べには，証人尋問（190条－206条），当事者尋問（207条－211条），鑑定（212条－218条），書証（219条－231条），検証（232条・233条）がある。
　（**c**）**証拠方法**　　**証拠方法**とは，証拠調べの対象となる有形物である。具体的には，証人，当事者本人，鑑定人，文書，検証物である。前の三者を人証，後の二者を物証という。
　（**d**）**証拠資料**　　**証拠資料**とは，証拠調べによって具体的な証拠方法から得られた内容である。言い換えれば，裁判所が事実認定のために用いる判断材料で

ある。具体的には，証言（証人尋問から得られる証拠資料），当事者の供述（本人尋問から得られる証拠資料），鑑定意見（鑑定から得られる証拠資料），文書の内容（書証から得られる証拠資料），検証物の形状（検証から得られる証拠資料）である。

（ e ） **証拠原因**　**証拠原因**とは，要証事実（証明を要する事実）の存否について裁判官の心証形成を可能にした根拠をいう。これには，裁判所が事実認定に採用した証拠資料のほか，弁論の全趣旨も含まれる（247条）。**弁論の全趣旨**とは，口頭弁論に現れた一切の資料・模様・状況のことである。たとえば，当事者もしくは代理人の態度（落ち着いていたか，あやふやな態度であったか，主張は終始一貫していたか，訂正を繰り返したか，自白を撤回したかなど），攻撃防御方法提出の時期（適時に提出したか，もっと早期に提出できたのに，口頭弁論を何回も実施した後に提出したか）などである。これらも裁判所の心証形成に影響を与える。

（ f ） **証拠能力**　**証拠能力**とは，具体的な人証または物証が証拠方法となりうる資格である。刑事訴訟法は伝聞証拠の証拠能力を制限している（刑訴320条1項）が，民事訴訟法には，このように証拠能力を一般的に制限する規定はない（この点は，本章第6節2でくわしく説明される）。

> ただし，例外的に，忌避された鑑定人は鑑定能力を欠くとされ（214条1項），手形・小切手訴訟では書証以外は証拠能力が否定され（352条1項・367条2項），少額訴訟では証拠方法が即時に取り調べることのできる証拠に限られる（371条）などの点で，証拠能力に対する制限が規定されている。

（ g ） **証拠価値（証拠力，証明力）**　**証拠価値**（**証拠力**，**証明力**ともいう）とは，証拠資料が証明対象とされた事実の認定に役立つ程度である。たとえば，証人が，「私はAさんがBさんに現金1000万円を新札の札束で渡すのを見ました」と証言し，証人の態度，証言の仕方などから，裁判官において，証言のとおりの事実があったのであろうとの心証が形成されたなら，この証言には証拠価値があったことになる。逆に，そのような心証が形成されなかったなら，証拠価値がなかったことになる。

3　証明と疎明

広義の証明には狭義の証明と疎明がある（通常「証明」というと狭義の証明を指す）。

（1）　証　明

証明（狭義の証明）とは，要証事実の存否の判断について裁判官に確信を生じ

させる状態，または，裁判官に確信を生じさせるためになされる当事者の証拠提出行為である。ここに言われている，裁判官の確信の程度については，通常人が疑いを差し挟まない程度の確信であると解されている。すなわち，判例は，医療過誤による損害賠償請求訴訟における，医療過誤と損害発生の間の因果関係の存否が争われた事例において，「訴訟上の因果関係の立証は，一点の疑義も許されない自然科学的証明ではなく，経験則に照らして全証拠を総合検討し，特定の事実が特定の結果を招来した関係を是認しうる高度の蓋然性（がいぜんせい）を証明することであり，その判定は，通常人が疑を差し挟まない程度に真実性の確信を持ちうるものであることを必要とし，かつ，それで足りるものである（傍点著者）」と判示している。

このように，証明がなされたというための裁判官の確信の程度について，通常人が疑いを差し挟まない程度の確信であるとする考え方が通説であり，実務を支配してもいる。それに対して，優越的蓋然性で足りるという見解もある。これは，裁判官がある事実の存否のいずれについても確信を得られない場合には，存在または不存在の蓋然性がより高いと判断する方を前提にして裁判するという考え方である。

また，損害賠償請求訴訟においては，請求を心証度に応じて認容すべきという考え方もある。

(2) 疎　明

一定の場合に，証明ではなく疎明が要求されることがある。**疎明**は，つぎの2点で証明と異なる。第1に，必要とされる確信の度合いが異なる。疎明においては，一応確からしいとの蓋然性で足りる。第2に，証拠方法が即時に取り調べることができるものに限られる（188条）。このような証拠方法とは，たとえば，当事者が法廷に持参した文書，在廷証人である。疎明によるのは，明文規定で疎明によるとされている場合だけであり，それは，迅速な処理を必要とする事項や手続上の問題，派生的問題においてである（35条1項・44条1項後段・91条2項・92条1項・198条・201条5項・403条1項1号－6号，規10条3項・30条2項・130条2項・153条3項，民保13条2項など）。

---

1) 最判昭和50年10月24日民集29巻9号1417頁（百選［5版］57）
2) 刑事事件の判例であるが，最判昭和23年8月5日刑集2巻9号1123頁も「……訴訟上の証明は，自然科学者の用ひるような実験に基くいわゆる論理的証明ではなくして，いわゆる歴史的証明である。論理的証明は『真実』そのものを目標とするに反し，歴史的証明は『真実の高度な蓋然性』をもって満足する。言いかえれば，通常人ならだれでも疑を差挟まない程度に真実らしいとの確信を得ることで証明ができたとするものである（傍点著者）」と判示している。

4　厳格な証明と自由な証明

厳格な証明とは，180条以下の証拠に関する規定に従った証明である。すなわち，当事者から申し立てられた証拠について裁判所がその採否を決し，採用された証拠について両当事者対席のもとに公開の法廷で所定の方式に従い，とくに口頭主義によりその取調べが行われる。これに対して，**自由な証明**とは，これらの規定に必ずしも拘束されない証明である。

訴訟で争われるすべての事実の認定について厳格な証明が行われなければならないとすると，手続が煩雑になり，審理の効率が害されるとして，有力な学説は，一定の事項については自由な証明によることが許されると主張する。具体的には，本案である訴訟物の判断をするための証明については，厳格な証明によらなければならないが，職権調査事項である訴訟要件に関する事実，経験則（経験則が証明の対象になることは，後述する。本章第2節**1(3)**）および決定手続によって判断すべき事項については，自由な証明によることができるという主張である。しかし，事実認定は厳正かつ公正に行われなければならないので，これらの事実であっても，基本的には厳格な証明によらなければならない。しかし，訴訟要件などにも，また，証明に関する規定にも多様なものがあり，それらのなかには，例外的に，厳格な証明によらなくてもよい事項，および，適用しなくてもよい規定もあり得る。すなわち，訴訟要件に関する事項でも，国際裁判管轄などは，わが国の裁判権の限界にかかわることなので，厳格な証明によらなければならないのに対して，訴訟代理権（55条）の有無は，訴訟手続内で比較的容易に判断できることなので，自由な証明によることが許されると解することができる。また，証明に関する規律のなかでも，立会権（187条2項）や忌避権（214条）などの規律は，当事者の手続保障に関わるので，職権調査事項に関しても適用されなければならないのに対して，尋問の順序（202条），文書の成立（228条）などの技術的なことに関する規律は必ずしも適用されなくてもよいと解される。

204　第3篇　第4章　証　拠

第2節　証明の対象となる事項と証明を要しない事項
（不要証事実）

1　証明の対象となる事項

（1）事　実

事実は，原則として，証明の対象になる。例外として，証明を要しない事実があるが，これについては 2 で説明される。

（2）法　規

裁判所は，職務上法規を当然に知っているので，原則として，法，とくに国内法（日本法）は証明の対象にならない。しかし，渉外民事事件（たとえば，日本企業と外国企業の間の取引をめぐる訴訟，日本人と外国人の夫婦の離婚訴訟のように，外国とのかかわりがある訴訟）において準拠法（適用される法）となる外国法[3]，および，国内事件でも，慣習法や地方の条例は必ずしも裁判所が知っているとは限らない。したがって，現実には，その適用を求める当事者が，その存在を証明しなければならないことがある。外国法の存在およびその内容については，一般に，鑑定や調査嘱託（186条）により証明することになる。外国法規などについては，事実と異なり，裁判官の私知の利用も可能である。[4]

（3）経験則

経験則とは，経験から導き出される事実に関する知識や法則である。一般常識に基づくもの，したがって誰もが持っている知識（たとえば，広い地域で地面が濡れていたなら，その前に雨が降ったと考えられること，その地面のうちの一定の部分が濡れていなかったなら，そこには物が置かれていたと考えられること。以下では「一般常識

---

[3]　このような事件について訴えが日本の裁判所で提起されると，まず，日本の裁判所に国際裁判管轄（裁判籍）があるか否かが問題になる（この点については，第2篇第1章第4節で説明されている）。これが肯定されると，どこの国の法を適用して裁判すべきかが，問題になる。このような訴訟で適用される法を，本文でもいわれているように，準拠法という。準拠法は，法の適用に関する通則法によって決まる。

[4]　弁論主義を前提にするかぎり（弁論主義については，本篇第3章第4節 1 で説明された）請求を理由付ける，または理由なからしめる主要事実があることを，たまたま裁判官が知っていても，当事者が主張，立証していないかぎり，裁判の基礎にはできない。それに対して，準拠外国法については，当事者の主張，立証がなくても，これを適用して裁判することができる。

に属する経験則」という）から，一部の専門的知識を有する者にしかわからない特殊な経験則（以下では「専門的な経験則」という）まで，多様なものがある。

専門的な経験則は，裁判官が知っていると期待することができないので，その適用を求める当事者がその存在を証明しなければならず，また，たまたま裁判官が個人的に知っていても，それを証明なしに用いることは許されない。なぜなら，それによって裁判の結果が不利になる者にとって不意打ちになるからである。しかし，一般常識に属する経験則は，後述（2）の公知の事実に準じるものとして，証明が不要である。

2　証明を要しない事項（不要証事実）

証明を要しない事項を**不要証事実**という。法規および一般常識に属する経験則が不要証事実であることは，先に明らかにされた。これらのほかに，自白された事実と顕著な事実が不要証事実である（179条）。そのうち，自白された事実については既に説明されたので（本篇第3章第4節1（1）iii），ここでは顕著な事実について説明する。

顕著な事実には，公知の事実と職務上顕著な事実がある。**公知の事実**とは，歴史的大事件や大災害など，一般に知れわたっている事実である（たとえば，2001年9月11日にアメリカでニューヨーク世界貿易センタービルなどが襲われる同時多発テロ事件があったこと，2011年3月11日に東日本大震災があったこと）。**職務上顕著な事実**とは，裁判官がその職務の過程で知り得た事実である。たとえば，他の事件につき自らした裁判の内容，他の裁判官がした破産手続開始決定などがこれに当たる。職務上顕著な事実であるためには，公知の事実と異なり，必ずしも一般に知れわたっていることは必要でない。顕著な事実については証明を必要としないとされている（179条）。それは，これらについては認定事実の客観性が当初から保障されているからである。

顕著な事実であっても，弁論主義のもとでは，主要事実であれば，弁論に現れていなければ，裁判所は裁判の基礎とすることができない。弁論に現れていれば，証明が必要なくなる。したがって，当事者は顕著な事実については後述の（本章第4節）証明責任は負わないが，主張責任は免れない。言い換えれば，通常は主張責任を負う者は証明責任も負うのであるが，顕著な事実に関しては通常と異なる。

第3節　自由心証主義

1　自由心証主義の意義

自由心証主義とは，証拠の採否，証拠価値（証拠力，証明力）の有無を裁判官の自由な判断に委ねる立場である。これに対立するのが，法定証拠主義である。**法定証拠主義**とは，裁判官が証拠に基づいて事実を認定するにあたり，法律上の拘束を設けて，証拠判断につき裁判官の自由な評価を認めないたてまえである。その結果，第1に，ある種の事実は必ず一定の証拠方法を用いて証明しなければならないとされる（たとえば，ある種の事実の証明は文書によらなければならず，証人など，その他の証拠方法により得ないとされる）。これを**証拠方法の法定**という。第2に，ある証拠があれば，必ず一定の事実を認定しなければらないとされる（たとえば，3人以上の証人の証言が一致した場合は，それを真実と認定しなければならないとされる）。これを**証拠価値（証拠力，証明力）の法定**という。それに対して，自由心証主義は証拠方法の法定，証拠力の法定を否定する。

2　自由心証主義の内容

（１）　証拠方法（証拠能力）の無制限

現行民事訴訟法の下では，証拠方法に関する一般的な制約は存在しない。たとえば，売買契約のような重要な事実であっても，証拠方法は限定されていない。したがって，売買契約の締結にあたり契約書が作成されていなくても，あるいは作成されたが紛失したとしても，証人の証言によってこれを認定することが可能である。ただし，実体法が書面によることを要求している法律行為（要式行為。たとえば，保証契約。民〈446条2項〉）においては，書面によってなされなければ法律行為自体が有効に成立したといえないが，これは法律行為の成立に関する制約であって，成立したことの認定についての証拠方法の制限ではない。

> ただし，手続の明確性や迅速性の要請から，特定の事実の認定のために特定の証拠方法が定められていることがある。たとえば，代理権の付与については書面に（規15条・23条1項），口頭弁論の方式の遵守については口頭弁論調書によらなければ証明できない（160条3項）と規定されている。

また，略式手続の訴訟においては，証拠方法が制限されている。すなわち，手形・小切手訴訟においては，証拠方法が書証に限られ（352条1項・367条2項），少額訴訟においては，即時に取り調べられる証拠に限られる（371条）。

そのほか，疎明の場合にも証拠方法の制限がある（188条）（このことは本章第1節3(2)で説明された）。

問題になるのは，違法な方法によって収集された証拠（以下では「違法収集証拠」という）の証拠能力である。たとえば，相手方当事者の自宅や事務所に侵入して奪った日記や書類，電話の通話を盗聴器を使って録音したテープなどを証拠として用いることができるかという問題である。収集手段の違法性が強い場合には，証拠能力は否定される。前述の日記などの奪取や電話の盗聴はこれに当たる。ただし，そのための理論構成については検討の余地がある。違法性の強度な方法により収集した証拠については，信義則（2条）を理由として，証拠能力を否定すべきである。しかし，収集方法が道義的に好ましくないとしても，違法とまではいえない場合には，当該証拠の証拠能力は否定されない。ただし，そのような証拠方法に証拠価値があるか否かは別問題であり，下級審裁判例には証拠価値を否定したものがある。[5]

(2) 証拠価値の自由評価（自由な心証形成）

i 証拠価値の自由評価の意義

証拠価値の評価は裁判官の自由な判断に委ねられている。これを**証拠価値の自由評価**という。たとえば，証人の「私は，AさんがBさんに現金1000万円を新札の札束で手渡すのを見ました」との証言につき裁判官が，証人の表情，しぐさ，証言の仕方（たとえば，よどみなく話したか，訂正を繰り返したか）などから，証言は真実であると考え，証言どおりの事実を認定するか，または，証人は虚偽の証言をしている，もしくは，意図的に虚偽の証言をしているわけではないが，思い違いをしているとして，証言どおりの認定はしないかは，その裁量に委ねられている。

ただし，自由な判断に委ねられているといっても，裁判官の恣意的な判断が許

---

5) 東京高判昭和52年7月15日判タ362号241頁＝判時867号60頁（百選[3版]71）。訴訟における一方の当事者の代表者が相手方である会社の係長を料亭でもてなし，事件について自己に有利になるように種々誘導的に質問し，同係長には単に諾否（イエスかノーか）のみを答えさせる方法で会話を交わし，その問答を密かに隣室で録音し，その録音テープを証拠として提出し，その証拠能力および証拠価値が問題になった事例である。

されるわけではなく，判断は論理則，経験則に従ってなされなければならない。論理則とは，人が正しく思考するために従わなければならない法則である。経験則とは，経験から導き出される知識や法則である（くわしくは，本章第2節1(3)で説明されている）。証拠の評価がこれらに従わずになされたことは，上訴理由になる。言い換えれば，証拠価値の評価が論理則，経験則に適っているか否かは，上訴審の審査に服するのである。それゆえ，裁判所は評価の過程，すなわち，なぜそのような評価をしたのかの説明を，判決理由中に示さなければならない。

また，証拠価値の自由な評価を前提にすると，裁判所には，証拠から，証拠を提出した当事者に不利な事実を認定することも可能である。[6]これを**証拠共通の原則**という（ただし，弁論主義が適用される領域では，いずれかの当事者が提出した証拠でなければ，裁判の基礎にはできない）。したがって，いったん証拠調べが行われると，そこから証拠調べを申し出た当事者の相手方にとって有利な事実認定がなされることがあり得るので，当事者はもはや証拠の申出を撤回することはできない。

　　ii　証拠価値の自由評価の例外

　　証拠価値の自由評価には例外がある。例外の第1は，文書の形式的証拠力に関する推定（228条2項・4項）である。例外の第2は，当事者の一方が故意に相手方の立証を妨げる行為に出たとき，それだけで，その者に不利な事実を認定しても妨げないとする，一連の規定である（208条・224条1項－3項・229条4項・232条1項）。

(3)　弁論の全趣旨

裁判官は，証拠調べの結果のほか，弁論の全趣旨も心証形成のために用いることができる（247条）。**弁論の全趣旨**とは，口頭弁論に現れた一切の資料，模様，状況をいう。具体的には，前述のように（本章第1節**2(e)**）当事者もしくは代理人の態度，攻撃防御方法提出の時期など弁論の内容などである。

弁論の全趣旨は，証拠調べの結果を補充するものではなく，これだけで心証を形成することも可能である。証拠調べをしたときも，その結果より弁論の全趣旨を尊重することも妨げられない。

　　判例によれば，弁論の全趣旨を斟酌して事実認定をした場合，判決理由においてその内容を具体的に説示していなくても，記録を照合すれば明らかであるかぎり，理由不備の違法はないとされている。[7]

---

6)　最判昭和28年5月14日民集7巻5号565頁（百選［初版］51）。

（4）　自由心証主義の適用範囲

i　弁論主義と職権探知主義

自由心証主義と法定証拠主義のいずれを採用するかは，弁論主義と職権探知主義のいずれが適用される領域であるかとは関係がない（弁論主義と職権探知主義については，第3章第4節3で説明された）。

ii　証拠契約

証拠契約とは，狭義では，証拠制限契約であるが，広義では，そのほかに，自白契約（一定の事実を自白する合意），仲裁鑑定契約（事実の確定を第三者に委ねる合意），証明責任を定める契約が含まれる。こうした契約は，証拠の採否や証拠価値についての判断に関する裁判官の自由を制限する点で，自由心証主義を変更するものとみられなくもない。しかし，これらは当事者の意思（合意）による制限であって，法による制限（規制）ではないので，自由心証主義を変更するものではないとみることができる。

（5）　法定証拠主義から自由心証主義への歴史上の転換

ヨーロッパ中世の立法者は法定証拠主義を採用した。しかし，フランス革命後のフランスで自由心証主義が採用されて以来，現在では多くの国において民事訴訟でも刑事訴訟でも自由心証主義が採用されている。わが国でもそうである（247条，刑訴318条）。それは以下のような事情による。第1に，裁判官の資質の向上により，裁判官への国民の信頼が増大したことである。第2に，社会の複雑化により法律問題（紛争）が多様化し，事実認定の仕方を法律で規制するよりも，裁判官の裁量に任せる方が，この多様化によりよく対応できるということである。第3に，かつて，刑事訴訟では，自白が法定証拠中の法定証拠といわれ，自白がなければ有罪判決を得られず，逆に，自白があれば必ず有罪判決を下さなければならないとされていたが，そのため，自白を得るために拷問その他の被疑者の人権を侵害するような方法での糾問(きゅうもん)が行われたことに対する反省である（憲38条1項－3項，刑訴319条1項・2項参照）。

---

7) 最判昭和36年4月7日民集15巻4号694頁（百選II 115）。裏を返せば，記録を照合しても，弁論の全趣旨の具体的な内容が明らかにならなければ，理由不備の違法になるということである。たしかに，判旨のように，記録を参照することによって，弁論の全趣旨の内容が判明すれば，理由不備とはいえないであろうが，そのような判決理由の書き方は理想的なものではなく，心証形成の過程をできるだけ明確に表明しておくことが望ましい。

8) ただし主要事実に限る。間接事実についての自白契約は，間接事実の自白が拘束力を持たないので，無効と解されている。自白に拘束力が生じるのは，弁論主義のゆえであり，弁論主義は，通説によれば，間接事実には適用されないからである（このことは第3章第4節 **1**（4）ii で説明された）。

第4節　証明責任

1　証明責任の意義

　判決は，認定（確定）された事実（主要事実）に法を適用してなされる。その事実の存否は，不要証事実（自白された事実，顕著な事実）を除いて，証拠によって判断される。訴訟において，各当事者は通常，自己に有利な事実認定がなされるように，あるいは，不利益な事実が認定されないように，証拠を提出する。その結果，事実の存否が証明された場合，言い換えれば，裁判所が一定の事実の存否につき合理的な疑いを差し挟まない程度の確信を持った場合，裁判所はそれに基づいて判決することになる。しかし，裁判所がある事実につき存否いずれとも判断できない場合もある。これを**真偽不明**あるいは**ノンリケット**（non liquet）という。この場合でも裁判所は判決を回避することができないので，当該事実が存在した，または存在しなかった，ということを前提に判決をするしかない。そこで判決の結果は一方の当事者に有利で，他方の当事者に不利になる。この場合の判決の結果が不利になる当事者が負う負担を**証明責任**という。証明責任はいずれかの当事者に負わさなければならないが，それを決めるのが**証明責任の分配**である。この点については，後述のように（本節2），学説上は議論が盛んであるが，現実には，たとえば以下のようになっている。貸金返還請求訴訟で，返還の約束と金銭の授受については原告が証明責任を負っており，それゆえ，これらの事実の存否が真偽不明であれば，裁判所は，これらはなかったものとし，したがって請求棄却の判決をすることになる。

　　証明責任は訴訟の最初から定まっているものであって，訴訟の成り行きで当事者間を移動することはない。たとえば，上の例で，原告が返還の約束と金銭の授受の存在の証明のために有力な証拠を提出したため，証明の成功が見込まれる事態，すなわち，裁判官において，それらの事実があったものし，合理的な疑いを差し挟まない程度の心証が形成されると，被告がそれらに両立し得ない事実（たとえば，金銭の授受がなされたという日に別の場所に居たという事実）の証明責任を負うことになるというわけではない。ただし，被告は，裁判官がそのような心証を抱いていると考えるようになると，この心証をうち消すための訴訟活動をする必要を感じるであろう。このように，現実には，訴訟の成り行きによって，敗訴を予測した当事者が，逆転をしなけれ

ばならないとの必要を感じることはあろう。しかしそれは，証明責任が敗訴しそうな当事者に移転するということではない。

　なお，客観的証明責任と主観的証明責任という言葉が使われることがある。それは，次のような事情による。証明責任は，真偽不明の場合に一方の当事者が受ける不利益であって，証明をすべき法的義務でもなければ道義的責任でもない。また証明責任は，弁論主義のもとでも職権探知主義のもとでも存在する。事実が真偽不明となる事態は，いずれにおいても生じるからである。ただし，職権探知主義のもとでは，当事者は，証拠を自分で提出しなくても，裁判所が職権で取り上げてくれる可能性があるのに対して，弁論主義のもとでは，その可能性がない。したがって弁論主義のもとでは，証明責任を負う当事者が自己に有利な証拠を自身で提出しないと，敗訴してしまう。このような当事者の負担を**主観的証明責任**という。それに対して，弁論主義か職権探知主義かにかかわりなく，およそ真偽不明の場合に一方の当事者が負う負担を**客観的証明責任**という。

　ただし，弁論主義のもとでも，証拠共通の原則（証拠共通の原則については，本篇第3章第4節1（1）ⅳで説明された）により，ある事実につき証明責任を負う当事者の相手方が提出した証拠により当該事実が証明されることがあるので，厳密にいえば，証明責任を負う当事者が相手方の提出した証拠によって勝訴判決を得ることがあり得る。しかし，相手方がそのような証拠を出してくることをはじめから期待することはできないので，弁論主義のもとでは，本文で述べたような意味での主観的証明責任が存在する。

　また，職権探知主義のもとでも，実際には，裁判所が当事者達への厚意から積極的に証拠収集活動をするわけではない。したがって，現実には証明責任を負う当事者が必要な証拠を提出する必要性を感じることは，弁論主義が適用される場合とあまり変わらない。

2　証明責任の分配

　証明責任の所在を明示的に規定している条文がないわけでない。たとえば，民法117条1項（代理権の証明）・453条（検索の抗弁），自賠法3条但書，製造物責任法4条である。しかし，そのような規定を欠く場合における証明責任の分配については，以下に述べるように，修正された法律要件分類説が通説であり，実務を支配している。

（1）　法律要件分類説

　法律要件分類説は，まず法律効果を①権利発生，②権利消滅，③権利障害に分類し，自己に有利な効果の発生を主張する各当事者は，その効果の発生要件として法が規定する事実について証明責任を負うとする。具体的には次のようになる。

①権利の発生を定める規定を**権利根拠規定**というが，その要件事実については，権利を主張する当事者者が証明責任を負う。たとえば，貸金返還を請求する者は，返済の約束と金銭の授受について証明責任を負う（民587条参照）。

　②いったん発生した権利関係の消滅を定める規定を**権利消滅規定**というが，その要件事実については，権利の消滅を主張する当事者者が証明責任を負う。たとえば，債務の返済（弁済）を主張する者は返済の事実につき（民474条以下），免除を受けたと主張する者は免除の事実につき（民519条），消滅時効による債務の消滅を主張する者は時効の完成につき（民166条以下）証明責任を負う。

　③権利根拠規定に基づく法律効果の発生の障害を定める規定を**権利障害規定**というが，その要件事実については，その効果の発生を争う者が証明責任を負う。たとえば，契約に基づく請求に対して，その契約は要素の錯誤のゆえに（民95条本文），または，虚偽表示のゆえに（民94条1項）無効であると主張する者は，錯誤があったことまたは虚偽表示であったことについて証明責任を負う。障害規定は，権利消滅規定に対する関係でも考えられる。たとえば，消滅時効の主張に対して時効の中断（民147条以下）を主張する者は，中断事由となる事実の存在について証明責任を負う。さらにまた，錯誤の主張に対する，錯誤者に重大な過失があったとの主張（民95条但書）のように，権利障害規定に対する障害もあり，この場合も，障害を主張する者がそれにつき証明責任を負う（この場合であれば，錯誤者の相手方が，錯誤者に重大な過失があったことの証明責任を負う）。権利障害規定は多くの場合本文に対する但書の形で設けられることが多い（たとえば，民715条1項本文と但書，同718条1項本文と但書）。しかし，但書の中にも障害規定でないものもある（破162条1項1号但書）。

（2）　法律要件分類説に対する批判

　法律要件分類説に対しては，実体法（民法など）の立法者は証明責任の所在に必ずしも常に十分な配慮をしたうえで，立法していたわけではないので，同説のように実体法の規定の仕方を証明責任分配の基準にするべきでないとの批判がある。たとえば，債務の履行不能による損害賠償請求においては，法規（この場合は民法415条後段）の文言からすれば，請求する側，すなわち債権者が帰責事由の存在につき証明責任を負っていると解されるが，給付義務を負っている側である債務者が債務を履行するのが本来当然であることを考えると，債務者が帰責事由の不存在の証明責任を負っていると解するほうが，当事者間の衡平に適うという

のである。そのような批判に立って，証拠との距離（たとえば，医療過誤訴訟で，医師・医療機関の過失および医療過誤と損害発生の間の因果関係の存否の証明のための証拠として診療録が必要になった場合，診療録との距離は医師・医療機関とは近く，患者側とは遠い），証明の難易，信義則などを考慮し，利益衡量に基づいて証明責任を分配すべきであるとの見解も有力である。以下ではこの見解を**利益衡量説**という。

（3） 修正された法律要件分類説

しかし，利益衡量説によると証明責任分配の基準が不明確になる。民事訴訟の審理，すなわち弁論と証拠調べは，要件事実（主要事実）とそれに対応した証明責任を基礎として行われている。証明責任が民事訴訟のバックボーンだといわれているのは，そのためである。たしかに，実体法の条文には，その文言だけに基づいて証明責任を分配すると，妥当性を欠く結果になるものもある。そこで，基本的には法律要件分類説によりながら，それらについては，解釈により修正を加えることで対応するほうが[9]，利益衡量説により証明責任を分配するよりも，適切である。このような考え方を修正された法律要件分類説という。そこで，たとえば，債務の履行不能による損害賠償請求訴訟では，修正された法律要件分類説によれば，損害賠償義務を免れようとする債務者が責めに帰することのできない事由によって履行不能に陥ったことの証明責任を負うことになる（民415条後段）[10]。

3 証明責任の転換と法律上の推定

一般に，ある事実から別の事実を推認することを推定という。推定が裁判官の自由心証主義の一作用として経験則を適用して行われる場合を，**事実上の推定**という（たとえば，広範にわたって地面が濡れていることから，雨が降ったことを推定すること）。それに対して，経験則があらかじめ法規に取り入れられていて，その規定の適用として行われることを，**法律上の推定**といい，その法規を**推定規定**という。

法律上の推定には法律上の事実推定と法律上の権利推定がある。

---

9) 民法415条後段のほか，準消費貸借契約に関する民法588条もその例として挙げられる。すなわち，準消費貸借契約における旧債務の存在については，同条の文言からは，債権者が証明責任を負っているように読める。判例および多数説は，債務者が旧債務の不存在につき証明責任を負うとしている。最判昭和43年2月16日民集22巻2号217頁（百選II 120）。

10) 判例もそのような扱いをしている。最判昭和34年9月17日民集13巻11号1412頁（百選［2版］82）。

法律上の事実推定とは，ある実体規定でAという法律効果の要件事実とされている乙事実につき，他の法規で「甲事実（前提事実）あるときは乙事実（推定事実）あるものと推定する」と定める場合である。この説明で言われている「他の法規」が推定規定である。その例は民法186条2項である（ほかに民619条1項前段・629条1項前段，破15条2項・47条2項などがある）。民法162条1項は20年間の，同条2項は10年間の占有を取得時効の要件事実としている。民法162条1項・2項が上の説明で言われている「ある実体規定」であり，取得時効の成立が「Aという法律効果」である。そして，1項であれば20年間占有を続けること，2項であれば10年間占有を続けることが「乙事実」である。その証明は不可能またはきわめて困難である。しかし，民法186条2項が，前後の二つの時点で占有していたなら，占有はその間継続していたと推定している。20年または10年以上離れた二つの時点で占有していたことが「甲事実」である。そこで，取得時効の効果を主張する者がこの事実を証明すれば，その間の占有が推定されるので，取得時効の効果の発生が認められることになる。相手方がこれを否定するためには，二つの時点の間で占有が中断されていたことを証明しなければならない。この点で証明責任の転換がなされたといわれている（以上のことをまとまると〔図表1〕のようになる）。

〔図表1〕 法律上の事実推定

A効果：取得時効の成立
乙事実：20年または10年間継続して占有
甲事実：20年または10年の間隔のある二つの時点での占有

法律上の権利推定とは，Aという権利（効果）の発生原因事実である乙事実とは異なる甲事実につき，「甲事実あるときはA権利（効果）あるものと推定する」と定める場合である。その例は，民法188条である（ほかに，民法229条・250条・762条2項などがある）。人がある物を占有している場合，必ずしも正当な権利（占有権原）を有しているとは限らない。自己の占有は正当な権利に基づくものであるという占有者の主張が認められるためには，本来であれば，占有者自身が正当な権利，すなわち占有権原の取得原因の存在を証明しなければならないはずであ

る。しかし，民法 188 条によって，占有の事実があれば正当な権利があると推定される。上の説明でいう「甲事実」は，この場合，占有者が占有しているという事実であり，「A 権利」は占有を正当化する権利，すなわち占有権原である（以上のことをまとまると〔図表2〕のようになる）。

〔図表2〕 法律上の権利推定

A効果：占有権原
乙事実：占有権原発生の要件事実
甲事実：占有者が占有しているという事実

4 否認と抗弁

否認と抗弁とはともに相手方の主張を退けるための事実の主張であるが，**否認**は相手方が証明責任を負う事実を否定する陳述であり，**抗弁**は自らが証明責任を負う事実の主張である。

たとえば，貸金返還請求訴訟で，原告の，被告に金銭を渡し，返還の約束を交わしたとの主張に対して，被告が，金銭を受け取ったことも返還の約束をしたこともないと陳述するのが否認である（次に述べる理由付け否認と区別するため，**単純否認**ということもある）。否認により，原告は貸したこと（返還の約束と金銭の授受）を証明しなければならなくなる。被告が「原告が東京の自宅で被告に金銭を渡したと主張する日に，自分は蔵王でスキーをしていた」と主張することがあるが，このような，相手方が証明責任を負う事実と両立し得ない事実の陳述も否認であり，**理由付け否認**または**積極否認**という。準備書面で否認をするには，**単純否認**ではなく，理由を記載しなければならないと規定されている（規 79 条 3 項）。証明責任を負う当事者の事実主張に対する相手方の対応としてはそのほか「知らない」と陳述することがあるが，これを**不知の陳述**といい，それも否認と同様に扱われる（159 条 2 項）。さらに，主張に対して否認や不知の陳述をせず，さりとて自白もしないという対応もある。この場合には，原則としてその事実は自白した

ものとみなされる（159条1項本文）。これを**擬制自白**という。

　そこで，主張責任・証明責任を負う当事者の事実上の主張（たとえば，金銭の授受があったとの主張）に対して，相手方がとりうる態度としては，①自白する，②争わない，③否認する（単純否認，理由付け否認の双方がある），④不知の陳述をするの4つが考えられる。①の場合は，弁論主義が適用されるかぎり，自白された事実が裁判の基礎になる（179条）。②の場合は，原則として，擬制自白が成立し，①と同様の結果になる（159条1項本文）。ただし，弁論の全趣旨からその事実を争ったものと認めるべきときは，そのかぎりでない（同条同項但書）。③と④の場合は，証明責任を負う当事者が当該事実を証明しなければ，その事実は認定されない。

　一方，被告が弁済や訴求債権の消滅時効を主張するならば，それは抗弁である。被告は弁済の事実または消滅時効の成立につき証明責任を負う。また，時効の抗弁に対して原告が，時効の中断事由（民147条）があったと主張する場合，原告は中断事由の存在につき証明責任を負う。このような主張を**再抗弁**という。

　　抗弁には事実抗弁と権利抗弁がある。**事実抗弁**とは，事実を主張するだけで，相手方（通常は原告であるが，再抗弁の場合は被告）が主張する権利，法律関係を否定しようとするものである。その例としては，弁済，免除，要素の錯誤を挙げることができる。これに対して，**権利抗弁**とは，相手方が主張する権利，法律関係を，自己の権利行使の意思表示によって否定しようとするものである。その例としては，取消権，相殺権などの形成権行使に基づく抗弁，同時履行の抗弁権（民533条）を挙げることができる。事実抗弁は，主張共通の原則のゆえに，いずれの当事者がこれを弁論にもたらしたかにかかわらず，判決の基礎となることが可能であるが，権利抗弁はこれを基礎付ける事実（たとえば，取消権の場合の取消原因となる事実）だけでなく，権利行使の意思表示がなされなければ，判決の基礎となり得ない。なお，過失相殺の抗弁（民418条・722条2項）は，相殺の抗弁とは異なり，権利抗弁ではなく，したがって当事者による過失相殺の主張がなされなくても，裁判所は判決の基礎とすることができるとされている。[12]

---

11) しかし，理由付け否認が常に可能であるとは限らない。たとえば，貸金返還請求訴訟で，原告が「原告は，〇年〇月〇日〇時頃，原告の自宅に来た被告に金1000万円の現金を渡した」と主張したのに対して，被告が，同日同時刻別の場所にいたのであれば，理由付け否認が可能であるが，原告の自宅を訪ねていたが，現金を受け取っていない被告は，単純否認しかできない。したがって，規則79条3項は，可能なかぎり理由付け否認をすべきであるという意味に解される。

12) 最判昭和43年12月24日民集22巻13号3454頁（百選Ⅰ98）。

5 本証と反証

　証明責任を負う当事者の証明活動を**本証**といい，その相手方の証明活動を**反証**という。たとえば，貸金返還請求訴訟で，返済の約束と金銭の授受があったことを証明するために，原告が行う証明活動が本証であり，原告が，東京の自宅で金銭の授受がなされたと主張する時期に，自分は別の場所にいたと被告が主張し，それを明らかにするために被告が行う活動が反証である。

　本証は，その事実（要証事実）の存在につき裁判官の確信を生じさせなければならず，それができなければ，証明責任を負う当事者は敗訴する。他方，反証は，その事実につき裁判官に確信をいだかせなくても，要証事実についての裁判官の確信を動揺させ，裁判官の心証を真偽不明の事態に持ち込めば，それで目的を達する。たとえば，貸金返還請求訴訟で，原告の証明活動により，被告に金銭が交付されたという事実につき，裁判官の確信が形成されつつあると思われるときに，被告が，この交付されたと原告が主張する時期に自分は別の場所に居たと主張する場合，被告は，裁判官に，自分が別の場所に居たとの確信をいだかせるまでの必要はなく，その可能性があったと思わせて，裁判官の確信の形成を妨げればよい。

6 間接反証

　ある事実につき証明責任を負う者がこれを推認させるに十分な間接事実を一応証明した場合に，相手方がとりうる手段の一つは，間接事実について一応形成された裁判官の確信を揺るがすことであるが，それとは別に以下の手段も考えられる。すなわち，その間接事実と別個の，しかもこれと両立しうる間接事実を本証の程度に立証することによって，主要事実の推認を妨げることである。これを間接反証という。

　その例として，かつてよく挙げられたのが，認知請求訴訟における不貞の抗弁である（ただし，この名称は，後述のように適切でない）。認知請求訴訟における主要事実は原告，被告間の父子関係の存在であるが，それを直接証明することは難しかった。そこで原告としては，①原告の母は，原告を懐胎した当時，被告と性的関係を持った，②原告と被告の血液型が父子であることと矛盾しない，③原告と被告が顔その他の身体的諸点において類似している，④被告が原告の父親として相応の態度を示した（時期もあった）というような間接事実を証明することによって，主要事実を推認させることになる。原告がこれらの間接事実の証明に成功した（かに見える）場合，被告が，原告の母は，原告を懐胎した当時，被告以外の男性とも性的関係を持っていたと主張するのが，不貞の抗弁である。この事実は①－④の間接事実と両立しうるが，これが証明されれば，主要事実である原告，被告間の父子関係の存在についての裁判官の確

信を動揺させ，その心証を真偽不明の状態に持ち込むことができる。ただし，「不貞の抗弁」という名称は適切でない。なぜなら，認知訴訟における主要事実である父子関係の存在についての証明責任はあくまで原告が負っているので，被告の上記主張は抗弁ではないからである。しかし，①－④の間接事実が証明されれば，裁判官は父子関係の存在につき確信をいだくであろうから，他の男性との性的関係の存在について，証明ができなければ，言い換えれば，裁判官にそれを確信させることができなければ，裁判官の主要事実の存在についての確信を動揺させることはできず，したがって，認知請求を容認する判決が下されることになり，被告の目的は達せられない。この点が反証と異なり，真性の抗弁と類似している。「不貞の抗弁」という名称が付けられたのはそのためであろう。

7 立証負担の軽減

証明責任を負う当事者の立証（証明すること）が非常に難しい場合，証明に成功しなかったという理由で，その者を敗訴させることは，気の毒に思われることがある。そこで，実務や学説，さらには立法において一定の場面で立証の軽減を図ることが提案されている。その例として，相当な損害額の認定と過失の一応の推定を挙げることができる。

（1） 相当な損害額の認定

損害賠償請求においては，過失や因果関係のみならず，損害額の立証が困難なことがある。その場合，損害の発生が認められるにもかかわらず，損害額の立証がなされないとの理由で，請求を棄却するのは，妥当でない。そこで，古くから判例は，慰謝料の算定は，裁判官が各事例における諸般の事情を考慮して，自由心証によって量定すべきであるとしていた。また，逸失利益についても，算定が困難であるからといって，たやすく請求を棄却することは許されず，あらゆる証拠資料に基づき，経験則と良識を十分に活用して，できるかぎり蓋然性のある（確実と思われる）額の算出につとめ，蓋然性に疑いが持たれるときは，被害者側にとって控えめな算定方法を採用すべきであるとして，証明の困難を軽減していた。

現行民事訴訟法の立法者は，このような実務の知恵に基づく実績を明文化した。

---

13) 大阪高判昭和29年8月21日高民7巻8号601頁（続百選56）は，この証明ができていないとして，認知請求を容認した事例である。
14) 大判明治43年4月5日民録16巻273頁，大判昭和7年7月8日民集11巻1525頁。
15) 最判昭和39年6月24日民集18巻5号874頁。

それが248条である。同条によると，損害賠償請求訴訟において，損害の性質上その額を立証することが極めて困難であるときは，裁判所は，口頭弁論の全趣旨および証拠調べの結果に基づき，相当な損害額を認定することができるとされる。

（2） 過失の一応の推定

不法行為に基づく損害賠償請求訴訟においては，加害者の過失が要件事実の一つになっており，原告である被害者にその証明責任が負わされている。しかし，不法行為の態様によってはその証明が困難なことがある。その場合でも被害者の救済を可能にするための理論構成として，**過失の一応の推定**あるいは**表見証明**の理論が提唱されている[16]。たとえば，他人の山林を伐採したことから，伐採者の過失を推定し[17]，あるいは，開腹手術を受けた者の腹腔内（お腹の中）に手術用のメスが発見されるなど，通常では生じ得ない事実の発生が認められるときに，過失の具体的な事実の主張，立証がなくても，伐採者や医師の過失といった要件事実の充足を認め，その結果，伐採者や医師の側で過失の不存在について主張，立証の負担を負うことになるという考え方である。

しかし，これらにおいては，伐採の事実やメスの発見の事実から経験則により過失を認定することができるのであって，特別な理論構成がなされたわけではないとの批判が提起されている。

第5節　各種の証拠調べに共通の規律

証拠方法の種類に応じて，証拠調べには証人尋問，本人尋問，鑑定，書証，検証の5種類があるが，本節では，これらに共通する規則の説明がなされる。なお，訴えの提起前の証拠収集処分が行われることもあるが（132条の4－132条の9），これについてはすでに説明した（本篇第3章第4節5(4)）。

1　証拠調べの開始

（1）　証拠の申出

弁論主義のもとでは，当事者の申出がなければ，証拠調べはできない（弁論主義の証拠原則）。しかし，民事訴訟では以下の場合に職権で証拠調べができるもの

---

[16]　表見証明はドイツで提唱された理論である。一応の推定は，ドイツの学説を参照しながら日本の学説が提唱したものである。ただし，次の注に引用されている判例の年月日から判明するように，日本でも既にかなり以前から同様の結論となる判例があった。

[17]　大判大正7年2月25日民録24輯282頁が同様の考え方を採用している。

と規定されている。まず，管轄に関する事項である（14条）。ただし，管轄は職権探知事項であるから，これは，弁論主義の例外とはいえない。そのほかに，①調査の嘱託（186条）。②当事者尋問（207条1項），③鑑定の嘱託（218条），④文書の成立の照会（228条3項），⑤検証のさいの鑑定（233条），⑥訴訟係属中の証拠保全（237条），⑦商業帳簿の提出（商19条4項，会社434条）などである。このようにみると，弁論主義の3原則の中にあって，証拠原則は，他の原則（主張原則，自白原則）と異なり，かなり多くの例外が定められているといえよう。

証拠の申出は，証拠方法，証明すべき事実および両者の関係を具体的に明示して，しなければならない（180条1項，規99条1項）。証拠の申出は期日にもなし得るが，期日前にもなしうる（180条2項）。

証拠の申出に対して，相手方には証拠抗弁を申し立てる機会が保障されている。**証拠抗弁**とは，証拠を申し出た当事者の相手方が，申出手続に暇疵がある，証拠能力を欠く，あるいは証拠価値（証拠力，証明力）を欠くなどの理由によって，裁判所に申出の却下を求め，または証拠調べの結果の不採用を求める陳述である。

> 証拠抗弁の存在は明文規定で定められているわけではないが，手続保障の一環としてそのような機会が保障されなければならないと解されている（161条2項，規則88条1項は，相手方にこの機会が保障されていることを前提にした規定である）。証拠が証拠価値を欠くということは，証拠調べを実施してわかることが多いから，証拠抗弁は証拠調べ後に主張されることもあり得る。また，証拠抗弁といわれているが，自己が証明責任を負う事実の主張という，本来の抗弁ではない。

証拠の申出は，証拠調べが行われるまでは，撤回できる。しかし，証拠調べが終了した後は，既に裁判所が証拠資料を得ており，証拠共通の原則のゆえに，裁判所が，申出をした者に不利な，したがってその相手方に有利な証拠資料を得る（心証を形成する）こともあり得るので，もはや撤回はできない。

（2） 証拠決定

裁判所は，申し出られた証拠を取り調べるか否かを，職権で決定する。申し出られた証拠が不適法または不必要であると判断した場合には，証拠調べをしない（181条1項）。証拠調べについて不定期間の障害がある場合（たとえば，証人として申請された者が生死不明であったり，重病で，いつになったら証人尋問を実施できるか，不明な場合）も，証拠調べをしないことができる（同条2項）。このようにして証拠調べをしない場合には，裁判所は申出を却下する決定をしなければならない。

このことは，明文規定で定められているわけではないが，当事者に証拠を申し出る権利が認められるいじょう，裁判所が申出を握りつぶすことは許されず，申出を容れないのであれば，却下の決定をするのは当然のことである。ただし，決定は独立した決定の方式でも判決理由中でなされてもよい。また，黙示の決定でもよいとされている。

（3）　唯一の証拠方法

大審院以来の判例が生み出した理論として，**唯一の証拠方法**の理論がある。[18]これは，当事者が申し出た証拠方法が唯一の場合は，必ず取り調べなければならないという考え方である。その理由は明確でないが，唯一の証拠方法を排斥すると，その当事者の言い分を全然聴かなかったことになるということのようである。

最高裁判所の判例は，基本的には唯一の証拠方法の理論を認めつつ，当該事例では唯一の証拠方法の却下が可能であるとするものが多い。[19]しかし，唯一の証拠方法であることを理由として，これを取り調べずに下された原判決を破棄差し戻した判例もある。[20]

しかし，自由心証主義（247条）を採用する現行法においては，証拠の採否は裁判所の自由な裁量に任されているから，当事者が取り調べを申し立てた証拠方法がただ一つであっても，裁判所がそれにつき，要証事実との関連を欠く，また要証事実の証明のために必要ではないと判断したら，申立てを却下することができるはずである。むしろ，ある事実につきそのような証拠方法しか申し出られないとすれば，その事実の証明が成り立たないというのは，当然の成り行きである。

2　集中証拠調べ

広義の口頭弁論期日には，狭義の弁論期日と証拠調べ期日があり，両者は理論的には区別される（本篇第2章第1節）。しかし，従来の実務では，両者が明確に区別されることなく行われていたといわれていた。すなわち，事実に関する主張および法の解釈適用に関する主張ならびに事実に関する主張を裏付けるための証

---

[18]　大判明治31年2月24日民録4輯48頁など。
[19]　最判昭和28年4月30日民集7巻4号457頁（費用の予納がなされないとき），最判昭和30年4月27日民集9巻5号582頁（時機に後れた攻撃防御方法であるとき），最判昭和38年11月7日民集17巻11号1330頁（主張自体が失当で理由がないとき），最判昭和39年4月3日民集18巻4号513頁（申請者が怠慢で合理的期間内に証拠調べができないとき）。
[20]　最判昭和53年3月23日判時885号118頁（百選II 125）。

拠方法の提出が五月雨式になされており，そのことが訴訟遅延の原因の一つになっていたといわれている。そこで，現行民事訴訟法は，争点整理手続（争点整理手続については，本篇第3章第2節3で説明された）により争点を絞り込み，その後は集中的に証拠調べが行われるべきことが規定された（182条）。これが**集中証拠調べ**である。

集中証拠調べの具体的な内容は，民事訴訟規則に規定されている。すなわち，裁判所は争点整理手続の終了または終結後における最初の口頭弁論期日において直ちに証拠調べができるようにしなければならない（規101条）。そのために，証人および当事者本人尋問については一括申請（規100条），尋問所要時間の明示（規106条），尋問事項書の提出（規107条），証人の出頭確保（規109条）が義務付けられている。

3 公開主義，直接主義

証拠調べにも公開主義（憲82条）が適用されるので，裁判所（官署としての裁判所の建物の中）の法廷で行うのが原則である。例外として，裁判所が相当と認めるときは，裁判所の外の証拠調べが可能とされ（185条1項前段），また，証人尋問も一定の要件を満たすと裁判所外で行われるとされている（195条）[22]。前者の例として，騒音公害訴訟における現地での騒音の調査を，後者の例として，重病で病院から出られない証人の病院における尋問を挙げることができる。これらは受命裁判官または受託裁判官によっても行われ得る（185条1項後段・195条柱書）。また，調査の嘱託（186条）や外国における証拠調べも可能である（184条）。さらに，文書の取調べは，弁論準備手続でも可能である（170条2項）。

> 受託裁判官の証拠調べや調査の嘱託の場合に，直接主義（249条）を貫くため，当事者が証拠調べの結果を口頭弁論において顕出または援用することが必要であるか否かは，問題である。準備的口頭弁論における文書の取調べについては，明文規定でこの必要性が規定されている（173条）。その他の場合については規定がない。判例は，「裁判所が受託裁判官による証人尋問の結果につき当事者に援用の機会を与えたにも拘

---

21) 「終了」と「終結」の二つの語が使われているのは，準備的口頭弁論が終わるのは「終了」といわれ（166条・167条），弁論準備手続と書面による準備手続が終わるのは「終結」といわれているからである（174条・178条）。
22) 証人尋問も証拠調べの一つであるから，195条は185条の特別規定であり，証人尋問には，195条が適用される。

らず，当事者双方においてこれをしないときは，右援用のないまま口頭弁論を終結しても違法ではない」とし，また，「民訴法262条（現行民訴186条－著者）に基づく調査の嘱託によって得られた回答書等の調査の結果を証拠とするには，裁判所がこれを口頭弁論において提示して当事者に意見陳述の機会を与えれば足り，当事者の援用を要しない」としている。[23] 前者は，裁判所が，当該証人尋問を申し立てた当事者に援用の機会を与えたにもかかわらず，その当事者が弁論期日に欠席し，したがって援用もしなかったところ，裁判所が証人尋問の結果を採用しなかった事案である。後者は，裁判所が調査嘱託の結果につき当事者に意見陳述の機会を与えたが，当事者が意見陳述をしなかったところ，裁判所がこの結果を採用した事案である。[24]

　直接主義の要請を満たすためには，当事者の援用のないままに，受命裁判官などの証拠調べの結果を裁判の資料にすることはできないものと解すべきである。ただし，援用の機会を与えたうえで，当事者がこの機会を活用しなければ，そのまま口頭弁論を終結して，判決することができると解される。この点で，前者の判例は支持すべきである。他方，当事者に意見陳述の機会を与えれば，当事者の援用を要せずに，調査嘱託によって得られた調査の結果を証拠とすることができるとする，後者の判例は，直接主義の観点から疑問である。ただし，多くの学説は援用を不要とする。

4　当事者の立合権

　証拠調べ期日において，当事者権の保障の一環として，当事者は証拠調べに立ち合い，意見を述べる権利を保障されている。したがって，期日の呼出し機関である裁判所は，証拠調べの期日を指定し，当事者を呼び出さなければならない（94条1項。同項には，呼出しの主体が何であるかが明記されていないが，裁判所である）。

第6節　証人尋問

1　証人および証人尋問の意義

　証人とは，過去の事実や状態について自己が認識した事柄を裁判所において供述するよう命じられた第三者，すなわち当事者およびその法定代理人以外の者をいう。**証人尋問**は，この証人の証言を証拠資料とする証拠調べである。

　後述の鑑定人も人証であるが，鑑定人はその学識経験に基づいて判断や意見を

---

[23]　最判昭和35年2月9日民集14巻1号84頁。
[24]　最判昭和45年3月26日民集24巻3号165頁（続百選67）。

述べるのに対して，証人は自己の認識（見たこと，聞いたことなど）を供述する（規115条2項5号参照）点が違う。たとえば，交通事故の損害賠償請求訴訟で，被害者を診察，治療した医師のように，専門的学識経験を有するために具体的事実（この場合であれば，傷の状態，症状の経過，後遺症の有無や程度など）を知った者が，その知ったことを供述する場合も，意見を言うのではないから，証人である。これを**鑑定証人**といい，証人と同じ手続により尋問される（217条）。

証人と鑑定人で，具体的には以下のような異なる扱いがなされる。①証人には**勾引**がある（194条）が，鑑定人にはない（216条が194条を準用していない）[25]。②鑑定人には忌避がある（214条）が，証人にはない。③証人は当事者が指定する（規106条）が，鑑定人は裁判所が指定する（213条）。④鑑定人には鑑定料が支払われる（民訴費18条2項）が，証人には支払われない（旅費，日当，宿泊料は，証人，鑑定人の双方に支払われる。同条1項）。

2　証人能力

証人能力とは，証人になる資格のことである。これにはとくに制限はない。もちろん当事者および法定代理人は証人にならない（これらから証拠資料を得るには，後述の当事者尋問による）。幼児にも証人能力がある。証拠価値（証言によってどのような心証を形成するか）は，裁判官の自由心証によって評価される。したがって，証明の対象となる事項によっては，裁判官が，幼児では正確な証言ができないであろうと考えることもあり得るし，幼児の証言の内容を正確であると評価することもあり得る。

民事訴訟においては，刑事訴訟（刑訴320条1項）と違って，伝聞証言（証拠）にも証拠能力がある。**伝聞証言**（刑事訴訟では「伝聞証拠」というが，民事訴訟では伝聞証言ということが多い）とは，証人がみずから見聞した事実ではなく，第三者が見聞した事実についての第三者の認識を陳述することである（たとえば，AがBに現金を手渡すのを見ていたCが「私は，AさんがBさんに1000万円を新札の札束で手渡すのを見ました」と証言するのではなく，その話しをCから聞いたDが，「Cさんが，AさんがBさんに1000万円を渡すのを見たと，私に言いました」と証言するのが伝聞証言である。裁判官が伝聞証言から一方の当事者に有利な心証を形成すると，相手方当事者はそれを直接見聞した者に反対尋問を行う機会がないままに，自己に不利な

---

25) 勾引とは，被告人，被疑者，証人，身体検査を受ける者などを一定の場所に引致して拘留することであり，拘引状を発して行う（刑訴62条）。

判断がなされることになる。刑事訴訟で伝聞証拠に証拠能力が認められないのは，そのためである。しかし，証拠方法に制限を課さない自由心証主義の下では，刑事訴訟法のような明文規定がないいじょう，伝聞証言の証拠能力を否定することはできない。ただし，伝聞証言の内容は，証人以外の者がある見聞をしたということである。そのような証言から，内容となっている事実自体の存在を認定することも，裁判官に証拠価値の評価の自由を認める，自由心証主義の下ではもとより可能である。しかし，現実には，証人が直接見聞した事実についての証言に比べると，証拠価値が低いことが多いであろう。

3　証人義務

わが国の裁判権に服する者は，すべて証人として証言をなす義務を負う（190条）。この義務を**証人義務**という。この義務は公法上の義務である。義務の具体的内容は，裁判所に出頭する義務，宣誓する義務，証言する義務である。これらを拒む者には，一定の制裁が科される。すなわち，不出頭に対しては過料（192条），罰金または拘留に処することができ（193条），また勾引も可能である（194条）。宣誓拒絶および証言拒絶に対しても，同様である（200条・201条5項による192条・193条の準用）。さらに，宣誓した証人が虚偽の証言をすると，偽証罪に問われる（刑169条）。

4　証言拒絶権

（1）総　説

法は一定の場合に，真実発見を犠牲にしても，一定の社会的価値を守るために，証人義務の例外として**証言拒絶権**を認めている。証言拒絶権は，①証人または証人に近い関係にある者が刑事訴追などを受けるおそれ，またはこれらの者の名誉が害されるおそれがある場合の証言拒絶権（196条），②公務員の証言拒絶権（197条1項1号），③職業上黙秘義務を負う者の証言拒絶権（同条項2号），④技術または職業の秘密に関する証言拒絶権（同条項3号）に分類できる。

---

26) 最判昭和32年3月26日民集11巻3号543頁は伝聞証言の証拠能力を認める。
27) 192条の制裁は秩序罰であり，193条の制裁は刑事罰である。後者の制裁は，不出頭の情状がより悪質な場合に，科されることが予定されている。前者は受訴裁判所が決定で行う（192条2項参照）のに対して，後者は，受訴裁判所が捜査機関に告発することにより開始される刑事手続によって科される。

(2) 公務員の証言拒絶権

公務員または公務員であった者を証人として職務上の秘密について尋問するさいには，裁判所は当該監督官庁（衆議院・参議院の議員についてはその院，大臣については内閣）の承認を得なければならず（191条1項），これが得られない場合には，証言拒絶権が与えられる（197条1項1号）。監督官庁は，承認を，公共の利益を害し，または公務の遂行に著しい支障を生ずるおそれがある場合を除き，拒むことができない（191条2項）。

証言拒絶権が認められるか否かの基準は，①尋問事項が職務上の秘密に該当するか否か（秘密該当性）と，②証言が公共の利益を害し，または公務の遂行に支障を生じるか否かの，2点である。判断権限は監督官庁にあり，裁判所にはない（反対説もある）。

(3) 刑事訴追などを受けるおそれがある事項または名誉を害すべき事項の証言拒絶権

証言が，証人または証人と近い関係にある者が刑事訴追を受けまたは有罪判決を受けるおそれがある事項に関するときには，証言拒絶権が認められる（196条柱書前段）。これらのうち刑事訴追を受けるおそれとは，証言が契機となって犯罪が発覚するおそれである。有罪判決を受けるおそれとは，既に訴追されている事件において，証言が有罪判決の理由となる可能性のことである。証言が証人または証人と近い関係にある者の名誉を害すべき事項に関するときも，証言拒絶権が認められる（同柱書後段）。

上記の証人に近い関係にある者とは，配偶者，四親等内の血族もしくは三親等内の姻族の関係にある者，またはあった者（196条1号）と後見人と被後見人の関係にある者である（同条2号）。立法論としては，現行法は証言拒絶権を認める範囲が広すぎるとの，批判がある。

(4) 職業上黙秘義務を負う者の証言拒絶権

医師，歯科医師，薬剤師，医薬品販売業者，助産師，弁護士（外国法事務弁護士を含む）[28]，弁理士，弁護人，公証人，宗教，祈禱もしくは祭祀の職にある者またはこれらの職にあった者は，職務上知り得た事実で黙秘すべきものについて，証

---

[28] 弁護人とは，弁護士以外の特別弁護人（刑訴31条2項）のことである。簡易裁判所の民事訴訟手続において裁判所の許可を得て訴訟代理人となった非弁護士も，「弁護人」といわれてはいないが，ここでいう弁護人であると解される。

言拒絶権を持つ（197条1項2号）。

この証言拒絶権によって保護されるのは，医師，歯科医師，弁護士など，197条1項2号に列挙された職業にある者の利益ではなく，これらの者を信頼して，本来他人に知られたくない事項をうち明けた者の利益である。したがって，その者が秘匿の利益を放棄すれば（証言に同意すれば），証言拒絶権はなくなる（197条2項）。

（5） 技術または職業の秘密に関する証言拒絶権

証人の技術または職業の秘密に関する事項についての尋問に対しては，証言拒絶権が認められる（197条1項3号）。197条1項2号の職業上の義務を負う者の証言拒絶権が，なんらかの事項を証言拒絶権者にうち明けた者の利益を保護するために認められているのに対して，この証言拒絶権は，証言拒絶権者の職業の維持遂行が不可能または困難になることの防止を目的としている。この点が両者の違いである。

職業上の秘密とは，「その事項が公開されると，当該技術の有する社会的価値が下落しこれによる活動が困難になるもの又は当該職業に深刻な影響を与え以後その遂行が困難になるものをいう」とされている。[29]

　　判例は，上記のように解したうえで，「ある秘密が上記の意味での職業の秘密に当たる場合においても，そのことから直ちに証言拒絶が認められるものではなく，そのうち保護に値する秘密についてのみ証言拒絶が認められると解すべきである。そして，保護に値する秘密であるかどうかは，秘密の公表によって生ずる不利益と証言の拒絶によって犠牲になる真実発見及び裁判の公正との比較衡量によって決せられる」（傍点著者）[30]と解している。そう解するのが学説上も多数説である。しかし，真実発見を犠牲にしてまで技術・職業上の秘密を保護しようとするのが，この証言拒絶権を認めた目的であるから，いったん尋問が職業上の秘密に関する事項についてのものであると判断されたいじょう，このような利益衡量はなすべきでない（有力説）。

なお，報道関係者（たとえば，記者や定期刊行物の編集者）にとって取材源は職業上の秘密であり，これらの者を証人として取材源を尋ねる尋問につき判例は証言拒絶権を認めている。[31]

---

29) 最決平成12年3月10日民集54巻3号1073頁（百選［3版］76）。ただし，証言拒絶権が準用される文書提出義務除外事由（220条4号ロ－現在はハ）に関する判例である。
30) 最決平成18年10月3日集60巻8号2647頁（百選［5版］67）。
31) 前掲注30)最判平成18年10月3日。それ以前に，札幌高決昭和54年8月31日下民集30巻5－8号403頁（百選［3版］77）がある。

5　証人尋問の手続

(1) 証人尋問の申出と証人尋問の採否

証人尋問には証拠の一般原則が適用されるので，証人尋問は，当事者が申出を行い（180条1項・2項），裁判所が証人の採否を決定し（181条1項・2項），採用された場合に証人尋問が実施される。

　　証人尋問の申出にさいしては，集中証拠調べを円滑に実施することができるように，尋問の申出を，できるかぎり，一括して行い（規100条），尋問に要すると見込まれる期間を明らかにして，個別的かつ具体的に記載した尋問事項を提出・直送しなければならない（規106条・107条）。また，裁判所は，申出を採用したときは，期日を定めて証人に呼出状を送達し，当事者は証人の出頭確保に努めなければならない（規109条）。

(2) 証人の呼出し，出頭，宣誓

証人尋問を実施するためには，当然のことながら，証人が在廷していなければならない。そこで，証人を在廷させるために，裁判所が呼出状を送達する方法がある（規108条）。呼出しには強制力があり，不出頭には制裁が科される（192条－194条，規111条）。しかし，証人をその意に反して出頭させることは，事実上困難なので，実務では通常，証人尋問を申し出た当事者が当該証人を伴って法廷に来ている。これを，実務上の用語として，同行証人という（規109条参照）。

裁判長は原則として証人に宣誓をさせなければならない（201条1項，規112条1項－5項。例外は，たとえば，16歳未満の者，宣誓の趣旨を理解できない者に宣誓させてはならないなど，201条2項－4項に規定されている。）

(3) 証人尋問の実施

i　交互尋問

証人尋問は，原則として，その尋問を申し出た当事者，他の当事者，裁判長の順で行う（202条1項）。これを**交互尋問**という。ただし，裁判長は，当事者の意見を聴いたうえで，尋問の順序を変更することができる（202条2項。なお3項参照）。

交互尋問制は，当事者主義的訴訟観に基づくアメリカ法にならって第二次大戦後に導入された方式である（昭和23年〈1948年〉の改正による旧民訴294条）。しかし，アメリカの民事訴訟では，ディスカバリーといって，当事者が公判前に相手方に証拠の開示を求め，また事実関係について質問する制度があって，それを前提に交互尋問制がとられている。このような事前の事実資料の収集を可能にする手立てを設けずに，尋問方式についてだけ交互尋問制を採用しても，適正な事実認定が難しいという批判

が，旧法下で提起されていた。そこで，現行法は，交互尋問制が所期の目的を達成できるように，訴え提起前における照会や証拠収集（132条の2・132条の4）などを設けるとともに，前述のように，尋問の順序の変更も可能とした。

ii 直接主義の原則

直接主義（249条1項）の要請により，証言は官署としての裁判所の建物の中の法廷において裁判機関としての裁判所の面前でなされるのが原則である（官署としての裁判所と裁判機関としての裁判所については，第2篇第1章第1節1で説明された）。例外は，195条1号－4号が規定しており，この場合にかぎり受命裁判官または受託裁判官による裁判所外での尋問が可能である。たとえば，証人が重病で，病院から外出できないときに，受命裁判官または受託裁判官による病院での尋問が可能である（同条1号後段）。

> 証人の証言から証拠資料を得る証人尋問においては，直接主義の要請が他の証拠方法よりさらに強い。裁判所外の証拠調べ一般について規定する185条があるにもかかわらず，証人尋問については195条が設けられているのはそのためである。すなわち，195条は185条に対する特別規定であり，優先して適用される。ただし，当事者に異議がないときでも，裁判所が相当と認めなければ，裁判所外での受命裁判官または受託裁判官による証人尋問は許されない（195条4号・185条1項前段。この場合には，195条4号が適用されたうえで，さらに185条1項前段も適用される）。

iii 隔離尋問と対質

1期日において複数の証人を尋問するときは，尋問する証人以外の証人を退廷させるのが原則であり，裁判長がとくに必要と認めるときに，後に尋問する証人の在廷を許すことができるとされている（規120条は，例外の場合を規定している）。これを**隔離尋問の原則**という。先の証人の証言が後の証人に影響を及ぼすこと（証人の汚染）を防ぐためである。

ただし，裁判長は，必要があると認めるときは，対質を命じることができる（規118条1項）。**対質**とは，法廷において宣誓した複数の証人を対席させたうえで，それらの証人に対して尋問を実施することである。近時，対質が真実発見に有効な手段であるとの認識に立って，これを積極的に使う裁判所もあるとのことである。

iv 口頭陳述の原則

証拠方法としての証人は，たんに証言の内容だけでなく，証言をするときの証人の態度，表情および振る舞いなどから裁判所が証拠資料を得る（心証を形成す

る）点にその特性がある。そのため，証人の陳述は本来口頭でなされなければならない。書面の記載を読み上げることは，形式的には口頭陳述であっても，実質的には口頭陳述ではないから，原則として許されない（203条本文）。

　この原則に対しては，以下の例外がある。①裁判長は書類に基づく陳述を許すことができる（203条但書）。ただし，ここで許されるのは，記憶喚起のためのメモを参照することであって，前述した証人の特性からすると，書類の朗読までが許されるわけではないと解される。②耳が聞こえない証人への質問，および，口がきけない証人の質問に対する回答は書面でなし得る（規122条）。③裁判所が相当と認め，かつ当事者間に異議のないときは，証言に代えて，書面の提出が認められる（205条，規124条）。これを書面陳述という。

v 証人の保護など

証言にさいし証人が心理的圧迫や身の危険を感じることがある（たとえば，犯罪被害者やその相続人が加害者に対して損害賠償を請求する訴訟）。これらの場合に，証人を保護するために，①付添い，②遮へい，③映像と音声の送受信（ビデオリンク）を利用した証人尋問が設けられている。

付添いとは，証人の年齢，心身の状態などを考慮し，証人が著しく不安または緊張を覚えるおそれがあるとき，裁判長が，それを緩和するために，適当な者（たとえば，家族，医師）を付き添わせることである（203条の2，規122条の2）。

遮へいとは，証人が当事者本人やその法定代理人の面前で陳述すると，圧迫を受け精神の平穏が害されるおそれがあるとき，これらの者の間についたてを置くなどして，相手の状態をわからなくする措置である（203条の3第1項，規122条の3）。傍聴人と証人の間に遮へいを設けることもできる（203条の3第2項）。

裁判所は，事案の性質，証人と当事者本人またはその法定代理人との関係などにより，証人が圧迫を受け精神の平穏を害されるおそれがあるときに，映像と音声の送受信（ビデオリンク）を利用した証人尋問をすることができる（同条2号），（具体的な方法は規則123条に規定されている）。なお，この方法は，証人が遠隔の地に居住するときにも利用できる（204条1号）。

第 7 節　当事者尋問

1　当事者尋問の意義

当事者尋問とは，当事者を証拠方法として尋問し，そこでなされた当事者の陳述を証拠資料とする証拠調べである。当事者に法定代理人がいる場合，法定代理人への尋問も当事者尋問に準じる（211 条）。法定代理人は，当事者自身ではないから，その尋問は証人尋問によるべきとも考えられるが，その利害は当事者の利害と一致するからである。

　　証拠調べと弁論は区別されるので（本篇第 2 章第 1 節），当事者尋問における当事者の陳述は弁論ではない。ところで，弁論主義の主張原則（本篇第 3 章第 4 節 1 (1) ii）として「裁判所は，当事者が主張しない事実を裁判の資料としてはならない」とされているが，この場合の「主張」は，弁論における主張である。したがって，当事者尋問における当事者の陳述中に現れた事実は，当然には裁判の資料にならない。たとえ，当事者が内心において，そうなることを望んだとしてもである（そのような場合，裁判所が釈明権を行使して，当事者にこの事実を弁論において主張することを促し，当事者がこれに応じることによって，当該事実を裁判の資料にすることはあり得る）。同じ理由から，当事者尋問における当事者の陳述により自白が成立することもない。

　　当事者尋問における陳述が弁論ではないということから，また，訴訟能力を欠く者（たとえば，未成年者），であっても当事者尋問で取り調べることはできる。

2　当事者尋問の補充性とその修正

　旧民事訴訟法は，当事者尋問は，他の証拠方法の証拠調べによって心証を得られないときに，はじめて実施すべきものと定めていた（旧民訴 336 条前段）。これを**当事者尋問の補充性**という。それは，自己の勝訴を望み，敗訴を避けようとする当事者に，客観的な陳述を期待することはできないという考慮に基づくものであった。しかし，一方では，事件の直接の関与者である当事者が事実関係については一番よく知っているはずなので，事実関係はまず当事者に訊くべきであるという考えも，根強かった。そのため実務においては，当事者尋問の補充性は必ずしも遵守されていなかったといわれている。

　このような背景があったため，現行法の立法にあたっては，当事者尋問の補充

性が後退させられた。すなわち，裁判所がその他の証拠調べによって心証を得られないときに限ってなされるという，一般的な制約はなくなった。ただし，証人尋問と当事者尋問の双方を行うときは，裁判所は，原則として，証人尋問を先に行い（207条2項前段），適当と思われるときに，当事者の意見を聴いて，当事者尋問を先に行うことができるものとされている（同条同項後段）。

3 当事者尋問の手続

裁判所は当事者尋問を，申立てによりまたは職権で行う（207条1項前段）。職権で行うことができるのは，弁論主義の例外である。

> 職権による当事者尋問については，当事者尋問の補充性が定められていた旧法下では，当事者尋問が行われるのは，ほかの証拠調べで心証を得られない場合であるから，職権でこれを行うことにも，合理性があったが，本文で述べたように，補充性が後退した現行法下では，職権による当事者尋問を認めるべきでないとの，批判的な見解を主張する学説もある。

尋問を命じられた当事者は，出頭し，裁判所が命じれば宣誓し，供述する義務を負う。当事者が正当な理由なくこの義務に違反するときは，裁判所は，尋問事項に関する相手方の主張を真実と認めることができる（208条）。宣誓を命じるか否かは裁判所の裁量による（207条1項後段）が，宣誓した当事者が虚偽の陳述をすれば，過料の制裁が科せられる（209条1項）。

以下の点などにつき，当事者尋問の手続には証人尋問の手続に関する規定が準用される。尋問の順序は，交互尋問方式により（210条による202条の準用），書類に基づく陳述は禁止され（203条の準用），映像と音声の送受信を使った（ビデオリンク）尋問も可能である（204条の準用）（そのほか，195条・201条2項・206条が準用される）。

第8節 鑑 定

1 鑑定の意義

鑑定とは，裁判官が，争われている事実を認定するために，必要な知識のうち，一般的教養としてだれもが，それゆえ裁判官が有しているものではなく，特殊専

門的な知識を，それを有する者に報告させることである。この報告をする者を**鑑定人**という。

　鑑定は，具体的事実ではなく，事実認定をするために必要な，専門的ではあるが，一般に通用する知識（専門的経験則）の報告である。したがって，たとえば，前述のように（本章第6節**1**），交通事故によって負傷した被害者を診療した医師が，その症状を医学の専門的知識に基づいて報告するのは，鑑定ではない（鑑定証人といい，その尋問は証人尋問に関する規定による。217条）。

　また，外国法規も証明の対象になるので（本章第2節**1（2）**），争いある外国法の内容については，鑑定の対象になる。それに対して，国内法の解釈適用が当事者間で争われたとき，当事者が，法律の専門家に自己に有利な解釈論を示す書面の作成を依頼し，これを「鑑定書」と称して，提出することがある。しかし，国内法は証明の対象とはならないから，これは鑑定ではなく，この書面は，当事者によって援用された法律上の主張である。

2　鑑定義務

　鑑定に必要な学識経験者は，鑑定義務を負う（212条1項）。これは，証人義務と同様，裁判権に服する者に課される一般的義務である。したがって，裁判所によって指定された鑑定人が鑑定や宣誓を拒む場合には，制裁が科せられる（216条による192条・193条の準用）。ただし，証言拒絶権に相当する事由があるときは，鑑定義務は免除される（191条・197条－199条の準用）。

3　鑑定の手続

　鑑定も証拠調べであるから，当事者は鑑定の対象とすべき事項を特定して，鑑定の申出をしなければならない（180条1項。規129条1項）。

　鑑定人は裁判所の補助者の性質を有するとして，職権による鑑定を認める見解も有力である。しかし，弁論主義の証拠原則を前提にするかぎり，申立てがなされないのに，職権鑑定は許されないとするのが，通説である。

　ただし，実際には，裁判所は釈明処分としての鑑定（151条1項5号）や鑑定の嘱託（218条）を活用して，申立てがなくても，専門的な事項に関する知識に基づく報告を得ることができる。以上のうち，鑑定嘱託とは，官庁もしくは公署（公共団体の役所〈たとえば，市役所，都道府県庁〉やその機関），外国の官庁もしくは公署または相当の設備を有する法人に鑑定を嘱託することである。ただし，外国の官庁，公署は，条約などがなければ，日本の裁判所の嘱託に応じる必要はない。相当の設備を有する法人の中には，法人でない団体や個人経営の研究所なども含まれると解されている。

申立てがなされると，裁判所は鑑定の採否を決める。鑑定を行うと決めたなら，裁判所（場合によっては，受命裁判官，受託裁判官）は鑑定人を指定する（213条）。証人尋問の申し出において，申出人である当事者が証人を指定する（規106条）のと異なる。申出にあたり当事者が鑑定人を指定することもあるが，それは裁判所への提案であって，裁判所を拘束するものではない。鑑定人の指定とともに，裁判所は，当事者の意見を考慮して，鑑定事項を定め，これを記載した書面を鑑定人に送付する（規129条4項）。

裁判所は鑑定人を呼び出し，宣誓させる（216条による201条1項の準用，規131条2項）。裁判長は，鑑定人にその意見を書面または口頭で述べさせる（215条1項）。裁判所は，当該意見の内容を明瞭にし，またはその根拠を確認する必要があると認めるときは，申立てによりまたは職権で鑑定人にさらに意見を述べさせることができる（215条2項）。

第9節　書　証

1　書証の意義

書証とは，文書に記載された作成者の意思や認識を裁判所が閲読して，その意味内容を係争事実のための証拠資料（認定に用いる資料）とする証拠調べである。紙などに記載された文字や記号を証拠として調べる場合でも，その筆跡や印章を調べる場合（たとえば，書道の作品が著名な書道家の作品か贋作かを調べる場合）は，検証である。

図面，写真，録音テープ，ビデオテープその他の情報を表すために作成された物件で，文書でないものにも書証に関する規定が準用される（231条）。これらを**準文書**という。旧民事訴訟法下では，これらのうち録音テープやビデオテープの取調べが書証によるのか検証によるのかにつき，見解が対立していたが，この問題は，現行法の立法にあたり明文規定を置くことによって，解決された。

なお，最近では，コンピュータ用記憶媒体（磁気テープ，光ディスクなど）の証拠調べについて議論が生じているが，これらについては解釈と運用に任されている。

2　文書の種類

文書は以下のように分類される。

（1）公文書，私文書

公文書とは，公務員がその権限に基づいて職務上作成した文書であり，このうち，公証人や裁判所書記官のように，公証権限を有する公務員が作成したものを**公正証書**という（ただし，「公正証書」というと，一般には，公証人が作成した文書の意味で用いられることが多い）。**私文書**はそれ以外の文書である。

（2）原本，正本，謄本，抄本

原本は，その作成者が最初に作った確定的な文書である。**正本**は，原本と同一の効力をもたせるために，公証権限を有する公務員が，正本と表示をして，作成した写しをいう。**謄本**は，原本の内容をそのまま写したものである。謄本のうち，公証権限を有する公務員が公証の付記をしたものを**認証謄本**という。**抄本**は，原本の一部の写しである。一部であるということが，謄本との違いである。

（3）処分証書，報告文書

処分証書とは，証明しようとする法律行為が記載されている文書である（契約書がその典型例。その他，手形，遺言書など）。それ以外の，作成者の経験を記載したり，意見を述べた文書を**報告文書**という。

3　書証の手続

（1）書証の申出

書証は証拠方法の一つであるから，原則として，当事者が申し出てはじめてこれについての証拠調べが行われる（弁論主義の証拠原則。例外は，商法19条4項，会社法434条・443条）。

申出は以下の3つの方法のいずれかによる。

①挙証者自身が提出しようとする文書を所持している場合は，これを裁判所に提出する方法による（219条前半部分）。この場合は，証拠の申出が文書の提出でもあるので，原則として，挙証者が文書を口頭弁論期日または弁論準備手続期日に持参して提出する（証拠の申出だけに止まるものではないため，180条2項が適用されない。例外は，185条，規則142条）。ただし，申出・提出をする者は，原則として，あらかじめ文書の写しを2通（相手方が複数いる共同訴訟では，相手方の数に1

を加えた数）裁判所に提出し，裁判所はその写しを相手方に送付するか，あるいは，提出者が写しを，裁判所に提出するほか，相手方に直送することになっているので（規137条1項・2項），裁判所と相手方は申出・提出前に当該文書が提出されることおよびその内容を知っているはずである。

②文書を挙証者自身ではなく，相手方または第三者が所持している場合には，その者対する文書提出命令の発令を裁判所に申し立てる方法による（219条後半部分）。①の場合と異なり，文書提出命令の申立ては，証拠の提出ではないから，期日外でも申し立てることができる（180条2項）。

③文書の所持者が挙証者自身でない場合でも，所持者が任意に提出に協力する見込みがあるときは，文書の送付嘱託の申立ての方法による（226条本文）。この申立ても，②と同様に，期日外で行うことができる（180条2項）。

（2）　書証の実施

書証の証拠調べは，理論上，裁判所が提出された文書を口頭弁論期日または弁論準備手続期日に閲読することによって行われ，かつそれによって終了する。終了後，裁判所は，原則として，原本を当事者に返還し，提出されている写し（規137条1項）を記録に編綴する。しかし現実には，文書の分量が多い，あるいは内容が複雑である場合，裁判官にとって，期日に閲読しただけで心証をとることは困難であるため，期日終了後に写しを読み返して心証をとることが多い。その場合，裁判所が心証をとるために，写しを読むだけで十分なこともあろうが，原本を読み直す必要があることもある。そのため，裁判所は提出または送付された文書（原本）を留置する（手もとに置いて保管する）ことができる（227条）。

4　文書の証拠力（証拠価値，証明力）

文書の証拠力とは，文書が立証されるべき事項に関する裁判官の心証を動かす力である。文書の証拠調べである書証においては，2段階の調査がなされる。第1段階として，記載内容が真に作成者の思想を表現したものであるかが調査され，この点が肯定的に確認されると，第2段階として，その思想内容の真実性が調査される。たとえば，契約締結の事実を証明しようとする原告が，文書として，自分と被告で作成したとされる契約書を提出した場合，まずその契約書が本当に原告と被告によりその真意に基づいて作成されたか否かが，確認されなければならない（第1段階）。これが肯定されることを，**文書の真正**が確認されたという。文

書の真正が確認されると，次に，記載内容どおりの契約が締結されたか否かが，判断される（第2段階）。前者を形式的証拠力の問題，後者を実質的証拠力の問題という。

文書の成立については，公文書，私文書の双方について，一定の要件の下で，成立の真正を推定する規定がある。すなわち，公文書については，その方式およびその趣旨により公務員が職務上作成したものと認めるべきときは，成立の真正が推定される（228条2項）。私文書については，本人または法定代理人の署名または押印があるときは，成立の真正が推定される（同条4項）。

5 文書提出命令

(1) 文書提出命令の意義

証明に必要な文書を，証明しようとする者自身（以下「挙証者」という）が所持している場合は，問題ないが，相手方または第三者が所持している場合，所持者が当該文書を任意に提出してくれるとは限らない。これらの者が任意に提出しない場合に，当事者である挙証者の申立てにより，裁判所が所持者に文書を裁判所に提出するように命じることを，**文書提出命令**という。証拠収集は本来挙証者の努力により行われるべきである。文書提出命令は，所持者の協力を得られないため，この努力による成果が望み得ない状態になったときに，補充的になされるべきものである。したがって，当事者が法令などにより文書の謄本または抄本の交付を求めることが可能な文書（たとえば，登記簿）については，文書提出命令を申し立てることはできない。

文書提出命令はいかなる訴訟においても利用され得るが，とくに現代型訴訟といわれている医療過誤訴訟，薬害訴訟，公害訴訟など（医療過誤，薬害，公害などに基づく損害賠償請求訴訟）において重要な役割を果たしている。なぜなら，これらの訴訟においては請求の成否に関する一方の当事者（通常は原告）の主張を認めさせるために必要な証拠，とくに文書が他方の当事者（通常は被告）に偏在しているからである。

(2) 文書提出命令の申立て

文書提出命令の申立ては，221条1項に列挙されている必要的記載事項を明らかにして，書面で行わなければならない（規140条1項）。必要的記載事項は以下のとおりである。

①文書の表示　　具体的には，文書の種別（たとえば，売買契約書，領収証，診療録）で示す。

②文書の趣旨　　具体的には，記載内容の概略・要点である。

③文書の所持者

④証明すべき事実　　証明主題という。

⑤文書提出義務の原因　　後述の220条1項1号から4号までのいずれの提出義務によるかということである。

（3）　文書特定のための手続

①の文書の表示および②の文書の趣旨の記載が要求されているということは，文書提出命令の申立てにあたり，いかなる文書の提出を求めるかという点が，明らかにされなければならないということを意味する。言い換えれば，これらが明らかにされないままに，ばく然と訴訟に関係がありそうな文書の提出を求める申立てがなされても，その申立ては不適法であり，却下されなければならない。しかし，場合によっては，とくに前述の現代型訴訟においては，挙証者にとって文書の特定が容易でない場合がある。たとえば，医療過誤訴訟で，原告が，医師または診療機関の過失を立証するために必要ななんらかの文書を被告が所持しているであろうと推測しているが，その文書を明確に特定できない場合である。このような事態への対応策として明文規定で認められたのが，**文書特定のための手続**である。この手続において，挙証者が文書の表示および趣旨を明らかにすることが著しく困難なときには，所持者が申立ての対象となる文書を識別することができる事項を明らかにすれば足りるとされ（222条1項），また裁判所も所持者に対して文書の表示および趣旨を明らかにすることを求めることができるとされている（同条2項）。

　なお，医療過誤などによる損害賠償請求訴訟では，被告の過失または責めに帰すべき事由と評価すべき事実が証明主題の一つになる。しかし，原告は，被告に損害発生

---

32) 医療過誤による損害賠償請求権が不法行為による損害賠償請求権であるか債務不履行による損害賠償請求権であるか，あるいは両者が競合しているか（請求権競合）については，見解が分かれるが，不法行為による損害賠償請求権であるとの立場に立てば，医療側の過失がその成立要件の一つである。しかし，損害賠償請求権成立の主要事実は，したがって証明主題は，抽象的な過失ということではなく，過失と評価される具体的な事実である。債務不履行による損害賠償請求の場合も，同様に，債務者側の責めに帰すべき事由と評価される具体的な事実が主要事実である（本篇第3章第4節1(4)ii(a)，(b)参照）。

の原因となるなんらかの落ち度があることは推測していても，それを明確に特定するための資料を持っておらず，むしろ，被告の所持する文書をくわしく調べて，はじめて具体的な証明主題が明らかになることが多い。そこで，このような場合には，証明主題をある程度一般的，抽象的なままにして（たとえば，被告の過失として），証拠調べの申立てや文書提出命令の申立てをすることを認めるべきであるとする見解がある。このような挙証ないし挙証のための活動を**模索的証明**という。ただし，結論としてはこのような申立てを認めるのが一般であるが，それは，証明責任を負わない当事者にも具体的事実陳述義務が負わされていると解することによって，認められる結果であるとの見解もある。

（4） 文書提出義務

i 220条1号ないし3号の文書と旧法下の状況

　220条は，1号から3号までに特定の4つの種類の文書（3号で2種類を規定している）についての文書提出義務を規定し，4号で，提出義務を一般化したうえで，イからホまでの義務の除外事由を規定している。1号ないし3号に規定されている4種類の文書とは，以下の文書である。

　①引用文書（1号）　　**引用文書**とは，一方の当事者が訴訟で自己の主張を基礎付けるために引用した文書である。引用した当事者の相手方がその提出を求める場合，先に引用した当事者には提出義務がある。

　②挙証者が所持者に対して引渡し・閲覧請求権のある文書（2号）　　これを**引渡・閲覧請求可能文書**という。引渡・閲覧請求権には法令の規定に基づいて生じるものと，契約に基づいて生じるものとがある。法令の規定としては，民法487条・503条・646条1項，会社法31条2項・125条2項・231条2項・318条4項・442条3項がある。

　③利益文書（3号前段）　　**利益文書**とは，挙証者の権利・法的地位を基礎付けるために作成された文書である。その例としては，領収証，挙証者を代理人とする委任状，挙証者を受遺者とする遺言書がある。

　④法律関係文書（3号後段）　　**法律関係文書**とは，本来は，法律関係それ自体を記載した文書であり，その例としては，契約書，契約解除通知書がある。

　旧民事訴訟法には，文書提出義務が認められる文書として，以上の文書だけが列挙されていたが（旧民訴312条），とくに証拠が偏在する現代型訴訟訴訟では利益文書および法律関係文書の提出義務を定める3号が拡大解釈される傾向が強かった。たとえば，診療録，航空事故調査報告書などが利益文書または法律関係文

書とされ，その提出を命じる裁判例が存在した[33]。しかし，他方で，文書提出義務の拡大の行き過ぎを押さえるために，所持者がもっぱら自己の利用を目的として作成した文書（自己使用文書）は法律関係文書に当たらないという考え方をとる裁判例も存在した[34]。

ii　現行法における文書提出義務の一般義務化

旧法下でのこのような状況を踏まえて，現行民事訴訟法の立法にあたっては，文書提出義務が一般義務化されるとともに，義務の除外事由が設けられた。すなわち，220条4号は文書提出義務を一般化した（柱書）うえで，イからホの除外事由を挙げている[35]。

除外されるのは，①もし文書の所持者が証人尋問を受けたとすれば，証言拒絶権を行使でることがきるような事項が記載されている文書（4号イ，ハ），②公務秘密文書（同号ロ），③「専ら文書の所持者の利益に供する文書（ただし，国または地方公共団体が所持する文書にあっては，公務員が組織的に用いるものは除かれる。同号ニ），④刑事関係書類（同号ホ）である。文書提出義務が肯定されるか，あるいはここに規定されている除外事由があるとされて，文書提出義務が否定されるかがしばしば問題になるのは，4号ハの職業上の秘密が記載されているかという点と，ニの自己利用文書（自己使用文書）[36]であるかという点である。

現行民事訴訟法施行後早々に自己利用文書の該当性が争点になった事案で，

---

33)　大阪高決昭和53年6月20日高民集31巻2号199頁＝判タ364号175頁（薬害訴訟で，診療録が利益文書とされた事例），東京高決昭和54年4月5日下民32巻9-12号1412頁＝判タ392号84頁（自衛隊機の墜落により死亡した自衛隊員の遺族が提起した国家賠償請求訴訟で，航空事故調査報告書が利益文書であり，かつ法律関係文書であるとされた事例），仙台高決平成5年5月12日判タ819号90頁＝判時1460号38頁（原発差し止め訴訟で，電力会社が通商産業大臣〈当時〉に申請して認可を受けた保安規定，届け出た保安規程，提出した計画認可申請書などならびに原子炉格納容器内部の構造などを記載したその添付資料が法律関係文書とされた事例）。ただし，大阪高決昭和53年5月17日高民31巻2号187頁＝判タ364号173頁は，薬害訴訟において診療録の利益文書該当性，法律関係文書該当性を否定した。

34)　東京高決昭和59年2月28日判タ528号191頁（公団住宅の家賃の増額請求訴訟において，公団が作成所持する収入分析表・公租公課収支表が自己使用の目的で作成された内部文書であるとして，法律関係文書該当性が否定された事例），福岡地久留米支判昭和51年7月13日判時845号101頁（製品の瑕疵に基づく損害賠償請求訴訟で，製造者の従業員が作成し製造者が所持する，クレーム発生報告書が自己の内部文書であるとして，その法律関係文書該当性が否定された事例）。

35)　ただし，現行の220条柱書と同条4号は，平成13年の改正によって制定時（平成8年）の条文が変更されたものである。現行4号のロとホはこの改正により挿入されたものであり，制定時におけるロが現行のハに，ハがニに変わった。

判例[37]は，銀行の稟議書(りんぎしょ)につき，外部の者に開示されることが予定されておらず，開示されると，個人のプライバシーが侵害され，または団体の自由な意思形成が阻害されるなどの不利益が生じるおそれがあることを理由に，特段の事情がないかぎり，自己利用文書に該当するとして，文書提出命令を認めなかった。この判例が自己利用文書該当性に関するリーディングケースである。同判例で言われている「特段の事情」がいかなる事情かが，問題になったが，その後の判例[38]は，破綻した金融機関から債権を譲り受けた者が所持する同金融機関の稟議書につき，これを開示しても，自由な意思決定が阻害されるおそれはないことを理由に，自己利用文書該当性を否定した。このほかにも，自己利用文書該当性に関する判例，下級審裁判例は多数ある。それらは，基本的には，リーディングケースが挙げた，作成にあたり開示が予定されているか否か，文書作成者の自由な意思決定が阻害されるか否かを基準としつつ，実際には，自己利用文書該当性を否定して，文書提出命令を発令する方向にあるといえる。

iii 利益文書，法律関係文書（3号文書）と4号の関係

前述のように，旧法下で，利益文書と法律関係文書について拡大解釈がなされる一方で，自己使用文書による拡大の行き過ぎの抑制がなされていたことを受け，現行民事訴訟法では4号により文書提出義務が一般義務化されるとともに，文書提出義務の除外事由が設けられた。そのことから，利益文書と法律関係文書につき旧法下でなされたような拡大解釈を行う必要はなくなったと考える余地もある。しかし現行法下でも，利益関係文書と法律関係文書について，旧法下におけるのと同様な解釈がなされている。また，4号の除外事由は4号以外の文書の提出命令については適用されるものではないと考えるのが，規定の構造にかなっているように思われるが，実際には，利益文書，法律関係文書にも4号の除外事由が適用されている。

（5） イン・カメラ手続

220条4号の除外事由イ〜ニに該当するか否かが問題になったとき，公開の法

---

36) 旧民事訴訟法下では，「自己使用文書」あるいは「自己使用の目的」という言葉が使われていた。現行法下でも，同様の言葉を使っている文献もある。しかし，220条4号ニにおいて「専ら所持者の利用に……」という表現が使われているためであろうが，「自己利用文書」「自己専利用文書」という言葉を使っている文献もある。本書では「自己利用文書」という言葉を使う。

37) 最決平成11年11月12日民集53巻8号1787頁（百選［第5版］69）。

38) 最決平成13年12月7日民集55巻7号1411頁。

廷でその点を審理するのは，事柄の性質上，適当でないこともある。そこで，この点について，裁判所は必要と認めるときは，裁判官室内で非公開で審理を行うことができる（223条6項）。これを**イン・カメラ手続**という。この名称は，英語で裁判官室をカメラ（camera）ということに由来している。イン・カメラ手続は，220条4号ホの刑事関係文書については利用できない（223条6項には「イからニまでに掲げる文書」とあり，ホが除外されている）。

（6） 文書提出命令の発令

裁判所は，文書提出命令の申立てを理由ありと認めたなら，文書の所持者に対して，提出を命じる（223条1項前段）。文書に取り調べる必要がない部分または提出の義務があると認めることができない部分があれば，その部分を除いて提出を命じることができる（同条項後段）。実際にはこの部分を黒塗りにして（マスキングして）提出させる。所持者が第三者であるときは，提出を命じるには，この者を審尋しなければならない（同条2項）。

公務員の職務上の秘密に関する文書（公務秘密文書）について文書提出命令の申立てがあった場合，裁判所はこの申立てに対する裁判にあたり，当該官庁の意見を聴かなければならず，当該官庁が，国の安全，他国もしくは国際機関との信頼関係の毀損，犯罪の予防などの観点から220条4号ロに掲げる文書だとの意見を述べたときは，その意見に相当の理由があると認めるに足りない場合にかぎり，提出を命ずることができる（223条3項・4項）。

（7） 文書提出命令不遵守の効果

文書提出命令不遵守とは，命令を受けた文書の所持者が文書を提出しないこと（以下では「不提出」という），および，文書の使用を妨げる目的でこれを滅失させ，その他使用できなくすること（以下では「滅失など」という）である。その効果については，相手方の不遵守（所持者が相手方である場合）と第三者の不遵守（所持者が第三者である場合）に分けて，規定されている。

i 相手方当事者の不遵守

相手方の不遵守については，さらに場合を分けて規定されている。基本的な場合と特殊な場合ということができよう。

まず基本的な場合のうち，不提出のときについては，224条1項が，裁判所は，当該文書の記載に関する相手方（文書提出命令の申立人）の主張を真実と認めることができると規定し，同条2項が，文書の滅失などのときも同様であると規定し

ている。これを**真実擬制**という。それは，相手方が主張する証明主題が真実とみなされるということのように思われるかも知れないが，そうではない。この点を以下に説明する。

　文書の不提出または滅失などの場合，当該文書を証拠として取り調べることができなくなるのであるから，224条1項・2項の規定がなければ，文書提出命令の申立人（224条1項・2項でいわれている「相手方」）が当該文書を用いて行おうとした証明ができなくなるはずである。224条1項・2項は，そのような事態を避けるため，文書提出命令不遵守の場合に，裁判所は，申立人が主張するようなことが記載された文書が提出されたものとして，審理を行うことができると定めているのである。そのうえで，裁判所が証明主題につきいかなる心証を形成するかは，自由心証主義（247条）により，裁判所の裁量にゆだねられている（〔図表3〕中の②の場合）。そのことは，文書の所持者が文書提出命令を遵守して，当該文書を提出した場合に，裁判所が提出された文書を取り調べて，そこから自由な裁量により証明主題についての心証を形成する（〔図表3〕中の①の場合）のと同じである。

　しかし，このような対応では妥当な結果をもたらすことができない，特殊な場合がある。それは，現代型訴訟に多いのだが，文書提出命令の申立人自身（224

〔**図表3**〕　訴訟当事者による文書提出命令遵守・不遵守の場合

① **遵守の場合**

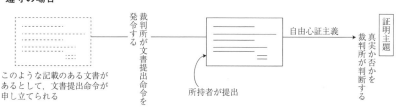

② **不遵守の場合（224条1項・2項）**

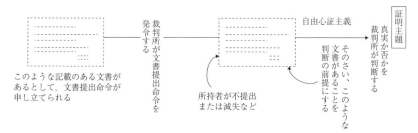

244　第3篇　第4章　証　拠

③　不遵守の場合（224条3項）

　条1項−3項にいう「相手方」）が，当該文書に具体的にどのような記載がなされているかを，知ることができない場合である。このような場合で，かつ証明主題を他の証拠により証明することが著しく困難なときに，文書提出命令が遵守されなければ，裁判所は証明主題，すなわち申立人（相手方）主張の事実を真実と認めることができる（224条3項）（〔図表3〕中の③の場合）。

ii　第三者の不遵守

　文書提出命令を遵守しなかった所持者には20万円以下の過料に処せられる（225条1項）。

第10節　検　証

1　検証の意義

　検証とは，裁判官が五感の作用によって事物の性状や現象を直接に知覚・認識し，その結果を証拠資料（事実認定の資料）とする証拠調べである。文書について，その記載されている意味内容を証拠資料にするのは（たとえば，契約書にある内容

---

39) 224条3項は，現行民事訴訟法においてはじめて設けられた規定であり，旧民事訴訟法にはこれに相当する規定はなかった。しかし，この規定の考え方は，既に，東京高判昭和54年10月18日下民33巻5−8号1031頁＝判タ397号52頁＝判時942号17頁（百選Ⅱ131）において採用されていた。この訴訟は，自衛隊機の墜落により死亡したパイロットの遺族が提起した国家賠償請求訴訟である。原告は，事故の原因は事故機の整備不完全にあると主張し，その事実を証明するために，国（防衛庁〈当時〉航空自衛隊幕僚監部）が所持する航空事故調査報告書につき文書提出命令を申立て，これが発令された（それが前掲注33）東京高決昭和54年4月5日である）。しかし，被告・国がこれを提出しなかったところ，原告の主張が真実とされた。224条3項は，このように，現行法の立法前から解釈上認められていた考え方が明文化されたものである。

どおりの契約が締結されたか否かを判断するために，契約書を調べる場合）書証であるが，文書自体の形状や筆跡・印影などを取調べの対象とするのは（たとえば，書道の作品が著名な書道家によって書かれたものか，贋作(がんさく)かを判断するために，調べる場合），検証である。なお，151条1項5号には，裁判所が釈明処分としての検証をすることができると規定されているが，これは訴訟関係を明瞭にするための処分であって，証拠調べとしての検証ではない。

検証の対象となるものを検証物という。建築瑕疵による損害賠償請求訴訟における建物，交通事故による損害賠償請求訴訟における事故現場，前述の書道の作品が真作か贋作かが争われている場合の作品がその例である。前の2つの検証は裁判所の庁舎外の現場で，最後の書道の作品の検証は庁舎内の法廷で行われる（作品の大きさなどから持ち運びが不可能，または過大な費用がかかる場合は，所在地，すなわち庁舎外で行われることもあり得る）。

2 検証協力義務

検証についても，証言義務などと同様に，**検証協力義務**があると解される。その内容は，検証物を所持する相手方または第三者が，これを裁判所に提出する義務と，裁判所に提出できない検証物について，その所在地において検証を容認する義務である。前者を**検証物提示義務**といい，後者を**検証受認義務**という。3で述べるように，それに違反した相手方当事者は事実認定に際して不利益を受け，第三者は過料の制裁を受ける（232条2項）。

3 検証の手続

検証については，書証の規定が個別的に準用される（232条1項）。検証の手続の概要は以下のとおりである。

検証は，職権で行うことは許されず当事者の申出によって行われる（弁論主義の証拠原則。釈明処分としての検証は，職権で行うことも可能である。151条1項5号）。申出は書証の申出に準じて以下のいずれかによる。①申出をする当事者が検証物を所持している場合は，当事者が申し出て，提出することによる（232条1項による219条前半部分の準用）。ただし持ち運びができないもの（たとえば，建築瑕疵による損害賠償請求訴訟における建物）については，申出だけをする。②相手方または第三者が検証物を所持している場合は，文書提出命令に準じて，検証物提示命令または検証受忍命令を申し立てる（219条後半部分の準用）。③文書送付嘱託に準じて検証物の送付嘱託を申し立てる（226条の準用）。

申出があると，裁判所は，争点の判断に検証が必要か否かを判断し，検証の採否を決定する。検証を実施する場合，裁判所は，必要とするときは，職権で専門的知識を有する第三者に鑑定を命じることができる（233条）。

検証物については，書証に準じて，一部提出も可能であり（232条1項による223条1項後段の準用），インカメラ手続が行われることもありうる（223条6項の準用）。検証物提示命令または検証受忍命令を受けた者が当事者である場合の，不遵守の効果についても，文書提出命令の不遵守に関する規定が準用される（224条準用）。検証物提示命令または検証受忍命令を受けた者が第三者であり，正当な理由なくこれに従わなかった場合は，20万円以下の過料に処せられる（232条2項）。

裁判所は，必要があると認めるときは，検証物を留置することができる（232条1項による227条の準用）。

第11節　調査の嘱託

本節における**調査の嘱託**とは，裁判所が事実認定の補充として内外の官公署，学校，商工会議所などの団体に調査を嘱託することである（186条）。具体例としては，気象台に気象情報について，外国の領事館に外国法の内容について調査を嘱託することが挙げられる。ちなみに，そのほかに，裁判所が，訴訟関係を明瞭にするために，釈明処分の一環として，実施する調査の嘱託もある（151条1項6号）（この意味の調査の嘱託については，本篇第3章第4節**2(1)**で説明された）。

186条の「裁判所は，必要な調査を……嘱託することができる」という文言から，調査の嘱託は裁判所が職権によって行うことができると解されており，弁論主義（証拠原則）の例外である。ただし，当事者がこれを申し立てることもできる。訴え提起前に行うこともできる（132条の4第1項2号）。

嘱託する先は，186条に列挙されている官公署，学校などのほか，特定の分野の専門的知識を持つ私的団体でもよい。その団体の権利能力の有無は問われない。しかし，自然人への嘱託は認められない。

嘱託を受けた機関は，通常，書面で回答する（以下「調査報告書」という）。裁判所は調査報告書を証拠資料とすることができると解するのが通説・判例である。ただし，当事者の手続保障の観点から，証拠資料とするためには，調査報告書を口頭弁論または弁論準備手続に顕出し，当事者にそれに対する意見を述べる機会を与えなければならないが，この機会を与えれば，当事者の援用は要しないと解されている。[41]

---

40) 前掲注24) 最判昭和45年3月26日。したがって，調査嘱託は一種の証拠調べである。これに対して，提出された調査報告書を書証として証拠調べを行うべきとする見解もある。

41) 前掲注24) 最判昭和45年3月26日。

第12節　証拠保全

1　証拠保全の意義

証拠保全とは，訴訟における本来の証拠調べを待っていたのでは，その証拠調べが不能または困難になるおそれがある証拠方法について，あらかじめ証拠調べをし，その結果を確保しておくことを目的として行われる，付随的な手続である。訴え提起前にも，提起後にも行うことができる（235条2項参照）。

2　証拠保全の要件

証拠保全は，「あらかじめ証拠調べをしておかなければその証拠を使用することが困難となる事情」があるときに，行われる（234条，規153条2項4号）。すなわちこのような事情があることが証拠保全の要件である。そのような事情がある場合の具体例としては，証人として尋問したい人物が，本来の証拠調べを行う時期まで生存することが危ぶまれるほど，重い病状にある場合，建物の現状を調べたいが，その建物の取り壊し予定日が迫っている場合，文書の所持者が当該文書を改ざんするまたは消滅させるおそれがある場合を挙げることができる。この要件は疎明されなければならない（規153条3項）。

　　上記の3つの例のうち，証人として尋問したい人物が重病である場合，および検証したい建物の取り壊しの予定日が近づいている場合においては，証拠保全の要件となる「事情」の有無は客観的に明確である。それに対して，文書をその所持者が改ざんまたは消滅させるか否かは，所持者の意思にかかっている。だれでも，自分が所持している文書が，民事紛争において相手方に有利な，したがって自己に不利な結果をもたらすものであれば，改ざんあるいは消滅させたい誘惑を感じるであろう。この一般的な誘惑の存在をもって証拠保全の要件とする見解と，具体的な改ざんなどのおそれの存在が疎明されることをもって，その要件とする見解が対立している。前者の見解によれば，証拠保全が，この制度の本来の目的を超えて，相手の方の手持ちの証拠を収集する目的（証拠開示的機能）に濫用されることになる。しかし他方，後者の見解によると，相手方による改ざんなどの防止が困難になり，証拠保全の制度の存在意義が失われる可能性がある。そこで，具体的なおそれまで疎明することは要求されないが，そのおそれを一応推認させるに足る事実の疎明が証拠保全のために必要であると解すべきである。[42)]

3 証拠保全の手続
（1） 証拠保全の申立て

証拠保全は，当事者の書面による申立てによって行われる（234条。規153条1項。申立書の記載事項は，同条2項各号）。237条は，裁判所も職権により証拠保全の決定をすることができると規定している。しかしこれは，本案の訴訟において職権証拠調べが可能な場合（裁判権，専属管轄，当事者能力など）の証拠についての規定である。237条の文言だけからでは，そのような場合への限定は導き出されないが，本案の証拠調べ自体が申立てによらなければならない（弁論主義の証拠原則が適用される原則的な場合）のに，証拠保全は職権でできるというのは，矛盾しているので，237条は上記のように限定的に解釈すべきである。

相手方を指定することができない場合でも，証拠保全を申し立てることができる（236条前段）。たとえば，ひき逃げ事故の被害者は，加害者が明らかになる前であっても，現場を検証しておく必要があるときに，証拠保全を申し立てることができる。

（2） 証拠保全の管轄裁判所

証拠保全の管轄裁判所は，証拠保全を申し立てるのが訴えの提起前であるか提起後であるかによって，異なる。訴え提起前の管轄裁判所は，尋問を受けるべき者もしくは文書を所持する者の居所または検証物の所在地を管轄する地方裁判所または簡易裁判所である（235条2項）。訴え提起後は，さらに，訴え提起から最初の口頭弁論の期日が指定されまたは事件が弁論準備手続もしくは書面による準備手続に付されるまで（前の段階）と，その後弁論の終結にいたるまでの（後の段階）間に分けられる。これらのうち後の段階では受訴裁判所が管轄裁判所であるが（235条1項但書），前の段階ではその証拠を使用すべき審級の裁判所が管轄裁判所である（同条同項本文）。すなわち，前の段階では受訴裁判所を構成する裁判官が所属する官署としての裁判所に申立てを行うことになる。ただし，訴えの提起後であっても，急迫の事情がある場合には，訴え提起前におけるのと同様の裁判所に申し立てることができる（同条3項）。

（3） 証拠保全の裁判とそれに対する不服申立て

証拠保全の申立てに対して裁判所は，証拠保全決定または申立て却下の決定のいずれかの裁判をする。証拠保全の決定に対しては不服を申し立てることができない（238条）。証拠保全決定により，申立人はもとより，相手方も法的な不利益を受けないからである。これに対して，却下決定に対しては申立人が抗告をすることができる（328条1項）。

（4） 証拠保全手続における証拠調べ

証拠保全決定は，当該証拠を取り調べる旨の証拠決定を兼ねるので，それに基づいて各種の証拠方法に応じた証拠調べ（たとえば，証人尋問，検証）が実施される。ただし，文書の証拠保全については，改ざんのおそれを理由として申し立てられること

---

42) 広島地決昭和61年11月21日判タ633号221頁＝判時1224号76頁（百選［3版］82事件）。

が多く，その場合には，文書の内容ではなく，文書の現状の確認と保存がなされればよいので，書証ではなく検証が行われることが多い。しかし，記載内容を証拠資料にする目的で証拠保全が行われる場合には，書証による。

証拠保全決定自体には，文書や検証物の提出について強制力はないので，相手方がこれらのものを任意に提出しなければ，申立人は文書提出命令や検証物提出命令を申し立てなければならない。相手方がそれにも応じない場合は，文書であれば224条により，検証であれば232条1項による224条の準用により，申立人の主張についての真実擬制がなされる。

証拠調べの期日には，原則として，申立人と相手方の双方を呼び出さなければならない（240条本文）。これらの者の立会権を保障するためである。ただし，急速を要する場合は，このかぎりでない（同条但書）。

証拠調べが行われると，それを行った裁判所の書記官が，本案の訴訟記録の存する裁判所の書記官に証拠調べに関する記録を送付しなければならない（規154条）。ただし，本案の訴訟の提起前に証拠保全の証拠調べが行われた場合，証拠調べを行った裁判所の書記官は本案の訴訟の提起を知らないし，受訴裁判所の書記官は当然には証拠保全が行われたことを知らない。そこでこの場合には，訴状に証拠証拠保全の証拠調べを行った裁判所および証拠保全事件の表示をしなければならないとされている（規54条）。受訴裁判所の書記官はこれにより証拠保全のための証拠調べを行った裁判所の書記官に証拠調べの記録の送付を求めることができる。

送付された記録は，当事者または裁判所によって口頭弁論に提出されることにより，本案における証拠調べと同じ効果が生じる。すなわち，送付された記録が書証となるわけではない。なお，証人尋問については，証拠保全手続でそれが行われても，当事者が口頭弁論における尋問の申立てをしたときは，可能であれば（たとえば，当該証人が証拠保全手続における証人尋問後死亡した場合は，可能でない），裁判所は尋問をしなければならない（242条）。直接主義を徹底させるためであり，弁論の更新のさいの証人尋問（249条3項）と同じ趣旨である。

第4篇　訴訟の終了

第1章　判決による訴訟の終了

　訴えの提起によって始まった民事訴訟は，本来，判決の確定によって終了することが予定されている。ただし，処分権主義が適用される訴訟においては，判決以外に，当事者の行為によって訴訟が終了することも認められている。そのような終了原因としては，訴えの取下げ，訴訟上の和解および請求の放棄・認諾がある。本篇では，第1章で判決による訴訟の終了が，第2章で当事者の行為による訴訟の終了が取り上げられる。

　なお，判決は裁判の一種であり，裁判には判決以外のものもある。それらは必ずしも訴訟を終了させるものではないが（むしろ，訴訟を終了させないものが多い），判決についての説明に併せて，判決以外の裁判についても本章で説明される。

第1節　裁判および判決の意義と種類

1　裁判の意義

　裁判とは，裁判所またはそれを構成する裁判官が個々の民事訴訟事件に関連して行う判断行為または意思表示であり，裁判所の訴訟行為である。[1)]

2　裁判の種類

　裁判は，判決，決定および命令に分類される。分類の基準になるのは，裁判の内容，裁判をするための手続，裁判の主体（だれが裁判をするのか）および裁判に対する不服申立て方法である（以下の説明をまとめると，〔図表1〕のようになる）。

（1）判　決
　内容的には，**判決**は，原則として訴えまたは上訴に対する裁判（裁判所の回答）であり，これによってその審級（第一審，控訴審，上告審）が終わる。後述の中間

---

1)　「裁判所」の語には，裁判機関としての裁判所の意味と，官署としての裁判所の意味とがある（第2篇第1章第1節**1**）。ここでいわれている「裁判所」は裁判機関としての裁判所である。

判決はこの原則に対する例外である。

　手続としては，判決を下すためには，原則として，口頭弁論を開かなければならない（87条1項本文。例外は，78条・140条・256条2項・290条・319条）。これを**必要的口頭弁論**という。また，原則として，公開の法廷で判決書の原本に基づき言い渡すことが必要である（憲82条1項，250条・252条）。例外は，調書判決（254条1項），少額訴訟における判決（374条2項）である。

　判決を下すのは裁判所である。

　判決に対する不服申立ては，上訴である。第一審判決に対する上訴は控訴であり，控訴審（第二審）判決に対する上訴は上告である。[2]

（2）　決定，命令

　決定および**命令**は，原則として，訴訟指揮上の措置や付随的事項の処理を簡易迅速に行うために用いられる裁判である。[3]決定と命令の違いは，裁判を行う主体である。決定を行うのは裁判所（裁判機関としての裁判所）であり，命令を行うのは裁判官であり，原則として裁判長であるが，受命裁判官，受託裁判官のこともある。裁判機関が単独制のときは，裁判所が行うといっても，裁判長が行うといっても，事実上同じ裁判官が行うのであるが，裁判所として行うのは決定であり，裁判長として行うのは命令である。

　　決定の例としては，移送決定（16条1項・18条・19条1項本文・2項本文），補助参加の許否の裁判（44条1項前段），訴訟救助の決定（82条1項本文），口頭弁論の制限・分離・併合とその取消し（152条），時機に後れた攻撃防御方法の却下（157条1項）がある。命令の例としては，裁判長の訴状補正命令（137条1項），訴状却下命令（同条2項），裁判長の訴訟指揮（148条1項・2項），審理の計画が定められている場合の攻撃防御方法の提出期間を定めること（156条の2），裁判長の控訴状の補正命令および控訴状却下（288条による137条の準用）がある。なお，条文に付いている名称は，以下のように，必ずしも裁判の種類を正確に表示しているわけではない。すなわち，①移送決定に関する条文においては「移送する」（16条1項），「移送することができる」（18条），「移送しなければならない」（19条1項本文・2項本文）というよ

2）　厳密にいえば，控訴審判決に対する不服申立てには，上告と上告受理申立てがある（この点は，第5篇第3章第2節で説明される）。

3）　犯罪被害者等の権利利益の保護を図るための刑事手続に付随する措置に関する法律23条所定の犯罪（たとえば，殺人罪や強制わいせつ罪）の被害者またはその一般承継人は，刑事訴訟に付随して，被告人への損害賠償を命じることを申し立てることができるとされており，この申立てに対する裁判は決定であるが（同32条1項柱書。ただし，同33条以下参照），これによって実体的権利義務の存否についての判断がなされる。これは，本文で述べたことに対する例外である。

うに,「決定」という言葉は使われていない。②裁判長などの訴訟指揮等に関する条文で「命令」という言葉が使われていないものがある（148条1項・2項・149条1項・2項・156条の2）。③文書提出命令（221条1項）のように,「命令」という語が付いていても，実質は決定であるものがある。この例は，民事執行手続，民事保全手続に多い（たとえば，引渡命令〈民執83条〉，転付命令〈同159条〉，譲渡命令〈同161条〉，仮差押命令〈民保20条〉，仮処分命令〈同23条〉はいずれも実質は決定である）。

　決定または命令で裁判すべき事項については，口頭弁論を経るか否かは，裁判所の裁量による（87条1項後段。命令については規定がないが，口頭弁論が必要的でないことには異論がない）。これを**任意的口頭弁論**という。口頭弁論を開かない場合，裁判所は当事者を審尋することができる（同条2項）。**審尋**とは，裁判所が当事者に個別に書面または口頭による陳述の機会を与えることであり，公開，対審の必要はない。また，決定，命令においては，判決のように，言渡しの必要はなく，裁判所が相当と認める方法で告知すればよい（119条）。

　決定および命令に対する不服申立て方法は抗告および再抗告である（328条1項・330条）。ただし，必ずしもすべての決定，命令についてこれらが可能であるわけではない（いかなる場合にこれらが可能であり，または可能でないかは，個別に説明される）。

〔図表1〕　裁判の種類

	判　決	決　定	命　令
裁判の内容	原則として，訴えまたは上訴に対する裁判	原則として，訴訟指揮上の措置，付随的事項の処理	
手　続	原則として，必要的口頭弁論	任意的口頭弁論	
裁判の主体	裁判所	裁判所	裁判長，受命裁判官，受託裁判官
裁判の告知	言渡し	相当と認める方法	
不服申立て方法	上訴（控訴，上告）	抗告，再抗告（必ず認められるわけではない）	

3　判決の種類

　判決はいくつかの観点から分類される。

（1） 終局判決（訴訟判決と本案判決），中間判決
i 終局判決

終局判決とは，係属する訴訟の全部または一部を，その審級につき完結させる判決である。第一審の終局判決には，①訴えを不適法として却下する判決，すなわちいわゆる門前払いの判決と，②訴えは適法であるとして，請求の成否について判断する判決がある。②の中には，②$_{-1}$ 原告の請求に理由がないとして，請求を棄却する判決，②$_{-2}$ 原告の請求に理由があるとして，請求を認容する判決がある。①を**訴訟判決**といい，②を**本案判決**という。そして②$_{-1}$ を請求棄却判決といい，②$_{-2}$ を請求認容判決という（上訴審である控訴審と上告審における終局判決については，第5篇第2章第4節，第3章第4節**4**で説明される）。

そのほかに，特殊な終局判決として，③**訴訟終了宣言判決**がある。これは，訴え取下げなどの存否や効力につき争いが生じ，その点について審理した結果，裁判所が，訴え取下げなどが有効になされたと判断した場合に，下す判決である（訴え取下げなどがなされていない，または，なされたが無効であると判断された場合は，審理が続行される）。訴訟終了宣言判決も終局判決の一種と解されている$^{4)}$（以上の，終局判決の種類についての説明をまとめると，〔図表2〕になる）。

終局判決といっても，その審級を終わらせるだけで，必ずしも訴訟を終了させる（紛争に決着を付ける）とは限らない。なぜなら，まず，上訴が提起されて，事件が上級審に係属することがある。また，差戻判決も終局判決であるが，その確定により事件は原裁判所などに係属することになるからである。この点で，「終局判決」という名称は誤解を招くおそれがあり，注意を要する。

---

4) 訴え取下げの存在または有効性を否定する当事者は，期日指定を申し立て，裁判所が期日において審理した結果，訴えが有効に取り下げられたと判断すれば，本文で述べたように，訴訟終了宣言判決が出される。その主文は「本件訴訟は，○年○月○日に訴えの取下げによってすでに終了した」というものである。訴え取下げが有効になされていれば，それによって訴訟は既に終了しているはずであり，この判決はそのことを確認・宣言するので，これを終局判決というには，疑問の余地がなくはない。しかし，訴え取下げの存否・効力に争いがあるいじょう，その点を明らかにして当事者間の争いを終わらせる必要があることから，これが終局判決の一種とみられるのだろう。

なお，訴訟上の和解，請求の放棄・認諾によって訴訟が終了した後に，訴訟上の和解などの効力につき争いが生じた場合にも，上記と同様に，期日指定が申し立てられ，訴訟終了宣言判決が出されることがある（本文に「訴え取下げなどの存否や効力につき……」と書かれているのは，そのためである）。ただし，この場合に期日指定の申立てが，したがって訴訟終了宣言判決がなされ得るかということは，訴訟上の和解などが既判力を有するものか否かという点に関わっている（この点は，本篇第2章第1節**6**，第2節**6**で説明される）。

〔図表2〕 第一審の終局判決の種類

訴訟判決	訴えは不適法である	訴え却下判決──①
本案判決	訴えは適法であり、請求に理由がない 請求に理由がある	請求棄却判決──②$_{-1}$ 請求認容判決──②$_{-2}$
訴訟終了宣言判決──③		

ii 中間判決

中間判決とは、①独立した攻撃防御方法について、②その他の中有間の争いについて、または③請求の原因と数額の双方につき争いがあるときに請求原因の存否について、審級の途中で判断を示す判決である（245条）。③の中間判決を**原因判決**という。

①の独立した攻撃防御方法とは、それだけで独立の法律効果を生じさせる攻撃防御方法である。たとえば、Xが、自己が所有すると主張する土地に建物を所有しているYを被告として、建物収去土地明渡請求の訴えを提起したところ、YがXの土地所有権を否定したので、Xは所有権取得原因として主位的に売買を、売買が無効と判断される場合に備えて、予備的に取得時効を主張したとき、売買契約が締結されたという主張も、取得時効が成立したという主張も、ともに独立した攻撃方法である。

②の中間の争いとは、訴訟手続上の先決事項に関する当事者間の争いのうち、口頭弁論に基づいて判断すべきものである[5]。たとえば、訴訟要件の具備、上訴審であれば上訴要件の具備、訴え取下げの存否・効力をめぐる争いである。ただし、裁判所は、訴訟要件の具備を否定すれば、訴え却下の判決を、上訴要件の具備を否定すれば、上訴却下の判決をすることになり、また、訴えが有効に取り下げられたと判断すれば、前述の訴訟終了宣言判決をすることになる。中間判決をするのは、訴訟要件もしくは上訴要件の具備を肯定し、または、訴え取下げが無効であると判断した場合である。この場合には、裁判所は訴訟手続をなお続行して、最終的には終局判決を下さなければならない。

③の原因判決とは、当事者間で請求の原因と数額の双方に争いがある場合、裁

---

5) 口頭弁論を要しない中間的争いの例としては、補助参加をめぐる争い（44条1項）、受継をめぐる争い（128条1項）、訴えの変更をめぐる争い（143条4項）がある。

判所が，数額を切り離して，まず原因についてのみこれを肯定する判決である。ちなみに，裁判所は，原因を否定する場合は，直ちに請求棄却の終局判決をすることになる。

　これらの場合に，中間判決をするか，そうしないで問題点を終局判決の理由中で判断するかは，裁判所の裁量に任されている（245条）。

　裁判所は，もし中間判決を言い渡したなら，終局判決のさいに，中間判決の主文で示した判断に拘束され，それを前提にしなければならない。これを中間判決の自己拘束力という。したがって，当事者も，その審級では，この判断に矛盾する主張ができなくなる。

　中間判決における判断に不服のある当事者は，独立して不服を申し立てることはできず，中間判決を前提にしてなされる終局判決に対して上訴を提起し，上訴審でその判断が誤りであると主張することになる。

（2）　全部判決，一部判決，追加判決

　一つの訴訟で複数の請求についての審判が求められている場合がある。これを請求の併合という。それには，請求の客観的併合と共同訴訟（請求の主観的併合）がある。前者の例としては，土地所有者だと主張するXが，同土地上に建物を所有しそれに居住しているYに対して，建物収去土地明渡しと不法占有による損害賠償を併合して請求する訴訟を挙げることができる。後者の例としては，一つの事故により負傷した複数の被害者が加害者に対して損害賠償を請求する訴訟（原告側の共同訴訟），逆に，共同不法行為の被害者が複数の加害者に対して損害賠償を請求する訴訟（被告側の共同訴訟）を挙げることができる。これらの訴訟において，審理が進み，一部の請求について判決をすることができる状態になれば（この状態を「判決に熟す」という），裁判所はその請求についてだけ判決をすることがある。このような判決を一部判決という。**一部判決**も，その判決の対象になった請求については，その審級での訴訟手続を終了させるので，終局判決である。これと異なり，裁判所が併合されたすべての請求について一個の判決で裁判することもある。これを**全部判決**という。裁判所が一部判決をした場合，その後に残部の請求についてなされる判決を，**残部判決**または**結末判決**という。

　併合された請求のうち一部の請求が判決に熟しても，一部判決をするか，あるいは，残りの請求も判決に熟するのを待って，全部判決をするかは，原則として裁判所の裁量にまかされている（ただし，この原則に対する例外として，一部判決は許

されず，裁判所は提起されたすべての請求について1個の判決をしなければならない場合もある。それはいかなる場合かについては，第6篇第1章第2節**4(2)ii**，第2章第3節**2**，第4節**3**で説明される）。

(3) 裁判の脱漏と追加判決

裁判所が終局判決によって判断すべき事項の一部について裁判を漏らすことを，**裁判の脱漏**（だつろう）という。一部判決は，裁判所が意図的に請求の一部についてだけ判決を下すことであるが，裁判の脱漏は，裁判所が全部判決をするつもりで，請求の一部につき判断を漏らすことである。脱漏された請求は，なお裁判所に係属しているのであるから（258条1項），裁判所はこれについて判決しなければならない。この場合に行われる判決を**追加判決**という。

(4) 給付判決，確認判決，形成判決

訴えには給付の訴え，確認の訴えおよび形成の訴えの3類型があることは，すでに説明されている（第3篇第1章第1節2）。給付の訴えの請求認容判決は，**給付判決**であり，確定すれば，原告の給付請求権と被告の給付義務を確定するとともに，被告に給付を命じ，被告（債務者）がそれに従わなければ，原告（債権者）は強制的に判決内容を実現することができる（この効力を執行力という。それについては本章第4節**1**で説明する）。確認の訴えの請求認容判決は**確認判決**であり，確定すれば，確認を請求された権利義務・法律関係の存否を確定する。形成の訴えの請求認容判決は**形成判決**であり，確定すれば，法律関係を形成する（変動させる。この効力を形成力という。それについては本章第4節**2**で説明する）。3類型のいずれにおいても，請求に理由がないとして，これを棄却する判決は，請求された権利義務・法律関係を否定するものであり，**確認判決**である。また，訴えを不適法として却下する判決は，訴訟要件の**欠缺**（けんけつ）（欠けていること）を確定するという意味で，確認判決である。

第2節　判決の成立，送達，確定

終局判決によってその訴訟のその審級は終了し，その判決が確定することによって訴訟が終了する。判決はどのようにして成立し，確定するのか。本節ではこの点が説明される。

1 判決成立の過程

(1) 判決内容の確定

裁判所は，訴訟が裁判をするのに熟したと判断したときは，弁論を終結して(243条1項)，判決内容を確定する。

　判決内容は，単独制の場合には，裁判官の判断によって形成される。合議制の場合には，合議体を構成する裁判官の評議により，評決の形で裁判所の意見が形成される。評議は裁判長が開きかつ整理するが（裁75条2項前段），裁判官も意見を述べなければならない（同76条）。意見が分かれた場合は，評決は過半数の意見によって決せられる（同77条1項）。評議は非公開で行われ（同75条1項本文），評議の経過，各裁判官の意見，その多少の数は秘密とされる（同条2項後段）。ただし，最高裁判所の判決においては，各裁判官の意見が表示される（裁11条。多数意見のほか，補足意見，意見，反対意見）。これは，最高裁判所の裁判官は国民審査を受けることから（憲79条2項），各裁判官の考え方を国民に知らせる必要があるためである。

　直接主義のゆえに，判決内容は基本となる口頭弁論に関与した裁判官によって確定されなければならない（249条1項）。したがって，弁論終結後判決内容が定まらないうちに裁判所の構成に変更が生じた場合には（たとえば，裁判官の転勤，退官，死亡，病気の場合），弁論を再開して，当事者が従前の口頭弁論の結果を陳述しなければならない（249条2項）。判決内容が定まった後に裁判所の構成の変更があった場合の扱いは，合議制のときと単独制のときとで異なる。合議制のときは，合議体を構成する他の裁判官が，その理由（たとえば，転勤，退官）を付して，後述の署名押印をする（規157条2項。「裁判官○○は転補のため署名押印することができない。裁判官△△」）。しかし，合議制でも，全裁判官が構成から外れたとき，および，単独制のときは，このような措置をとることができないので，弁論を再開して審理をやり直さなければならない。

(2) 判決書の作成と記載事項

判決内容が確定すると，裁判所は，原則として，それを書面にする。この書面を判決書の原本という。判決は，判決書の原本に基づいて言い渡されることになっており（252条），かつ，言渡しによってその効力が生じることになっているので（250条），判決書は言渡し前に作成されていなければならない。この原則に対する例外は，後述の調書判決である。

判決書は，判決内容を当事者に知らせるとともに，社会一般に理解させ，かつ納得を得るという役割を果たすものである。とくに敗訴した当事者にとって，上訴するか否かを判断するための資料になる点で，判決書は重要である。また，判

決に対して上訴が提起された場合，上級審の審理のための資料にもなる。さらに，給付判決の判決書は強制執行実施の根拠になるもの（このような文書を債務名義という）でもある（民執22条1項1号・2号。なお同174条1項本文参照）。

253条1項は，判決書には①主文（1号），②事実（2号），③理由（3号），④口頭弁論の終結の日（4号），⑤当事者および法定代理人（5号），⑥裁判所（6号）を記載しなければならないと規定している。

判決書の雛型

平成〇〇年〇月〇日判決言渡　同日原本領収裁判所書記官〇〇〇〇㊞
平成〇〇年(ワ)第〇〇〇号貸金請求事件
平成〇〇年〇月〇日口頭弁論終結

判　　　　　決

　　　東京都〇〇区〇〇町〇丁目〇番〇号
　　　　　　　原　　　　告　　株式会社　〇〇〇
　　　　　　　代表者代表取締役　〇　〇　〇　〇
　　　　　　　訴訟代理人弁護士　〇　〇　〇　〇
　　　東京都〇〇区〇〇町〇丁目〇番〇号
　　　　　　　被　　　　告　　〇　〇　〇　〇
　　　　　　　訴訟代理人弁護士　〇　〇　〇　〇

主　　　文

1　被告は原告に対し，〇〇万円及び内金〇〇万円に対する平成〇〇年〇月〇日から支払い済みまで年〇〇パーセントの割合による金員を支払え。
2　訴訟費用は被告の負担とする。
3　この判決は仮に執行することができる。

事実及び理由

第1　請求
　　主文1項と同旨
第2　事案の概要
　1　争いのない事実
　　　原告は，カードを発行してカード利用者に金員を貸し付けることを業とする会社であるが，平成〇〇年〇月〇日，被告の名義でカード利用契約（利息年〇％，遅延損害金年〇％，リボルビング方式による返済）を申し込んだYと同契約を締結した後，同人に反復して金員を貸し付けたが，貸金残金〇〇万円及び遅延損害金〇〇

万円の返済がない。
　2　争点
　　被告は兄Yの被告名義による○○○キャッシングカード利用契約の申込に同意していたかどうか。
第3　争点に対する判断
　1　証拠及び弁論の全趣旨によれば次の事実が認められる。
　　(1)　被告は，平成○○年○月○日ころ，Yと同居していた。そのころ，Yは，パチンコに夢中になり，サラ金業者から300万ほどの借入金があった。被告は，○○会社に勤務しており，年収は280万円ほどあったが，……（乙1）。
　　(2)　被告は，平成○○年○月○日ころ，Yに頼まれて自動車運転免許証を貸したことがあり，……。
　2　上記認定の事実によれば，被告は，Yが被告の氏名を使用して○○○カード利用契約の申込をすることに同意していたことが認められる。
　　そうすると，○○○カード利用契約による貸付金の債務者は被告と認めるのが相当である。

　　　　　　　　　　　　　　　○○地方裁判所民事第○部
　　　　　　　　　　　　　　　　裁判官　　○　○　○　○　㊞

（出所）　横田康祐＝菊池洋史編著『〈新・書式全書〉民事訴訟手続』429－431頁（酒井書店，2014年）

　①の主文は終局判決の結論部分である。その文言は，訴えを不適法として却下する判決，すなわち訴訟判決であれば，「原告の訴えを却下する」であり，請求に理由なしとしてこれを棄却する判決であれば，「原告の請求を棄却する」である。請求を理由ありとしてこれを認容する判決であれば，原告が求める請求の趣旨に対応する文言（たとえば，「被告は原告に金○○円を支払え」「被告は原告に対し，別紙目録記載の建物を明け渡せ」）になる。なお，主文にはそのほかに，訴訟費用の負担の裁判（67条）も掲げられる。また，仮執行宣言が付される場合には（259条），仮執行宣言も掲げられる。
　②の事実については，253条1項2号の「事実」が，ほかの場面で通常使われる「事実」（たとえば，自白された「事実」は証明を要せず，争われた事実は弁論の全趣旨と証拠調べの結果によって認定されるという場合の「事実」）と，その意味するところが異なることに注意しなければならない。事実の記載においては，請求を明らかにし，主文が正当であることを示すのに必要な主張を摘示しなければならない（253条2項）。すなわちここではまず，原告の訴訟上の請求を明らかにするため，請求の趣旨・原因が記載される（この点で，ここでいう「事実」は通常の「事実」と異なる）。それとともに，主文を導き出すための主要事実およびこれに関連する間接事実が記載される（これは，通常の意味の「事実」である）。しかし，当事者が主張した事実であっても，主文の結論を引き出すために必要でなかった事実は記載されない。

③の理由は，裁判所が主文の結論を導く根拠である。具体的には，裁判所が適用した法規と適用の前提となる事実認定が示されなければならない。事実認定については，争いのない，すなわち自白された事実はその旨を，争われた事実については，いかなる証拠または弁論の全趣趣旨からそれを認定したかが，明らかにされなければならない（これを証拠説明という）。ただし，判例は，すべての証拠についてその採否の理由をいちいち明らかにする必要はないとしている[6]。理由の記載の不備，理由の食い違いは上告理由になる（312条2項6号）。

　現在の判決書では，「事実」「理由」は，「事実及び理由」と一括され，その中に「請求」「事案の概要」「裁判所の判断」の項目が設けられることが多い。「請求」には，原告の請求が記載される（請求の趣旨と同内容になる）。「事実の概要」には，上記②の「事実」のうち，請求以外の事項が記載される。「裁判所の判断」は上記③の「理由」に対応する。ただし，付随的争点に関する理由は，「事案の概要」の中に記載され，「裁判所の判断」には，主要な争点に限って，争点ごとに理由が記載される。このような様式による判決書は「新様式判決」といわれている。それは，かつては別の様式が採用されていたのであるが，旧民事訴訟法下の末期にこのような様式が採用され始めたことによる。そして，現行法下ではこの様式が一般的になった。

　④の口頭弁論終結の日は，後述のように（本章第3節 **3（1）ⅱ**），既判力の基準時になるので，重要である。

　⑤の当事者および法定代理人のうち，当事者は，判決の効力が及ぶ人的範囲（主観的範囲。115条1項1号，民執23条1項1号）を確定するために，特定されなければならないので，記載される。法定代理人は，当事者に準じる地位にあり，送達も法定代理人になされなければならないので（102条1項），記載が必要的とされる。当事者が法人である場合の代表者も，法定代理人に準じるので（37条），同様である。訴訟代理人（法令による訴訟代理人，訴訟委任による訴訟代理人の双方）は，必要的記載事項とされていないが，記載する実務慣行が定着している。

　⑥の裁判所とは，官署としての裁判所である（実際には，「〇〇地方裁判所民事第〇部」と記載される）。ただし，民事訴訟規則が，判決書には判決をした裁判官が署名押印しなければならないと規定しているので（規157条1項），裁判機関としての裁判所も記載されることになる（裁判官の交代があったときの署名押印については，**（1）**の末尾に説明されている）。

（3）　調書判決

　判決は判決原本に基づいて言い渡されなければならず，したがって，裁判所は，判決をするにあたり判決書を作成しなければならないという原則に対する例外として，調書判決がある。**調書判決**とは，実質的に当事者間に争いがない事件において，判決書が作成されずに，裁判長が判決を言い渡すことである（254条1項，規155条3

---

6)　最判昭和32年6月11日民集11巻6号1030頁。

項)。そのような事件とは，①被告が口頭弁論において原告の主張した事実を争わず（自白がなされ，または擬制自白〈159条〉が成立する），その他何らの防御方法を提出しない事件（被告が，原告主張の事実を自白したうえで，防御方法として抗弁を提出することがある。たとえば，貸金返還請求訴訟で，金銭を借りた事実を自白したうえで，弁済を主張するということである。調書判決がなされるのは，被告がそれもしていない場合である），②被告が公示送達による呼出しを受けたが，口頭弁論期日に出頭せず，答弁書などの準備書面も提出しておらず，かつ原告の請求を認容する事件である（254条1項柱書・1号・2号。ただし原告，被告間に争いがなくても，原告の請求が主張自体失当である場合，たとえば，賭博の掛け金の支払が請求された場合は，裁判所は請求を認容することができない）。

　このような事件においては，手続の厳格性よりも効率化を重視することが許されるので，調書判決という簡易な方法が認められるのである。ただし，このような事件でも，判決がなされたことおよびその内容は記録しておかなければならないので，裁判所は，判決書の作成に代えて，裁判所書記官に，口頭弁論期日の調書に当事者および法定代理人，主文，請求ならびに理由の要旨を記載させなければならない（254条2項）。調書判決という名称はこのことによる。

(4) 判決の言渡し

判決は，言渡しによってその効力を生じる（250条）。言渡しは，公開の法廷で（憲82条1項），調書判決を除いて，前述のように，判決書の原本に基づいて行われる（252条）。

　言渡しは，裁判長が主文を朗読して行うが，相当と認めるときは，理由を朗読し，または口頭で理由の要領を告げることができる（規155条1項・2項。調書判決の言渡しについては同条3項）。

　判決の言渡しは，複雑な事件その他特別の事情がないかぎり，口頭弁論終結の日から2箇月以内にしなければならない（251条1項）。ただし，これは訓示規定であり，この期間経過後に判決が言い渡されても，その判決は違法ではない。言渡し期日の日時は，原則として裁判所書記官が当事者に通知する（規156条本文。例外は同条但書）。言渡しは，当事者が不在廷であっても，することができる（251条2項）。

2　判決の送達と確定

(1) 判決の送達

裁判所書記官は，通常の判決の場合はその正本を，調書判決の場合は調書の謄本または正本を当事者に送達しなければならない（255条1項・2項，規159条1項・2項）。

（2） 判決の確定

判決のうち，上訴などの通常の不服申立てが許されていない判決（たとえば，上告審の判決）は，言渡しと同時に確定する。上訴（控訴，上告）が許される判決は，上訴期間が満了するまでは確定しない（116条1項）。上訴が提起されずに上訴期間が満了すると，確定する。上訴期間は，判決書または調書判決の調書の送達の日から2週間の不変期間である（285条・313条）。上訴期間内に上訴が提起されると，判決の確定は遮断される（116条2項）。提起された上訴が上訴期間満了後に取り下げられると，上訴の対象となった判決は，上訴期間満了時にさかのぼって確定する。上訴が上訴期間満了前に取り下げられたときは，上訴期間内は再度の上訴が可能なので，判決は確定しない。上訴審が上訴を棄却したときは，上訴棄却判決が確定した時に，上訴の対象となった判決も確定する。上訴審が上訴を却下したときは，上訴却下判決が確定すると，上訴がなされなかったのと同じことになるので，上訴の対象となった判決（原判決）はその判決の上訴期間満了時に遡って確定する。

そのほかに，上訴権を有する当事者が原裁判所に対して上訴権の放棄を申述すれば（284条），判決は裁判所がこの申述を受領した時に確定する。また，判決は不上訴の合意によっても確定する。ただし，不上訴の合意として明文規定で定められているのは，終局判決後になされた，上告をする権利を留保した，不控訴の合意である（281条1項但書。飛越上告の合意）。この合意がなされても，上告の提起は可能なので，判決は確定しない。しかし，現在では上告権の留保を伴わない全面的な不上訴の合意も適法と解されている。このような合意が終局判決前になされれば，判決の言渡しの時に，終局判決後になされれば，合意がなされた時に，判決は確定する。

3　確定前の判決の効力

確定判決は既判力，執行力，形成力などを有する。これらについては第3節，第4節で説明される。以下では確定前の判決の効力について説明する。あわせて，判決以外の裁判の効力についても，適宜説明する。

（1）　判決の自己拘束力（自縛力）と羈束力

判決の**自己拘束力**（**自縛力**ともいう）とは，判決が，それをした裁判所を拘束

---

7) 異議の提起が許されている手形・小切手訴訟（357条・367条2項）および少額訴訟（378条1項）の判決は，異議期間の満了まで確定しない。

し，その撤回および変更を許さないという効力である。判決が，その確定前であっても，撤回や変更がなされるならば，手続の安定が害される。判決に自己拘束力があるのは，手続を安定させるためである。自己拘束力は，終局判決のみならず，中間判決もこれを有する。決定，命令には自己拘束力はない（取消しを認める明文規定として，たとえば，54条2項・120条・131条2項・152条1項後半部分がある）。判決の自己拘束力の例外として，後述の判決の更正と判決の変更がある。

裁判の**羈束力**（きそくりょく）とは，ある裁判所のした裁判が，同一手続の中で他の裁判所を拘束することである。羈束力の例としては，移送の決定を受けた裁判所が受ける拘束力（22条），破棄差戻し・移送の判決を受けた裁判所が受ける拘束力（325条3項，裁4条）を挙げることができる。

自己拘束力と羈束力は，混同して用いられることがある。

（2） 瑕疵ある判決の是正

判決になんらかの瑕疵（あやまり）がある場合，これを是正する手段がなければならない。是正の方法は，基本的には，上訴と再審である（これらについては，第5篇で説明される）。しかし，瑕疵が明白かつ単純な場合には，より簡易な是正手段が認められる。それが判決の更正と判決の変更である。以下ではこれらにあわせて非判決および無効判決に対する対処についても説明される。

i　判決の更正

判決の更正とは，判決に計算違い，誤記その他これらに類する明白な誤りがあるときに，裁判所がこれを是正することである（257条1項）。裁判所は，みずからが下した判決に拘束されるが（自己拘束力），判決の更正はその例外である。それゆえ，これがなされるのは，判決に明白な誤りがある場合に限られる。判決の更正は当事者の申立てによってもなされ得るが，誤りに気付いた裁判所が職権でこれを行うこともできる。判決の更正は決定により行われる。これをなし得る期間については，とくに規定されていない。判決確定後も可能である。判決を下した裁判所が更正決定をする前に，上訴が提起された場合は，上訴裁判所も更正することができる。[8]

ii　判決の変更

判決の変更とは，判決をした裁判所が法令違反に気付いたときに，みずから判

---

8) 最判昭和32年7月2日民集11巻7号1186頁。

決を変更して，法令違反を除去することである。判決の変更も，判決の更正と同様，自己拘束力の例外であるが，判決の変更によってただされる法令違反は，判決の更正でただされる計算違いや誤記などに比べると，明白な誤りではない。したがって，判決の変更の要件は判決の更正の要件よりも厳格である。すなわち，これをなし得るのは，判決言渡し後1週間以内に限られ，判決が確定したとき，または判決変更のために弁論をする必要があるときは，なし得ない（256条1項）。

iii 非判決

非判決とは，判決の外形は一応存在するが，その成立のための基本的要件を欠いているため，法律上判決とは認められないものである。[10]

まず，判決原本が作成されていても，言渡しがあるまでは，判決は存在しない（252条参照）。また，裁判所書記官が作成した判決書らしき書面や，裁判官が司法修習生の研修用に作成した判決書の雛形は非判決である。

非判決に対する対応として，上訴が可能であるか否かについては，見解が分かれている。非判決はまさに判決ではないのであり，判決が存在しないいじょう，それに対して上訴をする余地はないから，否定説が正しい。

> たしかに，非判決といえども，外形上判決らしいものが存在するのであるから，判決主文で宣言されている権利義務の存否の外観が存在し，とくに判決が給付判決である場合，それに基づく強制執行が行われる危険があることは否定できないことを考えると，肯定説にも一理あるように思われるかも知れない。しかしこのような外観による不安は，不安を持つ者から非判決においてその相手方とされている者に対する確認の訴え（非判決の主文で宣言されている権利義務についてその不存在の確認を請求する確認の訴え）により防止できる。

iv 無効判決

無効判決とは，判決として存在し，したがって当該審級を終了させるが，重大な瑕疵のため，判決としての本来の効力を有しない判決である。その例としては，裁判権に服しない者を当事者とする判決，実在しない者を当事者とする判決を挙

---

9) 上訴が許されていない判決は，言渡しによって確定するので，判決の変更がなされる余地はない。また，本来上訴が許されている判決であっても，前述のように（2(2)），上訴権の放棄や不上訴の合意によって確定することもあり，この場合には確定した時点で判決の更正の余地はなくなる。

10) 非判決はそもそも判決としての存在が否定されるのであるから，瑕疵あるものとしてではあれ，判決としてこれを論じることは，理論的な矛盾である。しかし，通常，非判決も瑕疵ある判決として論じられるので，本書でもここで説明することにする。

げることができる。

　これらは，判決として存在するのであるから，これらに対して不服の利益のある者は，上訴を提起することができる。上記の例に即していえば，裁判権に服しない者を被告とする訴訟で請求が認容された場合の被告，実在しない者が原告となって提起されたことになっている訴訟で請求が認容された場合の被告は，上訴を提起できる。しかし，無効な判決が確定した場合，これによって不利益を受けるおそれがある当事者がいかなる対応策を執りうるかが，問題になる。その前提として，無効な判決は確定するのかということが，問題になる。仮にこの点を肯定するとしても，無効な判決からは，たとえそれが確定しても，既判力，執行力などの判決本来の効力は生じない。したがって，当事者としては，再審の訴えを提起するまでもなく，判決主文が宣言している権利・法律関係の不存在の確認請求の訴えを提起することができる。[11]無効な判決は確定しないという立場に立っても，結論は同じである。

第3節　既判力

1　既判力の意義，作用，根拠および性質

(1)　既判力の意義

　既判力（きはんりょく）とは，確定した判決が有する，当該判決で判断された事項[12]に他の訴訟手続における裁判所および当事者が拘束される効力である。[13]前述の（本章第2節3(1)）判決の自己拘束力が判決をした裁判所に対する拘束力であり，羈束力が同一手続内の他の裁判所に対する拘束力であるのに対して，既判力は他の手続における裁判所を拘束する効力である点で，これらと異なる。

---

11) 最判昭和40年2月26日民集19巻1号166頁は，判決の無効確認の訴えを不適法とした。しかし，判旨は，判決が無効であることに基づく，現在の権利・法律関係の存否確認請求の訴えの適法性を肯定する余地を残している。
12) ただし，後述のように（本節2），決定でも既判力を有する裁判がある。本節で以下「判決」というときは，既判力を有する決定も含む意味である。
13) ただし，後述のように（本節3(3)ii），当事者と一定の関連を有する当事者以外の者が既判力による拘束を受けることもある。本節で以下「当事者」という中には，これらの者も含む場合もある。

（2） 既判力の作用

i 積極的作用と消極的作用，裁判所に対する作用と当事者に対する作用

既判力による拘束を受けるのは，裁判所と当事者であり，拘束力の作用の仕方としては，積極的作用と消極的作用がある。

既判力の積極的作用とは，前の訴訟（以下「前訴」という）で裁判所が行った既判力をともなう判断が，後の訴訟（以下「後訴」という）の裁判所を拘束し，これと同じ判断をしなければならないということである。たとえば，建物の所有者であると主張するXがこの建物を占有しているYに対して当該建物の所有権確認の前訴を提起し，請求認容の確定判決を得たとする。その後に，XがYに対して所有権に基づき同一建物の明渡請求の訴えを提起し，YがXの所有権を争った場合，後訴の裁判所は，前訴の裁判所の判断に拘束され，当該建物の所有権はXに帰属するという前提で，判決を出さなければならない。反対に，前訴の判決が請求棄却判決で，これが確定していれば，後訴でXが当該建物の所有権を主張しても，裁判所は，その所有権はXに帰属しないという前提で，判決を出さなければならない。

既判力の消極的作用とは，後訴の裁判所に対して，前訴の裁判所の既判力をともなう判断に反する判断を禁じることである。したがって，当事者もこれに反する主張や証拠の提出ができず，仮にそのような主張や証拠の提出を行っても，後訴の裁判所によって認められることはない。たとえば，前訴がXのYに対する貸金返還請求訴訟であって，請求認容判決（被告Yに原告Xへの金銭の支払を命じる判決）が確定し，判決で支払が命じられた金額をYがXに支払ったとする。その後，Yが，自分は前訴が提起される前に弁済をしていたのに，前訴判決はそのことを認めなかったので，誤りであり，自分は金銭を支払う必要がなかったと主張して，Xを相手取って，不当利得返還請求（民703条）の後訴を提起した場合，Yの弁済の主張は前訴判決の既判力の消極的作用によって排除される。それゆえ，後訴の裁判所が不当利得返還請求を認容することはない。

以上のことから，既判力は裁判所と当事者の双方に作用することがわかる。当事者が前訴判決が既判力をもって確定したことに反する主張をすることは，事実上できないことではないが，そのような主張が裁判所によって認められることはないから，結局当事者も既判力の作用を受けることになるのである。

また，積極的作用と消極的作用は表裏の関係にあり，同じ判決の既判力が場面

によって積極的作用として，あるいは消極的作用として発揮されることもわかる。たとえば，Xの建物所有権を確認する前訴の確定判決の既判力は，後訴の裁判所に，当該建物の所有権がXに帰属するとの判断を強制する（積極的作用）とともに，Xには帰属しないとの判断を排除する（消極的作用）。

ii 既判力が作用する各種の場面

既判力が作用するのは，①前訴と後訴の訴訟物が同一の場合，②前訴の訴訟物が後訴の先決関係である場合，③矛盾主張を排斥する場合である。

①の場合には，①$_{-1}$ 前訴の敗訴者が同じ訴訟物の訴えを提起する場合と，①$_{-2}$ 前訴の勝訴者が同じ訴訟物の訴えを提起する場合とがある。

①$_{-1}$ の場合には，さらに，①$_{-1-1}$ 前訴の敗訴原告が同一の訴えを提起する場合と，①$_{-1-2}$ 前訴の敗訴被告が判決内容と正反対の訴えを提起する場合（たとえば，前訴判決が貸金返還請求訴訟の請求認容判決で，前訴の被告が同一の貸金債権についてその不存在確認請求の訴えを提起する場合）がある。これらいずれの場合においても，前訴の既判力をともなう判断は後訴の裁判所と当事者を拘束し，これに反する主張・立証が排斥される。

①$_{-2}$ の場合の例としては，金銭支払請求訴訟の確定認容判決を得た原告が，再度同一内容の後訴を提起する場合を挙げることができる。このような訴えは，通常，訴えの利益が欠けるため，不適法として却下される。ただし，たとえば，時効中断のため，あるいは，前訴の判決原本が滅失したというように，特別の理由があれば，訴えの利益が肯定されて，本案判決がなされる[14]。この場合にも，後訴の裁判所は前訴の既判力ある判断に拘束される。

②の先決関係の例としては，前訴が建物の所有権確認訴訟で，後訴が同じ原告から同じ被告に対する同じ建物の所有権に基づく明渡請求訴訟である場合を挙げることができる。この場合でも，後訴の裁判所は前訴の判決に拘束される。

③の矛盾主張の例としては，前訴が，XがYを被告として提起した建物の所有権がXに帰属することの確認請求の訴えで，請求認容判決が確定した後，Yが同一建物の所有権がYに帰属することの確認請求の後訴を提起した場合（前訴

---

14) 大判昭和6年11月24日民集10巻1096頁は，時効中断のために提起された訴えにおける訴えの利益を肯定した。ただし，佐賀地判平成6年8月26日判夕872号292頁は，時効中断のためであれば，給付の訴えを再度提起する必要はなく，債権存在確認の訴えで足りるとする。本書も後者を支持する（理由は，第3篇第1章第6節 3(2)i(d)で述べた）。

と後訴で原告と被告が逆転している）を挙げることができる。前訴の訴訟物は建物のXの所有権であり，後訴の訴訟物は，同じ建物ではあるが，Yの所有権であるから，前訴と後訴で訴訟物は異なる（①ではない）。また，前訴の訴訟物が後訴の先決問題であるわけでもない（②でもない）。しかし，この場合にも，一物一権の概念（一つの物には一つの所有権しか存在し得ないということ）を媒介として，既判力の作用が認められる。すなわち，後訴の請求は前訴判決が確定した権利関係と矛盾する関係に立つため，排斥される。なお前訴が請求棄却判決である場合には，その既判力はYが提起する後訴にはなんらの影響も及ぼさない。なぜなら，Xの所有権の否定は，Yの所有権を必然的に肯定することにも，否定することにもならないからである。

iii 既判力の双面性

既判力は通常勝訴者に有利に作用するが，その不利益に作用することもある。これを**既判力の双面性**という。たとえば，XがYに対して建物の所有権確認の訴えを提起し（前訴），請求認容判決（Xの所有権を確認する判決）を得て，これが確定し，その後Yが，当該建物が建っている土地の所有権を主張して，建物収去土地明渡請求の訴えを提起したとする（後訴）。後訴で，Xが，当該建物は自己が所有するものではないことを理由として，請求の棄却を求めることは，前訴判決の既判力に触れるため，認められない。

iv 既判力の抵触

裁判所が既判力を看過して，すでに確定している判決の既判力に抵触する判決を出した場合，その判決は上訴によって取り消されうる。しかし，上訴が提起されず，確定したときは，矛盾する二つの確定判決が併存することになる。その場合には，後から出た判決が優先する。しかし，後の判決は前の判決の既判力に抵触するので，再審の訴えによって取り消され得る（338条1項10号）。すなわち，後の判決は，再審の訴えによって取り消され得るものではあるが，取り消されるまでは，前の判決に優先するのである。

v 確定判決の騙取と既判力

当事者の一方が他方に対して偽計（ぎけい），強迫，暴力などの不当な力を用いて，訴訟手続への参加を妨げ（手続権の侵害），自己に有利な確定判決を獲得することを**確定判決の騙取**（へんしゅ）という。このような判決の効力については，その成立の過程の瑕疵を考えると，否定すべきという考え方もあり得る。しかし，そもそも判決の「確

定」とは，成立過程における瑕疵の存在によってその効力が揺るがないことを意味するのであって，確定した判決の効力がこれらによって覆るということは，「確定」ということと矛盾する。このような事情は，それが再審事由に当たるのであれば（338条1項1号-10号），まず再審により当該判決を取り消すことによって対応すべきである（再審については，第5篇第6章で説明される）。しかし，判例は，手続の瑕疵が重大で，一方の当事者にとって手続保障が大きく損なわれていたといえるような場合には，再審訴訟を経由せずに，当該確定判決に基づく強制執行を不法行為とみることができるとしている〔参考判例1〕。

〔参考判例1〕 最判昭和44年7月8日民集23巻8号1407頁（百選［5版］86）
【事案の概要】 YのXに対する金銭の支払を請求する訴訟（前訴）で，Xは債務の一部を支払ったうえ，XY間で，残部についてはXのYに対する債権と相互に免除し合い，Yは訴えを取り下げるとの裁判外の和解が成立した。しかしYは訴えを取り下げず，訴訟が続けられたが，Xは和解を信じて，口頭弁論期日に欠席したため，Xに金銭の支払を命じる第一審判決が下された。そこでXがYに詰問したところ，Yが，心配には及ばないと言ったので，Xは控訴を提起せず，上記判決が確定した。ところがYは判決に基づいてXの不動産に強制執行の手続を行った。これに対してXは請求異議の訴え[15]と債務不存在確認請求の訴えを併合して提起した（後訴。これが本件である）。第一審が前訴の既判力を理由にXを敗訴させたので，Xは前訴判決で命じられた額の金員をYに支払って，強制競売（強制執行）を取り下げさせたうえで，控訴審において請求異議の訴えを不法行為による損害賠償請求（損害額は，Yに支払った額）に変更した。控訴審も，第一審と同じく，再審の訴えにより前訴判決が取り消されないかぎり，両請求（不法行為による損害賠償請求と債務不存在確認請求）は前訴判決の既判力に反するとして，Xを敗訴させた。Xは，前訴判決の既判力によりXの請求が成り立たないということは，債務不存在確認請求については成り立つかも知れないが，不法な訴訟活動に基づく訴訟上における不法行為の主張は既判力に関係なく成り立つとの理由で，不法行為に基づく損害賠償請求についてのみ上告した。
【判　旨】 破棄差戻し

---

15) 強制執行は，債務名義に基づいて行われる。債務名義とは，請求権の存在を公証する（公に証明する）文書であり，民事執行法22条に列挙されている。その最初に掲げられているのが，確定判決である。請求異議の訴えとは，債務者が債務名義に表示された請求権の存在または内容について異議を主張し，強制執行の不許を求める訴えである（民執35条）。たとえば，被告（債務者）に対して，原告（債権者）に金銭の支払を命じる確定判決がたしかに存在するが，判決が出た後に被告（債務者）が既に金銭を支払っているのに，原告がこの判決に基づいて強制執行を申し立てた場合，債務名義に表示された請求権は既に消滅して不存在であるから，被告は請求異議の訴えを提起して，その強制執行の不許を求める（強制執行を止めさせる）ことができる。

> 「判決が確定した場合には，その既判力によって右判決の対象となった請求権の存在することが確定し，その内容に従った執行力の生ずることはいうをまたないが，その判決の成立過程において，訴訟当事者が，相手方の権利を害する意図のもとに，作為または不作為によって相手方が訴訟手続に関与することを妨げ，あるいは虚偽の事実を主張して裁判所を欺罔する等の不正な行為を行ない，その結果本来ありうべからざる内容の確定判決を取得し，かつこれを執行した場合においては，右判決が確定したからといって，そのような当事者の不正が直ちに問責し得なくなるわけではなく，これによって損害を被った相手方は，かりにそれが右確定判決に対する再審事由を構成し，別に再審の訴を提起しうる場合であっても，なお独立の訴によって，不法行為による損害の賠償を請求することを妨げられないものと解すべきである。」

vi 既判力の調査

既判力は，判決の内容どおりに当事者の権利義務または法律関係を確定することによって，一方の当事者に有利で他方の当事者に不利な結果をもたらすが（前訴の勝訴者に有利で敗訴者に不利な結果である場合が多いが，iiiで述べたとおり，必ずしも常にそうであるとはかぎらない），それだけではなく，裁判間の矛盾抵触を避けることによって社会に安定をもたらし，かつ訴訟制度に対する信頼を確保するという機能を果たしている。この機能は，たんに当事者の利害にかかわるだけではなく，社会ないし国家の利益，すなわち公益にも強くかかわっている。したがって，当事者が援用しなくても，裁判所は職権で前訴判決により既判力をもって確定されたことを判決の基礎とすることができる。すなわち，既判力の有無は職権調査事項であるが，さらに，前述の公益性の強さのゆえに，職権探知事項でもある。それゆえ，裁判所は既判力の有無および内容についての判断資料を職権で収集することができる（職権探知と職権調査については，第3篇第3章第4節3で説明された）。

（3） 既判力の根拠

既判力の根拠はなにか，言い換えれば，確定した判決が，既判力により，当事者および他の裁判所を拘束することは，どのようにして正当化できるかが，問題になる。

まず，確定した判決が既判力を持つことは，以下のように必要である。民事訴訟・裁判制度は，個人の権利保護と社会の安定のために，個人の自力救済を禁止するのに応じて設けられた，国家による紛争解決制度である。当事者は，自己が抱える民事紛争を解決するためにこの制度を利用し，国家も解決のために労力，

時間，資金などさまざまな意味での資源を費やす。確定した民事判決はその結果であるから，紛争の最終的な解決をもたらものでなければならない。仮に，判決の確定後，その内容と矛盾する主張が認められ，判決による解決の結果が覆る（くつがえ）なら，紛争解決のために当事者および国家が費やした資源が無駄になってしまうとともに，社会の安定が害される。また，民事裁判制度に対する社会の信頼も損（そこ）なわれる。そのような事態を防止するために，確定した裁判に既判力を持たせる必要性がある。

しかし，既判力のような当事者と裁判所に対する拘束力で，とくに当事者の利害に重大なかかわりがある効力は，たんに必要性があるというだけで，正当化されるものではない。この正当化の根拠は，判決が確定されるまでの過程（手続）において当事者に対する手続保障が尽くされたということに，求められる。すなわち，現在の民事訴訟では，当事者には，事実および法の解釈適用に関して自己の見解を主張する機会，ならびに証拠を提出する機会が十分に与えられており，かつ，裁判所も当事者の主張を十分に聴き，事実認定のために必要な証拠につき十全な証拠調べを行っているはずである。判決はこのような過程を経て下されるものである。そうであればこそ，そこで判断されたことが，裁判所と当事者を拘束するのである。既判力の根拠はまさにこの点にある。

　　最近の学説には，既判力の根拠として手続保障を強調する傾向がみられる。とくに，既判力の範囲，言い換えれば，いかなる事項についてもしくは誰に対して既判力が生じるか，または生じないかということが問題になる場合（この問題については，本節 **3** で説明される），個々の事例で手続保障が尽くされたか否かを，判断の基準とする考え方が有力である。
　　たしかに，手続保障が尽くされていることが既判力の根拠であるとすれば，その反面として，手続保障が尽くされていない事項については既判力が生じず，また，手続保障を十分に受けていなかった者には既判力による拘束が及ばないはずである。しかし，個々の事件における手続の進行の仕方を既判力の発生の有無ないし既判力の範囲の画定の基準にし，そのことを判決確定後に調べ直す余地を認めることは，判決により社会を安定させるという既判力の目的の達成にとって障害となる。そこで本書は手続保障と既判力の関係について以下のように考える。基本的に，手続保障が十分に尽くされている現在のわが国の民事訴訟制度においては，個々の手続で手続保障に不十分な点があったか否かを問題にせず，およそ確定した判決には既判力が生じるものとする。手続保障は，当事者に手続に参画してこれを形成するために十分な機会を与えられれば，当事者がそれを故意・過失（怠慢や不注意）によって活用しなくても，尽

くされたことになり，それゆえ既判力の発生は妨げられない。その上で，訴訟も人（当事者と裁判所）によって実施されるものであるいじょう，個々の訴訟の中には手続保障が十分に尽くされずに判決が出され，確定してしまうこともあり得る。そのようなときには既判力の発生は妨げられなければならない。しかし，そのような例外的な事態に対処するために設けられているのが，再審制度（民事再審）である。社会を安定させるという要請と適正な権利保護の要請を調整しようとするならば，判決確定後は，手続保障が十分に尽くされなかったとの主張は，再審の訴えによらなければならないとし，これによらずに既判力の発生を否定し，あるいは既判力の範囲を限定すべきではない。

ただし，再審事由は限定的に列挙されている（338条1項各号）。これは，再審が，確定した判決を取り消すという，きわめて例外的な制度であることからすれば，当然のことである。しかし，既判力の発生を否定ないし限定すべきであるほどに，手続保障の侵害が深刻な事態のすべてを立法者が予知して，再審事由として列挙することは不可能である。したがって，再審事由の類推もあり得る。そのことを認めたうえで，本書は，本来の再審事由に基づくにせよ，類推された再審事由に基づくにせよ，再審判決によって取り消されないかぎり，個々の事案における手続保障の侵害によって既判力の発生および範囲は影響を受けないとの立場をとる。このことから，本書は，〔参考裁判例1〕には疑問を持つ。

（4） 既判力の性質

既判力の性質については，既判力の根拠とも関連するが，従来から，一事不再理説，実体法説，訴訟法説，権利実在・具体的法規範説などと名付けられる，多様な見解が主張されている。

一事不再理説は，既判力を訴権の消耗に基づく再訴禁止の作用とみる古い見解である。この説では，同一訴訟の蒸し返しの禁止は説明できるが，前訴の判断が後訴の先決問題になっている場合の既判力の作用を説明することができない。また，刑事訴訟において，審判の対象が過去の一回的・歴史的事実としての犯罪行為の存否であるのと異なり，民事訴訟においては，前訴判決により確定した権利義務の存否や法律関係もその後に変動することがあり得るので，紛争の単純な蒸し返しは実務上必ずしも頻繁に行われるものではないことから，一事不再理の原理が現れることはあまりないという批判もあるが，その批判は正当である。

実体法説は，既判力を，契約などの法律行為と同様に，裁判外で判決の内容どおりの実体関係を創設する作用とみる見解である。確定判決が，それが裁判前の実体法関係を宣言するものである場合は，当該実体関係を確証するものであり，不当判決の場合は，従来の権利関係を判決内容どおりに変更するものであるとみる。この説は，判決に既判力が付与されるのは，それが国家機関である裁判所の行為だからであるということを見過ごして，判決と法律行為を同視する点に問題がある。

訴訟法説は，既判力を後訴の裁判官に，前訴の判決どおりに判断することを強制す

る，訴訟法上の拘束力であるとみる見解である。

　実体法説と訴訟法説が，いずれも，権利既存の概念（訴訟前に客観的に権利の存否が決まっていること）を前提にしている（したがって，不当判決の既判力をどう説明するかが問題になるが）のに対して，これを否定するのが，権利実在説および具体的法規範説である。**権利実在説**は，判決前は仮象であった権利が確定判決によって実在化し，既判力はこのようにして実在化した権利の通用力であると説明する。**具体的法規範説**は，確定判決によって当事者間に具体化された法規範が定立され，その通用力が既判力であると説明する。権利実在説に対しては，「実在する」との修飾句が付くとはいえ，権利（私法上の法律関係）に過ぎないものを，裁判所はなぜ職権をもっても顧慮しなければならないのかが，説明されていないとの批判が成り立つ。具体的法規範説に対しては，法規の存在は客観的であるはずだから，既判力のように当事者間にのみ生じる（この点は本節3（3）で説明される）ものは，「規範」と呼ぶにふさわしくないとの批判が成り立つ。

　既判力が訴訟法によって付与される効力であることにもっともよくかなっているのは，訴訟法説である。同説に対しては，判決が実体法を適用してなされるものであることに抵触する，という批判が提起されている。しかし，判決がなにを基準としてなされるかということと，判決の拘束力である既判力の性質とは，かかわりのないことであるから，この批判は当たらない。ただし，既判力の性質が訴訟法上の拘束力であるということは，たしかに，この拘束力の正当化の根拠にはならない。しかし，性質決定と正当化の根拠とは，相互に関連しあってはいるが，理論的には分けて考えることができる。確定判決の既判力による訴訟法上の拘束力が正当化されるのは，（3）で述べたように，判決が制度上当事者の手続保障を尽くしたうえで下されるからである。

2　既判力を有する裁判

　すべての確定判決には既判力がある（114条1項）。問題になるのは，形成判決と訴訟判決（訴え却下判決）の既判力であるが，いずれについても現在の通説は既判力を肯定している。

　　形成判決については，その確定によって訴え提起の目的である一定の法律関係の変動ないし形成（たとえば，離婚判決の場合，それまでの夫婦関係の解消）が完成するので，これに既判力を付与することは不要であるとの理由から，既判力を否定する見解があった。たしかに，形成の結果を争う余地を排除するだけなら，形成力によって達成できる。しかし，形成判決が適法になされていないこと（たとえば，離婚原因がないのに，離婚判決が下されて，離婚になったこと）を理由とした損害賠償請求を排除する点で，既判力を認める意味がある。

　　訴訟判決の既判力は，当該判決がいかなる訴訟要件（たとえば，わが国の裁判籍，訴えの利益，当事者能力）の欠缺のゆえに不適法であるかを，確定するものである。

このようなことをわざわざ確定することに意味がるのかという点については，疑問の余地がないわけではない。しかし，不適法として却下された訴えと同じ訴えが繰り返し提起された場合，前訴判決の既判力を肯定し，後訴も前訴判決の既判力によって不適法として排斥されることは，法的安定性の要請にかなっている。

決定については，114条1項の文言が「確定判決は……既判力を有する」（傍点著者）とあることから，既判力を肯定することに疑問の余地がなくはない。しかし，決定であっても，したがって，必要的口頭弁論でない手続を経てなされた裁判（87条1項但書）であっても，実体権の存否を判断しているものについては，既判力が認められる。そのような決定の例としては，訴訟費用の負担に関する決定（61条以下。訴訟費用に関する裁判の詳細は第8篇第1章第1節3(2)で説明される），代替執行の費用支払い決定（民執171条4項），間接強制のための金銭の支払を命じる決定（同172条1項）を挙げることができる。それに対して，訴訟手続上の処理に関する決定（それは実体関係に関係のない決定である）および命令には既判力がない。そのような決定および命令の例としては，移送決定（16条1項・2項・17条・18条など），口頭弁論の制限・分離・併合とその取消し（152条1項），裁判長の訴訟指揮（148条1項・2項），裁判長および陪席裁判官の釈明（149条1項・2項）を挙げることができる（以上の説明をまとめると〔図表3〕のようになる）。

〔図表3〕　既判力を有する裁判

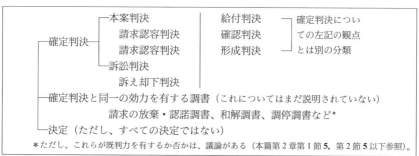

3　既判力の範囲

(1)　既判力の基準時（既判力の時的限界）

i　既判力の基準時の意味

既判力とは，要するに，当事者間の権利義務の存否または法律関係（以下「権

利義務の存否など」という）を裁判の内容どおりに確定する効力である。しかし，当事者間の権利義務の存否などは時間の経過とともに変化することに注意しなければならない。たとえば，ある時点でAがBに対して債権を有していた，言い換えればBがAに対して債務を負っていたとしても，その後にこの債権債務が消滅することがある。逆に，ある時点では存在していなかった債権債務がその後に発生することもある。したがって，既判力によって権利義務の存否などが確定されるといっても，確定されるのは，ある時点での権利義務の存否などであり，既判力は，その後にこれが変化したとの主張を排斥するものではない。この「ある時点」を**既判力の基準時**という。ちなみに，本節で先に行った既判力の作用に関する説明（2(1) i – iii）においては，既判力の基準時後の権利義務の存否などの変更の可能性は度外視されている。たとえば，積極的作用の説明で，前訴が建物所有権確認請求訴訟で請求認容判決が確定した場合，後訴裁判所は，当該建物の所有権が前訴原告に帰属することを前提に判決しなければならないと述べられているが，厳密にいえば，それは既判力の基準時においてのことであって，後訴裁判所が，それ以後に前訴原告が当該建物の所有権を失ったと判断すること（当事者の立場に立てば，そのような主張をすること）は，前訴判決の既判力によって排斥されない。

ii 既判力の基準時となる時点

既判力の基準時となる時点は，事実審の口頭弁論終結時である（民執35条2項参照）。その理由は以下のとおりである。

判決の内容は，口頭弁論終結までの審理の結果に基づいて裁判所が決める。したがって，口頭弁論終結時までに提出された資料が判決の基礎になっており（243条1項参照），それゆえ，当然のことながら，裁判所が判決内容の確定のためにそれ以後の事情を考慮することはあり得ない。そのため，判決主文は，口頭弁論終結の時点における権利義務の存否などを宣言するものであり，判決が確定するということは，そこで宣言された権利義務の存否などが確定するということである。ただし，紛争（事件）が上告審判決によって解決した場合には，たとえ上告審で弁論が開かれたとしても，上告審では事実に関する主張はできないため[16]

---

16) 上告審では弁論が開かれること自体が，事実上あまりない（この点については第5篇第3章第4節2で説明される）。

(321条1項・2項)，第二審（控訴審）が確定した事実が判決の基礎になる。それゆえ，既判力の基準時となる口頭弁論終結時も，事実審の口頭弁論終結時である。その結果，たとえば，XがYを被告として建物所有権確認の訴えを提起し（前訴），上告審判決によって原告の勝訴が確定したのち，Xが同じくYを被告として，所有権に基づき，同じ建物の明渡請求の訴えを提起した場合，Yが，前訴の事実審（控訴審）の口頭弁論終結時後にXが当該建物を自己または第三者に譲渡し，そのため所有権を失ったと主張することが，前訴確定判決の既判力によって排斥されることはない。

iii 既判力の基準時後の形成権の行使

既判力の基準時との関係問題になるのは，基準時前に生じていた形成権を主張して，判決の効力を争うことができるかということである。

たとえば，契約に基づく義務の履行を請求する訴訟において，被告が契約の取消原因を主張せず，請求認容判決が出され，確定した後で，取消権を主張して，前訴判決で確定された権利義務の存否を覆すことができるか。あるいは，判決に基づく強制執行に対して，契約の取消しを主張して，請求異議の訴えを提起することができるか（取消しが請求異議事由になるか。民執35条2項参照）という問題である。解除権，白地手形の補充権，相殺権，建物買取請求権などについても同様の問題が生じる。(以下では，このような主張は既判力によって遮断されて，認められないという見解を「遮断効肯定説」といい，遮断されず，認められるという見解を「遮断効否定説」という)。

遮断効肯定説の根拠は，形成権者は訴訟において形成権を行使（主張）できたのであるから，行使しなければ，遮断されるのは当然であり，行使を認めたのでは，訴訟で紛争を解決した意味がなくなるという点にある。一方，遮断効否定説の根拠は，実体法は，形成権をいつ行使するかを，形成権者の自由としており，したがって，訴訟の間はこれを行使せず，その後に行使することも可能でなければならない。遮断効肯定説は，実体法の規定の内容を訴訟に関する規制によって変更するものであり，誤っているということである。

判例は，相殺権〔参考判例2〕，建物買取請求権については遮断効を否定し，

---

17) このことから第一審と第二審（控訴審）を事実審という。
18) 請求異議の訴えについては，注15) で説明されている。
19) 最判平成7年12月15日民集49巻10号3051頁（百選[5版] 78）。

取消権〔参考判例3〕，白地手形補充権[20]，解除権については遮断効を肯定している。同じ形成権でも，結論が異なるのは，以下の2点による。第1に，取消権などは訴訟物（請求されている権利）に付着した形成権であるのに対して，相殺権や建物買取請求権は訴訟物とは別個の形成権であるということである。第2に，取消権などにおいては，その行使により形成権者には不利益が生じることはないのに対して，相殺権，建物買取請求権においては，その行使により形成権者にも不利益な結果が生じる。すなわち，相殺権の行使により，相殺権行使者の債権（自働債権）も消滅する。また，建物買取請求権の場合はその行使によって，本来借地上の建物に居住することを希望する借地権者（借地借家13条）または建物譲受人（同14条）の希望がかなえられなくなる。したがって，相殺権や建物買取請求権については，形成権者が訴訟でそれを行使することは，必ずしも期待できない。これらの点から，取消権などについては遮断効を肯定し，相殺権などについてはこれを否定する判例の立場は，正しいといえる。

〔参考判例2〕 最判昭和40年4月2日民集19巻3号539頁
【事案の概要】 前訴でYがXを被告として金銭の支払を請求し，Yの勝訴判決が確定した。Yがこの勝訴判決に基づく強制執行を申し立てたところ，Xが前訴の口頭弁論終結時にすでに相殺適状になっていた債権を自働債権とする相殺を主張して，請求異議の訴えおよび債務不存在確認の訴えを提起した。第一審，第二審とも，相殺の主張が認められ，X勝訴。すなわち，Yが申し立てた強制執行は許されないとされた。Yから上告。
【判　旨】 上告棄却
　「相殺は当事者双方の債務が相殺適状に達した時において当然その効力を生ずるものではなく，その一方が相手方に対し相殺の意思表示をすることによってその効力を生ずるものであるから，当該債務名義たる判決の口頭弁論終結前には相殺適状にあるにすぎない場合，口頭弁論の終結後に至ってはじめて相殺の意思表示がされたことにより債務消滅を原因として異議を主張するのは民訴法545条2項（現行民執35条2項—著者）の適用上許される……。」

〔参考判例3〕 最判昭和55年10月23日民集34巻5号747頁（百選[5版] 77）
【事案の概要】 X所有の土地（以下「本件土地」という）をY市が買い受けたが，両

---

[20] 最判昭和57年3月30日民集36巻3号501頁（百選Ⅱ143）。
[21] 大阪高判昭和52年3月30日判時873号42頁。

者間に契約の効力をめぐる争いがあった。そこで，YはXを被告として本件土地所有権確認・所有権移転登記請求の訴え（前訴）を提起し，Yの勝訴判決が確定し，所有権移転登記も経由された。その後Xは，売買契約が詐欺によるものであるから，これを取り消すと主張し（詐欺の主張は前訴ではなされていなかった），Yを被告として，所有権移転登記抹消請求の本件訴えを提起した（後訴。これが本件である）。第一審，第二審ともX敗訴。Xから上告。
【判　旨】上告棄却
　「売買契約による所有権移転を請求原因とする所有権確認訴訟が係属した場合に，当事者が右契約の詐欺による取消権を行使することができたのにこれを行使しないで事実審の口頭弁論が終結され，右売買契約による所有権の移転を認める請求認容の判決があり同判決が確定したときは，もはやその後の訴訟において右取消権を行使して右売買契約により移転した所有権の存否を争うことは許されなくなるものと解するのが相当である。」

（2）　既判力の客観的範囲
i　既判力の客観的範囲に関する原則とその根拠

　確定判決の既判力は，原則として，主文に包含するものに限り生じる（114条1項）。このことの裏面として，判決理由中でなされた判断には既判力は生じない。

　判決主文は，訴訟判決（訴え却下判決）の場合は，申立ての適法性に関する判断であり，本案判決（請求認容・棄却）の場合は，訴訟物（訴訟上の請求）についての判断である。したがって，判決主文においては訴えが適法であるか否か，適法であれば，原告の請求が成り立つか否か，言い換えれば，原告の請求に理由があるか否かの結論が示される[22]。これは，原告が訴えをもって主張したことに対する裁判所の回答の結論であるといえる。

　　　ただし，判決主文の意味するところは，判決理由中の記載によらなければ判明しないことがある。まず，請求棄却判決（主文は「原告の請求を棄却する」である）においては，いかなる請求が棄却されたかは，判決理由を参照しなければ，判明しない。また，請求認容判決であっても，金銭の支払のような，不特定物の給付を命じる判決においては，同じ原告と被告の間に同じ内容の給付請求権が複数存在することがあり得るので（たとえば，同じ金額の貸金返還請求権と売買代金債権），既判力が生じる対象が何であるかは，やはり判決理由を参照しなければ，判明しない。以上に対して，

---

[22]　ただし，本文での記述は第一審判決についての説明であり，上訴審（控訴審，上告審）判決における判決主文で示されるのは，上訴が適法か否か，適法であれば理由があるか否か，理由があれば原判決に対してどのように対応するか，についての結論である（この点については，第5篇第2章第4節，第3章第4節 **1，2，4** 参照）。

建物明渡請求訴訟のような，特定物の給付訴訟においては，いかなる訴訟物理論をとるかによって，訴訟物が異なるが，既判力の範囲もそれに応じて異なる。新訴訟物理論は，この場合の訴訟物を特定物の給付を求める法的地位とみるので，既判力の範囲は判決主文だけで画定される。他方，旧訴訟物理論は，同じ特定物の給付請求であっても，それを理由付ける実体権ごとに訴訟物は別であるとみる（たとえば，建物明渡請求でも，所有権侵害に基づくか，占有権侵害に基づくか，建物の賃貸借契約終了に基づくかで，訴訟物は別とみられる）。したがって旧訴訟物理論によれば，既判力の範囲は，判決理由を参照しなければ，画定することができない。

また，訴訟判決の主文は「本件訴えを却下する」であり，既判力は，いかなる理由で訴えが不適法であったか（裁判権の欠缺，当事者能力の欠缺，訴えの利益の欠缺，不起訴の合意など）について生じるのであるから，既判力の内容は，やはり判決理由中の記載を参照しなければ，画定することができない。

前述のように，判決主文は原告が求めたものに対する裁判所の回答の結論であるから，既判力の範囲がこれに限定されるのは，当然のことのようにも思われる一方で，判決理由中であっても，とにかく裁判所が判断したことに拘束力が生じないということに対しては，疑問の余地がないとはいえない。しかし既判力の範囲を上記のように限定するにはそれなりの根拠がある。それは，判決理由中の判断に既判力が生じないという前提であれば，裁判所は，実体法の理論的順序や当事者の要望にこだわらずに，弾力的かつ効率的に審理を進めることができるということである。たとえば，建物明渡請求訴訟で，請求の理由として原告が主位的に被告による建物の所有権侵害を，予備的に占有侵奪を主張したとする。理由としての主張にこのような順位を付けるのは，原告が，所有権が認められることのほうが，占有権が認められるより望ましいと考えるからである。しかし，占有侵奪が明白である場合，判決理由中の判断に拘束力がないという前提であれば，裁判所は占有侵奪を理由として直ちに請求を棄却することができる。[23]

ii 中間確認の訴え

決理由中の判断に拘束力が生じないとすると，たとえ判決理由中で一方の当事者に有利な判断がなされても，その当事者はその後にこの判断を援用することができなくなる。たとえば，ある建物の所有者であると考えているXが，その建物を占有しているYに対して，所有権に基づいて建物明渡請求の訴えを提起し，

23）ただし，実際には，このような訴訟では，原告は建物明渡請求に併合して建物の所有権確認の訴えを提起することが多い。あるいは本文でつぎに述べる中間確認の訴えを提起することもできる。

確定請求認容判決を獲得しても，原告の所有権を肯定する判決理由中の判断には既判力が生じない。そこで，このような場合に，土地所有権を肯定する判断に拘束力を生じさせるために設けられたのが，**中間確認の訴え**（145条）である。すなわち，中間確認の訴えとは，係属中の訴訟の当事者が訴訟物である権利関係の先決関係に立つ法律関係の確認を，その訴訟内で求める訴えである（中間確認の訴えについてくわしくは，第6篇第1章第5節で証明する）。ただし，原告は，中間確認の訴えではなく，訴え提起の当初から，明渡請求とともに所有権確認請求を併合して提起することもできる。

iii 相殺の抗弁についての判断の既判力（原則に対する例外）

（a） 規定の内容と根拠　　114条1項が規定する，既判力は判決主文に包含するものに限り生じるとの原則に対して，明文で定められている例外は，同条2項が規定する，相殺の抗弁に対する判断について既判力が生じることである。

たとえば，原告Xの1000万円の支払請求訴訟（以下「前訴」という）において，被告Yが，Xに対する1500万円の債権を自働債権として，**相殺の抗弁**（「訴訟上の相殺」ともいう）を提出した事例を考えてみる（以下，Xの債権を「訴求債権」，Yの債権を「反対債権」という）。仮に，裁判所が訴求債権の存在を認めたうえで，Yの相殺の抗弁も認めて，請求を棄却したとする。その場合，相殺がなされたということは，判決理由中に記載されるので，主文に包含するものにしか既判力が生じないとの原則が適用されれば，判決確定後にYがXにあらためて反対債権の履行を請求する訴え（以下「後訴」という）を提起することは，前訴判決の既判力によって妨げられず，その結果として，後訴請求が認容されることもあり得る。その場合Xは，前訴で訴求債権自体の存在は認められながら，請求を棄却され，後訴では反対債権の履行としてYに金銭の支払を命じられることになる。他方，前訴において相殺の抗弁が認められず，請求が認容されたとする。その場合には，Yの反対債権は不存在であると判断されているのであるが，その判断も判決理由中でなされている。したがって，この場合も，前記の原則が適用されれば，YがXに対してあらためて反対債権の履行を請求する訴えを提起することが，前訴判決の既判力によって妨げられることはない。しかしながら，これらの結論は，次に述べるように，妥当でない。まず，前者の，前訴で相殺の抗弁が認められて請求が棄却された場合には，反対債権が相殺に供されることによって，反対債権も消滅しているのであるから，前訴の被告がさらに反対債権の履行を要求するこ

とは，債権の二重の行使であり，許すべきでないことは，明らかである。後者の，相殺の抗弁が認められず請求が認容された場合は，既に前訴で裁判所が審理の結果反対債権の存在を否定しているのであるから，前訴被告によるその履行請求はやはり許すべきでない。141条2項は，これらの点を考慮して同条1項の原則に対する例外を規定しているのである。

　　反対債権は，訴訟物である訴求債権とは独立して存在するものである。たしかに，たとえば，訴求債権が建築請負代金債権であり，反対債権が建築の瑕疵により被告である注文者が受けた損害に基づく賠償請求権である場合のように，両者の発生原因に関連性がある場合もあるが，その場合でも，二つの債権は債権としては別である。したがって，反対債権は，訴訟物である権利義務の存否の判断のための単なる理由付けという意味を超えて，それ自体が訴訟物に準じるものとしての意味を持っている。この点で，相殺の抗弁は反訴に類似するものであるとみることもできる。反訴であれば，反訴請求に対する裁判所の判断は，判決主文中でなされ，判決が確定すれば，その判断に既判力が生じる。そうであれば，実質は反訴と類似した機能を果たす相殺の抗弁に対する裁判所の判断に既判力を認めることが，正当化される。114条2項が相殺の抗弁について判決理由中でなされる裁判所の判断に既判力を付与しているのは，このためである。

　ただし，既判力が生じるのは「相殺をもって対抗した額について」(114条2項) である。上記の訴求債権が1000万円で，反対債権として主張された債権の額が1500万円である場合，反対債権の存在が認められて請求が棄却されたときも，逆に，反対債権の存在が否定され請求が認容されたときも，「相殺をもって対抗した額」は1000万円であるから，既判力はこの1000万円の不存在について生じ（そのくわしい意味は(b)で説明される），訴求債権額を超えた500万円については既判力は生じない。

　　(b) 114条2項の解釈　　114条2項の「相殺のため……既判力を有する」という文言の解釈については，反対債権が認められ，請求が棄却された場合，すなわち，相殺の抗弁を提出した被告の目的が達成された場合について，見解が分かれている（反対債権が否定されて，請求が認容された場合については，争いがない）。多数説は，この文言は，「反対債権の不存在」について既判力が生じるという意味であると主張する。これに対して少数説は，「原告の訴求債権と被告の反対債権がともに存在し，それが相殺によって消滅したこと」について，既判力が生じるという意味であると主張する。少数説はその理由として，そのように解しないと，①原告側に関して，反対債権ははじめから存在していなかったから，相殺によって原告の訴求債権が消滅したというのは無効であり，その分の不当利得返還ないし不法行為損害賠償請求を求めるという原

告の再訴を封じることができなくなり，②被告側に関して，原告の債権は相殺によらずとも別の理由で不存在であったから，自己の反対債権による相殺は無効であり，その無効な相殺によって消滅させられた自己の反対債権についてその分の不当利得返還ないし不法行為損害賠償を求めるという被告の再訴を封じられなくなる，と主張する。しかし，①の再訴は，相殺を認めた判決主文の既判力で封じることができ，②の再訴も，前訴の既判力の基準時における被告の反対債権の不存在を確定すれば，封じることができるので，多数説の解釈論で十分であり，本書はこれに賛成する。

iv 判決理由中の判断の拘束力

判決理由中の判断については，既判力は生じないということには，前述のように，それなりの根拠がある。しかし，理由中であるとしても，裁判所がいったん行った判断になんの拘束力もないとすると，実質的に相互に矛盾する判決が確定するおそれがあるとともに，判決の確定によって解決したはずの紛争が蒸し返されるおそれもある。このようなおそれを回避するために，有力な学説によって争点効理論が提唱された。判例は争点効理論を採用しなかったが，信義則によって紛争の蒸し返しを防止しようとしている。

（a）争点効理論 **争点効**とは，判決理由中の判断であっても，「前訴で当事者が主要な争点として争い，かつ，裁判所がこれを審理して下したその争点についての判断に生じる通用力で，同一の争点を主要な先決問題とした異別の後訴請求の審理において，その判断に反する主張立証を許さず，これと矛盾する判断を禁止する効果である。判例は争点効を否定している〔参考判例4〕。

〔参考判例4〕 最判昭和44年6月24日判タ239号143頁＝判時569号48頁（百選[5版]84）
【事案の概要】 XY間で，X所有の土地と建物（判旨では「本件不動産」といわれている）をYに売る旨の売買契約（以下「本件売買契約」という）が締結され，所有権移転登記も経由された。しかし，XY間では，本件売買契約について当初から詐欺・錯誤をめぐる争いがあったため，建物の明け渡しはなされていなかった。そこで，Yは本件売買契約に基づく建物明渡請求の訴えを提起した（以下「別訴」という）。他方，XはYに対して，本件売買契約の錯誤無効を主張して，本件不動産の所有権移転登記抹消請求の訴えを提起した（以下「本件訴え」という）。第一審では，二つの訴訟につき併合して審理がなされ，いずれもYが勝訴した。すなわち別訴の建物明渡請求は認容され，本件訴えである所有権移転登記抹消請求は棄却された。両判決についてXが控訴したところ，控訴審では二つの訴訟は分離して審理され，別訴についてはXの詐欺取消しの主張が排斥され，Xの控訴が棄却された。そしてXの上告も棄却され，Yの

建物明渡請求を認容する第一審判決が確定した。他方，本件訴えにおいては，X が主張した詐欺取消しが認められ，X が勝訴した。Y が，本件建物が Y の所有であることが別訴判決によって確定していると主張して，上告を提起した。
【判　旨】　上告棄却
　別訴の確定判決は「その理由において……本件不動産が上告人（別件訴訟の被上告人）の所有であることを確認していても，訴訟物である本件建物の明渡請求権および右契約不履行による損害賠償としての金銭支払い請求権の有無について既判力を有するに過ぎず，本件建物の所有権の存否について，既判力およびこれに類似する効力（いわゆる争点効，以下同様とする。）を有するものではない。一方，……かりに，本件訴訟において，被上告人の右請求原因が認容され，被上告人勝訴の判決が確定したとしても，訴訟物である右抹消登記請求権の有無について既判力を有するにすぎず，本件不動産の所有権の存否については，既判力およびこれに類似する効力を有するものではない。以上のように，別件訴訟の確定判決の既判力と本件訴訟において被上告人勝訴の判決が確定した場合に生ずる既判力とは抵触衝突するところがな（い）（カッコ内著者）……なお，右説示のとおり，両訴訟の両確定判決は，ともに本件不動産の所有権の存否について既判力およびこれに類似する効力を有するものではないから，上告人は，別に被上告人を被告として，本件不動産の所有権確認訴訟を提起し，右所有権の存否について既判力を有する確定判決を求めることができることは，いうまでもない。」

（b）　信義則による蒸し返しの禁止　　上記のように，〔参考判例 4〕は争点効を否定したが，その後，判例は後訴が前訴の実質的な蒸し返しである場合は，訴えは信義則に反し，不適法であるとして，訴えを却下した〔参考判例 5〕。

〔参考判例 5〕　最判昭和 51 年 9 月 30 日民集 30 巻 8 号 799 頁（百選［5 版］79）。
【事案の概要】　ある土地（以下「本件土地」という）の所有権は，もと亡 A に帰属していたが自作農創設特別措置法の買収・売渡処分により亡 B に帰属することになった。亡 A の相続人 X は，亡 B の相続人 Y に対して，Y から農地を買い戻したことを原因とする所有権移転登記請求の訴え（前訴）を提起したが請求棄却の判決を受け，これが確定した。X は，その後，買収処分の無効を理由として，自己への所有権移転登記請求訴訟を提起した。それが本件訴えである（下記の【判旨】では「本訴」といわれている）。原審は，このような訴え提起は信義則に反するので，訴えが不適法であるとして，訴えを却下した。X から上告。
【判　旨】　上告棄却
　「……前訴と本訴は，訴訟物を異にするとはいえ……本訴は，実質的には，前訴のむし返しというべきものであり，前訴において本訴の請求をすることに支障もなかったのにかかわらず，さらに上告人らが本訴を提起することは，本訴提起時にすでに右買収処

分後約20年も経過しており，右買収処分に基づき本件各土地の売渡をうけた右B及びその承継人の地位を不当に長く不安定な状態におくことになることを考慮するときは，信義則に照らして許されないものと解するのが相当である。」

v 一部請求に対する判決の効力

（a） 一部請求の訴えが提起される事情とその適法性 金銭債権を有すると主張する者が一回の訴訟で債権の全額を請求せず，一部を請求することがある。たとえば，1000万円の債権を有すると主張する者が，さしあたり200万円の支払請求訴訟を提起するという場合である。これを**一部請求**という（以下，場合によって「一部請求の訴え」「一部請求訴訟」ということもある）。

一部請求については，一回の訴訟で解決できる紛争につき何回も訴訟を行うことは，原告による訴訟制度の濫用であり，好ましくないとの消極的評価をする有力な学説もある。しかし，一部請求がなされるにはそれなりの理由がある。たとえば，訴え提起にあたっては請求額に応じて手数料として印紙を帖用しなければならならない（民訴費3条1項・別表1号，民訴137条1項後段）。訴訟費用は原則として敗訴者負担であるから（61条），原告は，勝訴すれば，いったん納めた手数料が自己に戻ってくるが，訴え提起にあたってさしあたり手数料を用意しなければならない。そして，訴えを提起しても必ず勝訴できるとは限らず，また，勝訴しても相手方の資力が乏しいため，債権全額を取り立てることができないこともある。これらの事情を考慮すると，一部請求の訴えを提起することは，必ずしも原告による訴訟制度の濫用ということはできない。

しかも実体法上は，一個の金銭債権を分割して弁済することも，それゆえ分割して請求することも可能である。したがって，本書は一部請求の訴え自体は，債権を極端に細分化しているような場合は別として，適法であると解する（たとえば，1000万円の債権を10万円ずつ100回請求するというような場合は，訴権の濫用として，訴えが不適法である）。

（b） 一部請求後の残額請求 一部請求について問題になるのは，一部請求訴訟で判決が出され，それが確定した後に，債権者が残額の支払を請求する訴えを提起することができるかという点である。

この点について以前から判例は，前訴において原告が一請求であることを明示していた場合（以下「明示的一部請求」という）には，残額請求の後訴は適法で

あり、このような明示をしていなかった場合（以下「黙示的一部請求」という）には、後訴は不適法であるとしていた。その後、最近になって、一部請求訴訟の前訴で請求棄却判決が確定していた場合、勝訴した前訴被告は、これにより紛争が解決したと期待するであろうから、敗訴の前訴原告が残額請求の後訴を提起することは、特段の事情がないかぎり、信義則に反するため、不適法であるとする判例が現れた。

　一部請求の訴えに関しては、まずその訴訟物をどのようにとらえるかが、問題である。一部請求訴訟であっても、債権のすべてが審理の対象になるとの理由から、債権全体が訴訟物になるとする見解も有力である。しかし本書は、一部請求訴訟の訴訟物は、明示的であっても黙示的であっても、請求されている部分に限られるとの立場をとる。実体法上金銭債権の分割は自由であることと、訴訟物の特定は当事者の意思に任されていることが、その理由である。この立場によれば、一部請求訴訟の結果が請求認容であれ、棄却であれ、既判力は請求された部分についてのみ生じるので、残額請求の訴えが前訴である一部請求訴訟の確定判決の既判力によって遮断されることはない。しかし、残額請求の訴えの提起が信義則上（2条）許されない場合には、同訴えは不適法として、却下されることになる。一部請求訴訟の結果が請求棄却である場合は、判例が示しているように、残額請求の訴え提起は、特段の事情がないかぎり、信義則に反するであろう。一方、一部請求訴訟の結果が請求認容である場合には、残額請求の訴え提起が信義則に反するか否かは、原告が前訴で債権の一部のみを請求した事情による。原告が、一部請求であることを明示したか否かは、これについての判断において意味を持つこともあるが、明示していれば信義則に反することはなく、明示していなければ反していると単純に決められるものではない。

（ c ）　一部請求訴訟における相殺・過失相殺　　一部請求訴訟において被告が相殺の抗弁を提出し、裁判所が訴求債権の存在も反対債権の存在もともに肯定した場合、相殺の効果はどの部分について生じるかという点が問題になる。この問題に関する見解は外側説、内側説、案分説に分かれる。外側説は、反対債権による相殺は原告の債権中まず訴求されていない部分、すなわち訴求されている部分

---

24) 最判昭和 37 年 8 月 10 日民集 16 巻 8 号 1720 頁（百選［4 版］81 ①）。
25) 最判昭和 32 年 6 月 7 日民集 11 巻 6 号 948 頁（百選［5 版］81）。
26) 最判平成 10 年 6 月 12 日民集 52 巻 4 号 1225 頁（百選［5 版］80）。

の外側に向けられ，この部分よりも反対債権額の方が多いときに，相殺ははじめて訴求されている部分に向けられるという考え方である。内側説は，反対債権による相殺は原告の債権中まず訴求されている部分の内側に向けられるという考え方である。案分説は，反対債権による相殺の効果は，訴求債権の債権全体に対する割合に応じて生じるという考え方である。三説の鼎立は，損害賠償債権の一部請求において過失相殺がなされる場合にも，生じ得る。

　三説の具体的な結果を以下の設例によって示す。第1の事例として，被告に対して1200万円の債権を有すると主張する原告が，400万円の支払を求める一部請求の訴えを提起し，被告が原告に対して有すると主張する500万円の反対債権で相殺するとの抗弁を提出したところ，裁判所が訴求債権については，存在は肯定するが，その額は1000万円であると認定し，反対債権については，存在は肯定するが，その額は300万円であると認定した事例を考えてみる。①$_{-1}$外側説によると，一部請求の外側が600万円であり，反対債権の300万円はこれにはめ込むことができるので，一部請求された400万円全額が認容されることになる（全部認容）。①$_{-2}$内側説によると，300万円の反対債権全額が相殺に供され，訴求額400万円のうち300万円が相殺によって消滅し，100万円の請求が認容され，その余の請求は棄却されることになる（一部認容一部棄却）。①$_{-3}$案分説によると，一部請求された債権額は，裁判所が認定した全債権額の400/10000であり，反対債権300万円のうち相殺に供されるのも同じ割合であるから，120万円である。そこで，400万円から120万円を差し引いた280万円について請求が認容されることになる（一部認容一部棄却）。第2の事例として，原告が主張する債権額が1200万円，一部請求として訴求する額が400万円，裁判所が原告の債権全額が1000万円だと認定し（ここまでは第1の事例と同じ），被告が，原告に対して900万円の反対債権を有すると主張して相殺の抗弁を提出し，裁判所が反対債権の額は800万円だと認定した事例を考える。②$_{-1}$外側説によると，反対債権の800万円のうち，一部請求の外側である600万円を超える部分，すなわち200万円が相殺に供される。したがって訴求債権400万円のうち200万円は相殺によって消滅し，200万円が消滅せずに残るので，200万円につき請求が認容され，その余の請求が棄却されることになる（一部認容一部棄却）。②$_{-2}$内側説によると，反対債権の額は訴求債権の額を超えているので，訴求債権全額が相殺によって消滅する。そのため請求は棄却されることになる。②$_{-3}$案分説によると，反対債権の400/

1000 が相殺に供されることになる。その額は 320 万円である。したがって，請求は 80 万円の限度で認容され，その余は棄却されることになる（一部認容一部棄却）。(以上の事例と各説に従った処理を図で示すと〔図表 4〕になる)

判例は，相殺の抗弁についても[27]，さらに，過失相殺についても外側説を採用している[28]。

外側説の結論は原告にとって最も利益であり，その反面として被告にとって不利益である。内側説の結論はその対極にあり，案分説の結論はその中間である。また，三つの見解はいずれも現行法の解釈論として理論的に成り立ち得る。そのような場合には，自己の権利の実現または保護のために積極的に訴訟制度を利用した原告の利益にかなう考え方に従った処理，それゆえこの問題においては外側説に従った処理がなされるべきである。ただし，被告も訴訟制度の利用者であり，もとよりその利益を無視してはならない。とくに，相殺の抗弁は，前述のように(iii(a))，反訴の提起に類似しており，これを主張する被告は原告に準じる立場に立っているとみることもできる。しかし，相殺の抗弁もやはり防御方法である。被告よりは原告を訴訟制度のより積極的な利用者とみることは，可能である。そこで，本書は外側説を支持する。

---

27) 最判平成 6 年 11 月 22 日民集 48 巻 7 号 1355 頁（百選［5 版］113）。
28) 最判昭和 48 年 4 月 5 日民集 27 巻 3 号 419 頁（百選［5 版］74）。

〔図表 4〕 一部請求訴訟における相殺（外側説，内側説，案分説による処理）

第 1 の事例

①₋₁　外側説

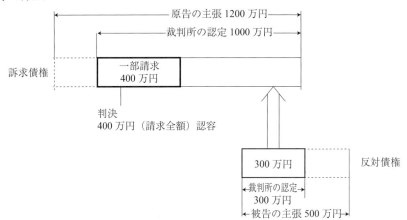

①₋₂　内側説

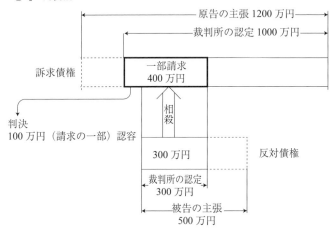

①₋₃ **案分説**

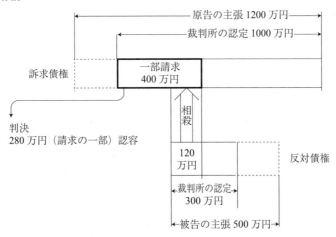

第2の事例

②₋₁ **外側説**

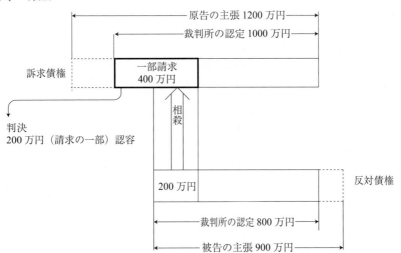

②₋₂ **内側説**

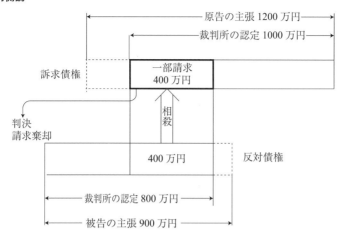

②₋₃ **案分説**

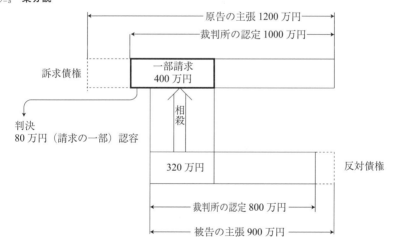

vi 定期金賠償を命じる確定判決とその変更を求める訴え

　損害賠償の支払い方法について民法などの実体法は，一回的給付によるべきか定期的給付によるべきかを，定めていないが，従来から実務上損害賠償請求訴訟において定期的給付が命じられることがあった。とくに，人身事故の損害賠償において，逸失利益や長期にわたる治療が必要な場合の診療費の賠償については，定期的給付によることが損害賠償の本質にかなっている。また，これらの賠償額は相当多額になるであろうから，定期的給付にすることは，結果的に加害者の経済的負担の軽減にもなり得る。ただし，判例は，損害賠償請求訴訟の原告（被害者）が一回的給付を求めているときに，定期的給付を命じることは，処分権主義に反するとしていた。[29]

　現行民事訴訟法は，一定の要件を満たす場合に，定期金による損害賠償を命じる判決の変更を求める訴えの提起を認めている。その要件とは，定期金による賠償を命じた確定判決の口頭弁論終結後に後遺症の程度，賃金水準その他の損害の算定の基礎となる事情に著しい変更が生じたことである（117条1項本文）。この変更が生じた結果，賠償金額の増額を請求する場合は，当初の損害賠償請求訴訟の原告である被害者が，逆に減額を請求する場合は被告である加害者が変更の訴えを，損害賠償請求訴訟の第一審裁判所に提起することができる。この管轄は専属管轄である（117条2項）。なお，現在でも損害賠償につき定期的給付を命じることが可能であるとの実体法上の規定はないが，このように定期金賠償を命じる確定判決の変更を求める訴えが認められたことから，それが可能であることが明確になった。

　定期金賠償を命じる確定判決の変更を求める訴えの性質については，以下のように解すべきである。まずこの訴えには，当初の確定判決の既判力による遮断効を消滅させる訴訟上の形成の訴えの要素がある。さらにこれに，被害者の増額請求の場合は追加的給付請求の訴えが，加害者の減額請求の場合は，もとの判決の判決効の一部消滅を目的とする形成の訴えの要素が付加される。

---

29) 最判昭和62年2月6日判時1232号100頁。現行法下では，福岡高判平成23年12月22日判時2151号31頁。

（3） 既判力の主観的範囲

i 既判力の主観的範囲と紛争解決の相対性

判決の効力が及ぶ人的範囲を判決効の主観的範囲という。確定判決の主要な効力は，既判力，執行力，形成力であるから，そのそれぞれについて主観的範囲を説明する必要があるが，ここでは既判力の主観的範囲について説明する。

基本的に，当事者は既判力による拘束を受け，当事者以外の者はこれを受けない。前段の，当事者が既判力による拘束を受けるというのは，民事訴訟が当事者間の民事紛争を解決するための制度であることからすれば，当然である。後段の，当事者以外の者は既判力による拘束を受けないというのも，当然である。なぜなら，当事者以外の者は，基本的には訴訟の対象となった紛争とは無関係であり，また当事者として訴訟に関与していないからである。このように，既判力が，基本的に当事者間にしか及ばないということは，確定判決によりもたらされる紛争解決の効力は当事者間に止まるとことを意味する。これを紛争解決の相対性という。

しかし，当事者以外の者であっても当事者となんらかの関係を有する者に判決の効力を及ぼした方が妥当である，または及ぼす必要があると考えられる場合がある。これらの考慮に基づいて，115条1項が既判力の主観的範囲を規定している。

ii 既判力を受ける主体

115条1項により既判力が及ぶとされるのは，①当事者，②訴訟担当における本人，③口頭弁論終結後の承継人，④目的物の所持者である[30]。

（a） 当事者 確定判決の既判力は**当事者**に及ぶが（115条1項1号），このことは，前述のように，当然である。氏名冒用訴訟や死者名義訴訟のように，だれが当事者であるかが問題になる事案では，当事者確定の理論に従って当事者になる者に既判力が及ぶ（第2篇第1章第1節 **2** 参照）。

> 独立当事者参加（47条1項）をした参加人も，当事者であるから，既判力による拘束を受ける。補助参加人は，当事者ではないので，補助参加人に対する裁判の効力は受けるが（46条），既判力は受けない（ただし，補助参加人に対する効力を既判力と解する見解もある。第6篇第3章第1節 **5（1）** 参照）。

---

30) 115条1項以外にも，第三者の範囲を特定して判決効の拡張を認める規定がある。たとえば，破131条1項，民再111条1項，会更161条，民執157条3項である。

（ｂ）　訴訟担当における被担当者　　当事者が他人のために原告または被告になって訴訟が行われることを訴訟担当というが，この場合には，確定判決の既判力はこの他人にも及ぶ（115条1項2号。以下では，原告または被告になった者を「担当者」，他人を「被担当者」という）。[31]

訴訟担当には，**法定訴訟担当**と**任意的訴訟担当**がある（第3篇第1章第6節**4（3）ⅱ，ⅲ**）。法定訴訟担当の例としては，破産管財人による破産財団に属する財産に関する訴訟（破80条），人事訴訟における検察官による訴訟（人訴12条3項），成年後見監督人または成年後見人による訴訟（人訴14条），海難救助料請求訴訟における船長による訴訟（商811条2項），民法423条に基づく債権者代位訴訟（債権者による訴訟），民事執行法155条1項に基づく取立訴訟（差押債権者による訴訟）（債権者代位訴訟，取立訴訟ついては，〔図表5〕参照）などがある。

〔図表5〕　債権者代位訴訟，取立訴訟

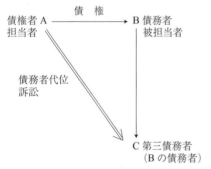

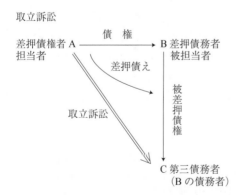

この場合に，被担当者に既判力が拡張されないなら，訴訟担当という制度を設けた意味がなくなる。とくに，担当者が原告で相手方が勝訴した場合（請求棄却の場合），被担当者に既判力が拡張されないなら，相手方は同じ請求についての被担当者からの再訴の提起を排斥することができない。ここに既判力を拡張する必要性がある。しかし，必要性があるとしても，実際に訴訟を追行したわけではない被担当者[32]に既判力を及ぼすために

31）　文献の中には本文中の「被担当者」を「本人」と表記しているものもある。しかし，ここで想定されているのは，115条1項2号の「その他人」のことなので，「本人」という表記は混乱をもたらすおそれがあるため，本書では「被担当者」と表記する。

は，理論的根拠が明らかにされなければならない。その根拠は，法定訴訟担当の場合は法律の規定によって，任意的訴訟担当の場合には被担当者から担当者への訴訟委任（被担当者の意思）によって，担当者に当事者適格が与えられている点に求められる。

　法定訴訟担当のうち，債権者代位訴訟，取立訴訟（以下では，「債権者代位訴訟など」という）における判決効の拡張については，見解が分かれている。ただし，訴訟担当者（債権者代位訴訟の債権者，取立訴訟の差押債権者）の勝訴判決の効力が被担当者に及ぶことには，問題はない。それに対して，担当者の敗訴判決の効力が被担当者に及ぶことは，被担当者が訴訟に関与する機会が保障されないままに，その権利が否定されることになるので，問題であるとの指摘が有力な学説によってなされた。そして，この有力説は，債権者代位訴訟などでは，既判力が被担当者に拡張されるのは，担当者勝訴の場合に限られ，敗訴の場合には拡張されないと主張する。

　この有力説は，第三者の訴訟担当を，担当者と被担当者の利害が対立する場合（以下では「対立型」という）と，両者の利害が共通し，被担当者の権能が担当者に吸収される場合（以下では「吸収型」という）に分類し，債権者代位訴訟などは対立型であり，破産管財人や船長による訴訟は吸収型であるとしたうえで，対立型においては被担当者に既判力は及ばないと主張する。

　これに対しては，対立型と吸収型の区別が明確でないとの批判，および，このような解釈は規定の文言にも調和しないとの批判がある。そうはいっても，たしかに，担当者敗訴の判決の効力を及ぼせば，被担当者にとって不利益であり，気の毒であると感じられなくもない。そこで，債権者代位訴訟などにおいては，訴え提起を被担当者に通知することを義務付ける，あるいは，通知がなされることが，既判力拡張のための前提であるとの主張をする学説もある。しかし，立法論としては，検討に値する提案であるが，解釈論としては，これを採ることは難しい。[33]

　たしかに敗訴判決の既判力が被担当者に及ぶことは，同人の利益を害しはするが，被担当者は，債権者代位訴訟などが提起される前に，みずから自己の債務者（これを「第三債務者」という）に履行を要求し，第三債務者がこれに応じなければ，訴えを提起することができたはずである。債権者代位訴訟などは，債務者がそのような行動を起こさなかったから，提起されたのである。そのことを考慮すると，被担当者が担当者の敗訴によって自身が不利益を負わされるのは，やむを得ないことであるといえる。

---

32) 被担当者は，共同訴訟的補助参加人として訴訟に参加することはあり得るが（共同訴訟的補助参加については第6篇第3章第1節6で説明される），当然に参加することが保障されているわけではない。なお，注33）も見よ。
33) 平成27年（2015年）に第189国会に提出された「民法の一具を改正する法律案」には，担当者である債権者が代位訴訟を提起した場合，被担当者である債務者への告知を義務付けている（同法案民法423条の6）。

したがって，本書は，これらの訴訟においても判決の既判力は担当者が勝訴するか敗訴するかにかかわらず，被担当者に及ぶとの立場をとる。

（c）　口頭弁論終結後の承継人　　当事者および訴訟担当における被担当者の**口頭弁論終結後の承継人**にも，確定判決の既判力は及ぶ（115条1項3号）。

承継には，一般承継と特定承継がある。**一般承継**とは，ある者（承継人）が他の者（被承継人）の権利義務のすべて（ただし，一身専属的なものは除く）を一体として受け継ぐことである。その例としては，相続，法人の合併を挙げることができる（相続人が被相続人の，合併後の新法人が合併前の法人の権利義務を受け継ぐ）。特定承継とは，ある者（承継人）が他の者（被承継人）の個々の権利または義務を受け継ぐことである。たとえば，土地の所有者Xが土地上に建物を所有しているYに対して提起した建物収去土地明渡請求訴訟の口頭弁論終結後に，Xが土地をZ_1に譲渡すること，または，Yが建物をZ_2に譲渡することである。自身で訴訟を追行したわけではない承継人に，既判力が及ぶのは，同人が被承継人の地位を受け継いでいるからである。[34]

> 口頭弁論終結後に当事者から訴訟物である権利関係，それを直接に基礎付ける権利，またはそれから派生する権利を承継した第三者（以下「権利承継人」という）であっても，固有の法的地位を有する者は既判力が及ぶことを防御できる。次の事例がその典型的な例である。不動産の登記簿上の所有名義人に対して，真の所有者だと主張する者が，登記は虚偽表示によるものだと主張して，当該不動産の所有権移転登記抹消請求の訴えを提起し，請求認容判決が確定した。この訴訟の口頭弁論終結後に当該不動産を被告から譲り受けた者が登記の虚偽表示につき善意であった場合，この者は判決により既判力をもって確定された被告の登記義務を負うことはない（民94条2項）。[35]ただし，有力な学説は，この結論自体は変わらないとしたうえで，このような固有の法的地位を有する権利承継人は口頭弁論終結後の承継人ではないとみる立場（実質説）と，権利承継があれば115条1項2号の承継人ではあるが，固有の法的地位の主張（上の例であれば，善意の第三者であるとの主張）は既判力によっても遮断されないとする立場（形式説）があると指摘している（この指摘をした学説は，形式説を支持している）。しかし，この学説も認めているように，結論には変わりはなく，また，いずれの見解によっても，権利承継人が，判決が既判力をもって確定した前主と訴訟にお

---

34)　既判力が及ぶのは，口頭弁論終結後の承継人である。一般承継あるいは特定承継の原因（本文の例では，当事者の死亡，土地の譲渡など）が口頭弁論集結前に起こった場合については，承継人には判決の効力は及ばないので，なんらかの対策が必要になる。それについては，第6篇第5章第2節，第3号で説明される。

35)　判例もこの結果を認めている。最判昭和48年6月21日民集27巻6号712頁（百選[5版]87）。

けるその相手方との間の権利・法律関係自体を否定することはできないのであるから，形式説と実質説が対立しているとみることにどれだけの意味があるのかという疑問も，提起されている。

(d) 請求の目的物の所持者　請求の目的物の所持者にも既判力は及ぶ（115条1項4号）。請求の目的物とは，特定物の給付訴訟における訴訟物である給付請求権の目的物である。**請求の目的物の所持者**とは，このような目的物をもっぱら当事者，訴訟担当者またはそれらの口頭弁論終結後の承継人（以下では「当事者など」という）のために，それゆえみずからのためにではなく，所持する者である。たとえば，当事者などの同居人，家族がこれに当たる。それに対して，目的物の賃借人は，自身の利益のために所持しているのであるから，目的物の所持者ではない（賃借人が所持を始めた時期が口頭弁論の終結後であれば，(c)で述べた口頭弁論終結後の承継人として既判力を受ける）。また，当事者などの雇い人，ならびに，当事者などが法人である場合のその代表者，および，行為能力を制限されたものの法定代理人は，当事者などのための所持の機関であるから，115条1項4号が規定する所持者ではない。[36]

法が請求の目的物の所持者に既判力が及ぶことにするのは，主として，これらの者が目的物を所持していても，給付を命じる判決に基づく強制執行を滞りなく行うことを可能にするためである（民執23条3項）。そして，目的物の所持者は目的物について独自の利益を有していないので，みずからが訴訟手続に関与していなくても，判決効が及ぼされることが是認される。

iii 反射効

判決の**反射効**とは，当事者の間に既判力が存在することが，当事者と特殊な関係にある第三者[37]に反射的に利益または不利益な効果を及ぼすことである。たとえば，保証人は主債務者と債権者の間で行われた訴訟の判決の既判力を受けないが，主債務者の勝訴判決（債権者が提起した主債務の履行を請求する訴訟の請求棄却判決[38]）が確定すれば，実体法上，保証債務の附従性のゆえに，債務を履行する必要がな

---

36) 法人の代表者につき最判昭和32年2月15日民集11巻2号270頁。法人の代表者が法人の物を所持している場合は，本人である法人が所持しているとされた事例。
37) ここでの「当事者」には，訴訟担当における被担当者，承継人などのように，当事者以外の者で既判力の主観的範囲内にある者も含まれる。
38) 通常はこの判決であるが，主債務者とされた者が提起した主債務の不存在確認訴訟における請求認容判決もこれと同じである。

くなるから，判決の反射効が保証人に及ぶというのである（これに対して，債権者の請求認容判決が確定しても，主債務者とされた者がこの判決から反射的な影響を受けることはない。なぜなら，主債務の存在から実体法上必然的に保証債務の存在が肯定されるわけではないからである）。判例は，反射効を一般的に肯定するか否かについて，態度を明らかにしていない。しかし，その事件の事実関係のもとでは反射効は認められないとした判例がある〔参考判例6〕。

〔参考判例6〕 最判昭和51年10月21日民集30巻9号903頁（百選［5版］90）
【事案の概要】 Yは亡Aに150万円を貸し，Xほか1名がその連帯保証をしたとの理由で，Aの相続人BらおよびXを共同被告として，Bらには主債務の，Xには連帯保証債務の履行を請求する訴えを提起した。BらはYの請求原因を争ったが，Xはこれを認めた。そこで，Xに関する弁論が分離され，YのXに対する請求を認容する判決がなされ，確定した。

他方，Bらに対する関係では審理の結果，主債務の成立についての請求原因が認められず，請求棄却判決が出され，これが確定した。その後，Yが連帯保証債務の履行請求を認容する判決に基づき，Xに対する強制執行を行ったので，Xが請求異議の訴え[39]を提起した。これが本件である。Xは，主債務者（Bら）勝訴の判決の効力を援用して，執行は許されないと主張した。第一審はこれを容れて，請求異議の訴えを認めたが，原審はXの主張を容れず，請求を棄却した。Xが上告。
【判　旨】 上告棄却
「一般に保証人が，債権者からの保証債務履行請求訴訟において，主債務者勝訴の確定判決を援用することにより保証人勝訴の判決を導きうると解せられるにしても，保証人がすでに保証人敗訴の確定判決を受けているときは，保証人敗訴の判決確定後に主債務者勝訴の判決が確定しても，同判決が保証人敗訴の確定判決の基礎となった事実審口頭弁論終結の時までに生じた事実を理由としてされている以上，保証人は右主債務者勝訴の確定判決を保証人敗訴の確定判決に対する請求異議の事由にする余地はないものと解すべきである。」（傍点著者）

iv　法人格否認の法理

　法人，とくに会社の法人格が形骸化している場合，または濫用されている場合に，その法人格を否定し，実質的に会社を支配している者に権利・義務を帰属させ，またはこれらの者を法律関係の主体とみることを，**法人格否認の法理**という。法人格否認の法理は，実体法上は判例によって採用されている[40]。しかし，学説，

---

39) 請求異議の訴えについては，本章注15)を見よ。

判例は，訴訟法上の効果については，手続の安定性を考慮して，法人格否認の法理を適用することに，慎重である〔参考判例7〕。

〔参考判例7〕　最判昭和53年9月14日判時906号88頁（百選〔5版〕88）
【事案の概要】　Xは養豚業を営む訴外A会社（以下「A社」という）に対する損害賠償請求訴訟（前訴）で，請求認容の確定判決を得た。A社は経営不振から多額の債務を負担している。A社の代表取締役Bは，新会社Y（以下「Y社」という）を設立した。Y社はA社から営業設備一切と飼育中の豚を無償で譲り受け，従業員も引き取って養豚業を営んだ。その結果，A社は有名無実の存在となった。また，両社の役員は一部共通し，事実上Y社の経営を担当しているのもBであり，両者の商号も類似している（A社が「株式会社〇〇養豚」，Y社が「〇〇養豚株式会社」）。

そこでXは，A社とY社は実質的に同一の会社であり，したがって，前訴判決はYに対しても効力を有するとして，これに基づきYへの強制執行を実施すべく，Yに対する承継執行文の付与を求めて，承継執行文付与の訴えを提起した[41]。これが本件である。原審は，A社とY社は実質的に同一の法人格であるとの理由で，請求を認容した（承継執行文を付与することにした）。この判決に対してY社が上告した。
【判　　旨】　破棄差戻し

「上告会社（Y社のこと－著者）が訴外会社（A社のこと－著者）とは別個の法人として設立手続，設立登記を経ているものである以上，上記のような事実関係から直ちに両会社が全く同一の法人格であると解することは，商法が，株式会社の設立の無効は一定の要件の下に認められる設立無効の訴のみによって主張されるべきことを定めていること（同法428条〈現行会社828条1項1号・2項1号－著者〉）及び法的安定の見地からいって是認しがたい。……権利関係の公権的な確定及びその迅速確実な実現をはかるために手続の明確，安定を重んずる訴訟手続ないし強制執行手続においては，その手続の性格上訴外会社に対する判決の既判力及び執行力の範囲を上告会社にまで拡張することはできないものというべきである……。」

---

40) 最判昭和44年2月27日民集23巻2号511頁。
41) 本件のように，債務名義（その意義については，注15）で説明された）である確定判決に債務者（義務者）として記載されていると，実際に債権者（権利者）が執行を行おうとする相手とが異なる者である場合，後者（本件であればY社）も判決の効力を受けて強制執行の当事者となることを明らかにするのが，承継執行文である。ただし，このことを文書だけで明らかにすることができないときは，債権者は，承継執行文を得るために，執行文付与の訴えを提起しなければならない（民執27条2項・33条1項）。

第4節　確定判決のその他の効力

　確定判決の効力としては，既判力のほかに，執行力，形成力が重要である。そのほかに，確定判決には訴訟終了効がある。

1　執行力

（1）　執行力の意義と必要性

　執行力とは，裁判所などの権利確定機関（権利義務の存否または法律関係を判断し，確定する機関）が給付請求権を観念的に確定した場合，その権利の内容を国家がその権利実現機関によって強制的に実現することのできる効力である。確定した給付判決（たとえば，被告に金銭の支払，建物の明渡しを命じる判決）は執行力を有する（民執22条1項）。それに対して，確認判決および形成判決，すなわち確認訴訟および形成訴訟の請求認容判決は，給付を命じるものではないので，執行力を有しない。また，給付・確認・形成訴訟のすべてにおいて，請求棄却判決，訴え却下判決も，やはり給付を命じていないので，執行力がない。[42]

> ただし，上に述べた「執行力」は，狭義の執行力であり「執行力」の語がより広い意味で使われることもある。これを広義の執行力という。広義の執行力とは，強制執行による場合のみならず，それ以外の方法による場合も含めて，判決の内容を実現することである。その例としては，確認判決である所有権確認の確定判決によって所有権保存の登記の申請がなされる場合（不登74条1項2号）を挙げることができる。また，意思表示を命じる判決（実際には，登記手続を命じる判決が多い）は給付判決であるが，その確定によって意思表示が擬制されるため（民執174条1項），狭義の執行力が発揮される場はない（実際の登記は，これを命じる確定判決に基づいて経由されるので，広義の執行が行われたという説明が成り立つ）。本書で以下において「執行力」の語が使われる場合は，狭義の執行力のことである）。

　確定した給付判決があるということは，裁判所が原告の被告に対する給付請求権の存在を認め，被告に給付を命じているということである。しかし，確定給付判決にもかかわらず，被告（債務者）がこれに従わない場合，判決内容を強制的に実現することができないとすれば，訴えの提起と訴訟の追行に費やした原告

---

42) ただし，確認判決，形成判決，請求棄却判決，訴え却下判決の場合も，原則として敗訴者が負担する訴訟費用（61条）に関する執行はなされる。

（債権者）の労力や費用は無駄になってしまう。それでは，社会の秩序や安定が維持できなくなり，国家が自力救済を禁止し，民事訴訟制度を設けた意味が無に帰してしまう。確定した給付判決に執行力が付与されているのは，そのようなことにならないためである。

ただし，執行力を有するのは，以下に述べるように，確定した給付判決だけではない。

強制執行は，それによって実現されるべき請求権の内容を公証（公に証明すること）する書面に基づいて実施される。この文書を債務名義という。いかなる文書が債務名義となるか，言い換えれば，**債務名義**にはどのような文書があるかについては，民事執行法22条が規定している。同条よると，確定判決（同条1号）のほかに，たとえば，公証人が作成した執行証書（公正証書）（同条5号），調停調書などの確定判決と同一の効力を有する文書（同条7号）が債務名義となり，それらによって強制執行を行うことができる。すなわち，これらの文書も執行力を有する。ところで，執行証書の場合は公証人が債権者の請求権の存在を確定しており，調停調書の場合は調停機関（民事調停委員会，家事調停委員会，労働審判委員会）がこれを確定している。したがって，前者においては公証人が，後者においては民事調停委員会などが権利確定機関である。（1）の冒頭で「裁判所などの権利確定機関……」と「など」を付け加えたのは，このように裁判所だけが権利確定機関であるわけではないからである。

（2） 執行力の主観的範囲

執行力の主観的範囲について，すなわち，だれのために強制執行をすることができるか，および，だれに対して強制執行をすることができるかについては，民事執行法23条が規定している。同条によると，確定判決が債務名義である場合，執行力を受けるのは，①当事者（同条1項1号），②訴訟担当の場合の被担当者（同条同項2号），③口頭弁論終結後の承継人（同条同項3号），④これらの者のために請求の目的物を所持する者（同条3項）である。

2 形成力

確定判決の**形成力**とは，確定した形成判決が持つ効力の一つであり，従来の一定の法律関係を変動させる，言い換えれば，新たな法律関係を形成する効力である。形成権は，本来，形成権者が自由に，訴訟手続によらずに，行使できる。たとえば，詐欺にあって意思表示を行った者は，いつでも（ただし，民法96条2項・126条などの制限はあるが），どこでもこの意思表示を取り消すことができる（民96条1項）。しかし，法は一定の場合に，形成権を訴訟上においてのみ行使するこ

とができるものとしている。このような形成権行使のための訴えおよび訴訟が形成の訴えおよび形成訴訟であり，その請求認容判決が形成判決である。形成訴訟の例としては，離婚訴訟（人訴2条1号），株主総会決議取消訴訟（会社831条）がある。離婚判決の確定により，原告と被告の婚姻関係が解消する。また，株主総会決議取消訴訟の請求認容判決も，その確定により，株主総会によって形成された法律関係が解消する。これらは従来の法律関係の変動である。

　確定判決の既判力の主観的範囲は，前述のように，当事者および当事者と関連のある者（訴訟担当の場合の被担当者など）に限られている（紛争解決の相対性）。執行力の範囲についても同様である。それに対して確定した形成判決が持つ形成力は第三者に対しても及ぶとされている。これを形成判決の**対世効**という。たとえば，人事訴訟法24条1項は，人事訴訟の判決（たとえば，離婚判決）は，原則として，第三者にもその効力が及ぶと規定している（例外は同条2項）。また，会社法838条は，会社の組織に関する訴えの請求認容判決（たとえば，株主総会決議取消判決）は第三者にもその効力が及ぶと規定しており（ただし，対世効が及ぶのは，請求認容判決に限られている。すなわち，請求棄却判決においては対世効は生じない。これを**片面的対世効**という），一般社団法人などの組織に関する訴訟についても同様の規定が置かれている（一般法人273条）。

　形成訴訟とされるのは，人の親族関係に関する訴訟（人事訴訟）と会社などの法人の組織に関する訴訟である。前述のように，確定した形成判決は親族関係または法人をめぐる法律関係を形成する。もし，その効力が当事者間でのみ生じ，第三者には及ばないとすると，親族関係や法人をめぐる法的関係が不安定になる。たとえば，離婚判決の確定により原告と被告の間では彼等は夫婦でないが，判決の効力は第三者に及ばず，第三者との関係では彼等を夫婦として扱わなければならないとしたら，社会が混乱する。形成力に対世効が付与されるのは，このような混乱を防ぎ，親族関係や法人をめぐる法律関係の画一化により社会を安定させるためである。そもそも，特定の形成権（たとえば，離婚請求権，株主総会決議取消し請求権）について一般的な行使を認めず，訴訟においてのみ行使できるものとしたことが，社会の安定のためである。

3　訴訟終了効

　判決の確定によって訴訟が終了するので，確定判決には訴訟終了効があるとい

われている。ただし，差戻判決などの場合は，判決が確定しても，差戻審などに訴訟が係属するので，訴訟は終了しない。確定して訴訟終了効生じるのは，第一審判決，控訴審の控訴棄却・却下判決，原判決取消自判判決，および上告審の上告棄却・却下判決，破棄自判判決である。

第5節 仮執行宣言

1 仮執行宣言の意義と必要性

仮執行宣言とは，未確定の終局判決に，一定の要件が満たされた場合に，確定したのと同様に，その内容を実現することができる効力を付与する裁判である。仮執行宣言は主文に掲げられるが（259条4項），これにより，確定前の判決にも，執行力が付与され，これに基づく執行が可能になる（民執22条2号）。この執行を**仮執行**という。

確定判決には執行力がある。上訴可能な判決は，実際に上訴が提起されるか否かにかかわらず，上訴期間内は原則として確定しない（116条1項。くわしくは，本章第2節2で説明されている）。そして，上訴が提起されれば，確定は遮断される（同条2項）。確定していない判決は，変更される可能性があるので，これに基づいて強制執行をすることができないのは，当然のことと思われるかも知れない。しかし，確定していないとはいえ，裁判所の審理を経て，一方の当事者の権利を認める判決が出されたにもかかわらず，判決の確定まで執行をすることができないとすると，それだけ権利者の権利の実現が遅れる。また，敗訴者の中には，相手方の権利の存在を自覚しながら，執行を先延ばしするために，上訴を提起する者がいないとはかぎらない。とはいえ，もとより上訴は裁判の適正（正しさ），および誤った裁判から当事者を救済するために必要な制度である。仮執行宣言は，権利実現の迅速性の要請と裁判の適正および誤判からの当事者の救済の要請という，両立が難しい要請を調整するために，設けられたものである。

---

43) 正確には，控訴審による取消差戻判決（307条），取消移送判決（309条），上告審による破棄差戻・移送判決（325条1項・2項）である（第5篇第2章第4節3（3），（4），第3章第4節4（2）ii参照）。

2 仮執行宣言の要件

　仮執行宣言は，財産上の請求に関する判決にしか付けられない（259条1項）。仮執行は判決確定前に行われるのであるから，その後に仮執行宣言付判決が変更される場合も当然ある。この場合，財産上の請求であれば，原状回復が比較的容易であり，金銭賠償で収拾がつくが，非財産上の請求では，そうはいかない。仮執行宣言を付すことができるのが，財産上の請求に関する判決に限定されるのは，このためである。

　裁判所は，原則として，申立てによりまたは職権で，必要があると認めるときに，担保を立てて，または立てないで仮執行の宣言を付けることができる（259条1項）。要するに，仮執行宣言を付すか否か，付す場合に担保を立てさせるか否かは，裁判所の裁量に任されている。

　　この原則に対する例外として，手形または小切手による金銭の支払の請求およびこれに附帯する法定利率による損害賠償の請求に関する判決（259条2項）および少額訴訟の請求認容判決（376条1項）には，裁判所は必ず職権で仮執行宣言を付けること，しかも前者においては原則無担保で付けることとされている。これらにおいては，とくに迅速な判決内容の実現が要請されていることが，その理由である。

　また，裁判所は，仮執行宣言にさいして，担保を立てて仮執行を免れることができることを宣言することもできる（259条3項）。これを**仮執行免脱宣言**という。

3 仮執行と上訴による執行の一時停止

　仮執行は，判決によって認められた権利の最終的実現にまで進む。[44]ただし，仮執行宣言を受けた敗訴当事者は，仮執行宣言付判決に対する上訴を提起したうえで，強制執行の一時停止を申し立て（403条1項柱書），それが認められれば，強制執行を一時停止させることができる（民執39条1項7号）。

　　一時停止が認められるための要件は，上告・上告受理申立ての場合と控訴の場合とで異なる。上告・上告受理申立ての場合は，原判決破棄の原因となるべき事情および

---

[44] この点で，仮執行は，権利の保全のために行われる保全処分と異なる。たとえば，金銭債権の債権者が，債務者が財産を散逸させることを防ぐため，債務者の財産に仮差押えを行う場合，仮差押債権者は差し押さえられた財産を換価して，自己の債権の満足に充てることはできない。それは，本執行によってなされることである。ただし，保全処分中の断行の仮処分は，仮処分債権者に，本案訴訟で勝訴したのと同様の満足を得させる点で，一般の保全処分と異なる。

執行により償うことのできない損害を生ずるおそれがあることが疎明されることである（403条1項2号）。控訴の場合は，原判決の取消しもしくは変更の原因となるべき事情がないとはいえないこと，または執行により著しい損害が生じるおそれがないとはいえないことである（同条同項3号）。上告・上告受理申立ての場合のほうが控訴の場合よりも一時停止の要件が厳しい（一時停止を得にくい）。それは，上告・上告受理申立てがなされるまでに既に2度の審理と判決がなされているからである。

4 仮執行宣言付判決などの変更とそれにともなう処理

仮執行は判決で認められた権利の最終的実現にまで進むが，その効力は判決または仮執行宣言の取消しを解除条件としている（260条1項）。その意味で仮執行は暫定的なものである。とくに，仮執行宣言付判決が変更された場合には，仮執行により満足を得た原告は，被告の申立てにより，被告が給付したものを返還する（原状回復）とともに，仮執行によりまたは仮執行を免れるために被告が受けた損害を賠償しなければならない（260条2項）。この賠償請求権は，原告に判決が未確定のうちに執行することを認めたことに対応して，被告に付与されるものであることを考えると，無過失責任であると解される（通説）。

　なお，この場合，被告は実体法上原状回復請求権および損害賠償請求権を有しているのであるから，これらの履行を通常の訴訟手続で請求することもできる。260条2項は，被告の便宜を考慮して，仮執行宣言がなされたのと同じ手続内でこれらの実体権を実現することを可能にするものである。

第2章　当事者の行為による訴訟の終了

　訴え提起によって始まった訴訟手続は，基本的には，判決の確定によって終了することが予定されている。しかし，処分権主義（第3篇第1章第5節）は，訴えを提起するか否かを当事者の自由な意思に任せているが，そのことに対応して，いったん開始した訴訟手続を当事者の意思によって終了させることも可能としている。そのような訴訟終了原因として訴えの取下げ，請求の放棄・認諾，訴訟上の和解がある。これらは，民事訴訟法典中「第2編　第一審の手続，第6章　判決によらない訴訟の完結」において規定されている。そのほかに，上訴（控訴，上告）の取下げも，当事者の行為による訴訟終了の原因になる（くわしくは第5篇第2章第2節4(3)で説明される）。　実際の訴訟（地方裁判所の第一審）おける各種の行為による終了件数を示すと〔図表1〕のとおりである。

〔図表1〕　地方裁判所の第一審通常訴訟既済事件数に占める各訴訟終了原因の区分件数

総　数	判決[1]	決定[2]	命令[3]	訴訟上の和解	請求の放棄	請求の認諾	訴えの取下げ	その他[4]
168,227	69,741	1,332	750	57,369	181	688	36,235	1,931

(1)　判決には，請求認容判決，請求棄却判決，訴え却下判決，訴訟終了宣言判決がある。
(2)　141条1項による却下である。
(3)　137条2項・3項・138条2項による訴状命令である。
(4)　263条による訴え取下げの擬制による終了であろう。
＊この表は，最高裁判所事務総局『平成24年司法統計年報1民事・行政編』36頁第19表，正誤表12頁をもとに著者が作成した。

　なお本書では，民事訴訟法典中の規定の順序（261条以下参照）とは異なり，訴訟上の和解，請求の放棄・認諾を訴えの取下げより先に説明する。それは，訴訟上の和解などにおいて既判力の有無が問題になるため，判決による訴訟の終了と対比して検討することが必要になるので，判決による訴訟の終了を説明する前章に続いて説明したほうが理解しやすいからである。

第1節　訴訟上の和解

1　訴訟上の和解および関連する諸制度の意義

訴訟上の和解とは，訴訟係属中に裁判所が関与して当事者間で和解を締結することによって，訴訟を終了させる行為である。裁判所の関与の仕方は，後述のように，3とおりある。また，わが国には訴訟上の和解以外にも「和解」という言葉が付いた紛争解決のための制度がある（それらを表にしたのが，〔図表2〕である）。

〔図表2〕　各種の和解

```
（裁判外の）和解（「私法上の和解」ともいう。民695条・696条）
          ┌─起訴前の和解（「即決和解」ともいう。275条）
裁判上の和解─┤
          └─訴訟上の和解
              （従来型の）訴訟上の和解（89条・267条）
              和解条項案の書面による受諾による和解（264条・267条）
              裁判所などが定める和解条項による和解（265条・267条）
              最後の2つは現行民事訴訟法（平成8年）において創設された制度
```

以下では，訴訟上の和解の意義を正確に理解するために，まず(1)で関連する制度について説明し，次いで(2)で訴訟上の和解について説明する。

(1)　訴訟上の和解以外の和解

i　（裁判外の）和解（私法上の和解）

（裁判外の）**和解**とは，当事者が譲り合って（以下「互譲」という）その間に存する争いをやめる，私法上の合意である（民695条。それゆえ，私法上の和解ともいう）。通常は，たんに和解といわれているが，次に説明する裁判上の和解と区別するために，裁判外の和解ということもある。

ii　起訴前の和解（即決和解）

裁判所において，かつ裁判所が関与して成立する和解を**裁判上の和解**という。裁判所の関与の仕方により，起訴前の和解と訴訟上の和解に大別される。訴訟上の和解については(2)で説明される。ここでは起訴前の和解について説明される。

起訴前の和解とは，民事上の紛争につき当事者の一方が，訴えを提起するので

はなく，簡易裁判所に和解の申立てをすることによって始められる和解の手続である（275条）。この制度は本来，簡易裁判所の裁判官が紛争当事者の間に入って，互譲を促し，和解を成立させることを目的としている。しかし，実務では，申立て前に既に当事者間で話し合いがつき，裁判外の和解が成立しており，簡易裁判所に和解条項を調書に記載してもらうために，起訴前の和解の申立てが行われる例も多いといわれている。それは，裁判外の和解では，一方の当事者が和解で取り決められた義務を履行しない場合，他方の当事者は履行を強制することができず，あらためてその履行を請求する訴えを提起しなければならないが，和解調書が作成されていれば，それに基づいて強制執行を申し立てることができるからである（267条，民執22条7号）。

起訴前の和解が申し立てられたが，結局和解が成立しなかったときは，当事者双方の申立てがあれば，手続は訴訟に移行する（275条2項）。

(2) 訴訟上の和解

訴訟上の和解とは，前述のように，訴訟係属中に裁判所が関与して当事者間で和解を締結することによって，訴訟を終了させる行為である。訴訟上の和解には，現行民事訴訟法制定前から行われていた和解と，現行法の制定にあたって創設された和解がある（本書では，前者を，後者と区別するために，「従来型の訴訟上の和解」ということもある。ただし，一般的な用語ではない）。後者には，和解条項案の書面による受諾による和解と裁判所などが定める和解条項による和解がある。

訴訟上の和解および起訴前の和解（すなわち裁判上の和解）は，和解条項が調書に記載されると，確定判決と同一の効力を有する（その意味については本節**6**で説明される）。

i （従来型の）訴訟上の和解

（従来型の）訴訟上の和解とは，本来，裁判所または受命裁判官もしくは受託裁判官（以下「裁判所など」という）が当事者の間に入って交渉を進め，互譲を引き出し，成立させる和解である。しかし，実際には，訴訟外で当事者間の交渉が行われ，解決のための合意が成立し，当事者ができあがった和解案を裁判所に持ち込んで，和解調書を作成してもらうという方法で成立する場合もある（起訴前の和解でも同様に当事者の持ち込みによるものがあることは，前述した）。

ii 和解条項案の書面による受諾による和解

和解条項案の書面による受諾による和解とは，一方の当事者が。遠隔地に居住

している，その他の理由により，裁判所に出頭することが困難な場合，あらかじめ裁判所などが和解条項案を提示し，この当事者がこれを受託する旨の書面を提出しておき，他方の出頭できる当事者が期日においてその和解条項を受諾することによって成立する，訴訟上の和解である（264条）。

iii 裁判所などが定める和解条項案による和解

裁判所などが定める和解条項案による和解とは，両当事者の申立てにより，裁判所などが適当な和解条項を定めることによって成立する訴訟上の和解である（265条）。和解は，裁判外の和解であっても裁判上の和解であっても，当事者が和解条項に合意して，はじめて成立するものである。しかし，裁判所などが定める和解条項による和解は，当事者がこれを申し立てると，裁判所などが和解条項を定めることによって，成立する。その点で，これは実質的には裁判所による仲裁であるといえる（仲裁については，第1篇第1章第3節1で説明された）。

2 和解の長所と問題点

一般に，確定判決により決着を付ける解決より，和解による解決，すなわち，紛争当事者による交渉，互譲そして合意による解決のほうが望ましいといわれている。その理由は，そのほうが紛争によって生じてしまった当事者間の感情的しこりを解消しやすく，したがって強制執行によらず，和解条項の任意の履行が期待できることにある。また，和解成立までの手続は確定判決を得るまでの手続よりも簡易で，時間もかからないので，労力の面，経済的な面そして精神的な面でも当事者にかかる負担が軽いともいえる。これらのことから，いったん訴えが提起された後でも，訴訟上の和解による解決は，それが可能であれば，望ましいものである。そこで，裁判所などは，訴訟のいかなる段階においても，和解を勧試（和解の成立を試みること）できることになっている（89条）。

ただし，以前は，裁判所が，審理を実施し，判決書を作成する手間を惜しんで，和解を成立させようとし，そのために両当事者の主張を機械的にたして二で割るような解決案を示して，これを押しつけようとしたこともあったといわれている。そのような和解は，その結果について当事者に不満をいだかせるものであり，紛争解決の手段として望ましいものではない。裁判所などは和解の成立にあたり，この点を十分に考慮して，両当事者の言い分に十分に耳を傾けて，合理的な和解案を提示すべきである。

3　訴訟上の和解の法的性質

　訴訟上の和解の法的性質については見解が分かれている。諸説は、①訴訟上の和解を純粋な訴訟行為とみる、訴訟行為説、②訴訟上の和解は私法上の和解が訴訟の期日においてなされたものであるとみる、私法行為説、③訴訟上の和解は、1 個の行為にして、訴訟行為としての性質と私法行為としての性質を兼ね備えているとみる、両性説、④訴訟上の和解は、外見上一つの行為にみえても、私法行為と訴訟行為の二つの行為から成り立っているとみる、両行為併存説に大別できる。

　まず、訴訟上の和解は、それがその内容どおりの実体上の権利義務ないし法律関係を創設するものであることから、私法行為である和解の側面があることは否定できない。このことから、訴訟行為説は誤りであるといえる。

　一方、訴訟上の和解は、後述のように、訴訟を終了させる効力を持ち、また、和解条項において当事者の給付義務が定められていれば、執行力も有しているが (民執 22 条 7 号)、これは訴訟上の効力であるので、訴訟行為としての側面ないし性質があることも否定できない。これに対して私法行為説は、訴訟上の効果は訴訟上の和解に付加される裁判所の公証行為によって生じると説明する。この公証は裁判所が和解調書を作成することによってなされるが、それはたしかに裁判所の行為であって当事者の行為ではないから、当事者の行為としては私法行為のみが存するといえるように思われるかも知れない。しかし、当事者間で和解条項に関する合意が成立しても、それだけで裁判所が前述の訴訟上の効力を持つ和解調書を作成するとすれば、処分権主義に違反するといえる。この点に関しては、裁判所などが間に入って成立する、本来の訴訟上の和解においては、当事者が和解条項案に合意することの内に黙示的に上記の申立てがなされていると解することができる。また、前述の、当事者が訴訟外での交渉により成立した和解を裁判所に持ち込む形でなされる訴訟上の和解では、調書作成が明示的に申し立てられていると解することができるであろう。いずれにおいても、訴訟上の和解の効果は、当事者による私法上の和解の成立、および裁判所に対する調書作成 (公証行為) の申立て、ならびにそれに応じた裁判所の和解調書の作成によって生じるといえる。したがって、当事者の行為としては、一つの行為にみえるとしても、私法行為としての和解契約の締結と裁判所に公証行為を求める申立てが併存しているの

である。これを，一個の行為に訴訟行為と私法行為の二つの性質が含まれているとみるのが，両性説である。しかし，訴訟行為と私法行為は別個のものであるから，一つの行為が両者の性質を持つとみることはできない。そこで，本書は両行為併存説を支持する。

4 訴訟上の和解の要件

訴訟上の和解が有効になされるためには，以下の要件が満たされていなければならない。

（1） 訴訟の係属

訴訟上の和解は訴訟係属中の紛争を解決するための制度であることから，これが成立するためには，訴訟が係属していなければならない（係属前に紛争を裁判所において和解によって解決しようとする者は，起訴前の和解の制度を利用できる）。訴訟が係属しているならば，法律審である上告審でも和解はできる。

（2） 当事者が実体上の処分権を有すること

実体法上当事者が処分できる権利・法律関係についてでなければ，和解はできない。

　　この点で問題になるのは，人事訴訟における和解と株主代表訴訟における和解である。
　　人事訴訟の訴訟物である親族関係については原則として自由な処分が許されていないため，訴訟上の和解はなし得ない（人訴19条2項による民訴266条・267条の適用の排除）。ただし，離婚および離縁については，協議離婚（民763条），協議離縁（同811条）が認められているので，離婚訴訟，離縁訴訟においては訴訟上の和解が可能である（人訴37条1項・44条）。しかし，可能なのは従来型の和解であって，和解条項の書面による受諾による和解と裁判所などが定める和解条項案による和解をすることはできない（人訴37条2項・44条）。
　　株主代表訴訟（株式会社の株主が行う責任請求の訴え）においては，原則として，株式会社が和解の当事者でない場合には，267条（和解調書の効力に関する規定）は適用されないが，当該株式会社が和解内容について承認を与えた場合には，当事者は訴訟上の和解をすることができる（会社850条1項。同条3項参照）。

（3） 和解の内容が公序良俗および強行規定に反しないこと

訴訟上の和解は，調書に記載されると，確定判決と同一の効力を有するのであるから（267条。その意味については，5で説明する），その内容が公序良俗，強行規定に反してはならない。

(4) 互譲があること

民法695条の条文上,「互いに譲歩」すること,すなわち互譲が和解の成立の要件である。ただし,この点は一般にゆるやかに解されている。たとえば,金銭の支払請求訴訟で,被告が原告主張の債権自体はすべて(満額)認め,支払期限を先に延ばし,あるいは分割払いにすることも,互譲と解されている。

(5) 訴訟代理人への特別授権

訴訟代理人が訴訟上の和解をするためには,特別授権が必要である(55条2項2号)。ただし,前述のように(第2篇第2章第4節 **4(2)**iii)実務においては,定型の訴訟委任状によって訴訟上の和解も授権事項とされているのが通例である。

また,必ずしも訴訟物になっていない事項でも,紛争解決のために必要な事項は和解の内容にすることができると解されている〔参考判例1〕。

〔参考判例1〕 最判昭和38年2月21日民集17巻1号182頁(百選〔5版〕19)
【事案の概要】 Yの父AはXとXの内縁の夫Bに対して貸金返還請求の訴え提起した(以下「前訴」という)。Xは弁護士Cに前訴についての訴訟代理権を授与した。裁判所に提出された訴訟委任状には,和解についての特別授権も記載されていた。前訴において弁護士Cは,訴求債権につき弁済期を延期し,分割払いとする代わりに,X所有の不動産に抵当権を設定する旨の訴訟上の和解を成立させ(以下,この抵当権を「本件抵当権」と,訴訟上の和解を「本件和解」という),これにより訴訟は終了した。本件は,Xが死亡したAの承継人であるYを被告として,本件和解の無効確認と和解調書に基づく強制執行の不許を求めて提起した訴えである。Xは,本件和解が無効である理由として,本件抵当権設定契約は訴訟物である貸金債権とは別の事項であると主張した(Xのそれ以外の主張は省略する)。第一審は請求を棄却し,控訴審は控訴を棄却した。Xから上告。
【判 旨】 上告棄却
「このような抵当権(本件抵当権のこと—著者)の設定は,訴訟物に関する互譲の一方法としてなされたものであることがうかがえるのである。しかれば,右のような事実関係の下においては,前記C弁護士が授権された和解の代理権限のうちに右抵当権設定契約をなす権限も包含されていたものと解するのが相当で」ある。

---

5 訴訟上の和解の効力

訴訟上の和解は,調書に記載されると,確定判決と同一の効力を有すると267条は規定している。

267条に書かれている「確定判決と同一の効力」に，訴訟終了効が含まれること，および，和解調書の記載が具体的給付義務を内容としているときは，執行力が含まれること（民執21条7号）には，異論がないが，既判力が含まれるかについては，見解が分かれている。諸説は，判力肯定説，既判力否定説，制限的既判力肯定説に大別される。

制限的既判力肯定説は，訴訟上の和解に錯誤や意思の瑕疵（かし）がない場合に既判力を認め，逆に，これらがある場合には既判力を否定するという考え方である。しかし，既判力は本来，いったんなされた裁判所の裁判にその内容および成立の手続の瑕疵の有無にかかわらず，付与される拘束力である。たしかに，重大な瑕疵がある場合には，拘束力が否定されるが，それは再審の手続を経て，当該裁判自体が取り消されたうえでのことである。瑕疵の有無によって既判力の存否が決まるという，制限的既判力肯定説は，既判力の本質に反しているので，本書は同説を支持しない。

そこで，既判力肯定説と既判力否定説のいずれをとるべきかが問題になる。たしかに，既判力肯定説は「確定判決と同一の効力を有する」という267条の文言に適合するように思われるかも知れない。しかし，和解をなすさいの当事者の意思決定には必ずしも裁判所の十分な監視が及んでいるとは限らない。既判力は前述のように（本篇第1章第3節1（3）），当事者への手続保障が尽くされたことを前提として，生じる効力であるが，訴訟上の和解の成立にあたっては，この前提が必ずしも備わっているとはいえない。このことから，本書は既判力否定説を支持する。267条の文言との関連については，「確定判決と同一の効力を有する」という文言は，訴訟終了効や執行力があるという意味であると解釈すれば，既判力否定説も同条の文言に矛盾するものではない。

6 訴訟上の和解の瑕疵の主張方法

既判力肯定説によれば，訴訟上の和解は，再審事由に相当する原因がある場合にかぎり，その効力が否定され，効力否定の主張方法は再審の訴えに準じる訴えになる。

既判力否定説によれば，瑕疵（無効・取消原因）がある場合には，なんらかの方法でそのことを主張し，外形上は成立している訴訟上の和解の内容の実現を阻止する方法が認められなければならない。実務上瑕疵として多いのは，錯誤と代理

権の欠缺であるといわれている。

　判例に現れた主張方法としては、①裁判所に期日指定を申し立て、新たに設けられた期日において和解無効の判断を得て、従来の訴訟を続行する方法[1]、②和解無効確認の訴えを提起する方法[2]、③訴訟上の和解に基づく強制執行に対して請求異議の訴え（民執35条）を提起して[3]、これを阻止する方法がある[4]。これらのうち、①は、訴訟上の和解に瑕疵があれば、当該訴訟は終了していないということを前提として、その続行を求めるものである。それに対して、②と③は、訴訟上の和解がなされた本来の訴訟とは別の訴訟で瑕疵を主張するものである。このように別の訴訟による主張方法を認めるのは、訴訟上の和解をめぐる紛争と本来の紛争は別の紛争であり、とくに上級審で行われた訴訟上の和解の瑕疵の有無が争われた場合、別の訴訟で審理しないと、当事者の審級の利益が害されるとの配慮によるものである。

　学説は、期日指定によるべきとするもの、別訴によるべきとするもの、瑕疵を主張する者は、いずれの主張方法も選択できるとするものがある。

　瑕疵の主張方法は、瑕疵の内容および性質によって決まる。瑕疵には、実体的瑕疵と手続的瑕疵がある。たとえば、訴訟上の和解が錯誤によってなされた場合の瑕疵は実体的瑕疵であり、代理権の欠缺は手続的瑕疵である。実体的瑕疵をめぐる争いは、本来の紛争とは別個の紛争であるから、その主張は別訴によるべきである。他方、手続的瑕疵をめぐる争いは、手続内の問題であるから、これを主張する者は期日指定を申し立て、その手続において和解の効力についての裁判所の判断を求めるべきである。この場合、裁判所は、和解が有効であると判断したときは、判決主文中で、訴訟は和解によって終了していたことを宣言し（これを訴訟終了宣言判決ということは、本篇第1章第1節3(1)iで述べられた）、和解の効力が否定されると判断したときは、審理を再開し、この判断を中間判決または終局判決の理由中で示すことになる。

---

1) 大決昭和6年4月22日民集10巻380頁（百選［初版］78）。
2) 大判大正14年4月24日民集4巻195頁、最判昭和31年3月30日民集10巻3号242頁。
3) 請求異議の訴えについては本篇第1章注15) で説明されている。
4) 大判昭和14年8月12日民集18巻903頁。

第2節　請求の放棄・認諾

1　請求の放棄・認諾の意義

請求の放棄とは，原告が自らの請求に理由がないことを自認して，訴訟を終了させようとする行為である。**請求の認諾**とは，被告が原告の請求に理由があることを自認して，訴訟を終了させようとする行為である。いずれも，調書に記載されると，確定判決と同一の効力を有すると規定されている（267条）。すなわち，請求の放棄は請求棄却の確定判決と同一の効力を有し，請求の認諾は請求認容の確定判決と同一の効力を有するのである（「同一の効力」のくわしい意味については，本節5で説明される）。

2　請求の放棄・認諾の法的性質

請求の放棄・認諾の法的性質についても，訴訟上の和解と同様に，諸説は訴訟行為説，私法行為説，両性説，両行為併存説に分かれている。請求の放棄・認諾は実体法上の権利義務ないし法律関係を創設ものであるから，私法行為の要素を否定することはできない。また，訴訟終了効や，給付訴訟における請求の認諾の場合の執行力は訴訟の効果であるが，裁判所が請求の放棄・認諾を調書に記載しなければ生じないところ，裁判所は単に当事者に請求の放棄・認諾の意思があるというだけでは調書を作成できず，効力発生のためには当事者が調書の作成を申し立てがなければならないことから，請求の放棄・認諾の性質については両行為併存説を支持すべきである（この点は，本章第1節3で述べた，訴訟上の和解について両行為併存説を支持する理由と同じである）。

3　請求の放棄・認諾の要件

請求の放棄・認諾が有効になされるためには，行為要件と訴訟要件の両方が具備していなければならず，さらに，訴訟物である権利関係について当事者が処分権を有していなければならない。

（1）　行為要件

請求の放棄・認諾には条件を付けることはできない。訴訟行為の明確性および

手続の安定性の要請のゆえである。

　請求の放棄・認諾を有効になすためには，訴訟能力が必要である。訴訟代理人が行うときは，特別授権が必要である（55条2項2号）。ただし，前述のように（第2篇第2章第4節 **4（2）**iii），実務においては，定型の訴訟委任状によって請求の放棄・認諾も授権事項とされているのが通例である。

（2）訴訟要件

　請求の放棄・認諾が有効になされるためには，当該訴訟が訴訟要件を満たしていなければならないか否かについては，見解が分かれる。当事者の意思を重視する立場からは，当事者に請求の放棄・認諾の意思があれば，訴訟要件が具備しているか否かにかかわらず，その効果を認めるべきということになろう。しかし，本来訴訟として成り立たない事件について，本案判決をしたのと同じ効果を生じさせることは，認められない。それゆえ，訴訟要件の具備は，請求の放棄・認諾が有効になされるための要件でもあると解すべきである。判例もそのような考え方を採っている。[5]

（3）訴訟物である権利関係の処分権

　請求の放棄・認諾はこれによって訴訟物である権利関係を処分する効果が生じるのであるから，請求の放棄にあっては原告に，請求の認諾にあっては被告に，訴訟物になっている権利関係の処分権がなければ，これをなしえない。また，公序良俗違反の請求（たとえば，賭博の掛け金の支払請求），強行法規違反の請求（たとえば，利息制限法違反の請求）を認諾することはできない。

　　訴訟物である身分関係につき当事者の自由な処分が許されていない人事訴訟においては，請求の放棄・認諾に関する266条・267条の適用が排除されている（人訴19条2項）。しかし，身分関係でも，離婚については協議離婚が（民763条），離縁については協議離縁が認められている（民811条）ので，離婚訴訟および離縁訴訟ではこれらの規定が適用されることになっている（人訴37条・44条）。

4　請求の放棄・認諾の方式

　請求の放棄は原告が，認諾は被告が口頭弁論の期日，弁論準備手続期日，和解

---

[5] 最判昭和28年10月15日民集7巻10号1033頁（百選［初版］79）（過去の事実を示す文書が偽造であることの確認請求の認諾を無効とした事例），最判昭和30年9月30日民集9巻10号1491頁（相続無効確認請求の認諾を無効とした事例）。

期日（266条1項・261条3項）および進行協議期日（規95条2項）においてすることができる。また、請求の放棄・認諾をする旨の書面を提出した当事者が上記の期日に出席しないときは、裁判所または受命裁判官もしくは受託裁判官は、この当事者がその旨の陳述をしたものとみなすことができる（266条2項）。

5 請求の放棄・認諾の効力

請求の放棄・認諾は、調書に記載されると、確定判決と同一の効力を有すると267条は規定している。

「確定判決と同一の効力」に、訴訟終了効が含まれること、および給付訴訟の請求の認諾には執行力が含まれること（民執21条7号）には、異論がないが、既判力が含まれるかについては、見解が分かれている。諸説は、訴訟上の和解の効力についてと同様に、既判力肯定説、既判力否定説、制限的既判力肯定説（折衷説）に大別できる。これらのことは、訴訟上の和解についてと同様であるが、本書は、訴訟上の和解について、既判力否定説を支持した（第2節5）。請求の放棄・認諾も、必ずしも裁判所の十分な監視の下で、当事者の手続保障が尽くされたうえでなされるものではない点で、訴訟上の和解がなされる状況と類似している。したがって、本書は、請求の放棄・認諾の効力についても、既判力否定説を支持する。

6 請求の放棄・認諾の瑕疵の主張方法

既判力肯定説によれば、請求の放棄・認諾は、再審事由に相当する原因がある場合にかぎり、その効力が否定され、効力否定の主張方法は再審の訴えに準じる訴えになる。

本書のように、既判力否定説によるならば、請求の放棄・認諾に錯誤、意思の瑕疵がある場合には、①裁判所に期日指定を申し立て、新たに設けられた期日において請求の放棄・認諾の無効の判断を得て、従来の訴訟を続行する方法、②請求の放棄・認諾無効確認の訴えを提起する方法、③給付訴訟の請求認諾の場合は、認諾調書に基づく執行に対して請求異議の訴えを提起する方法がある。瑕疵の主張方法についても、同様の問題が生じている訴訟上の和解との関連で説明がなされているので、その説明を参照されたい（本章第2節6）。

第3節　訴えの取下げ

1　訴え取下げの意義

訴えの取下げとは，訴え，すなわち請求についての審判の要求を撤回する行為であり，原告の裁判所に対する単独の意思表示である。これによって訴えは，はじめから係属していなかったものとみなされる（262条1項）。

　訴えの取下げと請求の放棄は，ともに原告の行為によって訴訟を終了させるものである。しかし，訴えの取下げが，上記のように，はじめから訴えが提起されなかったことにするのに対して，請求の放棄は，原告が自己の請求に理由がないことを自認することである。たとえていえば，訴えの取下げは，試合を申し込んだ者が，これを取り下げ，試合をしないこと，したがって当然勝敗も付けないことであり，請求の放棄は，試合を申し込んだ者が戦わずして負けを認めることである。請求の放棄は原告が，相手方である被告の同意を要することなく，有効になし得るのに対して，訴えの取下げは，後述のように，被告の応訴後は被告の同意がなければ，その効力を生じないと規定されているのは（本節 **2**（**2**）），このためである。なぜなら，試合を申し込まれた者には，これを受けて闘い，勝利する可能性があるように，被告も勝訴判決を得て，原告に対し有利な立場に立つ可能性があるからである。

　　　訴え取下げが行われるのは，①原告が訴え提起後に訴えが不適法である，または請求に理由がないことに気付いた場合，②被告が原告の請求を認めて，任意に義務を履行した場合，③訴訟外における当事者間の話し合いにより和解が成立したため，紛争が事実上解決した場合である。③の場合は，訴えを取り下げず，訴訟外における話し合いの結果に基づいて訴訟上の和解を成立させること可能である。そのほうが，和解内容に確定判決と同じ効力が生じるので，原告にとって望ましいといえる。しかし，訴訟上の和解を成立させるよりも，訴えを取り下げる方が手間がかからないので，訴え取下げがなされることもある。

　なお，金銭の支払のように請求が可分な場合，請求額を減縮する（請求の減縮）ことに関して，通説は減縮部分についての訴えの取下げとみている。それゆえ，その要件，効果についても訴え取下げに関する規定が適用される。たとえば，後述のように一定の場合に相手方の同意が必要とされ，再訴（減縮部分につき再度訴

えを提起すること）が禁じられる（本節**4(2)**）。ただし，請求の減縮を請求の放棄とみる見解，給付命令の上限を画するための特殊な訴訟行為とみる見解もある。ちなみに可分な請求の増額（請求の拡張）に関しては，後述の訴えの変更とみられている（第6篇第1章第3節**1**）。

なお，当事者双方がともに熱意をもって訴訟の追行に取り組んでいないと考えられる場合に，訴えが取り下げられたものとみなされることがある。これを**訴え取下げの擬制**という（これについての詳細は既に第3篇第3章第3節**3(2)i**で説明がなされている）。

2 訴え取下げの要件

訴え取下げが有効になされるためには，以下の要件が満たされていなければならない。

(1) 訴えの取下げをなし得る時期

原告は，訴え提起から判決確定までの間，訴えの取下げをなし得る（261条1項）。終局判決がなされた後であってもなしうるが，その場合には，後述のように，再訴が禁止される。また，事件が上訴審（控訴審または上告審）に移審した後にもなし得る。ただし，上訴審においては訴えが取り下げられたのか，上訴が取り下げられたのかを，区別しなければならない。なぜなら，訴えの取下げであれば，当初から訴えが提起されなかったことになる（ただし，原審が終局判決を出しているので，後述のように，再訴提起は禁止される）のに対して，上訴の取下げであれば，上訴の対象となった判決（原判決）が確定するので，両者でその効果が異なるからである。ただし，上訴が上訴期間満了前に取り下げられた場合，上訴期間が満了するまでは，判決は確定せず，したがって訴訟は終了しないので，再度の上訴もあり得ないことではない。しかし，2週間という上訴期間（285条・313条）中に上訴が提起され，それが取り下げられたうえ，再度上訴が提起されるという事態は，現実にはまれにしか起こらないであろう。

(2) 相手方の同意

相手方（被告）が本案について準備書面を提出し，弁論準備手続において申述をし，または口頭弁論をした後においては，相手方の同意を得なければ，訴え取下げの効果は生じない（261条2項本文）。それは，これらの場合，被告は原告の請求を争い，本案について自己に有利な判決を求めており，かつ，そのような判

決を得ることを期待しているので，それを無視して，原告の一方的意思表示のみで訴え提起の効果を消滅させることは，衡平でないからである。相手方の同意が必要とされる場合であっても，訴え取下げ自体は原告の裁判所に対する単独行為であり，相手方の同意はその効力発生のための要件である。

　　なお，相手方が本案について準備書面を提出するなどの上記の場合であっても，反訴の取下げについては，本訴が取り下げられたときは，相手方の同意は不要であると規定されている（261条2項但書）。ここでいう相手方は反訴被告・本訴原告である。この規定の根拠は，反訴は本訴に対応して提起されるのであるから，本訴が本訴原告の意思によって取り下げられたならば，反訴の取下げについて反訴原告の相手方であるこの者の同意を必要とするまでもないと考えられることによる。

（3）　訴訟能力，特別の授権

訴えの取下げは，裁判所に向けられ，訴訟係属の消滅という訴訟上の効果を発生させる原告の意思表示であり，それゆえ，訴訟行為（与効的訴訟行為。第3篇第3章第5節**1(2)**i以下参照）である。したがって，これを行うには訴訟能力が必要である。

また，訴訟代理人によって行われる場合には，特別の授権が必要である（55条2項2号）。ただし，実務においては通常，訴えの取下げは，訴訟上の和解，請求の放棄・認諾とともに，印刷された定型の訴訟委任状によって授権事項とされている（第2篇第2章第4節**4(2)**iii）。

（4）　意思表示に関する民法の規定の適用

訴えの取下げに，意思の欠缺や瑕疵ある意思表示に関する民法の規定が適用されるか否か，言い換えれば，錯誤に基づいて，または相手方もしくは第三者の詐欺・脅迫によってなされた訴えの取下げの効力は，民法の規定によって無効とされ，または取り消され得るとされるか否かについては，見解の対立がある。この点については既に説明がされている（第3篇第3章第5節**4(3)**）ので，詳細についてはそれを参照されたい。要するに，判例は適用を否定するが，再審の訴えに関する338条1項5号を類推適用して，刑事上罰すべき他人の行為によってなされた訴え取下げの効力を否定している[6]のに対して，学説上は，上記規定の類推適用により，訴え取下げの効力を否定する見解が有力であり，本書もこれを支持する。

---

6) 最判昭和46年6月25日民集25巻4号640頁（百選［5版］91）。

3 訴えの取下げと相手方の同意の方式

（1） 訴え取下げの方式

訴えの取下げは原則として書面によって行う（261条3項本文）。ただし，訴え取下げが口頭弁論期日，弁論準備期日または和解の期日（以下「口頭弁論など」という）においてなされるときは，口頭で行うことができる（同条同項但書）。その場合には，訴えの取下げがなされたことが調書に記載される（規1条2項）。

（2） 相手方の同意の方式と同意の擬制

訴えの取下げの効果の発生に相手方（被告）の同意が必要な場合（261条2項本文の場合）は，訴え取下げの書面またはその調書（訴えの取下げが口頭でなされたとき）の謄本を相手方に送達しなければならない（261条4項）。これは，相手方に，同意するか異議を述べるかを考慮する機会を与えるためである。同意の方式について明文規定はないが，書面によるか口頭弁論などにおいて口頭で行うことになる。

訴え取下げが書面により行われる場合は，被告が訴え取下書の送達の日から2週間以内に異議を述べなければ，同意したものとみなされる。口頭弁論などで行われた場合で，被告も出頭していたときは，取下げがあった日から2週間以内に，被告が出頭していなかったときは，調書の送達の日から2週間以内に異議を述べなければ，同様である（261条5項）。

4 訴え取下げの効果

（1） 訴訟係属の消滅

訴え取下げにより訴訟は，初めから係属していなかったものとみなされる（262条1項）。その結果，当事者が訴訟で行使した攻撃防御方法の提出，応訴したことなどの訴訟上の効果は遡(さかのぼ)って消滅する。

訴え提起にともなう実体上の効果である時効中断効については，訴えの取下げによって効果が消滅することが，明文規定によって定められている（民149条）。ただし，判例は，二重起訴（142条）を解消するために原告が先に提起した訴えを取り下げた場合，前訴の提起によって生じた時効中断効は消滅しないとしている[7]。

訴えの取下げ前になされた形成権の行使に基づく抗弁，たとえば訴訟上の相殺

の私法上の効果が消滅するか否かについては，すでに説明されているように（第3篇第3章第5節4(1)），訴えの取下げにより私法上の効果も消滅すると解すべきである。

(2) 訴え取下げ後の再訴禁止

本案について終局判決があった後に，訴えを取り下げた者は，同一の訴えを提起することができない（262条2項）。本案についての終局判決とは，請求認容判決・棄却判決である。訴え却下判決はこれに該当しないから，訴え却下判決後に訴えを取り下げても，再訴禁止効は生じない。判例は，いったん第一審で本案の終局判決が出された場合でも，控訴審で差戻しになり，事件が第一審に係属中に訴えが取り下げられたときには，再訴禁止効は生じないとする。[8]

再訴禁止効が規定されている趣旨は二つある。一つは，訴訟制度を利用して本案判決まで得ておきながら，訴えを取り下げて，国家機関である裁判所に時間と労力を浪費させたことに対する制裁である。他は，相手方である被告は，いったん本案判決を得た後で訴えを取り下げた原告には，もはや訴訟制度を利用する意思がないものと期待するので，再度の訴訟を許すことは当事者間の衡平に反するということである。従来は前者の制裁の面が強調されていたが，最近は後者の当事者間の衡平が重視されている。しかし，再訴禁止効規定は両者の観点があいまって設けられたとみるべきである。

再訴禁止の趣旨が以上の二点にあるとするならば，訴え取下げ後に相手方の主張が変わり，原告がいったん取り下げた訴えを再度提起することが是認されるような事情があるときは，再訴禁止の適用はない〔参考判例2〕。

〔参考判例2〕 最判昭和52年7月19日民集31巻4号693頁（百選［3版］99）
【事案の概要】 Xは土地所有権に基づいて建物収去土地明渡請求の訴えを提起した（前訴）。第一審でXが勝訴した。Yが控訴し，控訴審で建物の消滅を主張したため，Xは訴えを建物収去土地明渡請求の訴えから土地賃借権不存在確認請求の訴えに交換的に変更した（訴えの交換的変更に関する多数説によれば，交換前の訴えが取り下げられ，交換後の訴えが提起されたことになる。この点については第6篇第1章第3節1で説明される）。そして，同確認請求についてX勝訴の判決が確定した。その後，Yが建

---

7) 最判昭和50年11月28日民集29巻10号1797頁．本件の事実関係は複雑であり，民集の「原告」「被告」などの表記は正しくない．
8) 最判昭和38年10月1日民集17巻9号1128頁（続百選44）．

物所有権を主張してきたため，Xは再度建物収去土地明渡請求の訴えを提起した。本件はその再度の訴訟であり，訴え取下げ後の再訴の禁止が本件に適用されるか否かが，争点になった。第一審は本件のような事情のもとでは，再訴禁止は適用されないとし，本案については請求を認容した。控訴審も控訴を棄却した。Yが上告。
【判　　旨】　上告棄却
「民訴法237条2項（現行262条2項のこと－著者）は，終局判決を得た後に訴を取り下げることにより裁判を徒労に帰せしめたことに対する制裁的趣旨の規定であり，……旧訴の取下者に対し，取下後に新たな訴の利益または必要性が生じているにもかかわらず，一律絶対的に司法的救済の道を閉ざすことまで意図しているものではないと解すべきである。したがって，同条にいう『同一ノ訴』とは，単に当事者及び訴訟物を同じくするだけでなく，訴の利益または必要性の点についても事情を一にする訴を意味し，たとえ新訴が旧訴とその訴訟物を同じくする場合であっても，再訴の提起を正当ならしめる新たな利益または必要性が存するときは，同条項の規定はその適用がないものと解するのが，相当である。」

5　訴えの取下げについての調査

訴えが取り下げられれば，訴訟係属は消滅するが，訴え取下げの要件（たとえば，当事者の訴訟能力，訴訟代理人への特別授権）の欠缺，または訴え取下げが詐欺・脅迫（強迫）などによってなされたこと（第3篇第3章第5節4(3)，本節2(4)参照）を主張する者は，口頭弁論期日の指定を申し立て，期日においてこのことを主張する。裁判所は，審理の結果，訴えの取下げは有効になされたとの判断に至れば，判決主文で，訴訟はこれにより終了していたと宣言する（訴訟終了宣言判決という。本篇第1章第1節3(1) i 参照）。訴え取下げの効力を否定すべきとの判断に至れば，審理を続行し，そのことを中間判決または終局判決の理由中で明らかにすることになる。

6　訴え取下げの合意

訴え取下げの合意の適法性・有効性および法的性質については見解の対立がある。この点については既に説明がされている（第3篇第3章第5節4(2)iii）ので，詳細についてはそれを参照されたい。要するに，判例は訴え取下げの合意は直接には原告に訴えを取り下げるべき私法上の義務付けの効果を生じさせるが，その結果，原告が合意に反して訴えを取り下げず，訴訟を続行する場合，当該訴訟に

は訴えの利益が欠けることになり，したがって訴えが不適法になるとして，これを却下している[9]。

---

9) 最判昭和44年10月17日民集23巻10号1825頁（百選［5版］92）。

第５篇　裁判に対する不服

第1章　裁判に対する不服総論

第1節　裁判に対する不服の種類

　裁判も人が行う営みであるから，必然的に誤りがともなう。誤った裁判によって不利益を受けた者は，その是正のため裁判に対する不服を申し立てることができなければならない。民事訴訟法は，裁判の種類に応じて，それに対する不服申立方法を定めている（〔図表1〕にそれを示した）。なお，後述のように，不服申立方法の多くは上訴であるが，一部上訴でない不服申立方法もある（本篇および本章の標題に「上訴」ではなく「裁判に対する不服」というのは，そのためである）。

〔図表1〕　裁判に対する不服申立て

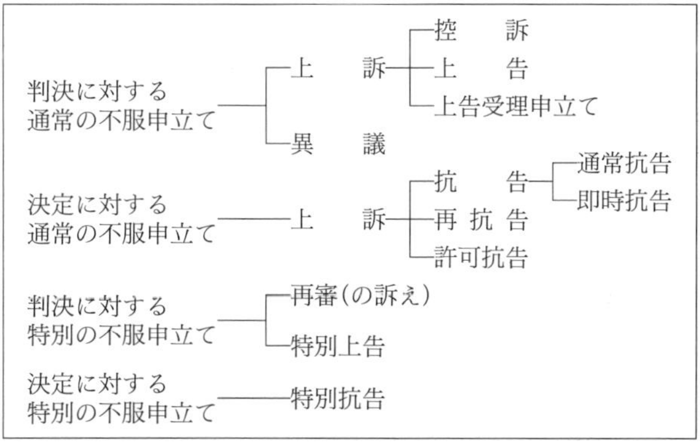

```
                        ┌ 控　　訴
判決に対する    ┬ 上　訴 ┼ 上　　告
通常の不服申立て │       └ 上告受理申立て
                └ 異　議

                        ┌ 抗　告 ┬ 通常抗告
決定に対する      上　訴 ┼ 再抗告 └ 即時抗告
通常の不服申立て        └ 許可抗告

判決に対する    ┬ 再審（の訴え）
特別の不服申立て └ 特別上告

決定に対する     ─── 特別抗告
特別の不服申立て
```

　上訴とは，裁判（判決に限らず，決定の場合も含む）に不服のある当事者がその確定前に上級裁判所にその取消しまたは変更を求める不服申立方法である。判決に対する上訴が提起されると，その判決の確定は遮断される（116条2項）。判決に対する上訴には，控訴と上告がある。**控訴**は，第一審判決に対する上訴である。**上告**は，原則として第二審（控訴審）判決に対する上訴である。例外として，控訴審を経ずに飛越上告（「飛躍上告」ともいう）の合意がなされる場合（281条1項但書・311条2項），および，高等裁判所が第一審としてなした判決に対する上告

が認められる場合がある（311条1項・裁17条）。現行法は，上告のほかに，**上告受理申立て**の制度も有しているが，これは上告に準じるものである（そのくわしい説明は，上告についての説明にあわせて行われる。本篇第3章第2節**2**）。

判決に対する**異議**とは，その確定前に判決をした裁判所に対して口頭弁論による審理を要求することである。したがって異議は，厳密にいえば，上訴ではない。しかし，判決に対する異議の提起によっても判決の確定が遮断される（116条2項）。判決に対する異議の例としては，手形・小切手訴訟の終局判決に対する異議（357条・367条2項），少額訴訟の終局判決に対する異議（378条1項）がある。これらの手続は略式手続であり，異議が提起されると，口頭弁論による審理が行われることになるが，その審理は，先に述べたように，終局判決をした裁判所が行う。すなわち，これらの異議は，略式手続によって判決をした裁判所に，あらためて審理を通常の手続によって行うことを求めるものである。

> 上記の異議は，判決に対する不服申立て方法としての異議である。しかし，異議の意味は多様であり，必ずしも判決対する不服申立て手段だけを意味するものではない。それ以外に，まず，通常の民事訴訟手続における補助参加についての異議（44条），訴訟指揮に対する異議（150条），裁判所書記官の処分に対する異議（121条）などがある。また，裁判所書記官が発する支払督促（382条）に対する異議もある（386条2項）。さらに，民事執行手続に関しては，執行付与に対する異議（民執32条），執行部付与に対する異議の訴え（同34条），請求異議の訴え（同35条），第三者異議の訴え（同38条）が規定されている。これらはいずれも，判決に対する不服申立て方法としての異議（それゆえ，本篇で取り上げる異議）ではない。

特別の不服申立てとは，確定した判決に対して，例外的に認められる不服申立て方法である。確定した判決に対してなされる不服申立てであるから，当然のことながら，これには確定遮断効はない。特別の不服申立てには再審（の訴え）と特別上告がある。**再審**（の訴え）とは，確定した判決にきわめて重大な瑕疵があるため，法的安定性を犠牲にしても，当該判決を取り消す必要があるときに認められる，不服申立て方法である（338条以下）。**特別上告**とは，高等裁判所が上告審としてした終局判決に対して，憲法の解釈の誤りがあること，その他憲法違反があることを理由としてなされる，不服申立て方法である（327条1項）。特別上告には上告に関する規定が準用される（同条2項）。しかし，不服の対象となる上告審の判決は言渡しと同時に確定するので，特別上告は確定遮断効を持たず，上訴ではない。この点については，その名称から誤解を招くおそれがある。

決定に対する通常の不服申立て方法は**抗告**であり，特別の不服申立方法は**特別抗告**である。

第2節　上訴制度の目的と上訴制限

1　上訴制度の目的

　上訴制度の目的は二つあるといわれている。第1は，誤った裁判から当事者を救済すること，言い換えれば，誤りを正し，適正な裁判をすることである。第2は，判例による法令解釈の統一である。

　第1の誤った裁判からの救済が必要なことは，説明を要しないであろう。ただ，この目的と迅速な権利の実現ないし保護の要請とをどう調整するかという点が上訴制限との関連で問題になるが，それについては，**2**で説明される。

　次に，もし法令の解釈が事件を担当した裁判官によって異なったままであるとすると，同様な問題でありながら，裁判所によって判決の結果が異なることになる。それでは社会が混乱する。また，法的問題に直面した人が，訴えを提起してその解決を裁判所に求めたら，どのような結果になるかの予測も立たないことになる。このことを考えれば，第2の法令解釈の統一が必要であることも，理解できるであろう。法令解釈の統一は，最高裁判所が全国に一つだけ設置されていること（裁6条），および判例違反が上告受理申立理由になっていること（318条1項前半部分）によって達成される。また，上告審が高等裁判所である場合，高等裁判所から最高裁判所への移送が規定されているのも（324条，規203条），この必要性のゆえである。

2　審級制度および上訴制限

　上訴制度があることによって，裁判に不服のある当事者が複数の，かつ上級裁判所の審判を受けられることを，**審級**（制度）という。判決に対する上訴は，原則として，控訴と上告の2回することができる。したがって訴訟当事者は，第一審の審判と合わせると，3回の審判を受けることができる。これを**三審制**という。多くの国で基本的には三審制が採用されている。しかし，無制限に2回の上訴が認められているわけではなく，多くの立法例が上訴制限をして，三審制に制約を

加えている。

　ところが日本の旧民事訴訟法は，ほとんど無制限といえるような三審制を採用していて[1]，それが最高裁判所の過重な負担の原因になっていた。現行民事訴訟法は，最高裁判所の負担軽減のため，上告受理申立て制度を設け（その詳しい内容は本篇第3章第2節**2**で説明される），上告が可能な場合を旧法下におけるよりも制限した。このような上訴制限が，憲法が保障する裁判を受ける権利（憲32条）の侵害になるかは，議論の余地があり，判例でも問題になった（判例は，結論として，制限を強化した現行民事訴訟法の規定も違憲ではないとしている。くわしくは，本篇第3章第2節**2(1)**で説明される）。

第3節　上訴の要件

1　要件一般

　上訴が適法であるための要件を上訴の要件という。上訴は，上訴の要件が欠けている場合，却下される。上訴の要件が備わっている，すなわち上訴が適法である場合，上訴裁判所は本案の審理を行い，上訴に理由がないときは，上訴を棄却し，上訴に理由があるときは，原判決を取り消したうえで，状況により，みずから判決をするか（これを「自判」という），原審に差し戻すことになる[2]（上訴審がいかなる場合に自判し，あるいは差し戻すかについては，本篇第2章第4節**3(2)**，**(3)**，第3章第4節**4(2)**で説明される）。

　上訴の要件は，①上訴提起行為が所定の方式に従い，有効であること，②上訴期間を徒過していないこと，③上訴の対象となった裁判（原裁判）が性質上不服申立てのできる裁判であり（上告審の判決は不服申立てのできる裁判ではない），かつその裁判に適した上訴が申し立てられていること（これは**2**で説明する，違式の裁判に対する上訴の問題である）④不上訴の合意や上訴権の放棄（248条）[3]がなされていないこと，⑤上訴人が上訴の利益を有していることである（これについては**3**で

---

1)　ただし，上告審が法律審であるということによる制約，すなわち第二審（控訴審）の事実認定に対する不服を理由とする上告はできないという点で，上告に制限が課されていたということはできる。

2)　正確にいうと，破棄移送もある（くわしくは本篇第3章第4節**4(2)**ⅱ(**b**)で説明される）。

説明される)。さらに，消極的要件として，⑥上訴権の濫用を挙げることができる（上訴権の濫用でないことが，上訴の適法要件である）。

2 違式の裁判

違式の裁判とは，裁判所が裁判の形式を誤ってした裁判である。具体的には，判決で裁判すべき事項につき，決定もしくは命令で裁判し，または，決定もしくは命令で裁判すべき事項につき判決で裁判することである。このような裁判に対して当事者がいだく不服としては，誤った形式で裁判がなされたという不服と，裁判の内容に対する不服とがあるが（後者は，違式の裁判でなくても考えられる），これら二通りのいずれの裁判であっても，不服をいだく当事者にとってその申立て方法が何であるかが，問題になる。考えられるのは，本来なされるべきであった裁判に対してとられるべき不服申立て方法によることと，実際になされた裁判に対してとられるべき不服申立て方法によることである。この点に関して，328条2項は「決定又は命令により裁判をすることができない事項について決定又は命令がなされたときは，これに対して抗告をすることができる」と規定している。すなわち，判決で裁判すべき事項について決定または命令がなされたときについては，実際になされた裁判に対する不服申立て方法である抗告によるとされているのである。それは，本来なされるべき裁判が何であったかを判断する負担を当事者に負わせないためである。この場合，抗告裁判所は，原審の裁判が違式であった，すなわち，判決をすべきであったのに決定または命令がなされたと判断したときは，決定で原裁判を取り消し，事件を原審に差し戻さなければならない。なぜなら，本来はより慎重な手続を行って，判決により裁判すべきであったのに，原審は決定・命令で裁判したからである。

決定で裁判すべき事項について裁判所が判決で裁判した場合については，明文規定はない。しかし，当事者に本来なされるべき裁判が何であるかの判断の負担を負わせなという，328条2項の趣旨によれば，この場合の不服申立て方法は判決に対する上訴であることになる。ただし，この場合は，本来なされるべき手続

---

3) 明文規定で認められている不上訴の合意は，飛越上告の合意であるが（281条1項但書），上告する権利の留保のない合意も，その法的性質などにつき議論はあるものの，実務上も学説上も，許容されるものと解されている（くわしくは，第3篇第3章第5節**4(2)**ii，iiiで説明された）。
4) 大判昭和10年5月7日民集14巻808頁（百選［初版］98）。

以上に慎重な手続を経て判決で裁判をしているので，上訴裁判所は違式の裁判であることを理由に原判決を取り消すことはない。

3 上訴の利益

上訴の利益とは，原裁判に対して不服を申し立て，その取消しを求める実益ないし必要性である。上訴審の審判を行うことは，裁判所にも相手方にも負担を課すことになるので，このような必要性がないのに，それを開始すべきではない。上訴の利益の存在が上訴の要件とされるのは，このためである。

いかなる場合に上訴の利益があるといえるかについては，議論がある。通説は，当事者の申立てと裁判で認められた内容を比較して，後者が前者よりも小さいときに，上訴の利益があるとする。このような考え方を**形式的不服説**という。

　　形式的不服説に対立するのが，**実質的不服説**である。同説は，当事者に上訴審で実体的に有利な判決をえる可能性があるかぎり，上訴の利益を認める。しかし，そのような考え方を前提にすると，第一審で全面勝訴した原告，すなわち請求全面認容判決をえた原告が，請求を拡張するために提起する控訴，あるいは，全面勝訴した被告，すなわち請求全面棄却判決をえた被告が，反訴を提起するために提起する控訴にも控訴の利益が認められ（ただし，300条参照），実質上無制限に上訴を認めることになってしまう。このため，現在，実質的不服説はほとんど支持者を得ていない（ただし，後述のように，新実質的不服説が主張されている）。

形式的不服説によれば，請求が全面的に認容された場合の原告，および，全面的に棄却された場合の被告には，上訴の利益がない。判決理由中の判断に不服があっても，上訴の利益は存在しない。たとえば，土地所有者Xから同土地上に建物を所有するYに対する建物収去土地明渡請求訴訟で，Yが防御方法として，主位的に，自分はXに対して当該土地につき借地借家法の適用を受ける借地権を有すると主張し，予備的に，そうでなくても使用借権を有すると主張したところ，第一審が予備的主張を認めて，請求棄却判決を下したとする。これは被告の全面勝訴判決である。しかし，Yとしては，使用借権よりも借地借家法で保護される借地権を認めてほしいと望むこともあろう。しかしながら，使用借権が認められるにせよ，借地権が認められるにせよ，それらはいずれも判決理由中の判断であるから，それについて既判力は生じない（114条1項）。それゆえ，借地権が認められなかったことを理由に，Yの上訴の利益が肯定されることはない。

ただし，予備的相殺の抗弁が認められて，請求棄却判決が出された場合，請求

が棄却されていても，被告には上訴の利益がある。なぜなら，この場合，被告は自働債権，すなわち相殺に供した自己の債権（反対債権）を失い，かつ，この判決が確定すれば，自働債権の不存在が既判力をもって確定するからである（114条2項）。

　また，下級審裁判例の中には，黙示的一部請求訴訟で第一審が請求された額全額につき請求を認容したところ，全面勝訴した原告が，残額にまで請求を拡張するため，控訴を提起した事案で，上訴の利益を肯定したものがある。[5] 前述のように（第4篇第1章第3節3(2)v(b)），判例は，黙示的一部請求訴訟の判決確定後の残部請求の訴えは，たとえ前訴で請求が認容されていても，許されないとしている。[6] 判旨が上訴の利益を認めた理由は，この判例理論を前提にして，黙示的一部請求の全部認容の場合には，残額は，同一訴訟内で請求の道を認めないと，もはや請求できなくなるということである。

　予備的相殺の抗弁により全面勝訴した被告の控訴や，残額請求への拡張のための原告の控訴における上訴の利益を肯定するのは，形式的不服説では難しいとして，学説上は**新実質的不服説**が提唱されている。この説は，原判決の全面勝訴者であっても，その確定によって自己の権利を別訴によって実現することができなくなる者の上訴には，上訴の利益を認めるべきと考えるのである。

4　上訴権の濫用

　上訴権の濫用とは，上訴権者が，原裁判が正当であることを認識し，または容易に認識できたにもかかわらず，もっぱら訴訟を引き延ばして，敗訴判決の確定や，判決が給付判決の場合には，これに基づく強制執行を先送りすることを目的として，上訴を提起することである。上訴権濫用の場合，上訴は不適法であるから，上訴に理由があるか否かが審理されるまでもなく，却下される。ただし，上訴することは本来当事者に認められた権利である（当事者権の一端である）から，裁判所は，上訴が濫用的であるとの認定は慎重になすべきである。

　訴訟費用は敗訴者が負担するのが原則であるから（61条），上訴を却下された上訴人は上訴の費用を負担しなければならないが，さらに，濫用的上訴に対しては，制裁としての金銭の納付が命じられることがある。その額は，上訴の手数料の10倍以下である（303条・313条・327条2項・331条・336条3項）。

---

5) 名古屋高金沢支判平成元年1月30日判タ1308号125頁＝判時1308号125頁（百選Ⅱ186）。
6) 最判昭和32年6月7日民集11巻6号948頁（百選[5版] 81）。

第4節　上訴の効果

裁判に対して上訴が提起されると，確定遮断効と移審効が生じる。

1　確定遮断効

判決は，上告審判決のように不服申立てが許されない判決を除き[7]，上訴期間（285条・313条）の経過によって確定するが（116条1項），上訴期間内に上訴が提起されると，確定が遮断される（116条2項）。この効果を**確定遮断効**という。確定遮断効により，判決が確定すれば有するはずの効力である既判力（114条・115条），執行力（民執22条1号）も発生が止められる。ただし，仮執行宣言（252条）に基づく執行力（民執22条2号）は，判決の確定を前提としたものではないので，上訴が提起されても，発生は妨げられない。

2　移審効

移審効とは，原裁判所の訴訟係属が消滅し，これに代わって上訴裁判所における訴訟係属が発生することである。

3　上訴不可分の原則

上訴の提起による確定遮断効と移審効は，上訴人がした不服申立ての範囲にかかわらず，上訴の対象になった裁判全部に及ぶ。これを**上訴不可分の原則**という。たとえば，1000万円の貸金返還請求訴訟の原判決が，600万円の限度で請求を認容し，その余の部分の請求を棄却する一部認容判決であり，原告のみが上訴し，被告は上訴しなかった場合，確定遮断効と移審効は不服が申し立てられていない600万円を認容する部分についても生じる。したがって，上訴期間経過後も原判決中の600万円の請求認容部分が確定することはなく，原告（債権者）はこの部分に関しても確定判決に基づく強制執行（民執22条1号）はなし得ない[8]。また，1個の民事訴訟手続で複数の請求が審判の対象になることがある。たとえば，ある

---

[7] 不服申立てが許されない判決とは，上告審の判決，不上訴の合意がなされた事件の判決などである。

土地の所有権者だと主張するXが、その土地上に建物を所有しているYに対して土地の所有権確認、建物収去土地明渡しおよび土地所有権の侵害に基づく損害賠償請求の訴えを併合して提起する場合である。これを請求の客観的併合というが[9]、この場合にも上訴不可分の原則が適用される。したがって、併合された請求の全部について判決がなされ（全部判決）、そのうちの一部のみについて上訴が提起されたとき、他の請求についても判決の確定遮断効と移審効が生じる。

ただし、請求中の上訴が提起されていない部分については、このように判決は確定せず、この部分も上訴審に係属はするが、弁論の対象にはならず（296条・320条）、また、その部分について原裁判が変更されることもない（304条・313条）。

確定遮断効、移審効との関係では、共同訴訟の場合にこれらの効力が生じるかについても、説明が必要である。共同訴訟とは、原告もしくは被告の一方または双方が複数である訴訟である。共同訴訟においては、共同訴訟人中の一部の当事者が提起した上訴、または一部の当事者に対して提起された上訴による確定遮断効と移審効は、原則として、不服申立ての対象となっている請求についてのみ生じる。すなわち、上訴不可分の原則は共同訴訟には、原則として、適用されない[10]。

---

8) ただし、実務上は多くの給付判決に仮執行宣言（259条）が付けられるので、強制執行は行われるであろう。しかしそれは仮執行宣言の効力によるものであって、この執行が確定判決に基づく執行であるわけではない。ちなみに、原判決に仮執行宣言が付されていない場合でも、上訴後に上訴審が不服の申立てがない部分（本文の事例では、600万円に認容部分）について仮執行の宣言をすることができる（294条・323条）。
9) 1個の民事訴訟手続で複数の請求が審判の対象になる訴訟形態としては、請求の客観的併合のほかに、訴えの追加的変更、反訴、中間確認の訴えがある（くわしくは、第6篇第1章で説明される）。上訴不可分の原則はこれらにも妥当する。
10) 共同訴訟には、通常共同訴訟と必要的共同訴訟がある。通常共同訴訟では、本文で述べたように、上訴不可分の原則の適用はない。しかし、必要的共同訴訟においては、共同訴訟人の一部の者が提起した上訴の効果は、全員に及ぶ（40条1項）（共同訴訟における上訴についてくわしくは、第6篇第2章第3節で説明される）。

第2章 控　訴

第1節　控訴の意義

1　控訴の意義

　民事訴訟における**控訴**とは，地方裁判所，家庭裁判所，簡易裁判所の第一審判決に対する上訴である。控訴裁判所は，地方裁判所，家庭裁判所の判決については高等裁判所であり，簡易裁判所の判決については地方裁判所である（裁16条1号・24条3号[1]）。特許権などに関する訴えについての控訴事件の土地管轄については特則があり，東京高等裁判所に専属する（6条3項。くわしくは，第2篇第1章第3節**1（4）ii（a）**で説明された）。

　控訴を提起した当事者を控訴人，その相手方を被控訴人という。

2　控訴権

　第一審判決に不服のある当事者は控訴を提起して，不服の当否につき控訴裁判所の審判を求めることができる。この権能を**控訴権**という。控訴権は，控訴期間（285条）の満了，不控訴の合意（281条1項但書参照[2]），控訴権の放棄（284条）によって消滅する。

---

[1]　本文で述べたのは，民事訴訟の控訴裁判所である。刑事訴訟においては，第一審が地方裁判所であっても簡易裁判所であっても，控訴裁判所は高等裁判所である（裁16条1号）。

[2]　281条1項但書で規定されているのは，飛越上告の合意である。しかし，現在では一般的な不控訴の合意も適法であると解されている（くわしくは，第3篇第3章第5節**4（2）ii**参照）。

第 2 節　控訴の提起

1　控訴提起の方式

　控訴は，控訴期間内に控訴状を原裁判所に（すなわち第一審裁判所）提出してしなければならない（286条1項）。提出先が控訴裁判所ではないことに，注意すべきである。

　控訴期間は，判決書または調書判決の場合の調書の送達の日から2週間の不変期間である（285条。不変期間については，第3篇第2章第3節 **2 (2) ii** で説明された）。

　控訴状には，当事者および訴訟代理人ならびに原判決の表示および控訴の申立てを記載しなければならない（286条2項）。これらは必要的記載事項である。不服申立ての範囲および控訴（不服）の理由は必要的記載事項ではないが，記載することが可能であり（規179条による規53条の準用），かつ望ましい。控訴人は，これらを控訴状に記載しなかったときは，控訴提起後50日以内に記載した書面を提出しなければならない（規182条）。これを**控訴理由書提出強制**という。それは控訴手続の促進と濫用的な控訴を防止するためである。ただし，この規定は訓示規定であって，これを遵守しなくても，控訴が不適法になるわけではない（後述の上告理由書と異なる）。

2　控訴提起後の手続

　控訴提起後，すなわち控訴状が原裁判所に提出された後，手続は以下のように進められる。

(a)　控訴状の提出を受けた原裁判所（第一審裁判所）は，控訴の適法性の審査を行い，控訴が不適法でその不備を補正することができないことが明らかであるときは，決定で却下する（287条1項）。補正できない不備とは，たとえば，控訴の提起が控訴期間徒過後であることである。却下の決定に対しては即時抗告をすることができる（同条2項）。却下の決定がなされないときは，原裁判所は事件を控訴裁判所に送付し（規174条1項），原裁判所の裁判所書記官は控訴裁判所の裁判所書記官に訴訟記録を送付する（同条2項）。

(b)　事件の送付を受けた控訴裁判所の裁判長は，訴状の審査に準じて，控訴状

の審査を行い，控訴状に必要的記載事項の記載がない場合，または控訴手数料の納付がない場合は，補正を命じ，控訴人が補正に応じないときは，命令で控訴状を却下する（288条による137条1項・2項の準用）。この却下命令に対しては即時抗告をすることができる（137条3項の準用）。

（c） 裁判長の審査をパスした控訴状は被控訴人に送達されなければならないが（289条1項），送達できない場合（たとえば，被控訴人の住所が誤っている場合，被控訴人が死亡している場合），または控訴状の送達に必要な費用の予納がなされていない場合，控訴裁判所の裁判長は補正を命じ，控訴人が補正をしないときは，命令で控訴状を却下する（289条2項による137条1項・2項の準用）。この却下命令に対しては即時抗告をすることができる（289条2項による137条3項の準用）。

（d） 控訴人が，期日の呼出しに必要な費用の予納を命じられたにもかかわらず，その費用を予納しないときは，控訴裁判所は決定で控訴を却下することができる（291条1項）。この決定に対しては即時抗告をすることができる（同条2項）。

（e） 控訴が不適法でその不備を補正することができないときは，控訴裁判所は，頭弁論を経ないで，判決で控訴を却下することができる（290条）。口頭弁論を経て，判決で却下することもできる。口頭弁論を経ない場合でも，判決であるいじょう，公開の法廷で言い渡さなければならない（憲82条）。口頭弁論を経ないで却下するのは，不備がとくに明確なときであろう。そのようなときには，本来であれば，**（a）**で述べたように，原裁判所が決定で却下することになっているが，原裁判所がこの点を看過して，控訴裁判所に送付したならば，控訴裁判所が判決で却下する（以上の控訴または控訴状が却下される場合を表にすると，〔図表1〕になる）。

〔図表1〕 控訴または控訴状の却下

	却下の理由	却下の主体	却下の対象	裁判の形態	根拠規定
(a)	控訴が不適法で，その不備を補うことができないことが明らか	原裁判所	控訴	決定	287条1項
(b)	必要的記載事項の欠缺；控訴手数料の不納付	控訴裁判所の裁判長	控訴状	命令	288条による137条2項の準用
(c)	控訴状の被控訴人への送達の不能；控訴状の送達に必要な費用の予納なし	控訴裁判所の裁判長	控訴状	命令	289条2項による137条2項の準用
(d)	期日の呼出しに必要な費用の予納なし	控訴裁判所	控訴	決定	291条1項
(e)	控訴が不適法で，その不備を補うことができない	控訴裁判所	控訴	判決　口頭弁論を経なくてもよい。経ることもあり得る。	290条

3 控訴の要件と控訴提起の効果

控訴の要件と控訴提起の効果については，前章第3節，第4節の記述があてはまる。ただし，前章の記述は上訴全般を想定してなされているので，これを控訴に合うように修正して要約すれば，以下のようになる。

（1） 控訴の要件

控訴の要件は，①控訴提起行為が所定の方式に従い，有効であること，②控訴期間を徒過していないこと，③第一審判決に対する上訴であること，④不控訴の合意や控訴権の放棄がなされていないこと，⑤上訴の利益があること，⑥上訴権の濫用に当たらないことである。

以上の内，②の控訴期間は，判決書または調書判決（254条2項）の送達を受けた日から2週間であり，この期間は不変期間（不変期間については，第3篇第2章第3節 **2（2）** ii で説明された）である（285条本文）。ただし，控訴期間の前でも有効に控訴を提起することができる（同条但書）。すなわち，判決言渡し後送達前の時期にも控訴の提起は可能である。判決言渡し前は，控訴の対象となる判決がいまだ成立していないので（250条），有効に控訴を提起することはできない。

（2） 控訴提起の効果

控訴提起によって確定遮断効（116条2項）と移審効が生じる。

ただし上訴不可分の原則（本篇第1章第4節 **3**）のゆえに，第一審判決の一部のみについて控訴が提起されても，確定遮断効，移審効は全請求について生じる。しかし控訴されなかった部分は控訴審の審判の対象にならず（296条1項），原判決が変更されることもない（304条）。

> 上訴不可分の原則は，共同訴訟には原則として適用されない。この原則に対する例外となるのは，必要的共同訴訟の場合である。

4 控訴の取下げ

（1） 控訴の取下げの意義

控訴の取下げとは，控訴人による控訴申立ての撤回である。控訴人は，控訴審の終局判決がなされるまで，控訴を取り下げることができる（292条1項）。

(2) 控訴の取下げの方式

控訴の取下げの方式については、訴え取下げの方式についての規定が準用される。すなわち、控訴の取下げも、書面によるか、口頭弁論、弁論準備手続または和解期日において口頭で行う（292条2項による261条3項の準用）。ただし、控訴の取下げは、原判決に影響を及ぼさないので（現実には、(3)で述べられるように、被控訴人に有利な判決を確定させるのが通常である）、相手方の同意が必要になることはない（262条2項は準用されない）。

(3) 控訴の取下げの効果

控訴の取下げの効果についても、訴え取下げの効果についての規定が準用される。すなわち、控訴の取下げにより、控訴審の訴訟係属は遡って消滅する（292条2項による261条1項の準用）。ただし、それによって第一審判決が当然に確定するわけではない。もし取り下げられたのが控訴期間内であれば、同期間が経過するまでは判決は確定せず、したがって再度控訴を提起することが、理論上は可能である。もっとも、控訴期間は判決などの送達の日から2週間であるから（285条）、それまでに控訴がいったん提起されて、取り下げられ、再度提起されるということは、現実にはあまりないであろう。控訴の取下げが控訴期間経過後になされれば、それによって第一審判決が確定する。

> 原告は控訴審でも訴えを取り下げることができるので、第一審で原告が敗訴し、控訴した場合、原告・控訴人は訴えを取り下げることも控訴を取り下げることもできるが、いずれがなされたかによってその効果が異なる。なされたのが控訴の取下げであれば、上述のように、再度の控訴提起が可能な場合も理論上はあり得るが、現実にはこれにより第一審判決が確定することが多いであろう。それに対して、なされたのが訴えの取下げであれば、訴え提起の効果（訴訟係属）が当初に遡って消滅するが（262条1項）、訴訟物である権利・法律関係の存否が確定するわけではない。ただし、第一審判決が本案判決であった場合は、再訴が禁止される（262条2項）。しかし、原告が訴えをもって主張した権利の存在が既判力をもって否定されることはない。

(4) 控訴の取下げの擬制

当事者双方が控訴審の口頭弁論に出頭せず、1箇月以内に期日指定の申立てもしないなどの事情があるときは、控訴の取下げが擬制される（292条2項による263条の準用）。

5　附帯控訴

（1）　附帯控訴の意義

附帯控訴とは，控訴審における口頭弁論終結前に，被控訴人が原判決に対して提起する不服申立てである（293条1項）。第一審判決が一部認容・一部棄却であった場合（たとえば，1000万円の支払いを請求する訴訟で請求が600万円の限度で認容され，その余の請求が棄却された場合），あるいは，複数の請求が併合されている訴訟で一部の請求が認容され他の請求が棄却または却下された場合，相手方当事者がその判決で満足するなら，自分も控訴しないでおこうと考える当事者もいるであろう。しかし，相手方当事者が控訴してしまうと，第一審判決よりも自分にとって不利な控訴審判決が出される可能性がある。そのため，附帯控訴の制度がなければ，相手方が控訴するかも知れないと考えて，念のため控訴をする当事者もいるであろう。附帯控訴の制度があれば，このような当事者は，相手方の出方を見て，相手方が控訴しなければ，無用な控訴をせず，相手方が控訴を提起した後で，附帯控訴をすることができる。

（2）　附帯控訴と不服の利益

通説・判例は[3]，第一審で全部勝訴し，原判決に不服の利益のない被控訴人も附帯控訴を提起できると解している。その理由は，附帯控訴は，このような被控訴人にも，附帯控訴の方式によって請求を拡張または反訴を提起することができるようにするための特殊な制度であって，上訴ではないから，上訴の要件である不服の利益は，附帯控訴では要件にならないということである。しかし，附帯控訴が可能か否かと，請求の拡張や反訴の提起が可能か否かは別の問題である。控訴審でも請求の拡張（後述のように，請求の拡張を訴えの追加的変更と解されている。第6篇第1章第3節3）は可能である。また控訴審における反訴の提起については特段の規定が設けられている（300条）。したがって，第一審の全部勝訴者に，請求の拡張や反訴の提起を可能にするために，わざわざ附帯控訴を認めることはできない（最近の有力説である）。

　　通説と有力説（本書は後者を支持する）の対立は，附帯控訴の法的性質についての考え方の違いに起因している。通説は，控訴権消滅後も提起できる附帯控訴は，控訴

---

3)　最判昭和32年12月13日民集11巻13号2143頁（百選［2版］115）。

ではあり得ず，既に開始された控訴審手続内において後述の不利益変更禁止の原則を打破するための，特殊な制度と解している。これに対して，最近の有力説は，附帯控訴は，相手方が提起した控訴に便乗して，控訴権が消滅してもなお不服を申し立てることができるとされた点で，変容を受けた控訴であると解している。

(3) 附帯控訴の手続

附帯控訴には，控訴に関する規定が準用される（293条3項本文，規178条）。したがって，たとえば，附帯控訴の提起は書面によってなされることになり（268条の準用），附帯控訴状は相手方に送達されなければならない（289条の準用）。しかし，控訴にあたって控訴状は第一審裁判所に提出しなければならないが，附帯控訴状は控訴裁判所に提出することもできる（293条3項但書）。その理由は，附帯控訴は，既に控訴審での手続が開始した後に，提起されることがあるからである。

(4) 附帯控訴の従属性と独立附帯控訴

附帯控訴は，文字どおり控訴に附帯してなされるものであるから，その効力は控訴に依存している。すなわち，控訴が取り下げられ，または不適法として却下されると，附帯控訴もその効力を失う（293条2項本文）。これを**附帯控訴の従属性**という。ただし，附帯控訴が控訴としての要件を具備しているときは，独立した控訴とみなされる（同条同項但書）。これを**独立附帯控訴**という。控訴としての要件を具備しているとは，附帯控訴が附帯控訴人に控訴権がある間に（控訴期間内に，かつ不控訴の合意や控訴権の放棄もなされずに）申し立てられることである。

第3節　控訴審の審理

1　控訴審の審理の構造

控訴審における審の構造には，覆審制，事後審制，続審制の3種類がある。**覆審制**とは，控訴審が事件につき，原審である第一審の審理とは無関係に，新に審理をやり直す審理構造である。**事後審制**とは，控訴審が事件自体を審理の対象とするのではなく，原判決を対象とし，かつ原審の資料だけに基づいて，その当否を審査する審理構造である。**続審制**とは，第一審の審理を基礎としながら，控訴審においても新たな訴訟資料の提出を認めて，原判決の当否を審理する審理構造

である。このように続審制においては，当事者が控訴審で新たな訴訟資料を提出することができるが，当事者のこの権能を**更新権**という。

現行民事訴訟法においては，控訴審において，当事者が第一審の口頭弁論の結果を陳述し（296条2項），これが控訴審の審理の基礎となされるが，それとともに新たな攻撃防御方法を提出する権能，すなわち更新権も当事者に付与されている（297条による156条の準用）。これらのことから，現行民事訴訟法は続審制を採用しているということができる。

2　控訴審における口頭弁論の範囲

上訴不可分の原則（その意味は本篇第1章第4節3，本章第2節3(2)で説明された）のゆえに，控訴が提起されると，第一審で審判された請求はすべて控訴審に移審する。しかし，口頭弁論は，当事者が第一審の判決の変更を求める限度においてのみなされる（296条1項）。したがって，1000万円の貸金返還請求訴訟の第一審判決が600万円の限度で請求を認容し，その余の部分の請求を棄却する判決であり，原告のみが控訴した場合，請求全体について確定遮断効と移審効が生じるが，口頭弁論の対象になるのは棄却された400万円の請求である。また，請求の客観的併合の事案において，併合された請求全部につき判決が出され（全部判決），そのうちの一部の請求についての判決に対してのみ控訴が提起された場合にも，確定遮断効と移審効はすべての請求について生じるが，口頭弁論の対象になるのは，控訴が提起された請求についてだけである。

> ただし，控訴審の口頭弁論の範囲が上述のように限定されといっても，職権調査事項については，控訴裁判所は，当事者の不服の有無にかかわらず，職権で考慮しなければならない。このことは，後述の不利益変更禁止との関連でも，論じられる。

3　控訴審における弁論の更新

前述のように，続審制の下では，第一審の審理の結果も判決のための資料となるが，控訴審の裁判官は第一審を審理した裁判官ではない（前審関与は除斥理由になる。23条1項6号）。そこで，直接主義の要請を満たすために，控訴審では，第

---

4) 直接主義を定める249条は第一審の手続に関する規定（民事訴訟法第2編第一審の手続，第5章判決中の規定）である。そして，本文で次に述べるように（(4)），第一審の手続に関する規定は控訴審の手続にも準用される（297条）ので，控訴審の手続にも直接主義が適用される。

一審における口頭弁論の結果を陳述しなければならない（296条2項）。これを**弁論の更新**という。

弁論の更新は，第一審における口頭弁論の結果を一体として陳述しなければならず，その一部のみの陳述は許されない。この陳述は，いずれか一方の当事者のみが行えば，足りるとされている。実務慣行としては，「第一審判決事実摘示のとおり陳述する」との陳述が行われている。

4 第一審の訴訟手続の規定の準用

第一審の訴訟手続の規定（民事訴訟法第2編）は，特別の定めがある場合を除き控訴審の訴訟手続に準用される（297条本文。民事訴訟規則についても第一審の手続の規定が準用される〈規179条〉）。ただし，第一審の訴訟手続でも，簡易裁判所の訴訟手続に関する特則（第2篇第8章）および大規模訴訟における合議体の構成に関する特則（269条）は準用されない（297条本文は第2篇第8章を準用の対象から除外している。また同条但書は269条の準用を排除している）。

この準用により控訴審の手続は，たとえば，以下のようになる。控訴審の最初の期日に当事者の一方が欠席したときは，陳述の擬制がなされる（158条の準用）。控訴審における訴えの変更も可能である（143条の準用。訴えの変更については，第6篇第2章第3節で説明される）。ただし，反訴の提起（146条）については，控訴審では相手方の同意が必要であるとの，特別の定めがある（300条）。なお，総則（民事訴訟法第1編）の規定は当然適用されるので，判決をするためには，原則として，口頭弁論を開かなければならない（必要的口頭弁論。87条の準用。例外は，290条による口頭弁論を経ない判決による控訴の却下である）。

5 控訴審における攻撃防御方法の提出

前述のように，控訴審の手続に第一審における攻撃防御方法提出に関する規定が準用されるので，当事者には控訴審において新たな攻撃防御方法を提出することが認められている（更新権）。しかし，そもそも第一審においても，攻撃防御方法の提出は適時になされなければならないと規定されている（156条。適時提出主義）ほか，①時機に後れた攻撃防御方法の却下（157条1項），②審理の計画にお

---

5) 最判昭和33年7月22日民集12巻12号1817頁。

いてまたは審理の計画に基づき定められた裁定期間経過後に提出された攻撃防御方法の①よりゆるやかな要件での却下（156条の2・157条の2），③争点整理手続終了ないし終結後の提出のさいの，終了ないし終結前に提出できなかったことの説明義務（167条・174条・178条）といった規制が設けられている。

控訴審における攻撃防御方法の提出については，さらに，裁判長は，当事者の意見を聴いて，攻撃防御方法の提出期間，新請求の提出（請求もしくは請求原因の変更，反訴の提起または選定者にかかる請求の追加）ができる期間を定めることができ（301条1項），その期間経過後に提出をする当事者は，裁判所に対して期間を遵守できなかった理由を説明しなければならない（同条2項）。当事者が説明をしなくても，制裁を受けることはないが，十分な説明がなされないことが，当該攻撃防御方法の提出が時機に後れたとの判断の原因になり，ひいてその却下をもたらすことがあり得る（157条1項）。また，上記③の説明義務が控訴審でも維持されることが，明文で規定されている（298条2項）。

このように，現行民事訴訟法は更新権にかなりの制限を加えている。続審制においては，更新権を無制限に認めると，実質的には覆審制の審理と変わりがなくなり，逆に，更新権に対する制限を強化すると，事後審制に近づく。現在の実務においては，上記の制限とともに，前述の控訴理由書提出強制によって，控訴審の審理は事後審制の審理に近づいているということができる。

第4節　控訴審の終局判決

控訴審の手続は，訴え取下げ，控訴取下げもしくはその擬制，または請求の放棄・認諾もしくは訴訟上の和解によって終了することもあるが，これらがなされなければ，終局判決によって終了する。この終局判決には，①控訴却下判決，②控訴棄却判決，③原判決を取り消す判決がある。③の判決には，さらに③$_{-1}$取消自判判決，③$_{-2}$取消差戻判決，③$_{-3}$取消移送判決がある。

1　控訴却下

控訴が不適法である，すなわち控訴要件が欠けている場合，控訴裁判所は終局判決によって控訴を却下する。たとえば，控訴期間経過後に提起された控訴，控訴の利益がないのに提起された控訴は，不適法として却下される。控訴が不適法

であり補正が不可能な場合，裁判所は，口頭弁論を経ずに終局判決で控訴を却下することができる（290条）。控訴期間経過後に提起された控訴はこれに当る。

控訴却下判決が確定すると，控訴はなかったことになるので，第一審判決が，控訴期間経過の時点に遡って確定する。

2 控訴棄却

裁判所は，控訴は適法であるが，原審判決を相当と判断するときは，控訴を棄却する（302条1項）。控訴裁判所が，原判決の理由は不当であるが，別の理由から原判決の結論を維持できると判断しときも（たとえば，貸金返還請求訴訟で第一審は，貸金債権は発生したが，時効によって消滅したとの理由で，請求を棄却したが，貸金債権はそもそも発生していなかったと判断したとき），控訴は棄却される（同条2項）。判決理由中の判断には，原則として，既判力が生じない（114条1項）からである。

ただし，同じ請求棄却の結論であっても，第一審判決または控訴審判決のいずれかで，判決理由中の判断にも既判力が生じる相殺の抗弁（訴訟上の相殺）（114条2項）が結論を引き出すために用いられた場合には，控訴裁判所としては，原判決を取り消したうえで，請求を棄却しなければならないことがある。それは，第1に，第一審判決が被告の予備的相殺の抗弁を認めたうえでの請求棄却判決であり，被告が控訴し，控訴裁判所が，訴求債権の存在を否定した場合である。この場合，第一審判決と控訴審判決の結論はともに請求棄却である。しかし，控訴裁判所が控訴を棄却して第一審判決を維持すると，第一審裁判所が判決理由中で認めた相殺の結果，被告は自己の債権（自働債権）を失うことになる。したがって，控訴裁判所は第一審判決を取り消したうえで，請求を棄却しなければならない。第2に，第一審判決が訴求債権の存在を否定したうえでの請求棄却判決であり，原告が控訴し，控訴裁判所が訴求債権の存在を肯定したうえで，被告の予備的相殺の抗弁を認めた場合である。この場合も，第一審判決と控訴審判決の結論はともに請求棄却である。しかし，控訴裁判所が控訴を棄却して第一審判決を維持すると，控訴裁判所が認めた相殺による被告の債権（自働債権）消滅の効果が生じないままに，原告の訴求債権の不存在だけが既判力をもって確定してしまう。したがって，控訴裁判所は第一審判決を取り消したうえで，請求を棄却しなければならない。

控訴棄却判決が確定すると，維持された第一審判決も控訴審判決確定の時点で

確定する。控訴却下判決確定の場合と控訴棄却判決確定の場合とで，第一審判決確定の時点が異なることに注意すべきである。

3 原判決取消し

控訴裁判所は，原判決を維持できないとき，これを取り消す。この取消しによって裁判所の審判義務が復活する。そのため，控訴裁判所は，みずから請求についての審判をする（これを自判という）か，事件を原審に差し戻すか，または管轄ある第一審裁判所に移送するかの，いずれかの措置を執らなければならない。

(1) 原判決を取り消すべき場合

原判決，すなわち第一審判決を取り消すべき場合は，①控訴裁判所が第一審判決を不当とするとき（305条），および②第一審の判決の手続が法律に違反したとき（306条）である。①には，①$_{-1}$第一審判決の判断内容が事実認定や法の解釈適用の面で誤っていて，その結果判決の結論（主文）の内容が控訴裁判所の判断と異なっている場合と，①$_{-2}$第一審における訴訟手続が法律に違反している場合（以下では「手続違背」という）とがある。①$_{-2}$と②は同じようにみえるかも知れないが，以下のように異なる。②の「判決の手続」とは，判決成立の手続であり，具体的には，評決手続，判決書の作成手続，判決言渡手続である。これらに違法がある場合は②の取消しとなる。その具体例としては，(a)第一審の判決言渡しが言渡期日の指定を欠くのみならず，当事者に対し適法に告知されていない口頭弁論期日においてなされた事例（規156条参照）[6]，(b)裁判官の更迭があったにもかかわらず，弁論の更新手続をしないで更迭後の裁判官によって判決がなされた事例（旧民訴187条〈現行249条〉違反）[7]，(c)判決原本に基づかないで判決を言い渡した事例（旧民訴189条1項〈現行252条〉違反）[8]などがある。これに対して，①$_{-2}$は②以外の訴訟手続違背である。その具体例としては，法人である当事者の代表権限の欠缺を看過して判決をした事例がある[9]。

---

6) 最判昭和27年11月18日民集6巻10号991頁（百選ⅡA53）。
7) 最判昭和33年11月4日民集12巻15号3247頁（百選［3版］50）。ただし，控訴審判決の手続が法律に違反しているとして，上告審が控訴判決を破棄した事例。
8) 東京高判昭和59年3月29日判タ528号190頁＝判時1112号65頁。
9) 最判昭和45年12月15日民集24巻13号2072頁（百選［5版］18）。最高裁は，訴状の補正命令の手続をさせるために，事件を第一審に差し戻した。ただし，この判例については，既に述べたように（第2篇第2章第4節 **3 (3)**），本書は，表見法理が適用され，そもそも第一審の訴訟手続に違法はなかったとの立場に立つ。

通常「判決手続」という言葉は，とくに執行手続や倒産手続と区別して，裁判所での訴訟手続（大略，訴え提起から判決確定までの手続）[10]の意味で使われる。しかし，306条の「判決の手続」はこれとは異なり，前述のように，判決成立の手続であり，通常の判決手続の内の一部分である。306条が設けられたのは，判決の手続が違法である場合，判決はそもそも有効に成立しないので，上訴の対象が存在しないという考えもあり得るため，判決の手続の違法も控訴の理由に，したがって第一審判決取消しの理由になることを明らかにするためであった。

①$_{-2}$については，手続違背があっても，その結果必然的に判決内容が不当になるわけではない。そもそも手続違背については責問権の放棄・喪失も規定されている（90条）。したがって，控訴裁判所は，手続違背が責問権の放棄・喪失の対象にならず，原判決の維持が不当であるほどに深刻なものであるときに，原判決を取り消すことになる。当該手続違背がこのようなものであるか否かは，控訴裁判所の裁量によって判断される。それに対して，②の「判決の手続」の違法の場合は，306条の文言により，控訴裁判所は第一審を取り消さなければならない（同裁判所の裁量に任されているわけではない）。この点でも①$_{-2}$と②は異なる。

(2) 自　判

i　自判の原則

原判決が取り消されると，請求についての裁判所の審判義務が復活する。そこで，控訴裁判所は，請求につき自ら判決をするか（取消自判判決），事件を原審に差戻して，原審に審判をさせるか（取消差戻判決），事件を管轄裁判所に移送するかの（取消移送判決），いずれかの措置を執らなければならない。これらのうち取消移送判決は，原判決に管轄違背の違法があるという特殊な場合になされる（これについては，(4)で説明する）。それ以外の場合であれば，控訴裁判所は自判するか原審への差戻しを行うことになる。控訴審での新たな裁判資料の提出を可能とし，それを第一審での審理の結果に合わせて判決の基礎とする続審制を採用している現行法の下では，自判が原則であり，とくに当事者の審級の利益（請求について，第一審，控訴審というように複数の審級の審判を受けうることによる利益）を守るために，必要がある場合（それがいかなる場合であるかは，(3)で説明する）にかぎり，差戻しが行われる。

---

10) ただし，訴え提起前に行われる提訴前の照会および提訴前の証拠収集処分の手続，ならびに裁判の確定後に行われる再審および特別上告の手続も，判決手続の一部であるとも言える。

ii 不利益変更禁止の原則

　控訴審の審判は，当事者が第一審判決の変更を申し立てる限度で，行われる（296条1項）。したがって，控訴裁判所は，第一審判決の取消しおよび変更を不服の申立ての限度においてのみなし得る（304条）。具体的には，まず控訴審判決は第一審判決以上に控訴人に不利益であってはならない。これを**不利益変更禁止の原則**という。このことを裏面からみれば，控訴審判決は第一審判決よりも被控訴人に有利であってはならないということにもなる。これを**利益変更禁止の原則**という。たとえば，1000万円の支払を請求する訴訟の第一審判決が，700万円の限度で請求を認容し，その余の請求（金額にして300万円）を棄却したとする。この判決に対して原告のみが控訴をし，控訴裁判所が審理の結果，原告の債権額は400万円であるとの判断に達しても，同裁判所は原判決取り消して，400万円の限度で請求を認容する判決に変更する（自判する）ことはできない。なぜなら，それでは控訴を提起した原告に原判決以上に不利益な，また控訴を提起しなかった被告に利益になる判決になってしまうからである。この場合控訴裁判所は控訴棄却の判決をする。同様の第一審判決に対して被告のみが控訴をし，控訴裁判所が審理の結果，原告の債権額は900万円であるとの判断に達しても，同裁判所は原判決を取り消して，900万円の限度で請求を認容する判決に変更する（自判する）ことはできない。なぜなら，それでは控訴を提起した被告に原判決以上に不利益な，また控訴を提起しなかった原告に利益になる判決になってしまうからである。この場合も控訴裁判所は控訴棄却の判決をすることになる。ただし，いずれの場合でも，控訴を提起しなかった当事者が附帯控訴を提起していれば，附帯控訴が認められて，控訴審判決が控訴人にとって原判決以上に不利益なものになることはあり得る。

　不利益変更禁止の原則は，審判の対象を控訴人の申立ての範囲に限定することの結果であり，それゆえ，処分権主義が上訴手続に適用された結果あるということができる。[11][12]

相殺の抗弁と不利益変更禁止

　不利益変更の禁止の原則は予備的相殺の抗弁との関連でも問題になることがある。

---

11) もっとも，処分権主義と不利益変更の禁止の原則の適用範囲は厳格に一致するものではないとの見解も主張されている。
12) それゆえ，不利益変更禁止の原則は，処分権主義の適用がない非訟事件手続，境界確定訴訟には適用されない（この点については，第8篇第2章第1節で説明される）。

被告が予備的相殺の抗弁を提出し，第一審裁判所がこれを容れて，請求を棄却し，原告だけが控訴を提起した事例を考えてみる（この場合被告にも控訴の利益はあるが，被告は控訴も附帯控訴も提起しなかったとする）。控訴裁判所は，審理の結果訴求債権がもともと存在しなかったとの判断に至ったとしても，訴求債権の不存在を理由に，原判決を取り消したうえで，請求棄却の判決を下すことはできない。なぜなら，もしそのような判決が下されると，訴求債権の不存在が確定されるとともに，被告の債権（反対債権・自働債権）が消滅しないことになり，原判決よりも控訴をした原告に不利益で，控訴も附帯控訴もしなかった被告に利益な判決になってしまうからである。

また，上記と同様に，第一審判決が予備的相殺の抗弁を容れて請求を棄却し，原告だけが控訴を提起した事例で，控訴審が反対債権・自働債権は存在しないが，訴求債権も存在しないとの判断に至った場合に，どのような判決を下すべきかということも，問題になる。この場合，客観的にみれば，訴求債権が存在しないのであるから，（予備的）相殺の抗弁を持ち出すまでもなく，請求を棄却することが，実体的法律関係に合致しているようにもみえる。その場合の請求棄却は，相殺の抗弁についての判断を経てなされたものではない点で，第一審判決の請求棄却と異なるので，判決主文は，原判決を取り消したうえでの請求棄却になる。しかし，そのような判決をすると，被告の反対債権については判断されていないため，その存在が既判力をもって否定されることもない。それは，控訴を提起した原告にとって，第一審判決より不利益な結果である。したがって，不利益変更禁止の原則によってこのような判決はなし得ないので，控訴裁判所は控訴棄却の判決を下すことになる。[13]

訴訟要件についての判断と不利益変更の禁止

第一審判決が請求の一部認容判決であり，原告だけが控訴したところ，控訴裁判所は，訴訟要件が欠けていると判断した場合，原判決を取り消して，訴え却下判決を自判できるかは，問題である。一部認容判決と訴え却下判決を比べれば，控訴を提起した原告にとって後者はより不利益であるから，訴え却下判決を下すことは不利益変更禁止の原則に反するようにみえるかも知れない。しかし，訴訟要件は公益性から，不利益変更禁止の原則の適用対象にはならない。また，本案判決は，訴訟要件が具備してはじめてなされ得るのであるから，訴訟要件が具備していないのに，本案判決をすることはそもそもできない。それゆえ，この場合，控訴裁判所は訴え却下の訴訟判決をすることになる。

次に，第一審判決が訴え却下判決であり，原告だけが控訴したところ，控訴裁判所が，訴訟要件の具備を認めた場合，同裁判所はいかなる判決を下すべきかも，問題になる。この場合に考えられるのは，原判決取消差戻判決である。ただし，原告の請求

---

13) ただし，この場合，控訴裁判所は原判決を取り消し，請求認容の判決をすべきとの見解もある。その理由は，原告だけが控訴を提起しているのであるから，訴求債権の存否は控訴審の審判の対象になっていないから，控訴審はこれを肯定した第一審裁判所の判断を維持しなければならないということである。

自体失当であることが明らかなときは（主張自体失当とは，たとえば賭博で勝った者が相手に賭金の支払を請求する場合のように，事実関係がどうあれ，すなわちたとえ原告が被告に賭博で勝ったことが事実であっても，請求が成り立ち得ないことである），原判決取消請求棄却の自判も考えられる。しかし，請求棄却判決は，請求権の存否という実体関係についてこれを否定する判断をするものであり，しかもこの否定の判断は既判力を伴うものである。すなわち，請求棄却判決は訴え却下判決以上に原告・控訴人に不利益なものである。したがって，この判決をすることは，不利益変更禁止の原則に違反するものであり，控訴裁判所はこの場合控訴を棄却すべきである。[14]

(3) 差戻し

前述のように，わが国で採用されている続審制の下では，控訴裁判所が原判決を取り消した場合，復活した請求についての審判は，控訴裁判所みずからが行うこと，すなわち自判が原則である。ただし，自判では，当事者の審級の利益が害されると考えられるときには，控訴裁判所は，審判をやり直させるために，事件を原審に差し戻す。これが差戻しである。差戻しには必要的差戻しと任意的差戻しがある。

i 必要的差戻し

必要的差戻しとは，原判決を取り消した控訴裁判所が必ず事件を第一審裁判所に差し戻さなければならないことである。必要的差戻しとされるのは，訴えを不適法として却下した原判決を控訴裁判所が取り消す場合である（307条本文）。訴えを不適法として却下した第一審裁判所は，通常，本案について審理を十分に行っていないので，控訴審がいきなりこれを行うと，当事者の審級の利益が害される。この場合に差戻しが必要的とされるのは，そのためである。

ただし，第一審が訴え却下判決であっても，事件につきさらに弁論をする必要がないときは，控訴裁判所は事件を差し戻さずに自判することができる（307条但書）。そのようなときの例としては，①第一審で訴訟要件の具備と請求の成否がともに争点になり，後者についても十分な審理が行われたうえで，第一審裁判所は結論として，訴訟要件の具備を否定して訴えを却下したが，控訴裁判所はこれを肯定したとき，②当事者間で事実関係につき争いがないとき，③原告の請求が主張自体失当であることが明らかなときを挙げることができる。これらにおい

---

14) 判例も同旨である。最判平成5年2月25日民集47巻2号643頁（本文で論じられている問題に関連するのは652頁）。ただし，控訴審判決が訴えを不適法とし，上告審が請求に理由なしと判断したうえで，上告を棄却した事例である。

ては，控訴裁判所が請求について審判しても，当事者の審級の利益を害することはないので，自判が可能とされる。

ii 任意的差戻し

第一審判決が訴え却下でない場合でも，原審でさらに弁論をする必要があるときには，事件を第一審に差し戻すことができる（308条1項）。これを**任意的差戻し**という。そのようなときの例としては，①第一審判決が重大な手続違背によって取り消されたとき，②第一審ではもっぱら請求の原因についてのみ審理がなされ，第一審裁判所がこれにつき理由なしとして請求を棄却したが，控訴裁判所はこれにつき理由ありと判断して，原判決を取り消すときを挙げることができる。②の例で差し戻すべきとされるのは，請求の額についての審理が第一審でなされていないので，これを第一審裁判所になさせるべきと考えられるからである。

第一審の手続が法律に違反した場合，すなわち第一審の判決成立の手続が違法である場合，前述のように（（**1**）），控訴裁判所は原判決を取り消さなければならないが（306条），差戻しが必要的であるとは規定されていない。この場合には，差戻しが妥当であると考えられる事案も，おそらく少なくないであろうが，判決成立までの審理が十分に行われており，自判しても，当事者の審級の利益が害されるおそれのない事案もあるであろう。ただし，そのような事案で，控訴裁判所が原判決と同じ結論に至ったときも，306条によれば，控訴を棄却することはできず，原判決を取り消したうえで，あらためてそれと同じ内容の判決を言い渡さなければならない。

iii 差戻判決後の手続

控訴審の差戻判決に対しては上告することができるが，差戻判決が確定すると，第一審手続が続行されることになる。その場合，差戻前の第一審における訴訟資料は当然に差戻後の審理の資料になる。ただし，第一審における訴訟手続が法律に違反したことが第一審判決取消しの理由であったときは，その手続は取り消されたものとみなされる（308条2項）。かつ，第一審裁判所は，控訴裁判所が取消しの理由とした事実上および法律上の判断に拘束される（裁4条）。また，控訴審における資料は，直接主義の要請（249条）のゆえに，当然には差戻後の資料にならず，当事者による援用が必要である。

（4） 移 送

ここで**移送**（原判決取消移送）とは，控訴裁判所が，事件が管轄違いであること

を理由として取り消したうえで，判決で管轄ある裁判所に移送することである（309条。管轄違いや遅延を避けるなどのために決定で行われる移送〈16条－19条・20条の2〉とは異なる）。ただし，第一審の管轄違いでも，専属管轄以外の管轄違いは控訴審では主張できない（299条1項）ので，この移送判決がなされるのは，第一審の手続が専属管轄に違反している場合である。そして，移送先は専属管轄裁判所である。

4 控訴審判決における仮執行宣言

　控訴裁判所は，金銭の支払請求に関する判決については，申立てがなされたときは，原則として無担保で仮執行宣言を付けなければならない（310条）。この規定は，控訴審判決は既に第一審と控訴審の二度の審理を経て下されていること，および，上告審で破棄される可能性が低いことが考慮され，また権利実現の迅速性の要請にも配慮して，設けられたものである。

第3章 上　告

第1節　上告の意義と上告制度の目的

1　上告の意義

上告とは，通常，控訴審の終局判決に対する法律審への上訴である。ただし，飛越上告の合意がなされている場合（281条1項但書・311条2項），および，第一審が高等裁判所の事件（特許178条1項，公選203条1項・204条など）の上訴も上告である。上告裁判所は，原判決が高等裁判所の判決である場合，[1] および地方裁判所の第一審判決に対する飛越上告の場合は，最高裁判所であり，原判決が地方裁判所の判決である場合は，[2] 高等裁判所である（311条1項）。このように，上告裁判所は最高裁判所のときと高等裁判所のときがある。後述のように，旧民事訴訟法下では，いずれであっても上告理由に違いがなかったが，現行民事訴訟法の制定にあたってこの点に違いが設けられるとともに，それに関連して，最高裁判所が上告審である場合につき，上告のほかに上告受理申立ての制度が設けられた（くわしくは，本章第2節**2(1)**で説明される）。

2　上告制度の目的

上訴制度の目的は，前述のように（本篇第1章第2節**1**），誤った裁判からの当事者の救済と判例による法令解釈の統一である。控訴においては当事者の救済に重点が置かれている。それに対して，上告においては，もとより当事者の救済も重視されているが，それとならんで，法令解釈の統一も重視されている。そのことは，最高裁判所が全国にただ一つしか設置されていないこと（裁6条），高等裁判所が上告裁判所である場合で，その意見が最高裁判所などの判例に反するとき

---

1) すなわち，第一審裁判所が地方裁判所または家庭裁判所である事件の控訴審判決，ならびに高等裁判所の第一審としての判決である。
2) すなわち，第一審裁判所が簡易裁判所である事件の控訴審判決である。

の，最高裁判所への移送が定められていること（324条，規203条），および，現行民事訴訟法の制定にあたり，後述の上告受理申立制度が設けられ，かつ判例違反が上告受理申立て事由とされていることから（318条1項），明らかである。

3 上告の利益

　控訴審判決が確定するならば，自己に不利益な判決効が生じることになるであろう当事者に，**上告の利益**が認められる。原判決の理由にのみ不服があっても，原則として，上告の利益は認められない[3]。なぜなら，理由中の判断には既判力が生じないからである。ただし，原判決（控訴審判決）が第一審判決取消差戻判決である場合は，控訴人（第一審判決の取消しを求めた者）が取消しの理由に不服を有するときは，上告の利益が認められる。その理由は，差戻しを受けた裁判所は取消しの理由に拘束される（裁4条。325条3項後段）からである[4]。

4 上告権，上告受理申立権

　控訴審判決に対する不服申立て方法として従来から設けられていたのは，上告であるが，現行民事訴訟法の制定にあたってはこれとともに上告受理申立ての制度も設けられた。したがって，ここでは，上告権とともに上告受理申立権についても説明される。

（1）上告権

　上告権は，控訴権と異なり，原判決に対する不服の利益の存在だけでは，基礎付けられない。なぜなら，上告理由となり得るのは，上告裁判所が最高裁判所である場合（原判決が高等裁判所の判決である場合。311条1項前半部分）は，①憲法違

---

[3] 最判昭和31年4月3日民集10巻4号297頁（百選［5版］110）。登記簿上不動産の所有権がXからYに移転しているが，Xが，移転は売渡担保によるものであるところ，被担保債権は完済されたと主張して，所有権移転登記抹消請求の訴えを提起した事案である。原審が，XからYへの所有権移転は売渡担保によるものであるが，被担保債権が未完済であるとの理由で請求を棄却した（Yの全面勝訴）のに対して，Yが，この理由を不服として，上告を提起した（所有権移転の原因が売渡担保であると，被担保債権が完済されれば，当該不動産の所有権はXに復帰することになるというのが，Yの不服の真意であると推測される）。最高裁は，所有権に基づく登記請求訴訟の判決の既判力は，理由中でなされる所有権の帰属についての判断には及ばないとの理由で，本件における上告の利益を否定した。

[4] 最判昭和45年1月22日民集24巻1号1頁（続百選90）。ただし，この判決は，本文で述べられている事案では，差戻しの理由に基づいて上告の利益があることを認めるが，当該事案はこれに当らないとした。

反（312条1項），②重大な手続違反（同条2項1号－6号。「絶対的上告理由」といわれており，本書でもそのように表記する）に限られ，上告裁判所が高等裁判所である場合（原判決が地方裁判所の判決である場合。311条1項後半部分）は，これらのほかに，③判決に影響を及ぼすことが明らかな法令違反がこれに加わるだけだからである（312条3項）。したがって，原判決に事実認定の誤りがあるとの不服は，上告理由にならず，このような不服は上告権を基礎付けない。321条1項が「原判決において確定した事実は，上告裁判所を拘束する」と規定しているのは，このことである。

なお，このように上告審は，事実認定を行わず，その審理の対象は法の解釈・適用に限定されることから，**法律審**といわれている。それに対して，それ以前の審級（通常，第一審と控訴審。第一審が高等裁判所の場合は，第一審のみ）は**事実審**といわれている。しかし，第一審，控訴審でも法の解釈・適用に関する審理は行われるので，「事実審」という名称には注意する必要がある。

（2） 上告受理申立権

（1）で述べたように，上告裁判所が最高裁判所である場合，判決に影響を及ぼすことが明らかな法令違反は，上告理由にならない。しかし，原判決に判例違反，その他重要な法令の解釈に関する問題が含まれている事件については，上告受理申立てによる不服申立てが認められる（318条1項）。そのかぎりで，当事者は上告受理申立権を有しているといえる。

第2節　上告理由および上告受理申立理由

1　上告理由

上告理由として規定されているのは，憲法違反，絶対的上告理由および，高等裁判所への上告においては，法令違反である。

（1）　憲法違反（312条1項）

憲法違反とは，原判決の判決内容または手続に憲法違反があることである。上告理由となるために，憲法違反が判決の結論に対する影響が必要か否かについては，見解が分かれている。影響を必要と解する立場によれば，原判決に憲法違反はあるが，それが判決に影響を及ぼすものではない場合，上告は不適法であり，

却下されることになる。他方，影響は不要と解する立場によれば，この場合，上告は棄却されることになる。法令違反については明文規定で判決への影響が必要とされている（312条3項）のに対して，憲法違反についてはそうなっていないこと（同条1項）からも，また，憲法が国の最高法規として法体系上の重要な地位を有することからも，判決の結論に対する影響は不要であると解すべきである。

なお，上告人が上告の理由とした事由が明らかに憲法違反に該当しないときは，最高裁判所は決定で上告を棄却することができる（317条2項）。これは，旧民事訴訟法下で，憲法違反に名を借りた上告が多くなされ，それが最高裁判所の負担過重の一因となったことに対して行われていた対応を，明文規定で認めたものである。

（2）　絶対的上告理由

絶対的上告理由とされているのは，312条2項1号－6号に規定されている各事由である。これらの事由が判決に影響を及ぼしたか否かは，問題にならない。絶・対・的・上告理由といわれるのは，そのためである。

（a）　**判決裁判所の構成の違法（312条2項1号）**　　判決裁判所とは，当該事件について判決をする裁判所である。判決裁判所の構成に違法がある場合の例としては，①判決裁判所を構成する裁判官のなかに裁判官としての任命手続（憲79条・80条，裁39条・40条）を欠いているもしくは任命手続に瑕疵がある者，または裁判官の欠格事由（裁46条）のある者がいる場合，②合議体の員数に関する規定（裁18条1項・2項・26条2項・3項・35条，）に対する違反がある場合，③口頭弁論に関与しない裁判官が判決裁判所を構成する場合（249条〈直接主義〉違反）を挙げることができる。

（b）　**判決に関与できない裁判官の関与（312条2項2号）**　　判決に関与することができない裁判官の例としては，除斥原因のある（23条）裁判官，または忌避の裁判（24条・25条）がなされた裁判官を挙げることができる。[5]

（c）　**日本の裁判所の管轄権の専属に関する規定違反（312条2項2号の2）**

日本の裁判所の管轄権の専属に関する規定とは3条の5である。この規定は，平成23年（2011年）の改正（同年法36号）によって新設されたものであり，この規

---

[5]　ただし，判決に関与するとは，判決内容となる判断に関与することであり，これらの裁判官が判決言渡しのみに関与することは，絶対的上告理由にならない。大判昭和5年12月18日民集9巻1140頁。

定違反を絶対的上告理由とする312条2項2号の2もこの新設にともない設けられた。ここで絶対的上告理由とされるのは，原審が誤ってわが国の国際裁判管轄を否定して，訴えを却下した場合である。

（d）専属管轄違反（312条2項3号）　絶対的上告理由となるのは，専属管轄違反である。第一審の任意管轄違背は，もはや控訴審では主張できない（299条1項）。それに対して，専属管轄違反は，その公益性のために，絶対的上告理由とされている。専属的合意管轄は，専属管轄ではないし，合意に公益性がないので，合意に反する裁判所に訴えが提起されたことは，絶対的上告理由にならない。

> 専属的管轄であっても，6条が定める専属管轄については，特則が設けられている。6条は，特許件などに関する訴えの管轄に関する規定であり，この種の訴えは，本来の管轄が東京・名古屋・仙台・札幌高等裁判所管内（大まかな言い方をすれば，日本の東半分）の裁判所にある場合には，東京地方裁判所に，大阪・広島・福岡・高松高等裁判所管内（日本の西半分）の裁判所にある場合には，大阪地方裁判所に専属すると定めている。312条3号カッコ書は，同条により東京地方裁判所の専属管轄とされる訴えが大阪地方裁判所に提起されても，あるいはその逆であっても，絶対的上告理由にはならないという意味である。

（e）代理権の不存在（312条2項4号）　代理権の不存在とされるのは，代理人として訴訟を追行した者に代理権がなかった場合と，訴訟の追行が代理人によることが要求されているのに，本人が追行した場合（たとえば，未成年者または成年被後見人が法定代理人によらずに訴訟を追行した場合）である。いずれの場合も，当事者の手続保障が尽くされたとはいえないため，絶対的上告理由とされる。ただし，原判決を破棄する上告審判決があるまでに，適法な追認がなされれば，絶対的上告理由はなくなり，したがって原判決が破棄されることもない（312条2項柱書但書）。

（f）口頭弁論公開規定の違反（312条2項5号）　憲法82条，裁判所法70条に違反して，判決の基本となった口頭弁論が公開されなかったことは，絶対的上告理由になる。

> 第一審で公開規定の違反があり，控訴審の口頭弁論が公開で行われた場合，第一審の瑕疵が治癒され絶対的上告理由ではなくなるかについては，見解が分かれている。口頭弁論の公開は訴訟の公正を担保するという公益的要請に基づくものであるから，控訴審での公開によって第一審での非公開による瑕疵が治癒すると解すべきでない。
> 憲法82条2項本文により，裁判官全員の一致した判断で非公開とした場合に，この

判断が誤っていたということが絶対的上告理由になるかについては，この判断は裁判官の自由裁量によるから，事後の審査を受けることはないとして，否定する見解もある。しかし，この点も，弁論の公開の要請の高度の公益性を考えるなら，絶対的上告理由になるとして，裁判官の判断を事後審査に服させるべきである。

口頭弁論公開の事実は，口頭弁論調書の記載によってのみ証明される（160条3項本文）。

（g） 判決理由の不備，理由の食い違い（312条2項6号） 判決には理由を付すことが要求されている（253条1項3号）。理由不備とは，理由が全く付されていない場合だけではなく，理由となるべきものの一部が欠け，主文の根拠付けが不十分である場合も含まれる。

理由の食い違いとは，理由としての論理一貫性が欠けていて，主文における判断を正当化するに足りないことである。

（3） 法令違反

既に述べたように，法令違反は高等裁判所にする上告においてのみ，上告理由となる（312条3項）。

法令には，法律に限らず，条約，政令，規則，条例なども含まれる。さらに，慣習法，外国法も含まれる。また，経験則違反についても，自由心証主義の限界を超えるとみなされるときは，法令違反として扱われる。法令違反とは，法令の解釈・適用の誤りである。法令の解釈の誤りとは，その意味内容に関する誤解である。適用の誤りとは，一定の事実が法規の定める要件に該当するかという点の判断の誤りである。実務上しばしば問題になるのは，法律要件が過失，公序良俗，権利濫用，信義則違反などの不特定概念である場合に，具体的事実がこれに当たるか否かということである。たとえば，脇見運転をしていたことを過失と評価できるか，賃貸借契約締結以来10年間賃料を延滞することなく期日に支払っていた賃借人が，1回支払を滞らせたことを理由に，賃貸人が契約を解除することが信義則違反になるか（民543条参照）ということが法令適用の問題である。

法令違反が上告理由になるのは，違反が判決に影響を及ぼしている場合に限られる（312条3項。同条1項・2項と対比せよ）。ところで，法令違反には，手続法規の違反と実体法規の違反とがある。前者には，たとえば，証拠調べ手続の違法，期日指定の違法があるが，これらが判決に影響を及ぼしているかどうかということ，言い換えれば，これらの違法がなければ判決の内容が変わっていたかどうか

は，必ずしも常に明らかではないが，明らかな場合にのみ，上告理由となる。とくに重要な手続違背を前述の絶対的上告理由として，判決への影響の有無を問題とせずに，上告を認めることにしたのはそのためである。

（4） 審理不尽

上告審が原判決を破棄する理由として，理由不備・理由齟齬と併せて，審理不尽(しんりふじん)が挙げられることがしばしばある。**審理不尽**とは，文字どおり審理を尽くしていないことであるが，これが上告理由であるとの明文規定はなく，かつ，他の理由と併せて破棄理由とされることから，独自の上告理由として認める必要性を否定する学説も少なくない。しかし，明文規定を欠くとしても，審理を尽くして判決を下すことは，訴訟手続の根本原則であるから，解釈上上告理由（そして，原判決を破棄する理由）の一つと解することができる。かつ，後述のように（本章第4節4（2）iii），破棄の理由は差戻後の裁判所を拘束するので，審理不尽が破棄理由（の一つ）とされた場合には，差戻後の裁判所は審理を差戻前以上に充実させることが義務付けられる。この点に，審理不尽を上告理由の一つと認めることの意義がある。

（5） 再審事由

再審とは，後述のように（本篇第6章第1節），判決成立過程にきわめて重大な瑕疵があったため，判決の取消しをその確定後においても例外的に認める制度である。再審事由は338条1項に1号から10号まで列挙されているが，1号から3号までは，絶対的上告理由でもある（312条2項1号・2号・4号）。338条1項4号以下の再審事由は絶対的上告理由とはされていない。しかし，338条1項柱書但書の文言（再審事由の補充性）から，同条同項4号以下に再審事由とされている事項も，法令違反として上告理由になるものと解される。ただし，絶対的上告理由とされていないことから，これらは高等裁判所への上告のさいの上告理由にはなるが，最高裁判所への上告のさいの上告理由にはならない（ただし，最高裁判所への上告においても上告理由となるとの見解もある）。

2 上告受理申立制度と上告受理申立理由

（1） 上告受理申立ての意義と制度の目的

現行民事訴訟法の制定にあたって最高裁判所への上告受理申立制度が設けられた。これは，最高裁判所が，当事者の申立てにより，原判決に所定の理由がある

事件について，決定で上告審として事件を処理することができるとする制度である（318条，規199条－201条）。旧民事訴訟法は，最高裁判所への上告か高等裁判所への上告かを区別せず，判決に影響を及ぼすことが明らかな法令違反を上告理由としていた（旧民訴394条）。そのことが最高裁判所の負担増加の原因の一つになっていた。現行民事訴訟法の制定にあたってこのことが考慮されて，法令違反が最高裁判所への上告理由からはずされた（312条3項はそれを高等裁判所への上告の理由に限定した）。その結果，上告審が最高裁判所である事件（その多くは，第一審が地方裁判所である）では，高等裁判所である事件（第一審が簡易裁判所）と比べて，上告理由が狭まり，当事者の手続保障にアンバランスが生じかねないことになった。また，判例による法解釈の統一が困難になりかねなかった。このアンバランスおよび困難を解消するために，現行法の制定にあたって新たに設けられたのが，上告受理申立制度である。

　このように，現行民事訴訟法下でも，上告受理申立制度が設けられたことにより，第一審が地方裁判所の事件においても法令違反を理由として控訴審判決に対する不服を申し立てる道が残され，かつ，上告受理申立てが許されれば，上告が提起された場合と同様の上告審の手続が行われる。しかし，後述のように（本章第3節3），上告を受理するか否かは最高裁判所が判断するので，第一審が地方裁判所の事件では，旧民事訴訟法におけるよりも，上告審の審判を求める道が狭められたことは否定できない。このように審級に従来以上の制限を設ける法改正は，憲法が保障する国民の裁判を受ける権利（憲32条）を侵害するものであり，それゆえ違憲であるというおそれがなくはない。しかし，判例はいかなる審級制度を設けるかは，立法政策の問題であるとして，上告受理申立制度を設けることは違憲ではないとした。[6]

(2) 上告受理申立理由

318条1項は，上告受理申立の理由として，判例違反，その他重要な事項を含むと認められる法令違反を挙げている。ただし，上告受理申立理由に2種類があるのではない。重要な事項を含む法令違反が上告受理申立理由であり，判例違反はその典型として例示されているのである。

i　判例違反

判例とは，原則として，最高裁判所の判例であるが，これがない場合には，大審院または上告裁判所もしくは控訴裁判所である高等裁判所の判例である（318

---

[6] 最判平成13年2月13日裁判集民事201号95頁＝判タ1058号96頁＝判時1745号94頁。刑事手続についてであるが，最大判昭和23年3月10日刑集2巻3号175頁参照。

条1項カッコ書)。

ii 重要な事項を含むと認められる法令違反

重要な事項を含むと認められる法令違反とは，その法令の解釈が当該事件を超えて一般的に広く影響する問題に関連しており，しかも，最高裁判所がその法令の解釈を示すことが，法令解釈の統一のために必要であると考えられる法令違反である。経験則違反も法令違反の一つであるから，上記のような一般的重要性のある経験則違反は，上告受理申立理由になる。

第3節　上告の提起および上告受理申立て

1　上告の提起

上告の提起は，上告状を原裁判所に提出して (314条1項)，2週間の上告期間内に (313条・285条) 行う。

上告状を提出された原裁判所の裁判長は，上告状の審査を行い，瑕疵があれば，その補正を命じ，上告人がこれに応じず補正をしなければ，命令によって上告状を却下する (314条2項・288条・289条2項・137条1項・2項。費用の予納につき規187条)。この命令に対しては即時抗告を提起することができる (314条2項・288条・137条3項)。また，原裁判所は上告の適法性の審査を行い，上告が不適法でその不備を補正することができないとき (たとえば，上告期間徒過後に上告がなされた場合)，および上告理由書 (その意義については，後述) が提出されていないか，その記載に不備があるときは，決定によって上告を却下する (316条1項。これを原審却下という)。この却下決定に対しては即時抗告をすることができる (同条2項)。

裁判長による上告状却下も原審による却下決定もなされない場合，原裁判所は当事者に上告提起通知書を送達し (規189条1項)，同時に被上告人には上告状も送達しなければならない (同条2項)。この場合，原裁判所はまた事件を上告裁判所に送付しなければならないが (規197条1項前段)，そのさい上告人が上告理由中に示した訴訟手続に関する事実の有無について意見を付することができる (同条同項後段)。

2　上告理由書提出強制

上告人は，上告状に上告の理由を記載していなければ，上告提起通知書の送達を受けた日から50日以内に上告理由書を提出しなければならない（315条1項，規194条。記載方式については，315条2項，規190条－193条）。前述のように，上告理由書の不提出およびその記載の不備は上告人に原審却下という不利益をもたらす。これを**上告理由書提出強制**という。上告理由書提出強制は，上告審での審理の効率化のため，および濫用的な上告を防止し，ひいては上告審の負担を軽減することを目的としている。

3　上告受理申立て

上告受理申立てについては，上告提起の規定が準用される（318条5項，規186条）。したがって，原裁判所の裁判長による上告受理申立状の審査および命令による却下，原裁判所による上告受理申立ての適法性の審査と却下決定もなされ得る。

また，上告受理申立てにあたっても，上告受理申立理由書の提出が強制される。原判決に上告理由と上告受理申立理由が併存することがあり得る。その場合には，上告の提起と上告受理申立てを一通の書面でする，すなわち上告状と上告受理申立書を兼ねる書面を提出することができるが，1つの書面が両者を兼ねることを明記し（規188条前段），かつ上告理由と上告受理申立理由を区別して記載しなければならない（同条後段）。

上告を上告期間内に提起しておいて，上告受理申立期間経過後に上告受理の申立てに変更または訂正することは，両者が別の申立てであるから，認められない[7]。その逆の上告受理申立てから上告提起への上告期間徒過後の変更・訂正も同様に認められない。

前述のように，原裁判所の裁判長による上告受理申立状の審査や原裁判所による上告受理申立ての適法性の審査が，上告提起に準じて行われるが，上告受理申立てがなされた場合には，上告提起の場合にない審査が必要になる。それは，原判決に法令の解釈に関する重要な事項が含まれているか否かの審査である。この

---

7) 最決平成12年7月14日判タ1040号131頁＝判時1720号147頁（百選［3版］A48）。

審査は原裁判所に行わせることも，上告審である最高裁判所に行わせることも，立法論としては可能である。現行民事訴訟法制定のさいには議論がなされたが，結局，最高裁判所が行うことになった（318条1項）。

4 附帯上告・附帯上告受理申立て

　当事者の一方が上告をしたとき，被上告人は附帯上告を申し立てることができる（313条による293条の準用）。当事者の一方が上告受理申立てをした場合，相手方は附帯上告受理の申立てをすることができる（318条5項による313条・293条の準用）。この場合，上告不受理の決定がなされると，附帯上告受理申立てはその効力を失う（293条2項本文の準用）。ただし，附帯上告受理申立てが上告受理申立ての要件を備えていれば，独立した上告受理申立てとみなされる（同条同項但書の準用）。

　当事者の一方が上告をしたときに，被上告人は附帯上告受理申立てをすることができるか，また，一方が上告受理申立てをしたときに，相手方は附帯上告をすることができるかについては，肯定する学説もあるが，判例は否定している。[8]

第4節　上告審の審判

1　一方的書面審理

　上告裁判所は，上告人が提出した上告状，上告理由書などの書類により，当該事件が316条1項各号のいずれかに該当すると認めたときは，決定で上告を却下することができる（317条1項）。ただし，この場合は，本来であれば，原裁判所が決定で上告を却下しなければならなかったのであり，317条1項は，原裁判所が，事件が316条1項各号に該当することを看過して，上告を上告裁判所に送付してしまった場合の規定である。

　上告裁判所である最高裁判所は，上告人提出の書面から，主張された上告の理由が312条1項（憲法違反）または同条2項（絶対的上告理由）でないことが明らかな場合は，決定で上告を棄却することができる（317条2項）。

8）　最決平成11年4月23日判タ1002号130頁＝判時1675号91頁。

これらの場合は、いずれも上告人が提出した書面のみで、裁判がなされる。

2　答弁書の提出と書面審理

1の場合以外においては、上告裁判所は被上告人に答弁書の提出を命じたうえ（規201条）、原判決の当否につき書面審理を行う。その結果、上告に理由がないと認められるときは、口頭弁論を開くことなく、しかし判決で、上告を棄却する（319条）。この場合も書面審理であり、口頭主義の例外である。その理由は、上告審が法律審であるうえ、事後審であるから、当該事件の記録中、上告状、上告理由書、その他の書面を審理することによって上告に理由があるか否かの結論に至ることがあり、とくに、書面審理の結果上告に理由がないことが判明したときは、わざわざ口頭弁論を開く必要がないからである。

3　口頭弁論による審理

書面により上告を却下または棄却できないときは、上告裁判所は、口頭弁論を開いて審理を行う。とくに、上告を認容する場合については、317条・319条のような特別規則が置かれていないので、必要的口頭弁論の原則が適用され（87条1項・3項）、必ず口頭弁論を開かなければならない。

（1）　口頭弁論の限度（上告審の審判の対象）

上告審の審判の対象は、上告による不服申立ての範囲に限定される（320条）。それゆえ、口頭弁論は当事者が原判決の変更を求める限度においてのみ行われる（296条1項・313条）。また、上告理由は法令違反に限られ、原判決において適法に確定された事実は上告裁判所を拘束する（321条1項。上告審は法律審であって、事実審ではない）。

（2）　上告審の調査の範囲

上告裁判所は、不服申立ての当否につき、主張された上告理由に基づき、調査を行うと規定されている（320条）。しかし以下の点に注意する必要がある。

原判決に対する不服としては、手続上の過誤と法律判断の過誤がある。前者については、職権調査事項（絶対的上告理由のほか、裁判権、当事者能力、二重起訴の禁止など）に関しては、当事者の主張がなくても、裁判所は審査しなければならない。後者については、上告裁判所は320条の文言にもかかわらず、当事者の主張の有無に関係なく、調査しなければならないと解されている。これを**上告理由不**

拘束の原則という。その理由は，法令を解釈・適用して法律判断を行うことは，裁判所の職責であり，また，そのように解さないと325条2項がほとんど意味のないものになってしまうということである（325条2項についてのくわしい説明は，本節 **4(2) i** でなされる）。

4 口頭弁論終結後の終局判決

口頭弁論終結後の判決としては，上告を不適法として却下する判決，上告に理由なしとしてこれを棄却する判決，上告に理由ありとして，原判決を破棄する判決がある（民事訴訟では，控訴審判決では「原判決を取り消す」というが，上告審判決では，「原判決を破棄する」という）。原判決を破棄する判決には破棄自判，破棄差戻し判決および破棄移送判決がある。

(1) 上告却下・棄却判決

上告審は，口頭弁論を開いて審理した結果，上告は不適法であるとの結論に至った場合，上告却下の判決をし，上告に理由がないとの結論に至った場合，上告棄却の判決をする。上告に理由があっても，他の理由から原判決の結論を正当と認めれば，やはり上告棄却の判決をする（313条・302条2項）。

しかし，上告が不適法である，または上告に理由がないことは，多くの場合書面審理で判明するので，口頭弁論が開かれながら，上告が却下または棄却される例は多くない。そのため実際には，上告審で口頭弁論が開かれると，上告が認容され，原判決が破棄される可能性が高いと推測される。

(2) 破棄判決

i 破棄事由

破棄事由（破棄の理由）は，①憲法違反，②絶対的上告理由の存在，および③それ以外の法令違反である（325条1項・2項）。これらのうち，①と②の場合は，上告裁判所は，高等裁判所であるか最高裁判所であるかにかかわらず，原判決を破棄しなければならない（325条1項前段）。ところが，③の法令違反の場合は，上告裁判所が高等裁判所であるか最高裁判所であるかによって，規定が異なる。高等裁判所が上告裁判所である場合は，原判決中に判決に影響を及ぼす法令違反を発見した上告裁判所は，原判決を破棄しなければならないと規定されている（325条1項後段）。他方，最高裁判所が上告裁判所である場合は，このような法令違反を発見した上告裁判所は原判決を破棄することができると規定されている

(325条2項)。

325条2項の破棄することができるということの意味については，破棄するか否かは，最高裁判所の裁量にまかされているとの文理に忠実な解釈も，最高裁判所は，破棄の権限を持ち，上記の法令違反があるときは，職責上これを行使しなければならないとの解釈も，ともに成り立ち得る。しかし，後者の解釈は，法令違反による原判決の破棄について，現行民事訴訟法が，上告裁判所が高等裁判所である場合と最高裁判所である場合とを区別して規定した立法の趣旨に適合しない。一方，前者の解釈により，当事者が主張した判決に影響を及ぼす法令違反が認められても，最高裁判所は原判決を破棄しないことが可能であるということも，当事者の救済が上訴制度の目的の一つであるということに反する。そこで，325条2項の解釈としては，原判決に影響を及ぼす法令違反のうち，当事者が主張したものについては，その存在が認められれば，破棄は上告裁判所の義務であり，当事者が主張していないものについては，破棄は同裁判所の裁量によるものと解することが，現行法の立法の趣旨にも上訴制度の目的にもかなっているので，本書はそのような解釈論を採用する。

ところで，ここで問題になる法令違反は，憲法違反（312条1項1号）と絶対的上告理由（同条同項2号）以外の法令違反であるが，前述のように，上告裁判所が最高裁判所である場合は，このような法令違反は上告理由ではありえず，上告受理申立理由になり得るものである。したがって，本書が採用する解釈論は，より厳密にいえば，上告裁判所が最高裁判所である場合，上告受理申立人が上告受理申立理由として主張した法令違反については，その存在が認められかつ原判決の結論に影響を及ぼすことが明らかであれば，原判決の破棄は最高裁判所の義務であり，上告受理申立理由として主張されなかった法令違反については，それが認められても，破棄は裁量的であるということになる。

なお，最高裁判所が上告裁判所である場合，一方で，法令違反は上告受理申立理由にはなり得るが，上告理由となり得ず，他方で，上告受理申立にあたって主張されなかった法令違反も破棄の理由になり得ることから，既に述べたが，上告審においては，上告理由と審判の範囲は必ずしも常に一致しているわけではない。

ii 破棄のさいの上告裁判所の措置

破棄判決によって原判決言渡しの効力が失われるので，上告裁判所はなんらかの措置を執らなければならない。その措置としては，原審への差戻し，移送，自判がある。

（a）破棄差戻し 破棄差戻しは，事件を原審に差戻し，原審に事件についての審判を行わせることである。上告審は法律審であり，事実審理は行わないが，破棄後の手続でも事実審理が必要になることが多いであろう。たとえば，原審が，従来の判例に従い，有責配偶者からの離婚請求認めなかったのに対して，上告審

が，有責配偶者からの離婚請求であっても，夫婦の別居期間が同居期間と対比して長期であること，その間に未成熟の子がいないことなどの要件が満たされるなら，認容の可能性があるとの理由で破棄する場合，これらの要件が満たされているか否かの判断のためには，事実認定が必要になるので（たとえば，別居が始まったのはいつか，未成熟の子がいるか），原審に差し戻されることになる。このように，原判決破棄の場合は差戻しが原則である（325条1項・2項参照）。

（b）破棄移送 （a）で述べたように，原判決破棄の場合には，原審に差し戻すのが原則である。しかし，破棄された原判決に関与した裁判官は差戻後の審判に関与できない（325条4項。その趣旨についてはiiiで説明される）ため，差戻後の控訴審を原裁判所に属する裁判官によって構成することができない場合があり得る。その場合には上告裁判所は差戻しに代えて同等の他の裁判所に事件を移送することができる（325条2項）。したがって，上告裁判所が行う破棄移送と控訴裁判所が行う取消移送（309条）とでは，「移送」の意味が異なる（取消移送については，本篇第2章第4節**3（4）**参照）。

（c）破棄自判 上告裁判所が破棄自判をするのは，以下の場合である。

まず，上告裁判所が，憲法その他の法令の適用を誤っているとして，原判決を破棄する場合で，その事件が，さらに事実審理をする必要がない程度に，裁判に熟しているときである（326条1号）。その例として，契約から生じる債務の履行を請求する訴訟で，第一審以来，当該契約が公序良俗に反するか（民90条）否かが争点になり，控訴裁判所が，公序良俗に反しないとして，原告を勝訴させる判決を出したが，上告審が契約は公序良俗に反すると判断した場合を挙げることができる。この場合には，契約締結の事実はもとより，締結の経緯や契約内容について事実審で十分な審理がなされているので，事実に関して新たな審理は不要である。

次に，上告裁判所が，事件が裁判所の権限に属しないことを理由に原判決を破棄するときである（326条2号）。裁判所の権限に属しない事件とは，たとえば，日本の裁判権が及ばない者（主権免除を享有する者）に対する訴え，請求が一般的な法令の存否や効力についてである訴え，宗教上の教義をめぐる対立が原因とな

---

9) 最判昭和27年2月19日民集6巻2号110頁。
10) 最大判昭和62年9月2日民集41巻6号1423頁。

って生じた宗教法人内部の紛争にかかる訴えである。これらの事件（訴訟）で原審が本案判決をしたなら，上告裁判所は，裁判権の有無は職権探知事項であるから，裁判権の欠缺が上告理由として主張されていなくても，職権で調査し（322条），原判決を破棄し，みずから訴えを却下する判決をしなければならない。

　　当事者能力，訴えの利益，二重起訴禁止などの訴訟要件（二重起訴禁止のような消極的訴訟要件も含む）も職権で取り上げるべき事項であるから，原審がこの点を誤って本案判決をした場合も，「事件が裁判所の権限に属しない」ことに準じるものとして，326条2号が類推適用される。

iii 破棄差戻し・移送後の手続

　事件の差戻しまたは移送を受けた裁判所は新たな口頭弁論に基づいて裁判をしなければならない（325条3項前段）。この口頭弁論は，破棄された原判決の基礎となった口頭弁論の続行である。しかし，以下の点に注意しなければならない。まず，原判決に関与した裁判官は差戻後の裁判に関与できない（325条4項）。したがって，直接主義の要請のゆえに，弁論更新の手続が執られなければならない（249条2項）。また，差戻しまたは移送前に行われた手続中，破棄の理由とされたものは取り消されたものとみなされ，差戻後の手続でも効力が認められない（313条・308条2項）。しかし，それ以外の手続の効力は失われない。ただし，前述のように，その手続の結果は，弁論の更新が行われてはじめて判決の基礎となる。

　また，上告裁判所が破棄の理由とした事実上および法律上の判断は差戻しまたは移送を受けた裁判所を拘束する（325条3項後段）。この拘束力を**破棄判決の拘束力**という。このような拘束力が認められる理由は，もしそれがなければ，差戻しまたは移送を受けた裁判所の見解と上告裁判所の見解が異なるため，事件が上告裁判所と差戻しまたは移送を受けた裁判所の間の往復（上告と破棄差戻し・移

---

11) 最大判昭和27年10月8日民集6巻9号783頁（警察予備隊事件）。ただし，この訴訟では，警察予備隊（自衛隊の前身）の設置，維持に関する一切の行為の無効確認が請求され，最高裁判所は，それは司法審査の対象にならないとして，訴えを却下したが，原告が最高裁判所を第一審として訴えを提起し，最高裁判所がこの訴えを却下したので，破棄自判の例ではない。
12) 最判昭和56年4月7日民集35巻3号443頁（百選〔2版〕1）。
13) もし，第一審，原審（控訴審）がともに本案判決をしていたなら，上告裁判所は原判決を破棄し，さらに第一審判決も破棄して，訴え却下の判決（自判）をする。これに対して，第一審が訴えを却下し，控訴が提起され，原審（控訴審）が第一審判決を取り消し本案判決をしたならば，原判決を破棄し，控訴棄却の判決（自判）をする。前掲注12)最判昭和56年4月7日は，控訴棄却の自判をした事例である。

送）を繰り返す可能性があるからである。

　なお，破棄判決の拘束力のうち，破棄の理由とした事実上の判断についての拘束力については説明が必要である。上告裁判所は事実審の事実認定に拘束され，自ら事実に関する判断をしないのが原則である（321条1項・2項）。ただし，職権調査事項に関しては上告裁判所も調査をする（322条）。したがって，上告裁判所が破棄の理由とした事実上の判断とは，職権調査事項に関して自ら行った事実認定である。

　また，拘束力を持つのは，破棄の論理的前提としてなされた判断であるから，上告裁判所が傍論として行った判断には，拘束力は生じない。

　上告審の判断は，差戻審または移送を受けた裁判所の判決に対して上告がなされた場合，再度の上告審となった裁判所（第2次上告審）をも拘束する。しかし，この拘束力は，上級審の裁判の拘束力ではなく，判決をした裁判所（上告裁判所）自身に対する自己拘束力（自縛力）である。

第4章 抗　告

第1節　抗告の意義と種類

1　抗告の意義

抗告とは，決定および命令に対する独立の上訴である。「独立の」というのは，判決手続中に行われる決定や命令に対して，必ずしも常に独立した上訴が許されているわけではなく，その決定ないし命令を前提にしてなされる終局判決に対する上訴によって救済を求めるべきものもあるからである。

なお，民事執行法上の抗告は執行抗告と，民事保全法上の抗告は保全抗告といわれ，それぞれにつき民事執行法，民事保全法に規定が置かれている（民執10条，民保41条）。

2　抗告の種類

抗告には最初の抗告と再抗告がある。最初の抗告には，通常抗告と即時抗告がある。また，最高裁判所への抗告として特別抗告と許可抗告がある。

（1）　最初の抗告，再抗告

決定または命令に対して最初に提起される抗告を**最初の抗告**という。最初の抗告に対する裁判に対してなされる抗告を，**再抗告**という。ただし，いずれについても単に「抗告」と表記されることがある（330条参照）。

最初の抗告は判決に対する控訴に，再抗告は上告に相応するものなので，その性質に反しないかぎり，それぞれに関する規定が準用される（331条，規205条）。

（2）　通常抗告，即時抗告

最初の抗告には通常抗告と即時抗告がある。**通常抗告**とは，抗告期間の定めがなく，当事者にその取消しを求める利益があるかぎり，いつでも提起できる抗告である。**即時抗告**とは，裁判の告知を受けた日から1週間の不変期間内にしなければならない抗告である（332条[1)]）。即時抗告の対象となる裁判（決定または命令）

は，個別の規定によって定められたものである（たとえば，21条・25条5項・44条3項・75条7項・86条・137条3項・192条2項・223条7項・257条2項本文）。それらの裁判は，その性質上とくに迅速な確定が必要とされるものであり，抗告期間の満了によって裁判が確定する。それに対して，通常抗告の対象となる裁判には確定がない。

（3）許可抗告，特別抗告

抗告審が地方裁判所の場合，すなわち，当初の決定が簡易裁判所でなされた場合，再抗告審は高等裁判所である。他方，当初の決定・命令が地方裁判所または家庭裁判所でなされ，抗告審が高等裁判所である場合，再抗告審は最高裁判所となるはずである。また，当初の決定・命令が高等裁判所で行われた場合も，抗告審は最高裁判所となるはずである。しかし，最高裁判所への抗告は基本的には許されておらず，「訴訟法においてとくに定める抗告」（裁7条2号）のみが可能である。

許可抗告は，上記の「訴訟法においてとくに定める抗告」であり，高等裁判所の決定・命令が判例違反その他法令の解釈に関する重要な事項を含むときに，認められる抗告である（337条）。

「抗告」という言葉が付く最高裁判所への不服申立て方法としては，ほかに特別抗告がある。**特別抗告**とは，原決定に憲法の解釈の誤りがあること，その他憲法違反があることを理由として，最高裁判所に行う抗告であり，これは，地方裁判所および簡易裁判所の決定・命令で不服を申し立てることができないもの，ならびに高等裁判所の決定・命令に対して行われる（336条1項）。特別抗告は，後述のように，原裁判の確定を遮断する効力（確定遮断効）を持たない点で，特別上告や再審と共通するものであり，本来の上訴ではないので，本章では取り上げない（別途，本篇第5章第2節で説明される）。

第2節　抗告できる裁判

抗告できる裁判は，①口頭弁論を経ないで訴訟手続に関する申立てを却下した

---

1) 破産法9条，民事再生法9条，会社更生法9条は，それぞれの手続における即時抗告期間を裁判の公告の日から2週間と定めている。そのほか民事執行法10条2項は執行抗告期間を1週間と，民事保全法41条1項は保全抗告期間を2週間と定めている。

決定または命令，②違式の決定・命令，③抗告を許す旨が個別的に規定されている決定・命令である。なお，①，②の抗告は通常抗告である。

（ａ）　口頭弁論を経ないで訴訟手続に関する申立てを却下した決定または命令（328条1項）　「訴訟手続に関する申立て」とは，「本案審理に密接に関連する申立て」に対する概念であるが，両者の境界は明確でなく，区別は難しい。個々の申立てがいずれであるかは，結局，申立ての内容によって判断するしかない。内容によれば，たとえば，管轄指定の申立て（10条1項・2項），期日指定の申立て（93条1項），受継申立て（128条1項），証拠保全の申立て（234条）が口頭弁論を経ないで裁判される訴訟手続に関する申立てであるといえる。したがって，これらを却下する決定に対して申立人は抗告を提起することができる。それに対して，たとえば，訴え変更不許を求める申立て（143条4項），口頭弁論の指揮に関する裁判長などの命令または措置に対する異議申立て（150条），攻撃防御方法の却下の申立て（157条），証拠の申出（180条）は，本案審理に密接に関連する申立てであり，したがってこれらを却下する裁判に対しては独立した不服申立てである抗告は提起できず，不服のある当事者は，却下の裁判を前提としてなされる終局判決に対する上訴によって不服を主張しなければならない。

なお，申立権が認められていない事項についての当事者の要望が受け入れられなかった場合は，申立てが却下されたことにはならないので，抗告を提起することはできない。たとえば，弁論再開（153条）の申立ては裁判所の職権行使を促すにとどまるので，これが退けられても，抗告は提起できない。

　　　受命裁判官または受託裁判官の裁判で，それが受訴裁判所によってなされたなら，抗告の対象になる裁判に対しては，不服のある当事者は直ちに抗告を提起するのではなく，まず受訴裁判所に異議を申し立てることができ（329条1項），この異議についての裁判に対して不服のある当事者は抗告を提起できる（同条2項）。このようにいったん受訴裁判所に異議を申し立てることになっているのは，受命裁判官，受託裁判官は，受訴裁判所に代わってその授権に基づき，かつその監督の下に職務を執行するものであるためである。なお，最初に提起される受訴裁判所に対する異議を**準抗告**という。

（ｂ）　違式の決定，命令　違式の裁判とは，判決により裁判すべき事項につきなされた決定または命令と，反対に，決定または命令で裁判すべき事項につきなされた判決ある。これらの場合，不服申立ては，実際に行われた裁判の形式に沿うものにすべきか，本来行われるべき裁判の形式に沿うものにすべきかが問題

になる。328条2項は，これらのうち，判決によりなされるべき事項についての裁判が決定・命令でなされた場合の不服申立て方法は，実際になされた決定・命令に対する不服申立て方法である抗告によるべきであると定めている。抗告審は，当該事項が判決により裁判されるべきであった，言い換えれば，原裁判が違式の裁判であったと認めたら，原決定・命令を取り消して原審に差し戻さなければならない。なお，決定・命令で裁判すべき事項につき判決で裁判がなされた場合の不服申立ては，判決に対する不服申立て方法である控訴，上告によることになる（違式の裁判一般について本書ではすでに説明がなされているので，それを参照されたい本篇第1章第3節 **2** ）。

（ c ） 抗告を許す旨が個別的に規定されている決定・命令 抗告を許す旨が規定されている場合の抗告は，即時抗告である。これを許す規定の例は本章第1節 **2(2)** に挙げられている。

第3節　抗告の提起と抗告審の審判

1　抗告の提起

前述のように（本章第1節 **2(1)** ），抗告には控訴の手続に関する規定が，その性質に反しないかぎり，準用される（331条本文，規205条本文）。したがって，抗告は抗告状を原裁判所に提出することによって提起される（286条の準用）。抗告状の提出を受けた原裁判所は，抗告が不適法でその不備を補正できないことが明らかであるときは，決定で抗告を却下する（287条の準用）。抗告理由書の提出が求められることも，控訴の場合と同様である（規182条の準用）。

抗告を提起した当事者を抗告人という。抗告手続では必ずしも常に抗告人に対する対立当事者がいるわけではないが（たとえば，訴状却下命令〈137条3項〉に対する抗告が提起されても，抗告人の相手方は存在しない），申立人と対立する立場にある者がいる場合，その者を相手方という[2]。

原決定をした裁判所または原命令をした裁判長は，抗告に理由があると認めるときは，原裁判を更正しなければならない（333条）。これを**再度の考案**という。なお，この更正は，判決の更正（257条）と異なり，計算違いや誤記等の修正に止まらず，原裁判の取消し変更に及ぶこともありうる。

抗告は，即時抗告に限って執行停止の効力を有する（334条1項）。ただし，通常抗告の場合でも，抗告裁判所または原決定をした原裁判所もしくは原命令をした裁判長は，原裁判の執行停止その他必要な処分を命じることができる（同条2項）。両者の違いは，即時抗告が提起された場合は，当然に執行停止の効力が生じるのに対して，通常抗告が提起された場合に，執行停止などの処分をするか否かは裁判所または裁判長の裁量に任されている点にある。

2　抗告審の審判

抗告審の審理は，任意的口頭弁論によって行われる。口頭弁論を開かない場合，裁判所は抗告人，相手方その他の利害関係人を審尋することができる（335条）。

抗告審は，抗告が不適法であるときは，これを却下し，適法であるが理由がないときは，これを棄却し，理由があるときは原裁判を取り消したうえで，必要に応じて，差戻し，自判などの措置を執る。

第4節　再抗告

民事訴訟法330条は，抗告裁判所の決定に憲法の解釈の誤りその他憲法違反，または決定に影響を及ぼすことが明らかな法令違反を理由として，再抗告をすることができると定めている。ただし，前述のように（本章第1節 **2**(3)），最高裁判所への抗告は，訴訟法がとくに定めた場合にのみ許されるので（裁7条2号），再抗告は抗告審が地方裁判所である場合，それゆえ最初の決定が簡易裁判所でなされた場合に限られる。

地方裁判所が抗告審として行った決定であっても，再抗告の対象となり得るか否かは，裁判の内容による。抗告審の決定が抗告を不適法として却下する決定，または抗告を棄却する決定であるときは，再抗告が認められる。これに対して，

---

2) 文書提出命令の申立てについての裁判には，文書提出命令（申立てを認容する裁判）と申立てを却下する裁判があるが，いずれについても即時抗告が許されている（223条7項）。第三者が所持する文書について文書提出命令が申し立てられた場合，法律上の利害が対立しているのは，申立人と所持者であって，申立人と本案における相手方ではない（最判平成12年12月14日民集54巻9号2743頁〔百選〔3版〕A28〕）。したがって，たとえば，文書提出命令の申立てが却下され，却下決定に対して申立人が即時抗告を提起した場合，抗告審における相手方は文書の所持者であり，本案の訴訟における相手方ではない。

抗告が認容されたとき，すなわち最初の裁判である原々裁判が取り消されたときの再抗告の可否は，原々裁判の内容によって異なる。原々裁判が，たとえば，忌避申立てのように，仮にそれが認容されれば抗告が許されない申立て（25条4項）を却下する裁判であり，これに対して抗告が提起され（この例では，即時抗告。同条5項），抗告審が抗告に理由ありと認めた場合には，原決定が取り消され，忌避の申立てを認容する裁判がなされる。忌避申立認容の裁判に対しては抗告が許されていないのだから，この抗告審の決定に対する再抗告も許されない。

前述のように（本章第1節**2(1)**），再抗告には上告の手続に関する規定が準用される（331条但書，規205条但書）。したがって，再抗告は（再）抗告状を原裁判所に提出することによって提起される（314条1項の準用）。（再）抗告状の提出を受けた原裁判所は，（再）抗告が不適法でその不備を補正できないことが明らかであるときは，決定で再抗告を却下する（313条・287条の準用）。それ以外の場合には，上告提起通知書（規189条1項）に準じた抗告提起通知書が当事者に送達される。（再）抗告理由書の提出が求められることも，上告において上告理由書の提出が求められること（315条）と同じである。[3]

第5節　許可抗告

1　許可抗告の意義と許可抗告制度の趣旨

(1)　許可抗告の意義

許可抗告とは，高等裁判所の決定および命令に対して，これをした高等裁判所が許可しときに，最高裁判所に申し立てることができる抗告である（337条）。

(2)　許可抗告制度の趣旨

最高裁判所への抗告は，訴訟法に特別の定めがなければ，することができない（裁7条2号）。旧民事訴訟法には，高等裁判所の決定について，特別抗告（旧民訴419条ノ2）を別にすれば，特別の定めが設けられていなかった。そのため，当初の決定・命令が簡易裁判所で行われた場合には，最初の抗告と再抗告が可能であ

---

[3]　ただし，上告理由書の提出期間が上告提起通知書の送達を受けた日から50日である（規194条）のに対して，抗告提起通知書の送達を受けた日から14日である（規210条1項）。

り，当事者には不服申立ての機会が2度あったが，当初の決定・命令が地方裁判所・家庭裁判所で行われた場合には，抗告審である高等裁判所の決定に対して最高裁判所への再抗告は許されず，当事者の不服申立ての機会は1度しかなかった。また，当初の決定・命令が高等裁判所で行われた場合には，そもそも最初の抗告も提起できなかった。

このように，当初の決定・命令がいずれの裁判所で行われたかによって，不服申立ての機会の回数に違いがあることは，公平の観点から問題になる余地があった。それとともに，最高裁判所が抗告についての管轄を持たないことは，決定・命令で裁判される事項については，判例による法解釈の統一が不可能になるという点でも，問題であった。許可抗告の制度は，現行民事訴訟法の制定にあたりこれらの問題を解消するために設けられたものである。このように，許可抗告の制度趣旨には上告受理申立制度の趣旨に共通するものがある。

2 許可抗告の対象となる裁判

許可抗告の対象となるのは，高等裁判所の決定・命令であって，地方裁判所の裁判としてなされたのであれば，抗告ができるものである（337条1項）。地方裁判所の裁判としてなされたのであれば，抗告できない裁判とは，たとえば，訴訟手続の中止を求める申立てを認めた決定（131条1項），忌避申立てを認める決定（25条4項）である。これらは許可抗告の対象にならない。また，高等裁判所の決定であっても，再抗告審としてした決定，すなわち当初の裁判が簡易裁判所でなされ，地方裁判所の抗告審としての決定を経たうえでなされた決定も，許可抗告の対象とならない（337条1項カッコ書き前半部分）。その理由は，この裁判は既に3つの審級を経てなされているからである。さらに，許可抗告の申立てに関する決定も許可抗告の対象にならない（同カッコ書き後半部分）。その理由は次のとおりである。許可抗告の申立てを却下する裁判に許可抗告を認めると，許可の申立てが無限に繰り返されるおそれがあり，他方，許可抗告申立てが認容された場合には，不服のある当事者にも，最高裁判所において原決定の当否を争う機会を与えれば，十分であると考えられるからである。

3 許可事由

許可事由となるのは，対象となった決定・命令に判例と相反する判断があるこ

と，その他法令の解釈に関する重要な事項が含まれていることである（337条2項）。ここで判例とは，第一に最高裁判所の判例であるが，それがない場合には，大審院の判例または上告裁判所もしくは抗告裁判所である高等裁判所の判例である（337条2項カッコ書き）。

4 許可抗告の申立ておよび許可抗告審の手続

許可抗告申立ては，原裁判の告知を受けた日から5日の不変期間内に（337条6項・336条2項），申立書を高等裁判所に提出して行う（337条6項・313条・286条）。

申立書の提出を受けた高等裁判所の裁判長は，訴状，上訴状の審査に準じて，申立書の審査を行う（337条6項・313条・288条・289条2項・137条）。また高等裁判所は申立ての適法性の審査を行う（337条6項・313条・287条）。これらの審査をパスすると，言い換えれば，裁判長の命令による許可抗告申立書の却下，高等裁判所の決定による抗告却下がなされなければ，高等裁判所は当事者に許可抗告申立通知書を送達する（規209条・189条）。抗告許可理由が抗告許可申立書に記載されていない場合には，この送達の日から14日以内に高等裁判所に抗告許可理由書を提出しなければならない（規210条2項・1項）。

申立てを受けた高等裁判所は，抗告許可理由（原裁判の判例違反など）の存否を判断し，許可理由が具備していると判断するときは，決定で抗告を許可し（337条2項），許可の理由がないと判断するときは，許可しない旨の決定をする。この点は，制度の趣旨が共通する上告受理申立では，申立てを認めるか否かの判断が最高裁判所によってなされることになっている（318条1項）のと異なる。このように決定については，最高裁判所への不服申立てを認めるか否かの判断を高等裁判所に行わせることにしたのは，最高裁判所の負担軽減のためである。高等裁判所は，許可抗告の申立ての理由中に重要でないと認められるものがあるときは，これを排除することができる（337条6項・318条3項）。なお，許可抗告の申立てに関する決定，すなわち許可抗告決定と許可抗告の申立てを却下する決定は，高等裁判所の決定ではあるが，前述のように（本節**2**），許可抗告の対象にはならず，それゆえこれに対して不服を申し立てることはできない。

高等裁判所が許可決定をすると，最高裁判所に抗告がなされたものとみなされる（337条4項）。送付を受けた最高裁判所は，裁判に影響を及ぼすことが明らかな法令違反があるときは，原裁判を破棄する（337条5項）。最高裁判所は，許可抗告理由として主張されていない法令違反によって，原裁判を破棄することもできる（337条6項・318条4項後段）。この点は，上告受理申立において主張されていなかった法令違反による原判決破棄が可能であるのと，同じである。

第5章　特別上訴

　特別上告と特別抗告を合わせて**特別上訴**という。それぞれの制度については第1節，第2節で説明されるが，いずれも，これらの制度がなければ，裁判の対象となった事項について最高裁判所の判断を求めることができない場合に，原裁判に憲法違反があることを主張して，それからの救済を求める道を開くものである。このような道が設けられているのは，憲法81条が，最高裁判所を，一切の法律，命令，規則または処分が憲法に適合するか否かを判断する終審裁判所と定めているからである。すなわち，憲法にかかわる問題については，最高裁判所の判断を受けることが，憲法上保障されていので，訴訟法の規定により，この判断を最高裁判所に求める道が閉ざされることがあってはならないために設けられているのが，特別上訴である。

　特別上訴については，その名称に「上告」という語が入っていること，およびそれに関する規定が民事訴訟法「第3編上訴　第2章上告」の中に置かれていること，さらに，上告に関する規定が準用されることから，上訴の一種と思われるかも知れない。しかし，特別上告は，第1節で述べられるように，判決の確定遮断効を持っていない点で，本来の上訴とは異なり，次章で取り上げられる再審と共通している。また，特別抗告についても，特別上告に関する規定が準用されており，本来の上訴とは異なるものである。

第1節　特別上告

　特別上告とは，高等裁判所が上告審としてした終局判決に対して，判決に憲法の解釈の誤りその他憲法の違反があることを理由として，最高裁判所に救済を求める，不服申立方法である（327条1項）。特別上告は，前述のように，憲法にかかわる問題については最高裁判所の判断を受けることが，憲法81条によって保障されていることに基づいて，設けられたものである。

　特別上告の提起は判決の確定を遮断しない（116条1項第1のカッコ書き・2項）。この点で，特別上告は上訴としての性質を欠いている。また，そのために特別上

告の提起による執行停止については、その要件が上告の提起による執行停止の要件よりも厳格に規定されている（403条1項1号）。

特別上告およびその上告審の手続には、その性質に反しないかぎり、上告および上告審の手続に関する規定が準用される（327条2項）。

第2節　特別抗告

特別抗告とは、地方裁判所および簡易裁判所の決定および命令で不服を申し立てることができないもの、ならびに高等裁判所の決定および命令（裁7条2号参照）に対して、その裁判に憲法の解釈の誤りその他憲法の違反があることを理由として、最高裁判所に救済を求める不服申立て方法である（336条1項）。特別抗告も、前述のように、憲法にかかわる問題につき最高裁判所の判断を受けることが、憲法上保障されていることに基づき、認められるものである。

特別抗告は、原裁判の告知を受けた日から5日の不変期間内に提起しなければならない（336条2項）。

特別抗告およびその手続には、その性質に反しないかぎり、特別上告に関する規定が準用される（336条3項）。

第6章 再審

第1節 再審の意義

　再審とは，確定した判決に対して，その成立過程またはその判断の基礎となった資料に重大な瑕疵があったことを理由として，当事者（厳密にいうと，当事者の口頭弁論終結後の承継人なども含まれる。本章第4節(d)参照）がその判決の取消しおよび事件の再審理を求める不服申立てである。再審は，次の点で上訴と異なり，それゆえ，非常の不服申立てといわれている。第1に，再審は確定した判決に対する不服申立て手段である。したがって当然のことであるが，再審には確定遮断効がない。第2に，再審の訴えの管轄は，後述のように（本章第3節**2**），再審にかかる判決（以下「原判決」という）をした裁判所にあり，したがって再審には移審効もない。

　判決が確定すれば，その効果が覆されてはならないのは，基本的には当然のことである。なぜなら，これが覆されたのでは，当事者と裁判所がその訴訟に費やした労力，時間，費用などの一切が，無駄になり，とくに勝訴した当事者がいだく，判決によって紛争が自己に有利に解決したという信頼が裏切られ，ひいては，国民の司法に対する信頼が揺るぎ，判決による社会の安定が害されるからである。確定判決に既判力が付与されるのは，このためである[1]。

　しかし，確定した判決であっても，重大な瑕疵を伴うものにおいては，その効力を維持し，とくにその判決の敗訴者の利益を害することは，正義に反し，かえって国民の司法に対する信頼を損なうことにもなる。再審はそのような事態を避けるための非常の手段である。

---

1) 既判力の根拠ないし本質については諸説が錯綜しているが，本書は，本文で述べられているように，確定判決による社会の安定を重視する立場に立っている（第4篇第1章第3節**1**(**3**)参照）。

第2節　再審事由と再審の補充性

　再審事由は，338条1項に1号から10号まで列挙されているが，大きく，判決の成立過程における手続上の瑕疵（1号−3号）と，判決の基礎となった資料の瑕疵（4号−10号）の二つに分けられる[2]。

　なお，再審は非常の救済手段であるので，法的安定性の観点から，再審事由に関する規定は安易に拡大解釈ないし類推適用されるべきではない。しかし，判決の成立過程および基礎となる資料に存在しうる重大な瑕疵のすべてを，立法のさいに予測することは不可能なので，拡大解釈，類推適用を全く排除してしまうわけにはいかない。実際には，後述のように，類推適用される規定がある（本節1（b），（c），注3）。

1　再審事由

（a）　裁判所の構成の瑕疵（338条1項1号・2号）　　裁判所の構成の瑕疵とは，裁判所の構成の違法（338条1項1号）と，判決に関与できない裁判官の関与（同条同項2号）である。両者は絶対的上告理由でもあり（312条2項1号・2号），それぞれの具体例は，絶対的上告理由を説明するさいに，示した（本篇第3章第2節1（2）（a），（b））。そして，絶対的上告理由においては，それがあれば，判決の結論に対する影響の有無にかかわらず，原判決が破棄されるのと同様に，再審においてもこれらの事由の原判決の結論への影響の有無は問題にならない。

　なお，専属管轄違背は，裁判所の構成の瑕疵の一つであり，絶対的上告理由になっているが（312条2項3号），再審事由にはされていない。したがって，専属管轄違背があっても，判決が確定した後は，これを理由として判決の効力を覆すことはできない。

（b）　代理権の欠缺（338条1項3号）　　代理権の欠缺も絶対的上告理由でもあり（312条2項4号），その具体例は，絶対的上告理由を説明するさいに，示した（本篇第3章第2節1（2）（e））。

---

[2]　日本の民事訴訟法の母法であるドイツ民事訴訟法および日本の旧々民事訴訟法は，前者を取消事由，後者を原状回復事由と呼び，別に規律していた。旧民事訴訟法および現行民事訴訟法は，この区別を止めて，両者を一体化した。

この再審事由は，手続に関与する機会が実質的に当事者から奪われた点において，代理権の欠缺と同視できる事態に類推適用される〔参考判例1〕（ただし，「類推適用」という言葉は使われていない）。

〔参考判例1〕 最判平成4年9月10日民集46巻6号553頁〔百選［5版］116〕
【事案の概要】 Y（再審被告，本案の原告－「本案」の意味については本章第5節の冒頭で説明される）はX（再審原告，本案の被告）に対して立替金支払請求の訴えを提起した。この立替金は，Xの妻AがXの名前で信販会社であるYの特約店から買い受けた商品の代金を，Yが立て替えて支払ったことによるものである。訴状と第1回口頭弁論期日の呼出状がXの7才9月の四女に補充送達（旧民訴171条1項〈現行106条1項〉）されたが，四女はXにこれらの書類を手渡さなかった。そのためXは訴え提起の事実を知らないまま，第1回口頭弁論期日に欠席したところ，口頭弁論が終結され，XがYの主張する請求原因事実を自白したものとして（擬制自白），請求認容判決が言い渡された。判決期日への呼出状および判決正本は，Xの同居者であるAに交付されたが，Aはこの事実をXに知らせなかったため，Xは控訴の提起もせず，同判決は確定した。本件は，この確定判決に対する再審訴訟である。原審は，四女への訴状などの補充送達は無効であるが，判決正本は同居者であるAが交付を受けたのであって，有効であり，そうであれば，Xは訴状などの送達の瑕疵を知ったものとみることができるから，控訴によってこれを主張することができたとの理由で，再審を認めなかった。Xから上告。
【判 旨】 原判決破棄差戻し
「有効に訴状の送達がされず，その故に被告とされた者が訴訟に関与する機会が与えられないままに判決がされた場合には，当事者の訴訟代理人として訴訟行為をした者に代理権の欠缺があった場合と異別に扱う理由はないから，民訴法420条1項3号（現行民訴388条1項3号－著者）の事由があるものと解するのが相当である。」

（c） **判決の基礎となる裁判官の判断また裁判資料の形成についての犯罪もしくは犯罪に準じる行為の存在（338条1項4号－7号）** これらは，具体的には，①判決に関与した裁判官が事件について職務に関する罪を犯したこと（338条1項4号。たとえば，裁判官が賄賂を受け取ること〈刑197条1項〉），②当事者が刑事上罰すべき他人の行為によって自白をし，または，判決に影響を及ぼすべき攻撃防御方法の提出を妨げられたこと（同条同項5号。たとえば，相手方当事者または第三者に脅迫されて虚偽の自白を強要されること〈刑223条1項2項〉），③判決の証拠となった文書その他の物件が偽造または変造されたものであったこと（同条同項6号），④証人，鑑定人，通訳人，または宣誓した当事者もしくは法定代理人の虚偽の陳

述が判決の証拠となったこと（同条同項7号）である。

　　これらのうち①は，司法の廉直(れんちょく)性に反することを理由とするものであることから，裁判官の行為と判決の結論との間の因果関係の有無は問題とされないのに対して，それ以外の事由（②－④）は，判決の基礎となる資料の収集過程に瑕疵があることを理由とするものであるから，上記の因果関係の存在が必要と解すべきである（①についても因果関係が必要であるとの見解もある）。

　これらの事由により再審の訴えを提起できるのは，それに該当する有罪の判決もしくは過料の裁判が確定したとき，または，証拠がないという以外の理由により有罪判決が得られないときに限られる（338条2項）。証拠がないという以外の理由により有罪判決が得られない場合としては，たとえば，被告人の死亡（刑訴339条1項4号），公訴権の時効消滅（同337条4号），不起訴処分（同248条）がある（この点は本章第4節(b)を参照）。

（d）　判決の基礎となった民事もしくは刑事の判決その他の裁判または行政処分の変更（338条1項8号）　「その他の裁判」の例としては家事審判などの非訟事件の裁判（非訟事件については第8篇第2章で説明される）がある。「判決の基礎となった」とは，原判決がその判決に法律的に拘束された結果である場合に限らず，その判決の認定事実を採用して同一の事実を認定し，またはこれに基づく事実認定をしている場合も含まれる。行政処分の取消しには，行政機関による取消しのみならず，行政訴訟の判決で取り消される場合も含まれる。これらが再審事由とされるのは，判決の結論の適正を確保するためであるから，再審が認められるためには，これらの変更が判決の結果に影響を及ぼすことが必要である。

（e）　判決に影響を及ぼすべき重要な事項についての判断の遺脱（338条1項9号）　これは，当事者が適法に提出した攻撃防御方法で，判決の結論に影響のあるものに対し，裁判所が判決理由中で判断を示さなかった場合である。それが職権調査事項であるか否かは関係ない。

（f）　先行する確定判決との抵触（338条1項10号）　既に確定した判決が既判力をもって確定したことと抵触することは，その判決の再審事由になる。ただ

3）　最判昭和46年6月25日民集25巻4号640頁〔百選［5版］91〕は，原告の法定代理人に対する被告の強迫によりなされた訴えの取下げにつき，旧民訴420条1項5号（現行338条1項5号）を類推適用して，その効力を否定した。ただし本書は，前述のように（第3篇第3章第5節**4**（**3**）），このような訴え取下げの効力は，民法の意思表示に関する規定を適用して，否定すべきとの立場をとる。

し，同じ当事者間に既判力が抵触する二つの判例が併存しているあいだは，後に確定した判決の効力が優先する。しかし，この判決は再審訴訟の結果取り消されることになり，取り消されれば，両判決の抵触は解消し，当事者間では前に確定した判決のみが効力を有することになる。したがって，ここで問題になるのは，判決確定の時点の前後であり，訴え提起の時点の前後ではない。

2 再審の補充性

確定前の判決に再審事由があると考えた当事者が，通常の不服申立て方法である上訴によってこれを主張して，その判決の取消しもしくは破棄を求めたが，認められなかったとき，または，当事者が再審事由の存在を知りながら，上訴審でそれを主張しなかったときは，当該事由を再審の訴えの事由とすることはもはやできない（338条1項柱書但書）。これを**再審の補充性**という。再審は確定判決に対する非常の救済であるから，判決の確定前に主張することが可能な事由は，確定前に，すなわち本来の訴訟手続の中で主張すべきであるということが，その理由である。

第3節　再審の訴えの提起

1 訴状の記載事項

再審の訴えの訴状には，当事者および法定代理人，不服申立てにかかる判決（再審の対象になる判決），およびこの判決に対して再審を求める旨，そして不服の理由を記載しなければならない（343条1号－3号）。不服の理由は再審の訴え提起後に変更することができる（344条）。

2 管轄裁判所

340条1項は，「再審の訴えは，不服の申立てに係る判決をした裁判所の管轄に専属する」と規定している。事件が第一審判決の確定で終了している場合，再審の訴えの管轄がこの判決をした裁判所に専属することは，明らかである。問題は，上訴がなされ，複数の審級の終局判決が確定した場合の管轄である。そのような場合はさらにいくつかのケースに分けられる。①上級審が下級審判決を取り

消しまたは破棄したケースでは，下級審判決は失効するから，これに対する再審の訴えは考えられず，したがって上級審判決を下した裁判所の専属管轄になる。②控訴審が本案判決を下したケースでは，第一審判決に対しては再審の訴えは提起できない（338条3項）。その理由は，このケースでは，控訴審が事実認定および法律判断にわたり第一審判決を審査しているので，第一審判決につき再審を求める利益がないからである。なお，ここでいう本案判決には，第一審の本案判決に対する控訴を棄却する判決も含まれる。③それ以外のケース（たとえば，第一審が請求を棄却し，控訴審が控訴を却下し，上告審が上告を棄却したケース）では，それらの判決それぞれに対して再審の訴えの提起が可能であり，かつ，340条1項を前提にすると，各再審の訴えの管轄は各判決を下した裁判所に専属することになりそうである。しかし，それでは相手方や裁判所に余計な負担を課すことになるとともに，各再審判決の間に抵触が生じる可能性がある。それを回避するため，340条2項は，このようなケースでは，上級の裁判所が併せて管轄を有するものと定めている。それゆえ，340条2項は同条1項に対する特則であるといえる。この規定の趣旨によれば，再審原告は本来，各審級の判決に対する再審の訴えを併合して，上級の裁判所に再審の訴えを提起すべきである。しかし，再審原告が各審級に再審の訴えを提起したなら，下級審の裁判所は事件を上級審に移送することになる。

3　原判決の執行停止

再審の訴えの提起は，当然には原判決の執行力を停止しない。しかし，裁判所は，申立て基づいて，執行停止を命じることができる（403条1項1号）。

第4節　再審の訴えの要件

再審の訴えの要件に関しては，①確定終局判決，②有罪判決など，③再審期間，④当事者適格が問題になる。ただし，②，③は再審事由によって要件となるときとならないときがある。

　（a）　**確定終局判決**　　再審の訴えは確定終局判決に対してのみ提起することができる。中間判決などの中間的裁判に対して再審の訴えを提起することはできない。それらに再審事由が存する場合は，それらを前提にしてなされる終局判決

に対する再審の訴えが可能であり，そのことは，これらについて独立した不服申立ての方法が定められているとき（たとえば，21条・25条5項）でも変わらない（339条）。その理由は，中間的な裁判についての再審を認めると，まずそれについての再審訴訟が行われ，そこで再審が認められると，さらに終局判決に対する再審が行われることになり，二度手間になって訴訟経済（訴訟の効率性）に反するからである。

ただし，即時抗告による不服申立てが認められる決定または命令で確定したものについては，独立の再審の申立てが認められる（349条1項）。これを**準再審**という。このような決定・命令の例として，訴状却下命令（137条2項・3項），過料の決定（225条1項・2項）を挙げることができる。これらの裁判について再審の申立てが認められる理由は，これらはたしかに命令または決定の形式で行われるが，それ自体終局的なものだからである（過料の裁判は，それが行われた訴訟の本来の対象である請求についての終局的裁判ではないが，過料についての法律関係を判断するものである）。準再審の申立ての手続には再審の訴えの規定が準用される（349条2項）。

（b）　確定有罪判決など　　可罰行為に基づく再審の訴え（338条1項4号－7号）の場合，確定した有罪判決もしくは過料の裁判，または証拠がないという理由以外の理由でこれらを得られないこと（具体的なことは，本章第2節1（c）で示されている）が要件とされる（338条2項）。

ただし，確定有罪判決などの存在については，上記のように，これを再審の訴えの適法要件とみる見解（適法要件説）を批判して，338条1項4号－7号の事由と合体して再審事由を構成するとみる見解（合体説）もある。

（c）　再審期間　　再審の訴えは，当事者が判決確定後再審事由を知った日から30日の不変期間内に（342条1項），また，判決が確定した日から5年以内に提起しなければならない（同条2項）。ただし，再審事由が判決確定後に生じた場合は，その事由が発生した日がこの5年の起算日となる（同条2項カッコ書）。

この再審期間の定めには例外がある。すなわち，338条1項3号に掲げる事由のうち代理権の欠缺の場合[4]，および同条同項10号に掲げる先行する確定判決との抵触の場合には，期間の制限が適用されない（342条3項）。

（d）　当事者適格　　確定判決の効力を受け，かつその取消しに利益を有する者には，再審の訴えの原告適格が認められる。したがって，確定判決で全部また

は一部敗訴している者は，原告適格を有する。第三者の訴訟担当における担当者敗訴の判決につき，被担当者（115条1項2号参照）は，訴訟物についての管理処分権を回復していれば，原告適格を認められるが，そうでなければ認められない。全部または一敗訴した者の口頭弁論終結後の承継人（同条同項3号参照）も原告適格を有する。これに対して，請求の目的物の所持者には判決の既判力も執行力も及ぶが（同条4号，民執23条3項），この者は訴訟物についての独自の利益を持たないので，原告適格は認められない。また，判決が対世効を有する場合，その効力を受ける者が訴訟物につき固有の当事者適格を持つと定められている場合には（会社853条，一般法人283条，行訴34条），その者は再審の訴えについても当事者適格を持つ。

なお，独自の当事者適格が認められない者でも，本訴について補助参加の利益を有する者は，補助参加の申出をするとともに，補助参加人として再審の訴えを提起することができる（45条1項本文）。

再審の訴えの被告適格を持つのは，原則として本案（本案の意味については，次節で説明される）の勝訴者である。原告の場合と同様に，口頭弁論終結後の承継人など，既判力の拡張を受ける者にも，被告適格が認められる。

第5節　再審の審判手続

再審の審判手続は，適法要件および再審事由についての審判手続と本案の審判手続の2段階に分かれている。なお，「本案」という語は多様な意味に用いられるが，訴訟要件をめぐる審判に対して，請求の内容にかかわる審判を本案ということが多い（「本案についての弁論」「本案判決」という場合の「本案」はこの意味である）。しかし，ここでいう本案は再審の対象となる訴訟のことである（「原訴訟」ということもある）。旧民事訴訟法は，再審の審判手続をこのように2段階に分けていなかった。現行民事訴訟法がこのような段階化を取り入れたのは，再審訴訟

---

4) たとえば，未成年者や成年被後見人が当事者になった場合の代理権の欠缺。これに対して，個々の訴訟行為についての授権の欠缺（32条2項・55条2項）については，原則どおり再審期間の適用がある。なぜなら，342条3項前半部分は，338条1項3号の再審事由のうち，代理権を欠いたことのみを掲げ，訴訟行為に必要な授権を欠いたことをはずしているからである。

5) 最判昭和46年6月3日判タ264号196頁＝判時634号37頁（百選［5版］117番）。

の審理の効率化のためである。

1 適法要件および再審事由の審判

ここで適法要件とは，前節で説明された再審の訴えの要件であり，再審事由とは，338条1項1号－10号に所定の事由である。

適法要件は職権調査事項なので，裁判所は，当事者の主張がなくても，疑いがあればその具備を調査する。そして，裁判所は，再審の訴えが適法要件を欠くときは，決定でこれを却下し（345条1項），再審事由がないときは，決定で棄却する（同条2項）。これらの決定に対しては即時抗告を提起することができる（347条）。主張された再審事由が存しないとしてなされた棄却決定が確定しても，別の事由を理由として再審の訴えを提起することは，再審期間（342条）の規定に触れないかぎり，可能である（345条3項はこの趣旨の規定であると解される）。

再審の訴えが適法で，かつ再審事由が存するとき，裁判所は再審開始の決定をしなければならない（346条1項）。この場合には，相手方を審尋しなければならない（同条2項）。再審開始の決定に対しても即時抗告を提起することができる（347条）。

2 本案の審理

（1） 再審理

再審決定が確定すると，不服申立ての限度で本案の審判が行われる（348条1項）。

その手続の規律は，原訴訟手続の規律に従う（341条）。したがって，たとえば，上告審判決に対して再審開始決定がなされた場合には，控訴審における適法な事実認定は再審に基づく本案の再審理にも拘束力を持つことになり（321条），他方，再審理が事実審で行われる場合には必要的口頭弁論が原則とされる（87条1項本文）。

本案についての弁論は，原訴訟の弁論の再開・続行である。従前の訴訟手続は，再審事由となった瑕疵にかかわるものでないかぎり，再審後の審理にも効力を持つ。たとえば，刑事上罰すべき他人の行為によって自白がなされたこと（338条1項5号）だけを理由として，再審が認められた場合，その自白の効力は当然否定されるが，それ以外の訴訟行為の効力は再開後も維持される。当事者は，原訴訟

の口頭弁論終結前に既に存在した攻撃防御方法を提出することができる。したがって，たとえば，刑事上罰すべき他人の行為によって攻撃防御方法の提出を妨げられた場合（338条1項5号），その攻撃防御方法が提出できるのは当然であるが，従前から存在していたその他の攻撃防御方法の提出も，時機に後れたものと評価される（157条1項）など，特段の事情がないかぎり，可能である。原訴訟の口頭弁論終結後に生じた攻撃防御方法の提出はもとより可能である。

（2）判　決

再審裁判所は，再審理の結果，原判決を不当であると判断するときは，不服申立ての限度でこれを取り消し，これに代わる判決をしなければならない（348条1項・3項）。他方，原判決を正当とするとき，すなわち，再審事由は存するが，原判決が結論において正当であるとき（たとえば，刑事上罰すべき他人の行為によって自白がなされたが，この自白がなくても，原判決の結論は変わらなかったと認められるとき），裁判所は再審請求を棄却する（348条2項）。

　　　この場合，再審事由の存在が認められるいじょう，原判決には瑕疵があるのだから，これを取り消すべきであり，そのうえで，結論はもとの判決と同じであるから，あらためて同じ内容の判決をすることが，筋が通っているように思われるかも知れない。しかし，原判決が給付判決（たとえば，被告・債務者に金銭の支払を命じる判決，建物の明渡しを命じる判決）である場合，このやり方をすると，原判決に基づいて行われた強制執行を取り消さなければならなくなる（民執39条1項1号）。その後であらためて新たな判決に基づいて強制執行をすることはできるが，それでは訴訟経済に反する。単純に再審請求を棄却する処理が行われるのは，このような不経済を避けるためである。

再審請求が棄却された場合，結論として原判決が承認されたことになるのであるから，既判力の基準時はもとの訴訟の口頭弁論口頭弁論終結時であると考える余地もある。しかし，再審理が事実審で行われた場合，当事者は再審理開始後の本案審理において新たな事実上の攻撃防御方法を提出することができるのであるから，既判力の基準時も再審訴訟の口頭弁論終結時に移動することになる。[6] ただし，再審訴訟の管轄が上告審に属する場合もあり得るが，その場合には，本案についての事実審理は行われないから，既判力の基準時は再審にかかる判決の口頭

---

6) その結果，再審にかかる判決が給付判決である場合，この判決の既判力の基準時と再審訴訟の基準時とのあいだに生じた事由は，請求異議事由にならない（民執35条2項）。このような事由は再審理において主張することができたし，主張しておかなければならない。

弁論終結時である。

再審訴訟の訴訟物

再審訴訟の訴訟得物については訴訟物二元説と訴訟物一元説の対立がある。

訴訟物二元説はまず，再審の訴えの目的を，再審にかかる確定判決の既判力を覆滅する（くつがえす）ことにあり，したがって，再審の訴えをこの覆滅を生じさせる訴訟上の形成の訴えと捉え，そして，形成要件ないし形成原因としての再審事由を再審訴訟の訴訟物の一つとみる（そのうえで，訴訟物理論に関する旧訴訟物理論に立てば，再審事由ごとに訴訟物は別であると解することになり，新訴訟物理論に立てば，原判決の取消しが訴訟物であり，各再審事由はそれを理由付けるものであるということになる）。そして，訴訟物二元説は，これとならんで原訴訟の訴訟物も再審の訴えの訴訟物であると解する。したがって，この見解によれば，再審の訴えにおいては，再審事由と原訴訟の訴訟物の2つが訴訟物を構成することになる。これが「訴訟物二元説」という名称が付けられたゆえんである。

他方，訴訟物一元説は，再審の訴えを瑕疵ある判決からの救済を求める点で，上告に類するものとして，再審事由は上告理由に類するものと捉え，前訴訟の訴訟物のみが再審訴訟の訴訟物であると解する。

この対立は，旧民事訴訟法の時代から存在していた。訴訟物一元説は次のように主張する。旧民事訴訟法下では，現行345条・346条に相当する規定がなかったので，再審事由の存否についても必要的口頭弁論の原則（旧民訴125条1項本文，現行87条1項本文）が適用され，口頭弁論を開かなければならなかった。このような旧法下では，訴訟物二元説にも十分な説得力があった。しかし，現行民事訴訟法下では，その存否の審理について口頭弁論を必要としない再審事由を，訴訟物の一端と解することは，問題である。また，前述のように，再審事由の存在が認められても，結論において再審にかかる確定判決を維持できるときは，再審請求が棄却されるが（348条2項），その存在が認められても，請求が棄却されるものを訴訟物と解するのも，問題である，と。

しかし審理を適法要件の具備および再審事由の存否についての段階と本案についての段階に二段階化した現行法下では，各段階でのそれぞれの訴訟物が旧法下における以上に明白になったといえる。すなわち，手続の二段階化はむしろ訴訟物二元説を支持する方向に働く。また，再審事由の存否を口頭弁論を経ない決定手続で審理することになった点についても，決定手続における訴訟物も観念しうるので，訴訟物一元説の根拠，あるいは訴訟物二元説批判の根拠にはならない。したがって本書は一元説を支持する。

第6篇　複雑訴訟

はじめに

　民事訴訟の理論上基本的な形態は，一人の原告が一人の被告に対して１個の請求を立てて，訴えを提起し，裁判所でその請求につき審判がなされるというものである。本書でもこれまで，原則として，この基本的な形態の民事訴訟について説明してきた（必要に応じて，本篇で取り上げる複雑訴訟にも言及したが，それは最小限度に押さえていた）。

　しかし現実の民事紛争は必ずしも単純に一対一の当事者間で１つの権利・法律関係をめぐって行われるとは限らず，複雑な様相を呈することが少なくない。そして，民事訴訟法もそのような事態に対応できる訴訟形態を用意している。その例として，以下のような訴訟を挙げることができる。①Ａが，自分が所有する建物をＢが無権原で占有している（たとえば，Ｂが賃借人で，賃貸借契約終了後も建物に居座っている）と主張して，Ｂを被告として建物退去・明渡請求と所有権侵害による損害賠償請求を併せて請求する訴訟。②酒酔い運転による交通事故で死亡した被害者の配偶者C_1と子C_2が，飲酒運転をしていたＤと，事故前にＤが運転することを知っていながら彼に酒を提供した飲食店の経営者Ｅの２名を被告として，損害賠償請求を請求する訴訟。③$_{-1}$債権者Ｆが連帯保証人Ｇに連帯保証債務の履行を請求する訴えを提起したところ，主債務者Ｈが，もしＧが敗訴して，連帯保証債務を履行すると，自分への求償請求がなされるおそれがあるとの理由で，Ｇを敗訴させないために，これに参加しようと考えている訴訟。また③$_{-2}$同じ事案で，Ｇが，もし自分が敗訴し，連帯保証債務を履行しなければならなくなった場合に，Ｈから確実に求償できるように，Ｈもこれに関与させようと考えている訴訟。④不動産の所有権が登記簿上ＩからＪに，さらにＪからＫにそれぞれ売買を原因として移転しているが，Ｊが，ＪＫ間の売買契約は無効であると主張して，ＪからＫへの所有権移転登記抹消請求の訴えを提起したところ，Ｉが，ＩＪ間の売買契約も無効であり，ＪからＫへの所有権移転登記だけでなく，ＩからＪへの所有権移転登記も抹消されるべきと考え，ＪＫ間で行われている訴訟に参加して，自己の権利を実現しようと考えている訴訟。

　上記の例のような，基本的でない形態の訴訟を総称して**複雑訴訟**といい，本編ではこれが取り上げられる。なお，複雑訴訟には，大別して，一人の原告と一人の被告の間で複数の請求が審判の対象になる**複数請求訴訟**と，複数の利害関係者が一つの訴訟に関与する**多数当事者訴訟**とがある。上記の事例では，①の訴訟が

複数請求訴訟の例であり，②，③$_{-1}$，③$_{-2}$，④の訴訟が多数当事者訴訟の例である（多数当事者訴訟においては，一つの訴訟に複数の者が関与するのであるから，通常請求も複数になる）。本篇では，第1章で複数請求訴訟について，第2章以下で多数当事者訴訟について説明がなされる。

第1章　複数請求訴訟

第1節　複数請求訴訟の意義と種類

複数請求訴訟とは，一つの訴訟手続において複数の請求が審判の対象になっている訴訟である。複数請求訴訟には，請求の客観的併合，訴えの変更，反訴，中間確認の訴えがある。それぞれの意義およびそれぞれに対する規制については第2節－第5節で説明される。

複数請求訴訟はまた，その発生の時期によって原始的複数請求訴訟と後発的複数請求訴訟に分類される。原始的複数請求訴訟とは訴え提起の当初からの複数請求訴訟であり，後発的複数請求訴訟とは訴え提起後，審理の過程で請求が複数になる訴訟である。請求の客観的併合（たとえば，原告が自己の所有する建物を無権原で占有する者に対して，建物退去・明渡請求と損害賠償請求を併合して訴えを提起する場合）は原始的複数請求訴訟であることが多いのに対して，訴えの変更，反訴，中間確認の訴えは後発的複数請求訴訟を生じさせる。ただし，請求の客観的併合は，別個に訴えが提起された後，裁判所が弁論を併合すること（152条）によっても生じるが，この場合は後発的複数請求訴訟である。

第2節　請求の客観的併合

1　請求の客観的併合の意義

請求の客観的併合とは，同一の原告が同一の被告に対して一つの訴えで複数の請求について審判を求めることである。原告が当初から1個の訴えをもって複数の請についての審判を求めることによってこの併合形態がとられることが多いが，第1節で述べられたように，弁論の併合によってこの形態になることもある。

2 請求の客観的併合の要件

 関連する請求が一つの訴訟で審判されるならば，当事者にとっても裁判所にとっても労力や経費の節減になり，かつ判断の矛盾も避けることができるというメリットがある。他方，相互に関係のない請求をむやみに一つの訴訟で審理することは，手続の混乱と遅延を招くことになる。そこで法は以下のように請求併合の要件を定めている。
 請求の併合は，原則として，同種の訴訟手続による場合にかぎり，可能である（136条）。訴訟事件と非訟事件（非訟事件については，第8篇第2章で説明される），通常民事訴訟事件と手形・小切手訴訟事件のような略式手続，民事訴訟と人事訴訟，民事訴訟と行政事件訴訟は併合できない。ただし，異種の訴訟手続であっても，法がとくに併合を許容している場合は（人訴17条・32条，行訴16条），併合が可能である。

3 請求の客観的併合の形態

 請求の客観的併合の形態には，単純併合，予備的併合および選択的併合の三つがある（ただし，選択的併合は，後述のように，訴訟物理論につき旧訴訟物理論を前提にした場合にのみ認められる併合形態であり，新訴訟物理論はこの併合形態を認めていない）。
 単純併合とは，複数の請求のすべてについて無条件に判決を求める併合形態である。
 予備的併合とは，複数の請求に順位を付けて，先順位の請求が認容されれば，後順位の請求についての審判を求めない，言い換えれば，後順位の請求については，先順位の請求が認容されない場合に，審判を求めるという形態の併合である。通説はこれを，先順位請求が認容されることを後順位請求の審判申立ての解除条件とした併合形態であると説明している[1]。併合された請求が2個であれば，先順位請求を主位的請求，後順位請求を予備的請求といい，3個以上であれば，1位請求，2位請求，3位請求……という。

---

1) ただし，訴え提起のような訴訟行為には条件を付けることができない（このことについては，第3篇第3章第5節3で説明された）ことを考えると，この説明には問題がある。しかし，主位的請求が成立するか否かは，客観的には決まっていることなので，後順位請求の審判の申立ては解除条件にかかっているわけではないとみることもできる。

選択的併合とは，併合された請求のうち，原告としては，いずれか一つが認容されればよいとする，併合形態である。これについても通説は，複数の請求について，そのうちのいずれかが認容されることを解除条件として，審判が申し立てられる併合形態であると説明している。[2]

併合には以上のような3つの形態があるが，請求間にいかなる関係があるときに，いかなる併合形態をとることができるか，あるいはとらなければならないかが，問題になる。この点については，併存できる請求については単純併合に，併存し得ない請求，言い換えれば，一方が成り立てば，他方が成り立ち得ない請求については予備的併合に，併合された請求は併存し得るが，そのうちの一つが認容されれば，原告の訴え提起の目的が達せられる場合には，選択的併合によることができ，かつこれらの形態によらなければならないと解される。この考え方に従えば，具体的には，たとえば以下のようになる。①建物の所有者がこれを無権原で占有している者に対して，建物退去・明渡請求と損害賠償請求を併合して訴えを提起する場合は，単純併合になる。②売主が買主に対して売買代金支払請求と，売買契約が無効であると判断される場合に備えて，既に買主に引き渡した売買の目的物の返還請求を併合して訴えを提起する場合は，予備的併合になる。③建物の所有者であり賃貸人でもある者が賃貸借契約終了後も建物の占有を続ける者に対して，所有権と賃貸借契約終了に基づいて建物退去・明渡請求の訴えを提起する場合は，選択的併合になる。なぜなら，これらの請求は併存し得るが，原告にとっては，所有権に基づくにせよ，賃貸借契約の終了に基づくにせよ，いずれかの理由で請求が認容されれば訴え提起の目的は達せられ，別の理由で認容される必要はなくなるからである。

ただし，③の場合，所有権に基づく建物退去・明渡請求と賃貸借契約終了に基づく建物退去・明渡請求が併合されると解するのは，両請求が別個の訴訟物を成していると解すること，すなわち旧訴訟物理論を前提にしているからである。新訴訟物理論によれば，この場合の訴訟物は建物退去・明渡しを求める訴訟上の地位であって，所有権に基づくといい，あるいは，契約終了に基づくといい，それ

---

2) 選択的併合の場合には，本文で次に述べるように，各請求は併存しうるので，いずれか一つについて認容されれば，他については審判しないということは，訴え提起に停止条件を付けたことになる。しかし，この場合には，本文で次に述べるように，訴訟行為に条件を付けることはできないという原則が適用されない。

らは請求の理由付けであり，両者が主張されるなら，理由付けが複数主張されたことになる。このように，新訴訟物理論を前提にすると，選択的併合という併合形態は存在せず，併合形態としては単純併合と予備的併合だけが存在することになる。本書は，訴訟物理論については，旧訴訟物理論に従うので（第3篇第1章第2節**2(5)**），選択的併合も存在するものとの立場をとる。

　複数の請求を併合して訴えを提起する場合，いかなる併合形態をとるべきかが，請求相互の関連によって決まると解する本書の立場（通説である）と異なり，いかなる併合形態をとるかは，処分権主義に基づき，原告の意思に任せるべきとの考え方もある。しかし，通説によれば単純併合となるべき，併存し得る請求を予備的ないし選択的に併合することは，訴訟行為である訴え提起に条件を付けることになり，許されない。ただし，訴え提起に条件を付けることが許されないというなら，選択的併合も許されないはずである。しかし，通説により選択的併合がなされるべきであるとされる，複数の請求が併存し得るが，その一つが認容されれば，原告の訴え提起の目的が達せられる場合には，一つの認容により，他の請求にかかる訴えは訴えの利益が欠けることになり，それゆえ不適法になることが明らかである。それは，併合された複数の請求うち1個が認容されれば，他は却下される運命にあることを意味する。ところで，訴訟行為に条件を付けることが，これを禁じる明文規定がないにもかかわらず，許されないと解されているのは，手続と相手方の立場を安定させるためである。しかし，請求がこのような関係にある場合には，その審判を条件にかからせても，手続の安定も相手方の立場の安定も害されない。そうであるとすれば，この場合には各請求の訴え提起に条件を付けることは，禁じられていないと解することができる。

　なお，実務では，通説によれば選択的併合になるべき請求に順位を付け，予備的併合の形で訴えが提起されることがあり，このような併合形態を不真正予備的併合と呼んでいる。

4　併合訴訟の審判

(1)　訴訟要件および併合要件の審査

　裁判所はまず，併合された各請求について一般の訴訟要件が具備しているかを審査し，これが欠けている請求があれば，その訴えを却下する。ただし，管轄違背の場合は，当該請求につき管轄を有する裁判所に移送する（16条1項）。

　次に裁判所は，訴訟要件が具備していると認められた各請求について，併合の要件が具備しているかを審査する。これが具備していない場合でも，併合された

---

3) 注1) を参照。

請求全部を却下するのではなく，弁論を分離し（152条1項），または管轄ある裁判所に移送したうえで，一つ一つの適法な訴えとして扱わなければならない。

（2） 審理および裁判

併合して提起された請求につき，併合の要件が具備していると判断されれば，それらの請求は，基本的に，その後同一の訴訟手続で審判される。しかし，弁論の制限および分離（152条1項）ならびに一部判決がなされることもあり得る。ただし，併合形態によっては，これらをしてはならないこともある。すなわち，審判に関する規制は併合の形態によって異なるのである。

i 単純併合の場合

裁判所は，すべての請求について判決をしなければならない。一部の請求について判決を脱漏したときは，追加判決をしなければならない（258条1項）。ただし，裁判所は紛争の効率的解決の観点から，弁論の制限や一部判決をすることができる（152条1項）。これを行うか否かは，裁判所の裁量に任されている。この点が，次の予備的併合の場合と異なる。しかし，たとえば，建物の所有者（であると主張する者）から当該建物を占有する者に対して，建物の所有権確認請求の訴えと所有権に基づく建物退去・明渡請求の訴えが併合されて提起された場合のように，一方の請求が他方の請求の基礎になっている場合，または，建物退去・明渡請求の訴えと建物の所有権侵害に基づく損害賠償請求の訴えとが併合されて提起された場合のように，両請求がその基礎となる法律関係を共通にしている場合に，裁判所は，弁論の分離や一部判決をすることについて，慎重でなければならない。なぜなら，それらによって関連のある請求についての裁判所の最終的判断である確定判決の間に矛盾が生じる可能性があるからである。[4]

ii 予備的併合の場合

併合されたすべての請求を棄却または却下する判決は全部判決である。裁判所が主位的請求を認容する場合，予備的請求については裁判されないが，主位的請求認容判決だけで全部判決である。なぜなら，この場合予備的請求は審判の対象にならないからである。3個以上の請求が予備的に併合されている場合には，ある順位の請求よりも上位の請求をすべて棄却または却下したうえで，その請求を

---

[4] 学説の中には，このような併合を「関連併合」と名付けて，弁論の分離や一部判決は違法であるとするものもある。しかしそれらは，本文で述べたように，たしかに適切な措置ではないが，違法であるとまではいえない。

認容する判決は，より下位の請求についての判決がなされなくても，全部判決である。以上に対して，主位的請求（ないし上位の請求）を棄却ないし却下するだけの判決は，もしそれが行われるならば，一部判決である。なぜなら，裁判所は，主位的請求を棄却・却下すれば予備的請求について（上位の請求を棄却・却下すれば下位の請求について）判決をしなければならないからである。しかし，このような一部判決は以下の理由により違法である。すなわち，このような一部判決が行われれば，それに対して上訴がなされる可能性がある一方，まだ判決されていない請求については第一審がその後に判決をすることになる。それによって，手続は別個に進行することになり，判決間に矛盾が生じるおそれが出る。それでは，原告が請求を予備的に併合して訴えを提起した意味がなくなってしまう。これが，一部判決が違法とされる理由である。同じ理由で，弁論の分離も違法である。

　主位的請求認容の第一審判決に対して被告が控訴した場合，控訴審は，主位的請求は理由がないとして，原判決を取り消し，主位的請求を棄却するとき，予備的請求につき判決することができるかは，問題である。なぜなら，予備的請求は第一審では判決の対象になっていないので，控訴審がこれにつき判決することは，審級の利益（当事者が複数の審級の裁判を受けることができる利益）の侵害になると考える余地もなくはないからである。しかし，通説・判例は，控訴審が予備的請求について判決することを認めており，それが妥当である。その理由は以下のとおりである。予備的請求の場合，各請求は相互に密接な関係にあるため，それらの判決のための資料は共通するものが多いであろうから，原審で判決の対象になっていなかった予備的請求について上級審で審判しても，審級の利益の侵害になることは，あまりないと予想されるからである。ただし，予備的請求について独自の審理が必要となることもあり得るが，そのときは控訴審が事件を第一審に差し戻せばよい（308条1項による任意的差戻し）。そうすることによって，審級の利益の侵害を防ぐことができる。

　次に，主位的請求棄却・予備的請求認容の第一審判決に対して，被告のみが控訴し，原告が控訴も附帯控訴もしなかった場合，控訴審は，予備的請求に理由がないと判断して，第一審判決を取り消すとき，主位的請求についても判決をする

---

5) 大判昭和11年12月18日民集15巻2266頁（百選［初版］27），最判昭和33年10月14日民集12巻14号3091頁。

ことができるかが，問題になる。有力な学説はこれを肯定する。その理由は，原審で予備的請求を認容された原告が上訴することは期待できないこと，および，両立し得ない請求を予備的に併合して訴えを提起した原告の意図は，二つの請求についての争いを矛盾なく解決することにあり，控訴審で予備的請求が認められないときに主位的請求についても審判することは，この意図に適合するということである。しかし，判例〔参考判例1〕および多数説はこの問題を否定的に解しており，本書もこれを支持する。その理由は以下のとおりである。第一審判決で予備的請求を認容されたとはいえ，主位的請求を棄却されている原告に，上訴の提起を期待することは必ずしも無理なことではない。少なくとも，被告が上訴すれば，予備的請求認容の原判決が取り消される可能性は予見できるので，附帯控訴を提起することは期待できる。また，仮に，原告が控訴していないのに，主位的請求を認容する判決が出されたなら，控訴した被告にとって第一審判決よりも不利な判決になるのであるから，不利益変更禁止の原則（296条・304条）に触れることになる。

〔参考判例1〕　最判昭和58年3月22日判夕494号62頁＝判時1074号55頁（百選〔5版〕111）
【事案の概要】　X（男）は婚約者Aに預金通帳と現金を預けていたところ，Aはその中から211万余円を，Aの母Yが経営するスナック店の改装工事のため，請負業者に支払った。その後，XとYが不仲になり，Xは211万余円についてその返還または支払いを求める訴えを提起した。Xは以下のように請求を予備的に併合して訴えを提起した。①AはXの無権代理人としてYに211万余円を貸し付けたが，Xが後に無権代理行為を追認したので，消費貸借契約または立替契約に基づき211万余円の支払いを請求する。②Xは不法行為に基づきAに対して211万余円の損害賠償請求権を有しているが，Aは無資力なので，XはAに代位してAのYに対する貸金または立替金の支払いを請求する。③法律上の原因がないのに，Xの預託金などの損失によりYは請負代金債務を免れたので，不当利得に基づき，211万余円の返還を請求する。第一審は1位請求，2位請求を棄却し，3位請求を認容したところ，被告Yのみが控訴した。控訴審は，3位請求について第一審判決を取り消し，請求を棄却し，1位請求，2位請求

---

6)　既に，最判昭和54年3月16日民集33巻2号270頁（百選〔2版〕121）が同旨である。
7)　1位ないし3位の各請求は，同じ金銭の支払を求めるものであるから，本件は新訴訟物理論の立場からすれば，請求の併合の事案ではなく，請求を理由付けるための複数の主張が予備的になされていると解される。判例が本件を予備的併合の事案とみていることは，実務が旧訴訟物理論を前提にしていることの現れである。

についてはXが控訴も附帯控訴もしていないので、それらに関する当事者の主張の当否は控訴審の審判の対象になっていないとし、判断しなかった。Xは上告して、主位的請求（1位・2位請求）について判断せず、予備的請求（3位請求）についてのみ判断した原審には違法があり、原審が、仮に3位請求以外の請求につき審判するためには、控訴または附帯控訴が必要であると解するならば、Xに附帯控訴するか否かの釈明を命じるべきであり、これをしなかったことに釈明義務違反があると主張した。

【判　旨】上告棄却

「主位的請求を棄却し予備的請求を認容した第一審判決に対し、第一審被告のみが控訴し、第一審原告が控訴も附帯控訴もしない場合には、主位的請求に対する第一審の判断の当否は控訴審の審判の対象となるものではないと解するのが相当である……。」

iii　選択的併合の場合

すべての請求が条件関係で結ばれているため、審判は一括して行われなければならないので、弁論の分離は許されない。ただし、選択的併合の場合、請求の一つが認容されれば、その審級は終了するので、裁判所は、審理しやすい順に審理することができる。一つの請求を認容する判決が全部判決であり、これにより原告の勝訴となる。他方、原告を敗訴させるためには、裁判所はすべての請求を棄却または却下しなければならない。

請求認容の原判決に対して控訴がなされた場合、すべての請求が控訴審に移審する。控訴審が原判決を取り消す場合、他の請求も審判の対象になる。[8]

第3節　訴えの変更

1　訴え変更の意義

訴えの変更とは、同一原告が訴訟係属中に同一被告との関係で新たな請求を審判対象とすることである。これには、追加的変更と交換的変更がある。**訴えの追加的変更**とは、従来の手続における請求、すなわち旧請求を維持しつつ、新請求を追加する場合である。たとえば、建物の所有者が無権原でその建物を占有している者を被告として、当初、建物退去・明渡請求の訴えを提起したが、訴訟係属

---

[8]　最判昭和58年4月14日判夕540号191頁＝判時1131号81頁。この事例のように請求が選択的併合の形をとっているとされるのは、判例、実務が旧訴訟物理論を前提としているからである。

中に損害賠償請求の訴えも追加提起する場合である。**訴えの交換的変更**とは，旧請求に代えて新請求の審判を求めることである。たとえば，物の引渡請求訴訟の係属中に目的物が滅失したため，引渡しに代えて損害賠償を請求することである。

訴えの交換的変更の法的性質につき，判例は，旧請求についての訴えの取下げと新請求についての訴えの提起からなる2個の行為であるとみている。[9] しかし，このような考え方によると，変更前の審理の結果を変更後の新請求についての審理に活かすことができなくなり，訴えの変更という制度を設けた意義が著しく減少する。また，143条1項が請求の基礎の同一性を訴え変更の要件と定め，かつ，同条4項が変更の不当性についての裁判所の判断権を認めていることからも，訴えの変更は独自の1個の行為であり，変更前の裁判資料も新請求についての資料として利用できると解すべきである。

旧訴の提起による時効中断効（民149条）が訴えの変更によって消滅せず，新請求にも及ぶか否かは，新旧両請求を実質的に同一の請求とみなすことができるか否かによって決まる。[10]

なお，金銭の支払のように，請求が可分な場合，これを増減する行為（請求の拡張と減縮）の法的性質に関しては議論がある。ただし，請求の拡張については訴えの追加的変更とみることについてあまり異論がない。請求の減縮に関しては，前述のように（第4篇第2章第3節1）見解が分かれているが，通説は訴えの取下げとみている。

2 訴え変更の要件

訴え変更の要件については143条1項が規定している。それによると，①請求の基礎に変更がないこと，②口頭弁論終結までであること，③著しく訴訟を遅滞させないことが要件になっている。以下に，これらの要件およびそれ以外に明文規定は欠くが，要件と解されている事項について説明する。

---

9) 最判昭和32年2月28日民集11巻2号374頁（百選［5版］33）。この判例は，旧訴について適法な訴えの取下げまたは請求の放棄がないかぎり，旧訴の係属は消滅しないとした。
10) 最判昭和38年1月18日民集17巻1号1頁（続百選40）は，原告が係争地域について境界確定の訴えから所有権確認の訴えに変更した事案で，旧訴である境界確定の訴えの提起によって被告の当該土地についての取得時効は中断すると判示した。

(1) 請求の基礎の同一性

請求の基礎の同一性については見解が分かれている。第1の見解は，訴訟対象とされる経済的利益が同一である場合を指すとする。第2の見解は，裁判資料の継続的利用の可能性を強調する。すなわち，新請求と旧請求の審理に継続性を見いだす程度に，訴訟資料が共通であることをもって，請求の基礎が同一であるとする。第3の見解は，両者が必要であるとする。実際には，経済的利益が同一であれば，裁判資料も共通なものが多いであろうから，いずれの見解によっても結論に大きな差異はない。判例によって請求の基礎の同一性が肯定された事例として，以下のような事例がある。賃借人が賃貸人に代位して不法占拠者に対して提起した土地明渡請求の請求原因を自己の所有権に変更する場合[11]，売買を理由とする所有権移転登記請求を，既に登記が第三者に移転されたことを理由として，損害賠償請求に変更する場合である[12]。

請求の基礎の同一性が要求されるのは，主として被告の利益を守るためであるから，被告が同意し，または新請求に応訴したときは，新請求についての審判がなされる。

(2) 事実審の口頭弁論終結前であること

新請求についての審理が必要になるので，請求の変更がなされるのは口頭弁論終結前でなければならない。しかし，請求についての判決を出すためには，事実審理もしなければならないので，143条1項にいわれている「口頭弁論の終結」とは事実審の口頭弁論の終結である。

(3) 著しく手続を遅滞させないこと

従前の手続が，判決をなすに熟すまでに至っている時に，請求が変更され，新たな請求についての審理を始めると，判決を出す時期が大幅に遅れるようなことは避けなければならない。この要件は，公益的見地から設けられているので，この要件が具備しているときは，相手方が同意しても，訴えの変更は許されない。

(4) その他の要件

追加的変更の場合は，変更後に請求が併合された状態になるから，もちろんで

---

11) 大判昭和9年2月27日民集13巻445頁。
12) 最判昭和37年11月16日民集16巻11号2280頁。変更後に，その後の当該土地の価格の急騰を認容額に反映させることができるかが，争点になったが，変更が認められることが当然の前提とされていた。

あるが，交換的変更の場合にも，旧請求についての裁判資料が新請求の審理に利用されるので，併合の要件（本章第2節**2**）が具備していなければならない。

交換的変更を，判例に従い，旧請求についての訴えの取下げと新請求の訴え提起という2個の行為からなるものとみるならば（本書はそのような見方をしないが），訴え取下げについての相手方の同意が必要になることがある（261条2項）[13]。

3　訴え変更の手続

訴えの変更は書面でしなければならない（143条2項）。ただし，判例は，請求原因のみによる訴えの変更の場合は書面による必要はないとする[14]。しかし，このような訴えの変更においても，新請求の定立が訴え提起の実質を持つことに変わりはないので，書面による必要性は否定されないと解すべきである。

訴えの変更が申し立てられると，裁判所は，訴え変更の要件が具備しているか否かを審査する。その結果，要件の具備が認められれば，追加的変更であれば旧請求についての審理とともに新請求についての審理を，交換的変更であればもっぱら新請求についての審理を行う。具備が認められなければ，裁判所は従前の手続を続行し，請求の変更が許されない旨の決定をしなければならない（143条4項）。この決定は中間判決または終局判決の理由中でなされることになる。

第4節　反　訴

1　反訴の意義

反訴とは，訴訟の係属中に被告が原告を相手方として，同じ訴訟手続での審判を求めて提起する訴えである（146条1項）。この場合，もともと係属していた訴えを本訴という。本訴の原告で反訴を提起された者を本訴原告・反訴被告といい，反訴を提起した本訴の被告を本訴被告・反訴原告という。

---

[13] 前掲注9) 最判昭和32年2月28日参照。
[14] 最判昭和35年5月24日民集14巻7号1183頁。家屋明渡請求訴訟で請求原因が所有権から使用貸借の終了に変更された事案である。ちなみに，これを訴えの変更と見るのは，判例が旧訴訟物理論を採用しているからである。新訴訟物理論によれば，この場合は，訴えの変更ではなく，請求を理由付ける主張の変更である。

2 反訴の要件

　反訴の要件は 146 条 1 項が規定している。それによると、要件は、①反訴の請求が本訴の目的である請求または防御の方法と関連すること、②口頭弁論の終結までであること（ここでいう口頭弁論は、訴え変更の場合と同様に、事実審の口頭弁論である）、③反訴の目的である請求が他の裁判所の専属管轄に属していないこと、④著しく訴訟を遅滞させないこと、⑤反訴が禁止されていないこと（反訴禁止の規定としては、351 条・369 条などがある。これらは略式手続における反訴の禁止である）、⑥控訴審で提起される反訴においては相手方の同意があることである（300 条 1 項）。

　①のうちの本訴の請求と関連する反訴の例としては、抵当権設定登記請求の本訴に対する被担保債権不存在確認の反訴、自動車同士の衝突による交通事故に基づく損害賠償請求の本訴に対する同一事故の被告側の損害賠償請求の反訴を挙げることができる。防御方法と関連する反訴の例としては、金銭の支払請求の本訴に対して被告が相殺の抗弁を主張した場合で、自働債権（反対債権）が受動債権（訴求債権）を上回っているときに、その上回っている分の支払いを求める反訴（たとえば、7000 万円の支払いを請求する本訴で、被告が自己の原告に対する 8000 万円の債権で相殺し、1000 万円の支払いを請求する反訴）を挙げることができる。

　⑥の控訴審で提起される反訴において相手方の同意が要件とされるのは、相手方の審級の利益を守るためである。相手方が異議を述べずに反訴の本案について弁論したときは、同意が擬制される（300 条 2 項）。また判例〔参考判例 2〕は、控訴審で反訴について審判しても、相手方の審級の利益を侵害しない場合には、その同意不要であるとしている。

〔参考判例 2〕　最判昭和 38 年 2 月 21 日民集 17 巻 1 号 198 頁（百選［初版］93）
【事案の概要】　X（原告）の Y（被告）に対する建物収去土地明渡請求訴訟（本訴）の第一審で、Y は、当該建物につき賃借権を有するとの抗弁を主張し、この抗弁が認められ、X の請求が棄却された。第一審判決に対して X が控訴した。控訴審で Y は賃借権確認請求の反訴を提起したが、X はこれに同意しなかった。なお、X は訴えを賃借権不存在確認請求に変更した。控訴審は Y の賃借権の存在を認め、X の変更後の新請求を棄却し、Y の反訴請求を認容した。X が、控訴審における X の同意なき反訴は不適法であると主張して、上告した。
【判　旨】　上告棄却

> 「右反訴の提起について控訴代理人が同意しなかったことは前述のとおりであるが，一審において原告（控訴人・上告人）の本件土地明渡請求に対し，被告（被控訴人・被上告人）は同土地について賃借権を有する旨主張し，原告はこれを争ったところ，一審はこれを容認して原告の請求を排斥したものであること，被控訴人（被上告人）は原審において反訴として右賃借権の存在を主張し，その確認の訴を提起するに至ったものであることは記録上明らかであるから，このような本件における反訴提起については，控訴人（上告人）をして一審を失う不利益を与えるものとは解されず，従って，右反訴提起については同人の同意を要しないものと解するのが相当である。」

3　反訴の手続

　反訴については，訴えに関する規定による（146条4項）。したがって，反訴の提起は書面による（133条の準用）。ただし，簡易裁判所においては口頭でもなし得る（271条の準用）。
　反訴が適法であれば，本訴と反訴の併合審理がなされる。反訴の要件が具備されておらず，反訴が不適法である場合，判例は反訴を却下すべきであるとしている[15]。しかし，反訴としての要件を欠いていても，独立の訴えとして適法であれば，別個の訴えとして審判すべきである。

第5節　中間確認の訴え

1　中間確認の訴えの意義

　中間確認の訴えとは，係属中の訴訟の当事者が訴訟物である権利関係の先決関係に立つ法律関係の存否の確認をその訴訟内で求める訴えである（145条）。
　訴訟物である権利の先決関係についての判断は，判決理由中でなされるので，既判力が生じない（114条1項参照）。この判断に既判力を生じさせることに，この制度の目的がある。ただし，最近では，争点効理論（第4篇第1章第3節3(2)iv(a)参照）に代表されるように，既判力（判決の拘束力）が主文中の判断に限定されることを批判して，主文中の判断の前提になる理由中の判断にもなんらかの

---

15)　最判昭和41年11月10日民集20巻9号1733頁（続百選45）。

拘束力を認めようとする試みがなされている。これについては，一方で，中間確認の訴えの制度があるので，前提問題についての判断に拘束力を生じさせたせたい者は，これを利用すればよいとの理由から，このような試みを批判する学説がある。しかし，判決理由中の判断に拘束力を認める立場においても，それによって中間確認の制度の必要がなくなると考えているわけではないであろう。

2　中間確認の訴えの要件

　中間確認の訴えは，原告がこれを提起すれば，請求の追加的変更の一種ということができ，被告がこれを提起すれば，反訴の一種であるということができる。訴えの変更については請求の基礎の同一性の存在が，反訴については請求または防御方法との関連性の存在が，そして両者において訴訟の遅滞を生じさせないことが要件とされている。しかし，中間確認の訴えは，係属中の訴訟の訴訟物の前提となる権利関係の確認を求める訴えであるから，これらの要件が問題になることはない。要件として規定されているのは，確認の請求が他の裁判所の専属管轄に属さないことである（145条1項但書）。ここにいう専属管轄には，合意的専属管轄は含まれない（同但書カッコ書）。なお，特許権などに関する訴えについては，東京地方裁判所または大阪地方裁判所の専属管轄と定められているが（6条1項），この2つの裁判所の間では，専属管轄に関する要件（145条1項但書）は適用されない（同条2項）。

　中間確認の訴えには確認の利益が必要である。

3　中間確認の訴えの手続

　中間確認の訴えの提起は書面による（145条4項・143条2項）。中間確認の訴えが適法であれば，これによりなされる請求とそれまで係属していた請求とが併合されて審判の対象となる。

第2章 共同訴訟

第1節 共同訴訟の意義と種類

1 共同訴訟の意義

共同訴訟とは，原告，被告の一方または双方が複数の訴訟である。請求の主観的併合ということもある。

2 共同訴訟の種類

共同訴訟には，通常共同訴訟，固有必要的共同訴訟，類似必要的共同訴訟の3種類がある。後の二者をあわせて必要的共同訴訟ということもある。

通常共同訴訟とは，各紛争当事者が個別に訴えを提起することもできるが，共同で訴えを提起する訴訟（原告側が複数の場合），または各紛争当事者に対して個別に訴えを提起することもできるが，これらの者を共同の被告として訴えが提起される訴訟（被告側の複数の場合）である。

固有必要的共同訴訟とは，各当事者が共同して訴えを提起しなければならない訴訟（原告側の複数場合），または各当事者を共同の被告として訴えを提起しなければならない訴訟（被告側の複数の場合）である。このような場合，訴訟共同の必要があるともいわれる。一部の者だけが提起した訴え，または一部の者だけに対して提起された訴えは，当事者適格を欠き，そのため不適法である。

類似必要的共同訴訟とは，複数の紛争当事者の一部のものが原告として訴えを提起すること，または複数の紛争当事者の一部のものを被告として訴えを提起することは可能であるが，共同訴訟になったなら，審判の統一性が要求される，すなわち合一確定の必要がある訴訟である（40条参照）。審判の統一性が要求されている点で，固有必要的共同訴訟と共通しており，それゆえその手続の規律も，後述のように，固有必要的共同訴訟と同じである。そのことから，両者をあわせて必要的共同訴訟ということが多い。しかし類似必要的共同訴訟になる場合は，

全員が原告または被告にならなければ訴えは不適法であるというわけではない。

第2節　共同訴訟の要件

　共同訴訟の要件に関しては以下の点が問題になる。①いかなる場合に，共同訴訟が可能か，すなわち，複数の者が共同原告となって訴えを提起することができるか，または，複数の者を共同被告として訴えを提起することができるか（通常共同訴訟の要件）。②いかなる場合に，権利を主張する者は共同して訴えを提起しなければならないか，または相手方全員を共同被告にして訴えを提起しなければならないか（固有必要的共同訴訟の要件）。③いかなる場合に，共同訴訟における審判は統一的に行われなければならないか（類似必要的共同訴訟の要件）。

1　通常共同訴訟の要件

　多数当事者間の紛争が一つの訴訟で審判されれば，当事者達にとっても裁判所にとっても労力や経費の節減になり，かつ判断の矛盾も避けることができるというメリットがある。他方，関連性の薄い紛争の当事者を一つの訴訟に関与させると，手続の混乱と遅延を招くことになる。そこで法は以下のように共同訴訟の要件を定めている。通常共同訴訟が可能なのは，（a）－（c）のいずれか一つと（d）の要件が満たされる場合である。

　（a）　訴訟の目的である権利・義務が共通なこと（38条前段の前半部分）　その例としては，数人の被告に対する同一物の所有権確認請求訴訟を挙げることができる。

　（b）　訴訟の目的である権利・義務が同一の事実上および法律上の原因に基づくこと（38条前段の後半部分）　その例としては，同一事故の複数の被害者が提起する損害賠償請求訴訟，共同不法行為の被害者が共同不法行為者を被告として提起する損害賠償請求訴訟を挙げることができる。

　（c）　訴訟の目的である権利・義務が同種であって，事実上および法律上同種の原因に基づくこと（38条後段）　その例としては，複数の建物を賃貸している者（家主）が複数の賃借人（借家人）を被告として提起する家賃支払請求訴訟を挙げることができる。

　（d）　請求の客観的併合の要件の具備　共同訴訟においては請求が併合され

ることになるので，請求の客観的併合の要件も具備していなければならない。すなわち，①数個の請求が同種の手続により審判されるものであること（136条），②各請求につき受訴裁判所に管轄があることである。

2　固有必要的共同訴訟の要件

いかなる場合が固有必要的共同訴訟であるかについて，明文の規定がないわけではない（後述の人訴12条2項，会社855条）。しかしこの点について網羅的に規定されているわけではないので，解釈によらなければならない。固有必要的共同訴訟となるのは，以下の場合である。

（1）　数人の訴訟担当の場合

特定の権利関係につきの管理処分を職務として担当する者が複数いる場合，その権利関係についての訴訟は，この職務担当者すべてを当事者としなければならない固有必要的共同訴訟である。たとえば，倒産手続における管財人が複数いる場合の（破産管財人につき破76条1項本文，再生管財人につき民再70条1項本文，更生管財人につき会更69条1項本文），破産財団に関する訴訟（破80条），再生債務者の財産関係の訴訟（民再67条1項），更生会社の財産関係の訴訟（会更74条1項）は，管財人を原告または被告とする固有必要的共同訴訟である。数人の受託者がいる場合の（信託79条），信託財産に関する訴訟（同66条2項本文・125条2項本文参照），数人の選定当事者が選定された場合の訴訟（30条）も同様である。

（2）　他人間の権利関係の変動を目的とする訴訟

他人間の法律関係の変動を目的とする訴訟は，法律変動の主体である双方の他人をともに当事者としなければならなない，固有必要的共同訴訟である。人事訴訟については，このことを定める明文規定がある（人訴12条2項）。これにより，第三者が提起する婚姻無効・取消訴訟（人訴2条1号）は夫婦を，認知無効・取消訴訟（同条2号）は認知者と認知された者を，養子縁組無効・取消訴訟（同条3号）は養親と養子を共同被告とする固有必要的共同訴訟とされる。また，取締役などの株式会社の役員解任訴訟（会社854条1項）は，会社と役員の法律関係の変動を目的とする訴訟であるが，両者を被告とする固有必要的共同訴訟であることが明文規定で定められている（同855条）。

以上は明文規定で固有必要的共同訴訟であることが定められている場合であるが，明文規定がなくても，固有必要的共同訴訟であると解される訴訟がある。そ

の一つが共有物分割訴訟（民258条1項）である。この訴訟により，共有者の権利が変動するのであるから，分割を請求する者，その相手方の一方または双方が多数であるときは，全員を当事者としなければならない。また，境界確定訴訟も，隣接する土地の一方または双方が共有地である場合には，共有者全員を当事者にしなければならない。¹⁾

（3） 共有関係訴訟

ここで共有関係訴訟とは，共有者が共有者以外の者に対して，共有権または持分権に基づき，またはこれらを主張して提起する訴訟（たとえば，共有権または持分権確認請求訴訟，土地の共有者が提起する土地明渡請求訴訟），および共有者以外の者が共有者に対して共有物に関して提起する訴訟（たとえば，建物の共有者に対して提起する建物収去土地明渡請求訴訟。両者をあわせて共有者の対外的訴訟ということができる）の総称である。このような訴訟が固有必要的共同訴訟であるか否かは，理論上も実務上も激しく争われている。なお，共有者相互で共有権の有無または範囲について争う訴訟（共有者の内部的訴訟といえる。たとえば共同相続人間で行われる遺産範囲確認請求訴訟）が固有必要的共同訴訟であることは，あまり異論なく，認められている。[2]

本書は，固有必要的共同訴訟であるか否かは，訴訟物である権利関係についての管理処分権の帰属の仕方，言い換えれば，実体法上個々の共有者が管理処分権を有するのか，あるいは共有者全員で一体となってはじめて管理処分権を行使することができるのかということが基準となって，決まるという基本的立場に立つ。ただしこの点については，以前から，一方では，このような実体法上の権利関係のあり方よりも共有者間の紛争の統一的解決を重視する立場から，固有必要的共同訴訟とすべき場合を広げていこうとする見解があり，他方では，共有者全員がそろうまたは共有者全員をそろえることが事実上困難な場合があることを考慮して，固有必要的共同訴訟とすべき場合を限定していく，言い換えれば個別訴訟化を進めていこうとする見解があった。さらに最近は，固有必要的共同訴訟である

---

1) 最判昭和46年12月9日民集25巻9号1457頁（百選Ⅱ 162）。
2) 最判平成元年3月28日民集43巻3号167頁（百選［5版］100）は，相続人の一部が別の相続人の一部に対して提起した遺産確認（ある財産が遺産に属することの確認）請求訴訟を相続人全員が当事者となるべき固有必要的共同訴訟であるとした（ただし，原告は，登記簿上相続人の一部である被告の所有になっている不動産につき，自己への持分権移転登記請求なども併合して，訴えを提起している）。

か否かの基準を当事者間の利益衡量や，訴訟の結果にかかる重要な共同の利益の存否を基準とする考え方などが主張されている。

ところで，広義の共有には総有，合有および（狭義の）共有がある。必要的共同訴訟の成否の基準についての前述の本書の立場によれば，固有必要的共同訴訟であるか否かは，これらの共有の形態ごとに検討しなければならない。

i 総　有

総有とは，共有者が共有物を使用収益（利用）する権利は持つが，持分権を持たない共有関係である。わが国の現行法下で総有であるのは，入会（権）である。入会（権）とは，特定の村落の住民であることによって，特定の土地に入りこれを利用できる権利である（どのように利用できるかは，入会ごとに異なる。たとえば，家畜を放牧する，草を刈って家畜の餌にする，草や木の枝を集めて燃料にするといった利用がなされている[3]）。持分権を持たない入会権者は，当然入会権についての管理処分権を持っていない。それゆえ，第三者に対して入会権の確認を求める訴訟は，入会権者全員が当事者にならなければならない，固有必要的共同訴訟である[4]。しかし，入会権の実体法上の内容として，上記のように，入会団体の構成員（入会権者）は個別に入会地を利用する権利を持っているので，構成員の使用収益権確認請求訴訟や使用収益権に基づく妨害排除請求訴訟（たとえば，草刈りの妨害排除を請求する訴訟）は固有必要的共同訴訟ではない[5]。

ただし，入会権確認請求訴訟が固有必要的共同訴訟であるとすると，構成員（入会権者）の大多数が訴えを提起しようと考えていても，一人でも提訴に反対すると，入会権確認の訴えを提起することができなくなり，妥当性の観点から疑問が生じる余地がある。そこで判例は，訴え提起に同調しない者がいる場合，提起しようとする構成員が，提起に同調しない構成員を被告に加えることによって，訴え提起が可能になるとした[6]。また別の判例は，このような方法のほかに，入会団体を権利能力なき社団とみて，これに当事者能力を認めるための要件（29条。第2篇第2章第2節**3**参照）が備わっていれば，構成員に総有的に帰属する入会権

---

3) 民法は入会権を共有の性質を有する入会権（263条）と共有の性質を有さない入会権（294条）に分けて規定している。民法の規定は，入会の実態について十分な調査を踏まえて設けられたものではないと批判されている。
4) 最判昭和41年11月25日民集20巻9号1921頁（続百選17）。
5) 最判昭和57年7月1日民集36巻6号891頁。（百選Ⅱ 161）。
6) 最判平成20年7月17日民集62巻7号1994頁（百選［5版］97）。

の確認請求訴訟を構成員に代わって追行することを認めている．言い換えれば，入会団体に同確認請求訴訟の原告適格を認めている[7]．

ii 合　有

合有とは，共有者が持分権を有してはいるが（この点が総有と異なる），その処分および分割が制限される，共有の形態である．民法上の組合における組合員の組合財産に対する共有（民668条）が合有の例である（同676条1項・2項参照）．

このように，合有においては共有者（民法上の組合の組合員）には共有財産（組合財産）に対する管理処分権がないので，合有関係の確認請求訴訟は，合有者全員で提起しなければならず，固有必要的共同訴訟である．他方，合有の形態である共有権（後述の狭義の共有権ではないという意味の共有権）に基づく給付訴訟，たとえば，組合財産上の第三者の登記の抹消請求訴訟について判例は，登記の抹消を求めることは保存行為（民252条但書）であることを理由に，組合員が単独で訴えを提起することを認めている[8]．しかし，保存行為で訴えが提起されるとすれば，提起した者（原告）は他の組合員（合有者）のためにも当事者になっているのであるから，その訴訟の判決の既判力は，請求棄却の場合でも，組合員全員に及ぶことになる（115条1項2号）．そのような行為を保存行為ということはできない．したがって，本書は，判例とは異なり，上記の訴訟は固有必要的共同訴訟であるとの立場をとる．

組合債務のような，合有者の債務の履行を求める訴訟（合有者側が被告になる訴訟）についても，多数説は，各合有者（組合員）が不可分債務（民430条・432条）を負っていると解される場合には，各合有者に対する個別の訴訟を認めている．言い換えれば，固有必要的共同訴訟ではないと解している．しかし，合有者の債務は，合有者全員によってはじめて履行できるものであって，各合有者が単独で履行できるものではない．このような債務を合手的債務という．多数当事者の債務については，不可分債務であるか否かよりも，まず，各債務者が単独で履行できるか否かが先に決まるものである．そしてこの点は各債務者の共同所有の性質によって決まる．それゆえ，合手的債務については，不可分債務はあり得ないといえる．

---

[7]　最判平成6年5月31日民集48巻4号1065頁（百選［5版］11）．
[8]　最判昭和33年7月22日民集12巻12号1805頁．

要するに，合有の対外的訴訟は固有必要的共同訴訟であり，合有者全員が当事者とならなければ当事者適格を欠き，不適法である。ただし，合有者の団体，とくに民法上の組合に当事者能力が認められれば，それが当事者になり，現実には，その代表者である1名または数名が訴訟活動を行うことにより，合有者全員が訴訟にかかわることの困難や煩雑さを回避することができる。

iii 共　有

　共有（ここでの共有は，広義の共有から総有と合有を除いた，狭義の共有である）とは，複数人が同一の物を同時に所有する場合の原則的な法形式である。共有においては，各共有者が持分（権）を有している点で，総有と区別される。また，各共有者が持分を自由に処分することができる点，および原則としていつでも分割を請求できる点（民256条1項本文。同条同項但書・2項・676条2項参照）で，合有と異なる。

　なお，一般に，共有においては各共有者がそれぞれに持分権を持つほかに，全共有者で1個の共有権を有するものと考えられている。すなわち，共有物上には共有者の数の持分（権）と1個の共有権が存在するというのである。[9]

　判例は，共有権（各共有者が持つ持分権とは別の1個の共有権）の確認請求訴訟は固有必要的共同訴訟であるとしている。[10] また，共有権に基づく所有権移転登記請求訴訟も固有必要的共同訴訟であるとしている。[11] 判例は，他方で，持分権の確認を請求する訴訟は固有必要的共同訴訟ではないとしている。[12]

　以上は，確認訴訟であるが，共有者が提起する給付訴訟（共有者が原告側の訴訟）についても，共有者に対して提起される給付訴訟（共有者が被告側の訴訟）についても，判例は固有必要的共同訴訟ではないとしている。まず，共有者が原告側の訴訟については，たとえば，用水専用権の行使を妨害された準共有者が提起

---

9) 実体法上一つの物の上に各共有者の持分（権）と1個の共有権とが重複して存在すると考えることに，著者は疑問を抱いている。しかし，そのような考え方が広く採用されているので，本書の以下の記述もそのことを前提にしている。
10) 大判大正10年7月18日民録27集1329頁（百選［初版］14）（この事案は，正確に言えば，用水専用権の準共有者〈民264条〉が提起した確認訴訟である），最判昭和46年10月7日民集25巻7号885頁（百選［第2版］29）（この事案は，夫婦の共有財産をめぐる訴訟であり，夫婦の共有は，持分の処分が許されない合有であり，そのことが，当該訴訟が固有必要的共同訴訟であることの理由になると考える余地もある）。
11) 前掲注10) 最判昭和46年10月7日。
12) 最判昭和40年5月20日民集19巻4号859頁。

した用水専用権の妨害の排除を請求する訴訟や[13]，所有者の死亡後にその共同相続人が不動産の登記簿上の名義人に対して相続財産分割前に登記の抹消登記を請求する訴訟[14]が固有必要的共同訴訟ではないとされている。その理由は，これらの訴訟の追行が保存行為であることに求められている。次に，共有者が被告側の訴訟については，土地所有者が同土地上の建物所有者の共同相続人に対して提起する建物収去土地明渡請求訴訟は固有必要的共同訴訟ではないとされているが，その理由は，建物収去土地明渡債務は不可分債務（民430条・428条）であることに求められている[15]。

　　本書は，結論としては，共有者が提起する訴訟についても共有者に対して提起される訴訟についても，固有必要的共同訴訟ではないとする点で，上記の判例と同じであるが，その理由は上記の判例とは異なり，狭義の共有関係訴訟においては，実体法上各共有者が訴訟物につき管理処分権を有しているからであると考える。共有者が原告側である場合，訴訟の追行が保存行為であると解することができない点は，合有に関して述べたのと同様である。ただし，現実に用水専用権の行使を妨害されている用水専用権の準共有者は持分権に対応する権利に基づいて，妨害排除を請求することができる。しかし，その訴訟で請求認容の確定判決を得ても，他の準共有者がこれに基づいて強制執行（民執22条1号参照）をすることはできない。ちなみに，訴訟の追行を保存行為とみれば，他の準共有者もこの判決に基づいて強制執行ができるはずである（民執23条1項2号・27条2項・33条）。ただし，原告となった者が行う強制執行によって，その他の準共有者も事実上相手方の妨害から解放されるであろう。また，不動産の登記簿上の名義人に対して共有者（判例では，所有者の相続人）はその持分に基づいて抹消登記請求の訴えを提起できるが，実際に登記を抹消する（民執174条）には，共有者全員の勝訴判決またはその他の債務名義（たとえば，和解調書）が必要である。共有者が被告側の場合に判例が頻繁に用いる不可分債務の理論も，前述のように，合有の場合に疑問であるが，狭義の共有の場合も，これを持ち出すことは疑問である。なぜなら，不可分債務は，本来，債権者の満足の確保，すなわち債権者にとって一種の人的担保として機能するものであるが，共有者に一定の給付を求めるときに，必ずしも常にこのような担保的機能は必要ではない。もとより担保的機能が認められれば債権者にとっては利益になるであろうが，実際にも，共有者，とくに判例で

13）　前掲注10）大判大正10年7月18日。
14）　最判昭和31年5月10日民集10巻5号487頁（百選［4版］99）。
15）　最判昭和43年3月15日民集22巻3号607頁（百選［第5版］99）。なお，給付の訴えではないが，最判昭和45年5月22日民集24巻5号415頁（続百選18）は，不動産の賃借人が，賃貸人死亡後，相続財産分割前に共同相続人に対して提起する使用収益権確認請求訴訟も，賃借人の使用収益を認める賃貸人の債務が不可分債務であることと，争いのない者を当事者にする必要がないことを理由として，固有必要的共同訴訟ではないとしている。

問題になることが多い共同相続人に建物収去土地明渡しが請求される場合，建物収去土地明渡義務が不可分債務であるとすれば，一人の共有者（相続人）に対する請求認容判決があれば，原告はこれに基づいて強制執行ができるであろう。しかし，被告とならなかった共有者（相続人）が建物に居住している場合には，このような結論が妥当であるかは，はなはだ疑問である。この点を考慮して，本書は，共有者側が被告となる給付訴訟においては，共有持分に基づき被告適格は各共有者に個別に帰属するが，強制執行をするためには，全共有者に対する債務名義が必要であるとの立場に立つ。

3 類似必要的共同訴訟の要件

類似必要的共同訴訟とは，前述のように，個別的な訴えの提起も可能であるが，共同訴訟になった場合には，審判が各当事者につき統一的に行われなければならない訴訟である。これを合一確定の必要という。このような場合とは，判決の効力が第三者に及ぶ場合である。そのため，相互に矛盾した判決をなし得なくなるのである。その例としては，数人の提起する会社設立無効の訴え（会社828条1項1号・2項1号・838条），数人の株主が提起する株主総会決議取消しまたは無効確認の訴え（同831条・830条2項・838条），数人が提起する一般社団法人の組織に関する同種の訴え（一般法人264条1項・2項・266条・265条2項・273条），数人が提起する人事に関する訴訟（人訴5条・24条1項）を挙げることができる。

第3節　共同訴訟における審判

審判の原則は，通常共同訴訟の場合と必要的共同訴訟（固有必要的共同訴訟と類似必要的共同訴訟）の場合とで異なる。

1 通常共同訴訟における審判

通常共同訴訟においては**共同訴訟人独立の原則**（39条）が適用される。

まず，共同訴訟人の一人が相手方に対して行った訴訟行為，または共同訴訟人の一人に対する相手方の訴訟行為は当該共同訴訟人と相手方の訴訟についてだけ効力を有し，他の共同訴訟人と相手方の間にはなんらの影響も及ぼさない（39条前半部分）。その具体的な結果を，一つの共同不法行為による2名の被害者（X_1・X_2）が2名の加害者（Y_1・Y_2）に対して損害賠償請求の訴えを提起した事例に即して説明する。X_1が単独でY_1に対する請求を放棄すること，Y_2が単独でX_2

の請求を認諾すること，X_1 と Y_2 が訴訟上の和解をすることは，いずれも適法である。自白も各共同訴訟人が単独でなし得るが，その者の訴訟についてのみ効力を持つ。上訴も一部の共同訴訟人の請求または一部の共同訴訟人に対する請求についてのみ行うことができ，その場合，上訴の効果である確定遮断効，移審効も請求ごとに生じる。たとえば，X_1，X_2 の請求がすべて棄却された場合に，上訴期間内に X_1 のみが Y_1 に対する請求についてのみ控訴すれば，この請求だけに移審効が生じ，判決の確定も遮断されるが，その他の請求についての判決は確定する。

次に，共同訴訟人の一人につき生じた事項，たとえば，期日の欠席，訴訟手続の中断・中止は，他の共同訴訟人にはなんの影響も及ぼさない（39条後半部分）。

実際には審理は共通に行われるので，共同訴訟人ごとに手続の進行の歩調がそろわなくなることはあまりない。しかし，法律上審理判断の統一は保障されていない。そのため，せっかく一つの訴訟（共同訴訟）で紛争が解決されることになっても，紛争解決の結論が不統一になる可能性は否定できない。

そこで，当然の補助参加の理論を主張する学説がある。補助参加とは，後述のように（本篇第3章）当事者でない者が，一方の当事者を勝訴させるために，当事者に準じるものとして訴訟に参加し，訴訟の結果がこの者にも及ぶという制度である。当然の補助参加の理論は，共同訴訟の場合は，補助参加が行われなくても，共同訴訟人間にこのような効果を及ぼさせることによって，統一的な解決を実現しようという考え方である。しかしこの理論は，法律関係を不明確にし，効果発生の判定が困難であるとの理由で，学説の多くは批判的である。判例もこれを採用していない。[16]

一人の共同訴訟人が提出した証拠から裁判所が得た証拠資料は，とくに他の共同訴訟人が援用しなくても，共通の証拠資料となる。これを**証拠共通の原則**という（証拠共通の原則には，このような意味のほかに，一方の当事者が提出した証拠から相手方に有利な証拠資料が得られることもあり得るという意味もある。これについては，第3篇第3章第4節 **1**(**1**)**iv**で説明された）。

2 必要的共同訴訟における審判

固有必要的共同訴訟においては，訴訟物である権利・法律関係の処分を共同訴訟人全員で一致しなければ行えないため，類似必要的共同訴訟においては判決の

---

16) 最判昭和43年9月12日民集22巻9号1896頁（百選［5版］95）。

効力が共同訴訟人相互に及ぶため，合一確定の必要がある。そのため訴訟の追行には，共同訴訟人独立の原則の適用はなく，以下のような規制が加えられる。

共同訴訟人の一人の訴訟行為は，それが有利なものであるかぎり，全員のために効力を生じる。逆に，不利な行為は，全員で行わなければ，効力は生じない（40条1項）。たとえば，一人でも相手方の主張事実を否認すれば，その事実は否認されたことになる。上訴も，一人がこれを提起すれば，全員につきその効果（確定遮断効，移審効）が生じる。他方，請求の放棄・認諾，自白などは全員で行わなければ，効果は生じない。

以上の点については，固有必要的共同訴訟と類似必要的共同訴訟とで違いはない。しかし，一部の共同原告が行った訴えの取下げが有効か否かについては，両者で結論が異なる。類似必要的共同訴訟では，各共同原告が単独で訴えを取り下げることができる。その結果，その後の訴訟は取り下げなかった当事者と相手方の間でのみ係属することになる。類似必要的共同訴訟は，名称に「必要的」という言葉が含まれてはいるが，全員がそろう必要があるわけではないから，一部の原告が訴えを取り下げても，取り下げなかった原告の訴えが不適法になることはないので，問題はない。これに対して，固有必要的共同訴訟において一部の共同原告が行った訴えの取下げが有効か否かについては，見解が分かれている。一方では，一部の共同原告が行った訴えの取下げは無効であるという見解がある（以下では「無効説」という）。他方，このような訴えの取下げは有効であるが，その結果訴えは不適法になり，却下されることになるという見解もある（以下では「有効説」という）。訴えを提起するか否かは各人の自由である（処分権主義）ことを考えれば，有効説が成り立ちそうにも思われる。しかし，一部の原告が訴えを取り下げることによって，いったん自らも訴えを提起して適法に係属させた訴訟を，不適法にしてしまうことは，矛盾した行動である。また，訴えが不適法却下になるという結果は，共同訴訟人にとって不利益なことである。これらのことから，本書は無効説を支持する。判例も無効説を採用している。[17]

共同訴訟人の一部に対する相手方の訴訟行為は共同訴訟人の全員につきその効力が生じる（40条2項）。

---

17) 前掲注10) 最判昭和46年10月7日。ちなみに，最判平成6年1月25日民集48巻1号41頁は，被告側の固有必要的共同訴訟で，原告が一部の被告につき訴えを取下げた事案でも，この取下げは無効であるとした。

共同訴訟人の一人につき訴訟手続の中断または中止の原因が生じると，訴訟手続全体が中断または中止する（40条3項）。また，手続の統一的進行を維持するため，期間も一様に進行するから，裁判の確定も全員につき上訴期間が満了したときに生じる。同じ理由から，弁論の分離は許されず，また，終局判決についても常に共同訴訟人全員を名宛人にしなければならないという意味で，一部判決は許されない。

第4節　同時審判の申出がなされた場合の特則

1　同時審判の申出の意義

同時審判の申出とは，共同被告の一方に対する訴訟の目的である権利と共同被告の他方に対する訴訟の目的である権利とが法律上併存し得ない関係にある場合において，弁論および裁判の分離（弁論の分離と一部判決）の禁止を求める原告の申立てであり，これが行われると，裁判所は弁論・裁判を分離することができなくなる（41条1項）。

共同被告のそれぞれに対する請求が併存し得ない関係にあるというのは，たとえば，Y_1の代理人Y_2を通して，Y_1と契約を締結したと主張するXが，Y_1に対しては契約上の義務の履行を，Y_2に対しては，Y_2が無権代理人であったと認定される場合に備えて，無権代理人の責任（民117条1項）を追求する訴えを提起する場合である。このような共同訴訟において弁論・裁判が分離されると，Y_1に対する請求については，Y_2が無権代理人であったとの理由で，これを棄却する判決が，Y_2に対する請求については，Y_2が真正な代理人であったとの理由で，これを棄却する判決がそれぞれ確定してしまう可能性がある。同時審判の申出は，このような内容的に矛盾する判決によって原告が双方の請求について敗訴してしまうことを回避するために，現行民事訴訟法の立法のさいに創設された制度である。

同時審判の申出をすることができるのは，控訴審の口頭弁論終結時までである（41条2項）。また，この申出は当初からの共同訴訟の場合のほか，弁論の併合（152条）により共同訴訟になった場合にも，することができる。原告はこの申出を控訴審の口頭弁論終結時までいつでも取り下げることができる（規19条1項）。

2　同時審判の要件

同時審判がなされる要件は，①原告の申出あること，②共同被告に対する請求が法律上併存し得ないことである。

②の請求が併存し得ない場合の例は先に示した。それ以外に，たとえば，契約上の義務の履行を請求する訴訟で，契約の相手方が共同被告のうちのどちらか一方であることはたしかであるが，いずれであるかが分からない場合のように，請求が事実上併存し得ない場合にも，同時審判の申出が認められるかは，議論の余地がある。41条の文言が「法律上併存し得ない関係にある場合においてのみ」とあるので，このような場合には申出は認められないと解すべきである。

3　同時審判の申出後の手続

弁論および裁判の分離が禁じられても，審理には，共同訴訟人独立の原則（39条）が適用される。したがって，たとえば，被告一人の自白は，原告とその被告の関係でのみ効力を生じるので，自白した被告に対する請求のみが判決に熟すという事態が起こり得る。また，被告の一人に中断・中止事由が生じても，他の被告との関係では審理を続けることができるので，他の被告に対する請求は判決に熟すという事態も起こり得る。これらの場合裁判所は判決に熟した請求についてのみ判決を下すこと，言い換えれば裁判の分離をすることができるという見解もある。この見解は，裁判の分離によって，判決を下すことができる請求について早期の判決を実現できる点を，自説のメリットと考えているのであろう。しかし，このような処理は41条1項の文言に反する。そして，原告は，早期の判決を望むならば，同時審判の申出を取り下げることができる（規19条1項）。したがって，原告がこれを取り下げないかぎり，裁判所は裁判の分離をしてはならないと解すべきである。

同時審判の申出がなされた場合でも，訴訟物についての当事者の処分権限が否定ないし制限されることはない。したがって，被告のうちの一人に対する請求の放棄，被告の一人による請求の認諾は可能である。また原告と被告一人の間で訴訟上の和解を成立させることも可能である。

4 控訴審での手続

　第一審で同時審判の申出がなされ，全請求につき同時に裁判がなされ，かつ全請求につき控訴が提起された場合，控訴裁判所は弁論および裁判を併合しなければならない（41条3項）。これにより審判の統一が確保される。

　しかし，一部の請求についてだけ控訴が提起された場合には，矛盾のない判決は保障されなくなる。たとえば，前述の，XがY₁に対しては契約上の義務の履行を，Y₂に対しては無権代理人の責任を追及する共同訴訟で，第一審でY₂は無権代理人であったと認定して，Y₁に対する請求を棄却し，Y₂に対する請求を認容したところ，Y₂のみが控訴を提起したとする。そうすると，XのY₁に対する請求を棄却する判決は確定する。しかし，控訴審ではY₂が真正の代理人であると認定され，第一審判決が取り消され，請求棄却になり，その判決が確定する可能性もある。それでは，Xが第一審で同時審判の申出をしたことが無意味になると考える余地もある。しかし，Xは，Y₁に対する請求棄却判決につき念のため控訴を提起しておくことによって，このような事態になることを回避することができたのであるから，そうしなかった場合に，このような不利益を甘受させることは，Xにとって苛酷なこととはいえない。

　なお，共同被告に対する請求が法律上併存し得ない共同訴訟においては，仮に同時審判の申出がなされなくても，実際には弁論の分離や一部判決はなされず，同時に判決がなされることが多いであろう。そして全請求につき控訴が提起されたなら，原告は控訴審の口頭弁論終結時までに同時審判の申出をすることができる（41条2項はこのことを前提にした規定である）。

　同時審判の申出がなされ，その要件が満たされているにもかかわらず，弁論・裁判が分離されれば，その手続は違法である。両事件がなお同一審級に係属中であれば，裁判所はあらためて両事件を併合しなければならない。一方の事件が上級審に，他方の事件が原審に係属している場合には，上級審が原判決を取り消しまたは破棄して，事件を原審に差し戻したうえで，原審が両事件を併合すべきである。両事件とも同一の上級の同一裁判所に係属していれば，その裁判所が両事件を併合することになる。

5　同時審判の申出と訴えの主観的予備的併合

　旧法下では，訴えの主観的予備的併合を認めるべきか否かについて，見解が分かれていた。**訴えの主観的予備的併合**とは，数人に対する請求ないし数人の請求が両立し得ない関係にあり，かつ，いずれが認められるか判断しがたい場合に，共同訴訟の形態をとりつつ，各請求に順位を付けて訴えを提起することである。その場合の審理は必要的共同訴訟に準じて行われるものとされている。このような併合形態を肯定する立場は，それが原告にとって便宜であり，また，紛争の矛盾のない解決を可能にするということを理由としていた。他方これを否定する立場は，予備的被告の地位を不安定にするということを主な理由にしていた。判例は主観的予備的併合を認めていなかった。[18]

　このような状況の下で現行民事訴訟法の立法作業が開始された。その当初においては，訴えの主観的予備的併合を認める規定を置くことも考慮された。しかし，結局，立法担当者は旧法下でのこの併合形態をめぐる見解の対立を考慮して，同時審判の申出の制度を設けた。両者の違いは，訴えの主観的予備的併合では，主位的被告に対する請求を認容する判決がなされれば，予備的被告に対する判決はなされないのに対して，同時審判の申出がなされた訴訟では，すべての被告に対して判決がなされる点にある。

　このように両者に違いがあるので，現行法下でも同時審判の申出による訴訟のほかに訴えの主観的予備的併合という訴訟形態を認めることができるかという点についてなお議論があり，肯定する学説もある。しかし，訴えの主観的予備的併合には，予備的被告の地位が不安定であるという，大きな問題点があること，および，旧法下での議論を踏まえて同時審判の申出の制度が設けられたことを考慮すると，現行民事訴訟法下では訴えの主観的予備的併合は許されないものと解すべきである。

第5節　訴えの主観的追加的併合（共同訴訟参加を含む）

　共同訴訟は，通常，複数の原告が訴えを提起する，または複数の被告に対して

---

18)　最判昭和43年3月8日民集22巻3号551頁（百選II 167）。

訴えが提起されることにより生じる。この場合は、訴訟係属の当初から共同訴訟になっており、原始的共同訴訟ということができる。それに対して、訴訟係属開始後に第三者が原告側または被告側に加わりまたは加えられることによって、共同訴訟になることがあり、これを後発的共同訴訟ということができる。後発的共同訴訟の原因として、一つには弁論の併合（152条1項）がある。これは裁判所の訴訟指揮によって事後的に共同訴訟の状態を作るものである。これに対して、係属中の訴訟の当事者の意思と行為により第三者を当事者に加えることによって、または第三者みずからがその意思と行為により原告側または被告側に加わることによって、後発的共同訴訟が生じることがある。それを**訴えの主観的追加的併合**という。訴えの主観的追加的併合が明文規定で定められている場合がある。

それが共同訴訟参加である。**共同訴訟参加**とは、訴訟の目的が当事者の一方および第三者について合一にのみ確定すべき場合に、第三者が共同訴訟人として訴訟に加わることである（52条1項）。この「当事者の一方および第三者について合一にのみ確定すべき場合」とは、その訴訟の判決の既判力が第三者に及び、そのため、その第三者が当事者であれば、合一確定の必要があり、したがって類似必要的共同訴訟になる場合である。その例としては、株主が提起した株主総会決議取消しの訴えに、他の株主が加わることを挙げることができる（会社831条・838条）。ちなみに、参加とは、本篇第3章、第4章で説明されるように、第三者が原告、被告のいずれとも異なる訴訟上の地位に就くことであるが、共同訴訟参加は、上で述べたように、これを行った第三者は原告か被告のいずれかに加わるのであるから、後発的共同訴訟の原因であって、本来の訴訟参加ではない。その名称に「参加」という言葉が入っているのは、係属中の訴訟に第三者が参入するからであろう。

このように明文規定で定められている場合以外に、訴えの主観的追加的併合を認めるべきかについては、見解が分かれている。たとえば、損害賠償請求訴訟の原告が、被告以外にも自分に損害を加えた者がいるとして、この者を被告に追加することができるか否かということが問題になった。判例は、このような事案では、原告は被告になっていない加害者に対して、別訴を提起し、従来の訴訟とこの新たな訴訟が併合されることによって、複数の加害者に対する請求を一つの手続で審判できるので、明文規定で認められているわけではない訴えの主観的追加的併合は認められないとしている。[19]

第6節　選定当事者

1　選定当事者の意義

選定当事者とは，共同の利益を有する多数の者の中から総員のために原告または被告となるものとして選ばれたものである（30条1項）。たとえば，同一の事故（航空機事故，鉄道事故，工場爆発など）による多数の被害者の中から1人または数人を原告として選定する場合である。この場合，選定した者を選定者，選定されて原告または被告となった者を選定当事者という。選定当事者による判決の効果は選定者に及ぶ（115条1項2号，民執23条1項2号）。選定当事者は，法が明文規定で認めた任意的訴訟担当である。

> 現行民事訴訟法の立法過程においてアメリカ法上のクラス・アクションやドイツ法上の団体訴訟を参考にした制度の創設が検討された。クラス・アクションは，大規模な紛争，たとえば，大量生産された欠陥製品による事故や公害における損害賠償をめぐる紛争において，賠償請求をしようとする多数の者が構成するグループ（これを「クラス」と呼ぶ）の中から1名または数名が個別の委任なくして当事者になることを許し，その者が行った訴訟の判決の効力がグループ（クラス）全員に及ぶことにする制度である。団体訴訟は，同様の大規模訴訟につき，法が一定の法人格ある団体に当事者適格を付与する制度である。現行民事訴訟法の制定にあたっては，結局これらの制度の創設は時期尚早として見送られた。
>
> その後，消費者契約法の一部改正（平成19年施行）により，いわゆる消費者団体訴訟制度が導入された。これは，事業者などが消費者契約の締結について法に違反する勧誘行為をした場合，もしくは契約条項を使用した場合，またはそのおそれがある場合に，内閣総理大臣の認定を受けた消費者団体がその行為の差止請求の訴えを提起できるという制度である。限定された領域ではあるが，現行民事訴訟法の立法過程において検討されたことの一部が結実したものということができる。

2　選定の要件

選定は「共同の利益を有する多数の者」の間で行われる（30条1項）。共同の利益が要件とされるのは，これを欠くものが選定当事者になると，弁護士代理の

19）　最判昭和62年7月17日民集41巻5号1402頁（百選［5版］96）。

潜脱になるからである。共同の利益は，多数当事者間に共同訴訟人となり得る関係があり，各人の（原告側の場合）または各人に対する（被告側の場合）請求が同一の事実上または法律上の原因に基づき，かつ主要な攻撃防御方法が共通であるときに，認められる。具体的には，先に挙げた同一事故の多数の被害者が典型例であるが，そのほか，保険会社との間で約款を争う同種の保険金請求権者，賃貸借関係をめぐって共同で賃貸人と争っている賃貸アパートの住人（賃借人）などが共通の利益を有する者である。ただし，このような多数者が法人でない社団を組織し，その社団に当事者能力（29条）が認められるときは，その社団が当事者となることができるので，選定当事者によることはできない（30条1項）。次に「多数の者」については，本来は相当の人数が予定されているのであろうが，特段の決まりがあるわけではなく，二人でもよい。

3 選定の時期

選定は，訴え提起前から行うことができるが，訴訟係属後に行われた場合には，選定者は自動的に——ということは，とくに脱退の行為をするまでもなく[21]——訴訟から脱退する（30条2項）。訴え提起前の選定は，原告側については想像しやすいであろう。しかし，紛争が生じて，複数の者を共同被告とする訴えの提起が予想される事態になったときに，この者達の間で，自分たちに対する訴えの提起に備えて，選定が行われることがあり得る。

訴訟係属開始後に，原告または被告でなかった者が原告または被告を自己のためにも原告または被告となるべき者として，選定することができる（30条3項）。たとえば，一つの事故の多くの被害者のうちの一部の者が提起した損害賠償請求訴訟が原告・被害者側に有利に進んでいるときに，当初訴えを提起しなかった被害者がそれまでの原告を自己のための選定当事者とすることができる。このような選定は，旧民事訴訟法には設けられておらず，現行民事訴訟法において導入されたものであり，これによって権利侵害を受けている者，とくに経済的・社会的弱者の権利保護を容易にするものと期待できる。

---

20) 大判昭和15年4月9日民集19巻695頁（百選［初版］12），最判昭和33年4月17日民集12巻6号873頁（百選［第3版］16）。
21) この点は，後述（本篇第4章第4節 **2**）の独立当事者参加における従前の当事者の脱退（48条）と対照的である。

4 選定の方法，選定の取消し，選定当事者の変更

選定当事者の資格は訴訟上の書面をもって証明する必要がある（規15条後段）。

選定は各自が個別的に行う。たとえば，一つの事故の被害者である X_1〜X_{100} の100名が提起する損害賠償請求訴訟で，X_2〜X_{30} は X_1 を選定し，X_{32}〜X_{98} は X_{31} を選定し，X_{99}，X_{100} は選定をしないで訴訟を実施することが可能である。この場合，訴訟は，X_1，X_{31}，X_{99}，X_{100} の4名の共同訴訟になる。このような損害賠償請求訴訟は，本来通常共同訴訟であるから，これら4名の共同訴訟人による訴訟も通常共同訴訟である。しかし，もし X_5〜X_{100} が X_1〜X_4 の4名を共同の選定当事者に選定したならば，訴訟はこれら4名の共同訴訟人による必要的共同訴訟になる。

いったん選定がなされても，選定の取消し，選定当事者の変更（取消しと同時に他のものを選定すること）が可能である（30条4項）。ただし，選定の取消しおよび変更の効果は，相手方に通知しないと，生じない（36条2項）。

5 選定当事者の資格喪失

選定当事者は死亡，選定の取消しによってその資格を失う。選定当事者には訴訟能力が必要であるから，同人に成年後見開始決定がなされた場合も，同様である。ただし，選定者が複数の選定当事者を選定している場合，一部の選定当事者が資格を喪失しても，他の選定当事者が訴訟を追行することができる（30条5項）。他方，選定当事者全員が資格を喪失した場合，およびもともと一人しかいない選定当事者が資格を喪失した場合，すなわち選定当事者が一人もいなくなった場合については，規定がない。選定により選定者は訴訟追行権（当事者適格）を喪失するので，選定者全員または新たな選定当事者が受継するまで，訴訟手続は中断する（124条1項6号）。ただし，選定当事者が資格を喪失する前に訴訟代理人に訴訟委任をしていた場合は，このかぎりでない（同条2項・58条3項）。

なお，選定者に死亡や能力の喪失があっても，選定当事者の資格には影響がなく（58条の類推），したがって，訴訟の中断も生じない。

6 選定当事者の地位

選定当事者は，自分を選定した者全員および自身の訴訟について訴訟当事者と

して訴訟を追行する資格を持つ（多数いる紛争当事者のうちの一部から選定された選定当事者は，自分を選定しなかった者の訴訟については当事者として訴訟を追行する資格を持たない）。選定当事者は，一切の訴訟行為をすることができる。訴訟代理人の場合，特別の委任がないとなし得ない，反訴の提起，訴えの取下げ，訴訟上の和解，請求の放棄・認諾など（55条2項1号－5号）もなし得る。選定当事者はこの点で訴訟代理人より広い権限を持っているといえる。

　選定当事者が受けた判決の効力は選定者に及ぶ（115条1項2号）。給付判決であれば，執行力も選定者に及ぶ（民執23条1項2号）。したがって，この判決に基づき選定者のために（選定者側が債権者・給付訴訟の原告側の場合）または選定者に対して（選定者側が債務者・給付訴訟の被告側の場合）強制執行をすることができる。[22]

---

[22] 選定当事者が受けた判決に基づき，実際に選定者のためにまたは選定者に対して強制執行を行うためには，承継執行文の付与を得なければならない（民執27条2項）。

第3章　補助参加と訴訟告知

第1節　補助参加

1　補助参加の意義

補助参加とは，他人間に係属中の訴訟に，その訴訟の結果に利害関係を持つ第三者が自己の利益を守るために，当事者の一方を補助してこれを勝訴させるべく，当該訴訟に参加することである（42条）。たとえば，X（原告）が，自分は債権者であり，Y（被告）が連帯保証人であると主張して，Yに対して連帯保証債務の履行を求める訴えを提起した場合，その訴訟の係属中に，Xによって主債務者だと考えられているZが，Yを勝訴させるために，補助参加することがある。この場合，参加する第三者（上の例ではZ）を**補助参加人**，これに補助される当事者（上の例ではY）を**被参加人**という。

補助参加人は，共同訴訟人と異なり，当事者の地位に就く者ではなく，あくまでも被参加人に付随した者として訴訟を追行するに過ぎず，また自己の名で判決を受けることもない。そのため，補助参加人は従たる当事者といわれることもある。しかし，補助参加人は，自己の名において，かつ自己の計算において訴訟行為をなす点で，訴訟代理人とも異なる。

なお，補助参加人が訴訟に参加するのは，前述のように被参加人を勝訴させるためであるが，それは必ずしも被参加人に対する厚意からであるとは限らない。たとえば，先の主債務者とされるZが連帯保証人とされるYを勝訴させるために補助参加するのは，Yが敗訴して，連帯債務を履行させられると，次に自分がYから求償されることになるが，それを避けたいがためである。このことを理解しておくことは，補助参加および第2節で取り上げられる訴訟告知に関する諸問題に適切に対処するために，必要である。

2　補助参加の要件

補助参加の要件，すなわち補助参加ができるために必要なのは，他人間に訴訟が係属中であること，および，補助参加人が訴訟の結果に利害関係を有することの二つである。

(1)　他人間の訴訟の係属

訴訟が係属していれば，その段階について制限はない。上告審でもよい。終局判決の確定後は原則として補助参加の余地はないが，被参加人となるべき当事者者が再審の訴えを提起できるときは，これとともに補助参加を申し出ることができる（43条2項・45条1項本文）。

42条の文言上，補助参加は第三者が訴訟に参加することであるから，補助参加人は当然に当事者以外の者である。しかし，通常共同訴訟の場合，各共同訴訟人と相手方の間にそれぞれ別個の請求が存在するのであるから，各共同訴訟人は，他の共同訴訟人と相手方の訴訟に関しては，第三者である。それゆえ，各共同訴訟人は，(2)で説明する補助参加の利益が存するかぎり，他の共同訴訟人および相手方に補助参加することができる〔参考判例1〕。

〔参考判例1〕　最判昭和51年3月30日判タ336号216頁＝判時814号112頁（百選Ⅱ170）

【事案の概要】　Xは，Zが保有し運転する自動車とY₁が保有しY₂が運転する自動車が交差点で衝突した反動により傷害を受けたとして，Z，Y₁，Y₂（以下，Y₁，Y₂を「Yら」という）を共同被告として損害賠償請求訴訟を提起した。第一審はXのZに対する請求をほぼ全面的に認容し，Yらに対する請求を棄却した。Zは自己に対する判決については控訴しなかったが，Yらも損害賠償責任を免れないとして，自分の訴訟の相手方であるXへの補助参加を申し立てると同時に，Xを控訴人とする控訴を提起した。控訴審は補助参加を適法としたうえで，Yらへの請求を棄却した部分を取り消し，Yらに損害賠償の支払を命じた。そこでYらが，Zの補助参加には補助参加の利益がないと主張して上告を提起した。

【判　旨】　上告棄却

　本件においては「被上告人（Xのこと－著者）と上告人ら（Yらのこと－著者）の間の本件訴訟の結果いかんによって補助参加人（Zのこと－著者）の被上告人に対する損害賠償責任に消長をきたすものではないが，本件訴訟において上告人らの被上告人に対する損害賠償責任が認められれば，補助参加人は被上告人に対し上告人らと各自損害を賠償すれば足りることとなり，みずから損害を賠償したときは上告人らに対し求償し

得ることになるのであるから，補助参加人は，本件訴訟において，被上告人の敗訴を防ぎ，上告人らの被上告人に対する損害賠償責任が認められる結果を得ることに利益を有するということができ，そのために自己に対する第一審判決について控訴しないときは第一審において相手方であった被上告人に補助参加することも許されると解するのが，相当である。」

（2） 訴訟の結果についての利害関係

補助参加をするには，補助参加人が係属中の訴訟の結果に利害関係を有していなければならない（42条）。この利害関係を**補助参加の利益**または**補助参加の理由**という。

この利害関係は法律的なものでなければならない。すなわち，補助参加人の法的地位が判決によって影響を受ける場合でなければならない。ただし，判決の効力（既判力）が補助参加人におよぶことまでは要求されていない。たとえば，前述の例で，債権者Xと連帯保証人Yとの間での訴訟の判決の既判力は主債務者Zには及ばないが，XY間の確定判決で連帯保証債務の履行として金銭の支払が命じられると，その結果ZはYから求償権を行使されるおそれがある。したがって，XY間の判決の主文中の判断がZの法的地位に影響を及ぼすといえる。株主代表訴訟（会社847条）において会社に被告である役員側への補助参加の利益があるかについては，下級審裁判例では結論が分かれていたが，判例はこれを肯定し，会社の役員側への補助参加を認めた。

利害関係が法律的なものでなければならないということの反面として，事実上の利害関係があるだけでは，補助参加の利益があるとはいえない。たとえば，当事者が敗訴すると，自分も同種の訴えを提起されるおそれがあるということは，補助参加の利益にならない。また，当事者の敗訴により当事者の財産が減り，扶養を受けることができなくなる，さらに自分が相続する相続財産が減るというおそれだけでは，補助参加の利益は認められない。

なお，利害関係の存在が補助参加の要件であるとすれば，これを欠く補助参加

---

1) この訴訟の反射的効力がYに及ぶかについては，議論がある（第4篇第1章第3節**3（3）iii**）。
2) 最判平成13年1月30日民集55巻1号30頁（百選［3版］A40）。
3) この点について，大審院時代の判例は分かれている。大決昭和7年2月12日民集11巻119頁は本書と同旨であるが，大決昭和8年9月9日民集12巻2294頁（百選［初版］16）は，このようなおそれは補助参加の利益になるとしている。

の申出は却下されるはずである。しかし，実際には，被参加人またはその相手方が後述の補助参加の申出に対する異議を申し立てないかぎり，裁判所は補助参加の利益の有無を判断することはなく，申出が却下されることもない。

3 補助参加の手続

補助参加の申立て（申出）は，参加の趣旨および理由を明らかにして（43条1項），書面または口頭で行う（規1条1項）。参加の趣旨とは，どの訴訟のいずれの当事者に補助参加するかということである。

申立ての一般的要件（補助参加人の当事者能力，訴訟能力など）は裁判所が職権で調査し，これが欠けていれば，参加の申立てを却下する。

参加の利益については，当事者，すなわち被参加人またはその相手方が異議を述べた場合にかぎり，調査が行われる。当事者が異議を述べずに補助参加人とともに（被参加人の場合），または補助参加人に対して（被参加人の相手方の場合）口頭弁論で弁論しまたは弁論準備手続で申述をすると，異議権を喪失する（44条2項）。当事者が異議を述べた場合には，補助参加人は参加の理由を疎明しなければならず，裁判所は参加を許すか否かを，決定で裁判する（44条1項）。この裁判に対して当事者および補助参加人は即時抗告を提起できる（44条3項）。

4 補助参加人の訴上の地位と訴訟追行

(1) 補助参加人の訴訟上の地位

補助参加人は真の当事者ではなく，従たる当事者であるから，その死亡，能力喪失などによって訴訟手続は中断しない（124条1項1号・3号参照）。ただし，補助参加人は自己の計算において訴訟に関与する者であるから，期日の呼出しや訴訟書類の送達は補助参加人に対しても行われなければならない。

(2) 補助参加人の訴訟追行

補助参加人は，原則として，被参加人を勝訴させるために有益な一切の訴訟行

---

4) 名古屋高決昭和43年9月30日高民21巻4号460頁＝判タ232号121頁＝判時546号77頁（続百選23）は，本文で述べられているおそれから補助参加の利益を肯定している。ただし，これは，金銭の支払いを求める訴訟の被告が失踪しており，その妻が補助参加を申し出た事案であり，事案の特殊性が考慮されたものと推測される。しかし，この特殊性も補助参加の利益を基礎付けるものではない。不在者の財産に関する訴訟については，財産管理人の選任によって対応すべきであって，配偶者であっても補助参加制度を利用しての対応は法の予定するところでない。

為をすることができる（45条1項本文）。ただし，補助参加人は従たる当事者に過ぎないから，その訴訟行為には以下の制限が加えられる。①参加当時の訴訟状態上，被参加人がすることのできない訴訟行為は，補助参加人もすることができない（45条1項但書）。たとえば，時機に後れた攻撃防御方法の提出（157条1項），中間判決（245条）のあった事項に関する提出，上告審（法律審）における新事実の提出はすることができない。②被参加人の行為と抵触する行為を補助参加人がすることはできず，その行為は無効である（45条2項）。ここに「抵触する」の意味であるが，被参加人が先に行った行為と矛盾する行為はもちろんこれに当たる。しかし，先に補助参加人がある行為をしたが，被参加人が遅滞なくこれを取り消し，またはこれと矛盾する行為をした場合も，これに当たる。

また，明文規定があるわけではないが，補助参加人は，①被参加人に不利な行為，たとえば，自白，訴訟上の権利の放棄，請求の放棄・認諾，②判決によらずに訴訟を終了させる行為，たとえば，訴えの取下げ，訴訟上の和解，請求の放棄・認諾（これは①の行為でもある），③訴えを変更する行為，たとえば，訴えの変更，反訴の提起をすることはできないと解されている。

補助参加人が被参加人の私法上の権利など（たとえば，取消権，相殺権，時効の援用）を訴訟上行使できるかについては，見解が分かれているが，とくに法律上許されている場合（たとえば民423条〈債権者代位権〉・436条2項〈連帯債務者の一人による相殺〉・457条2項〈保証人の相殺〉）以外は，補助参加人はなし得ないものと解すべきである。

5 補助参加人に対する判決の効力

（1） 補助参加の効力の本質

判決の効力は，一定の要件が備われば，補助参加人に及ぶ（46条）。

この効力の本質について，かつては，これを既判力が補助参加人に拡張されるものとみる見解が通説であった。この見解は既判力説といわれる。既判力説によれば，この効力は判決主文中の判断のみにつき（114条1項参照），かつ補助参加人と被参加人の間のみならず，補助参加人と被参加人の相手方の間にも生じることになる。

しかし，この効力に後述の除外例が認められていること，および，この効力が後述の（本章第2節4）訴訟告知の場合には，被告知者が参加していなくても生

じるとされていることは，既判力の本質とは相容れない。そこで，この効力は既判力とは異質なものであり，補助参加人が被参加人と共同して訴訟を追行したことによる共同責任を基礎として生じる，補助参加人に，裁判所が行った判断と矛盾する主張を禁じる特殊な効力であると解すべきである。補助参加の効力に関してこのように解する見解は，参加的効力説といわれ，現在の通説であり，判例も同説を採用している。[5]

このように，この効力の基礎が補助参加人と被参加人が共同で訴訟を追行したことによる共同責任であるとすれば，この効力は補助参加人と被参加人の間に限って，しかも被参加人敗訴の場合にのみ生じるものと解される。同様の理由から，この効力は，判決主文中の判断に限定されず，判決理由中の判断にも生じるものと解される。たとえば，Zから土地を買い，その土地上に建物を建てて居住しているYを被告として，自分こそその土地の所有者であると主張するXが土地所有権に基づく建物収去土地明渡請求の訴えを提起したところ，ZがYに補助参加したが，結局Xの請求を認容する判決が確定したとする。その判決理由の中で，Zはもともと当該土地の所有権を有していなかったと判断されていた。このような事例で，理由中のZの土地所有権を否定する判断は，補助参加人であるZを拘束する。その結果，後にYがZに対して損害賠償請求（追奪担保責任追及）の訴えを提起した場合，Zは，自分が土地の所有者であったと主張することができなくなる。

（2）　補助参加の効力の除外

補助参加人に対する判決の効力は，補助参加人が十分に訴訟を追行することができなかった事情がある場合には，発生しない。具体的には，①参加当時の訴訟状態上もう手遅れで必要な訴訟行為をなし得なかったとき（45条1項但書・46条1号），②補助参加人の訴訟行為が被参加人の訴訟行為と抵触して効力が生じなかったとき（45条2項・46条2号），③被参加人が補助参加人の訴訟行為を妨げたとき（46条3号），④補助参加人がなし得ない訴訟行為を被参加人が故意または過失によってしなかったとき（同条4号）である。

---

5) 最判昭和45年10月22日民集24巻11号1583頁（百選［第5版］103）。

6 共同訴訟的補助参加

（1） 共同訴訟的補助参加の意義

　判決の既判力が第三者に及び，かつ，第三者が当事者適格を有する場合には，その第三者は共同訴訟人になることにより，または，共同訴訟参加（本篇第2章第5節参照）をすることにより，当事者となって，自己の利益を守ることができる。しかし，判決の効力を受ける第三者が独自の当事者適格を持たず，当事者となることができない場合がある。たとえば，破産財団に属する財産に関する訴訟においては，破産者は当事者になることができず，破産管財人が当事者になる（破80条）が，判決の効力は破産者に及ぶ（115条1項2号）。このような第三者が自己の利益を守るためには，補助参加をなし得るに過ぎない。しかしこの場合には，判決の効力が補助参加人にも及ぶことが考慮されて，解釈論上，補助参加人の地位の被参加人への従属性が一定の限度で修正され，（2）で述べるように，補助参加人に，ある程度独自に訴訟を追行する権限が付与されるものと解されている。この点で，補助参加人に共同訴訟人に準じる地位が認められているともいえる。このような参加の形態を**共同訴訟的補助参加**という。

（2） 共同訴訟的補助参加人の地位

　共同訴訟的補助参加人は被参加人の行為と矛盾する行為も行うことができる（40条1項類推）。たとえば，被参加人が自白した事実を否認することができる。また，上訴期間も被参加人とは独立して起算される。

　しかし，共同訴訟的補助参加人は，あくまで従たる当事者であるから，判決には補助参加人と表示され，訴えの取下げ，訴訟を終了させる行為（請求の放棄・認諾，訴訟上の和解），訴訟を変更させる行為（訴えの変更，反訴の提起）を行うことはできない。同じ理由から，共同訴訟的補助参加人に生じた事由により訴訟が中断・中止することもないと解されている。

　共同訴訟的補助参加人と被参加人との間には補助参加の効力が生じる。

第2節　訴訟告知

1　訴訟告知の意義

訴訟告知とは，訴訟係属中に当事者が当該訴訟に利害関係を有する第三者に訴訟係属の事実を法定の形式をもって告知することである。たとえば，債権者Xから連帯保証債務の履行を訴求されたYが，主債務者Zに訴訟告知をすることが考えられる。告知する者（上の例ではY）を**告知者**，告知された者（上の例ではZ）を**被告知者**という。

訴訟告知によって，被告知者に補助参加の機会が与えられるとともに，告知者としては，自己が敗訴した場合に，被告知者に——実際に同人が補助参加したか否かにかかわりなく——補助参加の効力を及ぼして，敗訴の責任を分担させることができる。たとえば，上記の連帯保証人であるYが主債務者であるZに訴訟告知をした事例では，Y敗訴の判決が確定して，Yが連帯保証債務を履行すれば，Zが実際に補助参加したか否かにかかわらず，YがZに対して求償義務の履行を請求する訴訟を提起した場合，Zは主債務の存在および，Yがこの主債務の連帯保証をしたことを，否定することはできない。

2　訴訟告知の要件

訴訟告知の要件は，①訴訟係属中であること，②訴訟告知をなし得る者がこれをすること，③被告知者になり得る者に対してなされることである（53条1項）。

訴訟告知をなし得る者とは，当事者および補助参加人（53条1項・45条1項本文）ならびにこれらの者から訴訟告知を受けた者である（53条2項）。

被告知者になり得る者は，補助参加できる者（53条1項），すなわち補助参加の利益を有する者である。ただし，実際にそうでない者に対して訴訟告知がなされても，裁判所がこれを排斥するということはない。被告知者に補助参加の利益があったか否かは，その訴訟の判決確定後に，**4**で説明する訴訟告知の効力が生じるか否かという問題になって現れる。

3 訴訟告知の手続

　訴訟告知は，告知者が訴訟告知の理由および訴訟の程度を記載した書面を提出することによって行う（53条3項）。訴訟告知の理由とは，被告知者が補助参加をなし得る利害関係人であることである。訴訟の程度とは，訴訟がいかなる段階に進んでいるかということである。裁判所は，訴訟告知の書面を被告知者および告知者の相手方に送達しなければならない（規22条1項-3項）。

4 訴訟告知の効力

　訴訟告知がなされても，被告知者が当然に補助参加人になるわけではなく，補助参加するか否かは，被告知者の自由である。しかし，被告知者は告知者に補助参加の利益があるかぎり，たとえ実際には補助参加をしなくても，あるいは，直ちに参加せず遅れて参加しても，告知を受けて参加することができた時点で参加したのと同様の参加人に対する判決の効力を受ける（53条4項）。ただし，補助参加の効力は，補助参加人に補助参加の利益があることを前提に，生じるのであるから，訴訟告知によって被告知者が補助参加の効力を受けるのも，被告知者に補助参加の利益がある場合に限られる〔参考判例2〕。

〔参考判例2〕　最判平成14年1月22日判タ1085号194頁＝判時1776号67頁（百選〔第5版〕104）
【事案の概要】　本件は，家具などの販売業者であるXがYに対して，Yが施主となって建築されたカラオケボックスに納入したテーブルおよびいすなど（以下「本件商品」という）の売買代金の支払いを請求した訴訟である。本件に先立ちXは，カラオケボックスの建築業者Aに対して，本件商品を納入したとして，その代金の支払いを請求する訴訟を提起していた（以下「別件訴訟」という）。別件訴訟でAは，本件商品はYが直接注文したものであると主張したため，XはYに訴訟告知をしたが，Yは補助参加をしなかった。別件訴訟では，本件商品の支払いに関する部分については請求を棄却する判決が出され，確定した。その理由中で，本件商品を購入したのはAではなくYであるとの判断が示された。そこで，Xが本件訴訟を提起した。原審は，別件訴訟における訴訟告知による参加的効力により，Yが，本件商品の買主がYであるとの判断と異なる主張をすることは許されないとして，買主がYであるか否かという点についての認定をすることなく，本件商品代金請求を認容した。Yから上告。
【判決理由】　破棄差戻し

「旧民訴法70条（現行民訴46条－著者）所定の効力は，判決の主文に包含された訴訟物たる権利関係の存否についての判断だけではなく，その前提として判決の理由中でされた事実の認定や先決的権利関係の存否についての判断などにも及ぶものであるが（最高裁昭和45年(オ)第166号同年10月22日第一小法廷判決・民集24巻11号1583頁参照），この判決の理由中でされた事実の認定や先決的権利関係の存否についての判断とは，判決の主文を導き出すために必要な主要事実に係る認定及び法律判断などをいうものであって，これに当たらない事実又は論点について示された認定や法律判断を含むものではないと解される。けだし，ここでいう判決の理由とは，判決の主文に掲げる結論を導き出した判断過程を明らかにする部分をいい，これは主要事実に係る認定と法律判断などをもって必要にして十分なものと解されるからである。そして，その他，旧民訴法70条所定の効力が，判決の結論に影響のない傍論において示された事実の認定や法律判断に及ぶものと解すべき理由はない。」

第4章　独立当事者参加

第1節　独立当事者参加の意義

　独立当事者参加とは，係属中の訴訟に第三者が原告，被告の双方または一方を相手方として参加することである（47条1項）。参加する者が原告とも被告とも異なる地位に立つ点で，共同訴訟と異なる。また，従たる当事者に止まるのではなく，独立した当事者の地位に立っている点で，補助参加と異なる。独立当事者参加がなされた場合，これに参加してくる者を参加人という。

　旧民事訴訟法下では，規定（旧民訴71条前段）[1]が不明確であったため，当事者（原告，被告）の一方のみを相手方とする独立当事者参加（片面的独立当事者参加）も可能であるか否かについて，見解が分かれていた。判例はこれを認めなかったが〔参考判例1〕，学説上は認めるべきとの見解も有力であった。現行民事訴訟法は47条1項によりこれを明確に認めている。

〔参考判例1〕　最大判昭和42年9月27日民集21巻7号1925頁（百選Ⅱ174）
【事案の概要】　Xは自己が所有すると主張する建物（以下「本件建物」という）を占有しているY$_{1-3}$（以下「Yら」という）に対して建物明渡請求の訴えを提起した。本件建物はもともとZが所有しており，Zが訴外Aに負っている債務のため抵当権を設定し，その抵当権が実行されて，Xが競落し，所有権移転登記も経由している。Zは，XYら間の訴訟に独立当事者参加をしたが，本件建物中増築部分はAの抵当権の目的物の範囲に含まれていなかったとの理由に基づき，Xに対して増築部分の所有権確認，および増築部分につきYらに対する明渡請求権が存在しないことの確認を請求するのみで，Yらに対してはなんらの請求も立てなかった。第一審は，XのYらに対する請求を認容し，ZのXに対する参加請求を失当として棄却した。第一審判決に対してYらのみが控訴を提起し，Zは控訴を提起しなかった。原審（控訴審）は控訴を棄却した。この控訴審判決に対してYらとZが上告した。

---

1) 旧民事訴訟法71条前段の条文は以下のとおりである。「訴訟ノ結果ニ因リテ権利ヲ害セラルヘキコトヲ主張スル第三者又ハ訴訟ノ目的ノ全部若ハ一部カ自己ノ権利ナルコトヲ主張スル第三者ハ当事者トシテ訴訟ニ参加スルコトヲ得」

【判　　旨】　Yらの上告棄却（この点は，独立当事者参加の構造に関連しないので，理由は省略する），Zの上告の適否については，職権で調査し，上告を却下。

「民訴法（旧民事訴訟法のこと－著者）71条の参加の制度は，同一の権利関係について，原被告および参加人の三者が互に相争う紛争を一の訴訟手続によって，一挙に矛盾なく解決しようとする訴訟形態であって，右三者を互にてい立（傍点原文），牽制しあう関係に置き，一の判決により訴訟の目的を全員につき合一にのみ確定することを目的とするものと解するを相当とする。したがつて，同条に基づく参加の申出は，常に原被告双方を相手方としなければならず，当事者の一方のみを相手方とすることは許されないと解すべきである。

……上告人Zが第一審において被上告人（Xのこと－著者）のみを相手方としてなした参加申出は，その実質は新訴の提起と解すべきである……。この新訴につきその口頭弁論を本訴の口頭弁論に併合して審理し，一個の判決で裁判することを妨げるものではない（民訴法132条〈現行民訴152条1号－著者〉）。……第一審判決に対して，一審被告 Y_1 外2名（上告人 Y_1 外2名）のみが控訴し，参加請求につき敗訴した参加人Z（上告人）が控訴しなかったことは前記のとおりであるから，参加請求に関する部分については，判決は確定したものというべきで」ある。

第2節　独立当事者参加の要件

独立当事者参加をなし得るためには，以下の二つの要件が満たされていなければならない。

1　他人間の訴訟の係属

独立当事者訴訟は，参加人が他人間の訴訟に参加する訴訟形態であるから，当然，他人間に訴訟が係属していなければならない。ただし，独立当事者参加は，実質上訴えの提起であるから，法律審である上告審での参加は許されない。[2]

2　訴訟の結果によって参加人の権利が侵害されるおそれのあること，または，訴訟の目的の全部もしくは一部が参加人に帰属する旨を主張するものであること（47条1項）

前者の場合の参加を**詐害防止参加**または**権利侵害防止参加**といい，後者の場合

2）　最判昭和44年7月15日民集23巻8号1532頁（百選Ⅱ176）。

の参加を**権利主張参加**という。

(a) 詐害防止参加の要件である，権利侵害のおそれがある場合とは，いかなる場合であるかについては，議論がある。この参加が詐害的訴訟から第三者の利益を守ることを目的として設けられたものであることからすれば，当事者がその訴訟を通して第三者（参加人）を害する意思を持つものと，客観的に認められる場合であると解すべきである。たとえば，交通事故の被害者と称するXと加害者と称するYの間で，保険会社Zから保険金を詐取（きしゅ）するために，馴れ合い（なれあい）で損害賠償請求訴訟が行われている場合が，これに当たる。そのさい，Zは，Xに対してはYに対する損害賠償請求権の不存在確認を，Yに対しては損害賠償債務の不存在確認を請求することになる。ただし以下の点に注意する必要がある。たしかに，ZはXY間の損害賠償請求訴訟の結果に法的な利害を有している。しかし，その利益を守るためであれば，本来Zは補助参加によることになる。ただし，補助参加人は従たる当事者であり，なし得る訴訟行為に制約が課されているから（くわしくは，本篇第3章第1節**4(2)**参照），本訴の当事者が詐害意思をもって訴訟を追行している場合，馴れ合い訴訟を防ぐことができない。詐害防止参加が認められるのは，このためである。したがって，本訴の当事者が詐害の意思を持っておらず，通常の訴訟追行をしていれば，Zは補助参加はできるが独立当事者参加はできない。言い換えれば，本訴の当事者が詐害意思をもって訴訟を追行していることが，詐害防止参加の要件である。そして，詐害意思の存在は本訴における当事者の具体的な訴訟行為（訴訟活動），たとえば，請求の認諾，期日の不出頭，主張の懈怠[3]（怠ること。たとえば，口頭弁論期日への不出頭，準備書面の不提出），自白などから認定される。[4]

(b) 権利主張参加の要件は，参加人が主張する請求またはそれを理由付ける権利主張が，原告・被告間の訴訟における原告の請求またはそれを理由付ける権利主張と理論的に両立し得ないことである。その例として以下の事例を挙げることができる（本編の冒頭に掲げた④の事例と同じである。ただし，当事者を現すアルファベットが変わっている）。不動産の所有権が登記簿上ZからX，XからYにそれぞれ売買を原因に移転しているが，Xが，XY間の売買の無効を理由に，XからY

---

3) 大判昭和9年8月7日民集13巻1559頁（百選［初版］17）。
4) 最判昭和42年2月23日民集21巻1号169頁（続百選25）。

への所有権移転登記抹消請求の訴えを提起したところ，Z が ZX 間の売買も無効であると主張して，X から Y への所有権移転登記だけでなく，Z から X への所有権移転登記抹消請求する訴えを提起して，本訴に参加することである。

なお，〔参考判例1〕も，参加人が本訴に独立当事者参加をして自己の権利を主張しようとした事案である。ただし，参加人としては，本訴の原告に当該建物の増築部分につき自己の所有権を認めさせればよく，本訴の被告との間には紛争が存在しなかった。〔参考判例1〕は，前述のように，このような片面的当事者参加を認めなかったが，現行民事訴訟法は明文規定をもってこれを認めている（47条1項）。

第3節　独立当事者参加の手続

1　独立当事者参加の申出

　独立当事者参加の申出の手続は補助参加の申出（43条）に準じると規定されている（47条4項）。しかし，補助参加の申出は口頭でも行うことができるが（規1条1項），独立当事者参加の申出は，実質上訴えの提起であるから，簡易裁判所以外の裁判所では書面によらなければならず（47条2項。133条1項・271条参照），この書面は当事者双方に送達されなければならない（47条3項）。

　裁判所は参加の要件を調査するが，これを欠く場合でも，独立した訴えとしての要件を具備していれば，参加の申出を別訴として処理すべきである。それも具備していなければ，独立当事者参加の申出は実質的には訴えの提起であるから，判決によって却下することになる。

2　独立当事者参加訴訟の審理

　独立当事者参加の制度は，三者が主体となっている紛争を統一的に解決することを目的としている。この目的を実現するために，審理は必要的共同訴訟に準じて行われる（47条4項による40条1項－3項の準用）。具体的には，以下のようになる。①二当事者間で行われた訴訟行為が他の当事者に不利益を及ぼすであろう場合には，不利益を受ける当事者が承認しないかぎり，その効力は生じない（40条1項の準用）。②一人より一人に行った訴訟行為は，他の一人にも行ったことになる（40条2項の準用）。③一人につき訴訟手続の中断・中止の事由が発生すれば，

訴訟全体が停止する (40条3項の準用)。ただし，訴訟行為の期間（たとえば，上訴期間）は各人につき個別に計算する。弁論の分離や一部判決はなし得ない。

3 独立当事者参加訴訟における一人の上訴

　独立当事者参加訴訟においては複数の者の間の請求について判決がなされる（三面的当事者参加では，本訴の原告と被告，参加人と原告，参加人と被告の間であり，片面的当事者参加では，本訴の原告と被告，参加人と原告または被告の一方の間）。また，独立当事者参加訴訟では，三者間で主張ないし利害が衝突しているので，一人の主張が認められれば，他の二人の主張は成り立たないのが原則的な状態であり，それゆえ，一人が勝訴し他の二人が敗訴することが多い。[5] その場合に，敗訴者のすべてが上訴すれば，三者間のすべての請求が上訴審に移審し，上訴の相手方が被上訴人になる。しかし，敗訴者の一人が上訴したとき，上訴しなかった敗訴者は上訴人なのか，被上訴人なのかということが問題になる。この問題については諸説が錯綜しているが，本書は以下のような考え方をとる。上訴しなかった敗訴者は，上訴人の地位にも被上訴人の地位にも就かないが，独立当事者訴訟における合一確定の必要のため，判決中この者に対する部分についても確定遮断効と移審効が生じる。そして，上訴審が原判決を変更する場合，同じく合一確定の必要のため，この部分についても上訴しなかった者に有利になるような変更がなされ得る。[6]

　具体的な例として以下のような独立当事者参加の事例を考えてみよう。X（原告）のY（被告）に対するある物の所有権確認請求訴訟に，Z（参加人）が，所有権は自分に帰属すると主張して，X，Y双方に対する所有権確認請求を立てて，参加したということを共通の事実関係とし，①この訴訟の第一審判決が，XのYに対する請求を棄却し，Z（参加人）のXおよびYに対する請求を認容するも

---

5) 最判昭和50年3月13日民集29巻3号233頁（百選 [第2版] 36）では，原告，被告間は被告が勝訴（原告の請求棄却，被告が提起した反訴認容），参加人，被告間でも被告が勝訴（参加人の請求棄却，被告が提起した反訴認容）しているが，参加人，原告間では参加人が勝訴（参加人の請求認容）している。これは，参加人の原告に対する請求がやや特殊であり，本文で述べた原則的な状態ではなかったからである。
6) 最判昭和48年7月20日民集27巻7号863頁（百選 [第5版] 106）も，上訴を提起しなかった敗訴者の地位について上訴人とも被上訴人とも明言せずに，この者に対する判決も合一確定のために必要な限度で変更できるとする。これに対して，前掲注5)最判昭和50年3月13日は，判決理由中で上訴を提起しなかった敗訴者は被上訴人の地位に就くと明言している。

のであったが（いわば，Z の一人勝ち），第一審判決に対して X だけが控訴を提起した場合，および，②第一審判決が X の Y に対する請求を認容し，Z の X および Y に対する請求を棄却するものであったが（いわば，X の一人勝ち），第一審判決に対して Y だけが控訴した場合である。①の場合に，控訴審が第一審判決を取り消して，X（原告）の Y（被告）に対する請求を認容するならば，合一確定の必要から，Z（参加人）の Y に対する請求を棄却することになる。原告の請求を認容することと参加人の請求を認容することは相容れないことだからである。しかし，②の場合に，控訴審は，仮に第一審判決を取り消して，X（原告）の Y（被告）に対する請求を棄却するとしても，控訴を提起していない Z（参加人）の X および Y に対する請求を認容することはできない。なぜなら，原告の請求も参加人の請求もともに成り立たないということ（上記の例に即していえば，当該物の所有権が原告と参加人のいずれにも帰属しないこと）は論理的にあり得ることであり，したがって X の請求を棄却しても，合一確定の必要から第一審の Z の請求棄却を変更しなければならなくなるということはないからである。

第 4 節　二当事者訴訟への還元

　独立当事者参加によって生じた三面的（三面的当事者参加の場合）または二面的（片面的当事者参加の場合）訴訟関係は，訴えもしくは当事者参加の取下げまたは訴訟脱退によって二当事者訴訟関係に還元される。

1　訴えまたは独立当事者参加申出の取下げ

　参加後も原告は訴えを取り下げることができる。ただし，261 条 2 項による相手方の同意については，被告のみならず参加人の同意も必要であると解されている。独立当事者参加訴訟により三者間の紛争が矛盾なく解決することについては，参加人も利益を有しているからである。取下げ後は，参加人の当事者双方に対する共同訴訟になる。
　参加人は，訴えの取下げに準じて参加申出を取り下げることができる。その後は，原告・被告間の訴訟が残る。

---

7)　原告の被告に対する請求ならびに参加人の原告および被告に対する請求は本文の設例におけるような所有権確認ではないが，前掲注 6) 最判昭和 48 年 7 月 20 日は類似した事案である。

2　訴訟脱退

　権利参加の場合，第三者の参加により，本訴の原告または被告が，自らは当事者として訴訟に止まる必要がなくなると考える場合がある。たとえば，金銭支払請求訴訟で，被告が金銭債務の存在自体を認め，ただ，原告と第三者のいずれが債権者であるかがわからないため，原告の請求を争っていたが，その第三者が参加を申し出たので，その点について裁判所の判断に従うつもりでいる場合，あるいは，参加人が，原告から被告に対する債権を譲り受けたと主張して，参加を申し出たところ，原告が債権譲渡の事実を認め，紛争の解決を参加人と被告との間の訴訟に委ねようとする場合である。これらの場合に，従来の当事者（前の例であれば被告，後の例であれば原告）をなお当事者の地位にしばり付けておく必要はない。そこで，この者は相手方当事者の同意を得たうえで，訴訟から脱退することができる（48条前段）。ただし，判決の効力は脱退者にも及ぶ（同条後段）。

第5章　訴訟承継および任意的当事者変更

第1節　訴訟承継，当事者の交代，当事者の変更の意義

　たとえば，①自然人の当事者Aが死亡した場合，それによって訴訟を終了させることも考えられないことではないが，Aの相続人BがAに代わってあらたに当事者の地位を受け継いで，訴訟を続けることも考えられる。②土地所有者であると主張するCが，土地上に建物を建ててこれを所有しかつ占有（居住）しているDに対して建物収去土地明渡請求の訴えを提起したところ，DがEに当該建物を譲渡し，建物の所有権および占有がEに移転した場合，被告の地位をDに代わってEに受け継がせることが考えられる。③FがG会社に対して，売買代金支払請求の訴えを提起したところ，審理の過程で，買主はG会社ではなく，その代表取締役であるHであることが判明した場合，被告をGからHに変更することが考えられる。

　①の場合に当事者が死者Aから相続人Bに代わるとすれば，②の場合に被告がDからEに代わるとすれば，そして③の場合に被告がG会社からHに代わるとすれば，当事者が交代したことになる。そこでこれらを**当事者の交代**という。これらのうち，①と②においては，交代前の当事者と交代後の当事者の間に何らかの意味で地位の連続性がある。そこでこれらの場合を**訴訟承継**という。そのうち，①の場合を**当然承継**という。当事者の死亡のような承継原因があると，相続人のような承継人や他方の当事者の意思に関係なく，したがって，これらの者の申立てがなされなくても，承継が行われるので，この名称になっている。②の場合を**特定承継**という。承継が，係争物の譲渡という，特定の権利義務の移転にともなって行われるので，この名称になっている（「係争物の譲渡」の正確な意味については，本章第3節1で説明される）。また，①の場合のように，訴訟承継が関係者の意思に関係なく行われるのではなく，所定の者の申立てがあってはじめて行われる点でも，①と②は異なる。③では，仮に交代が認められれば，交代前の当事者であるG会社と交代後の当事者であるHの間に法律的な関係はない（もちろん，

HはG会社の代表取締役であるという関係はあるが，Fとの紛争に関するかぎり，それは事実上の関係である)。また，この交代は法律の規定によって認められたものではなく，当事者の意思によって行われる。そこで，この場合の当事者の交代は**任意的当事者変更**といわれる（以上に説明した当事者の交代を分類すると，〔図表1〕のようになる)。

〔図表1〕 当事者の交代

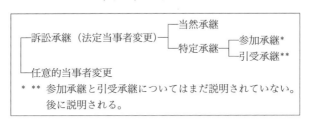

第2節 当然承継

1 当然承継の原因

（1） 当然承継の原因と訴訟手続の中断の原因

たとえば，当事者の死亡は当然承継の原因であるが，それによって訴訟手続は中断する。このように訴訟手続の中断の原因があると，当然承継が行われる場合が多い。別の言い方をすれば，訴訟手続の中断の原因と当然承継の原因の多くは重なっている。124条1項に中断事由が列挙され，かつ，中断事由ごとに訴訟手続を受け継ぐべき者が規定されているのは，このことによる。ただし，中断原因があっても当然承継が行われない場合，および，当然承継が行われても訴訟手続が中断しない場合もあるので，当然承継の原因と訴訟手続の中断の原因が完全に一致しているわけではない（くわしくは，本節3で説明される)。

（2） 個々の当然承継の原因

（a） 当事者の死亡 当事者が自然人である場合，その当事者の死亡により訴訟は原則として中断し，相続人が承継する。しかし相続財産管理人，その他法令により訴訟を続行すべき者（たとえば，遺言執行者）がいるときは，これらの者が承継する（124条1項1号)。ただし，相続人は，相続を放棄することができる

あいだは（民915条・921条参照），訴訟手続を受け継ぐことができない（124条3項）。また，請求が相続の対象となり得ない権利，すなわち一身専属的権利である場合には，当事者の死亡によって訴訟は終了する〔参考判例1〕。

> 〔参考判例1〕 最大判昭和42年5月24日民集21巻5号1043頁（百選Ⅱ A46）
> 【事案の概要】 本件は朝日訴訟といわれ，憲法の分野で有名な判例である。Xは生活保護を受けていたが，福祉事務所の要求により兄から仕送りを受けることになったため，生活保護を減額する保護変更処分を受けた。Xはこの処分は憲法が保障する生存権（憲25条）を侵害するとの理由で，処分の取消訴訟（行政事件訴訟）を提起した。訴訟が上告審に係属中にXが死亡し，Xの養子A，Bが訴訟承継を申し立てた。
> 【判　旨】 最高裁判所は主文において訴訟終了の宣言をした。
> 　生活保護を受ける権利は「被保護者自身の最低限度の生活を維持するために当該個人に与えられた一身専属の権利であって，他にこれを譲渡し得ないし（59条参照），相続の対象ともなり得ないというべきである。……されば，本件訴訟は，上告人の死亡と同時に終了し，同人の相続人A，同Bの両名においてこれを承継し得る余地はないもの，といわなければならない。」（*59条は生活保護法59条である）

　（b）　当事者の合併　　当事者が法人である場合，その当事者の合併によって生じた法人または合併後に存続する法人が訴訟を承継する（214条1項2号）。

　（c）　信託財産について受託者などが当事者となっている訴訟における信託関係の終了原因に基づく受任の終了　　新たな受託者などが訴訟を承継する（214条1項4号イ・ロ・ハ）。

　（d）　一定の資格に基づく法定訴訟担当や職務上の当事者の死亡その他の事由による資格の喪失　　資格の例としては，倒産手続における管財人，すなわち破産管財人（破80条），再生管財人（民再67条1項）および更生管財人（会更74条1項）のほか，船長（商811条2項）を挙げることができる。新たな資格者がその任務として訴訟を承継する（124条1項5号）。

　（e）　選定当事者の全員の死亡その他の事由による資格の喪失　　選定者（選定当事者を選定した者）の全員または新たな選定当事者がその資格に基づいて，訴訟を承継する（124条1項6号）。なお，選定当事者の一部が死亡し，または資格

---

1) ほかに，最判昭和51年7月27日民集30巻7号724頁（百選Ⅱ180）がある。養親の一人の死亡後，残った養親が提起した養子縁組取消訴訟の係属中に原告が死亡した場合，養子縁組取消請求権は一身専属的権利であるから，訴訟は終了するとされた事例である。

を喪失したときは，他の選定当事者が選定者全員のために訴訟を実施することができ（30条5項），訴訟手続の中断および訴訟承継は行われない。

　（f）　破産手続開始決定または破産手続の終了　　（a）－（e）は124条1項に列挙されている当然承継の原因である。それ以外に破産手続開始決定と破産手続の終了も当然承継の原因になる。すなわち，破産手続開始決定により破産財団所属財産についての管理処分権およびそれに基づく当事者適格は破産者から破産管財人に移転するので，破産管財人が職務上当然に破産者の承継人になる（破44条1項・2項参照）。一方，破産手続の終了によって破産者の当事者適格が復活するので，破産管財人を当事者とする訴訟について破産者が訴訟を承継する（破44条4項・5項参照）。

2　受継の申立ておよび裁判

　承継原因の発生により訴訟手続が中断した場合，承継人または相手方は受継を申し立てることができる（126条）。この申立ては書面によってなされなければならない（規51条1項）。この申立がなされると，裁判所は，承継人として申立てをした者または申し立てられた者の適格を職権で調査し，適格を欠くと認めるとき（たとえば，相続人として訴訟承継を申し立てた者が，相続人でないと認定するとき）は，申立てを却下する（128条1項）。却下の決定に対しては抗告を提起することができる（328条1項）。裁判所は，適格を認めれば，承継人に訴訟への関与を許す。当事者からの申立てがなされなくても，裁判所は職権で訴訟手続の続行を命じることができる（129条）。受継が行われた後でも，適格のないことが判明すれば，裁判所は終局判決でこれを排斥する。

3　訴訟手続の中断，当然承継および受継の関係

　先に，訴訟手続の中断の原因と当然承継の原因が完全に一致しているわけではないと述べた（本節1(1)）。両者が一致しないのは，以下の場合である。

　まず，当事者の訴訟能力の喪失または法定代理人の死亡もしくは代理権の消滅は訴訟手続の中断事由である。これらの事由が生じた場合，実際にその後訴訟は以下の者が追行することになる。すなわち，当事者の訴訟能力の喪失（たとえば，当事者につき後見開始の審判〈民7条〉がなされること）の場合は，これにともない選任される法定代理人である。法定代理人の死亡もしくは代理権の喪失の場合は，

あらためて選任される法定代理人である。ただし，代理権の消滅が，当事者本人が訴訟能力を取得ないし回復したとき（たとえば，未成年者の当事者が成年に達したとき，成年被後見人の当事者につき後見開始の審判が取り消されたとき〈民10条〉）は，以後本人が訴訟を追行することになる（124条1項3号）。しかし，このように中断の前後で実際に訴訟を追行する者はたしかに代わるが，当事者自体は前後を通して本人であり，変わらないから，訴訟承継がなされるわけではない。ちなみに，本節1(2)に，当然承継の原因として(a)から(e)までの事項が挙げられ，それらは124条1項1号から6号に対応する事項であるが（そのほかに，破産法が規定する(f)も挙げられているが），3号が規定する当事者の訴訟能力の喪失などだけが挙げられなかったのは，このためである。なお，このように，実際に訴訟を追行する者が交代すること，または交代を申し立てることを**訴訟手続の受継**という。訴訟手続の受継は124条1項各号（3号も含む）の事由または破産手続開始決定もしくは破産手続の終了により訴訟手続が中断する場合には，必ずなされる。

　次に，124条1項各号の訴訟手続の中断事由が生じても（たとえば，自然人である当事者が死亡し，もしくは後見開始の審判を受け，または法人である当事者が合併しても），当事者に訴訟代理人がいる場合には，訴訟手続は中断しない。この場合には，訴訟代理人が訴訟承継をなすべき者（たとえば，相続人など〈124条1項1号〉，合併によって設立された会社など〈同条同項2号〉）の訴訟代理人として，訴訟行為を行う[2]。ただし，当事者は代わっているので（124条1項3号の中断は別），代理人は中断事由の発生を裁判所に書面で届け出なければならず（規52条），届出がなされると，裁判所は承継人を当事者として扱わなければならない。

第3節　特定承継

1　係争物の譲渡

　特定承継は，係争物の譲渡を原因として行われる訴訟承継である。**係争物の譲渡**とは，訴訟の目的である権利・義務の譲渡のことであり，訴訟物の譲渡よりも

---

[2]　ただし，124条1項3号による訴訟中手続の中断の場合は，当事者自体は変わらないので，そのまま従来の当事者の代理人として訴訟行為を行う。

広い概念である。たとえば，貸金返還請求訴訟の係属中に，訴訟物である貸金債権が原告から第三者に譲渡された場合，または貸金債務につき第三者が被告から債務引き受けをした場合が，係争物の譲渡にあたり，訴訟承継の原因となることは当然である。しかしそれ以外にも，①土地所有者であると主張するXが，土地上に建物を建ててこれを所有しかつ占有しているYに対して建物収去土地明渡請求の訴えを提起し，訴訟係属中に当該土地をZ_1に譲渡し，土地の所有権がXからZ_1に移転した場合，または②同じ訴訟の係属中にYが当該建物をZ_2に譲渡し，建物の所有権および占有がYからZ_2に移転した場合（第1節に挙げた②の場合であるが，関係者を示すアルファベットが変わっている）もこれに当たる。さらに，③Yが当該建物をZ_3に賃貸し占有させている場合にも，判例は，係争物の譲渡がなされたとみて，後述の訴訟引受を認めている[3]（①－③の各事例を図で示すと，〔図表2〕のようになる）。これらの場合には，訴訟物自体が譲渡されたわけではないが，XからZ_1への土地の譲渡，YからZ_2への建物の譲渡あるいはYからZ_3への建物の占有の移転によってその訴訟における当事者適格がZ_1，Z_2あるいはZ_3に移転したといえる。そのことが訴訟承継の原因になる。

〔図表2〕 係争物の譲渡の例

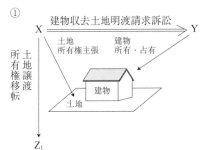

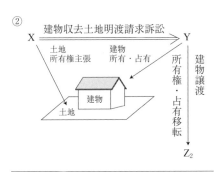

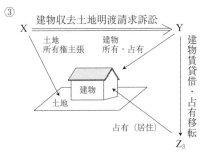

---

3) 最判昭和41年3月22日民集20巻3号484頁（百選［5版］109）。

2 訴訟承継主義と当事者恒定主義

1で述べたように，わが国の民事訴訟法は，訴訟係属中に係争物の譲渡がなされた場合，承継人を訴訟に加入させ，従来の当事者の訴訟上の地位を承継させている。これを**訴訟承継主義**という。旧民事訴訟法も訴訟承継主義を採用していた。

訴訟係属中の係争物の譲渡の場合については，このほかに，**当事者恒定主義**がある。これによると，係争物の譲渡は従来の当事者の訴訟上の地位に影響を及ぼさず，したがって，従来の当事者がそのまま訴訟を追行するが，判決の効力は承継人にも及ぶことになる。

当事者恒定主義の下では，従来の当事者が係争物の譲渡後も熱意をもって適切に訴訟を追行することが必ずしも期待できないので，承継人の利益が損なわれる危険が存在する。この点が当事者恒定主義の欠点である。しかし他方，訴訟承継主義の下では，一方の当事者が係争物を譲渡した場合，その相手方は，譲受人に判決の効力を及ぼさせるためには，訴訟の受継（引受）を申し立てておかなければならない。相手方が譲渡の事実に気付かず，そのためこの申立てをしなければ，判決の効力は譲受人に及ばない。とくに，被告側が係争物を譲渡したため，原告が請求認容の確定判決を得ても，譲受人に判決の効力を及ぼすことができないという事態は，十分に起こり得る。たとえば，上記の②の事例で，建物収去土地明渡請求訴訟の係属中に，Xが知らないあいだに，Yが当該建物をZ_2に譲渡してしまった場合，または③の事例で，Yが建物をZ_3に賃貸し，建物の占有がZ_3に移転してしまった場合には，たとえXがYに対して請求認容の確定判決を得ても，判決の効力はZ_2およびZ_3には及ばず，この判決に基づいてZ_2やZ_3に対して強制執行をすることもできない。この点が訴訟承継主義の欠点である。ちなみに，建物のYからZ_2への譲渡またはYからZ_3への占有の移転が行われたのが口頭弁論終結後であれば，Z_2，Z_3は口頭弁論終結後の承継人であり，両名に判決の既判力，執行力を及ぼすことができる（115条1項3号，民執23条1項3号）。その結果，Yを被告とする請求認容判決に基づいてZ_2またはZ_3に対して強制執行をすることも可能になる。しかし，譲渡または占有移転の時期が口頭弁論終結前であれば，そのような対応はできない。

ただし，原告（上記の例ではX）は，このような不利益を回避するための手段として，処分禁止の仮処分および占有移転禁止の仮処分を利用することができる。すなわ

ち，これらの仮処分の効力により，訴訟係属中に被告（債務者。前述の例ではY）による係争物（前述の例では建物）の第三者への譲渡（前述の例ではZ_2への譲渡）または占有移転（前述の例ではZ_3への占有移転）がなされたとしても，原告（債権者）は従前の当事者である被告をそのまま当事者として訴訟を追行し，それによって獲得した請求認容の確定判決の効力を譲受人（Y_2）や賃借人（Y_3）に及ぼすことができる(民保64条・62条)。仮処分のこのような効力を**当事者恒定力**という。[4]

3　参加承継と引受承継が行われる場面

特定承継には参加承継と引受承継とがある。**参加承継**とは，承継しようとする者が自ら訴訟参加を申し立てて行う特定承継である。**引受承継**とは，従来の当事者の一方が，相手方から第三者への承継を申し立てて行う特定承継である。

多くの場合，参加承継を申し立てるのは権利承継人であり，引受承継を申し立てるのは義務承継人の相手方であろう。前述の，土地所有者Xが土地上の建物の所有者Yに対して提起する建物収去土地明渡請求訴訟の例に即していえば，通常考えられるのは，Xから土地を譲り受けたZ_1が参加承継を申し立てるケース，ならびに，Xが，Yから建物を譲り受けたZ_2もしくは建物を賃借し，占有の移転を受けたZ_3の訴訟引受（引受承継）を申し立てるケースである。しかし，訴訟が義務者であると主張されている者（前述の例ではY）に有利に進行していて，その勝訴が期待できる場合には，義務者が権利の譲受人（前述の例ではZ_1）に訴訟を引き受けさせようと望むこともあり得る。また，このような場合には，義務承継人（前述の例ではZ_2，Z_3）が自ら進んで訴訟に参加しようと望むこともあり得る。かつ，訴訟承継が前主の訴訟上の地位を受け継ぐことであるとすれば，権利承継人に対する引受承継および義務承継人の参加承継を認めることに，特段の障害はないはずであり，むしろそれらは合理的なことである。そこで現行民事訴訟法は権利継人と義務承継人の双方について参加承継および義務承継がともに可能であることを，明文規定をもって定めている。すなわち，49条が権利承継人の参加承継を，50条が義務承継人に対する引受承継を規定したうえで，51条前半部分が前者の規定を義務承継人の訴訟参加に，また，同条後半部分が後者の規定を権利承継人に対する引受承継に準用することにしている。

旧民事訴訟法においては，同法73条が権利承継人（権利の譲受人）の参加承継を，

[4) 最判昭和46年1月21日民集25巻1号25頁（百選Ⅱ183）。

74条が義務承継人に対する訴訟引受を規定するのみであった。旧法施行後しばらくの間の学説や実務では，規定の文理に忠実に権利承継人の参加承継と義務承継人に対する引受承継のみが可能であるとの見解が支配的であった。しかしその後の通説・判例は，73条・74条は参加承継，引受承継が行われる通常の場合を例示しているに過ぎないと解して，義務承継人の参加申立ても権利承継人に対する引受承継もともに認められるとしていた。つまり，現行民事訴訟法においては，旧法下の通説・判例の考え方が明文化されたのである。

4 参加承継

　承継人は独立当事者参加の手法を利用して当事者になる（49条・51条）。たとえば，前述の①の場合，Z_1は参加申出にあたり，Yに対しては建物収去土地明渡請求を，Xに対しては土地所有権確認請求を立てることが考えられる。ただし，現行民事訴訟法は片面的独立当事者参加を認めている（47条1項）ので，XZ_1間に争いがなければ，Xに対する所有権確認請求を立てる必要はない。参加承継の申出が独立当事者参加の手法によりなされ，かつ独立当事者参加の申立ては実質上訴えの提起であることから，参加承継の申出は事実審の口頭弁論終結時までになされなければならない。

　このように，参加承継は独立当事者参加の手法によって申し出られる。しかし，一般の独立当事者参加においては，参加人は従前の当事者のいずれにも由来しない独自の訴訟上の地位に立つのに対し，参加承継の場合には，後述のように，承継の時点までに生じた前主（被承継人）の訴訟上の地位を受け継ぐ点で，両者は異なる。49条は，文言上は，当事者（被承継人，前主）がなした訴え提起の効果である時効中断効および法律上の期間の遵守の効果が承継人にも及ぶことを規定しているに過ぎない。しかし，その前提として，訴訟状態全体が承継されるものと，解されている。

　参加によって，被承継人である当事者が訴訟から当然に脱退するわけではなく，脱退は当事者の意思により48条に従って行われる。一部承継の場合（たとえば，5000万円の貸金返還請求訴訟の係属中に，3000万円につき貸金債権を譲り受けた者が参加承継した場合）や，被承継人が承継原因を争う場合（たとえば，貸金返還請求訴訟の

---

5) 義務承継人の参加承継につき，最判昭和32年9月17日民集11巻9号1540頁（百選II 181）。
6) 大判昭和13年12月26日民集17巻2585頁。

係属中に，原告から全額につき貸金債権を譲り受けたと主張する者が参加承継を申し立てたが，原告が債権譲渡の事実を否定する場合）には，独立当事者参加の手続構造が残る。

5　引受承継

　被承継人の相手方である当事者は，承継人である第三者の訴訟引受を裁判所に申し立てることができる（50条1項）。申立ては事実審の口頭弁論終結までになされなければならない[7]。

　申立ては，期日においてする場合のほかは書面でする（規21条）。引受承継の申立てがなされると，裁判所は決定によって，第三者に訴訟を引き受けさせるか否かを裁判するが（50条1項），そのさい第三者を審尋しなければならない（同条2項）。申立てを却下する裁判に対しては抗告を提起することができる（328条1項）。第三者に訴訟を引き受けさせる決定がなされた場合，自分は承継人ではないと主張する第三者は，この決定に対して抗告を提起することはできず（283条），自己を当事者として下される終局判決に対して上訴を提起して，この点を争うことになる。

　訴訟承継人が訴訟を引き受けても，前主（被承継人）である当事者が訴訟から当然に脱退するわけではない。しかし，前主は，相手方の同意を得たうえで，訴訟から脱退することができる。その場合，判決の効力は前主にも及ぶ（50条3項・48条）。

6　訴訟承継の効果

　訴訟承継の効果として，承継人は被承継人によるそれまでの訴訟の追行に基づく訴訟状態上の地位を受け継ぐ。具体的には以下のようになる。

　従前の弁論，証拠調べおよび裁判の効力は承継人に及び，あらためてこれをやり直す必要はない。前主が既に訴訟上できなくなった訴訟行為は，承継人もこれをなし得ない。たとえば，既に時機に後れた攻撃防御方法の提出（157条1項），前主（被承継人）が自白した事実を争うこと，中間判決（245条）のあった事項に関する提出は，承継人もすることができない。

---

7)　最決昭和37年10月12日民集16巻10号2128頁。

7 特定承継後の手続の特則

　承継後は，当然承継の場合，および特定承継の場合で被承継人が脱退したときには，被承継人の相手方と承継人の間で訴訟が行われ，前述のように，従前の手続の効果が承継人にも及ぶが，その後の手続について特段の規定は存在しない。しかし，特定承継の場合で被承継人が脱退しないときの手続については，以下のような特則が設けられている。

　まず，権利承継人による参加承継の場合は，それが独立当事者参加の方式でなされると規定されている（49条）ことから，必要的共同訴訟における審理に関する規定である40条1項－3項が準用される（47条4項）。義務承継人による参加承継については，51条前半部分が47条を準用しているので，47条4項を通して40条1項－3項が準用される。

　次に，義務承継人に対する引受承継の場合は，参加承継の場合と異なり，必要的共同訴訟に関する規定（41条）の準用は定められていない。しかし，引受決定があった場合には同時審判の申出があった場合に準じた扱いがなされる（50条3項による41条1項・3項の準用）。これにより，承継後の手続において弁論および裁判の分離が禁じられる。同時審判の申出は，共同被告に対する法律上併存し得ない請求が，相互に矛盾する理由に基づいてともに否定されることによる，原告の不利益を防止するための制度であるが，引受承継後も被承継人が脱退しないで当事者の地位に止まるときの，引受申立人の立場は上記の原告の立場と類似している。たとえば，XのYに対する債務の履行請求訴訟の係属中にZが免責的債務引受を行ったとして，XによるZの引受承継が申し出られた場合に，弁論・裁判の分離がなされると，XのYに対する請求は，債務引受がなされたとの理由で棄却され，Zに対する請求は，債務引受はなされていないとの理由で棄却されることがあり得る。義務承継人に対する引受承継の場合に，同時審判の申出がなされた場合に準じた扱いがなされるのは，このような両者の場合の類似性によるためである。

　また，51条後半部分は権利承継の場合における引受承継に50条の規定を準用しているので，この引受承継にも50条を通して同時審判の申立てに関する規定のうち41条1項・3項が準用されることになる。その結果，引受承継を申し立てた被告も矛盾する理由で二重に敗訴する危険を回避することができる。

第4節　任意的当事者変更

　当然承継にせよ特定承継にせよ，いずれも法定の原因に基づく当事者の交代である（当然承継は124条1項3号を除く各号，破44条1項・2項・4項・5項。特定承継は49条－51条）。法律の規定によらず，当事者の意思によって行われる当事者の交代を**任意的当事者変更**という。たとえば，XがY会社に対して，売買代金支払請求の訴えを提起したところ，審理の過程で，買主はY会社ではなく，その代表取締役であるZであることが判明した場合（第1節に挙げた③の場合であるが，関係者を示すアルファベットが変わっている），当事者をYからZに変更することができれば，少なくとも原告にとっては便利である。

　任意的当事者変更の法的性質について，原告側の変更は，新原告による訴えの提起，裁判所による新旧両訴訟の併合および旧原告による被告に対する訴えの取下げがから構成されており，被告側の変更は，原告による新被告に対する訴えの提起，裁判所による新旧両訴訟の併合および原告による旧被告に対する訴えの取下げから構成されているとの考え方が，実務（下級審裁判例）で採用されており，[8]学説上も多数説である。それによると，任意的当事者変更は，被告の応訴後は，被告の同意がなければなし得ない（261条2項）。また，交代前に実施された訴訟手続の結果は交代後の訴訟には活用できないことになる。さらに，訴え提起にともなう時効中断効や出訴期間遵守(じゅんしゅ)の効果も変更後の訴訟には受け継がれないことになる。その上，新旧両訴訟を併合するか否かは裁判所の裁量によるので（152条1項），原告が当事者の変更を望んでも，必ず実現するという保証はない。そのようなことであれば，任意的当事者変更を認める実益は著しく小さなものになってしまうという見方もできる。そこで，学説の中には，任意的当事者の変更を単一の特殊な行為であるとみて，変更前の訴訟の結果を変更後の訴訟に活用することが可能になるとの考え方を主張するものもある。しかし，それでは，とくに被告の変更の場合，変更後の被告は，自らが関与していない変更前の訴訟の結果を負わされることになり，手続保障がはたされないことになる。このことを考

---

[8]　大阪高判昭和29年10月26日下民5巻10号1787頁，名古屋地豊橋支判昭和49年8月13日判時777号80頁など多数。

慮するならば，前述の実務が採用し学説上多数説である考え方には，十分な理由があるといえる。

　ただし，前述の，XがY会社に対して売買代金支払請求の訴えを提起したところ，買主がY会社の代表取締役であるZであったというような場合には，訴訟が実質上Zによって追行されているケースが多いと思われるが，そのようなケースであれば，従前の訴訟の結果をZに及ぼしても，同人の手続保障に欠けることはないであろう。任意的当事者変更という点では同じであっても，このようなケースと新被告が従前の訴訟に関与していなかったケースとで結論を分けることは，妥当性の観点からも手続保障の観点からも是認される。したがって，このようなケースにかぎり，任意的当事者変更において変更前の訴訟の結果が変更後の当事者に及ぶものと考えることができる。

第 7 篇　簡略な手続

はじめに

　本書はこれまで，民事訴訟法（「民事訴訟法」という名称の付いた法典）が規律する原則的な訴訟手続を取り上げて説明してきた。民事訴訟法は原則的な手続以外にもいくつかの特殊な手続について規律している。本篇はこれらの手続について説明する。なお，広義の民事訴訟の中には民事訴訟法以外の法律によって規律されている訴訟手続もある（たとえば，人事訴訟法に規律される人事訴訟手続，行政事件訴訟法に規律される行政事件訴訟手続）[1]。本書ではこれらの手続は基本的に取り上げられない（ただし，これまでも，これらの手続について，通常の民事訴訟の手続と対比するために，言及されることはあった）。すなわち，本篇において説明されるのは，民事訴訟法中に規定されている特殊な手続である。そのような手続としては，簡易裁判所の訴訟手続と略式手続がある。

---

[1] ただし，人事訴訟も広義の民事訴訟であるから，人事訴訟の手続については，人事訴訟法が特段の定めをしている事項，および民事訴訟法の適用をとくに排除している事項（人訴19条1項・2項・29条1項）以外の事項については，民事訴訟法が適用される（同1条参照）。また，行政事件訴訟の手続について行政事件訴訟法は，同法に定めのない事項については民事訴訟の例によると定めている（行訴7条）。

第 1 章　簡易裁判所の手続

　簡易裁判所は，下級裁判所の最下位に位置する裁判所であり，民事事件に関しては，訴訟の目的の価格が 140 万円を超えない請求の第一審裁判所として管轄を持っている（裁 33 条 1 項 1 号）。審判の対象となる事件がこのように経済的な価値の小さな請求をめぐるものである（もちろん，それでも事件は当事者にとって深刻なものであろうが）ことから，簡易裁判所の手続については，簡易迅速な処理を可能にするための特則が設けられている（270 条）。とくに，この特則は，簡易裁判所の民事事件では弁護士を訴訟代理人にすることが必ずしも容易でないことへの配慮による面が大きい。さらに，簡易裁判所においては，紛争当事者の合意に基づく解決を促進するための制度として，起訴前の和解が設けられている（275 条）。

第 1 節　簡易裁判所における訴訟手続の特則

1　訴訟代理に関する特則

　通常の民事訴訟においては，任意代理人となり得るのは，弁護士でなければならない（54 条 1 項本文。弁護士代理の原則。第 2 篇第 2 章第 4 節 **4（2）**ii 参照）。それに対して，簡易裁判所においては，裁判所の許可を得れば，弁護士の資格を持たない者を訴訟代理人とすることができる（同条同項但書）。ただし，裁判所はこの許可をいつでも取り消すことができる（同条 2 項）。

　なお，法務省令で定める研修を修了し，法務大臣の認定を受けた司法書士は，裁判所による個別の許可を要することなく，簡易裁判所の民事訴訟について訴訟代理人になることができる（司書 3 条 6 項）。

1）　ここで「下級（裁判所）」および「最下位」といわれるのは，裁判所が果たす職務の価値が下級である，あるいは最下位であるという意味ではない。いかなる裁判所も法の実現と権利の保護をその職務としており，裁判所によってその職務の価値に上下はない。ここで「下級」「最下位」（その対として「上級」「最上位」）というのは，審級との関係での上下のことである。

2　訴え提起に関する特則

　訴えの提起は，裁判所に訴状という書面を提出して行う（133条1項。第3篇第1章第3節1参照）。訴状の必要的記載事項は，当事者および法定代理人，請求の趣旨および請求の原因である（133条2項）。請求の原因とは，請求の趣旨で示される訴訟物を特定するために必要最低限の事実である（規53条1項カッコ書）。しかし，このようなテクニカルな意味を持つ「請求の原因」を的確に記載することは，一般市民にとっては困難である。そこで，簡易裁判所における訴え提起では，請求の原因に代えて紛争の要点を明らかにすればよいとされている（272条）。

　さらに簡易裁判所では，そもそも訴状によらないより簡易な訴え提起の方法が認められている。それが，口頭による訴えの提起および任意の出頭による訴えの提起である。まず，**口頭による訴えの提起**とは，原告またはその代理人が受付係の裁判所書記官の面前に出頭して，訴状に記載すべき事項を口頭で陳述し，書記官がそれを聞き取って起訴調書を作成し，それに記名押印すること（規1条2項）によって行われる，訴え提起である（271条）。なお，訴状の記載事項のうち請求の原因については，上述のように紛争の要点を明らかにすることで足りるとされている。次に，**任意の出頭による訴え提起**とは，紛争当事者の双方が裁判所の開廷時間にそろって任意に出頭し，そのまま口頭弁論を行うことによって，訴訟を開始させることである（273条）。口頭による訴えの提起は，原告だけが裁判所に出頭して行われるものであり，それゆえ，原則的な訴状の提出による訴え提起の場合と同様に，裁判長が第1回口頭弁論期日を指定し，当事者を呼び出さなければならない（139条）。それに対して，任意の出頭による訴え提起の場合は，両当事者が出頭しているので，第1回口頭弁論期日の指定と呼出しを行うまでもなく，口頭弁論が実施される。この点に両者の違いがある。

3　審理に関する特則

（1）　司法委員の参画

　裁判所は，司法委員に和解の勧試につき補助をさせ，また司法委員を審理に立ち会わせ，その意見を聴くことができる（279条）。司法委員は，簡易裁判所を管轄する地方裁判所によりあらかじめ選任されて，簡易裁判所に配置されている。

(2) 準備書面の原則的不要

簡易裁判所においては，口頭弁論は原則として書面で準備する必要がない（276条1項。161条に対する特則）。ただし，簡易裁判所の事件であっても，請求の原因が複雑な事件，あるいは困難な法律問題を内包している事件もある。そのような事件においては，相手方が口頭弁論で陳述をするために，準備が必要な事項もある。それについては，準備書面を提出する，または口頭弁論前に直接相手方にそれに関する通知をしなければならず（276条2項），準備書面が提出されず，またはこれに代わる通知がなされないときは，相手方が在廷していない口頭弁論では，これを主張することができない（同条3項）。161条3項と同趣旨の規定である。

(3) 続行期日における陳述の擬制

一般の手続では，第1回口頭弁論期日に当事者が不出頭のとき，または，出頭したが本案の弁論をしないとき（以下「欠席など」という）には，訴状，答弁書，その他の準備書面の陳述が擬制されるが（158条），続行期日における当事者の欠席などにはこのような陳述の擬制はなされない。しかし，簡易裁判所の手続においては，続行期日における欠席などにも陳述擬制の規定である158条が準用される（277条）。

(4) 証人尋問などに代わる書面の提出

裁判所は，相当と認めるときは，証人尋問，当事者尋問，鑑定人の意見の陳述に代えて書面を提出させることができる（278条）。

(5) 口頭弁論調書の記載の省略，判決書の簡略化

口頭弁論調書については，証人などの陳述または検証の結果の記載を省略することができる（規170条1項）。その場合，裁判官の命令または当事者の申出があるときは証人尋問の内容や検証の結果を録音テープなどに記録しておかなければならず，裁判所書記官は，当事者の申出があれば，その複製を許さなければならない（規同条2項）。複製は，たとえば上訴のために必要になることがある。

判決書については，請求の趣旨および原因の要旨，原因の有無（請求に理由があるか否か，理由がない場合には，証拠が不十分なのか，主張自体失当なのか，抗弁が認められたかなど），および，抗弁が認められて請求が排斥された場合は，抗弁の要旨を表示すれば足りる（280条）。

（6） 和解に代わる決定

　金銭支払請求訴訟で，被告が原告の主張を争わない場合には，裁判所は，被告の資力などの事情を考慮して，5年以内の期限猶予または分割払いを命じる決定をすることができる（275条の2第1項）。これを**和解に代わる決定**という。これは，簡易裁判所の事物管轄になる140万円を超えない低額（裁33条1項1号）の金銭債権をめぐる紛争について，簡易な解決を実現するために設けられた制度である。当事者は決定の告知から2週間以内に異議を述べることができ，異議申立てにより決定は失効する（275条の2第3項・第4項）。この期間内に異議が申し立てられなければ，決定は裁判上の和解と同じ効力を有する（同条第5項）。

第2節　起訴前の和解

1　起訴前の和解の意義

　起訴前の和解とは，民事上の争いについて，当事者が訴えを提起することなく，簡易裁判所に和解を申し立てて，これを解決する制度である。即決和解といわれることもある。起訴前の和解と訴訟係属中に成立する訴訟上の和解をあわせて，裁判上の和解と呼び，裁判外の和解（民695条・696条が規定する）と対比される。

　起訴前の和解は，本来，裁判官の仲介により当事者の互譲をうながし，民事紛争を解決する制度である。しかし，金銭の一定額の支払いなどについては，公証人が作成する，執行受諾約款付きの公正証書が債務名義となり（民執22条5号）[2]，したがってこれに基づいて強制執行ができるのに対して，それ以外の給付請求権については，公正証書は債務名義にならず，これに基づいて強制執行をすることができないことから，実務上は，簡易な債務名義取得の方法として起訴前の和解が用いられることも多い。すなわち，両当事者が既に和解を成立させ，これを簡易裁判所に持ち込んで，和解調書を作成してもらうという形で成立する起訴前の和解もある。

---

2) 民執22条5号は，金銭の支払い以外の代替物と有価証券の一定数量の給付についても公正証書が債務名義になることを定めている。

2 起訴前の和解の手続と効力

　起訴前の和解の申立ては，請求の趣旨および原因ならびに争いの実情を表示して，相手方の普通裁判籍所在地の簡易裁判所になされる（275条1項）。裁判所は両当事者を呼び出す。裁判所で和解が調えば（ただし，実際には，前述のように，申立て前に和解が成立していることもある），裁判所書記官が合意の内容（和解条項）を調書に記載する（規169条）。この調書は和解調書であるから，確定判決と同一の効力を有する（267条）。和解調書の効力については，本書ですでに説明された（第4篇第2章第1節5）。要するに，執行力があることについては異論がないが，既判力の有無については，見解がわれている。本書は既判力否定説をとる。そのことは起訴前の和解にも当てはまる。

　和解が不調に終わった場合，和解手続は終了するが，両当事者の申立てがあるときは，裁判所は直ちに訴訟の弁論を命じる。この場合には，和解の申立ての時に訴えが提起されてものとみなされる（275条2項）。申立人または相手方が和解の期日に出頭しないときは，裁判所は，和解が調わないとみなすことができる（275条3項）。

第2章　略式手続

民事訴訟法第5編（350条－367条）には手形・小切手訴訟についての特則が，第6編（368条－381条）には少額訴訟についての特則が，そして第7編（382条－402条）には督促手続についての規定が置かれている。本章ではこれらの手続が取り上げられ，説明される。

第1節　手形・小切手訴訟

1　手形・小切手訴訟の意義

手形訴訟とは，手形金による金銭の支払請求およびこれに附帯する法定利率による損害賠償請求のための略式訴訟である。**小切手訴訟**とは，小切手による金銭の支払請求およびこれに附帯する法定利率による損害賠償額請求のための略式訴訟である。手形と小切手は，取引上の決済を簡易かつ迅速にするための手段であることから，手形や小切手上の権利行使のためにも，その手続が通常の訴訟より簡易で迅速に実施できる訴訟の存在がとくに経済界から要請され，手形・小切手訴訟はこの要請に応えて設けられたものである。ただし，最近の経済界では，銀行の口座振替など多様な決済手段が利用されており，それにともない手形・小切手訴訟の利用件数が減少している。

なお，民事訴訟法および民事訴訟規則においては，手形訴訟についての規定が置かれ（350条－366条，規213条－220条），それが小切手訴訟にも準用されると定められている（367条，規221条）。そのため，本書では手形訴訟についての説明のみがなされるが，その説明は小切手訴訟にもあてはまる。

2　訴え提起

（1）　請求の対象（手形訴訟の要件）

手形訴訟において請求の対象になるのは，手形金による金銭の支払およびこれに附帯する法定利率による損害賠償請求に限られる（350条1項）。手形による金

銭の支払には，為替手形の引受人，約束手形の振出人に対する手形金（手28条1項・78条1項）や利息（同5条・77条2項）の請求，裏書人などに対する遡及金額の支払請求（同43条・77条1項4号）が含まれる。他方，手形の原因関係に基づく金銭支払請求権はこれに含まれない。また，利得返還請求権（手85条）も，手形法上の権利（手形法が規定する権利）ではあるが，手形上の権利ではないから，これに含まれない。

以下では，請求の対象が上記のような手形訴訟の対象となり得る請求であることを，手形訴訟の要件という。

(2) 通常訴訟との選択

手形金などの支払いを手形訴訟によって請求しようとする原告は，訴え提起のさいにその旨を申述しなければならない（350条2項）。この申述をしなければ，通常訴訟で審判される。すなわち，原告は，手形訴訟の要件を満たす請求について手形訴訟によるか通常訴訟によるかを選択することができる。手形訴訟においては後述の証拠制限が規定されているが，手形の真正が争われる場合，または再抗弁の立証が必要になる場合で，証拠制限のゆえに原告の立証が困難になることが予想されるときは，通常訴訟が選択されるであろう。

手形訴訟による旨の申述は，訴状に記載してしなければならない（350条2項）。ただし，次に述べるように，手形訴訟が簡易裁判所に提起されることもあり，その場合には口頭起訴も可能であるが（271条），口頭起訴のときは口頭でその旨を述べなければならない。

訴状には手形の写しを添付しなければならないが，この点は，通常訴訟による場合でも変わらない（規55条1項2号がこの旨を，とくに手形訴訟に限定せずに，規定している）。

(3) 事物管轄

手形訴訟の事物管轄は通常訴訟の場合と同じで，訴訟の目的の価格が140万円を超えるものは地方裁判所に，140万円を超えないものは簡易裁判所に事物管轄がある（裁24条1項1号・33条1項1号）。

(4) 請求の併合，反訴

手形訴訟と通常訴訟は異種の訴訟であるから，両者を併合することはできない（136条）。また，手形訴訟では反訴の禁止が規定されている（351条）。たとえ，反訴の請求が手形訴訟の要件を満たすものであって，反訴原告が反訴請求も手形訴

訟で審判することを求める旨の申述をし，その結果反訴が同種の訴訟であっても，反訴の禁止を免れることはできない。

3　審　理

（1）　一期日審理の原則

手形訴訟においては，やむを得ない事由がある場合を除き，第1回口頭弁論期日において審理を完了しなければならない（規214条）。これを**一期日審理の原則**という。

（2）　証拠調べ

証拠調べは原則として書証に限られる（352条1項）。したがって，証人尋問，当事者尋問はできない。さらに，書証について手形訴訟では文書提出命令（220条以下）や文書の送付嘱託（226条）をすることもできない（352条2項）。すなわち，証拠調べの対象になるのは，立証者自身が所持する文書に限られている。このように手形訴訟には証拠制限が課されている。それは手続の簡易・迅速化のためである。この原則に対する例外として，文書の成立の真否または手形の提示に関する事実についてのみ，当事者尋問が可能とされている（352条3項）。

また，裁判所が職権で調査すべき事項については，証拠制限は適用されない（352条5項）。職権で調査すべき事項とは，訴訟要件に関する事実である。

（3）　通常手続への移行

原告は，口頭弁論が終結するまで，被告の承諾を要せずに，訴訟を通常手続に移行させることができる（353条1項−4項）。原告が，手形訴訟の証拠制限のもとでは立証が難しいと判断した場合などに，この移行が行われる。被告から移行を申し立てることはできない。なおそのほかに，**4**で述べるように，請求を認容または棄却する手形判決に対する異議の提起によっても，通常手続への移行がなされる。

4　判決と不服申立て

手形訴訟の終局判決には手形判決と表示されなければならない（規216条）。

判決には，①手形訴訟の要件を欠く場合の判決，②一般の訴訟要件欠缺の場合の判決，③請求を認容または棄却する判決，すなわち本案判決がある。

請求の全部または一部が手形訴訟の要件を欠くときは（一部が要件を欠くとは，

たとえば，手形金支払請求とそれ以外の請求が併合された場合である），裁判所は，口頭弁論を経ずに，判決で訴えを却下する（355条1項）。この判決に対しては，同一訴訟手続内で不服を申し立てることができない（356条但書・357条がこの判決に対する上訴や異議申立てを排除している）。原告はあらためて通常訴訟の訴えを提起できる。その提起が却下判決書の送達後2週間以内になされた場合には，手形訴訟の訴えの提起による時効中断などの効果（147条）が維持される（355条2項）。

一般の訴訟要件欠缺による訴え却下の判決に対して，原告は控訴を提起することができる（356条但書）。

請求の全部または一部を認容する判決には，裁判所は必ず，しかも原則として担保を立てないで，仮執行宣言を付けなければならない（259条2項本文）。この点は，手形金の支払などを通常訴訟で請求するときも同様である。手形金などの支払請求権はその実現の迅速性が強く要請されるからである。

請求を認容または棄却する判決（本案判決）に不服のある当事者は，控訴を提起することはできないが（356条本文），判決書などの送達後2週間の不変期間内にその判決をした裁判所に異議を申し立てることができる（357条）。適法な異議の申立てにより，判決の確定は遮断されるが（116条2項），仮執行宣言の効力は失われないので，執行を阻止するためには執行停止の仮の処分を申し立てる必要がある（403条1項5号）。

適法な異議の申立てにより訴訟は通常手続に移行し，手形訴訟の弁論終結前の状態に戻り，審理が続行される（361条）。裁判所は，異議後の審理の結果が手形訴訟の判決と一致したときは，手形判決を認可する判決を（362条1項），一致しないときは，手形判決を取り消してあらたな判決を下す（同条2項）。これらの判決に対しては通常手続により控訴を提起することができる。

第2節　少額訴訟

1　少額訴訟の意義

少額訴訟とは，訴訟の目的の価格が60万円以下の金銭の支払を請求の目的とする訴えについて，簡易裁判所において，簡易かつ迅速な手続で審理および裁判を行う手続である。

軽微な事件については，簡易裁判所の事物管轄とされ（訴訟の目的の価格が140万円を超えない訴え。裁33条1項1号），本篇第1章で説明されたように，手続の簡素化，訴訟代理人の資格の緩和など，手続を一般の市民が利用しやすいものにするための工夫がなされている。しかし，現行民事訴訟法制定以前には，簡易裁判所の手続は，簡易迅速性，経済性の観点からすると，なお軽微な事件に見合ったものとは言い難い面があるとの批判の声が強かった。少額訴訟の制度は，このような批判に応えるものとして，現行法制定のさいに創設されたものであり，実際にもよく利用され，かつ利用者からも好評である。現行法制定当初は訴額の上限が30万円であったのが，平成15年（2003年）の民事訴訟法改正のさいに60万円に引き上げられ，利用の対象が拡大されたが，それもこの制度が社会のニーズによく応えているからである。

2　訴え提起

（1）　請求の対象

少額訴訟の対象となるのは，訴訟の目的の価格が60万円以下の金銭の支払を目的とする請求である（368条1項本文）。この60万円には利息や遅延損害金は算入されない（9条2項）。

ただし，一人の人が同一の簡易裁判所に同一の年に少額訴訟の審判を求めることができる回数は10回に限られている（368条1項但書，規223条）。少額訴訟は，前述のように，一般市民が簡易迅速かつ経済的に少額の金銭債権の弁済を得ることを可能にするための制度である。しかし，もしこの利用回数の制限がなければ，クレジット会社などの業者がきわめて多数の少額訴訟を提起し，そのため一般市民の利用が困難になってしまう事態が予想される。利用回数制限はこのような事態を避けるために設けられたものである。

このように利用回数が制限されているので，原告は訴え提起にあたり，少額訴訟による旨を申述する（368条2項）とともに，その簡易裁判所においてその年に少額訴訟による審判を求めた回数を届け出なければならず（同条3項），虚偽の届け出をした者は10万円以下の過料に処せられる（381条）。

（2）　通常訴訟との選択ならびに裁判所書記官の説明書および裁判官の説明

i　原告と被告の選択権

368条1項本文は，訴訟の目的の価格が60万円以下である場合，原告は少額

訴訟による審理および裁判を求めることができると規定している。すなわち，この場合原告は，通常訴訟によるか少額訴訟によるかの選択権を持っている。少額訴訟は，簡易迅速に権利を実現できるという点では，原告にとってメリットのある制度であるが，次に述べるように，証拠制限や上訴制限が課されており，それらが原告にとってデメリットになる可能性もある。そこで，訴え提起にあたり原告は少額訴訟と通常訴訟のいずれを利用した方が得策であるかを考えて，選択することができるのである。ただし，少額訴訟を選択する場合は，提起にさいし，その旨を訴え申述しておかなければならない（368条2項）。この申述をせずに訴えを提起し，後で少額訴訟に変更することはできない。一方，少額訴訟を提起された被告は，訴訟を通常の訴訟手続に移行させる旨の申述をすることにより，訴訟を通常の手続に移行させることができる（373条1項本文・2項，規228条）。すなわち，被告にも手続の選択権が与えられているのである。ただし，被告は最初の口頭弁論期日において弁論をし，またはその期日が終了するまでに，この申述をしなければ，選択権を失う（373条1項但書）。

ii 裁判所書記官の説明書，裁判官の説明

裁判所書記官は少額訴訟における最初にすべき口頭弁論期日の呼出しのさいに手続の内容を説明した書面を当事者に交付しなければならない（規222条1項）。また，裁判官も上記の口頭弁論期日の冒頭で少額訴訟における証拠制限，被告の通常訴訟との選択権，不服申立ての特則について説明しなければならない（規222条2項）。裁判所書記官と裁判官にこのような説明をすることが課されているのは，当事者が，自己に与えられた前述の選択権を適切に行使できるようにするためである。

iii 裁判所による通常訴訟への移行

裁判所も，少額訴訟の要件が満たされていないとき，原告がその年における少額訴訟の利用回数（368条1項但書，規223条参照）を届け出ないとき，被告に対する送達が公示送達によらなければならないとき，少額訴訟による審理裁判をすることが相当でないと認めるときには，事件を通常手続に移行させなければならない（373条3項1号-4号）。

（3） 反訴の禁止

少額訴訟においては，反訴を提起することができない（369条）。審理の簡易・迅速化のため，とくに後述の一期日審理を実現するためである。

3 審　理

（1） 一期日審理の原則

　少額訴訟においては，特別の事情がないかぎり，最初にすべき口頭弁論期日において審理を完了しなければならない（370条1項）。これを**一期日審理の原則**という（同じ原則は手形・小切手訴訟にも規定されている本章第1節 3（1））。特別の事情とは，たとえば，同行予定の証人がやむを得ない事情で同行できなくなった場合，審理に予想以上の時間がかかった場合である。一期日審理の原則を実現するため，当事者は原則として最初の口頭弁論期日前または期日にすべての攻撃防御方法を提出しなければならない（370条2項本文。ただし，同条同項但書参照）。そして，後述のように（本節 4（1）），判決の言渡しも原則として口頭弁論終結後直ちになされることになっている（374条1項）ので，判決の言渡しまでが1回の期日でなされるのが原則とされている。このように，一期日審理の原則が徹底している。

（2） 証拠調べ

　証拠調べは，即時に取り調べることができる証拠に限られる（371条）。また，証人尋問について，宣誓が不要とされ（372条1項。201条1項に対する特則），証人および本人の尋問の順序が裁判官の裁量に任され（372条2項。202条・210条に対する特則），尋問事項書の提出（規225条。規107条に対する特則）や尋問調書の記載が不要とされている（規227条1項）。さらに，いわゆる電話会議システムによる証人尋問も可能とされている（372条3項，規226条）。

4 判　決

（1） 判決の言渡し

　少額訴訟の判決は相当でないと認める場合を除き，口頭弁論終結後直ちに言い渡す（374条1項）。これを可能にするため，判決言渡しは判決書に基づかないですることができ（374条2項前段。252条・254条1項に対する特則），その場合には，裁判所書記官が調書判決を作成し，調書謄本が当事者に送達される（374条2項後段による254条2項・255条の準用）。判決書またはそれに代わる調書には，少額訴訟判決と表示しなければならない（規229条1項）。弁論終結直後の判決言渡しと，一期日審理の原則とにより，前述のように，審理の開始から判決の言渡しまでが，1回の期日で済まされることになる。

上記の「相当でないと認める場合」とは，たとえば，弁論終結後ある程度時間を空けた方が当事者が冷静になり，判決を受け止めやすく，それゆえ被告の任意の履行が期待できる場合，次回期日に和解の成立が期待できる場合，計算関係が複雑な場合である。

（2） 請求認容判決と仮執行宣言

少額訴訟の請求認容判決には職権で仮執行宣言を付さなければならない（376条）。これも，少額債権の債権者の権利を簡易迅速に実現するためである。

> 少額訴訟の判決などを債務名義として行われる執行を**少額訴訟債権執行**という。少額訴訟債権執行については，その少額訴訟が行われた簡易裁判所の書記官に申し立てることができるとされ，通常の強制執行よりも簡易な手続が設けられている（民執167条の2－167条の14）。少額訴訟債権執行は，平成16年（2004年）の民事執行法の改正により創設された制度であるが，これによって少額債権実現の簡易迅速化が判決手続（権利確定手続）においてのみならず執行手続（権利実現手続）においても実現したのである。なお，少額訴訟債権執行の基礎となる債務名義には，少額訴訟における確定判決，仮執行宣言付少額訴訟判決，少額訴訟における和解・認諾調書などがある（民執167条の2第1項1号－5号）。

（3） 判決による支払の猶予など

裁判所は，請求認容判決をする場合，被告の資力その他の事情を考慮して，とくに必要と認めるときは，判決言渡しの日から3年を超えない範囲内で，弁済の猶予または分割払いを定めることができる（375条1項前半部分）。裁判所はこれらにあわせて，被告（債務者）がこれらの定めに従った支払いをするかぎり，訴え提起後の遅延損害金の支払い義務を免除する旨を定めることができる（同条同項後半部分）。ただし，裁判所は，分割払いの定めをするときは，被告が支払いを怠った場合における期限の利益の喪失について定めなければならない（375条2項）。これらの定めに関する裁判に対しては，不服を申し立てることができない（同条3項）。それゆえ，この裁判は仲裁判断の実質を持つものといえる。

判決による支払いの猶予および分割払の定めは，被告（債務者）に強制執行によらない任意の支払を促し，原告（債権者）にも実質的なメリットをもたらすものである。ただし，あくまで猶予をともなわない一括払いを望む債権者もいるであろう。しかし，そのような債権者は通常訴訟により請求するべきであり，原告が少額訴訟を選択したことから，猶予・弁済について同意があったものとみなすことができる。

5 不服申立て

少額訴訟の終局判決に対しては，控訴をすることができないが（377条），その判決をした裁判所に異議を申し立てることができる（378条1項）。ただし，支払猶予・分割払いの定めについては，不服を申し立てることができない（375条3項）。異議は，判決書またはそれに代わる調書の送達から2週間の不変期間内に提起しなければならない（378条1項本文）。

適法な異議があったときは，訴訟は口頭弁論終結前の状態に復し，通常手続による審判に移行する（379条1項）。ただし，反訴の禁止（369条），証人と当事者の尋問の順序（372条2項），支払の猶予・分割払いの定めなどに関する規定は，異議後の審判にも準用される（379条2項）。また，仮執行宣言の執行力を停止するには，異議申立てとは別個に執行停止の仮の処分を申し立てなければならない（403条1項5号）。

異議後の判決書またはそれに代わる調書には少額異議判決と表示しなければならない（規231条1項）。異議後の判決に対しては控訴をすることができない（380条1項）。このことは，少額訴訟が一審限りの手続であることを意味する[1]。ただし，憲法違反の問題があるときの特別上告は，少額異議判決に対しても提起することができる（380条2項による327条の準用）。

第3節　督促手続

1　督促手続の意義

督促手続とは，金銭その他代替物または有価証券の一定数量の給付を目的とす

---

[1] このことから，380条1項は裁判を受ける権利を保障する憲法32条に違反しているのではないかということが問題になる。この点について，最判平成12年3月17日裁判集民197号697頁＝判タ1032号145頁＝判時1708号119頁は，審級制度をどのように定めるかは，原則として立法府の裁量に任されているとの理由により，380条1項の違憲性を否定した。本書の著者は，全く上訴を認めない訴訟制度は違憲であると考える。しかし，少額訴訟については，当事者は，控訴が可能な通常訴訟を選択することも可能であり，その点についての説示を含む裁判所書記官の説明書が交付され，裁判官からも説明がなされたうえで，自己の意思で，控訴のできない少額訴訟が選択されたのであるから，違憲性は否定される。

る請求権について，債権者の申立てにより簡易裁判所の書記官が債務名義（民執22条4号。債務名義の意義については，第4篇第1章注15)で説明された）となる**支払督促**を発するための手続である。督促手続において，請求権を主張して申立てをする当事者を債権者，申立ての相手方を債務者という。督促手続の特徴は，①その対象が金銭などの一定数量の給付を目的とする請求に限定されている点，②相手方を審問せず，申立人の言い分のみに基づいて債務名義が作成される点，③支払督促を発するのが，したがって申立ての先が裁判所書記官である点にある。③のゆえに，督促手続は訴訟ではなく，また支払督促も裁判ではない。[2]

督促手続は，債権者に簡易かつ迅速に債務名義を取得させる制度であり，クレジットなど，少額債権の取り立てのためによく利用されている。ただし，支払督促が相手方（債務者）の言い分を聴くことなく発せられることから，この制度に関しては相手方の手続保障に対する配慮が必要である。

2 申立て

(1) 申立ての対象

督促手続における申立ての対象は，前述のように，金銭その他の代替物または有価証券の一定の数量の給付を目的とする請求に限定される（382条本文）。そして，債務者に対して日本国内で支払督促を公示送達によらずに送達できる場合でなければならない（同条但書）。対象の限定は，支払督促が相手方・債務者の言い分を聴くことなく発せられることから，その利用を原状回復が比較的容易な場合に限るためである。また，送達に関する制限も，相手方・債務者の手続保障を考慮して設けられたものである。

(2) 管　轄

支払督促の申立ては，原則として，債務者の普通裁判籍所在地の簡易裁判所の裁判所書記官に対して行う（383条1項。同条2項参照）。そのさい，請求の目的の価格は問われない。140万円を超える額の金銭の支払を請求する場合でも，簡易裁判所の書記官に対し申し立てなければならない。

---

[2] 旧民事訴訟法において，現行の支払督促に相当するのは支払命令であり，これは簡易裁判所による決定であった（旧民訴430条以下）。

3 支払督促および申立ての却下

　支払督促申立てについては，その性質に反しないかぎり，訴えに関する規定が準用される（384条，規232条）。たとえば，1個の申立てで同じ債務者に対する複数の請求権を併合することが可能であり（136条の準用），同じ請求権について二重に支払督促を申し立てることが禁じられる（142条の準用）。申立ては簡易裁判所でなされるので，口頭による申立ても可能である（271条の準用）。書面によるときは，申立書には，当事者および法定代理人，申立ての趣旨および申立ての原因を記載しなければならない（133条2項の準用）。しかし，簡易裁判所における訴えの提起では請求の原因に代えて紛争の要点を明らかにすれば足りるが（272条），簡易・迅速に債務名義を付与する督促手続の性質上，この点は準用されない。また，支払督促は相手方を審尋せずに発せられる（386条1項）ので，訴状の相手方への送達，口頭弁論期日の指定はなされない（138条・139条は，支払督促の性質に反するため，適用されない）。

　支払督促の申立てが適法要件を欠いているとき，または，申立ての趣旨だけから請求に理由がないことが明らかときは，申立ては却下される（385条1項前段）。適法要件を欠いているとは，請求の対象が対象になり得ない給付（たとえば，特定物の給付）であること（382条違反），および管轄違反（383条違反）である。請求に理由がないことが明らかであるとは，たとえば，請求自体が公序良俗違反（民90条）である場合である。請求に理由がない場合，訴訟であれば請求棄却になるが，督促手続ではこの場合も申立却下になる。請求の一部につき支払督促を発することができないときは，その部分について申立てが却下される（385条1項後段）。申立却下の処分は相当の方法で告知すればよく，告知によって効力が生じる（385条2項）。却下に不服がある申立人は告知の日から1週間の不変期間内に異議を申し立てることができる（385条3項）。異議は，却下処分をした裁判所書記官が所属する裁判所に対して行われ，裁判所はこの異議について決定で裁判する（121条）。この裁判に対しては不服を申し立てることができない（385条4項）。

　却下すべき事由がなければ，裁判所書記官は請求の内容について債務者を審尋しないで支払督促を発し（386条1項），債務者に送達しなければならない（388条1項）。債権者には送達はせず，支払督促を発したことを通知する（規234条2項）。支払督促の効力は，債務者に送達された時に生じる（388条2項）。

債務者は，支払督促に対して，これを発した裁判所書記官が所属する簡易裁判所に督促異議の申し立てをすることができる（386条2項）。督促異議が，次に述べる仮執行の宣言がなされる前に申し立てられると，支払督促は効力を失う（390条）（その後の手続については，4で説明される）。

債権者は，債務者への支払督促送達の日から2週間以内に債務者が督促異議を申し立てなければ，裁判所書記官に仮執行宣言の付与を申し立てることができ，この申立てがあると，裁判所書記官は仮執行の宣言をしなければならない（391条1項）。債権者が，仮執行宣言の申立てをすることができるようになった時から，言い換えれば，債務者に支払督促が送達されてから2週間経った時から30日以内に仮執行宣言の申立てをしないと，支払督促は失効する（392条）。この失効の根拠は，督促手続が，とくに迅速性を重視して，債務者を審尋することなく，債権者に債務名義を与える手続であるから，債権者が支払督促を獲得していながら，執行へと手続を進めようとしないことは，この制度の趣旨に反すると考えられることにある。仮執行宣言がなされると，仮執行宣言付支払督促が当事者に，すなわち債権者と債務者の双方に送達される（391条2項。仮執行宣言がなされる前の支払督促は，前述のように，債務者にのみ送達される）。

仮執行宣言付支払督促に対して債務者は2週間の不変期間内に督促異議の申し立てをすることができる（393条）。すなわち，債務者は仮執行宣言がなされる前にも，またこれがなされた後2週間以内にも異議を申し立てることができるのである。そして，仮執行宣言前の異議と仮執行後の異議とで，4で述べるように，異議後の手続に異なる点がある。

仮執行宣言付支払督促の送達後2週間以内に債務者が異議を申し立てないと，督促手続は終了し，支払督促は確定判決と同一の効力を有する（396条）。ただし，支払督促が執行力を有することは当然であるが（民執22条1項4号），裁判所書記官の処分であるから，既判力は持たない。

4 督促異議後の手続

支払督促に対する債務者の不服申立て方法は督促異議であり，請求の当否について通常訴訟による審判を求める申立てである。督促異議には仮執行宣言前の異議と仮執行宣言後の異議がある。仮執行宣言後の督促異議は，仮執行宣言付支払督促の送達後2週間以内にしなければならない（393条）。

いずれの督促異議も，支払督促を発した裁判所書記官が所属する簡易裁判所に申し立てる（386条2項）。簡易裁判所は，督促異議を不適法であると認めるときは，決定でこれを却下するが，そのさい，請求が，通常訴訟であれば地方裁判所と簡易裁判所のいずれの事物管轄に属するかは，問われない（394条1項）。不適法な異議の例としては，申立期間（393条）徒過後に提起された異議，支払督促の失効（392条）後に申し立てられた異議を挙げることができる。異議が適法であるときは，支払督促申立ての時に，請求の目的の価格に従って，それゆえ事物管轄（裁24条1号・33条1項1号）に応じて，簡易裁判所または地方裁判所に訴え提起があったものとみなされる（395条）。地方裁判所に訴えが提起されたとみなされたときは，簡易裁判所の裁判所書記官は地方裁判所の裁判所書記官に訴訟記録を送付しなければならない（規237条）。

仮執行前の適法な督促異議の申立ては支払督促の効力を失わせる（390条）。他方，仮執行宣言後の適法な督促異議は支払督促の確定を阻止するが，支払督促に基づく強制執行停止の効力を当然には持たず，執行停止のためには，債務者が執行停止の仮の処分（403条1項3号）を申し立てなければならない。仮執行宣言前の適法な督促異議の申立てであっても，仮執行宣言後の督促異議の申立てであっても，それにより通常の訴訟手続が進行する点は同じである。しかし，前者によっては，前述のように，支払督促が失効するので，請求に理由があると認められる場合は，請求認容の判決がなされるのに対して，後者の場合は支払督促が失効しないので，支払督促を認可する判決がなされることになる。

5 オンラインシステムによる督促手続

電子情報処理組織（コンピュータ）の技術発展の成果は民事訴訟の運営にも手続の簡易・迅速化のために取り入れられ，手続のオンライン化が進められている。まず，現行民事訴訟法の制定（平成8年，1996年）にあたり，支払督促の申立てにオンラインシステムを用いることが可能とされた（制定当初の397条1項－4項）。その後数次の民事訴訟法の改正および関連法令の整備により，現在では，民事訴訟手続一般においても，訴えの提起その他の申立てのオンライン化が実現した（平成16年の民事訴訟法改正による132条の10の追加）。それとともに，督促手続については，次に述べるように，手続全体のオンライン化が可能とされている。

支払督促の申立ては，**2(2)**で述べられたように，債務者の普通裁判籍所在地

の簡易裁判所の裁判所書記官に対して行うのが原則であるが（383条1項），オンラインシステムによる督促手続を利用しようとする債権者は，債務者の普通裁判籍所在地がどこであるかにかかわらず，指定簡易裁判所である東京簡易裁判所の書記官にこれを申し立てることができる（397条，民事訴訟法第132条の10第1項に規定する電子情報処理組織を用いて取り扱う督促手続に関する規則1条1項）。この申立てがなされると，裁判所書記官の処分の告知もオンラインで行われる（399条）。ただし，債務者は必ずしもインターネットを利用できるとはかぎらないので，オンラインで行われるのは債権者に対する告知に限られる。したがってここで想定される告知は，たとえば，申立てを却下する処分，補正を命ずる処分の告知である。そして，裁判所書記官の記録も電磁的記録によって行われ（400条），訴訟記録も電磁的に作成される（401条）。

398条1項は，オンラインシステムによる申立に基づく支払督促に対して適法な督促異議が申し立てられた場合には，本来の土地管轄を定めた383条の要件を満たす簡易裁判所または地方裁判所に訴えが提起されたものと看做すと定めている（同条2項・3項は1項により土地管轄を有する裁判所が複数ある場合の処理方法を定める）。督促異議により手続が訴訟に移行する場合，本来は支払督促を発した裁判所書記官の所属する簡易裁判所またはその所在地を管轄する地方裁判所に訴えが提起されたとみなされると規定されている（395条）。仮にこの規定がオンラインシステムによる督促手続が申し立てられた場合にも適用されると，債務者の普通裁判籍の所在地がどこであるかにかかわらず，東京簡易裁判所または東京地方裁判所で審理が行われることになってしまう。それは，東京以外の地にある当事者に負担を負わせることになる。398条はそのような事態を避けるために設けられた規定である。

　　このように，オンライン化は，まず督促手続において導入され，その活用の範囲が拡大され，民事訴訟手続一般においては督促手続の後を追うように進められている。それは，督促手続おいては，通常の民事訴訟における以上に，簡易・迅速性の要請が強いこと，手続が定型的であること，とくに相手方を審尋せずに，すなわち相手方の言い分を聴くことなしに支払督促が発せられる仕組みになっていることによる。今後，オンラインを利用した督促手続がうまく機能するならば，その経験を活かして，民事訴訟手続一般においてもオンライン化が進められるであろう。

第 8 篇　最終篇

はじめに

第1篇から第7篇までで，民事訴訟法の主要な多くの事項について学ぶことができた。本篇では，なお重要でありながら取り上られげていない事項が説明される。

第1章　訴訟にかかる費用および紛争当事者への支援

第1節　訴訟にかかる費用

1　訴訟にかかる費用とその負担

　国が民事訴訟制度を設け，人々の利用に供するには費用がかかる。たとえば，裁判所の庁舎を建設し維持するにも，多くの設備や機材を設置し，また各種の書類を送達するにも費用が必要である。さらに，裁判官，裁判所書記官など，裁判所の職員の人件費も必要である。これらの費用にはさしあたり国家予算が充てられるが，民事訴訟制度も国家のサービスの一つであるから，本来はこれを利用する者，すなわち当事者が負担しなければならない。

　また，訴訟を行えば，当事者が裁判所に提出する書面（133条1項・162条など），相手方に送付する書面（規83条1項・84条など）の作成，裁判所への出頭などが必要になるが，そのための費用はまずそれぞれの当事者が支出するであろう。しかし，勝訴した当事者にとっては，それらの支出は，相手方が自分の権利の実現を妨げ，または自分に対して不当な請求をしなければ，必要のないものであった。したがって，訴訟の結果（勝訴と敗訴）が出た後も，勝訴者が上記の費用を支出したままにしておいていいかが，まず問題になる。

　結論を言えば，訴訟にかかる費用は原則として敗訴した当事者が負担することになっている。ただし，敗訴者が負担する訴訟費用とは，どの範囲の費用かという点，および，敗訴者負担の原則に対する例外はいかなる場合かが問題になる。

2　訴訟費用

　法律上の意味における**訴訟費用**とは，民事訴訟費用等に関する法律（昭和46年法40号）に定められた費用である。これには裁判費用と当事者費用がある。

　裁判費用とは，裁判所が司法サービスを提供するための費用である。裁判費用はさらに，裁判所に対する各種の申立て（たとえば，訴え提起，控訴提起，上告提

起）の手数料（民訴費2章1節）と，それ以外の原因で生じる費用（たとえば，証人・鑑定人などの旅費・宿泊料・日当，裁判所が書類を郵送によって送達する場合の郵便料。同11条・18条－28条の2）とがある。手数料は訴額などを基準に定められており（民訴費別表第1各号），申立人（原告，上訴人など）が申立書に収入印紙を貼付（ちょうふ）して納付する（同8条。納付されない場合については，民訴137条1項後段・2項）。手数料以外の費用は，裁判所がその概算額の予納を命じる（民訴費12条1項。予納されない場合については，同条2項）。

当事者費用とは，当事者が自ら支出する費用のうち，訴訟費用として法定されているものである。たとえば，当事者，その法定代理人などが口頭弁論などの期日に出頭するための旅費，日当，宿泊料（民訴費2条4号），訴状，準備書面などの書類の作成および提出の費用（同条6号）である。

3 訴訟費用負担の確定と償還

（1） 訴訟費用の負担者

訴訟費用は，原則として敗訴者の負担とされる（61条）。一部敗訴の場合の，各当事者の訴訟費用負担の割合は，裁判所がその裁量で決め，事情により一方の当事者に全部を負担させることもできる（64条本文・但書）。

> 敗訴者負担の原則に対する例外として，勝訴の当事者が不必要な行為をしたことによって生じた訴訟費用（62条前半部分），または，攻撃防御方法を適時に提出しなかったなどのことにより，訴訟を遅滞させたことによって生じた訴訟費用（63条）については，裁判所は勝訴者にその一部または全部を負担させることができる。敗訴の当事者が自己の権利の伸張・防御に必要な行為をしたことによる訴訟費用についても，同様である（62条後半部分）。たとえば，被告の相殺の抗弁が認められたために，請求を棄却された原告による，訴求債権の存在の主張・立証のために必要であった訴訟費用は，勝訴した被告に負担させることができる。
>
> 共同訴訟人がともに敗訴した場合は，原則として各共同訴訟人が等しい割合で訴訟費用を分担するが（65条1項本文），裁判所は事情により連帯して負担させ，またはその他の方法により負担させることができる（同条同項但書）。
>
> 訴訟が訴訟上の和解で完結した場合，それまでの訴訟費用と和解費用は，和解で特別の定めがなされていれば，それにより，そうでなければ各自の負担となる（68条）。訴訟が，訴えの取下げ，上訴の取下げ，請求の放棄・認諾など，裁判にも和解にもよらずに完結したときは，第一審裁判所が申立てにより決定で訴訟費用の負担者を定める（73条1項前段）。

（2） 訴訟費用確定の手続

i 訴訟費用の負担の裁判

　裁判所は，本案の終局判決をなすにあたって（この「本案」は「本案判決」という場合の本案ではなく，訴訟費用の裁判に対して，本来の請求に対する裁判という意味での本案である），職権で，判決主文中でその審級における訴訟費用の全部についてその負担の裁判をする（67条1項）。上訴裁判所が上訴を却下または棄却するときは，上訴審は，自らの審級の訴訟費用についてのみ裁判することになる。このことは，次に述べる原裁判の変更の場合と異なり，明文規定で定められているわけではないが，このときは，上級審は原審の裁判を少なくとも結論において是認している（302条2項参照）ので，訴訟費用についても変更する必要はないから，当然のことである。他方，上訴裁判所が原審の本案の裁判を変更するとき，すなわち，控訴裁判所が原判決を取り消して（305条・306条），これに代わる裁判をする場合，および，上告裁判所が原判決を破棄して自判する場合は，原裁判中の訴訟費用の裁判は当然に効力を失い，上訴裁判所は，原審と上訴審を通じた総費用の負担について裁判をしなければならない（67条2項前段）。上訴裁判所が原判決を取り消しまたは破棄して，事件を差し戻しまたは移送した場合，差戻しまたは移送を受けた裁判所は，上訴審の訴訟費用も含む総費用の負担を定める裁判をしなければならない（67条2項後段）。

　訴訟費用の裁判に対しては，独立して上訴を提起することができない（282条・313条）。

ii 具体的な負担額の確定

　訴訟費用負担の裁判は，負担者および負担の割合を定めるものであって，具体的な金額を定めるものではない。したがって，これだけでは負担者の相手方（負担しない側）が負担者から自己が納付した申立ての手数料，予納したその他の裁判費用，さしあたり支出した当事者費用を取り立てることができない。言い換えれば，訴訟費用負担の裁判は，これらを取り立てるための債務名義（債務名義については，第4篇第1章注15)参照）にはならない。これらの取立てのためには，具体的な負担の金額が確定されなければならない。この確定は，訴訟費用の負担の裁判が執行力を生じた後に，申立てにより，第一審裁判所の裁判所書記官が行う（71条1項）。裁判が執行力を生じるとは，本案の裁判が確定するか，本案の裁判に仮執行宣言が付いていることである。この負担額を確定する裁判所書記官の処

分が訴訟費用を取り立てるための債務名義になる（民執22条4号の2）。この処分に対してはその告知から1週間の不変期間内に異議を申し立てることができる（71条4項）。異議の申立ては執行停止の効力を持ち（同条5項），これにより裁判所が裁判所書記官の処分の当否を判断し，異議申立てに理由があると認める場合で，具体的な訴訟費用額をあらためて定める必要があるときは，裁判所がみずからこれを定める（71条6項）。訴訟費用額確定の処分に対する異議の申立てについての決定に対しては，即時抗告をすることができる（71条7項）。

　裁判上の和解がなされた場合，ならびに，裁判および和解によらずに訴訟が終了した場合においても，必要に応じて，裁判所書記官による訴訟費用額確定の処分がなされる（72条・73条）。

iii　訴訟費用の償還

　訴訟費用を負担するということの意味は，自己が既に支弁した費用（申立書に貼用した印紙額および予納した裁判費用ならびに支出した当事者費用）を確定的に負担するだけでなく，相手方が支払った費用をも負担しなければならない，言い換えれば償還義務を負うことである。それは，相手方の立場からすれば，自己が支弁した費用について負担当事者に対して償還請求権を有するということである。負担当事者が任意に償還義務を履行しなければ，相手方は，iiで述べた裁判所書記官による訴訟費用額確定処分に基づいて強制執行を申し立てることができる。先に，この処分が債務名義になると述べたのはこのことである。

4　訴訟費用の担保

　原告が日本国内に住所，事務所および営業所を有しないとき，裁判所は，被告の申立てにより，原告に訴訟費用の担保を立てることを，決定の形式の裁判で命じなければならない（75条1項前段）。裁判所は担保の額を，被告が全審級において支出すべき訴訟費用の総額を標準として，定めるとともに（同条6項），担保を立てるべき期間を定めなければならない（同条5項）。訴訟費用の担保が設けられたのは，上記のような原告に訴訟費用の負担が命じられても，相手方当事者である被告が償還請求権の満足を得ることができなくなるおそれがあることによる[1]。このおそれのゆえに，被告は，原告が命じられた担保を提供するまで，応訴を拒むことができる（同条4項）。また，裁判所が定めた期間内に原告が担保を立てないときは，裁判所は，口頭弁論を経ない

---

1) しかし，日本国内に住所，事務所，営業所を持っていないからといって，当然に訴訟費用の償還をすることができないとは限らないとの理由で，立法論として，訴訟費用担保の制度を設けることに批判的な見解もある。

で，判決で訴えを却下することができる（78条本文）。ただし，被告が，担保を立てるべき事由があること（すなわち，原告が日本国内に住所などを有していないこと）を知った後，担保提供の申立てをしないで，本案について弁論をするなどしたときは，被告は担保提供申立権を失う（75条3項）。

担保提供は，金銭などを供託させる方法，または銀行などとの間の支払保証委託契約の締結などによって行われる（76条，規29条）。被告は，供託された金銭などについて，原告の他の債権者に優先して弁済を受けることができる（77条）。

5　弁護士費用

2で述べたように，原則として敗訴者が負担する訴訟費用は民事訴訟費用等に関する法律に定められている費用に限られるが，これには弁護士費用は含まれていない。したがって，訴訟代理人である弁護士に支払われる報酬は，訴訟の結果（勝訴か敗訴か）にかかわらず，各当事者が負担することになる。その理由は，弁護士強制主義を採用しないわが国では，弁護士への依頼が訴訟を追行するうえで必要不可欠ではないということである。ただし判例は，不法行為に基づく損害賠償請求訴訟および債務不履行に基づく損害賠償請求訴訟では，原告である被害者または債権者が訴訟代理人に支払った弁護士費用は，不法行為ないし債務不履行と相当因果関係に立つ損害であるとして，被告である加害者または債務者に負担させている[2]。ただし，負担の額は，事案の難易，請求額，認容された額その他諸般の事情を考慮して相当と認められる範囲内のものに限られている。そしてそれは，弁護士費用の支払が不法行為・債務不履行による損害の範囲内であると考えられるからであって，訴訟費用として敗訴者に負担させられたわけではない。

比較法的にみると，弁護士費用の敗訴者負担を認めている立法例もあり，また，わが国でも，立法論として，権利行使を容易にするために，弁護士費用を敗訴者負担とすべきであるとの主張も根強い。たしかに，社会の複雑化とそれにともなう法律制度の専門化により，当事者本人で訴訟を行うことがますます困難になっていることから，弁護士費用の敗訴者負担にも説得力がある。しかし，一方では，弁護士費用の敗訴者負担は，人に訴え提起を躊躇させることにもなる。なぜなら，いかなる紛争においても，訴えを提起して100パーセント確実に勝訴できるとい

---

[2] 最判昭和44年2月27日民集23巻2号441頁（百選［2版］27）（不法行為による損害賠償請求の事例），最判平成24年2月24日裁判集民240号111頁＝判タ1368号63頁＝判時2144号89頁（債務不履行〈安全配慮義務違反〉による損害賠償請求の事例）。

う保証はないので，弁護士費用の敗訴者負担のもとでは，訴え提起に，相手方の弁護士費用を負担する危険が常につきまとうからである。

これらの点を考慮すると，立法論としては，弁護士費用の敗訴者負担の導入は基本的には望ましいが，敗訴者の負担が過重にならないように，なんらかの方法で負担の上限を設定すべきである。

第2節　紛争当事者への支援

民事紛争の当事者となった者は，訴えを提起する側に立つにせよ，訴えられる側に立つにせよ，訴訟を追行するために，大きな経済的負担を負わなければならない。また，法の規定も民事裁判制度も高度に複雑化かつ専門化した現代社会においては，民事紛争に巻き込まれた者の中には，それに対する対処の仕方が分からず，不安に陥る者も多数いるであろう。そのような者の権利が確実に実現ないし保護されるためには，もちろん経済的な面での支援も不可欠であるが，それとならんで，一般市民のための法律相談などの支援も必要である。民事訴訟法典には，社会的弱者に対する経済的な支援の一つとして，訴訟救助制度に関する規定が置かれているが，この制度は，次に述べるように，社会的弱者保護のための制度としてはきわめて不十分なものである。法律問題にかかわった一般市民のためには，現在では，平成16年（2004年）に制定された総合法律支援法（同年法74号）に基づいて各種の支援策が設けられ，わが国のこの分野における市民への支援は，もとよりいまだ十分であるとはいい難いものの，従来に比べれば，充実しつつあるということができる。本節では，これらの諸制度について説明される。

1　訴訟救助

（1）　訴訟救助の意義

訴訟救助とは，民事紛争にかかわる者が経済的な理由から訴訟の追行が困難な場合に，裁判費用などの支払を猶予する制度である。訴訟救助は，訴えや上訴を提起しようとする者が受けようとすることが多いであろうが，被告や被上訴人が受けることもある。

（2）　訴訟救助の要件

訴訟救助は，当事者の資力に関する要件と勝訴の見込みに関する要件を満たし

た場合に，付与される。なお，当事者の申立てがあることも，要件である（82条1項本文）。

i   資力に関する要件

　訴訟救助は，訴訟の準備および追行に必要な費用を支払う資力がない者，または，これを支払うことができなくはないが，支払により生活に著しい支障を生ずる者に付与される（82条本文）。後述のように，弁護士費用や訴訟追行のための調査の費用は救助の対象にならないが，それらも訴訟の準備，追行に必要な費用には入る。すなわち，それらを支払う資力がない，またはそれらを支払うことにより生活に著しい障害が生じるならば，資力に関する要件は満たされている。

ii   勝訴の見込みに関する要件

　訴訟救助が付与されるのは，「勝訴の見込みがないとはいえない」ときである（82条1項但書）。これは，「勝訴の見込みがある」ときよりも要件としてゆるやかである。すなわち，救助を申し立てた者が勝訴する見込みが低くても，一応まじめに訴訟を追行しようとする姿勢が認められ，勝訴の見込みが全然ないとまではいえないときは，要件が満たされている。

（3）　訴訟救助の手続

　救助は，審級ごとに（82条2項）当事者の申立てに基づいて裁判所が決定する（同条1項）。救助の事由（（2）i，iiの要件を満たしていること）は，申立人が疎明しなければならない（規30条2項）。

　　　救助申立て却下決定に対して，申立人は即時抗告をすることができる（86条）。救助決定に対して，申立人の本案訴訟における相手方当事者が即時抗告を申し立てることができるか否かについては，これを肯定する見解（以下「肯定説」という），否定する見解（以下「否定説」という），および，救助決定により訴訟費用の担保が免除された（83条1項3号）場合にかぎり，肯定する見解（以下「制限肯定説」という）に分かれている。判例は肯定説を採っている[3]。肯定説は，救助が付与されなければ訴訟追行することができなかった救助申立人が救助決定によって訴訟を追行することが可能になるのは，相手方当事者にとって不利益であるから，相手方当事者には救助決定に対して不服を申し立てる利益があること，および，要件を満たしていないにもかかわらず，救助が付与された場合，相手方当事者の即時抗告によって誤った救助決定を正すことができることを，その理由としている。しかし，救助を付与するか否かは，救助申立人と救助を付与する国との問題であり，相手方当事者は，申立人に救助が付与

---

3)　最判平成16年7月13日民集58巻5号1599頁。

されるか否かについて利害を持たない。肯定説が挙げる，救助付与による相手方当事者の不利益は，救助付与から直接生じる不利益ではなく，反射的な，かつ事実上の不利益であり，これをもって相手方当事者の不服の利益を基礎付けることはできない。ただし，訴訟費用の担保が免除された場合は，これにより，相手方当事者は応訴拒絶を正当化する理由を失うことになり（75条4項参照），それは救助決定から直接生じる相手方当事者の不利益であるから，この場合にかぎり，相手方当事者は即時抗告を申し立てることができると解すべきである。したがって，本書は折衷説を支持する。

　いったん訴訟救助の決定がなされても，その後資力に関する要件を欠くことが判明した場合（たとえば，救助申立人が財産を隠していたことが判明した場合），またはこの要件を欠くに至った場合（たとえば，救助申立人が決定後に財産を取得した場合），裁判所は利害関係人の申立てまたは職権で救助決定を取り消す決定をすることができる（84条）。

(4) 救助の効果

　救助決定により救助申立人について以下のような効力が生じる。①国庫へ納付すべき裁判費用，執行官の手数料などの支払が猶予される（83条1項1号）。②裁判所が付添を命じた弁護士（155条2項など）の報酬などの支払が猶予される（同条同項2号）。③訴訟費用の担保が免除される（同条同項3号）。

　実際に訴訟を追行するにあたって，経済的な面で当事者の大きな負担になるのは弁護士費用である。また，紛争によっては，さまざまな調査や研究に莫大な費用がかかることもある（たとえば，公害，薬害，医療過誤をめぐる紛争における加害行為と損害発生の因果関係の調査・研究）。しかし，これらの費用は訴訟救助の対象にならない。この点で，訴訟救助は社会的・経済的弱者のための支援として不十分なものであるといわざるを得ない。

　また，訴訟救助決定は，83条1項1号・2号所定の費用の支払いを猶予するものであって，これらを免除するものではない（ただし，3号の訴訟費用の担保は免除される）。したがって，救助を受けた当事者（以下「受救者」という）の相手方が訴訟費用を負担すべき場合は（通常は，受給者が勝訴した場合。61条。ただし，62条・63条参照），国が救助決定により猶予した裁判費用を直接相手方から取り立てる（85条1項）。一方，受救者が訴訟費用を負担すべき場合は，受救者は本来猶予された費用を支払わなければならない。この点でも，訴訟救助は経済的弱者を支援する制度として不十分なものである。ただし，受救者は無資力かそれに近い状態にあるのが通常であろうから，実際には訴訟費用は事実上国庫の負担になる。

2 総合法律支援法による支援

　従来から，民事紛争にかかわることになった社会的弱者の救済のための制度として法律扶助がある。法律扶助とは，民事紛争にかかわることになった経済的弱者のために，無料または低廉な法律相談の機会を設け，弁護士費用を含む訴訟に関する費用を援助する制度全般をいう。法律扶助は多くの国で設けられているが，わが国でも，昔から，法律学校（大学法学部），弁護士会，その他の民間団体による無料法律相談会が実施されていた。昭和27年（1952年）になって，日本弁護士連合会を中心として財団法人法律扶助協会が設立され，法律扶助制度を運営することになった。しかし，法律扶助協会は，一部国庫からの補助を受けてはいたが，自主財源によって運営されていた。また，扶助の対象が裁判援助に限られ，扶助の方法も当事者に代わっての立替であるなど，社会的弱者に対する支援として十分なものではなかった。このような状況の下で，総合法律支援法が制定された。

　平成16年（2004年）に，司法制度改革の一環として，社会的弱者の権利保護をより一層確かなものにするために，総合法律支援法（同年法74号）が制定された。[4]

　同法は，まず，法的紛争の当事者が弁護士などの専門職のサービスを身近に受けられるように総合的な支援をなすことを同法の目的とし（総合法律支援1条），支援の実施およびそのための体制の整備について国，地方自治体および日本弁護士連合会が責務を負うことを明らかにし（同8条－11条），支援活動を実施する機関として，従来の財団法人法律扶助協会に代わり，日本司法支援センター（略称「法テラス」）が設立された（同13条以下，附則7条）。日本司法支援センターは，民事裁判の手続の準備および追行のための弁護士報酬などの立替え，手続に必要な書類の作成を司法書士に依頼した場合の報酬などの立替え，同センターが契約する弁護士などによる手続の代理や書類の作成，法律相談の実施をその業務の一つとしている（総合法律支援30条1項2号）。支援の対象となる費目が訴訟救助の場合よりも拡大していること，および，法律相談（一般の人も近づきやすい法テラスの法律相談）が行われることが，あらたな法律支援の特色である。ただし，経済的支援の方法が立替であることは，訴訟救助および前身の法律扶助と変わらない。[5]

---

[4]　それに先駆けて，平成12年に民事法律扶助法（同年法55号）が制定された。同法は，総合法律支援法の制定によって，廃止された（総合法律支援法附則6条）。

[5]　なお，総合法律支援法は，国選弁護人，国選付添人の選任など，民事事件以外の法律問題についての支援も規定している（同30条1項3号など）。

第2章 訴訟と非訟

第1節 訴訟と非訟の違い

　裁判所が，裁判の一種である決定によって，処理する民事事件でありながら，民事訴訟とは異質なものがある。その例としては，後見開始の審判およびその者に成年後見人を付す（すなわち，成年後見人を選任する）審判（民7条・8条・838条2号，家事39条・別表第1〈1の項〉），ならびに，離婚にあたり，子の監護に関する事項を定める審判を挙げることができる（民766条2項－4項・771条，家事39条・別表第2〈3の項〉）。これらを**非訟事件**という。

　民事訴訟と非訟事件の性格は以下のように異なる。まず，民事訴訟においては，裁判所が訴えの適法性を法に従って判断し，それが肯定されれば，本案について，権利義務の発生・不発生，変更，消滅の原因となる事実，すなわち法律要件事実の成否が審理され，そこで認定された事実に法を適用して当事者の権利義務の存否が判断される。それに対して，非訟事件においては，裁判所は，どのような処分が当該事件において適切妥当であるかという点（たとえば，ある自然人につき後見開始の審判をするのが妥当か否か，誰を成年後見人にするのが適切かという点。あるいは，監護につきどのように決めるのが子の福祉にかなうかという点）の考慮に基づいて，したがって当事者およびその他の関係者の将来を見据えたうえで，その裁量に基づいて裁判をする。この点で，非訟事件の裁判は司法作用ではなく行政作用であるといえる。あるいは，民事訴訟においては，当事者間に法律上の権利義務をめぐる明確な法的紛争が存在するのに対して，非訟事件においては，当事者間に明確な法的紛争が必ずしも存在するわけではないということもできる。このことから，民事訴訟には争訟性があるが，非訟事件には争訟性がないともいえる。非訟事件という名称はこのことに由来している。ただし，子の監護に関する処分については，離婚する夫婦の双方がともに監護者として子を養育したいと望む場合，夫婦の間に利害の対立が存在しており，争訟性がないとはいえない（この点については本章第2節2で説明される）。ちなみに，上記のように実質は行政作用である

非訟事件を裁判所が扱うことになっているのは，沿革による。

　民事訴訟と非訟事件の以上の性質の違いにより，両者の手続には，実際上次のような差異がある。①民事訴訟で採用されている処分権主義（246条）は，非訟事件では排除される。②民事訴訟では，原則とし，終局判決によって審級が終了されることが予定されており（243条1項。例外は137条2項・289条2項など），したがって公開の口頭弁論が必要的とされている（必要的口頭弁論。87条1項本文，憲82条）のに対して，非訟事件では，裁判は決定（訴訟における終局判決に対応して「終局決定」という）によってなされ（非訟54条），したがって口頭弁論による審理方式は行われず，非公開の審尋が行われる（同30条）。③民事訴訟では弁論主義が適用されるが，非訟事件では職権で事実の調査および証拠調べが行われる（職権探知主義。非訟49条1項）。④民事訴訟における終局判決に対する上訴は，控訴と上告であるが（281条1項本文・311条1項・2項），非訟事件における終局決定に対する上訴は即時抗告である（非訟66条1項・2項）。⑤民事訴訟における終局判決には既判力（114条1項）および自己拘束力（自縛力）があるが（例外は，256条・257条），非訟事件では，裁判所は終局決定を職権で取り消しまたは変更することができる（非訟59条）。これらの対比から，非訟事件は，民事訴訟に比べると，手続保障の程度が軽微であるということができる。

第2節　非訟事件の種類

1　非訟事件とその手続を規律する法規（法源）

　非訟事件の手続を規律する基本法は非訟事件手続法（平成23年法51号）である。同法には民事非訟事件である裁判上の代位に関する事件などに関する規定（同85条-98条），公示催告事件（同99条-118条）などに関するが規定が置かれている。非訟事件手続法の特別法として，家事事件については家事事件手続法（平成23年，法52号）が制定されている。多くの人にとって，非訟事件手続法が規律する事件よりも家事事件の方が身近に起こりうるものであろう。家事事件は，同法別表第1と別表第2に列挙されている事件に大別される。別表第1には，先に非訟事件の例として挙げた後見開始の審判，成年後見人選任の審判などが列挙されている。別表第2には，先に掲げた離婚のさいの子の監護に関する処分のほか，財産

分与に関する処分，遺産分割に関する処分などが列挙されている。そのほか，会社に関する非訟事件については会社法第7編第3章（同868条-906条）が，借地非訟事件（借地条件の変更など）については借地借家法第4章（同41条-60条）が規定している。

2 争訟的非訟事件と非争訟的非訟事件

先に，非訟事件の性質として争訟性がないことを挙げながら，離婚のさいの子の監護に関する処分については実質的に当事者の利害が対立することがあると述べた。非訟事件のなかにはほかにも同様のものがある。子の監護の処分は家事審判手続法別表第2に列挙されている処分の一つであるが，別表第2に列挙されている処分についてはいずれも当事者間の利害が対立するものであり，したがって現実には争訟性の存在を否定できない。他方，同法別表第1に列挙されている処分には争訟性は存在しない。そこで，別表第2に列挙されているような，当事者の利害が実質的に対立している非訟事件を争訟的非訟事件といい，別表第1に列挙されているような利害の対立のない非訟事件を非争訟的非訟事件という。[1]

このように，非訟事件の中には争訟的非訟事件も多いので，現在では，訴訟と非訟の区別の基準を争訟性の有無に求めることに対する疑義が生じており，法律が非訟事件としているものが非訟事件であり，訴訟事件としているものが訴訟事件であるとする見解も，有力である。しかし，争訟的非訟事件においても裁判所は裁判にあたり裁量を働かせる必要がある。たとえば，先の子の監護の処分の場合，子の監護者となるための法律要件事実が規定されていて，裁判所はそれに関する判断に基づいて監護者を決定するわけではなく，夫婦のいずれを監護者にすることが子の福祉にかなうかという点を考慮して，決定するのである。さらに裁判所は，監護者の決定だけでなく，監護者とならなかった者が負担する養育費や面接交渉についても判断しなければならない。これらについても当事者の意見や利害は対立するかも知れないが，裁判所が裁量によって判断しなければならない。したがって，たしかに争訟的非訟事件は存在するが，訴訟と非訟の区別は，裁判が法律要件事実の存否に関する審理の結果に基づいて行われるか，裁判所の裁量

---

1) 「争訟的非訟事件」は矛盾した表現であり，「非争訟的非訟事件」は同じ意味の語が重複した表現であるようにも思われるが，実際にはそのような表現が使われている。

に基づいて行われるかに求める立場は，なお維持することができるであろう。ただし，このように争訟的非訟事件が存在する一方で，訴訟においても信義則（民1条2項），権利濫用禁止（同1条3項），正当事由（借地借家6条・28条）などの一般条項が適用される場面が増えているところ，一般条項の要件を満たしているか否かは，裁判所の裁量的な判断によることになるので，訴訟事件と非訟事件の区別がつきにくくなっていることは否定できない。

3 訴訟の非訟化

いずれにせよ，現在では争訟的非訟事件も多数ある。それらの中にはかつては訴訟事件であったものもある。たとえば，かつては，夫婦の同居，遺産分割などは訴訟事件であったが，昭和22年（1947年）に制定された家事審判法（同年法152）により非訟事件とされ，そのことは，同法が現在の家事事件手続法に全面改正されたさいにも，が引き継がれた。このような現象を**訴訟の非訟化**という。訴訟の非訟化に対しては，争訟性のある事件を非訟事件として処理することは，手続保障の観点から問題であるとの批判が，学説の側から提起されている。しかし判例は，非訟事件においては，権利義務が存在することを前提にして，その具体的内容を形成するのであって，非訟事件の裁判には既判力がないから，そこで前提とされた権利義務存否の判断が既判力によって確定するわけではなく，それゆえ，そこでの判断は訴訟における再審査の対象とりうるとの理由で，この批判を受け入れていない。[2]

なお，平成23年（2011年）に，旧非訟事件手続法が全面的に改正されて現行非訟事件手続法（同年法51号）が，旧家事審判法が全面的に改正されて家事事件手続法（同年法52号）がそれぞれ制定されたが，両法は前述の批判的学説に配慮して，非訟事件における当事者や利害関係人の手続保障を図っている（非訟20条・21条・32条・49条1項・52条・53条・70条，家事41条・42条・47条・63条64条など参照）。

---

[2] 最大決昭和35年7月6日民集14巻9号1657頁（旧金銭債務臨時調停法上の調停に代わる決定に関する事例），最大決昭和40年6月30日民集19巻4号1089頁（百選［5版］2）（夫婦同居義務の審判に関する事例），最大決昭和40年6月30日民集19巻4号1114頁（続百選85）（婚姻費用分担義務の審判に関する事例），最大決昭和41年3月2日民集20巻3号360頁（遺産分割審判に関する事例）。

第3節　形式的形成訴訟

　共有物分割の訴え（民258条），父を定める訴え（民773条，人訴2条2号・43条）および境界確定の訴え（明文規定で認められているわけではないが，訴訟慣習法上認められている[3]）については，その実質は非訟事件であり，訴えの分類によれば**形式的形成訴訟**であるといわれている。[4]

　まず，これらの訴えが形成の訴えであるといわれるのは，これらの訴えが法律関係の変動を目的としているからである。すなわち，共有物分割の訴えでは，共有者間の共有関係の分割による変更が，父を定める訴えでは，嫡出推定（民772条）が重複する男性のいずれかが父とされることが，境界確定の訴えでは，隣接する土地の境界線の確定が求められるが，これらはいずれも法律関係の新たな形成，言い換えれば，法律関係の変動である。

　しかし，これらの訴えがたんに「形成の訴え」ではなく「形式的形成の訴え」といわれるのは，これらの訴えと本来の形成の訴えの間に以下のような違いがあるからである。すなわち，本来の形成の訴えでは法律要件事実としての形成原因が法定されていて（たとえば，離婚訴訟における民法770条1項各号が定める離婚原因），その存在が認定されたときに，請求認容判決，すなわち形成判決がなされる。それに対して，これらの訴えでは形成原因（共有物分割のための要件，父を定めるための要件，境界を確定するための要件）が法定されているわけではなく，したがって，裁判所の審判の対象，すなわち訴訟物が存在しない。ここに両者の違いがある。これらの訴え提起により，裁判所は法律要件事実の存否に基づいて権利義務の存否を判断するのではなく，合理的と思われる処分（共有物の分割，父を定めること，境界の確定）を行う。これらの訴訟が実質的には非訟事件であるといわれるのは，そのためである。しかし，これらが訴訟により最終的には判決をもって解決することになっているのは，それぞれの問題の重要性，深刻性による。

---

3) 旧裁判所構成法（明治23年法6号）14条第2(ロ)は，「不動産ノ経界」に関する訴訟を認めていた。
4) 共有物分割について，最判平成25年11月29日民集67巻8号1736頁は共有物分割の訴えの本質が非訟事件であると明言している。最判昭和43年2月22日民集22巻2号270頁（百選［5版］35番）は，境界確定について，このような明言してはいないが，非訟事件とみていると解される。

形式的形成の訴えの実質が非訟事件であることから，判例によると——いずれも境界確定訴訟に関する判例であるが——実際に以下のような扱いがなされている。形式的形成の訴えには弁論主義や処分権主義（246 条）は適用されない。したがって，裁判所は原告の主張に拘束されず[5]，原告の主張よりも有利な判決をすることができ，また，上訴された場合，不利益変更禁止の原則（304 条）も適用されない[6]。また，裁判所は請求棄却の判決をすることはできず，すべての事情を考慮して，なんらかの処分をしなければならない（境界確定訴訟であればどこかに境界を確定しなければならない）[7]。

　境界確定の訴えの性質については，前述のように，形式的形成の訴えと解するのが通説であるが，実質は，所有権の及ぶ範囲についての私人間の争いであるとの理由から，所有権（の範囲）の確認を求める訴えであるとする見解，所有権の範囲の確認を含む特殊の訴えであるとする見解などが主張されており，学説は分かれている。

---

[5] 大判大正 12 年 6 月 2 日民集 2 巻 345 頁（百選［初版］66），大判昭和 11 年 3 月 10 日民集 15 巻 695 頁。
[6] 最判昭和 38 年 10 月 15 日民集 17 巻 9 号 1220 頁（百選［2 版］117）。
[7] 前掲注 5) 大判大正 12 年 6 月 2 日。

事項索引

あ

相手方の同意(訴え取下げに対する——)………321
朝日訴訟……………135, 452

い

異議………………330
遺言無効確認の訴え……107, 109
違式の裁判…………333, 375
意思能力………………68
移審効………336, 341, 422
移送…………………45
一期日審理の原則
　(少額訴訟における——)
　…………………477
　(手形訴訟における——)
　…………………473
一事不再理説(既判力の性質に関する——)………275
一部請求後の残額請求…287
一部請求訴訟…………335
　——における相殺・過失相殺…………288
一部請求と時効中断効…120
一部判決………258, 403, 404
一身専属的権利…………452
一般公開………………138
一般承継………………298
一般条項………………179
一般常識に属する経験則
　…………………204
違法収集証拠……………207
イン・カメラ手続………242
印紙の貼付………………94
引用文書………………239

う

訴え………………12, 84
　——の交換的変更……407
　——の主観的追加的併合
　……………427, 428
　——の主観的予備的併合
　…………………427
　——の追加的変更……406
　——の取下げ……15, 97, 320, 423
　——の変更……………406
　——の利益………101, 103
独立当事者参加訴訟における——…………448
訴え提起の予告通知……189
訴え提起前における照会
　…………………189
訴え提起前における証拠収集処分………15, 188, 189
訴え提起前における予告通知者等照会…………15
訴え取下げ後の再訴禁止
　……………104, 324
訴え取下げの擬制…164, 321
訴え取下げの合意…104, 196
訴えなければ，裁判なし…97

え

ADR…………………8

お

応訴管轄……………39, 44
大阪国際空港事件………106
親子関係確認の訴え……107
オンライン化(民事訴訟手続の——)……………484
オンラインシステムによる督促手続…………483

か

外交関係に関するウィーン条約……………37
外交使節………………37
外国国家………………37
外国等に対する我が国の民事裁判権に関する法律
　………………22, 37
外国の元首………………37
会社更生………………20
会社訴訟…………………7
会社に関する非訟事件…499
回避…………………53
下級裁判所………………34
確定遮断効……336, 341, 422
確定判決の騙取…………271
確認訴訟………………85
確認の訴え……………85
　——の利益…………106
確認判決………………259
隔離尋問………………229
家事事件………………498
家事調停…………………9
過失相殺………………216
過失の一応の推定………219
家庭裁判所………………34
株式会社の株主が行う責任請求の訴え　→株主代表訴訟
株式会社の特別清算………20
株式会社の役員解任訴訟
　…………………415
株主代表訴訟………313, 435
仮差押命令………………20
仮執行…………………305

504　事項索引

仮執行宣言 305, 336
　(控訴審判決における)
　　..........................355
　(手形・小切手訴訟にお
　　ける——) 474
　(督促手続における——)
　　..........................482
仮執行免脱宣言 306
仮処分命令 20
簡易裁判所 34, 35, 466
管轄 38
　——の合意 195
管轄配分説 47
官署としての裁判所 34
間接事実 151, 178
間接主義 141
間接反証 217
鑑定 200, 232
　——の嘱託 174, 233
鑑定義務 233
鑑定証人 224, 233
鑑定人 200, 233
関連裁判籍 41, 42
関連併合 403

き

期間 128
期日 126
　——の指定 126
　——の変更 127
　——の呼出し 127
期日変更の合意 196
技術または職業の秘密に関
　する証言拒絶権 227
擬制自白 165, 216
擬制陳述 165
覊束力(判決の——) 265
起訴調書 467
起訴前の和解 9, 309, 466, 469
詰問権 156, 157
既判力 268, 498
　——の基準時 277
　——の基準時後の形成権
　　の行使 279
　——の客観的範囲 281
　——の根拠 273
　——の時的限界 277
　——の主観的範囲 295
　——の消極的作用 269
　——の性質 275
　——の積極的作用 269
　——の双面性 271
　——の調査 273
　——の抵触 271
既判力説(補助参加の効力
　に関する——) 437
忌避 51
忌避権の濫用 52
義務履行地 41
逆推知説 47
客観的証明責任 211
旧々民事訴訟法 23
旧訴訟物理論 87
給付訴訟 84
　——の訴訟物 87
給付の訴え 84
　——の利益 105
給付判決 84, 259
旧民事訴訟法 23
求問権 182
境界確定の訴え 501
行政事件訴訟 7, 465
強制執行 14, 17
共同訴訟 42, 413
共同訴訟参加 428
共同訴訟的補助参加 439
共同訴訟人独立の原則
　.......................421, 425
共有 419
共有関係訴訟 416
共有の性質を有さない入会
　権 417
共有の性質を有する入会権
　..............................417
共有物分割訴訟 416
共有物分割の訴え 501
許可抗告 374, 378

く

具体的法規範説(既判力の
　性質に関する——) 276
国などの代表者 74
クラス・アクション 429

け

計画進行主義 144
経験則 204, 208
刑事関係書類 240
形式的競売 18
形式的形成訴訟 501
形式的当事者概念 54
形式的不服説 334
刑事訴訟 6
形成権の訴訟上の行使 ...194
形成訴訟の訴訟物 88
形成の訴え 85
　——の利益 112
形成判決 85, 259
形成力 303
係争物の譲渡 454
継続審理主義 143
競売法 23
欠席判決 165, 166
　——主義 166
決定 254
結末判決 258
厳格な証明 203
原告 12, 55
原告適格 113
現在の給付の訴え 105
原始的共同訴訟 428
原始的複数請求訴訟 399
検証 200, 244
検証協力義務 245
検証受認義務 245
検証のさいの鑑定 174
検証物 200
検証物提示義務 245
顕著な事実 205
原判決取消移送 354

事項索引 505

憲法違反(上告理由) ……358
憲法訴訟 …………………7
原本 ……………………235
権利抗弁 ………………216
権利根拠・消滅・障害規定
 ……………………………212
権利実在説(既判力の性質
 に関する——) …………276
権利自白 ………………174
権利主張参加 …………445
権利侵害防止参加 ……444
権利能力 …………………60
 ——なき財団 …………61
 ——なき社団 …61,62,417
権利保護の資格 ………102
権利保護の利益 ………102
権利濫用禁止の原理 ……29

こ

合意管轄 ………………39,43
合一確定の必要 ……413,421
行為能力 …………………65
公開主義 ……………138,222
合議制 ………………35,95
合議体 →合議制
攻撃防御方法 ………122,192
抗告 …………………331,373
抗告許可理由書 ………380
抗告提起通知書 ………378
交互尋問 ………………228
公示催告事件 …………498
公示送達 ………………132
合手的債務 ……………418
更新権 …………………345
公正証書 ………………235
控訴 ……………14,329,338
控訴権 …………………338
 ——の放棄 …………338
控訴人 ……………55,338
控訴の取下げ …………341
 ——の擬制 …………342
控訴理由書 …………140,151
 ——提出強制 ………339
公知の事実 ……………205

合同行為 ………………191
高等裁判所 ………34,35
口頭主義 ……………139,149
 ——の形骸化 ………140
口頭陳述の原則 ………229
口頭による訴えの提起 …90,
 467
口頭弁論 …12,122,149,160
 ——の一体性 ………160
 ——の方式の遵守 ……206
口頭弁論終結後の承継人
 ……………………………298
口頭弁論終結時 ………278
口頭弁論調書 ……140,167,
 206,468
後発的共同訴訟 ………428
後発的複数請求訴訟 …399
交付送達 ………………131
公文書 …………………235
抗弁 ……………………215
公務員の証言拒絶権 …226
公務秘密文書 ………240,242
合有 ……………………418
小切手訴訟 …………7,471
国際裁判管轄 ………38,47
国籍確認の訴え ………107
告知者 …………………440
個々の訴訟行為に関する代
 理人 …………………71,73
国家賠償 …………………6
個別代理人 ……………71
固有必要的共同訴訟 …62,
 63,413,415,422,423
婚姻無効・取消訴訟 ……415

さ

再建型倒産手続 ………20
債権者代位訴訟 ………296
再抗告 ……………373,377
最高裁判所 ……………34
再抗弁 …………………216
最初の抗告 ……………373
再審 ……………330,383
 ——の補充性 ……362,387

再審期間 ………………389
再審訴訟の訴訟物 ……393
再訴禁止 …………104,324
財団法人法律扶助協会 …496
裁定期間 ………………129
再度の考案 ……………376
裁判 ……………………253
 ——の対審 …………137
 ——の脱漏 …………259
裁判外の自白 …………171
裁判外の和解 ………309,469
裁判外紛争解決手続の利用
 の促進に関する法律 …10
裁判外紛争解決制度 ……8
裁判機関としての裁判所
 ……………………………34
裁判所 …………………34
 ——などが定める和解条
  項案による和解 ……10,
  311
 ——の職務執行不能によ
  る訴訟手続の中止 …135
裁判上の自白 …………171
裁判上の代位に関する事件
 ……………………………498
裁判上の和解 ……9,309,469
裁判資料 ……122,149,160,
 169,170
裁判籍 …………………40
裁判長 …………………36
 ——による訴状却下 …95,
 96
 ——の訴状審査 ………95
裁判の迅速化に関する法律
 ……………………………25
裁判費用 ………………488
債務不存在確認請求訴訟
 ……………………………117
債務不存在確認請求の訴え
 ……………………………85,111
債務名義 …17,261,303,469,
 480
詐害防止参加 ………444,445
差置送達 ………………131
参加承継 ……………457,458

事項索引

参加的効力説 ……………438
三審制 ………………………331
　——の審理排除効 ……173
残部判決 …………………258

し

事案の解明 ………………169
時機に後れた攻撃防御方法
　…………………………146
時効中断効(訴えの提起に
　よる——) ……………120
自己拘束力(判決の——)
　…………………265, 498
自己使用文書 ……………240
事後審制 …………………344
自己利用文書 ……………240
事実 …………………261, 262
事実抗弁 …………………216
事実上の主張 ………177, 192
事実上の推定 ……………213
事実審 ……………………358
事実認定 ……………177, 200
使者 …………………………70
死者名義訴訟 …………56, 58
自然科学的証明 …………202
執行官による現況調査 …190
執行抗告 …………………373
執行裁判所 …………………39
執行文付与の訴え ………301
執行力 ……………………302
　——の主観的範囲 ……303
実質的当事者概念 …………54
実質的不服説 ……………334
実体法 ………………………14
実体法上の法定代理人 …71, 72
実体法説
　訴訟物に関する—— ……87
　既判力の性質に関する——
　…………………………275
指定簡易裁判所(督促手続
　における——) ………484
指定管轄 ……………………39
私的自治の原理 ……97, 175
私的整理 ……………………19

自白 …………………171, 205
　——の審理排除効 ……173
　——の不可撤回性 ……173
自白契約 …………………209
自白原則 ……………170, 171
自縛力 ………………265, 498
支払督促 …………………480
支払命令 …………………480
事物管轄 ………………39, 40
司法委員 …………………467
私法上の和解 ……………309
司法書士 ……………77, 466
氏名冒用訴訟 ……………56, 57
借地非訟事件 ……………499
釈明義務 …………………183
釈明権 ……………36, 164, 181
釈明処分 ………174, 182, 233
終局決定 …………………498
終局判決 ……………160, 256
自由心証主義 …168, 179, 206
修正された法律要件分類説
　…………………………213
従たる当事者 …433, 436, 437
集中証拠調べ ……………222
集中審理主義 ……………143
自由な証明 ………………203
住民団体 ……………………62
主観的証明責任 …………211
受継 ………………………453
主権免除 ……………………37
取効的訴訟行為 …………191
趣旨不明瞭な攻撃防御方法
　…………………………164
受訴裁判所 …………………39
受託裁判官 …………………36
主張 ………………………192
主張原則 …………………170
主張責任 ……………171, 205
主張共通の原則 …………171
受命裁判官 …………………36
主要事実 ……………151, 178
準抗告 ……………………375
準備書面 ……94, 140, 151, 468
準備的口頭弁論 …………155
準文書 ……………………234

渉外民事事件 ………47, 204
少額訴訟 ……………7, 254, 474
　——債権執行 ……………478
消極的確認の訴え ……85, 110
消極的釈明 ………………184
消極的訴訟要件 ……………99
承継執行文 ………………301
証言拒絶権 ………………225
証拠 ………………………200
証拠価値 …………………201
　——の法定 ……………206
　——の自由評価 ………207
証拠共通の原則 ……174, 208, 422
上告 …………………14, 329, 356
　——の利益 ……………357
上告権 ……………………357
上告受理申立て ……330, 332, 358, 362, 365
上告受理申立理由 ………363
　——書 …………………365
上告人 ………………………55
上告理由書 ………………140
　——提出強制 …………365
上告理由不拘束の原則 …367
上告状 ……………………364
証拠契約 ……………196, 209
証拠決定 …………………220
証拠原因 …………………201
証拠原則 ……………170, 174
証拠抗弁 …………………220
証拠調べ ……………13, 122, 200
証拠資料 …………122, 160, 163, 171, 200
証拠制限(手形訴訟におけ
　る——) ………………473
証拠能力 …………………201
証拠の申出 ………………219
証拠方法 …………………200
　——の法定 ……………206
証拠保全 …………………247
証拠力 ……………………201
証書真否確認の訴え ……107
上訴 …………………14, 329
　——の取下げ ……………97

事項索引 | 507

——の要件 ………………332
——の利益 ………………334
上訴権の放棄 ……………265
上訴権の濫用 ……………335
上訴制度の目的 …………331
上訴取下げの合意 …104, 196
上訴不可分の原則 …336, 341
証人 …………………200, 223
——の保護 ………………230
証人義務 …………………225
証人尋問 ……………200, 223
証人能力 …………………224
消費者団体 ………………62
消費者団体訴訟 …………429
抄本 ………………………235
証明 ………………………201
証明力 ……………………201
証明責任 ……………183, 205, 210
——の分配 …………210, 211
——を定める契約 ………209
将来の給付の訴え ………105
職業の秘密 ………………227
嘱託送達 …………………132
職分管轄 …………………39
職務上顕著な事実 ………205
書証 …………………200, 234
除斥 ………………………49
職権主義 …………………136
職権証拠調べ ……………186
職権進行主義 ……………142
職権送達主義 ……………131
職権探知事項 ……64, 115, 273
職権探知主義 …100, 170, 186
職権調査事項 ……44, 64, 72, 100, 115, 186, 273
処分権主義 ……97, 137, 142, 176, 351, 498, 502
処分証書 …………………235
書面主義 …………………139
書面による準備手続 ……96, 157
自力救済 …………11, 273, 303
信義則(信義誠実の原則)
………………………28, 58
——による蒸し返しの禁

止 ………………………286
真偽不明 …………………210
審級 ………………………331
——の利益 ………………350
審級裁判所 ………………39
審級制度 …………………479
進行協議期日 ……………144
人事訴訟 ……………………7, 465
——における別訴の禁止
………………………………104
人事訴訟法 …………………7
真実擬制 ……………243, 249
真実義務 …………………181
新実質的不服説 …………335
人証 ………………………200
審尋 …………………150, 255
新訴訟物理論 ……………87
新様式判決 ………………263
審理 …………………122, 160
審理の計画 ………143, 144, 148
審理の現状に基づく判決
………………………164, 167
審理不尽 …………………362

す

随時提出主義 ……………145
推定規定 …………………213

せ

請求
——の基礎の同一性 …408
——の客観的併合 ……399
——の客観的予備的併合
………………………………162
——の原因 …………93, 467
——の減縮 …………320, 407
——の趣旨 …………93, 467
——の認諾 ………16, 97, 317
——の放棄 ………16, 97, 317
——の目的物の所持者
………………………………299
請求異議の訴え …………272
請求棄却判決 ………13, 256

請求認容判決 ………13, 256
制限訴訟能力者 …………66
制限免除主義 ……………37
清算型倒産手続 …………19
正当な当事者 ………102, 113
正本 ………………………235
責問権 ……………………125
積極的確認の訴え ………85
積極的釈明 ………………184
積極的訴訟要件 …………99
積極否認 …………………215
絶対的上告理由 …………359
絶対的訴訟無能力者 ……66
絶対免除主義 ……………37
先行自白 …………………172
前審関与 …………………49
専属管轄 …………………39
専属的合意管轄 …………40, 43
選択的併合 ……88, 401, 406
選定当事者 ……62, 115, 429
——の資格喪失 …………431
——の変更 ………………431
選定の取消し ……………431
全部判決 …………………258
専門委員 …………………187
専門的な経験則 …………205
専門的な知見に基づく意見
陳述の嘱託 ……………190

そ

総合法律支援法 ……493, 496
相殺の抗弁 ……118, 146, 193, 194, 283, 348, 351
争訟性 ……………………497
争訟的非訟事件 …………499
送達 …………………13, 130
送達受領補助者 …………70
争点効 ……………………285
争点整理手続 ………154, 222
相当な損害額の認定 ……218
双方審尋主義 ……………137
双方代理の禁止 …………72
総有 ………………………417
即時確定の利益 …………109

即時抗告 …………………373
続審制 ……………………344
訴状 ……………12, 90, 151, 467
　──の送達 ……………96
訴訟委任による訴訟代理人
　………………………71, 76
訴訟救助 …………………493
訴訟共助 …………………36
訴訟共同の必要 …………413
訴訟記録 ……………138, 169
訴訟係属 …………13, 96, 116
訴訟行為 ……………70, 190
　──と私法行為 ………194
　──と条件 ……………193
　──の追完 ……………130
　──の撤回 ……………192
　──の取消し …………193
訴訟告知 …………………440
訴訟指揮 …………………124
訴訟終了効 ……305, 315, 319
訴訟終了宣言判決 ………256,
　316, 325
訴訟障害 …………………99
訴訟承継 …………………450
訴訟承継主義 ……………456
訴訟上の合意 ………191, 195
訴訟上の請求 ……………86
訴訟上の相殺　→相殺の抗弁
訴訟上の代理権 …………71
訴訟上の代理人 …………70
訴訟上の申立て …………192
訴訟上の和解 ……9, 16, 97,
　309, 310, 312, 314
訴訟資料 ……………122, 169
訴訟代位 …………………114
訴訟代理人 ………………71
訴訟脱退 …………………449
訴訟担当 …………………296
訴訟追行権 ………………113
訴訟手続の受継 …………454
訴訟手続の中止 ……129, 132,
　135
訴訟手続の中断 ………65, 68,
　129, 132, 133, 451, 453
訴訟手続の停止 …………132

訴訟能力 …………………65
訴訟の非訟化 ……………500
訴訟判決 ……………13, 256
訴訟費用 …………………488
　──の償還 ……………491
　──の担保 ……………491
　──の負担者 …………489
　──の負担の裁判 ……262,
　490
訴訟物 …………………54, 86
訴訟物論争 ……………87, 93
訴訟法上の形成の訴え ……86
訴訟法上の特別代理人 …71,
　73
訴訟法説
　訴訟物に関する── ……87
　既判力の性質に関する
　　── …………………275
訴訟要件 ………98, 115, 186
即決和解 ……………309, 469
続行命令 ……………133, 135
疎明 …………………202, 207

た

大規模訴訟 ………………35
第三者の訴訟担当 ……54, 70,
　114
対質 ………………………229
対世効
　形成判決の── ……86, 304
対席判決主義 ……………166
代替的紛争解決制度 ………8
多数当事者訴訟 …………397
立会権（証拠調べにおける
　当事者の立合権）……223
建物買取請求権 ……146, 279
単純否認 …………………215
単純併合 ……………400, 403
団体訴訟 …………………429
単独行為 …………………191
単独制 ……………35, 95, 254
担保権の実行 ……………18
担保提供の方法に関する合
　意 ………………………195

ち

父を定める訴え …………501
知的財産高等裁判所（知財
　高裁）…………………35
地方裁判所 ……………34, 35
中間確認の訴え ……282, 411
中間判決 …………………257
仲裁 ………………………9
仲裁鑑定契約 ……………209
調査の嘱託 ……174, 190, 222,
　246
調書判決 ………254, 263, 477
徴表 ………………………178
徴憑 ………………………178
重複訴訟の禁止　→二重訴訟
　の禁止
直接主義 …140, 222, 229, 345
陳述の擬制（準備書面の──）
　…………………………165, 468

つ

追加判決 ……………259, 403
通常期間 …………………129
通常共同訴訟 ……………413
　──の要件 ……………414
通常抗告 …………………373

て

出会送達 …………………131
定期金賠償を命じる確定判
　決 ………………………294
定期行為 …………………106
ディスカバリー …………153
提訴前の予告通知者・被予
　告通知者照会 …………153
手形訴訟 ………………7, 471
手形の取立委任裏書の被裏
　書人 ……………………115
適格消費者団体 …………62
適時提出主義 ……………145
適正な手続 ………………26

事項索引　509

手数料 …………………94
　裁判所に対する申立ての
　　——— ……………489
手続的正義 ……………26
手続法 …………………14
手続保障 ………………26
天皇 …………………37, 38
伝聞証言 ……………224
伝聞証拠 ……………224
電話会議システム ……156, 157, 158

と

ドイツ普通法 ………139, 145
倒産手続 ………………19
当事者 …………12, 54, 295
　———の確定 …………55
　———の合併 ………452
　———の欠席 ………164
　———の故障による訴訟手
　　続の中止 …………136
　———の死亡 ………451
　———の交代 ………450
当事者権 ………………27
当事者公開 …………138
当事者恒定主義 ……456
当事者恒定力 ………457
当事者主義 …………137
当事者照会 …………153
当事者尋問 ……174, 200, 231
　———の補充性 ……231
当事者送達主義 ……130
当事者適格 …………102, 112
　再審訴訟の——— …389
当事者能力 …………60, 417
当事者費用 …………489
当事者本人 …………200
同時審判の申出 ……162, 424
同時提出主義 ………145
当然承継 ………450, 451
当然の補助参加の理論 …422
答弁書 ………………151
答弁要旨書 …………189
謄本 …………………235

督促異議 ……………482
督促手続 …………7, 479
特段の事情論 …………47
特定承継 ……………450
特定の種類の行為の任意代
　理人 …………………80
特別委任事項 …………77
特別抗告 ………331, 374, 382
特別裁判籍 …………40, 41
特別上告 ………………330, 381
特別上訴 ……………381
特別の不服申立て ……330
独立裁判籍 ……………41
独立当事者参加 ……295, 443
　———訴訟における一人の
　　上訴 ………………447
　———申出の取下げ ……448
独立附帯控訴 ………344
土地管轄 ……………39, 40
苫米地事件判決 ……103
飛越上告の合意 ……196, 265, 329, 333, 338
取立訴訟 ……………296

な

汝は我に事実を語れ，され
　ば我は汝に法を語る …185

に

二重起訴の禁止 ……104, 116
二当事者対立構造 ……16
日本司法支援センター …496
入会(権) ……………62, 417
任意管轄 ……………39, 44
任意訴訟の禁止 ……104, 196
任意代理人 …………71, 76
任意的記載事項
　訴状の——— ……91, 94
任意的口頭弁論 ……149, 255
任意的差戻し ………354
任意的訴訟担当 ……114, 115, 296
任意的当事者変更 …451, 461

任意の出頭による訴え提起
　………………………467
任意の出頭による訴えの提
　起 ……………………90
認証謄本 ……………235
認証紛争解決業者 ……10
認知無効・取消訴訟 …415

の

ノンリケット(non liquet)
　………………………210

は

敗訴者負担の原則(訴訟費
　用の———) ………489
破棄移送 ……………370
破棄差戻し …………369
破棄自判 ……………370
破棄判決の拘束力 …371
破産 …………………20
判決 …………………12, 253
　———の言渡し ……264
　———の確定 ………265
　———の更正 ………266
　———の送達 ………264
　———の変更 ………266
判決書 ……………140, 468
　———の原本 ………260
　———の作成 ………260
判決手続 ………………17
判決内容の確定 ……260
犯罪被害者等の権利利益の
　保護を図るための刑事手
　続に付随する措置に関す
　る法律 ……………6, 254
反射効(判決の———) …299
反証 …………………217
反訴 …………………409
　———の禁止
　　少額訴訟における———
　　…………………476
　(手形訴訟における———)
　　…………………472

510　事項索引

反論書 …………140, 151

ひ

引受承継 …………457, 459
引渡・閲覧請求可能文書
　…………………………239
被控訴人 …………55, 338
被告 ……………………12, 55
被告知者 …………………440
被告適格 …………………113
被参加人 …………………433
被上告人 …………………55
非訟事件 …………………497
非争訟的非訟事件 ………499
必要的記載事項
　（訴状の――）…………91
必要的共同訴訟 ……162, 413
必要的口頭弁論 ……139, 149, 254, 498
必要的差戻し ……………353
ビデオリンク ………230, 232
否認 ………………………215
非判決 ……………………267
非弁護士の訴訟行為 ………79
飛躍上告 →飛越上告
表見証明 …………………219
被予告通知者 ……………189

ふ

付加期間 …………………129
付加的合意管轄 …………43
不可分債務 …………418, 420
不起訴の合意 ………104, 196
複雑訴訟 …………………397
覆審制 ……………………344
複数請求訴訟 ………397, 399
不控訴の合意 ……………338
不上訴の合意 …196, 265, 336
不真正予備的併合 ………402
附帯控訴 …………………343
附帯控訴の従属性 ………344
附帯上告 …………………366
附帯上告受理申立て ……366

不知の陳述 ………………215
普通裁判籍 ………………40
物証 ………………………200
不貞の抗弁 ………………217
不動産所在地 ……………41
不特定概念 ………………179
不変期間 …………………129
不法行為地 ………………41
不要証事実 ………………205
不利益変更禁止の原則 …97, 351, 502
文書 ………………………200
　――の形式的証拠力 …237
　――の実質的証拠力 …237
　――の証拠力 …………236
　――の真正 ……………236
　――の送付嘱託 ………190, 236, 473
文書提出義務の一般義務化
　…………………………240
文書提出命令 …236, 237, 473
　――不遵守の効果 ……242
文書特定のための手続 …238
紛争解決の相対性 ………295
紛争の要点 ………………467

へ

併行審理主義 ……………143
便宜訴訟の禁止 ……104, 196
弁護士強制主義 …69, 77, 492
弁護士代理の原則 ……77, 79, 466
弁護士費用 …………492, 495
片面的対世効 ……………304
片面的独立当事者参加
　……………………443, 458
弁理士 ……………………77
弁論 …………………122, 149
　――の懈怠 ……………163
　――の更新 …141, 160, 346
　――の再開 ……………160
　――の終結 …13, 160, 260
　――の制限 …………161, 403
　――の続行 ……………160

　――の分離 ……………162
　――の併合 ……………162
弁論権 ……………………27
弁論主義 ……137, 142, 170, 498, 502
　――の根拠 ……………175
弁論準備手続 …96, 141, 156
弁論準備手続調書 ………140
弁論能力 …………………69
弁論の全趣旨 …201, 208, 216

ほ

包括代理人 ………………71
防御方法 ……………122, 192
報告文書 …………………235
法人格否認の法理 ………300
　――と当事者の確定 …59
法人でない社団・財団　→権利能力なき社団・財団
法人などの代表者 ………74
法人の代表者と表見法理 …74
妨訴抗弁 …………………100
法廷 ………………………126
法定管轄 …………………39
法定期間 …………………129
法定証拠主義 ………168, 206
法定序列主義 ……………145
法定訴訟担当 ………114, 296
法定代理人 ……………71, 72
法定倒産手続 ……………19
法的観点指摘義務 …178, 185
法テラス …………………496
法律関係文書 ………239, 241
法律上の権利推定 ………214
法律上の事実推定 ………214
法律上の主張 ……………192
法律上の推定 ……………213
法律審 ……………………358
法律扶助 …………………496
法律要件分類説 …………211
法令による訴訟代理人 …71, 80
補佐人 ……………………80
補充送達 …………………131

事項索引　511

補助参加 ……………433
　　——の効力 ……………437
　　——の利益 ……………435
　　——の理由 ……………435
補助参加人 …………295,433
補助事実 ………………178
保全抗告 ………………373
保全命令手続 ……………7
保存行為 ……………418,420
本案の申立て ……………192
本案判決 ……………13,256
本証 …………………217
本人訴訟 …………………69

ま

マレーシア航空事件 ……47

み

民事再生 …………………20
民事裁判権 ………………36
民事執行 …………………18
民事執行法 ………………23
民事訴訟 ………………5,12
民事訴訟規則 ……………22
民事訴訟法 …………5,22,23
民事調停 …………………9
民事紛争 …………………5
民事法律扶助法 ………496
民事保全訴訟 ……………20
民事保全法 ……………7,23
民法上の組合 …………63,418

む

無効判決 ………………267

め

明示的一部請求 ………287
命令 ………………254,375

も

申立て …………………191
黙示的一部請求 ………288
模索的証明 ……………239

ゆ

唯一の証拠方法 ………221
郵便に付する送達 ……131

よ

要件事実 ………………178
養子縁組無効・取消訴訟
　………………………415
要約書面 ……156,157,158
与効的訴訟行為 ………191
予告通知者 ……………189
呼出状 …………………13
予備的相殺の抗弁 …193,334
予備的併合 …………400,403

ら

ラウンドテーブル法廷 …155

り

利益衡量説 ……………213
利益文書 ……………239,241

利益変更禁止の原則 ……97,
　351
離婚の訴え ………………85
立証 ……………………192
略式手続 ……7,207,465,471
理由付け否認 …………215
稟議書(文書提出命令と
　——) ……………………241

る

類似必要的共同訴訟 …413,
　422,428
　　——の要件 …………421

れ

歴史的証明 ……………202

ろ

労働審判法上の調停 ……9
論理則 …………………208
論理的証明 ……………202

わ

和解 ……………………8
和解(裁判外の——) ……309
和解条項案の書面による受
　諾による和解 …………310
和解調書 ………………310
和解に代わる決定 ……469

判 例 索 引

本文中で，〔参考判例〕として【事案の概要】と
【判旨】を紹介した判例は，太字で表示した。

大判明 31・2・24 民録 4 輯 48 頁 …………221
大判明 43・4・5 民録 16 輯 273 頁 …………218
大判大 7・2・25 民録 24 輯 282 頁 …………219
大判大 8・6・30 民録 25 輯 1200 頁 ………121
大判大 10・7・18 民録 27 輯 1329 頁 …419, 420
大判大 12・6・2 民集 2 巻 345 頁 …………502
大判大 14・4・24 民集 4 巻 195 頁 …………316
大決昭 3・12・28 民集 7 巻 1128 頁 …………37
大判昭 5・12・18 民集 9 巻 1140 頁 ……51, 359
大決昭 6・4・22 民集 10 巻 380 頁 …………316
大判昭 6・11・24 民集 10 巻 1096 頁
　………………………………………105, 109, 270
大決昭 7・2・12 民集 11 巻 119 頁 …………435
大判昭 7・7・8 民集 11 巻 1525 頁 …………218
大決昭 8・9・9 民集 12 巻 2294 頁 …………435
大判昭 8・11・7 民集 12 巻 2691 頁 ………111
大判昭 9・2・27 民集 13 巻 445 頁 …………408
大判昭 9・3・9 民集 13 巻 249 頁 …………128
大判昭 9・4・4 民集 13 巻 573 頁 …………146
大判昭 9・8・7 民集 13 巻 1559 頁 …………445
大判昭 10・5・7 民集 14 巻 808 頁 …………333
大判昭 11・3・10 民集 15 巻 695 頁 ………502
大判昭 11・10・6 民集 15 巻 1789 頁 ………126
大判昭 11・12・18 民集 15 巻 2266 頁 ……404
大判昭 12・12・18 民集 16 巻 2012 頁 ……164
大判昭 13・12・26 民集 17 巻 2585 頁 ……458
大判昭 14・8・12 民集 18 巻 903 頁 ………316
大判昭 14・10・31 民集 18 巻 1185 頁 ……126
大判昭 15・2・27 民集 19 巻 239 頁 ………126
大判昭 15・4・9 民集 19 巻 695 頁 …………430
最大判昭 23・3・10 刑集 2 巻 3 号 175 頁 …363
最判昭 23・8・5 刑集 2 巻 9 号 1123 頁 ……202
最判昭 24・4・12 民集 3 巻 4 号 97 頁 ………130
最判昭 24・8・2 民集 3 巻 9 号 291 頁 ………98
最判昭 25・7・11 民集 4 巻 7 号 316 頁 ……174
最判昭 25・10・31 民集 4 巻 10 号 516 頁 …127
最判昭 27・2・15 民集 6 巻 2 号 88 頁 ……102
最判昭 27・2・19 民集 6 巻 2 号 110 頁 ……370
最大判昭 27・10・8 民集 6 巻 9 号 783 頁 …371
最判昭 27・11・18 民集 6 巻 10 号 991 頁 …349
最判昭 28・4・30 民集 7 巻 4 号 457 頁 ……221
最判昭 28・5・12 裁判集民 9 号 101 頁 ……141
最判昭 28・5・14 民集 7 巻 5 号 565 頁 ……208
最判昭 28・5・29 民集 7 巻 5 号 623 頁 ……128
最判昭 28・6・26 民集 7 巻 6 号 783 頁 ……50
最判昭 28・10・15 民集 7 巻 10 号 1033 頁
　…………………………………………………318
最大判昭 28・12・23 民集 7 巻 13 号 1561 頁
　…………………………………………………112
最判昭 29・6・11 民集 8 巻 6 号 1055 頁 ……69
大阪高判昭 29・8・21 高民 7 巻 8 号 601 頁
　…………………………………………………218
最判昭 29・10・26 民集 8 巻 10 号 1979 頁 …52
大阪高判昭 29・10・26 下民 5 巻 10 号 1787 頁
　…………………………………………………461
最判昭 29・12・16 民集 8 巻 12 号 2158 頁
　…………………………………………102, 109
最判昭 30・1・28 民集 9 巻 1 号 83 頁 ………51
最判昭 30・3・29 民集 9 巻 3 号 395 頁 ……50
最判昭 30・4・5 民集 9 巻 4 号 439 頁 ……147
最判昭 30・4・27 民集 9 巻 5 号 582 頁 ……221
最判昭 30・6・24 民集 9 巻 7 号 919 頁 ……98
最判昭 30・9・30 民集 9 巻 10 号 1491 頁 …318
最判昭 31・3・30 民集 10 巻 3 号 242 頁 …316
最判昭 31・4・3 民集 10 巻 4 号 297 頁 ……357
最判昭 31・4・13 民集 10 巻 4 号 388 頁 …141
最判昭 31・5・10 民集 10 巻 5 号 487 頁 …420
最判昭 31・12・20 民集 10 巻 12 号 1573 頁
　…………………………………………………102
最判昭 32・2・15 民集 11 巻 2 号 270 頁 …299
最判昭 32・2・28 民集 11 巻 2 号 374 頁
　…………………………………………407, 409
最判昭 32・3・26 民集 11 巻 3 号 543 頁 …225
最判昭 32・6・7 民集 11 巻 6 号 948 頁
　…………………………………………288, 335
最判昭 32・6・11 民集 11 巻 6 号 1030 頁 …263
最判昭 32・7・2 民集 11 巻 7 号 1186 頁 …266
最大判昭 32・7・20 民集 11 巻 7 号 1314 頁

……………………………………108
最判昭32・9・17民集11巻9号1540頁…458
最判昭32・12・13民集11巻13号2143頁
　………………………………………343
最判昭33・3・7民集12巻3号469頁
　……………………………………173,199
最判昭33・4・17民集12巻6号873頁……430
最判昭33・7・22民集12巻12号1805頁
　………………………………………418
最判昭33・7・22民集12巻12号1817頁
　………………………………………346
最判昭33・10・14民集12巻14号3091頁
　………………………………………404
最判昭33・11・4民集12巻15号3247頁
　………………………………………349
最判昭34・2・20民集13巻2号209頁……120
最判昭34・9・17民集13巻11号1372頁
　………………………………………173
最判昭34・9・17民集13巻11号1412頁
　………………………………………213
最判昭35・2・9民集14巻1号84頁……223
最判昭35・5・24民集14巻7号1183頁
　……………………………………89,409
最大判昭35・6・8民集14巻7号1206頁
　………………………………………103
最大決昭35・7・6民集14巻9号1657頁
　………………………………………500
最判昭35・12・23民集14巻14号3166頁
　…………………………………………77
最判昭36・4・7民集15巻4号694頁……209
最判昭36・4・7民集15巻4号716頁……77
最判昭36・4・25民集15巻4号891頁……89
最判昭36・4・27民集15巻4号901頁……180
最判昭36・10・5民集15巻9号2271頁
　……………………………………173,199
最判昭37・8・10民集16巻8号1720頁…288
最決昭37・10・12民集16巻10号2128頁
　………………………………………459
最判昭37・11・16民集16巻11号2280頁
　………………………………………408
最判昭37・12・18民集16巻12号2422頁
　…………………………………………63
最判昭38・1・18民集17巻1号1頁……407
最判昭38・2・21民集17巻1号182頁……314
最判昭38・2・21民集17巻1号198頁……410

最判昭38・10・1民集17巻9号1128頁…324
最判昭38・10・15民集17巻9号1220頁
　………………………………………502
最判昭38・11・7民集17巻11号1330頁
　………………………………………221
最判昭39・4・3民集18巻4号513頁……221
最判昭39・6・24民集18巻5号874頁……218
最判昭39・6・26民集18巻5号954頁……184
最判昭40・2・26民集19巻1号166頁……268
最判昭40・4・2民集19巻3号539頁……280
最判昭40・5・20民集19巻4号859頁……419
最大決昭40・6・30民集19巻4号1089頁
　………………………………………500
最大決昭40・6・30民集19巻4号1114頁
　………………………………………500
最判昭40・9・17民集19巻6号1533頁…112
最大決昭41・3・2民集20巻3号360頁…500
最判昭41・3・22民集20巻3号484頁……455
最判昭41・4・12民集20巻4号560頁……106
最判昭41・7・14民集20巻6号1173頁……59
最判昭41・11・10民集20巻9号1733頁
　………………………………………411
最判昭41・11・22民集20巻9号1914頁
　………………………………………164
最判昭41・11・25民集20巻9号1921頁
　………………………………………417
最判昭42・2・23民集21巻1号169頁……445
最大判昭42・5・24民集21巻5号1043頁
　……………………………………135,**452**
最大判昭42・9・27民集21巻7号1925頁
　………………………………………**443**
最判昭42・9・27民集21巻7号1955頁
　…………………………………………79
最判昭43・2・16民集22巻2号217頁……213
最判昭43・2・22民集22巻2号270頁……501
最判昭43・3・8民集22巻3号551頁……427
最判昭43・3・15民集22巻3号607頁……420
最判昭43・6・21民集22巻6号1297頁…79
最判昭43・9・12民集22巻9号1896頁…422
名古屋高決昭43・9・30高民21巻4号460
　頁＝判タ232号121頁＝判時546号77頁
　………………………………………436
最判昭43・12・24民集22巻13号3454頁
　……………………………………180,216
最判昭44・2・27民集23巻2号441頁……492

判例索引 515

最判昭 44・2・27 民集 23 巻 2 号 511 頁 ……301
最判昭 44・6・24 判タ 239 号 143 頁＝判時 569 号 48 頁 ……**285**
最判昭 44・7・8 民集 23 巻 8 号 1407 頁 ……**272**
最判昭 44・7・10 民集 23 巻 8 号 1423 頁 …103
最判昭 44・7・15 民集 23 巻 8 号 1532 頁 …444
最判昭 44・10・17 民集 23 巻 10 号 1825 頁
………………………………104, 198, 326
最判昭 45・1・22 民集 24 巻 1 号 1 頁 ……357
最判昭 45・3・26 民集 24 巻 3 号 165 頁
………………………………223, 246
最判昭 45・4・2 民集 24 巻 4 号 223 頁 ……112
札幌高決昭 45・4・20 下民 21 巻 3・4 号 603 頁 ………………………………43
最判昭 45・5・22 民集 24 巻 5 号 415 頁 ……420
最判昭 45・6・11 民集 24 巻 6 号 516 頁
………………………………183, 185
最大判昭 45・7・15 民集 24 巻 7 号 861 頁
………………………………107
最判昭 45・7・24 民集 27 巻 7 号 1177 頁 …120
最判昭 45・10・22 民集 24 巻 11 号 1583 頁
………………………………438
最大判昭 45・11・11 民集 24 巻 12 号 1854 頁
………………………………115
最判昭 45・12・15 民集 24 巻 13 号 2072 頁
………………………………**75**, 349
最判昭 46・1・21 民集 25 巻 1 号 25 頁 ……457
最判昭 46・4・23 判時 631 号 55 頁 ……146
最判昭 46・6・3 判タ 264 号 196 頁＝判時 634 号 37 頁 ………………………………390
最判昭 46・6・25 民集 25 巻 4 号 640 頁
………………………………199, 322, 386
最判昭 46・10・7 民集 25 巻 7 号 885 頁
………………………………419, 423
最判昭 46・12・9 民集 25 巻 9 号 1457 頁 …416
最判昭 47・2・15 民集 26 巻 1 号 30 頁 ……**107**
最判昭 48・4・5 民集 27 巻 3 号 419 頁 ……290
最判昭 48・4・24 民集 27 巻 3 号 596 頁 ……117
最判昭 48・6・21 民集 27 巻 6 号 712 頁 ……298
最判昭 48・7・20 民集 27 巻 7 号 863 頁
………………………………447, 448
最判昭 48・10・26 民集 27 巻 9 号 1240 頁 ……**59**
名古屋地豊橋支判昭 49・8・13 判時 777 号 80 頁 ………………………………461
最判昭 50・3・13 民集 29 巻 3 号 233 頁 ……447

最判昭 50・10・24 民集 29 巻 9 号 1417 頁
………………………………202
最判昭 50・11・28 民集 29 巻 10 号 1797 頁
………………………………324
最判昭 51・3・30 判タ 336 号 216 頁＝判時 814 号 112 頁 ………………………………**434**
福岡地久留米支判昭 51・7・13 判時 845 号 101 頁 ………………………………240
最判昭 51・7・27 民集 30 巻 7 号 724 頁 …452
最判昭 51・9・30 民集 30 巻 8 号 799 頁 ……**286**
最判昭 51・10・21 民集 30 巻 9 号 903 頁 ……**300**
札幌高決昭 51・11・12 判時 347 号 198 頁 …53
大阪高判昭 52・3・30 判時 873 号 42 頁 …280
東京高判昭 52・7・15 判タ 362 号 241 頁＝判時 867 号 60 頁 ………………………………207
最判昭 52・7・19 民集 31 巻 4 号 693 頁 ……**324**
最判昭 53・3・23 判時 885 号 118 頁 ……221
最判昭 53・4・13 訟月 24 巻 6 号 1265 頁 …120
大阪高決昭 53・5・17 高民 31 巻 2 号 187 頁＝判タ 364 号 173 頁 ………………………………240
大阪高決昭 53・6・20 高民 31 巻 2 号 199 頁＝判タ 364 号 175 頁 ………………………………240
最判昭 53・7・10 民集 32 巻 5 号 888 頁 …105
最判昭 53・9・14 判時 906 号 88 頁 ……**301**
最判昭 54・3・16 民集 33 巻 2 号 270 頁 …405
東京高決昭 54・4・5 下民 32 巻 9－12 号 1412 頁＝判タ 392 号 84 頁 ……………240, 244
札幌高決昭 54・8・31 下民集 30 巻 5－8 号 403 頁 ………………………………227
東京高判昭 54・10・18 下民 33 巻 5－8 号 1031 頁＝判タ 397 号 52 頁＝判時 942 号 17 頁 ………………………………244
最判昭 55・1・11 民集 34 巻 1 号 1 頁 ……103
最判昭 55・9・26 判タ 429 号 99 頁＝判時 985 号 76 頁 ………………………………68
最判昭 55・10・23 民集 34 巻 5 号 747 頁 …**280**
最判昭 55・10・28 判タ 428 号 60 頁＝判時 984 号 68 頁 ………………………………130
最判昭 56・4・7 民集 35 巻 3 号 443 頁
………………………………**103**, 371
最判昭 56・9・24 民集 35 巻 6 号 1088 頁 …160
最判昭 56・10・16 民集 35 巻 7 号 1224 頁 …47
最大判昭 56・12・16 民集 35 巻 10 号 1369 頁
………………………………**106**
最判昭 57・3・30 民集 36 巻 3 号 501 頁 ……280

最判昭 57・7・1 民集 36 巻 6 号 891 頁 ……417
最判昭 57・9・28 民集 36 巻 8 号 1642 頁 …112
東京高決昭 58・1・19 判タ 491 号 70 頁＝判
　　時 1076 号 65 頁 ………………………………43
最判昭 58・3・22 判タ 494 号 62 頁＝判時
**　　1074 号 55 頁**………………………89,**405**
最判昭 58・4・14 判タ 540 号 191 頁＝判
　　時 1131 号 81 頁 ……………………… 89, 406
東京高決昭 59・2・28 判タ 528 号 191 頁 …240
東京高判昭 59・3・29 判タ 528 号 190 頁＝判
　　時 1112 号 65 頁 ………………………………349
広島地決昭 61・11・21 判タ 633 号 221 頁＝
　　判時 1224 号 76 頁 ……………………………248
最判昭 62・2・6 判時 1232 号 100 頁 ………294
最判昭 62・7・17 民集 41 巻 5 号 1402 頁 …429
最大判昭 62・9・2 民集 41 巻 6 号 1423 号
　　……………………………………………………370
最判昭 63・3・15 民集 42 巻 3 号 170 頁 ……119
名古屋高金沢支判平元・1・30 判タ 1308 号
　　125 頁＝判時 1308 号 125 頁 …………335
最判平元・3・28 民集 43 巻 3 号 167 頁 ……416
最判平元・9・8 民集 43 巻 8 号 889 頁 …103
最判平元・11・20 民集 43 巻 10 号 1160 頁
　　………………………………………………………38
最判平 3・12・17 民集 45 巻 9 号 1435 頁 …119
東京高判平 4・7・29 判タ 809 号 215 頁＝判
　　時 1433 号 56 頁 ………………………………109
最判平 4・9・10 民集 46 巻 6 号 553 頁……**385**
最判平 5・2・25 民集 47 巻 2 号 643 頁 ……353
仙台高決平 5・5・12 判タ 819 号 90 頁＝判
　　時 1460 号 38 頁 ………………………………240
最判平 6・1・25 民集 48 巻 1 号 41 頁 ……423
最判平 6・5・31 民集 48 巻 4 号 1065 頁
　　…………………………………………………62,418
佐賀地判平 6・8・26 判タ 872 号 292 頁
　　………………………………………105, 109, 270
最判平 6・11・22 民集 48 巻 7 号 1355 頁 …290
最判平 7・12・15 民集 49 巻 10 号 3051 頁
　　…………………………………………………………279
最判平 8・2・22 判時 1559 号 46 頁 …………183

最判平 9・11・11 民集 51 巻 10 号 4055 頁 …47
最判平 10・6・12 民集 52 巻 4 号 1225 頁 …288
最判平 10・6・30 民集 52 巻 4 号 1225 頁 …119
最決平 11・4・23 判タ 1002 号 130 頁＝判
　　時 1675 号 91 頁 ………………………………366
最判平 11・6・11 民集 1009 号 95 頁＝判
**　　時 1685 号 36 頁**…………………………**110**
最決平 11・11・12 民集 53 巻 8 号 1787 頁
　　…………………………………………………………241
最決平 12・3・10 民集 54 巻 3 号 1073 頁 …227
最決平 12・3・17 裁判集民 197 号 697 頁＝判
　　タ 1032 号 145 頁＝判時 1708 号 119 頁 …479
最決平 12・7・14 民集 54 巻 10 号 131 頁＝判
　　時 1720 号 147 頁 ……………………………365
最判平 12・12・14 民集 54 巻 9 号 2743 頁
　　…………………………………………………………377
最決平 13・1・30 民集 55 巻 1 号 30 頁 ……435
最判平 13・2・13 裁判集民 201 号 95 頁＝
　　判タ 1058 号 96 頁＝判時 1745 号 94 頁 …363
最決平 13・7・7 民集 55 巻 7 号 1411 頁 …241
最判平 14・1・22 判タ 1085 号 194 頁＝判
**　　時 1776 号 67 頁**…………………………**441**
最判平 14・4・12 民集 56 巻 4 号 729 頁 ……37
最判平 14・6・7 民集 56 巻 5 号 899 頁……**61**
最判平 16・3・25 民集 58 巻 3 号 753 頁
　　……………………………………………………109, 117
最判平 16・7・13 民集 58 巻 5 号 1599 頁 …494
最判平 18・7・21 民集 60 巻 6 号 2542 頁 …37
最決平 18・10・3 民集 60 巻 8 号 2647 頁 …227
最判平 19・5・29 判タ 1248 号 117 頁＝判
　　時 1978 号 7 頁 ………………………………106
最判平 20・7・17 民集 62 巻 7 号 1994 頁 …417
最判平 22・5・25 判タ 1327 号 67 頁＝判
　　時 2085 号 160 頁 ………………………………50
福岡高判平 23・12・22 判時 2151 号 31 頁
　　…………………………………………………………294
最判平 24・2・24 裁判集民 240 号 111 頁＝判
　　タ 1368 号 63 頁＝判時 2144 号 89 頁 ……492
最判平 25・6・6 民集 67 巻 5 号 1208 頁 ……120
最判平 25・11・29 民集 67 巻 8 号 1736 頁 …501

著者紹介

石渡　哲（いしわた　さとし）
1948年生まれ

現　職　武蔵野大学法学部教授（防衛大学校名誉教授，法学博士）
略　歴　慶應義塾大学法学部法律学科卒業，同大学大学院法学研究科修士課程修了，同大学大学院博士課程単位取得満期退学
防衛大学校人文社会科学群（当初は，社会科学教室）講師，助教授，教授，横浜国立大学大学院国際社会科学研究科（現，国際社会科学研究院）法曹実務専攻（法科大学院）教授を経て，現職．

主要著書

『執行契約の研究』（1976年，慶應通信）
『実定法の基礎』（1984年，成文堂）（第2版〔1989年〕は共著）
『シュタットプラン法学』（共著）（2005年，成文堂）
『EUの国際民事訴訟法判例』（共編著）（2005年，信山社）
『EUの国際民事訴訟法判例II』（共編著）（2013年，信山社）

民事訴訟法講義

2016年10月10日　初版第1刷発行
2018年3月20日　初版第2刷発行

著　者　石　渡　　哲
発行者　阿　部　成　一

〒162-0041　東京都新宿区早稲田鶴巻町514番地
発行所　株式会社　成　文　堂

電話03(3203)9201(代)　FAX03(3203)9206
http://www.seibundoh.co.jp

製版・印刷・製本　藤原印刷　　　　　　　　　　検印省略
© 2016 S. Ishiwata　　Printed in Japan
☆乱丁・落丁本はおとりかえいたします☆

ISBN978-4-7923-2694-4 C3032

定価(本体3500円＋税)